ULLSTEIN

Das Buch

Ash Kenelly, britischer Baumanager, nimmt einen Projektauftrag in der Antarktis an. Gegen seinen Willen muss er die Kinder seines Auftraggebers und ihre Betreuerin Michelle Schneider dorthin mitnehmen. Als der dreizehnjährige Carl beim Besuch einer verlassenen russischen Forschungsstation entführt wird, sind Ash und Michelle gezwungen, sich näher mit mysteriösen Vorgängen in ihrer Umgebung zu befassen: unter kilometerdickem Eis der antarktischen Halbinsel sind Klimaforscher bei einer Bohrung auf prähistorische Spuren menschlicher Besiedlung gestoßen – eine spektakuläre Entdeckung, die bisherige Ansichten über die Geschichte der Menschheit auf den Kopf stellt. Auf einem Satellitenfoto des Ross-Eisschelfs im antarktischen Winter ist das Wärmebild eines riesigen Flugzeuges sichtbar geworden. Als sie auf eine rätselhafte Botschaft aus grauer Vorzeit stoßen, beginnen Ash und Michelle zu begreifen, dass viel mehr in Gefahr ist, als ihr eigenes Leben. Mit der Jagd nach den Entführern geraten sie auf einen Trip rund um den Globus – und in den unglaublichen Alptraum einer Utopie.

Der Autor

Richard Hayer ist Physiker und Manager in einem internationalen Konzrn in Berlin. »*Palmer Land*« ist sein erster Roman.

Richard Hayer

Palmer Land

Die nächsten Jahre der Vergangenheit

Roman

Ullstein

Umwelthinweis
Dieses Buch wurde auf chlor- und
säurefreiem Papier gedruckt.

Ullstein Taschenbuchverlag
Der Ullstein Taschenbuchverlag ist ein Unternehmen der
Econ Ullstein List Verlag GmbH & Co. KG, München
Originalausgabe
1. Auflage September 2002

Lektorat: Lothar Strüh
Umschlaggestaltung: Thomas Jarzina, Köln
Titelabbildung: Mauritius, Mittenwald
Gesetzt aus der Sabon
Satz: Buch-Werkstatt GmbH, Bad Aibling
Druck und Bindearbeiten: Elsnerdruck, Berlin
Printed in Germany
ISBN 3-548-25419-5

Zur Erinnerung an Charles H. Hapgood

Und [der Erzengel] Michael berührte mit einer Rute in der Hand die Wasser, die das Paradies umflossen, dass sie gefroren.

Die Apokryphen
Das Leben Adams und Evas, 28

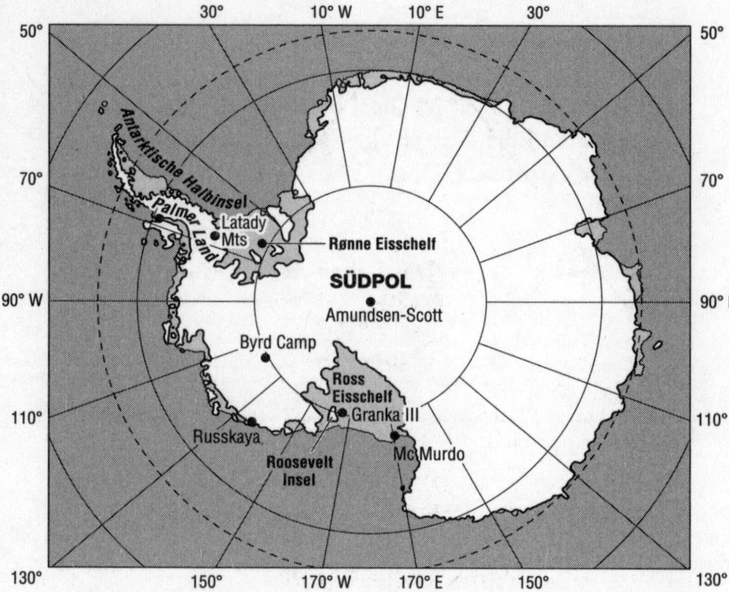
30°
10° W
10° E
30°
50°
50°
Antarktische Halbinsel
70°
70°
Palmer Land
Latady Mts
Rønne Eisschelf
SÜDPOL
90° W
90° E
Amundsen-Scott
Byrd Camp
Ross Eisschelf
Granka III
110°
110°
Russkaya
Roosevelt Insel
Mc Murdo
130°
150°
170° W
170° E
150°
130°

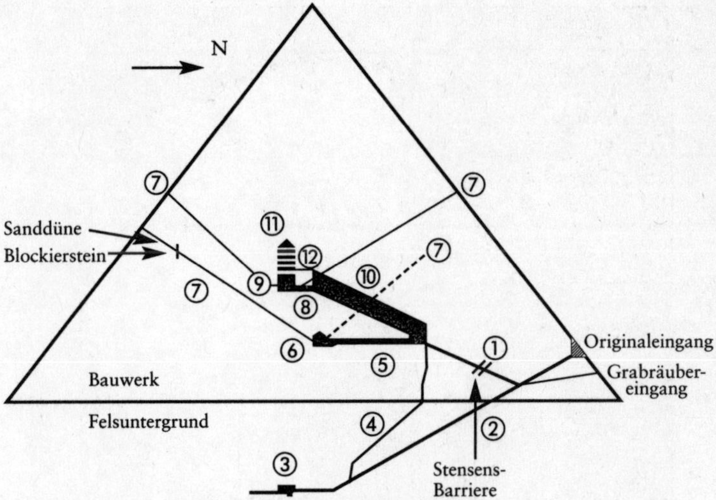

Pyramide des Cheops

1 aufsteigender Gang
2 absteigender Gang
3 Felsenkammer
4 senkrechter Schacht
5 Gang zur Königinkammer
6 Königinkammer
7 vier Luftschächte
8 Vorkammer und Cavigliatunnel
9 Königskammer
10 Große Galerie
11 Entlastungskammern
12 Kriechgang zur großen Galerie

Prolog

1

Ross-Eisschelf, Westantarktis; Freitag, 8. Mai

In diesem Augenblick tauchte aus der seit zweihundertfünfzig Stunden über dem Eis herrschenden Nacht nordöstlich der Roosevelt-Insel eine Maschine in den Dimensionen eines Ozeanriesen auf. Aus dem Toben des Schneesturms zeichneten sich Konturen von der vierfachen Höhe des roten Hangars am Rand von *Granka 3* ab, in ihrer Länge übertraf die Maschine die Ausdehnung der gesamten Station aus sechs Bauten um mehr als das Doppelte. Sie kam in einer Düne von Schnee zur Ruhe, wobei sie mit ihrer Höhe die Hütten vor sich zu erdrücken schien wie die aufragende Kante eines herangeflossenen Gletschers.

»Für euch aus einem märchenhaften Land der Wärme, in dem sie etwas von Kaffee verstehen«, murmelte Ilya Surkin, während er den beiden Schachspielern neben sich zwei Tassen Cappuccino servierte. Als er ihre skeptischen Mienen sah, fügte er hinzu: »Zwischen Mai und September ist Irkutsk von sommerlichem italienischen Geist beseelt. Ihr könnt ihn dort in dieser Sekunde spüren, wenn ihr am frühen Abend im Straßencafé vor dem Palais des ›Weißen Hauses‹ am Gagarin Boulevard sitzt.« Er verdrehte die Augen, während er die Spielzüge der beiden mitschrieb. »Den Blick durch aufblühende Linden auf das weite Wasser der Angara gerichtet, hat euch den Nachmittag über ein Himmel voller Sonne den Pelz gewärmt. Für immer werdet ihr von den leichten Farben dieses warmen Abends träumen.«

Maxim, der einen dicken Pullover mit bunten Streifen trug, schob einen dunklen Steinbrocken über das Brett. Er nahm einen Schluck und verzog das Gesicht.

In der Kochecke röchelte die Kaffeemaschine neben einem Stapel abgegessener Teller, die nach kalten Erbsen rochen. Eine Wand des Raums war von einem gut gefüllten Bücherregal bedeckt, davor stand ein Tisch zwischen drei abgewetzten Ledersesseln. An der Wand gegenüber hing eine zwei mal zwei Meter große russisch beschriftete Karte der Antarktis.

Von einem Moment zum anderen verwandelte sich der nächtliche Sturm aus einer donnernden Schwermaschinenfabrik in eine jaulende Hundemeute, als hätte sich etwas Großes zwischen den Wind und ihre Hütte geschoben. Vitus, der zweite Spieler, nahm seine Hand von einem der hellen Mineralbrocken zurück. Er sah mit unbewegter Miene zu den über die Tür geschraubten Schiffsinstrumenten. Ilya folgte seinem Blick.

Luftdruck 935 Hectopascal, steigend; minus 41 Grad Celsius, 14.17 Uhr Moskauer Zeit. 27 Stundenkilometer Windgeschwindigkeit. Eben noch waren es 81 Stundenkilometer gewesen.

Vitus, dessen unbewegtes Gesicht Ilya an eine rosige Speckseite erinnerte, machte seinen Zug. Ilya protokollierte.

Es war ein verrücktes Spiel, das der Physiker mit dem zarten, fast weiblichen Gesicht unter schwarzen Haaren im bunten Pullover und der Klimatologe mit dem Schweinsgesicht jeden Abend unter Verbrauch von viel Wodka spielten. Als Figuren dienten Meteoritenbröckchen, die sie in den Allan Bergen der Westantarktis gesammelt hatten: dunkle steinerne *Chondrite* und hellere *Pallasite* aus Nickeleisen, die jeweils nicht voneinander zu unterscheiden waren. Wer sich vertat, hatte verloren.

»Noch ein Jahr, und wir spielen ohne Figuren.« Maxim schob einen Brocken, den er für seinen Turm hielt, nach h4.

»Wenn ihr mit Hosenknöpfen spielen würdet«, sagte Ilya, während er schrieb, »wäre die Wissenschaft um zweiunddreißig wertvolle Meteoriten reicher.«

»Wenn wir mit Hosenknöpfen spielen würden, wäre der alte Mann nicht gezwungen, sich zu fragen, warum zweiunddreißig Brocken von den Enden seines Universums anreisen, um sich auf einem karierten Brett zu treffen. Etwa nur deshalb, weil sie sich dort nach Regeln bewegen können, die nicht von ihm stammen?«, entgegnete Maxim, ohne Ilya anzusehen.

»Warum wollt ihr ihn ärgern?« Ilya wollte etwas über Maxim herausfinden, nicht über Gott.

»Er ist es, der uns ärgert. Wusstest du das nicht, Ilya?«

»Womit?«

»Er verweigert uns seine Existenz .« Maxim machte einen Zug.

Plötzlich schlug jemand laut und mehrfach mit voller Wucht von außen gegen die Hütte. Wie vom Donner gerührt sahen sie sich an.

Nach dem Zerfall der Sowjetunion war die Station *Granka 3* vor sechs Jahren geschlossen und im Zuge der Beteiligung Russlands an dem astrophysikalischen Forschungsprogramm *Amyan-D* vier Jahre später erneut in Betrieb genommen worden. Die Besatzung wurde auf neun Personen sommers wie winters begrenzt, zwei der sechs Stationsbauten blieben dem Verfall überlassen. Der Raum, in dem die drei saßen und die Luft anhielten, war für sie zu groß, der warme Schmerz des Zurückgelassenseins plagte sie darin.

Wieder schlug es gegen die Tür. *Es kann nicht sein,* dachte Ilya, *wir sind isoliert wie am Grund des antarktischen Ozeans.* Die beiden anderen brachen die Partie ab, er selbst kümmerte sich um das Geschirr in der Kochecke.

Maxim stand auf. Er öffnete die Türen, die in den Windfang und nach draußen führten, ein Schwall kalter Luft tobte herein und brachte russische Flüche von einer ihnen unbekannten Stimme mit.

Maxim betrat den Raum. Er leitete einen Mann hinein, der einen grauvioletten Schutzanzug mit Heizpack und Atemmaske trug und von Schnee und Eis bedeckt war. *Ein Froschmann aus dem Meer der Kälte,* dachte Ilya.

»Die anderen sind tot«, kam es aus dem Besucher heraus.

»Sie waren von McMurdo zu Amundsen-Scott am Pol unterwegs«, erklärte Maxim deutlich aufgeregter als noch vor wenigen Augenblicken. »Ihre Antonov ist einen Kilometer südwestlich von hier abgestürzt. Semjon hat überlebt.«

»Wie hat er uns gefunden?«, fragte Ilya.

»Sei so nett, Ilya, und mach für ihn ein Dampfbad fertig. Ihr habt noch vier Monate Zeit zum Fragen.« Maxim bemühte sich offensichtlich, Ruhe zu bewahren.

»Nein«, stöhnte Semjon. Ilya und Vitus drehten sich um.

Semjon hatte die Augen geschlossen. Er massierte seine Hände und sog die Luft tief ein, bevor er milde verkündete: »Ihr habt nur eine Stunde Zeit zu fragen.«

»Wie das ?«, fragte Ilya.

»In einer Stunde bin ich tot, wenn ich nicht eine heiße Dusche und eine Suppe bekomme.« Er lachte mit geschlossenen Augen. Er schien diesen Augenblick zu genießen, als hätte er ihm wochenlang entgegengefiebert.

Ilya stieß die Luft aus. Semjon kam ihm vor, als stünde er unter Drogen.

»Was ist das?«, fragte der blonde Besucher, als er vor der aufgebauten Meteoriten-Partie stand. Ilya erklärte ihm das Prinzip.

»Eine interessante Idee«, sagte der Besucher. Sein blauer Blick haftete an Ilya wie ein böser Traum. Er wiegte eins der schweren hellen Nickeleisenstücke in der Hand. »Zu sowjetischen Zeiten war es verboten, im Winter in den Polarstationen Schach zu spielen, weil es zu viele Aggressionen weckte und blutige Auseinandersetzungen zur Folge hatte. Ich bin glücklich, dass heutzutage Ruhe herrscht.«

Sein Lachen gefiel Ilya nicht. Am rechten Ringfinger des Neuankömmlings bemerkte er einen Ring mit einem runden, blauen Stein. Darin war so etwas wie eine winzige Uhr ohne Zahlen, aber mit einem Strahlenbüschel von eingravierten Zeigern, die bei dem dritten Viertel begannen und bis zur unsichtbaren Zwölf reichten.

»Eine Dame?«, fragte Semjon und legte den Brocken zurück.

Ilya nickte nach einem Blick in seine Aufzeichnungen. *Woher konnte der Kerl das wissen? Wenn er es aus der fortgeschrittenen Spielkonfiguration herausgelesen hatte, musste er noch erheblich verrückter sein als Vitus oder Maxim.* Ilya machte sich auf den Weg.

Er setzte sich auf das Bett in seinem Schlafraum.

Wieso ein Russe? Wieso transportierte ein Russe Personen von der amerikanischen Station McMurdo zu der amerikanischen Amundsen-Scott-Station am geografischen Südpol? Wieso tauchte ausgerechnet ein Russe zufällig aus dem Nichts in einer russischen Station auf?

Noch etwas war seltsam. Ilya wusste, wie jeder in der Station roch. Er kannte Maxims Geruch gepflegter Eitelkeit und Vitus' gleichgültig süßlichen Sumpfgeruch. Ihnen würde sein Geruch nach Acrylfarbe seit sieben Monaten vertraut sein, als parfümiere er sich täglich neu als sein eigenes Selbstporträt. Jetzt hatte sich etwas verändert, Maxim roch nach Schweiß, als würde er auf Hochtouren laufen. *Warum?*

Ilya sah aus dem Bullauge auf die Entdeckung, die er vor zwei Monaten gemacht hatte: ein Dutzend von seinem Laborlicht schwach beleuchtete Kaiserpinguinpärchen.

Die Station war in der Richtung des vorherrschenden nordwestlichen Windes aufgestellt worden, so dass Verwehungen auf ein Minimum reduziert werden konnten – sie waren immer noch gigantisch und es brauchte im antarktischen Frühjahr Ende September alle Kräfte der beiden in dem Hangar wartenden 33-Tonnen-Raupenfahrzeugmonster vom Typ Kharkovchanka, um die Schneemassen zu planieren.

Auf der dem Pol zugewandten Seite zweigte der kurze Labortunnel ab. In diese Seite waren acht runde Fenster eingelassen, das besondere Kennzeichen der Station. Das Bullaugenfenster des klimatologischen Labors, das Ilya zugeordnet war, befand sich im geschütztesten Winkel der Station – zwischen Laborstutzen und dem älteren Hüttenteil.

Anfang März hatte er bemerkt, dass sich einige Kaiserpinguinpärchen vom Rand ihrer Kolonie, die sich bis in den Windschatten der felsigen Roosevelt Insel zog, in der windgeschützten Nische an der Station zusammengedrängt hatten.

Kaiserpinguine waren erstaunliche Tiere, die einzigen, die in der gnadenlosen Winternacht der Antarktis auf dem Kontinent blieben, um genau dann, wenn es am schlimmsten wurde, mit der Aufzucht ihres Nachwuchses zu beginnen.

Der Sturm hatte sich vollständig gelegt. Ilya beobachtete die beiden Tiere durch sein Fenster. Das etwas kleinere von ihnen würde in etwa zwei Wochen ein Ei legen und sich auf den langen Marsch zur Küste machen, um sich unter der Packeisdecke des Ross-Meeres voll zu fressen und im Juli zur Versorgung ihres Nachwuchses zurückzukehren. Das Männchen würde den Winter über hier verbringen und das Küken ausbrüten.

Von seinem Fenster aus nicht sichtbar war die riesige weiße Maschine westlich der Station zu einer Stadt aus

Lichtern zwischen den Sternen geworden. Ladeluken hatten sich geöffnet, Rampen wurden ausgefahren.

Es war still. Wo waren die anderen mit ihrem üblichen Nachmittagslärm geblieben? Der Wind war völlig verstummt, der Schnee auf den Boden des Kontinents zurückgesunken.

Ilya machte sich auf den Weg durch das Halbdunkel der Station in den großen Gemeinschaftsraum. Vitus und der rätselhafte Semjon saßen bei Kerzenlicht in der Ruhe des großen Raumes und bauten die Meteoriten zu einer Schachpartie auf. Vitus winkte ihn heran. »Komm, Protokollant. Es gibt eine Partie zu stenografieren.«

Semjon hatte seinen Overall abgelegt und trug einen dicken weißen Pullover und weiße Hosen, die offenbar aus der medizinischen Station geliehen waren. Sein Gesicht war euphorisch gerötet, der Dampf schien heiß gewesen zu sein.

Er grinste offen und jungenhaft, »ein geniales Spiel. Genau das Richtige für einen Augenblick wie diesen.« Er schlug Ilya auf die Schulter. Vitus setzte die Figuren aufs Feld.

»Nicht vergessen, Vitus. Er ist der Schiedsrichter. Er schreibt die Züge mit. Wer falsch zieht, hat sofort verloren. Damit es nicht zu langweilig wird, spielen wir Blitzschach. Alle zehn Sekunden ein Zug.« Semjon lehnte sich selbstgefällig zurück. *Er fühlt sich wie zu Hause,* dachte Ilya. Semjon spielte mit einem Stift herum. Er sah Ilya an und deutete auf Vitus. »Eisenmeteorit fängt an.«

Sie legten mit den Königsbauern los. Zu Beginn war es reine Routine. Mit atemberaubender Geschwindigkeit entwickelte Semjon seine Offiziere. Die Springerbauern gaben Platz für die Läufer, die Springer waren schnell bis in die vierte Reihe vorgerückt. *Wie kann er so schnell sein?*, fragte sich Ilya. *Kennt er das Spiel? Weiß er, dass man so schnell wie möglich eine möglichst große Unübersichtlichkeit schaffen muss?*

Ilya schrieb die Partie mit. Sein Blick fiel auf die Antarktiskarte gegenüber. Dort, hinter Vitus' Rücken, im dunkleren Teil der Messe verborgen, hing Semjons Overall säuberlich auf einem Bügel. In dunklen Flecken klebrig glänzend. Darunter hatte sich eine wie Lack glänzende Lache gebildet.

Vitus blieb auf das Spiel konzentriert. Ruhig und unbeweglich wie immer.

Vitus kannte die Steine!

Er kennt die verdammten Steine und sieht ihnen an, was sie sind! Ein kleines Kristall dort, ein winziger Riss *an der Rückseite. Jesus*! Ilya hatte Vitus unterschätzt. Es war unglaublich, welches Tempo sie vorlegten.

»Woher kommen Sie wirklich?« Vitus nahm den letzten Schluck vom kalten Irkutsker Cappuccino.

»Was soll das heißen?« Semjon wirkte verblüfft.

»Ganz einfach. Niemand fliegt um diese Zeit. Und sollte er doch geflogen und abgestürzt sein, findet er niemals den Weg in diese lausige Station, die in keine Richtung näher als siebenhundert Kilometer an einer anderen menschlichen Behausung liegt – weder an McMurdo oder Scott, noch an *Russkaya* oder am Byrd Camp. Niemand hält bei 41 Grad unter Null und einem Wind von 81 Stundenkilometern einen längeren Marsch aus, schon gar nicht, wenn er irgendwo auf der Luftlinie zwischen McMurdo und Amundsen-Scott abgestürzt ist, die an keiner Stelle näher als fünfhundert Kilometer östlich von hier vorbeiführt. ›Östlich‹ bedeutet heute 81 Stundenkilometer Gegenwind.«

Dunkler Steinkloß von d8 nach c7. *War das wirklich ein König?* Ilya sah in seine Aufzeichnungen. Ja.

Semjon war blass geworden. Ilya registrierte, wie dieses unheimliche Gespräch den Blonden in eine hochkonzentrierte freudige Erregung versetzte.

»Ich habe geschwindelt.« Plötzlich klang ein skandinavischer Akzent in Semjons Russisch durch. »Ich bin schwedischer Journalist. Ich habe von der National Geographic Society den Auftrag, einen Artikel über den ›Antarctic Myon and Neutrino Detector‹, kurz *Amyan-D*, zu verfassen. Deshalb bin ich in diesem Winter hier in *Granka 3*.«

Die Geschichte stimmte noch immer nicht, war Ilya sich sicher.

»Und wie können Sie so plötzlich aus dem Nichts auftauchen?«, fragte Vitus und machte einen Zug.

»Ich habe mir vor eurer Tür ein Haus gebaut. Habt ihr das nicht gesehen?« Semjon kicherte. Er zog einen Stein. Er konnte sich nur auf die Positionen verlassen, er musste sich jeden Zug merken. Er hatte keine Chance.

Vitus war Ilyas Blick gefolgt und drehte sich um. Er sah den dunkel triefenden Anzug. Schweigen breitete sich aus wie durch Eis hereingebrochenes Meerwasser.

»Was stiert ihr so sprachlos«, fragte Semjon fröhlich. »Ich hab mir den Anzug versaut, als ich versucht habe, den Brenner in eurem Dampfbad zu reparieren. Eine Scheißtechnik habt ihr da am Ende eurer Hütte.«

Chondritbrocken von e6 nach e5. *Ein Läufer?* Ja.

Es roch nicht nach Heizöl.

»Komm, Dicker. Mach Deinen Zug. Zehn Sekunden sind schnell um.«

Vitus zog Bauer b2 nach b3.

»Oh, nein, oh, nein! Das war falsch. Das war ein Springer«, sagte Semjon mitleidig.

»Nein. Das war ein Bauer.«

»Es war leider, leider ein Springer. Stimmt's?« Semjon blickte auf Ilya, der wie gelähmt in seine Aufzeichnungen glotzte.

»Ich kenne diesen Stein«, erklärte Vitus, der plötzlich heiser zu sein schien. »Er hat hier neben einem Kristall einen dreieckigen Riss. Das war immer ein Bauer.«

»Komm Junge, sag's ihm schon«, stöhnte Semjon, wobei er Ilya anstieß.

Ilyas Neuronen hatten sich in Schnecken verwandelt, die durch den Brei in seinem Schädel krochen, um zueinander Kontakt zu finden.

»b2 – weißer Springer,« las er ab.

»Du hast verloren, was macht das schon?« Semjon stand auf, um Vitus die Hand zu geben. Auch Vitus erhob sich.

Immer noch fuchtelte Semjon mit diesem langen Stift herum.

Mit einer kurzen, kaum sichtbaren Handbewegung langte Semjon an der ausgestreckten Hand vorbei an Vitus' Hals und schnitt ihm die Kehle durch.

Ilya sah Vitus' ungläubigen Blick und hörte seinen eigenen Schrei, als käme der vom anderen Ende der Station.

Semjon war beiseite getreten. Ein Blutschwall spritzte aus Vitus' Kehle über den Tisch, ein tiefes Gurgeln drang aus seinem Mund. Während Vitus in seinem Blut zusammensackte, wischte Semjon das Stilett am Rücken von dessen Pullover ab, den Blick auf Ilya gerichtet. »Du hast zwar die Wahrheit gesagt, aber damit hast du ihn auf dem Gewissen, mein Lieber. Er wollte betrügen und hat die Figuren gezinkt. Das war gegen die Regel. Es geht nur um die Position. Als ihr auf meinen Anzug geglotzt habt, habe ich zwei Figuren vertauscht, damit es fair blieb. Schade, er war nicht schlecht.«

Der Kerl ließ sich immer noch Zeit. Und Ilya war starr vor Angst.

»Entspann dich, Mann. Es war übrigens großartig, dass ihr eine Frau in der Station hattet!«

Ein rotes Licht der Wut begann sich in Ilyas Kopf zu drehen.

»Noch etwas«, setzte Vitus' Mörder lächelnd hinzu, »ich glaube, es ist an der Zeit, dass ich mich vorstelle.

Mein Name ist Ilya Surkin. So ein Zufall, was? Klimatologe aus Irkutsk. Dort lebe ich normalerweise bei meiner lieben Mutter Mascha.«

Ilya stieß einen weiteren Schrei aus. Er warf einen Stuhl nach dem Blonden und rannte hinaus.

»Keine Eile«, rief der andere hinterher, »wir haben Zeit.«

Es war überall still.

Sein Zimmer war das letzte in der Reihe der Schlafräume. Er öffnete eine Tür nach der anderen ins Dunkel und flüsterte. *Oleg?* Stille. *Dimitrij?* Stille. Keiner antwortete. Gesehen hatte er auch keinen. Vielleicht waren sie bereits alle zusammen in einem der Labors. In Stepans Labor brannte Licht. Ilya trat ein. Dort lag Stepan blutüberströmt in seinem Stuhl. Das Krankenzimmer. *Tanja*! Ilya stieß die Tür auf. Tanja lag auf dem Krankenbett. Darunter ein See von Blut. Er lief hinüber in den Kontrollraum des *Amyan-D*-Projektes, in dem die Monitore wandhoch aufgereiht standen. Zackenlinien zeichneten auf ihnen die Lichtimpulse aus tief im Eis verborgenen Sensorketten auf, brummend schoben sie sich auf Papier gedruckt aus dem breiten Schlitz eines hellgrauen Gerätes. Alle Sekunden zuckte an einem der hundertachtundzwanzig Bildschirme ein Wert, als habe sich draußen im Schneesturm ein unter dem Eis gelagerter Patient bewegt. Außer den Impulsen von Mesonen und Neutrinos, die aus dem All und durch den Planeten unter ihnen hindurch eintrafen, regte sich nichts. Stille.

Als Ilya ging, klebten seine Schuhe am Boden in einer Blutlache, deren Spuren sich in den Gang hinaus zogen. Vielleicht hatte er eine Chance, weil Semjon jede Sekunde auszukosten schien. Wenn er in eines der beiden Raupenfahrzeuge gelangen konnte, war eine Flucht selbst zu dieser Jahreszeit möglich. Diese Fahrzeuge waren dafür ausgerüstet, die Mannschaft mehr als zwanzig Tage lang bei jedem Wetter durch die Antarktis zu bringen. Für den Notfall eines Feuers in der Station waren sie als Hilfsunterkünfte eingerichtet.

Er rannte zum Ausgang und griff nach seiner schwarzen Montur. Irgendwie gelang es ihm, sie im Rennen anzuziehen.

Er lauschte. Stille. Niemand verfolgte ihn.

Vor dem Außenschott stand Semjon.

Plötzlich verstand Ilya, was ihn die ganze Zeit gestört hatte. Er rannte zurück in sein Labor und schloss leise die Tür. Es war dunkel. Auf dem Gang hörte er ruhige Schritte. Die aufkeimende Hoffnung, einer der anderen könnte überlebt haben, tötete er augenblicklich. *Es musste ein R u s s e in einer russischen Station sein! Man tauschte sie aus! Dieser nannte sich Ilya! Es würden andere auftauchen. Vitus, Dimitrij, Oleg. Auch Tanja. Alle. Aber Wozu? Was war an ihnen so wichtig?*

Er raffte Zeug von seinen Tischen zusammen und öffnete den kleinen verglasten Schacht durch die Isolierung zum Bullauge hin. Anschließend schraubte er die Flügelmuttern locker und klappte die drei fingerdicken Bolzen zurück. Er öffnete das Bullauge in die Stille der Nacht, davor die kleinen Gestalten der Pinguine. Die Öffnung war groß genug, dass er hinaussehen und den rechten Arm gerade weit genug hinausstrecken konnte, um einen der großen Pinguine zu erreichen. Nach vier Minuten verschraubte er das Fenster und schloss leise die Gardine.

Er suchte in dem Labortisch nach einem Skalpell. Er fand es und drehte sich um. Der andere stand ihm direkt gegenüber. Im Hintergrund wandte Maxim sich ab.

Ilya holte aus und versetzte Semjon einen Schnitt in die Hand. Der behielt das Skalpell fest im Griff und entriss es Ilya. In der anderen Hand hielt er das Stilett. Ilya sah wie gebannt hin.

In einer einzigen fließenden Handbewegung, die an Tischtennis erinnerte, schob ihm Semjon das wenige Millimeter breite Stilett tief durch das rechte Auge bis ins Gehirn. Ilya versank in einem Taumel aus Schmerz und Erinnerungen. Während das Stilett aus seinem Schädel gezogen wurde vernahm er Sätze, aus denen nur ein Wort zu ihm drang: *Astra*. Das fließende Rot am Boden erkannte sein linkes Auge, je näher er ihm entgegenfiel, desto deutlicher als eine warme Sommerlandschaft im Morgenrot.

Der Blonde wiegte sich in eitlen Tanzbewegungen. Dann setzte er sich entspannt hin, die Beine weit gespreizt. Sein weißer Anzug aus Pullover und Arzthose sah aus wie nach einem Arbeitstag im Schlachthaus. Seine rechte Hand, aus der Blut tropfte, hielt er senkrecht in die Luft. Er wandte sich an Maxim, der sich in der Ecke des großen Raumes übergab. »Wer so stark in der Theorie ist wie du, muss im zarten Alter von achtundzwanzig Jahren langsam lernen, die Praxis auszuhalten, mein Freund.«

Er holte ein Funkgerät aus der Tasche. »Ich bin fertig«, verkündete er. »Jetzt seid ihr dran. Ihr habt weniger als zehn Stunden Zeit.«

Er fingerte Verbandszeug aus einer aufgesetzten Tasche seines Overalls.

Draußen begann eine effiziente Operation anzulaufen. Mit einer Flotte von drei kleinen beheizten Raupenfahrzeugen wurden im Verlauf der nächsten acht Stunden sechs lange Kisten, 1,60 Meter mal 1,60 Meter im Querschnitt und 5 Meter lang, neben der Station abgelegt und von einer Fräse mit Schnee bedeckt. Gleichzeitig säuberte eine zweite Mannschaft das Innere der Station, eine dritte errichtete einen Schutzdom auf dem Eis, in dem ein Helikopter verblieb.

Neun Stunden später war der Spuk vorbei. Die weiße Maschine dröhnte in die Stille der Nacht davon und hinterließ eine mit acht Männern und einer Frau besetzte Station aus sieben Bauten.

In einem geschützten Winkel standen die Kaiserpinguine, Nachkommen abgestürzter Engel, die das Fliegen verlernt hatten und den Sternenhimmel nicht mehr kannten, der sie mit der Größe des Weltalls umgab.

Astra

2

Bäretswil; Mittwoch, 9. Dezember

Vor ihm fiel der schneebedeckte Hang zum Haus hin ab, hinter ihm riss der Birkenwald schwarze Schlitze in den milchigen Himmel. Noch immer war er überrascht, auf diesem Weg vom Gipfelpfad wieder auf das Elternhaus gestoßen zu sein. Dort unten lag es im Schnee wie die Arbeit eines Zuckerbäckers, dreistöckig, ein kleiner Uhrenturm in der Mitte, dessen Uhren die Zeiten verschiedener Zonen zeigten.

Er blickte auf zwei der vier Uhren. Doch bevor er die Zeiten erkennen konnte, brach unter ihm die Erdoberfläche auseinander. Er sackte in den Boden, wurde mit einer Lawine von Wurzeln, Schnee, Sand und Steinen in eine Tiefe gerissen, die es hier nicht hätte geben dürfen.

Er landete in kalter Dunkelheit, auf einem Berg Sand, wo er erst Minuten später wieder zu sich kam, bewegungsunfähig und voller Schmerzen. Irgendwo oben leuchtete ein schwacher Stern von Helligkeit.

»Carl.«

Er schreckte aus der Erinnerung hoch. Bei seinem Sturz vor einer Woche hatten ihn weder der Schreck noch der Schmerz am meisten mitgenommen. Noch immer legte sich ein eiserner Ring um seine Brust, wenn er daran dachte.

Jetzt lag er in seinem Zimmer auf dem Bett. Es war vormittags elf Uhr, neben ihm stapelten sich Bücher. Nichts brachte so viel verschwundene Zeit zum Vorschein wie ein verstauchter Knöchel. Er hinkte ans Fenster und blickte auf die entrückte weiße Landschaft des Neuthals hinaus.

Bäretswil war nahe genug, dass es selbst an diesem diesigen Tag zu sehen war. Das gleiche Wetter wie am Tag seines Sturzes.

»Carl? Du darfst dich bewegen!«, hörte er die Stimme seiner Mutter aus dem Innern des Hauses. Er schloss die Augen. Im Knöchel begann es pochend zu schmerzen, wenn er sich darauf konzentrierte.

»Ich werde deine Post *nicht* hochbringen!«

Tief im Untergrund des Hauses begann eine Maschine im Berg zu arbeiten. Carl sah sich unschlüssig um.

Auf seinem Bett war das karierte Kopfkissen an die Tatzen eines lebensgroßen Plüsch-Pandabären gelehnt, ein Überbleibsel seiner Kleinkinderzeit. Egal. Er liebte ihn auch mit dreizehn noch. Die Wände waren bedeckt mit Landkarten und Fotos von Walen, die wie ein Wald fleischiger Pflanzen aus der Oberfläche des Meeres wuchsen; weiße, baumlange Paddelflügel, die ihm wie Teile vergrabener Urzeitmaschinen vorkamen. Wale stellten für Carl so etwas wie Dinosaurier der Gegenwart dar, eher mit Schiffen als mit Menschen vergleichbar.

An der Innenseite der Dachschräge, aus der das Erkerfenster ins Neuthal sehen ließ, war eine große Karte der Antarktis angebracht. Auf einem im rechten Winkel zum Fenster angeordneten Tisch stand ein Flachbildschirm, unter dem Tisch ein Hewlett-Packard-Computer, auf einem Teewagen daneben ein Flachbettscanner und ein Drucker. An der Tür klebte ein National Geographic Poster.

Wie viele Rosen?
Zähl die Natur

Das Datum eines Einsendeschlusses – 31.12.1998 – war mit dickem roten Filzstift umrandet. Auf dem Poster waren acht Massenfotos aus der Natur zu sehen: Redwood-Bäume in Kalifornien, eine Gnu-Stampede in Kenia, schwimmende Wolken von Piranhas, aufstiebende Flamingos, eine Eiche voller Krähen, eine Kolonie von Kaiserpinguinen auf dem Eis der Westantarktis, die von Termiten übersäte Ruine eines Holzhauses. Groß in der Mitte ein Rosenfeld in Spanien. Wer die Pflanzen oder Tiere auf *jedem* Bild richtig gezählt hatte, konnte eine Million Dollar gewinnen.

Es ist so etwas wie eine Lotterie, dachte Carl, *bei der nicht Glück, sondern Zeit und Pingeligkeit zählen.* Carl hatte Zeit.

Er humpelte die Treppe hinunter. Und er war wild entschlossen, seine erste Million zu verdienen.

Warum musste seine Mutter ihn quälen? Sie hätte ihm gut und gern die Post in sein Zimmer ins Dachgeschoss bringen können. Carl nahm den Umschlag von der Barockkommode in der warmen Eingangshalle. National Geographic. Es waren die bestellten großformatigen Drucke.

Zähl die Natur. *Herrn Carl Simmons, Bäretswil.*

Zwei Dollar das Stück. Auf dem Rückweg in die obere Etage war er froh, wieder größeren Abstand zu der Höhle zu gewinnen, die dort unten wie ein schlafendes Ungeheuer auf ihn zu warten schien. Vierzig Stunden hatte er hilflos darin zugebracht, in einen Sandhaufen eingegraben, um nicht zu erfrieren. Rufen. Schreie. Klopfen. Kalt, dunkel und allein.

Vor gut einer Woche war sein Vater Claude für eine halbe Woche erschienen. Er hatte herumtelefoniert, mit Heerscharen von Leuten gesprochen, und seither herrschte unter dem Haus Hochbetrieb – tiefes Rattern, Baggern, Stampfen, Klopfen. Reihen von LKWs rückten an und brachten Baumaterial, Maschinen und Arbeiter und karrten Schutt davon.

Es kam Carl vor, als würde in einem ihm nicht mehr zugänglichen Alptraumland ein neues Haus für die anderen gebaut. Ihm schauderte. Mit schnellen Hüpfern seines gesunden linken Fußes stieg er die letzten Stufen der Treppe hoch. Er rückte seine beleuchtete Lupe auf dem Schreibtisch zurecht und entnahm dem Umschlag die Originaldrucke der Fotos, die er vom Poster her kannte. Die Rosen richtig zu zählen war die Voraussetzung für alles. Damit begann er.

Die oberste Reihe. Das Hauptproblem würde die Unterscheidung von Knospen und Blüten sein. Nur die Blüten zählten. Als Blüte galt, was bereits geöffnet war und eine Farbe zeigte.

Augen und Rücken schmerzten. Er hatte auf das Mittagessen verzichtet, weil er das Zählen nicht unterbrechen durfte. Aber er hatte das Ergebnis. 1238 Rosen.

Er war sich sicher.

Jetzt kamen die Kaiserpinguine an die Reihe, *Aptenodytes forsteri*. Die gleiche Prozedur, beginnend mit der linken oberen Ecke. Er legte das Bild unter die Lupe und machte sich an die Arbeit.

Mit der Nummer 421 stimmte etwas nicht. Er schob die Lupe näher heran. Da war etwas Merkwürdiges. Eine Lücke zwischen den Pinguinen ließ trotz des extrem schrägen Winkels der Luftaufnahme den hervorgewölbten Teil der weißen Bäuche einer ganzen Gruppe sehen. Auf einem dieser Bäuche war etwas, was dort von Natur aus nicht hingehörte. Davon war Carl fest überzeugt.

Er blinzelte. Die Lupe reichte nicht aus.

Carl drehte sich in dem rollenden Stuhl zur Seite und schaltete Computer und Scanner ein. Das A3-formatige Bild hing an zwei Seiten über das Gerät. Es würde mehrere Minuten dauern, bis die nahezu fünfzig Megabyte an Daten aus dem winzigen Pinguin gequetscht und auf seine Festplatte geladen sein würden.

Maria kam aus der Schule. Nicht lange, und sie würde wieder damit anfangen, ihn mit ihrer Geige zu quälen.

Seine Schwester war Carl ein Rätsel. Wie konnte sie so

unermüdlich Geige üben, ohne wirklich zu wissen, ob sie ein Weltstar werden wollte? Ihre Zielstrebigkeit reichte immer nur ein paar Monate weit. Ohne es jemals von seiner Mutter gehört zu haben, hatte Carl das Gefühl, dass sie ihn mehr liebte als seine Schwester. Vielleicht war es das Problem der Dreierfamilie, in die der Vater ab und zu wie ein Fönwetter einbrach, das ferne Perspektiven eröffnete, dass Christine Maria zum Geigenspielen zwang. So hatte sie wenigstens einen Grund, ein starkes Gefühl für ihre Tochter zu haben, das mit ihrer Liebe zu ihrem Sohn Carl mithalten konnte: Stolz.

Der Computer hatte seine Prozedur beendet. Er schien den richtigen Pinguin getroffen zu haben, oben rechts in der Ecke war er zu sehen. Er setzte den Ausschnitt fest und verdoppelte die Größe.

Ein Pinguin, auf dessen Brust ein roter Fleck war. *Blutete er? Hatte er sich in dem herausgesabberten Krill gewälzt?*

Carl stellte fest, dass auch die Nachbartiere keine weiße Heldenbrust hatten. Hatte er sich geirrt?

Nein. Dieser Fleck war anders. Völlig anders.

Maria begann mit ihrem Spiel. Zum Glück war ihr Zimmer am anderen Ende des Flures. Es störte Carl gewaltig, aber er durfte sich zur Zeit nicht darüber aufregen. Maria hatte eine Krise. Eine fundamentale Krise. Und sie genoss den besonderen Schutz ihrer Mutter. Sie hatte die letzte Woche mehrere Tage lang geheult und geschworen, die Geige nie mehr anzufassen. Im Moment waren sie eine sehr marode Kinderschar.

Er rutschte etwas weiter weg vom Monitor und kniff die Augen zusammen.

Drei rote Flecken.

Maria hatte ihren Übungsbeginn mit einem schrillen Misston beendet. Carl war sicher, dass sie sich auf ihr Bett geworfen hatte.

Am Telefon hatte Carl seine Mutter von Selbstmordgefahr reden hören. Unsinn. Sie übertrieb mal wieder maßlos. Maria war so stark wie kein anderer Mensch, den er kannte, sein Vater einmal ausgenommen. Sie war einfach nur verzweifelt gewesen.

Auf der Pinguinbrust war weder Blut noch Nahrungsdreck. Es waren Schriftzeichen. Eins davon war eine Drei.

3

Sydney; Mittwoch, 9. Dezember

In fetten Würmern wanderte der Regen über die Taxifenster. Vor nur wenigen Minuten waren sie als quecksilbrige Tropfen auf der Glasscheibe vor seinen Augen geboren, inzwischen flochten sie sich in Knäueln zusammen. Ash sah ihnen interessiert zu.

Seit sie vom Kingston Smith Airport Sydney in Richtung Coogee losgefahren waren, redete George auf ihn ein. »Die widerlichen Fotos von euch werden in dem Zeug verpackt sein, das Helens Freundin Carol dir übergeben wird.«

George wischte sich mit einem Stofftaschentuch Speichel aus dem Mundwinkel. Ash verstand keine Silbe von dem, was George von sich gab. Er hätte kotzen können.

»George«, sagte er, »Helen hat dich immer für ein Arschloch gehalten. Wahrscheinlich hat ihre Mutter, die du zuerst irgendwie dazu gebracht hast, dich zu heiraten, und dann, sich zu Tode zu saufen, dich auch für ein Arschloch gehalten.«

Er blickte George treuherzig an. »Du bist ein Arschloch, George. Du musst damit fertig werden.«

Hätte ich im Flieger nur nicht so viel in mich hineingeschüttet, dachte Ash. Er musste aufstoßen. George wandte sich angewidert ab. »Du hast Helen und deinen Sohn auf dem Gewissen, Ash. Ich nehme doch mal an, dass Tom tatsächlich von dir war.«

Wellen von Unwohlsein schüttelten Ash. Er begriff nur dumpf, was George ihm erzählte. *Achtzehn Stunden Alkohol in trockener Luft über den Wolken,* dachte er. *Und jetzt George!*

»Du bist schon ein großes Ferkel, Ash. Es geht mich ja nichts an, aber es ist wirklich *alles* zu sehen. Jedes Detail! Ihr seid beide drauf. Hattet ihr einen Selbstauslöser oder hattet ihr noch einen Fotografen engagiert? Wenn das in England einer wüsste! Bei *den* Familien! Nicht auszudenken.«

»George, ich habe keine Ahnung, wovon du da schwafelst, aber es gefällt mir nicht. Ich rate dir, dich beim Notar und auf der Beerdigung anständig zu betragen. Ich bin nicht gewillt, mich zu beherrschen.«

Nördlich des Flughafens bogen sie vom Princess Highway in die Gardners Road in Richtung Kingsford ein. Der Taxifahrer sah sich um. Offenbar hatte er Angst, dass in seinem Taxi gleich eine Prügelei logehen würde – *Oh, da kennt er aber George schlecht, das feige Schwein,* dachte Ash – oder dass einer seiner Fahrgäste sich jeden Moment in seinem Wagen übergeben könnte, weil schon dieser Aufstoßer äußerst unangenehm gewesen war. Der Taxifahrer drehte auf, legte sich förmlich in die Kurven. George glotzte unbeteiligt aus dem Fenster in die vor Nässe schwimmenden Straßen von Kingsford, einem der Durchfahrtsvororte von Sydney mit einem Wein- und Schnapsladen am anderen. Ash sah ihn an. Die rasiermesserscharf geschnittene Unterkante von Georges Schnurrbart, die zu viel von seiner Oberlippe sehen ließ, berührte Ash besonders unangenehm. *Geradezu obszön,* dachte er.

Es war nicht mehr weit. Ash drückte sich in die Rückbank und schloss die Augen.

»Ich bin ein Engel«, sagte Tom hinter ihnen. Ash sah in den Rückspiegel. Tom saß in der Mitte der Rückbank. Links und rechts von ihm ragten die bunten Seidenflügel des Drachen hervor.

»Noch niemand hat Engel bei Sturm fliegen sehen«, sagte Helen, »aber Drachen.«

»Engel im Sturm«, überlegte Ash, »ob sie sich auf Telegraphendrähten halten können?«

»Ich bin ein Engel«, sagte Tom.

George drehte seinen Siegelring zurück auf den Rücken des linken Ringfingers. »Ich habe nur angedeutet, dass ich dafür sorge, dass die Bilder nicht in England bei der Familie deiner Frau bekannt werden. Weiter nichts. Du müsstest mir beim Notar nur etwas entgegenkommen.«

Er ist ein ausgewachsener Gangster.

»Weißt du, Ashton Kenelly, ich habe es ehrlich gesagt nie verstanden, wie Helen sich auf eine Beziehung mit dir einlassen konnte. Ein in England verheirateter Mann hat hier Frau und Kind! Hast du dir nie überlegt, dass sie dich wegen Bigamie drankriegen könnten?«

»Hör zu, Arschloch«, sagte Ash mit leiser Entschlossenheit, »meine Familie waren Helen und Tom, ob mit Trauschein oder ohne interessiert heutzutage keinen mehr, und es hat auch Helen und Tom nicht interessiert. Die arme Cindy und ihre Bagage in Cornwall sind ein Immobilienarrangement, das schon von Otto dem Normannen eingefädelt wurde, um Drawdykes Castle am Leben zu halten. Mit ein bisschen Mitleid und früher einmal einem Quentchen Liebe als Vertragsbestandteilen.«

Ash riss die Tür des Taxis auf. Sie standen genau vor dem Messingschild von Walker & Dixon.

Ash ging die Treppe voran, Georges Anblick von hinten hätte er nicht ertragen. Von welchen Fotos hatte der Ganove im Taxi geredet? Sollten es *ihre Fotos* sein? Sollte George die tödliche Frechheit besessen haben, das Persönlichste, was Ash und Helen geteilt hatten, die Fotos aus dem ersten Jahr ihrer Verliebtheit, in seine dreckigen Finger zu nehmen?

Diese verdammten Fotos! Diese wunderschönen Fotos! Wie verliebt sie in ihrem ersten Jahr gewesen waren! Alles war möglich, wenn man nur aus einem Herzen und einer Seele bestand! Und das schönste war, miteinander nach allen Regeln der Kunst zu vögeln, um ein gemeinsames Kind zu haben.

Sie wurden erwartet. Ash gab sein Gepäck in die Obhut der duftenden Erscheinung hinter dem Empfangstischchen und erkundigte sich nach dem Waschraum. Sie lächelte ihn an. Er lächelte nicht zurück.

In der Toilette machte er vor dem Spiegel Halt und sah sich an. Nach achtzehn Stunden Flug und Jetlag passte sein Gesicht nicht zu einem Vormittag, sondern zu einem unplanmäßigen Aufgewecktwerden mitten in der Nacht. Er sah grauenhaft aus und fühlte jeden einzelnen Schluck wie die Injektion eines Brechmittels. Unmittelbar nach der Verabschiedung von Cindy, noch in der Lounge in Heathrow, hatte er mit Gin-Tonic angefangen.

Immerhin hatte er sich zweimal unterwegs übergeben müssen. Einmal vor Singapur und einmal danach. Das musste er natürlich vom Konsum abziehen. Aber er hatte danach wieder gut aufgeholt. Er musste nur den ekelhaften Geschmack aus dem Mund bekommen. Er spülte den Mund mit Wasser aus und rieb sich das Gesicht ab.

Vor drei Tagen hatte ihn der Anruf von Helens Freundin Carol in Drawdykes Castle in der Nähe von Exeter erreicht. Sie hatte ihm in Tränen aufgelöst mitgeteilt, dass

Helen und Tom ums Leben gekommen waren, als ihr Haus in der Nacht von Sonntag, den 5., auf Montag, den 6. Dezember, vollständig abgebrannt war. Ein Adventskranz. Er selbst hatte ihn im November aus Zürich mitgebracht.

Ein wunderschöner Brauch der Kontinentaleinwohner. Bevor die letzte Kerze angebrannt ist, bin ich wieder bei euch.

Und dann war er nicht hier gewesen, um auf das verfluchte Ding aufzupassen.

Ash war nicht überrascht, dass Helen trotz ihrer erst einunddreißig Jahre ein Testament verfasst hatte. Die Stuffers-Familie gehörte zum alten »Sträflings-Adel von Australien«, wie sie immer betont hatte. Helen hatte von ihrem Vater fast einhundert Meter Strandfront am Coogee-Beach an der Küste vor Sydney geerbt. Darauf war George scharf.

Und mir ist es so scheißegal wie nur irgendetwas sonst.

Walker war ein jovialer junger Bursche, bestimmt zehn Jahre jünger als Ash. Er machte einen ernsten Eindruck. Er trug einen sattschwarzen Anzug aus bestem Tuch, ganz so, als müsste er in den nächsten Minuten bei einem öffentlichen Konzert auf die Bühne. Dazu eine rot und hellgrün schräg gestreifte Krawatte, die perfekt gebunden war. Er begann zu reden und Ash hörte nicht hin. Er schaltete seine Aufmerksamkeit erst wieder ein, als er Walker sagen hörte: »… Falle des vorzeitigen Todes meines Sohnes Tom ist der alleinige Erbe meines gesamten Besitzes Ashton Kenelly. Der durch dieses Testament geregelte Besitz besteht aus den Grundstücken am Coogee Beach in allen Gemarkungen, die auf mich im Grundbuch von Sydney eingetragen sind, und dem Wald-Grundstück nördlich von Andoom an der Westküste der Cape York Halbinsel im Bundesstaat Queensland, wie es auf mich im Grundbuch in Cooktown eingetragen ist.«

Zeugin war ihre Freundin Carol.

Ash war platt. Von einem Grundstück in Queensland hatte er noch nie etwas gehört. Niemals hatte Helen auch nur ein Sterbenswort darüber verloren. George hatte rote Flecken im Gesicht. Er murmelte etwas von »Naturschutzgebiet, das nicht an Ausländer gehen darf«, und schob Ash ein Papier eines Naturschutzbundes hin. »Mr Walker kann bis zu deiner Einbürgerung als Präsident des Bundes ›Australische Natur‹ treuhänderisch tätig sein.«

Walker deutete zur Unterschrift auf die untere Zeile. »Nur eine kleine Frage, ihr beiden Philantropen«, sagte Ash. »Ich bin vom Club ›Menschliche Natur‹, der überhaupt nicht philantropisch ist. Wie groß ist denn das mir bisher unbekannte schöne Stückchen Erde?«

Walker tat so, als wisse er von gar nichts. George wand sich.

»Bevor ich das nicht weiß, Georgie«, sagte Ash honigsüß, »kann ich natürlich nichts entscheiden.«

»Achtzigtausend Hektar«, erwiderte George mürrisch.

Ash beschloss, die nächste Pause im Pulsieren seiner Kopfschmerzen zu nutzen, um es kurz zu machen. »Ich nehme die Erbschaft an. Ich nehme den Brief mit. Für alle weiteren Geschenke, Abtretungen, Übertretungen und Vorschläge nehme ich mir drei Monate Bedenkzeit, mein lieber George.«

Er unterschrieb eine Annahmeerklärung. Warum sollte er etwas ausschlagen, von dem Helen gedacht hatte, dass es gut für ihn war? Er steckte den Brief ein, ließ sich ein Taxi rufen und rannte auf die Toilette, um sich endlich zu übergeben. Nachdem er sich noch einmal den Mund ausgespült hatte, wartete er bei Miss Tropenduft, bis das Taxi ihn abholte, und fuhr ins Hotel Emperor, das nicht weit vom Friedhof entfernt lag. Er konnte Australien nicht mehr ertragen, ein Kontinent, auf dem ihn alles an Tom und Helen erinnerte.

Er würde morgen mit Claude Simmons reden. Er würde sein Projekt in Noonarnah aufgeben und ihn um einen anderen Job bitten. *Überall, nur nicht in Australien und nur nicht in England, in der Nähe von Vater, Cindy und Drawdykes Castle.*

4

Im schwarzen Anzug wartete Ash vor dem Friedhof. Es hatte aufgehört zu regnen. Die Wärme des Sommers trieb Nebelfahnen aus jedem Grashalm. George erschien.

»Wie gut, dass die Familie da ist«, begrüßte ihn Ash.

»Du bist ein Ferkel, Ash. Du hast Helen aus der Bahn geworfen und durch Fahrlässigkeit umgebracht. Was weiß ich schon über dich? Vielleicht hast du es darauf angelegt, die Familie zu plündern. Das lasse ich nicht zu.«

»Und ich lasse es nicht zu, dass du mir auch hier auf die Nerven gehst«, versetzte Ash wütend und schlug George mit voller Wucht auf die Nase. Sie fing sofort an zu bluten. George krümmte sich und zerrte das rote Tuch aus der Brusttasche, um es sich unter die Nase zu halten. Ein hasserfüllter Blick traf Ash.

Es war eine kleine Trauergemeinde, die sich zur Beerdigung versammelt hatte: Ash und George, der neben ihm stand und alle mit seiner fassungslosen Trauer überraschte. Er konnte sie nur durch sein rotes Tuch dämpfen, das er vor seinem Gesicht knüllte. In der kleinen Kapelle kamen Ash Tränen. Er fühlte, dass ihm nach den Zukunftsplänen nun auch die Erinnerungen begannen, in Trümmer zu sinken.

Es gab eine Störung, als plötzlich mitten in der Ansprache des Pfarrers aus einem Lieferwagen mit der Aufschrift

»Sydney Herald« ein Fotograf auftauchte. Ash wandte sich ab.

Zum ersten Mal stand er jetzt vor allen anderen für seine Familie da. Alle schüttelten ihm der Reihe nach die Hand. Carol und Bert umarmten ihn. Der Pfarrer sah ihn lange an, während er seine Hand festhielt. Es war wie eine nachträgliche Hochzeit mit Helen. Es war furchtbar.

Ash lehnte alle Angebote der anderen ab, sich noch um ihn zu kümmern. Er hatte nicht vor, traurig im sozialen Umfeld der Toten zu grasen. Er musste mit sich allein sein. Er würde auf dem Weg zum Hotel im »Drexlers« allein mit seinen Erinnerungen noch ein Bier trinken.

»Drexlers Casino« war eine trostlose Kaschemme, wie Ash sie bisher nur aus Australien kannte. Ein überdimensionaler Tresen zog sich vor einer hoch aufragenden Kette von Kühlschranktüren hin. Jetzt erinnerte diese australische Eigenheit Ash an ein Leichenschauhaus.

Er bestellte einen großen Salatteller mit gebratenen Putenbruststreifen und Brot, dazu ein großes Bier. Er konnte es nicht mehr ertragen, an Helen zu denken, ohne ihre Berührung zu spüren, ohne die Wölbung ihrer Brust unter seinen Händen zu fühlen, ohne ihre grünen Augen nah vor sich zu sehen wie geöffnete Schmetterlingsflügel, ohne ihren Witz und ihre Sorgfalt in kleinen Dingen zu genießen. Er war schrecklich dafür bestraft worden, sich nicht deutlich entschieden zu haben.

In der dampfenden tropischen Welt in der Nähe von Darwin, ganz im Norden Australiens, herrschte ein Klima wie im Inneren eines Körpers.

Ash liebte die Tropen über alles – die frische Morgenluft und den Wind des Südens, die Bewegung der Fächer von Palmenblättern im Licht, die Atmosphäre von Leichtigkeit und Wärme, von lockerer Kleidung und harten geschäftlichen Verhandlungen bis in die Nacht, die Entspanntheit des Feierns nach Projektabschluss, das Schwitzen bei der gemeinsamen Suche nach Fehlern, die Kühle der klimatisierten Räume und die routinemäßige Jagd nach Mücken. Die Welt der Wärme war seine Welt. In dem tropischen Dampf und der Hitze der Liebe stellte er Helen als seine Frau vor.

»Du hast die raffinierte Art eines Bigamisten, einer unbescholtenen Lady einen Heiratsantrag zu machen.«

Helen fotografierte. Sie kletterte in Felsbrocken herum, die am Rand der Baustelle lagen. Ash hatte Mühe, ihr zu folgen.

»Was ist das?« Sie deutete auf die Unterseite eines Felstrümmers, an der ein Muster aus kleinen, in den Felsen gesenkten farbigen Näpfchen sichtbar war.

»Ein Trümmerstück.«

»Ich meine das Muster.« Helen blieb stehen und sah ihn an.

Ash schwieg einen Augenblick. Er ging weiter. »Der Rest einer Felszeichnung. Wir werden die Trümmer, wenn hier alles planiert wird, unter ein paar Metern Sand begraben.«

Helen blieb stehen. »Ihr habt die Felszeichnung gesprengt?«

»Wir hätten in dem davonlaufenden Markt der Speicherchips hundert Millionen Dollar verloren. Die Archäologen und die Ureinwohner hätten die Baustelle lahm gelegt.«

»Ich kann es nicht fassen.« Helen fotografierte in den Trümmern.

»Als ich in Athen einen U-Bahn-Tunnel gebaut habe«, sagte Ash, »haben wir uns bemüht, neue Abschnitte immer dann zu betonieren, wenn die Archäologen schliefen. Was weg war, war weg. Ich kann meine Pläne nicht einhalten, wenn ich störende Überbleibsel der Vergangenheit nicht planiere.«

Helen sah ihn erschüttert an. »Irgendwann wirst du auf deiner grünen Wiese aufwachen, alles, was du planiert und betoniert hast, um dich aufgetürmt, so dass du keinen einzigen Schritt mehr tun kannst. Es ist mir ein Rätsel, warum ich einen wie dich liebe.« Sie hob ihre Nikon, nahm ihn ins Visier und machte eine ganze Serie von Aufnahmen.

Kurz vor sieben brach Ash auf ins Hotel, wo er an der Rezeption eine verschlossene braune Papiertüte mit Helens Dokumenten vorfand, die Carol hinterlegt hatte. Sie stammten aus einer in dem abgebrannten Haus gefundenen Stahlkassette.

Nach dem schlimmsten Tag seines Lebens legte Ash sich aufs Bett und nahm die Tüte mit Helens Papieren an sich. Er riss sie auf und zog einige Briefe heraus. Ein Bild fiel vor ihm aufs Bett. Er kannte es gut, sein Vater hatte es aufgenommen. Es zeigte den siebzehnjährigen Ash, den Arm um seine Mutter gelegt, am Strand von Florida – und es zeigte etwas anderes. Er hatte Helen das Bild geschickt, als er ihr in einem Brief geschildert hatte, was ihn aus seiner Ehe in England vertrieben hatte. Dieses Bild. Sein Schrecken, als er erkannte, was sein Vater dort fotografiert hatte. Nichts hasste Ash in seinem beruflichen Leben so sehr, wie sich Verpflichtungen ausgesetzt zu sehen, die nicht er persönlich, sondern seine Vorgänger eingegangen waren. Jobangebote im Projektmanagement wimmelten von diesen Situationen. Wirkliches Talent zeigte sich daher in der Auswahl dessen, was man begann. Das Bild, das er jetzt in den Händen hielt, hatte ihn vor neun Jahren an der Fähigkeit zweifeln lassen, etwas selbst bestimmen zu können. Was er danach wirklich selbst begonnen hatte, lag nun einige Straßen weiter in Schutt und Asche.

Er schloss die Augen. Sie brannten in seinem Schädel wie die Lichter einer sich im Nebel entfernenden Küste. Er war fest entschlossen, dies seinen letzten Tag in Sydney werden zu lassen. Sekunden später war er in einen unruhigen Schlaf gesunken.

5

Sydney; Donnerstag, 10. Dezember

Im dritten Untergeschoss des aus den siebziger Jahren stammenden silbern glänzenden Hochhauses am Hafen betrat Ash am nächsten Morgen eine mit dicken Stahltüren gesicherte Halle, die ihn an einen Hangar für kleine Flugzeuge erinnerte. Sie war leer, abgesehen von einem furchterregenden schwarzen Objekt in ihrer Mitte, von dem schwere Kabel in der Betondecke der Halle verschwanden, und zwei Männern, die davor standen. Er kannte Claude Simmons, der ihm jetzt entgegenkam und seine beiden Hände ergriff.

Simmons war ein großer, kräftiger Mann, Anfang sechzig. Sein Händedruck gab Ash jedes Mal das Gefühl, einen mit Leder überzogenen Stein in der Hand zu halten. Fest wie sein Händedruck waren seine Haare, voll und grau, als hätten sie nie eine andere Farbe gehabt. In der freudigen Konzentration auf den Moment besaß er den Blick eines Jungen vor dem Weihnachtsfest. Er legte seinen Arm um Ashs Schulter und nahm ihn mit in die Mitte der Halle. Er deutete auf das schwarze Objekt vor ihnen, dessen Höhe Ash auf vier Meter schätzte. »*Elektra*. Sie wird für Simmons Industries in den nächsten Jahren die Rolle spielen, die in den Gründerjahren des Unternehmens einmal die Melkmaschine gespielt hat.« Ash sah ihn irritiert an. Simmons lachte.

»Wussten Sie nicht, dass wir in der Agrotechnik groß geworden sind und Militärtechnik, Reinsträume und Energie erst dazukamen, seit unsere Zentrale in der Schweiz ist? Auf diesem Grundstück hat mein Vater mit seiner ›Palm-Tree‹-Melkmaschine begonnen. Wissen Sie, was das Verrückte war? Er hatte eine Milchallergie. Er konnte das Zeug nicht ertragen.«

Der andere Mann wurde Ash als Jack Waters, Vorstandsvorsitzender der Antarctic Power and Infrastructure Association mit Sitz in Christchurch vorgestellt. Er war ein korpulenter Mann von Ende vierzig, dessen Haare bereits vollständig ergraut waren, was ihm den Anschein künstlich entworfener Seriosität verlieh. Er gab Ash die Hand.

Eine prächtige Fleischhand, dachte Ash, *direkt aus dem Fachhandel*. Er hatte sich den Termin bei Claude Simmons vollkommen anders vorgestellt.

»Jack ist ein wundervoller Kunde, der große Geduld mit uns hat. Wir versuchen bei ihm, einen Prototypen unseres wundervollen kleinen thermoelektrischen Kraftwerks *Elektra* in Betrieb zu nehmen, aber es gelingt uns nicht so recht.« Jack Waters grinste generös.

»Wo ist das Kraftwerk installiert?«, fragte Ash. *Antarctic Power*? Er glaubte sich verhört zu haben.

Claude schien peinlich berührt. Er wandte sich Waters zu. »Ashton Kenelly hat für mich hervorragende Arbeit geleistet, Jack. Er wird für Sie unser Problem in McMurdo in der Antarktis lösen.«

Antarktis. Ash hasste die Kälte. Andererseits legte er inzwischen nicht mehr nur Wert auf eine möglichst große Entfernung nach Großbritannien, sondern ebenso auf die nach Australien. *Weiter weg von allem geht nicht mehr*, dachte er. *Meine wirklich letzte Chance, den Dingen aus dem Weg zu gehen*.

Waters erhielt eine telefonische Mitteilung und verabschiedete sich. Ash sah sich das schwarze Objekt an, vor dem er stand. Schlieren warmer Luft stiegen von einem Fächer aus acht schwarzen fledermaushaften Metallflügeln auf, der eine geschlossene schwarze Metallkugel umgab. Simmons legte die Hand an einen der Flügel. »Es gibt keine Dampfgeneratoren, keine Turbinen, keine Dynamos mehr darin. *Elektra* versorgt das Hochhaus autark mit Energie – in den ersten zwanzig Jahren bereits deutlich billiger als die Stromversorger von Sydney. Danach für zweihundert Jahre ohne jeden Brennstofftransport zu einem Fünftel des heutigen Marktpreises für Endkunden. Vier australische Cent je Kilowattstunde.« Er sah Ash mit leuchtenden Augen an.

»Mit diesem Ding erklären Sie der Energiebranche den Krieg, Claude. Was ist das Problem in McMurdo?«

»Es gibt zwei Probleme.« Simmons lehnte sich an einen der Flügel. »Nummer 1: In der Antarktis funktioniert unser Kraftwerk nicht. Nummer 2: In Argentinien wurden fünf Menschen massakriert, als dort im August ein *Elektra*-Kraftwerk verschwand.« Er machte sich auf einen kleinen Rundgang um das schwarz beflügelte Ding. »Aus diesem Grund haben wir auch große Schwierigkeiten, eine Zulassung durch die amerikanische Atomenergiebehörde zu bekommen. Wir müssen wissen, was geschehen ist, wir müssen wissen, wohin *Elektra* gebracht wurde, und wir müssen sicherstellen, dass sich der Vorgang nicht wiederholen kann.«

Ash legte das Ohr an einen der Flügel. »Kernenergie?« Das Metall war warm. Nichts war zu hören. Kein Rauschen. Kein Vibrieren. Stille.

»Ihre Aufgabe ab Jahresbeginn wird es sein, unser Problem dort zu lösen. Bis dahin will ich dem Team da unten eine letzte Chance geben, seine Versprechen zu halten, auch wenn ich skeptisch bin.« Simmons nickte ihm auffordernd zu.

»Einverstanden.« Ash gab ihm die Hand. Claude legte sich mit Mächten an, die über ein Millionenheer von Arbeitsplätzen herrschten. Waren das Problem in der Antarktis und die Morde in Argentinien ein Vorgeschmack auf das, was Simmons noch bevorstand? Ash hatte das Gefühl, mitten in einem Energiekrieg zu stecken, von dem er nichts verstand.

»Tun Sie mir den Gefallen, Ash, und begleiten Sie mich zum Lunch in die 21. Etage. Ich werde Ihnen einen Mann vorstellen, der mir in Sachen Antarktis hilft, mit Greenpeace zurechtzukommen, und der dort unten rätselhafte Dinge zutage fördert.«

6

Bäretswil; Donnerstag, 10. Dezember

Maria hatte sich mit einer Hand voll Kerzen an das Ende des neu entdeckten Kellers zurückgezogen, der wie ein krankes Tier an einem Dutzend armdicker Kabel unter dem Haus lag und Wärme durch vier gelbe zieharmonikaartige Gurgeln einatmete. Sie stand auf dem Sandberg, in den Carl sich vergraben hatte, und spielte. Kühle, leicht nach Moder und Kalkstein riechende Höhlenluft umgab sie.

Es kam ihr vor, als wäre der Keller unter dem Berg zu ihrer Rettung genau dann entstanden, als sie es oben in der Welt der Zuschauer nicht mehr aushielt.

Ihre Mutter trat aus den Schatten, ihr eigener schien im warmen Licht der Höhle hinter ihr herzuflattern. »Du spielst wieder? Wie schön!«

Maria ließ Bogen und Geige sinken. »Du hast dich geirrt.«

»Maria.« Christine kam näher. »Ich weiß, dass es ein Alptraum für dich war, vor deinem Publikum zu stehen wie in Gelee.«

Maria hatte das Gefühl gehabt, unter den Blicken der mit jeder Sekunde wachsenden Erwartungen mit ihrem Schatten die Rollen zu tauschen. Dann, als die gespannte Erwartung bei den Zuhörern in Mitgefühl überging, spürte sie, wie die Lichter in ihr erloschen.

Der Archäologe stand im Raum. Hinter ihm wurde es gleißend hell. Staubschwaden quollen in den weißen Lichtkeilen heran. Maria packte Geige und Bogen in den schwarzen Kasten. Es war vorbei. Als sie an ihrer Mutter vorüberkam, flüsterte diese ihr zu:

»Ich schwöre dir, du wirst am 23. spielen. Und Erfolg haben.«

Maria blieb dicht neben dem Archäologen stehen. Er stank. Kaum war der Keller aufgetaucht, war auch der Archäologe in den Kreis der Familie getreten wie ein ungewaschenes Tier, das bis dahin unter dem Haus gelebt hatte.

Mit einem metallischen Gong sprang grelles Licht aus vier-, fünfhundert Watt starken Halogenlampen auch in diesem Teil des Kellers an. Ein junger schwarzhaariger Mann war aus den Staubvorhängen aufgetaucht. Er trug mehrere Papierrollen unter dem Arm. Zielstrebig steuerte er auf einen Tapeziertisch zu, der am Rand des Raumes stand. Er breitete die Pläne aus und beschwerte die Ecken mit Steinen. Christine trat heran.

Der Archäologe ging tiefer in den Raum hinein. Er untersuchte die Wände, bröselte am Putz herum und fingerte im Sand nach Tonscherben. Maria hatte den Raum, groß und lang wie ein leerer Eisenbahntunnel, noch nie im Licht gesehen.

Der junge Mann deutete auf den Lageplan.

»Der Keller beginnt hier im östlichen Drittel des Hauses, überlappt sich deckungsgleich für acht Meter mit dem

Fundament, um dann doppelt so weit, wie das Haus lang ist, weitere fünfzig Meter in den Hang zu führen. Damit hat er mehr umbauten Raum als das Haus darüber. Im Augenblick sind wir dabei, den Auftrag Ihres Mannes zur Stabilisierung des Kellers auszuführen.«

»Ich habe keine Ahnung, was wir damit anstellen sollen.«

»Darf ich Ihnen eine Empfehlung geben?«

»Bitte.«

»Schütten Sie ihn zu. Keller machen nichts als Ärger. Sie ziehen Zeug und Ungeziefer an, sie verleiten zu Unternehmungen, die man bedauert. Wir haben in der Nähe eine Grube mit wunderschönem weißen Sand.«

Maria hatte das Gefühl, als sollte sie in ihrer neuen Zuflucht mit dem Sand begraben werden. Die Vorstellung nahm ihr die Luft. Sie ergriff die Hand ihrer Mutter. »Nein.« Christine sah sie an. Sie sah das Entsetzen in Marias Augen, während sie weiter ihre Hand hielt.

Der Archäologe hatte seine Tour beendet. »Es ist ein Burgkeller aus dem dreizehnten Jahrhundert, der nie länger als für hundert Jahre in Betrieb gewesen ist, vielleicht zur Lagerung von Wein, Nahrungsmitteln oder Wasser. Im achtzehnten Jahrhundert scheint er in Vergessenheit geraten zu sein.«

Christine hielt noch immer Marias Hand. Sie sah den Bauleiter an. »Wir werden den Keller nicht zuschütten. Wir werden einen zauberhaften Galerie- und Konzertraum daraus schaffen.« Ihre grünen Augen leuchteten, ihre kurzen, blonden Haare wippten elastisch. »Wir werden ihn am 8.Mai, dem Vorabend von Marias Konfirmation, eröffnen.« Maria entzog ihr gewaltsam ihre Hand. Sie wusste, was jetzt kam. »Mit einem festlichen Konzert, bei dem sie ein Solo spielen wird.«

Maria rannte davon. Sie wollte nichts mehr hören. Sie versank im Lärm des gleißend hellen Tunnels. Sie drängte sich durch Scharen schwitzender Arbeiter, die Schutt auf Förderbänder schaufelten, bis sie über ein vibrierendes Raupenfahrzeug hinaus ins Freie kletterte, wo sie sich wenig später in einer in Schnee entrückten Morgenlandschaft unter der Sonne eines Schwarzweißfilms wiederfand. Sie brauchte einen Verbündeten.

Carl saß vor einem großen Monitor. Er hielt Maria ein Bild im A3-Format hin, auf dem ein gelber Haftzettel mit der Zahl 783 klebte.

»Ich liebe Pinguine!«, sagte Maria.

Auf dem Bildschirm war eine Botschaft erschienen.

»Sieh dir das an.« Carl schob ihr einen Ausdruck aus seinem Farbdrucker hin. Er zeigte auf A4-Format vergrößert einen Pinguin, der unscharfe, zum Teil verdeckte rote Flecken auf der Brust trug.

»Punkte, Striche und eine Drei«, sagte sie.

»Eben.«

Carl las die Botschaft vor: »Ich habe deinen Bildausschnitt geprüft. Es ist ein offizielles Foto des Antarctic Biological Survey Program (ABSP), Teil einer Mitte Juli in den ersten Dämmerungsstunden des Spätwinters aufgenommenen Filmrolle, die 7200 Negative enthält. Es kann nur hier direkt eingesehen werden. Wir sind nicht ausgestattet, Ausschnitte auszuwählen oder gar zu versenden. In diesem Jahr verhindert zudem ein besonderes Lizenzabkommen mit National Geographic, dass wir irgendetwas herausgeben.

Gegenwärtig ist keinem hier ein Programm bekannt, in dessen Rahmen irgendwelche optischen Markierungen an Pinguinen angebracht würden.

Ein persönlicher Vorschlag, Carl: Wenn du wirklich dringend wissen willst, woher das Bild kommt, besuche uns diesen Sommer (geht bis Anfang März) in McMurdo. Ich verspreche dir, dir zu helfen und dir alles aus unseren Archiven zu zeigen. Schau einfach mal bei uns herein.

Gus Helmer, NSF Station, McMurdo. Antarctica.«

Carl sah Maria an. »Ich fahre hin.« Er hörte sich sehr bestimmt an.

Sie betrachtete ihn sorgfältig. »Was treibst du hier eigentlich, Carl?«

»Mitten unter den Hunderten von Pinguinen findet sich plötzlich einer, der eine Botschaft trägt. Eine Drei und zwei oder mehrere andere Zeichen. Und es ist keine Biologenmarkierung. Was also dann?«

Sie zuckte mit den Achseln. »Wen kümmert es? Es ist eine Zahl auf einem Pinguin, keine Leiche. Vielleicht Graffiti.«

»Eine Zahl auf einem wild lebenden Pinguin in der Antarktis, die keiner dort angeschrieben haben will, ist für mich so spannend wie für andere eine Leiche. Graffitikünstler wollen sich verewigen, Pinguine tauschen innerhalb eines Jahres alle Federn aus. Danach ist alles weg. Es muss eine Art Flaschenpost sein, ein Notruf. Vielleicht sind es Koordinaten – zum Beispiel 83S, ein Breitengrad, der durch das Ross-Eisschelf verläuft. Ich weiß es nicht, aber ich werde es herausfinden.«

»Du wolltest schon immer in die Antarktis. Gut. Jetzt hast du ein Argument. Und eine Begleiterin.« Sie zwinkerte mit den Augen und boxte mit dem rechten Ellenbogen in die Luft.

»Kommt nicht in Frage. Du hast ständig Geigenlehrer im Schlepptau.«

»Christine lässt dich nie im Leben allein fahren. Nach allem, was sie in den vierzig Stunden, als du verschwunden warst, durchgemacht hat.« Sie nahm seine beiden Hände. »Du hast eine geniale Entdeckung gemacht, Bruderherz. Ein Abenteuer. Wir haben alle Abenteuer geteilt. Wenn ich mitkomme, hast du zwei Stimmen für deine Reise, wenn nicht, eine dafür und eine dagegen. Du weißt, wie es bei uns läuft.«

Sie nahm ein Blatt aus seinem Drucker und schrieb mit dickem grünen Filzstift darauf: »WUNSCHZETTEL für Carl & Maria: Reise in die Antarktis.« Sie faltete ihn zusammen und drückte Carl das Päckchen in die Hand. Er nahm eine Heftmaschine und heftete das gefaltete Blatt mit einem lauten Schlag zusammen. Sie umarmte ihn. »Wir werden fahren, ich verspreche es dir.«

7

Sydney; Donnerstag, 10. Dezember

Der für drei Personen gedeckte Tisch schwebte im einundzwanzigsten Stockwerk über dem Hafen von Sydney. Die aufgefalteten Servietten saßen da wie drei weiße Vögel, die an dem herrlichen Sommertag von oben die Aussicht genossen.

Wie eine aufgefaltete Serviette lag das Opernhaus auf der spiegelglatten Wasseroberfläche der Bucht von Sydney, als Helen ihm gegenübersaß. Sie setzte das Glas an die Lippen. *Sie ist so unglaublich süß. Nicht schön, sondern zart und süß.* Ash genoss ihre strahlenden Augen unter dem langen, glänzenden, hellbraunen Haar, ihre gespannte Aufmerksamkeit.

»Kennst du die Augen des Chamäleons«, fragte sie.

»Keine Angst, deine sehen erst in hundert Jahren so aus.«

»Sie sind wie zwei meiner Kameras mit Zoom-Objektiven.« Sie hielt das Glas noch an ihren Lippen und lächelte. »Sie bewegen sich ruckartig und unabhängig voneinander, sie fokussieren zugleich verschiedene Punkte wie

Teleobjektive. Sie konzentrieren sich und, ehe man sich's versieht, haben sie ihre Aufmerksamkeit auf zwei andere Punkte gerichtet. Es bleibt mir ein Rätsel, wie es ein Hirn schaffen kann, sich aus solchen Blicken eine Welt zusammenzusetzen.«

Sie trank einen tiefen Schluck von dem sanften vollen Coonawarra Cabernet Sauvignon, setzte das Glas ab und richtete den Blick auf Ash. »Dein Leben bewegt sich wie die Augen des Chamäleons. Wo setzt du es zusammen?«
Ash schwieg.

»Vielleicht muss die Frage lauten: Wann?«, sagte er leise. Er beugte sich hinüber. »Das Zusammensetzen wird eine chirurgische Arbeit, es wird schmerzhaft werden.« Er spürte Helens Duft und küsste sie.

»Möchten Sie etwas trinken?« Claude Simmons hatte den Raum betreten. Er füllte zwei Gläser mit trockenem Sherry. Sie prosteten sich zu und blickten über den Hafen.

»Die Welt ist zu groß für einen einzelnen Menschen, Ash. Wir sind für Entfernungen wie die, mit denen wir es ständig zu tun haben, nicht konstruiert worden. Es ist furchtbar schwer, darin ein normales Leben zu führen und eine Familie zusammenzuhalten. Aber es ist das Wichtigste, das wir haben. Meine Frau Christine, meine Tochter Maria, mein Sohn Carl und ich leben in Bäretswil in der Nähe von Zürich – wenn ich nicht gerade hier oder anderswo bin. Es ist einfach schrecklich. Erzählen Sie mir von Ihrer Familie, Ash. Wie ich höre, leben Sie in England.«

Ash wurde es plötzlich eng in seinem Hemd. Er folgte Simmons Beispiel und legte sein Jackett ab. »Meine Frau hütet mit Vater und Schwiegervater in England ein Schloss. Es ist so groß, dass es nicht weiter auffällt, wenn ich zwischendurch in der Antarktis bin.« Er leerte den Sherry.

»Unsere Station dort unten schaltet sich alle zwei Tage

ab, Ash, und niemand versteht, warum. Sie ist von zwanzig Prototypen der einzige, der nicht funktioniert.«

Schweigend genossen sie für einen Augenblick die Aussicht.

»Sie müssen mehr über den Vorfall in Argentinien erfahren, Ash. Es ist möglich, dass Sie davon in Mitleidenschaft gezogen werden.« Simmons holte Luft, als fiele es ihm schwer, sich daran zu erinnern. »Eine *Elektra*-Station wiegt einhundertzehn Tonnen. Dennoch ist eine aus der Nähe von Mastardas, einem Kaff direkt an der Atlantikküste, zweihundert Kilometer nördlich von Rio Grande, über Nacht verschwunden. Der Verlust wurde am 25. August 1998 um 8 Uhr 30 Schweizer Zeit bemerkt. Es gab fünf Tote, davon drei unserer Ingenieure, die mit Abschlussarbeiten der Inbetriebnahme befasst waren. Jedes Kraftwerk kommuniziert aus Sicherheitsgründen täglich einmal mit *Atlas,* der Schweizer Zentrale für den weltweiten Betrieb. Gelingt dies nicht, schaltet es sich ab. Geschieht es länger als einhundertsechzig Tage nicht, entsorgt sich das Kraftwerk im Innern unwiederbringlich. Bisher hat es seit dem 25. August keine Kommunikation gegeben.«

»Wie konnten 110 Tonnen ungesehen abtransportiert werden?«

»Wir tappen völlig im Dunkeln.«

»Ein Schiff?«, vermutete Ash. Claude Simmons schüttelte den Kopf. Er griff in eine Ledermappe und reichte Ash einige Blätter.

»Ausschnitte aus argentinischen Zeitungen. Das ist das Verrückte. Einer der wenigen Fakten, die feststehen, ist, dass es kein Schiff gegeben hat. Dafür gab es Hinweise auf einen schwedischen Journalisten, der dort vorher für einen Bericht recherchiert haben soll und von dem weder jemals ein Bericht erschien noch eine andere Spur existierte.«

Ash blätterte in den Papieren. Er las laut aus einer der Übersetzungen: »– berichtete die Mannschaft des Fischerbootes *Patagonia* von einer Wolke, die hundertmal so groß gewesen sei wie ihr Boot und die in geringer Höhe über dem Meer entgegen der Richtung des herrschenden Nordostwindes davonflog.« Ash sah Simmons zweifelnd an, während er die Papiere zusammenlegte und einsteckte.

»Die Diebe des Kraftwerkes aus Argentinien stehen unter Druck.« Simmons setzte sich an den Tisch, Ash nahm den Platz mit der besten Aussicht auf den Sydneyer Hafen. »Wann wird sich das Kraftwerk endgültig abgeschaltet haben?«, fragte er.

»Genau ab dem 1. Februar nächsten Jahres, 8 Uhr 30 Schweizer Zeit ist es weniger wert als ein Felsbrocken.«

»Wissen das die Diebe?«

»Es ist bekannt. Ich fürchte, es wird sie bis dahin zu irgendwelchen Aktionen zwingen.«

»Bob Arvin«, stellte sich ein kleiner Mann mit kurzer, schwarzer Borstenfrisur vor, noch bevor er den Raum ganz betreten hatte. Der französische Akzent war nicht zu überhören. Unter seinen schwarzen Bürstenhaaren trug er ein schiefes Grinsen im Gesicht.

»Bob Arvin ist mein schlechtes Gewissen bei Greenpeace«, sagte Simmons und blickte mit der stolzen Distanz eines Vaters auf Arvin , »und ich bin als Vorstand der Stiftung, die ihn finanziert, das schlechte Gewissen bei den Budgets seiner Projekte auf der antarktischen Halbinsel.«

Zum Hauptgericht, einem Rinderfilet in Sauce Choron, wählte Claude Simmons einen trockenen Rotwein aus dem Barossa Valley. Das Filet erwies sich als butterzart und der Rotwein zerging Ash im Gemüt wie ein warmer Sommerabend.

Bob Arvin sah Ash aufmerksam an. Als wäre er zu dem Entschluss gekommen, für eine anstehende Diskussion einen Verbündeten gewinnen zu müssen, schob er seinen Teller beiseite und nestelte aus seiner Ledertasche den Sonderdruck eines Zeitschriftenartikels. Er schob ihn Ash über den Tisch mit den Worten: »Ich bin berühmt geworden. Lesen Sie, womit.«

Ash fühlte sich beiden gegenüber verpflichtet, den kurzen Artikel zu lesen. Claude und Bob Arvin sahen schweigend in den Sydneyer Hafen, während sie den letzten Wein aus ihren Gläsern tranken.

»Warmzeit in Antarctica« lautete die Überschrift des Artikels aus der Beilage Natural Observer der Zeitschrift New York World Report vom 3. Januar 1998, den Ash jetzt in Händen hielt. Offenbar ein Interview. Ash begann zu lesen:

Ist es in unseren Breiten warm, weil es in der Antarktis kalt ist? Könnte es sein, dass bei uns im Norden eine Eiszeit herrscht, sobald es im polaren Süden wärmer wird? Neueste Erkenntnisse der Klimaforschung scheinen darauf hin zu deuten, dass genau dies bis vor etwa dreizehntausend Jahren der Fall war. Wir befragten Professor Robert Arvin vom Antarctic Climate Project der Johns Hopkins University in Baltimore zu neuesten Funden auf der antarktischen Halbinsel.

Was war das ursprüngliche Ziel Ihrer Suche?

»Auch wenn viel von wärmeren Jahren geredet wird, ist es sicher, dass die nächste Eiszeit früher kommt, als wir annehmen. Die Frage ist nur, wann? Und wie kündigt sich ihre Entstehung an? Um die Antworten darauf zu finden, begannen wir damit, in dem unter einer Eiszeit begrabenen Boden nach dem letzten Tag der vorangegangenen Warmzeit zu suchen.«

Wo konnten Sie den finden?

»Das einzige Gebiet der Erde, das heute von einem kilometerdicken eiszeitlichen Eisschild bedeckt ist und das vor weniger als einhunderttausend Jahren möglicherweise mildere Temperaturen gesehen haben könnte, ist die antarktische Halbinsel. Wir haben dort nach einem Punkt innerhalb eines geschlossenen Felsbeckens gesucht, an dem wir sicher sein konnten, eine ursprüngliche Bodenoberfläche vorzufinden, die nicht schon vor langer Zeit von Gletscherströmen abgehobelt und in das Meer geschoben worden war. Nach einem zweijährigen Programm der Auswertung von Luftaufnahmen entschieden wir uns für ein Gebiet in den Latady Mountains, zwischen Mount Terrazas und Schmitt Mesa, südwestlich vom Zusammenfluss der Irvine und Wetmore Gletscher, unmittelbar nördlich des 75. Breitengrades in Palmer Land. Als wir unsere erste Bohrung niedergebracht hatten, stellten wir fest, dass es dort unterhalb von 1600 Metern Tiefe Eisschichten gab, die *jünger* waren als die darüber.«

Das hört sich paradox an. Wie konnte es dazu kommen?

»Aus höher gelegenen älteren Gletschern haben herabstürzende Eisströme unter dem Druck neuer Schneemassen einen Talkessel gefüllt, der vorher lange eisfrei war, sich jedoch am Grund mit jüngerem Eis aus Niederschlägen gefüllt hatte.«

Mit anderen Worten, es könnte dort unterhalb der Gletscher warm gewesen sein wie in einem Alpental. Worauf sind Sie am Grund Ihrer Bohrung gestoßen?

»Wir fanden einen großen Holzsplitter der chilenischen Zeder, *Austrocedrus*, die zur Familie der Cypressen gehört und eine Höhe von mehr als zwanzig Metern erreichen kann. Bisher war nur ein einziger Fund prähistorischen organischen Materials bekannt, ein drei Millionen Jahre altes Holzfragment eines Kriechbaums aus der *Nothofagus*-Familie, das Mark Mabin auf 85 Grad südlicher Breite hoch oben im Transantarktischen Gebirge gefunden hatte. Die Radiocarbondatierung unseres Fundes ergab das radikal geringere Alter von dreizehntausend Jahren – bei aller Vorsicht, mit der man das Ergebnis bei klimatisch weitgehend unbekannter Historie der Fundstätte bewerten muss.«

Was bedeutet Ihre Entdeckung für das Verständnis unserer klimatischen Zukunft?

»Sie bedeutet zunächst, dass wir die Erdoberfläche des letzten Tages einer ebensolchen Warmzeit gefunden haben, wie wir sie gegenwärtig auf der Nordhalbkugel erleben. Damals, vor dreizehntausend Jahren, hat während der Latady-Warmzeit ein Baum in der Antarktis gestanden.

Wie konnte es dazu kommen? Welcher rätselhafte Mechanismus ist es, so fragt man sich seit den Forschungen von Stocker und Crowley 1992, der eine große Eiszeit zwischen Nord und Süd wie ein Pendel hin- und herwandern lässt? Eine Ursache könnte das System der atlantischen Meeresströmungen sein. Angenommen, der Golfstrom versiegte im Laufe der letzten Eiszeit, als nordamerikanische Gletscher in den Atlantik rutschten. Dann hätte die große Wärmeströmung vor Mittelamerika den warmen Brasilienstrom von Nord- nach Südamerika verstärkt und direkt als einen Golfstrom des Südens auf die antarktische Halbinsel gelenkt, diese erwärmt, die nördliche Halbkugel dagegen tiefer in die Kälte der Wisconsin-Eiszeit gestürzt.

Was immer wir dort unter dem Eis der Latady Mountains in unserer zweiten Bohrung noch finden mögen, es wird uns die Frage beantworten, wie viele Jahrtausende hindurch es auf der antarktischen Halbinsel warm gewesen war, als vor dreizehntausend Jahren das Eis dorthin zurückkehrte. Können wir diese Frage beantworten, haben wir die Antwort auf die wichtigste Frage: Wie viel Zeit bleibt uns bis zu dem letzten Tag unserer Warmzeit im Norden?«

Das Geschirr vom Hauptgang wurde abgeräumt. Bevor das Dessert, ein Kirsch-Mandel-Kuchen in Amarettosauce, serviert werden würde, begann Bob Arvin mit seinem Bericht.

»Ich will es kurz machen, Claude. Mein offizieller Jahresabschlussbericht liegt in zwei Monaten vor. Der Grund meines Besuches ist, dass wir Probleme haben.

Wir haben das Projekt nach längerer Vorbereitungszeit vor fast drei Jahren begonnen. Wie Sie wissen, hat sich das Vorhaben verzögert, weil wir unter dem Eis im Boden auf völlig unvorhersehbare Verhältnisse gestoßen sind und viel tiefer gehen und mehr Aufwand treiben mussten als geplant.«

»Die ursprünglichen Forschungsziele, also die unmittelbare Oberfläche unter dem Eis zu untersuchen und für die Klimahistorie auszuwerten, sind doch erreicht worden, oder?«, fragte Simmons.

»Ja. Aber die neuesten Entdeckungen von tief geschichtetem organischen Material, Holz und anderem lassen die Beantwortung von Fragen erwarten, die wir uns vorher niemals getraut hätten zu stellen.«

»Climates and Energy, das heißt Simmons hat zweimal je eine Million US-Dollar nachgeschossen, wenn ich mich nicht irre?«

»Richtig. Und zum abschließenden Sichern der zu erwartenden Ergebnisse fehlen noch einmal zwei Millionen. Eine Million für bereits entstandene Kosten, eine Million für Abschlussarbeiten.«

Jetzt war es heraus. Arvin beschäftigte sich mit seinem Weinglas. Claude Simmons war blass geworden.

»Das ist nicht die richtige Unterhaltung für ein Mittagessen, Bob. Aber Sie haben es selbst vorgeschlagen. Ich kann eine weitere Aufstockung für Simmons nicht mehr vertreten. Wir stehen durch die Kapitalbindung bei dem *Elektra*-Programm unter ungeheurem Druck. Wenn es sich bei den Analysten herumspräche, dass wir nicht einmal in der Lage sind, die Kosten in einem Thema wie dem Sponsoring von Climates and Energy zu begrenzen, würden wir ernsthafte Probleme mit unserem Kurs und den Anlegern bekommen. Es geht nicht ums Geld, Bob. Es geht darum, unsere Versprechen zu halten. Simmons steht unter aufmerksamer Beobachtung und lebt in den nächsten zehn Jahren mehr von seiner Glaubwürdigkeit als von seinem Geld. Da darf ich nichts riskieren.«

Arvin fuhr sich mit den Händen durch seinen Bürstenhaarschnitt. Seine Augen waren gerötet.

»Wir sind eine Firma, Bob, die ohnehin nicht auf Dauer den geeigneten finanziellen Hintergrund für Ihre Unternehmungen bieten kann«, fuhr Claude Simmons fort, »wir sind nicht die geeigneten Verwerter von Medienrechten oder die Partner für Sponsoring. Nehmen Sie es mir nicht übel. Sie haben dort unten sagenhafte Arbeit geleistet. Ich glaube, Simmons Industries hat seinen Vertrag mit Ihnen übererfüllt. Mehr ist nicht möglich. Lassen Sie sich das Dessert schmecken.« Er verließ grußlos den Raum.

Arvin sah abwesend aus dem Fenster. »Es gibt ein großes Rätsel, das wir nicht gelöst haben. Ein warmer Meeresstrom konnte die antarktische Halbinsel nur dann über längere Zeit erwärmen, wenn es etwas im antarktischen Meer gab, das die Konvergenz unterbrach, den Kreisstrom, der den Kontinent umgibt und von den Strömungen der Weltmeere isoliert. Ich habe nicht die geringste Vorstellung von dem, was diese Sperre gewesen sein könnte.«

Ash sah ihn verständnislos an.

Als Arvin weitersprach, zitterte seine Stimme. »Wenn ich nicht im Dezember Geld auftreibe, war alles, was wir bisher investiert haben, für die Katz. Mein Haus in Baltimore habe ich für drei Jahre Zeitvergeudung am Südpolarkreis verspielt. Unter den Energietypen ist einfach keiner, der weiterdenkt.«

»Ich glaube, das können Sie Claude nicht vorwerfen. Er denkt sehr weit voraus«, sagte Ash.

»Leider nur nicht in meine Richtung.«

8

Sydney verabschiedete Ash mit einem Tag voller Sommersonne in den Straßen, an den nördlichen Stränden und in Taronga Park, aber er konnte nicht behaupten, dass er ihm besser bekommen wäre als der Regentag seiner Ankunft. Für die Papiere, die man ihm zur Vorbereitung übergeben hatte, hatte er sich einen schwarzen Pilotenkoffer zugelegt. Als er sich in die British-Airways-Maschine 22.15 nach London Heathrow zwängte, schob er ihn unter den Vordersitz. Er würde genug Zeit zum Lesen haben.

»Wissen Sie, Ash, was der große Vorteil daran ist, am Gang zu sitzen?«, fragte Arvin, der plötzlich auf dem Sitz neben Ash aufgetaucht war.

»Man kann jederzeit rausspringen, um zu kotzen?«, versuchte Ash eine Antwort.

»Man kann die Stewardessen berühren. Wenn man sich etwas hinauslehnt, streifen sie einem mit dem Hintern die Schulter.«

»Ich beneide Sie!«

»Kommen Sie, Ash. Sie wollen mir doch nicht erzählen, dass Sie die ganze Zeit in Ihrem Aktenwust graben wollen. Wo sonst auf der Welt können Sie sich fast vierundzwanzig Stunden lang von hübschen jungen Frauen auf Zuruf bedienen lassen? Bestimmt nicht in der Antarktis. Das können Sie mir glauben.«

»Ich vertraue Ihnen etwas an, Bob, das ich auf einem langen Herflug beschlossen habe. Ich werde nicht den leisesten Anflug einer neuen Geschichte mit einer Frau zulassen, bevor ich nicht wirklich weiß, was ich selbst will. Bei mir ist zu viel durcheinander gelaufen. Ich bin abgestürzt und habe die Übersicht verloren. Schon ein Hintern an meiner Schulter wäre zu viel.«

»Oha«, machte Arvin.

»Sie sind so munter, dass Sie Ihre zwei Millionen Dollar sicher noch bekommen haben. Oder?«

»Im Gegenteil. Ich suche Trost. Simmons ist ein Geizkragen. Ich habe ihm die Drähte zu Greenpeace geknüpft und jetzt interessiert es ihn einen Dreck, was ich mache.«

»Zwei Millionen Dollar scheint eine Menge Dreck zu sein.«

»Gut, gut. Aber ich habe ein Riesenproblem.«

Ash war müde und räkelte sich in den Schlaf. »Ich bin sicher, dass Sie es lösen werden.« Mit dem Gedanken daran, dass er Helen auf dem Flug von Sydney nach Hongkong kennen gelernt hatte, ganz gegen seine Gewohnheit auf einem Gangplatz sitzend, wie Arvin ihn jetzt einnahm, schlief er ein.

Als er die Augen aufschlug, waren die Stewardessen gerade dabei, das Geschirr vom Nachtessen wegzuräumen. Arvin hatte einen Whisky vor sich und las in einem Report, den er einem großen Fax-Umschlag mit dem Aufdruck des Regency Hotels in Sydney entnommen hatte. Ash fühlte sich frisch. Er hatte keinen Hunger. Er winkte eine Stewardess herbei und bestellte sich ein Glas kalte Milch.

Arvin schob seinen Report zurück in den Umschlag. Er war so beeindruckt von dem, was er gelesen hatte, dass er die lebensprühende Stewardess mit keinem Blick registrierte.

»Darf ich Ihnen Milch geben?« Sie grinste, während sie Ash das Glas hinstellte.

»Was wollen Sie jetzt tun?«, fragte er Arvin.

Der sah ihn an, als käme er aus einer anderen Welt zurück in den Sitz neben Ash.

»Pinkeln gehen«, sagte er und stand auf.

Ash mochte den Kanadier, auch wenn er nicht recht verstanden hatte, was er eigentlich in der Antarktis tat. *Den letzten Tag vor der Eiszeit im Süden suchen? Um herauszufinden, wie lange es im Norden noch warm sein würde?*

Unentschlossen blätterte er in der Bordzeitschrift. Dann griff er zu einer gefalteten *Sun*, die im Ablagenetz von Arvins Platz lag. Die aufgeschlagene Seite trug die fette, über drei Spalten laufende Überschrift: »**Weltuntergangs-Wissenschaftler Leroy Eisenstatt veranstaltet Tagung in Bath.**«

»Da will ich hin«, sagte Arvin, der wieder neben Ash aufgetaucht war, »Geld bei Spinnern abzuholen versuchen. Es ist unglaublich, über welche Gelder Traumtänzer und Medien heutzutage verfügen. Wissenschaftler wie ich sind Hungerleider dagegen. Hätten wir diesen Happen gestern gefunden, hätte auch Simmons weitergezahlt. Es ist ein Jammer. Jetzt hat er sich festgelegt und es ist vorbei. Aber für Spinner wie Leroy Eisenstatt ist es ein gefundenes Fressen.«

Er wedelte mit seinem Fax. Er schien darauf zu brennen, Ash in sein Geheimnis einzuweihen. Ash tat ihm den Gefallen, ihn interessiert anzusehen. »Sie haben von der Bohrung gelesen, in der wir auf Holz gestoßen sind. Wir sind in den letzten Monaten tiefer vorgedrungen und haben weiteres Material aus unserem Bohrkern analysiert, wovon ich jetzt einen ersten Bericht erhalten habe.«

»Und?«

»Stein.«

»Aha. Scheint in der Antarktis nach allem, was ich höre, nicht gerade selten zu sein.« Ashs Gedanken waren bei Helen. *Ihre Haut war so fest und glatt.* Er spürte einer Berührung nach.

»Polierter Stein.« Arvin hörte sich atemlos an.

»Wollen Sie mir erzählen, dass dort unten am Ende Ihres Bohrloches jemand Steine poliert?« *Ich muss mich einmal darauf konzentrieren,* dachte Ash, *sonst höre ich es die nächsten zwanzig Stunden.*

Arvin starrte Ash an, als wäre er ein Schwachsinniger, den man mit den Blicken daran hindern muss, von einem Dach zu springen. »Zur Zeit ist nicht auszuschließen, dass es sich um die besondere zufällige Wirkung eines Gletschergeschiebes mit feinem Mergel auf Granit handelt. Vielleicht auch ein Artefakt der Bohrmethode. Aber nach allem, was meine Experten vor Ort mir schreiben, ist ebenso wenig eine atemberaubende Sensation auszuschließen, die alles umkrempelt, was wir bisher von der Westantarktis angenommen haben.«

»Und die wäre?«

»Dass es in der Zeitspanne zwischen fünfundsechzigtausend und fünfzehntausend Jahren vor unserer Zeit in der Westantarktis warm war. Fünfzigtausend Jahre lang.«

Arvin kringelte sich in seinem Sitz, als hätte er einen Sack voller Würmer verschlungen. Er bestellte sich bei der Stewardess noch einen Whisky. Wieder strafte er sie mit Nichtachtung.

»Ich traue mich nicht, es auszusprechen. Ich bin abergläubisch. Wenn Sie den Schluss nicht selbst ziehen können, werden Sie nicht viele Erfolgschancen bei Ihrem Projekt in McMurdo haben, darauf gebe ich Ihnen Brief und Siegel.« Er stürzte seinen Whisky herunter.

Ash begann zu begreifen, was er gehört hatte. »Ihr seid unter einem Kilometer Eis auf eine alte Steinfliese gestoßen? Richtig?«

Arvin fuhr sich mit den Händen durch die Haarbürste auf seinem Kopf und legte die Zeigefinger an die Nase. »Bei Erlebnissen, die mein Leben ändern, spüre ich einen Hauch von Petroleumgeruch in meiner Nase. Es ist wie eine Witterung, mit der mein sechster Sinn über meine Nase mit mir spricht, bevor er meinen Verstand belästigt. Als ich das Fax in Händen hatte, roch es nach Rohöl. Es ist eine Tatsache. Ich nehme noch einen Tullamore Dew.«

Er winkte nach der Stewardess. Jetzt nahm er sie wahr. Er grinste Ash breit an, während er sich leicht mit der Schulter in den Gang lehnte. Als sie ihm den Drink servierte, verdrehte er genüsslich die Augen. Erneut genehmigte er sich einen großen Schluck Whisky und schüttelte sich.

»Wieso Petroleum? Ich spüre nur den Duft von Parfüm«, fragte Ash.

»In meine schlimmsten Träume ist der Geruch von Petroleum eingewachsen. Sollten wir uns einmal in der Antarktis begegnen, erzähle ich Ihnen die Geschichte, bei der ich beinahe draufgegangen wäre.«

»Was tut Ihnen der polierte Stein unter dem Eis?«

»Er wird mein Leben ändern.« Arvin sah Ash mit festem Blick an. »Sie sind ein harter Bursche, der sich in einem harten Geschäft durchschlägt. Nehmen Sie für einen Moment den Blick vom Straßenpflaster und sehen Sie in die Entfernung hinter sich. Wenn das Ende einer Eiszeit – wie vor zehntausend Jahren auf der nördlichen Halbkugel bewiesen – mit der Erfindung der Landwirtschaft den Beginn der Zivilisation bedeutete, dann trat dieses Ereignis in Palmer Land, dem Teil der antarktischen Halbinsel, auf dem unsere Bohrung liegt, fünfundfünfzigtausend Jahre früher ein als bei uns im Norden. Der Stein ist die erste Spur von Menschen, die dort lebten und vermutlich nicht dümmer waren als wir heute. Sie hatten nur fünfundfünfzigtausend Jahre länger Zeit. Auch wenn sie viermal langsamer gewesen wären als wir, hätten sie in der Zeit auf den Mond fliegen können. Ich schwöre Ihnen, dass ich der Logik, die sich von hier aus ergibt, ohne jede Rücksicht folgen werde – und wenn ich Leroy Eisenstatt mit vorgehaltener Pistole zwingen müsste, mir die zwei Millionen Dollar zu geben. Wenn mich der Gestank nach Petroleum in meinem Kopf nicht vorher umbringt.«

Sie prosteten sich mit Milch und Whisky zu. Ash klappte seinen Sessel so weit es ging auseinander und streckte sich.

»Ich werde Sie an Ihre Petroleumgeschichte erinnern, wenn wir uns in der Antarktis über den Weg laufen sollten.« Ash stülpte seine Kopfhörer über. »I will be right here waiting for you«, versprach ihm Helen mit der Stimme von Richard Marx, als er das Kreuz des Südens aus den Augen verlor

9

Ash hatte in den Stunden während des Fluges wenig geschlafen und viel Wasser in sich hineingeschüttet. Er saß in dem kleinen Lichtschein des Strahlers über seinem Sitz, vor sich den geöffneten Pilotenkoffer.

Er legte die Unterlagen aus dem Kraftwerksprojekt, mit dem er sich die meiste Zeit über befasst hatte, zurück. Er begann zu ahnen, dass die Technik, die wie eine große schwarze Fledermaus vor ihm gehockt hatte, nicht einfach eine Maschine war, die nukleare Wärme direkt in elektrischen Strom verwandelte, sondern tatsächlich ein hoch kompliziertes, über die ganze Welt verteiltes System mit eigenem Satellitennetz darstellte. Vieles schien dabei schief gehen zu können.

Auf dem Bildschirm, der eine Sitzreihe vor ihm aus der Decke hing, lief Meg Ryan unruhig in einer Buchhandlung umher.

Ash griff wieder zu Helens Papieren. Er öffnete einen Umschlag. Sein Gesicht wurde mit einem Schlag heiß. *Die Fotos.* Was für eine atemberaubende Entdeckung war es für ihn gewesen, dass Helen ihren professionellen Ehrgeiz als Fotografin dabei einsetzte, sie beide in jeder Lage zu fotografieren. Er sah zwischen zwei Spiegeln ihren Rücken, ihren Bauch, ihre weit geöffneten Oberschenkel, ihre Schamhaare, sie beide ineinander. Er spürte alles zugleich, das Fieber, die Erinnerung, das Entsetzen, dass diese Bilder wie totes Fleisch in seiner Hand lagen, und die Frage, wo er sie in Drawdykes aufbewahren sollte.

Auf einem der Bilder haftete ein Zettel: *Mr Walker wird nicht länger als bis Ende Januar warten. George*

»Habe ich eben richtig gesehen?«, meldete sich Arvin neben ihm. Ash klappte die Mappe mit den Papieren zu.

»Sie haben geträumt. Offenbar kam Meg Ryan in Ihrem Traum vor, Bob. Es war der Stewardess peinlich, was Sie im Schlaf gerufen haben.« Arvin sah ihn zweifelnd an.

Ash schob die Tüte zurück in den Koffer. Daneben steckte Helens noch versiegelter Brief, den Walker ihm bei der Testamentseröffnung übergeben hatte. Ash nahm ihn heraus und entfaltete ihn.

Vor ihm lief der Abspann des Films. Die Stewardessen hatten die Kabinenlichter eingeschaltet und verteilten heiße Tücher. Auf dem Monitor begann eine Nachrichtensendung. Unkonzentriert begann er zu lesen.

»... *The Park* war in meiner Familie immer nur wichtig, wenn geerbt wurde. Im täglichen Leben spielte es keine Rolle.

Meine kriminellen australischen Vorfahren hatten es vor fast zweihundert Jahren in weiser Voraussicht geschafft, sich ein traumhaftes unzugängliches Stück Land von 81.478 Hektar zu sichern«,

Ash holte tief Luft. Die Hälfte der Fläche von Groß-London. Er las weiter.

»– gelegen auf der westlichen Seite der Cape York Peninsula, dem nördlichen Horn von Queensland, am Golf von Carpentaria nördlich von Andoom. Es ist ein Streifen, der sich an der Küste entlang und in schmalen Ausläufern hinein in die Berge der Great Dividing Ranges zieht. Es wird in meiner Familie mit der unausgesprochenen Verpflichtung vererbt, nichts anderes damit anzustellen, als es zu erhalten und weiterzugeben.

Es ist eine Märchenwelt unter tropischer Sonne und tropischem Regen: Felsen, Flüsse mit Wasserfällen, Regenwald, Strände ohne Ende, unbefestigte Wege. Irgendwo darin gibt es eine komfortablere Hütte, in der man einige Tage zubringen könnte. Ich war selten da. Das einzige Problem mit dem Land hat George geschaffen ...«

In der Nachrichtensendung waren Schüsse und Aufruhr zu hören. Ash sah auf den Monitor.

»... gewalttätige Unruhen in Kairo angestiegen. Beobachter gehen davon aus, dass sich bei den Parlamentswahlen ein erdrutschartiger Sieg radikaler Moslems abzeichnet. Regierungssprecher in Kairo weisen darauf hin, dass mit dem amtlichen Endergebnis frühestens in zwei Wochen zu rechnen sei ...«

»Damit ergibt sich für mich ein Problem«, stellte Arvin fest.

»Wieso? Ich denke, Sie wollen nach Bath.«

»Ich habe einen alten Freund, Lance Hastren, der Archäologe ist. Er war bei der Petroleumgeschichte mein Schutzengel.«

»Mir sind Archäologen vorwiegend als Störer von Bauprojekten bekannt.«

»Er wird Ihnen nicht in die Quere kommen, Ash. Er arbeitet im Innern der großen Pyramide von Kairo.«

»Was kann man dort wollen?«

»Verborgene Kammern suchen. Er soll für meine Finanzierung bei Eisenstatt ein gutes Wort einlegen. Wenn wegen des gestiegenen Einflusses der radikalen Moslems bei den Pyramiden nichts mehr für ihn läuft, wird niemand mehr auf seine Empfehlungen hören.«

»Antarktis. Pyramiden. Sie haben sich die tollsten Sachen herausgesucht, wie?«, murmelte Ash.

»Atomkraft. Sexfotos. Sie haben's auch nicht viel schlechter getroffen«, sagte Arvin.

»Hören Sie auf damit, Bob. Die Pyramidenkammern bleiben geschlossen, es gibt kein Geld, das Eis bleibt in der Antarktis. Das ist das Schlimmste, was passieren kann.«

»Sie ahnen nicht, wie schlimm das wäre.« Arvin machte sich über das Frühstück her, während Ash weiter las:

»Als meine Mutter lebte, konnte sie nicht verhindern, dass George eine geologische Prospektion in Auftrag gab, die sich über fast vier Jahre hinzog und ein Vermögen verschlang. Er ist, wenn ich mich nicht irre, noch heute dabei, Kredite zurückzuzahlen.

Die Analyse ergab, dass große Ölvorkommen unter *The Park* liegen – in geringer Tiefe und von hoher Qualität. Ich selbst habe die Studie nur einmal bei meiner Mutter gesehen, besitze sie aber nicht. George hält ihre Ergebnisse geheim, weil er erst das Land an sich bringen will, bevor er eine Lizenz verkauft. Inzwischen scheinen irgendwelche obskuren Geldgeber aus kriminellen Kreisen mit drinzuhängen, die ihm seine Kredite gegen Claimrechte abgenommen haben.

Wie ich George kenne, hat er ihnen mehr versprochen, als er halten kann. Ein Sumpf, vor dem du dich in Acht nehmen solltest.

Es tut mir so Leid, dich nun auf dieser Seite der Erde mit einem weiteren Familienerbe zu belasten – aber du bist der Einzige, der den fast religiösen Traum am Leben erhalten kann, den sich meine knochenharte Familie seit Generationen leistete – ein Stückchen des Paradieses zu schützen.

Ich liebe dich und küsse dich,

Helen«

Ein Stückchen des Paradieses zu schützen. Diese Verpflichtung war Ash selbst eingegangen, als er sich in Helen verliebt hatte. Er wollte alles tun, was in seiner Macht stand, dieses Versprechen einzuhalten.

Als die 747 beim Landeanflug über London die Wolkendecke durchbrach, löste sich das Tageslicht im Geflimmer fallender Schneeflocken auf.

10

Zürich; Sonntag, 13. Dezember

Wenige Minuten vor Mitternacht sah Carl den schwarzen Jaguar, der ihnen im wirbelnden Schnee folgte, zum ersten Mal. Sein Vater zeigte keine Reaktion. Wenn sein Vater selbst fuhr, nahm Carl dessen breiten festen Rücken als einen Teil der höchsten Ausbaustufe an Geräuschlosigkeit und Zuverlässigkeit wahr, die es für den Mercedes-Benz S-Klasse, in dem sie saßen, geben konnte.

Es waren noch vielleicht zwanzig Minuten bis nach Hause, die Scheinwerfer des Wagens hinter ihnen klebten an ihnen, als seien sie fest angebracht. Noch konnte es ein Zufall sein, ein Ortsunkundiger, der sich so nah an den vorausfahrenden Wagen heftete, wie es die schlechte Sicht im dicht fallenden Schnee erforderte. Die Welt schien Carl in verhängnisvoller Stille erstickt zu werden.

Sein Vater fuhr schneller. Der Jaguar blieb hinter ihnen, auch als sie von der Straße nach Rappertswil in Wetzikon abbogen, und ebenso als sie über kleine schneebedeckte Straßen zwischen Schemen erleuchteter Weihnachtsbäume durch Kempten in den Chämptner-Wald hinauffuhren. Sie wurden wieder schneller. Der große Wagen brach in den Kurven leicht aus. Die Scheinwerfer blieben hinter ihnen.

»Mir wird schlecht«, sagte Carl. Er hasste es, auf der hinteren Sitzbank zu sitzen, wenn sie Kurven fuhren. Er drehte sich um.

Sie waren jetzt mitten im Wald nordöstlich von Bäretswil, nichts als die Dunkelheit der Bäume und der fallende Schnee umgaben sie. Die Lichter des Wagens, der ihnen folgte, waren verschwunden. Der schwere Mercedes raste die Kurve in Richtung Bäretswil hoch.

Wieder kroch hinter ihnen der helle Schein aus dem Schnee.

Vor ihnen stand ein Tor, an dem sie anhielten. Die Lichter des Wagens hinter ihnen verzogen sich rückwärts in den Schnee und verschwanden, nachdem Claude gewendet hatte, als verlöschende Brandstellen in der weißen Nacht.

Als sich das Tor geöffnet hatte, fuhren sie in die Garage.

»Was wollten die?«, fragte Carl. Sein Vater zuckte mit den Achseln. »Vielleicht hatten sie sich verfahren oder wollten etwas herausfinden.«

»Ich habe etwas für dich.« Carl reichte seinem Vater nach dem Aussteigen eine aus dem Programmheft gerissene Ecke. Unter der Zeile »Weihnachtskonzert mit geistlicher Musik, Großmünster Zürich« stand eine Reihe von Buchstaben und Zahlen. »Das Kennzeichen«, fuhr er fort. »Ich glaube, sie wollten wissen, wo wir wohnen.«

Sein Vater legte den Arm um Carl, als sie durch den gläsernen Verbindungsgang hinüber in das erleuchtete Haus unter dem kleinen Uhrenturm gingen. »Danke, Carl«, sagte er und steckte den Zettel in die Hosentasche.

11

Bath; Dienstag, 15.Dezember

Unter strömendem Regen löste sich die Schneedecke auf, die Bath seit vier Wochen begrub. Robert Arvin ruinierte sich die Schuhe auf dem Weg vom Taxi ins Radisson Plaza, weil sein Bargeld hundert Meter vor der Einfahrt des Hotels erschöpft war.

Um 20 Uhr traf er Lance Hastren, der seit fünf Jahren dem Gespenst verborgener Kammern in der Cheopspyramide hinterherjagte, im Palmengarten des Rafael, unweit des römischen Bades.

Das Hotel befand sich in einem Anfang des Jahrhunderts errichteten Bau, sein Palmengarten war der Traum einer Kolonialerinnerung. Die Decke war mit einem goldweißen Schachbrettmuster ausgemalt, in ihrer Mitte ein buntes, gebogenes Glasdach in gusseisernem Gitterwerk. Zwischen Palmkübeln waren üppig gepolsterte Sitzgruppen verteilt.

Ein Brunnen mit gusseisernen Straußen und Elefanten plätscherte sanft vor sich hin, in den goldgerahmten Glaswänden hinter einer Bar spiegelte sich das Licht. An den Wänden prangten in chinesischer Manier gemalte Fasane und Schwalben auf tropischen Bäumen. Die glänzenden Henkel der als gläserne Urnen gestalteten Lampen hingen wie gerupfte metallische Flügel im Licht.

In der Sitzecke gegenüber spielte ein schlanker, schwarzhaariger Mann bei einer großen Flasche Mineralwasser ein Brettspiel. Arvin sah ihm zu. Hastren blickte kurz hinüber.

»Der junge Mann, der dort drüben allein eine Partie Dame spielt, wird morgen einen Vortrag mit dem merkwürdigen Titel ›Fossile Horizonte‹ halten. Er heißt Max

Djurvakin und ist angeblich ein in den USA lebender Star der Quantenphysik.«

»Beeindruckend, welche Zierfische Eisenstatt in seinem Aquarium in Bath zusammengeführt hat.«

Arvin betrachtete Hastren. Er war groß und hager, sein Kopf von einem harten grauen Haarschopf gekrönt, und seine Nase glich einer Landmarke in einer Felsenlandschaft. Seit Arvin ihn das letzte Mal vor vier Jahren bei einem Zwischenaufenthalt in Kairo gesehen hatte, schien er jünger geworden zu sein. Er war schlanker, seine Augen hatten Glanz zurückgewonnen, sein Gesicht war nicht mehr vom Alkohol aufgequollen.

Hastren dürfte wohl der einzige Archäologe der gegenwärtigen akademischen Szene sein, dachte Arvin, *der seine Berufslaufbahn als Forensiker im Dienst einer Versicherung begonnen hatte.* Mit einem kanadischen Expertenkontingent war er 1982 zur Bestandsaufnahme der beendeten Schreckensherrschaft der Khmer Rouge in die »Killing Fields« nach Kambodscha entsandt worden.

Arvin blätterte im Menü. Er bestellte für beide Lammbraten und Minzsoße.

»Ich treffe mich am Montag um 17 Uhr in den römischen Bädern mit Eisenstatt.«, sagte Hastren. »Er kann sich dort stundenlang aufhalten, wenn er in Bath ist. Ist dir übrigens bewusst, warum er die Konferenz ausgerechnet in Bath veranstaltet?« Arvin zuckte mit den Schultern.

»Er baut ein zweites Bath – ein originalgetreues *aquae sulis* der Römer im Maßstab 1:1, das sein Quellwasser aus der Originalquelle bezieht. Er hat die Stadt dazu gebracht, in den Parade Gardens, wenige Schritte weiter auf der anderen Seite der Abbey, eine Fläche bereitzustellen. Ihn treibt die Vision: ›Baden Sie wie im alten Rom. Sehen Sie anschließend, was eintausendfünfhundert Jahre später daraus geworden ist.‹«

»Der Bursche gefällt mir.«

»Er ist der unbestrittene Meister der esoterischen Pauschalunternehmungen, aber Bath ist nur eine Vorübung für *Astra.*«

»Was ist *Astra*?«, fragte Arvin.

Am Nachbartisch wurden Türme eines Teegedecks aufgebaut. Die Harfenspielerin des Palmengartens begann ihre Arbeit mit Boccherini. Ein dicker, grauhaariger Mann schleppte zwei Taschen durch den Raum.

»Er hält übermorgen dazu seinen Vortrag im Rathaus. Es ist seine Vision von einer ›Hauptstadt der Welt‹«, erklärte Hastren.

Arvin schob sein Besteck lautstark zusammen: »Hat er einen Knall?«

»Er möchte einen Platz schaffen, dauerhafter als Rom oder Babylon, der in den Katastrophen der Zukunft eine Zuflucht für die Eliten darstellt und die Zivilisation über das Chaos hinweg bewahrt«, sagte Hastren.

»Er hat mit Sicherheit einen Knall. Ich hoffe nur, er hat auch Geld.«

»Bestimmt. Sein Buch ›Welthauptstädte‹, das seit April mit Beginn der gleichnamigen, im Discovery Channel ausgestrahlten Fernsehserie verkauft wird, ist ein Renner.«

»Und warum *Astra*?«, wollte Arvin wissen.

»Die neue Welthauptstadt soll die Zivilisation in der Zukunft schützen, wie die Steinhülle eines Asteroiden die ersten Mikroben auf ihrem Weg schützte, das Leben von einer anderen Welt auf unsere zu bringen. Und er hat sich dafür ein Symbol einfallen lassen.« Hastren tauchte den Finger ins Wasser und malte auf die Tischdecke.

Die Bar an der Stirnseite des Raumes unter einer zweiundfünfzig-strahligen Sonne, die eine Uhr umrahmte, war beleuchtet, als stünde sie auf einer Bühne. Arvin hatte das Gefühl, dass die drei Männer, die dort saßen, jeden Moment etwas äußern würden, das die Gäste des Palmengartens zu Beifall animieren müsste.

»Was ich unter dem Eis gefunden habe, müsste ihm als Beweis für das Ende einer Kultur, von der nichts übrig geblieben ist, etwas wert sein«, kam Arvin auf sein Projekt zu sprechen.

»Da bin ich sicher«, erwiderte Hastren. Er legte eine kleine, durchsichtige Plastikkapsel mit einem winzigen Steinsplitter darin auf den Tisch. »Wie bist du auf die Idee gekommen«, fragte er, »mir ausgerechnet diese Probe zur Untersuchung zu schicken?«

Arvin zuckte mit den Schultern. »Es schien mir nach rotem Granit auszusehen«, sagte er, »der ausgesprochen selten ist. Tatsächlich findet sich eine dünne Scheibe daraus nur an einer einzigen Stelle des Bohrkerns, während die meisten anderen Materialien wiederholt auftreten.« Er blickte Hastren treuherzig an. »Ich dachte mir, wenn es so selten ist, muss es etwas Besonderes sein. Und ich dachte, mit thermischer Ionisations-Massenspektrometrie könntet ihr mir seinen chemischen Fingerabdruck liefern, um irgendwann den Steinbruch seines Ursprungs in der Antarktis oder in Südamerika zu finden.«

Hastren sah ihn weiter an, als wolle er ergründen, warum Arvin ihn mit so viel Aufwand auf den Arm nehmen wollte. Er kam zu einem Entschluss.

»Gut«, sagte er, »halte dich fest. Es ist Rosengranit. Ein Splitter aus einer beidseitig bearbeiteten, einen Zentimeter starken Schicht. Die geringe Stärke spricht dafür, dass jemand Material sparen wollte. Oder Gewicht. Und er hatte auch allen Grund dazu, denn er hat es von sehr weit her herangeschafft.« Hastren lehnte sich zurück, um die Wirkung seiner Worte zu beobachten. »Genauer gesagt, aus den pharaonischen Steinbrüchen bei Abydos am Mittellauf des Nils. Offenbar gab es einen Handelsweg um den halben Globus herum.«

Arvin runzelte ungläubig die Augenbrauen. Hastren zuckte die Achseln. »Wir haben nur eine Messung ausgewertet, weiter nichts. Woher du die Probe wirklich hast, wissen wir nicht.«

»Absolut unmöglich«, sagte Arvin, »eine Handelsstation in den Latady Mountains in Palmer Land? Entweder machst du einen Witz oder es ist ein sinnloser Zufall.«

»Kein Witz«, sagte Hastren, »eine Verteilung von einem Dutzend Spurenelementen in der Probe, die identisch mit ihrer typischen Verteilung in dem Material aus Abydos ist.«

»Woher zum Teufel«, murmelte Arvin, »sollen die Leute vom Nil gewusst haben, wohin sie liefern sollten?« Er rieb sich die Stirn. »Ich werde dir als antarktischer Beobachter bei deiner verrückten Suche in der Pyramide auf die Finger sehen und mit einer Reihe weiterer Proben im Januar in den Labors des ›gelben Hauses‹ in Kairo aufkreuzen, alter Freund, um zu beweisen, dass du dich geirrt hast.«

Das Essen wurde serviert. In der benachbarten Ecke setzte Max Djurvakin mit der mechanischen Präzision eines Uhrwerks alle zehn Sekunden einen Damestein. Weiß. Schwarz. Weiß.

Hastren zog ein Stück Lamm an der Gabel durch die grüne Soße. Sie prosteten sich mit den großen Gläsern voll Mineralwasser zu.

»Wusstest du, dass das Wunder, Wasser in Wein zu verwandeln, zuerst von Dyonisos oder Osiris berichtet wurde, dem wichtigsten Gott der alten Ägypter? Lange *vor* Christus.«

»Ist er es, der dich beschäftigt?«

»Sein Kopf«, sagte Hastren.

»Schon wieder ein Schädel?«, fragte Arvin skeptisch.

»Wer weiß das schon?« Hastren lehnte sich zurück und blickte an die Decke. »Das *Haupt des* Osiris war früher die wichtigste Reliquie Ägyptens und ist seit viertausendachthundert Jahren verschwunden. Hat es tatsächlich jemals existiert? Was kann es gewesen sein? Der Teil einer Statue? Ein Meteorit wie in der Kaaba? Ein Bild? Wir wissen es nicht.« Hastren sah weiter in den bunten Glashimmel, der sich über ihnen wölbte.

Die Männer an der Bar waren verschwunden. Der Barkeeper war damit beschäftigt, ebenso leise wie sorgfältig die Theke zu polieren. Die Harfenmusik schien zu signalisieren, dass es jetzt an der Zeit war, den Palmengarten zu verlassen. Es wurde still in dem großen Raum. Die Mobiltelefone waren verstummt wie Vögel, die bald zum Schlafen von ihren Besitzern davongetragen werden würden.

Hastren stand auf, um an der Bar zwei Zigarren zu holen. Auch der amerikanische Physiker hatte inzwischen seinen Platz verlassen. Auf seinem Tisch stand das verwaiste Brett mit den Damesteinen der begonnenen Partie. Hastren wählte zwei kubanische Saint Luis Rey im Corona-Format, mit denen er zu Arvin zurückkehrte. Sie schnitten die Enden ab und reichten sich Feuer mit einem brennenden Zedernholzspan.

»Dame kann es nicht gewesen sein«, sagte Hastren, während er Arvin grübelnd durch die ersten herausgepafften Wolken ansah.

»Oder hast du jemals ein Damebrett gesehen, bei dem die Figuren auf schwarzen und weißen Feldern stehen?«

»Ist das wichtig?«

Hastren starrte Arvin an. »Djurvakin spielt Schach«, sagte er gedankenverloren. »Eine Schachpartie mit Damesteinen. Die Schachfiguren unterscheiden sich nicht.«

12

Zürich; Dienstag, 15. Dezember

Das Atlantis Sheraton Hotel in den Hügeln am Rand von Zürich atmete als ein Bau aus den siebziger Jahren Ruhe und Harmonie, wie sie die siebziger Jahre nicht einmal in Zürich hatten aufweisen können. Ash sah aus dem großen Fenster des Restaurants auf eine gespiegelte Welt, unter ihm leuchteten die weihnachtlichen Lichter der städtischen Sternenwelt, darüber lastete die Wolkendecke wie ein Planet voller Unheil.

Er trank einen vollen schweizerischen Pinot Noir Germidor. Er hatte nicht die Absicht, sich zu fragen, was vor ihm lag. Er hatte die Absicht, sich zu erinnern. Es gab Dinge, die man aus der Entfernung besser verstehen konnte als aus der Nähe. Regenbögen zum Beispiel, oder Helen.

Er spürte ihren Rücken unter seiner Hand. Die Sonne war untergegangen, Fahnen kühlerer Luft wehten von der Albatros Bay vor ihnen im Westen herüber. Sie lagen ins Gras gestreckt nebeneinander.

In der heraufsteigenden Dämmerung am Ufer des kleinen Flusses, der nicht weit von ihnen ins Meer floss, begannen sich Ratten ins Freie zu wagen. Mit dem Korken der leeren Flasche verscheuchte Helen sie.

»Du hast keine Angst?« Ash schob die Hand unter ihren Pullover. Sie setzte sich auf.

»Warum sollte ich? Habe ich von denen mehr zu befürchten als von dir?« Ash ließ die Hand, wo sie war, zum ersten Mal berührte er ihre Haut. Ihr Rücken schien ihm so viel breiter, als er von ihrer zarten Gestalt erwartet hatte, eine Landschaft, in der seine Hand wanderte und einen Rastplatz suchte. Er spürte die Lebendigkeit, die Fähigkeit, sich unbändig zu freuen, die innere Leuchtkraft Helens, die ihn von Beginn an bezaubert hatten.

»Es sind die zehn Jahre, die ich jünger bin, die dich begeistern. Es hat nichts mit mir zu tun.«

»Immerhin ist es eine der guten Eigenschaften, die du bis ans Lebensende beibehältst.«

»Gut, dass Sie so schnell meiner Bitte folgen konnten«, sagte Claude Simmons, der plötzlich vor Ash aufgetaucht war. »Auch die neuesten Tests unseres Kraftwerkes in McMurdo sind fehlgeschlagen und Jack Waters hat uns den 3. Februar als endgültig letzten Termin genannt, bevor er Alternativlösungen einleiten muss.« Simmons winkte dem Kellner und überließ ihm seine Visitenkarte. »Ich möchte Ihnen in der Nähe von Zürich etwas zeigen, Ash. Wir können uns auf dem Weg dorthin unterhalten.«

In den Duft von Leder gehüllt, bewegten sie sich leise mit dem schweren Wagen einen schneebedeckten Forstweg entlang durch den Wald des Ütliberges, unmittelbar westwärts des Atlantis Sheraton. Die Stadt hinter ihnen versank im Dunkel.

Der Wagen schwenkte auf eine Autobahn ein, verließ sie nach einigen Minuten wieder und zwängte sich wenig später durch die engen Straßen von Dietikon, nordwestlich von Zürich. Es war kurz nach neunzehn Uhr. Die Stadt lag unter frisch gefallenem Schnee, geschmückt mit Lichtern, die an großen Tannenbäumen hingen. Menschen strömten durch die Straßen auf der Suche nach den letzten Geschenken, leise drang Weihnachtsmusik aus den Geschäften ins Innere des Wagens. Claude Simmons sah hinaus. »Ist Ihnen bewusst, Ash, was Simmons Industries mit *Elektra* riskiert?«, fragte er.

»Ich kann mir die milliardenschweren Belastungen aus der Vorfinanzierung lebhaft vorstellen«, antwortete Ash. »Und die erbitterte Gegenwehr der Energieerzeuger.«

Zürich erschien Ash als eine Zukunftsgesellschaft, die sich mit beinharter Widerstandskraft bemühte, die Ströme des modernen Lebens in einem alten Flussbett zu halten. Den Zeitgeist zu ignorieren war anscheinend ein Schweizer Erfolgsrezept, das auf Claude Simmons' hochriskantes Energiespiel abgefärbt hatte. Sollte er damit Erfolg haben, würde er ihn sehr lange haben.

»In zehn Jahren werden wir Gewinnmargen realisieren, Ash, wie Sie sie sonst nur im Drogenhandel finden. Es gibt nur zwei Probleme, die mir wirklich Sorgen bereiten«, sagte Simmons.

»Vielleicht hängen beide zusammen?«, meinte Ash nachdenklich.

»Dann hätten Sie nicht nur McMurdo, sondern auch die Morde in Argentinien und den Raub eines Kraftwerks am Hals.«

Der Fahrer lenkte den schweren silbernen S-Klasse-Mercedes in die Berge südlich von Dietikon. Vor einem fünfstöckigen Würfel aus Glas und Edelstahl hielten sie an, nachdem sie auf der Spitze einer verschneiten Anhöhe am Fuß einer Hügelkette oberhalb von Honeret einen Bauernhof hinter sich gelassen hatten.

Der Würfel war hell erleuchtet. Von seinem Dach ragten drei riesige Parabolantennen in die kalte Luft. Wagen füllten einen Parkplatz davor. Obwohl es fast acht Uhr abends war, schien die Arbeit in vollem Gange zu sein. Mit einem Fahrstuhl, der für das Gebäude zu groß zu sein schien, fuhren sie in die obere Etage. Nach wenigen Schritten standen sie in einem Raum, der mit hunderten von Monitoren gefüllt war.

»Hier ist *Atlas,* die Zentrale für den Betrieb aller *Elektra*-Kraftwerke im Aufbau.« Unverkennbar schwang Stolz in Claude Simmons' Stimme mit. »Wir haben diesen Standort gewählt, weil er an einen dort drüben unter den Hügeln aufgegebenen Autobahntunnel grenzt, der ursprünglich einmal dafür gedacht war, Zürich von Westen her zu versorgen. Dort unter den Felsen liegt unser gesichertes Datenzentrum, in dem wir in den nächsten Jahren 128 Amdahl-Großrechenanlagen installieren werden, die Energieauslastungen, Abrechnungs- und Sicherheitssysteme, Kommunikationsnetzwerke und die physikalischen Prozessparameter von bis zu zehntausend Anlagen auf der Welt überwachen.« Er wandte sich an eine junge Frau, die vor einem der Monitore saß. »Erklären Sie Mr Kenelly, was Sie hier tun.«

»Jedes Kraftwerk gibt Wärme ab. Wir nutzen diese Tatsache als Mittel für eine extrem langsame, aber sichere Kommunikation, indem wir die Wärmeabgabe unmerklich modulieren. Mit Hilfe eines hoch empfindlichen Infrarotsatelliten empfangen wir daraus die Kennungen der Kraftwerke, auch wenn sie verschüttet oder versteckt sein sollten. Ich kann Ihnen zeigen, wie wir soeben die Infrarot-Ortungsinformation einer Station bei Ambodifototra auf der Insel Sainte Marie vor Madagaskar aufbauen.« Sie sahen eine Zeitraffersimulation, bei der ein *Elektra*-Würfel rosarot pulsierte und im Takt der Pulse daneben ein Code entstand.

Simmons schritt mit weit ausgreifenden Schritten durch den Raum voran. Er deutete auf die Monitore, die besetzt, oder noch in Aufstellung begriffen waren.

»Simulation und Überwachung des *Elektra* Satellitensystems, ELSA, mit dem wir den Zugang zu allen Stationen haben werden. Sie sehen hier ein Kraftwerk in Nema, einem Flecken in der mauretanischen Wüste unweit der Grenze zu Mali, dort eine Station in Fort Good Hope, einer eiskalten Ansiedlung in den kanadischen Northern Territories, dort in einem astronomischen Forschungszentrum bei San Antonio in der chilenischen Atacama Wüste. Bald werden wir vor Mutalau, auf der neuseeländischen Insel Niue, die erste Forschungsstation unter Wasser mit

Energie versorgen. Krankenhäuser, Computerzentralen, die auf unabhängige Energiezufuhr angewiesen sind – es gibt keine Grenze mehr, Ash. Wussten Sie, dass hundert Millionen Kinder auf den Straßen der Megastädte der Welt vegetieren? Bei zehntausend ausgelieferten Systemen wird *Elektra* in zehn Jahren nur einen winzigen Marktanteil erreicht haben, nur ein Tropfen auf dem heißen Stein. Aber es wird eine Energie sein, die hilft, den Planeten freier zu besiedeln.« Er blieb mit dem Rücken vor einem der Monitore stehen und sah Ash mit leuchtenden Augen an.

»Der Mensch ist nicht für Städte konstruiert. Um die Erde frei zu besiedeln, braucht er an jedem beliebigen Ort Energie. Wir sind es, Ash, die dem Menschen im 21. Jahrhundert mit dem Lagerfeuer seine Freiheit zurückgeben.« Sie gingen hinab in das Erdgeschoss. Dass jeder, der eine gute Idee hatte, sie gleich für die Rettung der Welt halten musste, schien Ash ein Übel, das zu viel Unheil geführt hatte. *Vielleicht aber hätte Simmons ohne diese Motivation nie mit seinem Spiel begonnen,* dachte er.

Simmons' Handy klingelte. Er ging ins Treppenhaus und blieb dort an das geschwungene Edelstahlgeländer gelehnt stehen, den Blick nach draußen auf eine große geschmückte Tanne gerichtet, deren Lichter warm unter dem frisch gefallenen Schnee glommen.

»Christine?«, sagte er, als er die Verbindung am Ohr hatte. »Carl ist sicher, dass es *der* Jaguar war?« Er griff, während er aufmerksam zuhörte, in seine Hosentasche und förderte zwei gefaltete Zettel zu Tage. »Er hat mir das Kennzeichen gegeben. Ich werde es dir diktieren. Grüße bitte Walter Fortini von mir, er wird sich freuen, wenn du ihn anrufst. Richte ihm aus, dass es sehr wichtig für uns ist, alles über diesen Wagen herauszufinden. Er soll selbst entscheiden, ob er die Kantonspolizei informiert.« Nachdem er das Autokennzeichen durchgegeben hatte, steckte er das Telefon wieder ein.

»Es scheint so, dass wir seit einigen Tagen beobachtet werden. Ein schwarzer Jaguar. Heute haben die Kinder gesehen, wie er vor ihrer Schule in Wetzikon wartete.« Er schüttelte sich. Er versuchte, den zweiten, verklammerten Zettel zu öffnen.

»Was tun Sie mit dem Zeug, das sich tagsüber in Ihren Hosentaschen angesammelt hat, Ash?« Ash zuckte mit den Schultern. Simmons musterte ihn.

»Die beiden Zettel hier stecke ich, weil sie wichtig sind, jeden Morgen wieder in meine Tasche und vergesse, sie tagsüber anzusehen. Ich werde alt, Ash.«

Inzwischen hatte er den Zettel aufgefaltet. »Wunschzettel«, las er vor, »haben Sie Ihre Weihnachtsgeschenke alle besorgt?«

»Mir ist in diesem Jahr nicht nach Schenken oder Beschenktwerden zumute.«

»Halten Sie sich fest, Ash, Ihr Team wird größer. ›Eine Reise in die Antarktis für Carl und Maria.‹«

»Tun Sie mir das nicht an, Claude. Ich habe keinen guten Draht zu Kindern.« Ash merkte, wie sich das Blut in seinem Herzen zusammenzog.

Tom kniff ihn in den Arm. »Ich will den Drachen allein halten. Lass los, da hinten.«

Helens Haare flackerten im Sturm, der von der Tasmansee her über die Küste fuhr, wie eine braune Flamme um ihren Kopf. »Er will die volle Verantwortung.«

»Wenn er ihn nicht halten kann, ist der Drache futsch.«

»Willst du deinem Sohn helfen, flügge zu werden, oder den Drachen behalten?« Ash nahm Helen in den Arm und wickelte beide in die Schnur ein. »Der Drache gehört zur Familie. Ich kann ihn nicht einer kleinen Rotznase überlassen, die sich heillos überschätzt.«

Tom lehnte sich gegen den Sturm und quietschte vor Vergnügen.

»Der Drache will mich mitnehmen. Nur ihr seid im Weg.«

»Je mehr ich darüber nachdenke, Ash, desto bessser gefällt mir die Idee. Sie können nicht wissen, dass Carl eine Reise dorthin verdient hat, weil er mich auf den Gedanken gebracht hat, dass die Antarktis der richtige Platz wäre, um ein neuartiges Kraftwerk berühmt zu machen.«

»Er scheint Recht zu behalten.«

»Sie werden das Problem lösen, Ash, dann hat er Recht behalten. Außerdem gefällt mir der Gedanke, die Kinder eine Weile unsichtbar zu machen, bis die Angelegenheit mit dem Jaguar geklärt ist.«

»Ich würde lieber ohne die Kinder fahren, aber Sie sind der Boss, Claude.« Claude Simmons sah Ash regungslos an.

»Gut«, fuhr Ash nach einer Pause fort. »Aber dann brauche ich eine Begleitperson, die während der Reise die volle Verantwortung für die Kinder übernimmt.«

»Einverstanden. Wie ich Christine kenne, brauchen Sie zwei Personen.«

»Wieso das?«

»Sie wird nicht einen Millimeter davon abrücken, dass Maria zu ihrer Konfirmation am 8. Mai, die zugleich eine private Feier des 75-jährigen Bestehens von Simmons Industries ist, ihr Konzert in dem neuen Konzertkeller geben wird, den Christine gegenwärtig unter unserem Haus bei Bäretswil ausbauen lässt.«

»Das heißt?«

»Die Geige.«

»Einverstanden.«

»Und der Geigenlehrer.«

»Aber das *Elektra*-Problem soll ich nebenher weiterhin lösen?« Ash konnte nicht anders, er musste grinsen. Simmons konnte nicht anders, als hilflos zurückzugrinsen. Im nächsten Augenblick begannen sie lauthals zu lachen.

»Sie haben den Hauslehrer vergessen.« Ash brüllte vor Lachen.

Das Gebäude leerte sich. Eingehüllt in dicke Jacken strömten die jungen Männer und Frauen an den beiden aus vollem Hals lachenden Männern vorüber ins Freie.

»Ich habe Bedenkzeit?« Ash war außer Atem geraten.

»Ein paar Minuten.« Simmons trocknete sich die Tränen. Das Handy meldete sich.

Simmons nahm es in die Hand und hörte aufmerksam hinein. Dann sah er Ash ernst an. »Ihre Bedenkzeit wurde soeben beendet.« Er steckte das Telefon wieder ein. »Der Jaguar wurde vor einer Woche in Lausanne als gestohlen gemeldet.«

»Ich nehme an. Aber es gibt Bedingungen.«

»Lassen Sie hören.«

»Erstens muss der Betreuer im Personenschutz professionell ausgebildet sein.«

»Akzeptiert.«

»Zweitens gibt es nur *eine* Begleitperson, keine ganze Corona. Und drittens muss die Person, die beide Anforderungen erfüllt, bis Ende des Jahres feststehen.«

Simmons zog die Augenbrauen hoch. »Ein Geigenlehrer, der Personenschutzerfahrung hat?«

»Oder umgekehrt. Ich bin nicht kleinlich, aber ich kann bei diesem Projekt keine Minute Ablenkung durch Koordination mehrerer Begleiter oder mit Kinderkram verlieren. Ansonsten gibt es die Kinderreise erst im nächsten Jahr. Ohne mich.«

Auf dem Weg zurück ins Hotel versanken sie in dem sanften Ledergeruch des Wagens.

»Ihre Bedingungen hören sich an, Ash, wie eine vertraglich raffinierte formulierte Absage. Aber ich bin einverstanden. Ich werde selbst sehen, ob ich jemanden finden kann. Die Sicherheitstests wird Walter Fortini übernehmen, verantwortlich bleiben Sie.«

»Ich werde noch heute telefonisch eine Anzeige in der Neuen Zürcher Zeitung aufgeben.« Sie hielten unter dem Vordach des Atlantis Sheraton, umgeben von hängenden Schnüren winziger elektrischer Lichter, die glitzerten wie eingefrorene Wasserfälle.

13

Bath; Mittwoch, 16.Dezember

Als Arvin am anderen Morgen im »Rafael« eintraf, hatte Hastren seinen Vortrag bereits begonnen. Arvin setzte sich auf den vorletzten freien Platz in der letzten Reihe, direkt neben die Tür, durch die er gekommen war. Er nestelte an dem Reversschild mit seinem Namen. »Was man auch tut, diese Dinger hängen schief«, sagte er leise zu seinem Nachbarn, der später als er gekommen war und kein Schild trug.

Er war ein vor Präsenz berstender mittelgroßer Mann, der Rasierwasserduft verströmte und dessen gepflegte graue Haare zurückgekämmt bis in den Nacken reichten. Er trug einen schwarzen Anzug, darunter ein hellgraues T-Shirt. Seine Beine hatte er übereinander geschlagen und wippte mit der rechten Spitze eines schwarzen Texasstiefels.

»Sie sind Professor Arvin?«, raunte der Mann zurück und stellte sich vor: »Eisenstatt. Ich höre mir von jedem meiner Schützlinge an, was er zu sagen weiß.« Er nickte in Richtung Hastren.

Arvins Puls beschleunigte sich. Eisenstatt verfolgte Hastrens Vortrag konzentriert.

»Mr Eisenstatt«, flüsterte Arvin. Der sah ihn fragend an. »Ich habe zwei Kilometer unter dem Eis der Antarktis den Nachweis menschlicher Besiedlung vor mehr als dreizehntausend Jahren gefunden.«

Eisenstatt richtete Blick und Aufmerksamkeit wie einen Laser auf ihn. *Falsch angefangen,* dachte Arvin, *Leute, die ihm den Stadtplan von Atlantis verkaufen wollen, trifft Eisenstatt zweimal die Woche.*

»Was ist Ihr Problem?«, fragte Eisenstatt.

»Geld«, sagte Arvin, »was sonst?«

»Ich werde mir Ihren Vortrag anhören, sprechen Sie mich danach an. Nach meiner Rede morgen Nachmittag stellen Sie mir Ihr Konzept vor. Am besten um 18 Uhr im römischen Bad.«

Arvin glaubte, nicht richtig gehört zu haben.

»Im römischen Bad?«

»Ich will von Ihnen ein Konzept hören, keinen weiteren Vortrag. Keine Folien, keine Diagramme, keine Bilder. Nur Worte beim Umhergehen in anregender Atmosphäre. Wie im richtigen Leben. Für uns wird das Bad offen sein, ich habe dort ohnehin laufend zu tun.«

Er wandte sich wieder Hastrens Vortrag zu.

»Das Plateau von Giza, in der Mythologie *Rostau* genannt, ist das Haus des Osiris. Das *duat,* die Unterwelt darunter, ist das Reich des Osiris – ob mythisch oder in der Realität, ist die große Frage. Dazu gibt es den merkwürdigen Spruch 1080 aus den ägyptischen Totenbüchern, der nahe legt, nach etwas Realem in den Pyramiden zu suchen:

… das versiegelte Ding in der Dunkelheit, mit Feuer darin. Es enthält den Geist des Osiris und wurde nach Rostau gebracht. Es ist verborgen, seit es von ihm fiel, und es ist das, was von ihm herabkam in die Wüste … Irgendwo in der Pyramide muss es eine verborgene Kammer geben, die einen Hinweis auf das Haupt des Osiris enthält.«

»Was erwarten Sie von dem Konzept?«, fragte Arvin beflissen.

»Ab wann brauchen Sie Geld? Ich muss es zwei Jahre vorher in die Jahrespläne meiner Mediengesellschaft einbauen. Wie attraktiv kann Ihr Thema für die Medien gestaltet werden?«

Die Rasierwasserwolke neben Arvin schien plötzlich den Gestank eines abfahrenden Schiffes zu verströmen. »Zwei Jahre? Dann gibt es nichts mehr zu berichten.«

»Dachten Sie, ich habe die Hosentaschen voller Geld? Planung ist in meiner Branche mehr als das ganze Leben.« Eisenstatt erhob sich nach einem Blick auf die Uhr und ging grußlos.

Arvin war am Boden zerstört. Er würde den Rest des Tages nutzen, sich auf seinen morgigen Vortrag und das Gespräch mit Eisenstatt vorzubereiten. Für Hastren hinterließ er eine Nachricht mit einer Gratulation zu seiner Präsentation, von der er wenig mitbekommen hatte.

14

Zürich; Donnerstag, 17. Dezember

Michelle Schneider ging durch den bereits rege fließenden Strom der Gäste in den Altarraum des Fraumünsters. Sie legte ihren Mantel und ihren Geigenkasten ab. Gestern hatte sie Josef seine Platzkarte in den Hausbriefkasten gesteckt. Möglicherweise war er schon da und wartete auf sie. Sorgfältig entnahm sie dem Kasten ihre Geige und den Bogen.

Das Gewirr der Stimmen und Töne erinnerte sie an die Geschäftigkeit vor dem Start großer Flugzeuge. Michelle warf einen Blick auf Josefs Platz in der ersten Reihe, der sich direkt zu Füßen ihrer Position des Konzertmeisters befand.

Er war noch leer. Auf dem Sitz lag ein Zettel. Wohl um den Platz freizuhalten. *Aber wer hätte ihn dorthin legen sollen?*

Sie begrüßte einige der Bläser – die zweite Trompete, die zweite Oboe. Schließlich hielt sie es nicht mehr aus und ging zu dem Platz zu ihren Füßen. Der Zettel lag auf dem inzwischen weit und breit einzig leeren Platz. Josefs Handschrift. Ihr Name. Ein verschlossener Brief.

Eine unangenehme Aufregung schnürte ihr die Kehle zu. *War etwas dazwischengekommen? Musste Josef den Konzertbesuch absagen? Auch den anschließenden ersten Besuch in ihrer neuen gemeinsamen Wohnung? Ein Unfall könnte es nicht sein, sonst wäre nicht seine Handschrift darauf. Oder doch, vielleicht hatte er einen Boten beauftragt?*

»Liebe Michelle,

wenn ich Dir diesen Brief nicht jetzt schreibe und ihn dir nicht jetzt gebe, wird das Unglück für uns nur größer werden. Ich werde nicht mit dir in die neue Wohnung ziehen. Ich kann nicht mit dir zusammenleben, obwohl ich dich immer schätzen werde. Ich will die Wohnung gar nicht erst kennen lernen, denn ich möchte bei keinem von uns gemeinsame Erinnerungen daran hinterlassen. Es wird leichter sein, wenn du mich mit deinem Züricher Lebensumfeld nicht mehr in Verbindung bringst.

Wenn du diesen Brief liest, bin ich schon nicht mehr in der Schweiz. Wenn du diesen Brief vor dem Konzert lesen solltest, lasse deine Wut in der Musik aus. Du spielst wunderbar, wenn du wütend bist.

Adieu Michelle, Josef«

Sie blickte sich um. Die Kirche war noch da. Publikum, Orchester und Chor waren da und der Platz vor ihr war leer. Alle schienen sie anzustarren. Der Dirigent sah sie an. Seine zuckende Augenbraue ließ sie auf das Podium treten. Den Brief hatte sie auf den Stuhl zurücksegeln lassen.

Dieses Schwein! Dieses perfide Schwein von Josef Stuckli. Seinetwegen, dieses miesen Mistkerls wegen, bin ich vor vier Monaten von Santiago zurück nach Zürich gezogen. Die schwärzesten Verwünschungen und Flüche kochten in ihr hoch. Sie musste sich beruhigen, wollte sie nicht die Aufführung schmeißen. *Das wird die Musik der Rache. Ich werde Josef mit Bach zerfleischen!*

»Jauchzet, frohlocket, auf preiset die Tage.«

Mit erderschütterndem Donner hob die Gottesmaschine Weihnachtsoratorium ab in den Himmel, der jetzt über Zürich aufbrach. Michelle war dabei. Auf den rabenschwarzen Fledermausflügeln, die ihr die erste Violine verlieh.

»Bereite Dich, Zion, mit zärtlichen Trieben –«

Die leicht hügelige Sommerwiese der Violine unter dem eisklaren Tageslicht des Alt.

»– den Liebsten bald bei dir zu seh'n.«

Wut. Die Klarheit, die Abschüssigkeit der Wut.

Die Sinfonia – *sie ist so traurig. Ein Gebirge von Trauer und Regen, als läge Zürich am Grund eines Flusses.*

»Schlafe, mein Liebster, genieße der Ruh.«

Das Meer ist jetzt in der Kirche angekommen. Die Unweigerlichkeit, die unvermeidbare Zwangsläufigkeit der Bewegung des Meeres oder der letzten Sekunde vor dem Orgasmus.

»Labe die Brust, empfinde die Lust.«

Die Wut half ihr wenig. Die Geige ließ es nicht zu, dass sie ihre Tränen irgendwie abwischte. Sie spielte und sie heulte wie ein Schlosshund. Der Dirigent sah es und die Maschine lief weiter.

»Ehre sei Gott in der Höhe.«

Die Wucht des Weltaufganges. Der Sommer nach tausend Jahren Dämmerung

»Herrscher des Himmels, erhöre das Lallen!«

Mit lawinenartigem Dröhnen verwandelte sich das Weihnachtsoratorium für gewöhnliche Sterbliche zurück in einen Chor und ein Orchester! Michelle sank erschöpft zurück. Ein Abgrund der Stille tat sich auf, in dem sie den rauschenden Beifall in tausend Herzen pochen spürte. Tränen der Erleichterung vermischten sich in ihrem Gesicht mit dem Schweiß des überstandenen Kampfes gegen überflüssig gewordene Pläne. Der Dirigent ergriff ihre Hand. »Michelle, Sie waren eine Sensation.«

»Ohne Bach hätte ich es nicht geschafft«, raunte sie zurück. Josef, der miese Dreckskerl, hatte Recht behalten.

Michelle war stolz darauf, dass sie Zeit ihres Lebens die Kraft gehabt hatte, ihre leeren Wohnungen leer zu belassen. Heute nicht. Heute würde sie ihre vier Zimmer mit Unordnung voll stopfen. Dessen war sie sich sicher, als sie im ersten Stock eines Hauses die Tür zu ihrer Wohnung öffnete, dessen Untergeschoss einen Bildhauer beherbergte, der aus Stein gesägte großformatige Uhren unterschiedlicher Form draußen unter freiem Himmel aufgestellt hatte. Mit ihrer Geige auf dem Rücken und der Wut im Bauch warf sie ihren Mantel auf den Neumeyer-Flügel im leeren Wohnzimmer. Sie sog die Luft ein, den Duft nach frisch abgezogenen und versiegelten Dielen, nach frischer Farbe, frischer Wäsche, nach Missoni-Parfüm und frischem Tannengrün.

Im leeren Dreißig-Quadratmeter-Esszimmer stand ein großer Holztisch zwischen zwei Biedermeierstühlen mit Armlehnen, am Boden eine Vase mit Tannenzweigen. In die weiße Tischdecke waren Lilienmuster eingewebt. Zwei große und zwei kleinere blaue Teller mit Goldrand, zweimal vier Teile eines silbernen Bestecks, zwei geschliffene Weingläser und eine verschlossene Karaffe mit Rotwein warteten auf dem Tisch mit einer Feierlichkeit, die Michelle auf die Nerven ging.

Sie hängte den Geigenkasten an seinen Trägern über einen Stuhl und musste dabei an Josefs Hosenträger denken, die ihr, wenn sie ehrlich war, schon immer lächerlich vorgekommen waren. Sie warf die Schuhe von sich und pellte sich aus dem schwarzen Kleid. Sie ging in das Dielenmeer des Schlafzimmers. Sie nahm ein steinernes Schachbrett von einem Tischchen neben dem flachen Futonbett und trug es ins Bad. Sie warf Steinfiguren und Brett in die Wanne. Aus der Küche folgten Salat, Sauce, vorgekochte Spaghetti, Fleischstreifen, Tomatensauce, ein Glas körniger Senf. *Scheißkerl.*

Ihr Bad war voller Muscheln und trockener Schwammskelette – auf der Kante des Waschbeckens, auf dem Rand der Badewanne, auf dem Fensterbrett. Auf dem an die weiße Kachelwand geschraubten Bord wechselten sich wie in einem feinen Saum von Strandgut am Ufer des Pazifik Muscheln mit Missoni-Parfümflacons ab. Michelle liebte auf unbestimmte Weise die Vorstellung, das Meer habe von weit her kleine Überraschungen in ihr Bad getragen und für sie hinterlassen.

Das Bad war ihr immer als der richtige Ort für Träumereien und Erinnerungen, für Bilder, Postkarten und Fotografien erschienen.

Sie wusch sich das Gesicht. Durch einen Wasserschleier sah sie die Bilder an den Wänden wie herangespültes Herbstlaub: Josef und sie in den Chilenischen Anden im roten und blauen Skidress, das offizielle Foto von dem Kulturempfang der Schweizer Botschaft in Santiago; Josef und sie noch ohne jede Beziehung zueinander an verschiedenen Enden des Bildes in der Menge der Festgäste schweizerischen Kulturexportes und chilenischer Honoratioren, blaue Filzschreiberkreise um ihre Köpfe; ein stolzer Josef im schwarzen Anzug bei der Verleihung des Ciba-Geigy-Schachpreises in Basel, der pazifische Ozean im Dunst des Morgens, ihre Mutter, gekleidet wie zu einer Galaaufführung, sitzend im Bett, neben sich das Telefon, mit dem sie in den letzten Jahren Michelle in alle Welt verfolgt hatte. Wenn sie die Augen schloss, hörte sie noch jetzt das leidende Flüstern, mit dem sie so oft von ihren Konzerttourneen nach Santiago zurückgeholt worden war. Sein Verstummen hatte den gewaltsamen Tod ihrer Mutter angekündigt, der Michelle noch heute in ihren Alpträumen heimsuchte.

Sie durfte nicht ungerecht sein. Ihre Mutter hatte einen phänomenalen Alt gesungen. Erst als ihre Stimme sie verlassen hatte, war sie zur Qual für ihre Tochter geworden. Ihr Vater und ihre Mutter, der starke General und die schöne schwarzhaarige Sängerin, stolz vor ihrem Haus in Solothurn.

Sie trocknete sich das Gesicht ab und ging barfuß durch die Wohnung. Die Dielen durch die Haut der Füße zu spüren war wie am Strand des Pazifik zu laufen. Sie warf sich, wie sie war, aufs Bett und verkroch sich ins Schneckenhaus ihrer Ellenbeuge.

Zurück in die Welt. Zürich war ein Irrtum gewesen.

Tränen schossen in ihre Augen. Morgen früh würde sie in ihrem Leben etwas radikal ändern. So viel, wenn auch nichts Genaues, stand fest, als sie Stunden später in den Schlaf fiel.

15

Bath; Donnerstag, 17. Dezember

In der Nacht war es Arvin gelungen, seine mit Zeitungspapier ausgestopften Schuhe an ihren Schnürsenkeln vor die Öffnung der Klimaanlage unter die Decke zu hängen. Am Morgen waren sie schief und hart wie aus Holz genagelt, aber warm und trocken.

Die Straßen waren mit Wällen von nassem Matsch bedeckt, den Autos und Fußgänger durchkneteten. Hastren musterte Arvins Schuhe. »Es ist noch eine Viertelstunde bis zu deinem Vortrag. Wir können uns einen Eindruck von dem verschaffen, was der junge Mann mit dem merkwürdigen Schachspiel von gestern Abend unter ›fossilen Horizonten‹ versteht.«

Sie gingen in einen kleinen angrenzenden Konferenzraum, in dem zwanzig Konferenzteilnehmer einem schlanken, dunkelhaarigen Mann von höchstens dreißig Jahren zuhörten. Sie stellten sich im Dunkeln hinter die letzte Reihe.

»Wer ist er?«, fragte Arvin.

Hastren führte ein Blatt aus den Konferenzunterlagen Zeile für Zeile durch einen Lichtstrahl, der aus dem Spalt der offen stehenden Tür fiel. »Er heißt Max Djurvakin, war mit neunzehn Jahren als Russlands jüngster Professor für Physik am Institut für Quantenelektrodynamik in St. Petersburg. Seit sieben Jahren ist er in den Vereinigten Staaten an der Stanford University in Kalifornien. Seit einem Jahr überwacht er im Auftrag der Universität ein Neutrinoexperiment in der Antarktis.«

Arvin sah auf die Uhr. Er musste sich mit den Gegebenheiten seines Vortragsraumes vertraut machen. Flüsternd verabschiedete er sich von Hastren, der sich auf den Redner konzentrierte.

»Ich habe mich gefragt«, begann Djurvakin, »warum in alten Kultstätten überall auf der Welt die Ausrichtung der Hauptachsen nicht genau nach den Himmelsrichtungen erfolgt ist. In den unterschiedlichen Regionen weichen sie in völlig verschiedenen Winkeln von den reinen Richtungen der Windrose ab. Warum?

Wege und Achsen großer Bauanlagen haben um ein Vielfaches länger Bestand als die Gebäude selbst, der Broadway in New York, der auf einen indianischen Trampelpfad zurückgeht, ist das beste Beispiel dafür. Wenn diese Logik stimmt, weisen die Achsen der alten Anlagen viel weiter in die Vergangenheit zurück, als es die Fundamente der Gebäude tun.

Um außerhalb der Anforderungen des lokalen Geländes den Bau von Anlagen oder Gebäuden in besonderer Weise auszurichten, gibt es zwei völlig verschiedene Orientierungen, die geografische und die historische.«

Neue Bilder tauchten auf. Ein Landkartenausschnitt.

»Dort, wo christliche Kirchen und islamische Moscheen in Nachbarschaft stehen, kann jeder sehen, dass sie verschieden ausgerichtet wurden. Sie sehen hier ein Beispiel aus Cordoba in Spanien.« Auf der Projektion tauchte ein Luftbild auf, in dem die divergierenden Achsen violett und grün eingezeichnet waren.

»Auf dem nun dargestellten Globus sind weltweit Kirchen und Moscheen eingetragen, zu denen ich die Vektoren einblende, die ihre Ausrichtungen zeigen, der Einfachheit halber violett für die Kirchen nach Norden, grün für die Moscheen nach Süden projiziert.«

Der Globus überzog sich mit einem Netz von Linien.

»Wo immer eine christliche Kirche steht, ist sie in Ost-West-Richtung orientiert.« Der Globus drehte sich, die violetten Linien aus aller Welt liefen wie die Koordinatenlinien der Längengrade in einem weiten Gebiet um den Nordpol in der Arktis zusammen.

»Die *Qibla*, die moslemische Gebetsrichtung, weist aus Moscheen in aller Welt nach Mekka. Die grünen Achsen, die Sie sehen, verlaufen durch die dorthin ausgerichteten Gebetskanzeln.« Wieder drehte sich der Globus, die grünen Linien auf dem Globus schnitten sich in einem weiten Gebiet um Mekka.

»Sei es die Moschee Quwwat al-Islam in Delhi aus dem zwölften Jahrhundert, die von Nord-Süd nach Westen abweicht, sei es die Mshatta-Moschee in Jordanien aus dem achten Jahrhundert, die nach Südosten zeigt, sei es die Freitagsmoschee von Samarkand in Kirgisien aus dem zehnten Jahrhundert, die nach Südwesten zeigt – im Schnittareal tausender, auch neuester Bauwerke in aller Welt findet sich Mekka.« Der Globus verschwand und das Luftbild aus Cordoba blieb stehen.

»Ich habe die Daten der Hauptachsenausrichtungen von mehr als tausend historischen und prähistorischen Anlagen in allen Kontinenten auf der Suche nach weiteren historischen Clustern wie Mekka in eine geografische Datenbank eingegeben.«

Der Globus bedeckte sich mit einem Spinnennetz von Linien in den unterschiedlichsten Farben.

Hastren sah auf seine Uhr. Arvins Vortrag »Ein antarktisches Paradies im Pleistozän« hatte begonnen. Djurvakin sprach weiter.

»Es gab alle möglichen Ergebnisse, mit denen ich Sie jetzt nicht belasten will. Sie sind in meinem kommenden Buch ›*Fossile Horizonte*‹ nachlesbar, das ich mit freundlicher Unterstützung von Leroy veröffentlichen werde.«

Er grinste über das ganze Gesicht.

»Tut mir Leid, Leute, er hat mich gut dafür bezahlt, dass ich das sage. Das wichtigste Ergebnis bleibt, dass in dem Gewirr der Fluchtpunkte aller Achsen ein seltsames Phänomen sichtbar wird. Sehen wir uns einige der bekannteren Bauwerke an.« Der Globus auf der Leinwand drehte sich jeweils und zeigte, was er an Beispielen erläuterte.

»Vor eintausendfünfhundert Jahren florierte in dreieinhalb Kilometern Höhe über dem Meeresspiegel auf einer Ebene in den Anden am Ufer des Titicacasees die rätselhafte Stadt Tiahuanaco. Der größte Baukomplex in den Resten der Stadt ist das Zeremonialzentrum Kalasasaya, eine riesige kunstvoll ummauerte Hofanlage. Sie ist nicht vollkommen in Ost-West-Richtung orientiert, sondern weicht in ihrer Nordachse um sechs Grad nach Westen ab. Wohin zeigt das wichtigste Bauwerk der legendären Stadt in den Anden?

Mittelamerika wurde vor fast zweitausend Jahren nach dem Untergang der Olmeken von Teotihuacan, der Stadt der gefiederten Schlange, beherrscht. Diese Kultur hinterließ Mythen, Bauwerke und vollkommen rechtwinklig ausgerichtete Siedlungsstrukturen. Sie hinterließ die größte Pyramidenanlage außerhalb Ägyptens. Die ›Allee der Toten‹ führt an Quetzalcoatltempel und Sonnenpyramide vorbei auf die Mondpyramide zu. Sie ist nicht präzise nach Norden orientiert- abweichend von Nord um fünfzehn Grad nach Osten. Wohin aber ist sie gerichtet?

Vor der Einfahrt der Dardanellen liegt in der heutigen Türkei Troja, das in der Phase ›Troja II‹ ab zweitausendfünfhundert vor unserer Zeit großartig ausgebaut wurde. Der größte Raum ist ein Megaron im Zentrum der Anlage, das als Versammlungshalle und rituelles Zentrum diente. Über seine gesamte Ausdehnung ist es perfekt rechtwinklig ausgerichtet – mit vierunddreißig Grad Abweichung von Nord nach Westen. Wo lag der Fluchtpunkt der Achse des Megaron von Troja?

Aus noch älterer Zeit haben sich die ovalen megalithischen Tempel von Tarxien auf Malta erhalten. Deren größter ist wie die anderen vor etwa fünftausend Jahren entstanden. Die Längsachse des Tempels lässt sich klar ablesen. Sie weicht um sechsunddreißig Grad nach Westen von Nord ab und wir kennen nicht den Grund.

Am Ursprung unserer Kultur stand die Ziggurat des Ur-Nammu von *Ur* als sechstausend Jahre alte Schöpfung der Sumerer. Die Ziggurat, die umgebenden Tempelanlagen, die Tempel des Mondgottes Nammar, das Giparu, sie alle sind sorgfältig ausgerichtet worden – in eine Richtung, die von Nord mit dreißig Grad nach Westen abweicht.

Wohin zeigen die Tempel von Ur? Wohin zeigen all die anderen Anlagen in Mittel- und Südamerika, um das Mittelmeer, in Kleinasien und an vielen anderen Orten der Welt?

Die Achsen dieser Bauwerke treffen sich in einem einzigen Punkt. Sie alle wurden in ihren nebelhaften Anfängen, auf denselben wilden Ort hin ausgerichtet.«

Der Globus drehte sich, bis er das breit gefächerte Schnittareal von mehr als hundert verbliebenen Linien zeigte – die östliche Seite der Hudson Bay im Norden Kanadas.

»Wer zum Teufel, habe ich mich ein Jahr lang gefragt, hatte dort im Norden Kanadas im Umkreis von sechzig Grad nördlicher Breite und achtzig Grad westlicher Länge im kalten Wasser der Bay vor Povungnituk sein Heiligtum errichtet? Auf welches vergangene Mekka einer urzeitlichen globalen Macht konnte diese historisch motivierte Achsenausrichtung alter Anlagen rund um den Globus zielen?« Er machte eine Pause, um sich an dem atemlosen Schweigen der Zuhörer zu erfreuen.

»Die Vergangenheit, meine Damen und Herren, ist eine Ansammlung von Festkörpern in der Gegenwart, man muss nur wissen, wo man sie findet. Am Grund der Ozeane finden sich die Zyklen der Erdbahnschwankungen um die Sonne im Schlick. Im ewigen Eis sind die Vulkaneruptionen aller Kontinente gestapelt, in den Tiefen des Eises wandern noch heute die Temperaturschwankungen der letzten Jahrtausende weiter voran wie in einem geisterhaften Marsch toter Seelen – Grad für Grad, Millimeter für Millimeter. In den prähistorischen Unterwasserstädten der Korallen entdeckt man alte Meerestemperaturen wie antiquierte Moden in verfallenen Warenhäusern, in überwachsenem Magmagestein weisen winzige Magnetite in Richtung vergangener Magnetpole. Gegenwart vergeht nicht. Zeit strömt nicht davon. Was Wirkungen gezeitigt hat, lässt sich finden – und seien es alte Ziele der Menschen. Hier sind es die früheren Bahnen der Sonne am Himmel, vergangene Spuren von Nord und Süd, von West und Ost. Spuren eines vergangenen Nordpols, der bei Povungnituk lag.

Es gab keine einheitliche Weltkultur, die alles auf ein altes Zentrum ausgerichtet hätte, es gab die Sonne, nach der die Menschen sich richteten, wenn sie ihre Wege und heiligen Stätten anlegten, es gab Ost und West, Nord und Süd, genau wie heute, nur anderswo gelegen.

Wann war dort der Nordpol? Niemand weiß es. Vielleicht gehen die prähistorischen Bauachsen auf Prozessionspfade der Sonnenanbetung des Homo erectus zurück. Wie kann es sein, dass sich ein Pol bewegt? Warum sollte er es tun? Keine Ahnung. Fragen Sie die Geologen und Klimatologen, die in großer Zahl in der nächsten Viertelstunde vor der Tür ihren Kaffee trinken. Vielen Dank.«

Djurvakin sonnte sich in begeistertem Beifall. Auf die Leinwand wurden für wenige Sekunden Daten des Programmes projiziert, mit dem er seine Präsentation erstellt hatte. Bevor das Saallicht die Projektion aus dem Laptop überblendete, konnte Hastren die Bezeichnung der Datei lesen: »MD/FH/'86«.

MD steht für »Max Djurvakin«, FH sicher für »Fossile Horizonte«. Und 86? Konnte das die Jahreszahl sein? Dann hätte Djurvakin die sensationelle Untersuchung als Oberschüler vornehmen und sie zwölf Jahre liegen lassen müssen? Warum kam er mit einer so alten Arbeit hierher? Was hatte er als Quantenphysiker überhaupt hier verloren? Hastren sah auf die Uhr. Auch Arvins Vortrag war inzwischen beendet. Nur noch wenige Stunden, bis er im Dunst des alten römischen Bades von Eisenstatt erfahren würde, ob er für seine Unternehmungen in der Pyramide weiter mit Geldzuwendungen rechnen könnte.

16

Bath; Donnerstag, 17. Dezember

Im kalten Nebel umgab Hastren das Gewisper zweier Stimmen, die aus unbestimmbarer Zeit und Richtung zu kommen schienen. Er regte sich nicht, und der Dampf, der ihn in den Resten des alten römischen Bades umgab, ließ seine Konturen verschwinden.

»Soweit es unsere Beteiligung angeht, wird Ihr Geld ab sofort ausschließlich auf *Astra* konzentriert. Wir wollen, dass ein Mythos entsteht, eine Bewegung für *Astra*.«

Hastren kannte diese freundliche Stimme, er wusste nur nicht, wo er ihr schon einmal begegnet war.

»Wozu? Dadurch wird aus meiner Vision auch nicht plötzlich Realität.« Die Stimme Eisenstatts. Hastren hatte ihn noch nie so verzagt gehört.

»Es existiert. Glauben Sie es mir«, ließ sich die andere Stimme vernehmen.

»Und wo existiert es?«

»Sucht nicht einer der Altertumsforscher, mit denen Sie unser Geld verschwenden, in den Kairoer Pyramiden herum? Es sollte ihm gelingen, dort einen Hinweis auf *Astras* Standort zu entdecken.« Die unbekannte Stimme ließ ein gedämpftes Lachen hören. »*Astra* ist das unglaublichste Unterfangen, das jemals in Angriff genommen wurde. Ein Vorhaben, das alle Vorstellungen sprengt. Man könnte versucht sein, es in seinen Dimensionen für einen Alptraum zu halten.«

»Wozu jetzt die Eile?« Eisenstatts Unsicherheit hatte zugenommen.

»Ohne selbst davon zu ahnen, wird in der nächsten Zeit die Bevölkerung *Astras* auf den Weg gebracht. Die Ersten werden ab dem 4. Februar wissen, dass sie gemeint sind, Dutzende von Millionen werden in fünfzig Jahren noch nicht das Ende sein.«

»Flüchtlinge?«

»Sie wissen, was zu tun ist, Professor Eisenstatt. Halten Sie sich daran und wir setzen Ihren Traum in die Wirklichkeit um. Damit müssen Sie fertig werden.«

Die unbekannte Stimme verflog im Nebel. Ein Schatten im schwarzen Mantel zog an Hastren vorbei. Der amerikanische Physiker!

Hastren wanderte durch die Nebelbänke, die sich weit bis in die Ruinenanlage hineinzogen, bis er Eisenstatt sah – im weißen Mantel an eine Säule gelehnt, mit Blick in den Nebel.

»Ach Sie«, wurde Hastren von ihm begrüßt, »waren wir verabredet?«

Hastren hatte nach dem merkwürdigen Gespräch, dessen Zeuge er geworden war, die dunkle Ahnung, dass die weitere Finanzierung seines Projektes in höchster Gefahr war. Er musste sofort zur Sache kommen, um es herauszufinden. »Uns wurde in Aussicht gestellt, dass wir mit unserem Projekt sofort beginnen dürfen. Angesichts der sich abzeichnenden Moslem-Unruhen müssen wir uns beeilen, weil unser Freund seinen Posten verlieren könnte.«

»Wer ist Ihr Freund?«, fragte Eisenstatt uninteressiert. Er schien mit den Gedanken Kilometer weit entfernt zu sein.

»Ein koptischer Christ, der erst seit drei Monaten Chef der ägyptischen Altertumsverwaltungen ist.«

»Ich habe Probleme, Geld aufzutreiben.« Eisenstatt dachte nach. »Ihr Vorhaben ist prominent genug, es wird sein eigenes Geld verdienen. Sie haben Recht, wir müssen uns beeilen, auch ich habe nur wenig Zeit.« Ruhelos wanderte er durch die Nebelschwaden, stückweise wurde er von ihnen verschluckt. »Die Zeit drängt und ich muss sichergehen, dass auch ein Fehlschlag – ein leerer Gang oder nichts als Steine hinter der kleinen Tür – als Erfolg verkauft werden kann. Ich selbst werde mit einem Team vor Ort sendefähiges Material aufnehmen. Sie müssen sehen, dass wir die Genehmigung erhalten, dort zeitweise ein professionelles Studio einrichten zu können.«

»Ich denke, dass es funktioniert.« Allmählich verlor Hastren seine größten Befürchtungen.

»Wann sind Sie so weit?« Es schien, als ob das alte Feuer in Eisenstatt wieder aufflackern würde.

»Ab Mitte Januar. Genauer lässt sich Zeit in Ägypten nicht abschätzen.«

»Gut, Professor Hastren. Sie bekommen bis Ende Januar die vollständige Finanzierung von mir. Wenn Sie es bis dahin nicht geschafft haben, müssen wir uns etwas grundlegend anderes überlegen.«

Die letzten Worte waren aus dem Nebel gekommen, Eisenstatt schien es vorzuziehen, sich wie ein Druide zu verabschieden. *Er steht unter Druck,* dachte Hastren, *Astra scheint größere Dimensionen anzunehmen. Wie soll es Ei-*

senstatt gelingen, in den Pyramiden einen Hinweis auf Astras Standort zu finden? Was um alles in der Welt sollte das bedeuten? Was war Astra?

Hastren machte sich zurück auf den Weg ins Hotel. Gleich 18 Uhr. In drei Stunden würde seine Maschine nach Kairo gehen. Er sehnte sich nach der Wärme und nach Gesprächspartnern, die nicht die Gewohnheit hatten, sich in kaltem Nebel aufzulösen.

17

Bath; Donnerstag, 17. Dezember

Arvin betrat das Bad, als träte er in einen nebligen Sumpf in den Tropen, in dem die abgeschlagenen Füße einer toten Elefantenarmee steckten.

»Die Bäderanlage war tausendfünfhundert Jahre lang ein Sumpf. Kein Zehntel dieser Zeit ist es her, dass man weiß, was sich tatsächlich unter dem Sumpf verbarg.« Im Nebel neben ihm war Eisenstatt aufgetaucht. In seinem langen, weißen Mantel sah er aus wie ein Mönch aus den dunklen Zeiten Britanniens nach dem Zusammenbruch des römischen Reiches.

»In zwei Jahren wird es für jedermann wieder möglich sein, in *aquae sulis* zu baden«, setzte Eisenstatt seine Rede fort. »Wie zu den Zeiten der Römer wird es türkische Bäder, Kaltwasserbecken, Räume für Sport und medizinische Behandlung, Räume für Schönheitsbehandlungen und Meditation geben. In genau der Anordnung, deren Reste Sie hier sehen. Folgen Sie mir.«

Er ging voran in einen der Räume des Bades, in dem sich ein Modell der Anlage zur Zeit ihrer Blüte im vierten Jahrhundert befand. »Sehen Sie es sich an, eine Akropolis des

Badens in der Einheit von Geist und Körper. Genau so wird *aquae sulis* werden. Rom ...« Er schritt eilig voran. Sie verließen das Bad und passierten die Abbey davor. Eisenstatt wartete auf Arvin, der kaum folgen konnte, weil er seine Zehen zusammenkrallte und verzweifelt versuchte, die Sohlen an den Schuhen zu halten.

»Rom, Professor Arvin, ist eine wirkliche Welthauptstadt des Geistes und der Macht gewesen. Wie viel und wann?« Er stürmte weiter voran.

»Wie viel wovon und was wann?«

»Sagten Sie nicht, Sie bräuchten Geld?« Sie waren am Avon River angelangt und wandten sich nach rechts.

»Fünfzigtausend Dollar brauche ich sofort«, sagte Arvin. »Dabei geht es um Stunden, weil mein Team sonst in weniger als zwölf Stunden ungeordnet den Rückzug aus der Antarktis antreten muss. Insgesamt sind es zwei Millionen. Die Hälfte davon ist für Rückzahlungen bestimmt, die andere Hälfte ist für einen fachgerechten Abschluss der Arbeiten über das nächste halbe Jahr vorgesehen.«

»Sie können hier an den Aushubarbeiten sehr gut den Einschnitt für einen isolierten Kanal sehen, der zur Heilquelle des alten Bades führt. Dort drüben in Richtung der North Parade Road werden in dem mehrstöckigen Aushub moderne Technik, ein kleines Kraftwerk und Fitnesszentren untergebracht, mit denen wir die Devise der Römer, *sana per aquam* aufleben lassen, Heilung durch Wasser. Ich habe mit meinen Finanziers gesprochen.«

Arvin gab sich überrascht. »Ich dachte, Sie sind der Finanzier.«

»Jeder Finanzier hat andere, die hinter ihm stehen. Ich bin nur Sammler für bestimmte Aufgaben.« Sollte er nicht in den nächsten fünf Minuten erfolgreich sein, würden seine Schuhe ihn zwingen, das Gespräch abzubrechen. Arvin hatte das Gefühl, mit bloßen Füßen über den steinhart gefrorenen Dreck zu gehen.

»Das Besondere an *aquae sulis* ist, dass es direkt auf den römischen Bauzustand zurückgeht, mit jedem Mosaik, jedem Wandgemälde, jedem Tempel und allen Statuen. Ich will nicht einen einzigen Stein aus dem neunzehnten Jahrhundert darin sehen. Einverstanden. Die Bedingungen sind folgende: Alle nicht fachwissenschaftlichen Publikationen laufen über Verlage meiner Mediengruppe, populäre Darstellungen in Co-Autorschaft mit mir persönlich. Alle Rechte der Verwertung in Bild und Ton liegen für fünf Jahre bei mir. Die Eisenstatt-Organisation wird bei allen Vorträgen als Förderer erwähnt. Alles weitere ist Kleinkram. In Ihrem Hotel werden Sie einen Standardvertragsentwurf vorfinden. Setzen Sie die zwei Millionen ein und unterschreiben Sie. Um acht Uhr wird er von einem Boten abgeholt, ab zehn Uhr können Sie auf dem angegebenen Konto über die ersten fünfzigtausend Dollar verfügen. Der verfügbare Betrag wird nach Eingang entsprechender Belege immer um einhunderttausend aufgestockt, bis die zwei Millionen erreicht sind.«

Er blieb stehen. »Ich bin überzeugt, dass Sie ein sensationelles Projekt haben, Robert Arvin. Wenn Sie es schaffen können, etwas Berichtsfähiges bis Mitte Januar zusammenzustellen, könnten wir Sie in den Millenniumsbericht aufnehmen, für den wir zu dieser Zeit in Kairo bei Ihrem Freund Hastren drehen. Es wäre eine sehr willkommene Gelegenheit, die Öffentlichkeit erstmals über Ihre sensationellen Funde zu informieren.«

»Ich werde mich Mitte Januar in Kairo aufhalten«, sagte Arvin.

Eisenstatt drückte ihm die Hand: »Wir werden uns dort sehen.« Arvin entfernte sich, um in ein Taxi einzusteigen. »Welche Schuhgröße haben Sie?«, fragte er den Fahrer, als er saß.

18

Zürich; Mittwoch, 23. Dezember

Siebenundzwanzig Kandidaten hatten sich gemeldet, acht waren in die engere Wahl gekommen, nur drei hatten Walter Fortinis Kampfsporttest überstanden. In einer halben Stunde würde die letzte Kandidatin kommen. Michelle Schneider.

Ihre halb langen, schwarzen Haare waren dicht und liefen am unteren Ende in Locken aus. In den Unterlagen stand, dass sie zweiunddreißig war, aber sie sah eher jünger aus. Unter dem Pelzmantel, den sie an der Seite des Konferenzraumes über einen Stuhl gelegt hatte, trug sie einen flauschigen schwarzen Pullover, am linken Arm eine Uhr mit silbernem Armband und an der linken Hand einen aus silbernen Noppen zusammengesetzten Ring.

Vielleicht ist ihre Nase eine Spur zu groß, ihre Augen ein wenig zu weit auseinander. Trotzdem wollte Ash sich nicht um das Eingeständnis drücken, dass sie eine aufregend schöne Frau war, die Augenbrauen elegant geschwungen, der Blick offen und – ja – in unbestimmbarer Weise froh. Das außergewöhnlichste waren ihre kristallklaren, dunkelblauen, glänzenden Augen. Ihr Gesicht erweckte den Eindruck, als habe sie Spaß daran, schnell zu begreifen, besonnen zu fragen und herzlich zu lachen.

Sie war zierlich, vielleicht 1,70 Meter groß, und wie sie da vor ihm stand, wirkte sie auf ihn, als hätte sie genau auf diesen Moment sorgfältig hingearbeitet. In irgendeiner Form würde sie Ärger bedeuten, das spürte Ash. Durchgefallen, und die Kinder blieben zu Hause und er könnte sich auf die einzige Tochter aus gutem Hause konzentrieren, die für ihn relevant war, *Elektra*.

»Ich bin die, die Sie suchen«, sagte sie und lächelte ihn

freundlich an. Die Ironie, die sie dem Satz verlieh, schloss alles ein, die Aussage selbst, eine nahe liegende zweite mögliche Interpretation, das amüsierte Distanzieren davon und die Erkenntnis darüber, dass sie beide trotz der Distanzierung Gefallen an der Ironie fanden. Während sie zu ihm sprach, legte sie zwei große Tüten mit bunt verpackten Kartons ab. »Weihnachten will organisiert sein. Wie geht es Ihnen damit? Haben Sie den Stress hinter sich gebracht?«

»Ich kaufe gerade mein schwierigstes Weihnachtsgeschenk ein.«

Sie wandte sich um und sah Ash gespannt an.

»Es ist tatsächlich ein Weihnachtsgeschenk«, erklärte er, »die Kinder bekommen eine Reise in die Antarktis geschenkt.«

»Und welche Rolle spielen Sie dabei?« Sie setzte sich lächelnd, als sei sie es, die nun das Gespräch zu ihren Bedingungen eröffnen würde.

»Ich bin der Nikolaus.« Ash hatte das deutliche Gefühl, dass er zur Sache kommen musste. »Ich entscheide, ob das Geschenk geliefert wird, indem ich versuche, den Lieferanten zu finden.«

»Haben Sie einen gefunden?«

»Es ist noch alles offen. Ich habe inzwischen gelernt, dass Hände entweder für die Violine oder fürs Zuschlagen trainiert sein können – aber nicht für beides. Wie passt Ihr Testergebnis von gestern mit Ihrem Konzertspiel zusammen?« Endlich hatte Ash es geschafft, das Gespräch in die richtigen Bahnen zu manövrieren. *Irgendetwas stimmt nicht,* dachte er. *Ihre Stimme passt nicht zu jahrelangem Einsatz in Personenschutz. Aber was heißt das?* Er wusste es selbst nicht.

»Mein Vater ist General der Schweizer Armee. Er hatte sich wohl einen Sohn gewünscht, jedenfalls bestand er auch bei mir auf einer Kampfsportausbildung. Sein Motto war, immer für den schlimmsten Fall gerüstet zu sein, ohne darüber zu reden. Für ein Mädchen schien ihm Verteidigungsfähigkeit später noch wichtiger als für einen Jungen zu sein.« Ash hielt das Blatt mit Fortinis Bericht in der Hand. Er las vor: »Fräulein Schneider ist in wichtigen Kampfsportarten bestens trainiert und verfügt über extrem schnelle Reflexe.« Sie sah aus dem Fenster. Der Tag schien diesig zu werden.

Ihrer Bewerbung lagen Ausbildungszertifikate einer Kampfsport- und Fitnessschule bei, die sich »Olympia« nannte.

»Was hat Sie dazu bewegt, die Zürcher Konzertwelt hinter sich zu lassen und sich in die Antarktis zu bewerben?« Ash stand auf und ging zum Fenster. Jetzt sah er sie von der Seite und hatte nicht mehr das Gefühl, einer Perspektive ausgesetzt zu sein, die sie arrangiert hatte.

»Ich hoffe, dass es nicht für immer ist.« Sie blieb sitzen und lehnte sich in ihrem Stuhl zurück. »Darf ich Sie etwas fragen? Sie treten eine Reise in die Antarktis an, um dort für den Vater der Kinder eine Aufgabe zu erledigen? Sie haben die Ehre, die Kinder mitnehmen zu dürfen, und suchen dafür eine Betreuung. Was ist es, das Sie erstmals in die Antarktis treibt?«

»Woher wollen Sie wissen, dass es das erste Mal ist?« Ash war auf seinem Gang hinter ihr angekommen. Es schien sie nicht im Mindesten zu irritieren.

»Es dürfte die erste Reise der Kinder sein, weil man eine zweite Reise zum selben Ort niemals von seinen Eltern geschenkt bekommt. Die muss man sich meistens selbst verdienen. Wenn Sie in den letzten drei Jahren vor der Aufgabe gestanden hätten, hätten Sie schon damals die Kinder mitnehmen dürfen. Falsch?« Sie blickte ihn aufmunternd an, beherzt mit der Wahrheit herauszurücken.

Ash setzte sich wieder. »Richtig. Was ist Ihr Motiv?« Er hatte seins nicht genannt.

»Ich wollte nicht von Ihrer Frage ablenken. Ich muss mich von einer privaten Enttäuschung erholen, die Zürich im Augenblick für mich unerträglich macht. Antarktis hörte sich da sehr gut an.«

»Sie haben das Motiv von wahrscheinlich fünfzig Prozent aller Leute, die in die Antarktis gehen. Sie sind eine ausgewiesenermaßen professionelle Violinistin. Sie haben eine hervorragende Kampfsportausbildung. Waren Sie jemals im Personenschutz aktiv? Wissen Sie, wohin man sehen muss, wenn man mit seinen Schützlingen in eine unbekannte Situation gerät?«

»Wenn Sie schon jetzt wissen, dass Ihnen eine Gruppe weiß gekleideter Scharfschützen in die Antarktis folgt, sollten Sie die Polizei um Begleitung bitten. Dafür bin ich nicht geeignet. Vor sechs Jahren habe ich mir mit einem Team der Sportschule Olympia beim Schutz von Konferenzen in Genf Geld hinzuverdient. Mein Vater war begeistert. Von der Musik hielt er nicht mehr viel, seit ihn meine Mutter, die Sängerin war, wegen eines Dirigenten verlassen hatte.«

»Das letzte Wort haben die Kinder. Ich werde Sie in meinem Bericht als Vorschlag für das Weihnachtsgeschenk präsentieren. Wenn die Kinder zustimmen, haben Sie den Job. Ich gebe Ihnen die Karte des Vaters, Claude Simmons. Setzen Sie sich mit ihm in Verbindung, um einen Besuchstermin zu vereinbaren.«

»Ich danke Ihnen.« Sie lächelte distanziert – oder war es spöttisch?

Ash stand auf. Vielleicht würde er einen früheren Flieger in Kloten erreichen können. Erst jetzt fiel ihm auf, wie fest und warm ihr Händedruck war und wie ihre Hand seine zu umfließen schien.

»Noch eins«, sagte er, als sie ihre Tüten bereits wieder in der Hand hielt.

»Ja?«

»Alles, was dort unten die Kinder betrifft, Touren organisieren, Essen besorgen, kleine Wunden heilen, über Heimweh hinwegtrösten, mit der Geige üben, Verbrecher vertreiben, *alles* wird Ihre Aufgabe sein. Ich habe dort unten eine völlig andere Aufgabe. Ich bin gewissermaßen nur zufällig gleichzeitig dort. Sind Sie damit einverstanden?«

»Aber ja. Ich werde versuchen, die Familie Simmons noch heute gegen achtzehn Uhr zu besuchen. Wann geht die Reise los?«

»Am 7. Januar mit Air New Zealand von Kloten nach Christchurch. Ich komme kurz vorher von London.«

»Dann sehe ich Sie an Bord. Ich kann es gar nicht erwarten, von der anderen Seite der Welt aus an Zürich zu denken.« *Gibt es Naturereignisse wie diese wirklich?*, fragte sich Ash, als er wieder allein war. Er kam sich vor, als säße er bereits im startenden Flieger.

Er war sicher, dass sich die Kinder für sie entscheiden würden, für eine Reise schon im kommenden Monat würde sich keine Alternative mehr finden lassen. Aus unbestimmten Gründen wollte Ash sich Zeit nehmen, um ihr unten im Hotel nicht noch einmal zu begegnen. Er beschloss, sich einen Tee aufzusetzen.

Er entnahm seinem Bordkoffer eine kleine, hölzerne Kiste, in der in einem Futteral eine Teekanne, ihr Deckel und ein Teesiebeinsatz sowie zwei Tassen aus weißem Porzellan lagen. Aus einem anderen Fach in seinem Koffer förderte er eine eingebeulte Blechdose zutage, die die Aufschrift trug: Castleton First Flush, Darjeeling FTGFOP, Fortnum & Mason, London.

Ash hatte es sich zur Gewohnheit werden lassen, sich bei angesetzten Projektbesprechungen der Mühe zu unterziehen, seine Teeutensilien mitzunehmen. Er hatte noch kein Projekt erlebt, in dem man sich nicht ohne Sinn und Verstand mit brauner Brühe aus knarzenden Maschinen zuschüttete. Dagegen wehrte er sich, seit er vor vielen Jahren einen Teegarten in Indien besucht hatte. Seither war Tee eine Konstante in seinem unsteten Leben. Zwei eigene Tassen dabei zu haben war wie einen schattigen Platz für ein Gespräch zu zweit mitzuführen, an dem er mit Sorgfalt zuhören konnte.

Tee zu trinken, dachte er, während er den First Flush eingoss, *gibt die Kraft, den winzigen Abstand zum Chaos zu halten.* Als er den letzten Schluck getrunken hatte, klopfte es an die Tür. Ash öffnete. Ein junger Mann übergab ihm ein flaches, in Weihnachtspapier eingeschlagenes Päckchen, das an der Rezeption für ihn abgegeben worden war. Daran war ein Brief von Claude Simmons geheftet.

»Ich habe das Team, das die Argentinien-Nachforschungen führt, mit einer geografischen Datenbank ausstatten lassen. Darin sind Personen und Institutionen mit Namen und Kontaktadressen aufgeführt, die sich auf Messen, bei Vorträgen oder Präsentationen jemals für *Elektra* interessiert haben – aus Industrie, Wissenschaft und Wirtschaft, aus der Politik, aus dem Zielkundenkreis der neuen unabhängigen Stromanbieter, von Kommunen, Wohnungsbaugesellschaften und Elektrizitätsversorgern aus aller Welt. Es dürften fast zehntausend Namen sein. Ich kann mir vorstellen, dass sich darunter der Interessent findet, der in Mostardas zugegriffen hat. Vielleicht begegnet Ihnen in der Antarktis ein Hinweis.

Viel Erfolg, Ash, und Frohe Weihnachten,

Claude Simmons.«

Frohe Weihnachten, dachte Ash beunruhigt. Er hatte noch mehrere Stunden Zeit, bevor um sechzehn Uhr seine British-Airways-Maschine nach London gehen würde. Er würde die Zeit zu einem Besuch der weihnachtlichen Zürcher Innenstadt nutzen, um einen bestimmten Laden aufzusuchen, in dem er vor wenigen Wochen ein verhängnisvolles Geschenk gekauft hatte. Er hatte einen schrecklichen Verdacht.

Antarktika

19

Christchurch; Sonntag, 17. Januar

Papageien mit grün leuchtendem Gefieder hüpften zu Michelles Füßen auf der Wiese. Es duftete nach Magnolienblüten, die hohe Zypresse, unter der sie bei achtundzwanzig Grad im Schatten am Rand des Botanical Garden Restaurants saß, verströmte einen Hauch von Zedernholzgeruch. Sie trug ein weißes T-Shirt und schwarze Hosen, die leicht über flache, weiße Stoffschuhe fielen. Selten hatte sie sich freier gefühlt als jetzt, so voller Möglichkeiten für die Zukunft. Aber wie sollte sie die zwei Wochen Winterkälte in der Antarktis überstehen, wo sie jetzt noch einmal unmittelbar spüren konnte, dass Sommerwärme ihr Lebenselexier war?

Michelle sah auf den Avon River hinüber, der sich in leichten Biegungen durch die englische Gartenanlage des Parks wand. Vor ihr auf dem Tisch lag ein Stapel von Partituren. Sie hatte nicht mehr ganz eine Woche, um eine Entscheidung zu treffen.

Winterkälte. Sommerwärme. Das war es. Die Entscheidung, für die Marias Mutter ihr eine Woche gegeben hatte, lag auf der Hand. Sie würden Anfang Mai im Keller in Bäretswil Vivaldi spielen. Bis dahin würden sie vier Jahreszeiten durchquert haben, Winter und Frühling in der Schweiz, den Sommer in Neuseeland und Herbst, Sommer und Winter zugleich in der Antarktis. Zugegeben, etwas anders, als es Vivaldi vorgeschwebt hatte.

Sie rechnete nach. Als kleinstmögliche Besetzung mussten achtzehn ausreichen, die gut auf eine kleine Bühne in den Keller passen würden. Maria würde das gesamte Stück über bei den zweiten Geigen mitspielen und einen Solo-Part von ihr übernehmen können. Damit war dem Ehrgeiz der Mutter Genüge getan. Vielleicht das Largo aus »L'inverno«, Vivaldis Winter. Morgen früh würde sie mit der Mutter und ihrem Dirigenten in Zürich sprechen. Heute irgendwann mit Maria.

Sie rückte ihren Stuhl in die Sonne, schloss die Augen und ließ sich wärmen. Nie war ihr eine Arbeit so gut bezahlt und so wenig anstrengend vorgekommen.

»Sind Sie sich im Klaren darüber, was Ihre Aufgabe in der Antarktis sein wird?« Kenelly war neben ihr aufgetaucht. Ohne Jackett, mit kurzärmligem, hellblauem Hemd und in schwarzen, geflochtenen Schuhen sah er aus wie ein britischer Kolonialoffizier.

»Ich werde mich nicht eine Sekunde um die Kinder kümmern. Ich werde mir nicht den geringsten Gedanken machen, wie sie beschäftigt werden, wo und was sie essen könnten, ob sie die richtige Kleidung tragen. Ich werde nicht darauf achten, dass sie nicht verloren gehen. Nichts. Alles das ist Ihr Job. Meiner ist schwierig genug und ich brauche jeden einzelnen Tag. Ich weiß nicht, ob Mrs. Simmons mit Ihnen über den fremden Wagen gesprochen hat, der vor dem Simmons-Haus in Bäretswil aufgetaucht ist und von dem sich herausgestellt hat, dass er in Lausanne als gestohlen gemeldet war.

Claude Simmons wird mit der Technik, die ich in McMurdo in Gang zu bringen versuche, eine Reihe von Firmen in den Konkurs treiben. Er hat Feinde auf den Plan gerufen – aus der Ölindustrie, von den Energieversorgern und aus der Anti-Atom-Szene. Bei einem anderen Projekt mit unserer Technik gab es in Argentinien fünf Tote. Es kann ernst werden, das sollten Sie wissen. Sie haben eine Aufgabe vor sich, keinen Urlaub.«

»Waren Sie erfolgreich?« Michelle hielt die Augen geschlossen. *Kenelly ist fixiert darauf, die Kinder und mich vom Hals zu haben,* dachte sie. *Seine Panikmache fängt an, mir die Laune zu verderben.*

»Womit?«

»Herauszufinden, wie es von hier aus weitergeht.«

»Jede Minute kann ein Anruf kommen, der uns dazu zwingt, im Schweinsgalopp zum Flughafen aufzubrechen. Dieser Zustand hängt vom antarktischen Wetter in McMurdo ab und kann eine Woche dauern. Noch Fragen?« Kenelly sah an ihr vorbei. Michelle freute sich über die Unberechenbarkeit des kurzen geschenkten Sommers, in den sie geraten war. Dieser Kenelly schleppte etwas mit sich herum, das ihr noch zu schaffen machen würde, ahnte sie. Sie wusste, dass sie auf dieser Reise nur geduldet wurde. Sie hatte damit keine Probleme, wenn nur die Arbeit mit den Kindern funktionierte.

Kenelly war als fliegender Geschäftsmann, dessen wesentliches Talent im Umschalten von Aufgabe zu Aufgabe, von Stimmung zu Stimmung, von Klima zu Klima und vielleicht von Mensch zu Mensch zu bestehen schien, ohnehin nicht ihr Fall. Michelle füllte sich die Brust mit dem Duft der Wärme. Die Kinder kamen genau zu dem Zeitpunkt aus dem Canterbury Museum direkt vor dem Eingang zum Botanischen Garten, als Zender und Jack Cousin vom Travelodge Hotel eintrafen. Carl schleppte einen Museumskatalog aus der Hall of Antarctic Discovery an sowie eine Tüte mit Postkarten. Maria hatte sich mit zwei MiniDisks eingedeckt, auf denen Walgesänge zu Entspannungsmusik verarbeitet waren. Es war ihr etwas peinlich, zu zeigen, dass sie diese Musik mochte.

Sie setzten sich gemeinsam hinüber in den Schatten auf die Terrasse des Restaurants, die mit einem schräg laufenden Schachbrettmuster weißer und schwarzer Steinplatten ausgelegt war. Die Sonne spielte mit den Schattenfiguren von Gardinen und Ästen eine zittrige Partie.

Am Abend trieben die Schatten der Vögel vor der Pazifikküste über das aufgeklappte Brett durch die filigrane Welt des Schach. Michelle hatte das Gefühl, das vor ihrem Balkon heranrollende Meer aus seinem Salzwasserdunst einatmen zu können. Hinter ihr war die Tür in das Zimmer geöffnet. Die zerwühlte, bunt gepunktete Bettwäsche leuchtete im Licht der Sonne, die am Nachmittag auf den Ozean hinausgezogen war.

Josef hatte es geschafft, sie erneut zu dem zu überreden, was sie schon oft, meist vergeblich, abgelehnt hatte: »Die Dinge sind einfach geordnet. Du spielst Schach, ich auf der Violine, auf diese Weise sind wir beide Tag und Nacht beschäftigt. Wir sollten uns nicht auf das Gebiet des anderen vorwagen, das kann nichts Gutes bringen. Du gewinnst dauernd. Und du erbaust dich an meinem Leid, wenn ich verliere. Das stärkt deine schlechten Charakterzüge.«

»Ich dachte, du liebst meine schlechten Charakterzüge«, sagte Josef mit seiner schläfrigen Energie, die sie als ein Prickeln auf ihrer Haut spüren konnte.

»Nicht alle. Einige.«

»Ich verspreche dir, dass ich niemals Violine spielen werde.«

»Weil du es nicht erträgst, zu scheitern.«

Notgedrungen eröffnete sie mit dem Königsbauern. Niemals würde sie das Ende dieses Spiels vergessen.

Seit Josef aus ihrem Leben verschwunden war, drängte sich übermächtig der Tod ihrer Mutter zurück in ihr Bewusstsein. Der Entschluss, nach Zürich zu gehen, so begann sie jetzt aus der Entfernung zu verstehen, hatte einzig und allein der Flucht gedient. Sie hatte dem Eingeständnis entfliehen wollen, an dem schrecklichem Ende ihrer Mutter schuld zu sein. *Ich habe sie getötet, ohne davon Notiz genommen zu haben.*

Sie berührte das blaue Medaillon an ihrem Hals. Irgendwann würde sie den Mut aufbringen, ihm sein Geheimnis zu entreißen. *Nicht irgendwann. Auf dieser Reise.* Es bedurfte dazu nicht mehr als des Flügelschlages eines Schmetterlings.

Jack Cousin war ein drahtiger grauhaariger Mann von Mitte sechzig. Vor dreißig Jahren war er für Errichtung und Betrieb des bisher einzigen antarktischen Atomkraftwerkes der Amerikaner in McMurdo zuständig gewesen. Er lebte in Sydney und war im Auftrag von Kenelly für ein paar Tage herübergekommen. Er bestellte sich ein blutiges Steak.

Ash war beunruhigt. Er hatte im Travelodge Hotel eine Nachricht erhalten, dass sich jemand in Georges Auftrag mit ihm treffen wolle, um ihm eine wichtige Information zu übergeben. Er hatte daran nicht das geringste Interesse. Die Nachricht bewies endgültig, dass George die Dinge nicht mehr allein in der Hand hielt. Nach dem, was Helen über seine Finanziers geschrieben hatte, ein schlechtes Zeichen. Ash sah sich um. Niemand schien ihm gefolgt zu sein.

»Was ist damals schief gegangen?«, wollte Ash von Jack nach dem Essen wissen.

Jack bestellte sich einen Kiwilikör. Er schaukelte die grüne Flüssigkeit im Glas und spülte seinen Mund damit aus. »Es gibt drei Gründe, weshalb dort unten mehr schief geht als anderswo: erstens die Kälte –«

Zender stöhnte. Er schien aufstehen zu wollen.

»Bleiben Sie sitzen, Urs, Sie können etwas lernen. Wir leisten Jack Gesellschaft mit einem Whisky.«

» – es kann schlimm kalt werden, 50, 60, 70 Grad unter null. Und das für einige Zeit. Kein Material ist bei diesen Temperaturen bei uns zu Hause getestet worden. Die Elektronik war selbstverständlich störanfällig, schlimmer, die teuer beschafften Ersatzteile funktionierten schlechter als das, was wir schon hatten. Es dauerte Monate, bis wir dahinter kamen, dass sie auf der Transportstrecke regelmäßig in einem Lager einen Kälteschock erlitten und längst verendet waren, bevor wir sie in Händen hielten. Zweitens die Entfernung. Ja, junger Mann – es ist sehr weit entfernt. Jeder Flug ist ein Abenteuer. Man überlegt es sich dreimal, ein Ersatzteil oder einen Experten heranzuschaffen. Alles wird bis aufs Letzte belastet. Das kann nur danebengehen. Drittens die Publicity. Die Antarktis ist ein Kontinent, auf dem nie mehr als ein paar tausend Leute leben. Jeder kennt jeden. Was du tust, fällt auf. Dutzende Nationen sind zugegen, Gebietsansprüche liegen herum wie alte Blindgänger. Alles wird bekannt und breit getreten. Gerüchte sind die Kommunikationsart Nummer eins auf ›Murphy's Continent‹.« Jack sah auf die Uhr und stand auf. »Ich hoffe, ihr habt beide etwas gelernt.«

Sie gingen gemeinsam zum Ausgang, um Jack an sein Taxi zum Flughafen zu bringen. Auf dem Weg durch den Park ging Zender ein Stück neben Ash. »Wir haben weniger als nichts gelernt.«

»Ich weiß nicht.« Ash war sich nicht sicher.

»Wir haben eine Menge Binsenweisheiten gehört. Dass es kalt in der Antarktis ist, weiß jeder«, sagte Zender.

»Sie sollten es nicht als das Geschwätz eines alten Mannes ansehen. Sie sollten es als das nehmen, was es aus *seiner* Sicht war, die Quintessenz der beruflichen Aufgabe, die ihn vielleicht zehn Jahre beschäftigt und bei der er die Arbeit von hundert anderen Menschen verantwortet hat. Er sitzt ganz oben auf diesem Berg von tausend Mannjahren Erfahrung und ruft uns von der Spitze zu: ›In der Antarktis ist es kalt und *das* ist die Quelle *aller* Probleme.‹«

Zender machte ein Gesicht, als wollte er sagen, noch so ein alter Sack, der ins Schwadronieren kommt und die eigentlichen Probleme übersieht, die wir mit unseren Software-Schnittstellen haben. Während er Jack die Taxitür offen hielt, tat Ash ihm den Gefallen, ihm eine ungebetene

Lebensweisheit mit auf den Weg zu geben: »Erfahrungen, bester Urs, sind nicht in ihrem Inhalt bemerkenswert, sondern in der Priorität, die wir diesen Inhalten beizumessen gelernt haben, wenn wir gefordert sind, uns nach ihnen zu richten.«

20

Christchurch; Montag, 18. Januar

Am nächsten Morgen gelangten Ash, Michelle und die Kinder gegen neun Uhr in einen unansehnlichen Komplex von Lagerhäusern, wie Ash ihn von den Flughäfen der Welt kannte. Dort befand sich das Nervenzentrum der Operation »Deep Freeze«, in der sich die Vereinigten Staaten, Neuseeland und Italien zusammengetan hatten, um von Christchurch als der am günstigsten gelegenen Großstadt unter den Gateways in die Antarktis die gesamte Logistik nach McMurdo am Ross Eisschelf abzuwickeln.

Das Antarctic Information Center war ein großer, metallisch glänzender Klotz am Rande des »Deep Freeze«-Komplexes. Sie parkten den Voyager davor und gingen hinein.

Es gab eine Multimediashow, »Great White South«, mit zwanzig simultanen Diaprojektionen von atemberaubenden Fotografien. Zum ersten Mal begann Ash ein Gefühl für die Unwirklichkeit und die surreale Großartigkeit der Eiswelt zu entwickeln, die acht Stunden Flug vom hiesigen Sommer entfernt auf ihn wartete. Eine Welt, die aus allen Farbtönen des Weiß bestand und von der völligen Abwesenheit vertrauter Objekte geprägt war. Unvorstellbar, dass es dort, wie Bob Arvin behauptet hatte, einmal so warm wie in Christchurch gewesen sein könnte. Als das Wort »Eiszeiten« fiel, begann er, auf die Erläuterungen in der vor ihnen ablaufenden Show zu achten.

»... bildeten sich für lange Zeiträume auf der Nordhalbkugel, jedes Mal, wenn der Druck der Gletscher Nordamerikas so groß geworden war, dass sich der Felsuntergrund, auf dem sie hafteten, in etwas von der Beschaffenheit von Zahnpasta verwandelte. In den so genannten ›Heinrich Events‹ rutschten die kilometerhohen Eisdecken in Geschwindigkeiten von bis zu vier Kilometern pro Jahr in den Atlantik, der Golfstrom versiegte und Europa verschwand unter Eis. Hier, in der Antarktis, hat die westantarktische Eisplatte, *WAIS,* die von der antarktischen Halbinsel über das Marie Byrd Land bis zum Ross Eisschelf reicht, Ähnlichkeiten mit dem alten kanadischen Eisschild. Auch sie haftet auf Felsen, die unter dem Meerespiegel liegen. Bohrungen haben gezeigt, dass der Untergrund tatsächlich eine Konsistenz wie Zahnpasta hat. Die westantarktische Eisplatte ist die instabilste Säule des Weltklimas. Ein Heinrich Event würde weltweit eine Katastrophe unvorstellbaren Ausmaßes einleiten. Das Eis der Ostantarktis begänne nachzufließen, die Weltmeere stiegen an ...«

Ash sah Michelle an, die neben ihm saß. Er konnte sie sich ebenso wenig als Kämpferin vorstellen wie die Antarktis als warm. Alles, was er auf den ersten Blick an ihr feststellen konnte, die blauen Augen unter dem schwarzen Haar, die elastische Figur, die überlegte innere Ruhe, reichten nicht aus, sie für ihn interessant werden zu lassen. Es war zu offensichtlich, dass sie einen leichten Job mit touristischem Wert erwartete und entschlossen war, ihn auch leicht zu nehmen. Sie störte seine Planung. Sie war ein Anhängsel an seinem Programm, das er lieber heute als morgen loswerden wollte.

Die Show war beendet. Ash blieb draußen in der Wärme

und hörte die Mailbox seines Handys ab. Es gab nichts Neues vom Flughafen, gegenwärtig sprach man von vier Tagen Wartezeit.

Michelle und die Kinder kamen mit glasigen Augen aus einer Videoshow über die Tiere im Eis.

»Wale haben zwanzig Herzen«, rief Maria mit geröteten Wangen.

»Sie ist blöd«, erklärte Carl, »sie meint zwanzig Hertz, das ist der Ton, mit dem sie sich tausend Kilometer weit durch die Ozeane zurufen.« Ash staunte. Carl ergriff seine Hand. »Das ist so weit, wie wir mit Kurzwellenfunk kommen.«

Der Junge gefiel ihm.

»Die Kinder haben als letzten Wunsch das Kaltwasseraquarium auf der Liste«, sagte Michelle.

»Gut«, erwiderte Ash, »dann treffen wir uns dort.«

Michelle war etwas zu früh gekommen, weil sie den Kindern noch Zeit im Souvenirshop lassen wollte. Kenelly stand vor der mannshohen Glaswand des Kaltwasseraquariums und wartete auf sie. Hinter ihm hing unter dem Schild »Die Welt des Benthos« eine Qualle im Wasser, die doppelt so groß war wie er. Der blasslilafarbene Rüschenvorhang ihrer Tentakel reflektierte sanft fließend jede seiner Bewegungen.

Im selben Augenblick, als Michelle auf Kenelly zugehen wollte, trat ein stämmiger Mann von Mitte dreißig an ihn heran. Michelle hielt inne.

Der schwarzhaarige Mann war etwas zu elegant gekleidet. Ein Goldschimmer zu viel an der Hand, ein Hauch zu viel Farbe im Jackett, zu viel Öl in den Haaren. Er sprach Kenelly an. Der nickte irritiert. Der andere entnahm einer schwarzen Tasche ein großformatiges Foto und händigte es Kenelly aus, der es zerriss, ohne es anzusehen.

Der Ölhaarige holte aus und schlug Kenelly auf die Nase. Sie begann sofort zu bluten. Kenelly hielt sich die Nase und rammte seinen Ellenbogen in den Kiefer des anderen. Michelle meinte, es knacken gehört zu haben. Wie angewurzelt stand sie da. Der andere trat Kenelly in den Bauch und hieb ihm mit beiden Handkanten in die Seiten. Kenelly krümmte sich mit schmerzverzerrtem Gesicht weg. In der Drehung streckte er sein Bein. Wie einen Hammer schlug er es dem Schwarzhaarigen in den Unterleib. Er blickte hoch und sah Michelle an. Diesen Moment der Verwirrung nutzte der Angreifer, um zu verschwinden. In gekrümmtem Gang steuerte er direkt auf Michelle zu. Als er auf ihrer Höhe war, rief er, ohne sich umzudrehen zurück: »Es wird heftiger, Kenelly. Verlassen Sie sich darauf, dass wir nichts vergessen.«

Seine Ledersohlen knirschten auf dem Betonboden. Michelle sah wieder hinüber zu Kenelly, der einen Taschentuchballen an seine Nase hielt. Er fluchte. Michelle brach in Gelächter aus. Es war zu bizarr.

Kenelly sah zu ihr hinüber. »Was ist so verdammt komisch?«

»Sie hatten einen Zuschauer. Er spielt noch immer mit.«

Kenelly drehte sich um. Die Qualle war in einen Tanz verfallen, mit dem sie voller Eleganz und Grazie die Bewegungen der soeben noch vor ihr ineinander verwickelten Extremitäten der beiden Männer imitierte. Es sah aus wie eine Schlägerei hinter einem Theatervorhang. Als Michelle herantrat, verschwand das Tier mit kraftvollen Glockenschlägen in der Dunkelheit.

»Sie scheinen überall gute Freunde zu haben. Kann ich Ihnen helfen?«

»Sie fragen zwei Minuten zu spät. Aber Sie sehen, dass Personenschutz dringend nötig ist. Wem wird sein Wert heute sonst noch so deutlich vor Augen geführt?«

Genau das war es, was ihr Sorgen machte.

Kenelly stürmte los auf die Toilette. Sie sah sich um. Er hatte das Foto in Streifen gerissen und in den Papierkorb geworfen. Sie griff sich drei Streifen. Es waren Stücke eines Schwarzweißfotos. Soweit sie es erkennen konnte, zeigten sie die Geschlechtsteile eines vögelnden Paares.

Sie warf sie zurück in den Müll. Was lief hier unter der Oberfläche? Wo war sie da hineingeraten? In was war Kenelly geraten? Ihr lief ein Schauer über den Rücken. Sie musste nach draußen an die warme Luft.

Kenelly tauchte wieder auf, die Nase erwartungsgemäß geschwollen. Michelle reichte ihm ein Taschentuch. »Es hat mir nicht gefallen, was ich im Aquarium gesehen habe. Und was ich im Papierkorb gefunden habe, auch nicht.«

»Aha. Sie hat eine professionelle Ausbildung im Papierkorbschnüffeln! Dafür drückt sie sich davor, andere Personen zu schützen.«

»Woher wollen Sie das wissen?«, fragte sie erbost.

»Sie haben zugesehen, wie ich verprügelt wurde. Sie haben nicht eingegriffen. Im Gegenteil, Ihre Gegenwart hat mich daran gehindert, den Kerl zu verfolgen.«

»Ich bin nicht für Ihren Schutz zuständig, sondern für den der Kinder. Ich werde beispielsweise nicht zulassen, dass Sie mich oder die Kinder in Ihre Sexaffären hineinziehen.«

»Sie sind ein Miststück und haben nicht die leiseste Ahnung, wovon Sie reden. Ich habe ja geahnt, dass Sie nichts als Probleme bereiten würden.«

Ihre Gesichter waren gerötet. Ashs Handy summte. »Deep Freeze meldet sich. In drei Stunden geht unser Flug.«

Kurze Zeit später fielen sie in den Voyager, dessen Motor bereits lief, noch bevor alle Türen geschlossen waren.

»Warum haben Wale so große Gehirne?«, fragte Carl.

»Weil sie viel intelligenter sind als Männer«, sagte Michelle.

»Sie können nicht träumen«, sagte Carl und schloss die Augen, um zu verstehen, was er soeben gelernt hatte.

21

Sein Rücken war nass. Ash wachte vom Rütteln der Hercules auf. Er sah hinter sich. Kondenswasser war vom Fenster in seinen Pullover gelaufen. Er wischte das Glas klar. Weit unter ihnen im Meer irgendwo zwischen Neuseeland und der Antarktis lag eine kahle Felseninsel einsam im Meer. Sie waren mehr als zwei Stunden unterwegs.

»Campbell Island«, sagte Carl neben ihm. Er hatte ein aufgeschlagenes Buch auf dem Schoß. Ash sah hinüber.

»Steht etwas über die Insel in deinem Buch?«

»Es ist dort niemals wärmer als elf Grad. Vor einhundertfünfzig Jahren mussten drei Männer und eine Frau zwei Jahre auf der Insel bleiben, bevor sie gerettet wurden.«

Ash sah ein buntes Diagramm, aus dem Carl die Temperatur abgelesen hatte. Er las die Überschrift. »Was ist das, ein ›Thermoisopleth‹?«

»Die vierundzwanzig Stunden des Tages und die zwölf Monate des Jahres bilden ein Rechteck, darin zeigen Farbflächen die Temperaturen.«

»Danke! Ich habe etwas Neues gelernt. Was interessiert dich so brennend an der Antarktis, Carl?«

»Sie ist wie ein Mond, der auf der Erde liegt, und die Wale sind wie Raumschiffe, die ihn besuchen. Wie U-Boote so groß schwimmen sie um die Welt. Vielleicht sind sie schlauer als wir.«

Sein Gesicht glühte. Ash sah ihn schweigend an. Er wollte diesem erstaunlichen Jungen zuhören. Ausgerechnet jetzt, in dem stinkenden, lärmenden Inneren der mit Landeski ausgestatteten C-130, wie sie nur die US Streitkräfte zu fliegen berechtigt waren, nahm er sich zum ersten Mal die innere Ruhe, einen Gedanken an die Tierwelt der Antarktis zu verschwenden.

»Ich werde wahrscheinlich eine Million Dollar gewinnen.« Nach eingehender Prüfung hatte Carl offenbar Vertrauen gefasst.

»Was hast du getan?«

»Ich habe an einem Wettbewerb teilgenommen, bei dem man Rosen, Tiger, Pinguine und anderes Zeug in der Natur zählen musste. Auf einem Pinguin habe ich eine Botschaft entdeckt.«

»Eine Botschaft?« Ash sah ihn zweifelnd an. Carl hatte das Gesicht seiner Mutter, aber hinter seinen Augen leuchtete die Entschlossenheit von Claude.

Der Junge kramte in seinem Rucksack. Eine Windbö rüttelte an der Maschine. Michelle sackte gegen Ashs Schulter. Mit jedem Schlag in der Luft zuckte sie nach vorn. Zender schnarchte. Carl hatte ein Bild aus einer Mappe hervorgeholt.

»Was sehen Sie hier?«

Ash nahm das Bild in die Hand. »In der Mitte ist eine 3. Die anderen Flecken sind nicht zu erkennen.« Plötzlich war er hellwach. Das war etwas.

»Was kann das sein?«, fragte Carl.

»Ich weiß es nicht. Dort unten wird niemand ohne Not einen Pinguin anstreichen. Hast du eine Ahnung, woher das Bild kommt?«

»Von der National Science Foundation, NSF. Ich bin in McMurdo mit Gus Helmer von der NSF verabredet. Er hat die Originalrolle mit 7200 Aufnahmen, die ich durchsehen kann.«

»Damit ich dich richtig verstehe, Carl – unterbrich mich bitte, wenn ich falsch liege: Diese Zeichen sind nicht Teil deines Preisausschreibens. Du hast sie durch Zufall entdeckt. Sie haben dich und deine Schwester dazu gebracht, euch mir anzuschließen und in der Antarktis aufzukreuzen.«

»Mein Vater war mir einen Gefallen schuldig, weil er in

meinem Zimmer auf den Gedanken kam, seine Technik in der Antarktis einzusetzen.«

»Ob das einen Gefallen wert war, muss sich noch zeigen.«

Ash war fasziniert. Diese beiden Kinder zogen für eine fixe Idee wie die Wale um den halben Globus.

Michelle zuckte von ihm weg. Sie war wach. »Wie spät?«, rief sie.

»Wir haben noch fünf Stunden vor uns.«

Sie sah ihn mit leerem Blick an.

»Fünf!« Er hielt seine Hand hoch, deutete auf die Ohren.

Als Antwort schenkte sie ihm ein zauberhaftes Lächeln, das noch aus einem ihm unbekannten Traum zu kommen schien, und entfernte ihre Ohrstöpsel.

Wenn er ehrlich zu sich war, musste er zugeben, dass sie die beunruhigende Schönheit besaß, die aus innerer Unabhängigkeit kam. Er hatte nur keinerlei Veranlassung, ehrlich zu sich zu sein. Er hatte anderer Leute Probleme zu lösen. Nicht seine eigenen.

Sie hatte in der nach Öl stinkenden Hitze ihre Jacke zwischen den Rücken und die kalte Wand gestopft und den Pullover geöffnet. Sie trug eine Kette mit einem blauen Glasanhänger, die er bisher nicht an ihr gesehen hatte.

»Es ist in Ordnung, dass Sie mich für unzuverlässig und ich Sie für zwielichtig halte, Mr Kenelly. Nur lassen Sie uns für die Dauer der Reise zumindest oberflächliche und dienstliche Unterhaltungen pflegen. Es wird sonst zu anstrengend.«

»Gut«, sagte er, »fangen wir an. Welche Geschichte hat Ihr blauer Anhänger?«

Michelle wurde blass. »Bitte nicht jetzt. Es ist eine lange Geschichte, die mit dem Selbstmord meiner Mutter endet. Ich verspreche Ihnen, dass ich sie Ihnen erzählen werde. Später. In McMurdo.«

Ash war irritiert. Etwas Banaleres hatte er nicht vorschlagen können. Er fühlte sich erneut in eine sackartige Müdigkeit hineingerüttelt. »Dann werde ich Ihnen auch später etwas aus *meinem* Leben erzählen«, murmelte er, »in McMurdo.« Er schlief ein, die Ohrstöpsel in den Händen.

22

McMurdo; Montag, 18. Januar

Vor der Gebirgswelt des Mount Erebus und der Transantarktischen Kette breitete sich die glitzernde Unwirklichkeit der Schelfeisweite unter einer senkrecht in den grellblauen Himmel steigenden Rauchsäule aus. Links von ihnen schwappte das Meer träge um Eisbrocken unterschiedlicher Größe. In der Ferne sahen sie die Mastenwälder und aufgestelzten Containerbauwerke von McMurdo.

»Riechst du etwas?«, fragte Carl.

»Dieselgestank.«

»Vogelscheiße. Es riecht wie auf einem Hühnerhof.«

»Pinguinscheiße«, murmelte Maria, »das Leben geht weiter.«

Das Gepäck wurde auf ein orangerotes Vehikel mit überdimensionalen Reifen verladen. Aus dem Vehikel stiegen zwei Männer.

Einer der beiden zückte einen Fotopparat, schob sie alle fünf freundlich vor der Hercules zusammen und machte ein paar Fotos. Alle lächelten verblüfft. Er bedankte sich höflich und marschierte weiter, um sich mit dem Flugkapitän zu unterhalten. Der andere begrüßte Zender. Er wurde von ihm als Pete Slater, Vor-Ort-Manager des *Elektra*-Projektes, vorgestellt. Er begleitete sie auf der Fahrt in dem

Gefährt. Maria schrieb in ihr Tagebuch, das sie vor sich auf den Geigenkasten gelegt hatte.

Halbrunde, flache, doppelt hohe, dreifach hohe Wellblechbauten, Dächer aus Wellzementplatten. Türkisfarbene und rote, silberne und schwarze Wellblechbauten und vor allem Wälder von Masten, an denen Kabel und Rohre kreuz und quer durch die Gegend liefen.

Das Hotel California, in dem sie untergebracht waren, war ein dreistöckiger grauer Wellblechbau oberhalb des Hubschrauberlandeplatzes mit dem Komfort einer Jugendherberge.

Als sie in ihrem Zimmer allein waren, warfen Carl und Maria sich auf ihre Betten. Auf ihrem Tisch standen zwei Plüschpinguine, die eine Fahne mit der Aufschrift »*Elektra* – The Penguin Power« trugen. Wohltuende Ruhe breitete sich aus. Vor dem Fenster, unterhalb des Hubschrauberlandeplatzes, glitzerte das Meer in der Sonne, die Eisbrocken leuchteten blau, dahinter ragte die Gebirgswand auf. Es war warm. Im Zimmer summte eine Fliege. Aus einem Traum von Weite fielen sie direkt in den Schlaf.

Ash las das Wort, das er sich in der Hercules notiert hatte.

Sie saßen im Projektraum, rechts von der Tür im Erdgeschoss eines Doppelstock-Containers, der als Projektbüro eingerichtet war, zwischen Postern mit Ablaufdiagrammen, Terminplänen und Systemübersichten. Die Ratlosigkeit war groß. Ash hatte ein großes Glas Apfelsaft vor sich. Vor Plastikbechern mit bitterem Kaffee und Kaffeeweißer saßen Urs Zender und Pete Slater, Yanshi Sharaj, ein zweiunddreißigjähriger Amerikaner indischer Herkunft, zuständig für die Kommunikationssoftware des Gesamtsystems, sowie Pierre Thureau, ein glatzköpfiger Franco-Schweizer von Anfang fünfzig, Experte für die nukleare und thermoelektrische Prozesssteuerung innerhalb des Reaktors.

Ash hatte die frühen Stunden damit verbracht, die Beteiligten selbst die hoffnungslose Terminlage und die festgefahrene Situation der Fehlerklärung schildern zu lassen. Jetzt war es für ihn an der Zeit, seine Aufgabe in Angriff zu nehmen.

»Wir setzen unsere Kräfte nicht richtig ein und fallen zurück, weil wir keine Vermutung über den Fehler haben, die uns wirklich weiterhilft. Jeder Tag, der vergeht, wirft uns um zwei Tage zurück.« Er wurde leiser.

»Wir haben sämtliche Botschaften analysiert, die zwischen unserem Kraftwerk in McMurdo und der Zentrale in der Schweiz ausgetauscht werden. Nichts. Wir haben die aus dem Kraftwerk dringenden Wärmebotschaften analysiert. Nichts. Es gibt keine Anzeichen für Sabotage. Richtig? Keine Probleme mit falschen Daten. Richtig? Es gibt auch keine Anzeichen dafür, dass *Atlas* oder *Elektra* ihre Nachrichten zur Unzeit abgeben und sich deshalb nicht verstehen, richtig?«

Die anderen nickten bei jeder Frage brav.

»Sie schicken auf allen Kanälen nach den Regeln, die wir vorgegeben haben, ihre Botschaften aus – und schalten dann ab. Und wir haben keinen Schimmer, warum.« Ash machte eine Pause, in der er jeden ansah, um sich ein zerknirschtes Nicken abzuholen.

»Wie werden *eure* verdammten Botschaften aussehen? Wollt ihr später stolz erzählen, dass es euch gelungen ist, durch Demontage eurer unfähigen Technik den Zustand vor Beginn eurer Arbeit zur Freude aller wiederherzustellen? Oder wollt ihr daran mitwirken, dass die Verfügbarkeit von Energie in der Zukunft nie mehr ein Grund sein kann, einen Platz den ›Arsch der Welt‹ zu nennen? Weil überall, wo es Menschen wollen, Strom für das tägliche Leben, für frisches Wasser, für Wärme, für vernetzte Computer, für wissenschaftliche Arbeit, für Bildung, medizinische Pflege und Transport zur Verfügung steht, weil er so billig ist wie aus einem eigenen Wasserfall gewonnen? Wollt ihr *das*? Dann kneift gefälligst den Arsch zusammen und denkt nach und redet miteinander, als wären alle Seeelefanten der Antarktis hinter euch her. Stellt in Frage, was ihr bisher getestet habt, geht quer zu euren Zuständigkeiten vor, grabt um, was sich festgetreten hat.«

Er schlug mit der flachen Hand auf den Tisch, dass die anderen zusammenfuhren und betreten an die Decke sahen. Inzwischen waren Michelle und die Kinder leise zur Tür hereingetreten.

»Als Erstes werdet ihr für mich ein Thermoisopleth für *Elektra* über die Transportzeit erstellen, über jede Stunde an jedem Tag an jedem Ort. Danach legt ihr mir einen Vorschlag für die Tests und Analysen der nächsten drei Tage vor. Ihr habt dafür vierundzwanzig Stunden Zeit.« Mit diesen Worten stand er auf und ging zur Tür.

»Ich muss hier raus«, flüsterte er Michelle ins Ohr, »sie müssen endlich anfangen zu leiden.« Pete räusperte sich.

»Ash, dieser Thermoisodingsda, was zum Teufel ist das?«

»Ihr seid im Weltzentrum der Klimaforscher. Es wird sich jemand finden, der es euch sagt, im Zweifelsfall der Junge hier.«

Sie gingen. Carl raunte ihm zu: »Du bist hier der Boss, was?«

23

Carl trug ein Buch in der Hand. Er berührte Ash am Arm.

»Ich habe etwas über die Zeichen auf dem Pinguin herausgefunden.«

»Weißt du, was sie heißen?«, fragte Ash, während er

weiter bedruckte Papierbahnen von den Wänden seines Büros entfernte.

»Ich habe herausgefunden, wozu sie geschrieben wurden«, sagte Carl.

»Gib mir ein paar Minuten. Ich werde mir Zeit für dich nehmen, nachdem ich den beiden Frauen ihren Übungsraum gezeigt habe.«

Michelle stand in der Tür. »Wollen Sie neu tapezieren?«, fragte sie.

»Alte Terminpläne«, sagte Ash, »Makulatur. Nichts davon hat gestimmt.« Noch mehr Zeug flog von den Wänden. Er öffnete seine Tasche und suchte darin herum. Nachdenklich hielt er ein flaches, in Weihnachtspapier verpacktes Päckchen für einige Sekunden in der Hand, um anschließend weiter in der Tasche zu kramen.

»Und wie wollen Sie Ihr Problem lösen?«, fragte Michelle.

»Mit viel Aufwand in aller Welt«, antwortete Ash, ohne sie anzusehen. »Ich habe Simmons Industries mit Testaufgaben überzogen. In Bangalore, in Tel Aviv und in Zürich laufen Tests und Simulationen. Die Verantwortlichen berichten täglich an ein Projektbüro in Zürich, zu welchem Teil sie ihre Aufgaben abgeschlossen haben, wie lange sie noch benötigen und wie hoch in den Tests ihre Fehlerraten liegen.« Er suchte weiter in seiner Tasche. Schließlich holte er ein Blatt mit farbigen Linien und vertikalen Pfeilen hervor, das er auseinander faltete und an der Wand befestigte.

»Jeden Tag wird nach einem Terminplan zentral festgestellt, wie viele Aufgaben abgeschlossen und wie viele neu begonnen wurden.«

»Welch ein Aufwand.«

»Aufwand ist das Geheimnis des Erfolges. Was man konsequent genug will, lässt sich planen. Was sich planen lässt, lässt sich erledigen.«

»Planen löst nicht alles. Lassen Sie sich hin und wieder überraschen, vielleicht ist das ein ganz neues Gefühl«, sagte Michelle, während sie umherwanderte. Sie blickte aus dem Fenster. Ohne sich umzudrehen, sagte sie: »Was wollen Sie hier in der Antarktis tun, um Ihr Problem zu lösen?«

»Ein Niemandsland erforschen.«

Ash ging voran in den Nachbarraum, der bis auf zwei Stühle völlig leer war. Ein bis zum Fußboden reichendes Fenster gab den Blick auf die entrückte Größe des mächtigen Vulkans frei, dessen Spitze in dem Feuer der flach im Westen liegenden Sonne leuchtete.

»Wie finden Sie Ihr Niemandsland?«

»Ich weiß nicht, wo es liegt, ich weiß nicht, wie es aussieht, ich weiß nur, was ich dort finden werde. Die Lösung meines Problems. Wollen Sie sehen, wie es geht? Begleiten Sie mich nach unten.« Carl sah ihn unruhig an. Ash legte ihm die Hand auf die Schulter. »Keine Sorge, ich habe dich nicht vergessen, Carl. Begleite uns.«

Im Konferenzraum im Erdgeschoss stand der Inder vor einem Poster, das die Strukturübersicht des Kraftwerks zeigte. Er hielt einen grünen Filzstift in der Hand, mit dem er eine fette grüne Linie in die Übersicht zeichnete. Der Franzose mit der Glatze stand am Fenster und sah hinaus.

»Lassen Sie sich nicht stören, Yanshi. Unsere Gäste wärmen sich einen Moment lang auf.« Ash setzte sich mit Michelle und den Kindern in eine Ecke. Er flüsterte. »Ich lasse jeden von ihnen unabhängig von den anderen in eine Systemstrukur der Anlage die Grenze dessen zeichnen, wofür er meint, die persönliche Verantwortung zu tragen. Wir werden sehen, dass es ein Niemandsland gibt. Und genau dort liegt unser Problem.« Er rückte näher an Carl heran. »Zeig mir Dein Buch.«

Carl schlug das Buch auf und zeigte auf ein Bild. Ash sah eine endlos geschwungene Kette von Pinguinen auf dem

Bauch in der Parodie eines Vogelzuges am Himmel über das Eis rutschen. Carl las leise die Bildunterschrift, seine Stimme bebte vor Aufregung: »Im April rutschen die Kaiserpinguine landeinwärts in die Brutkolonien.«

Ash sah ihn entgeistert an. »Was ist daran Besonderes?«

»Sie müssen hundert oder zweihundert Kilometer rutschen und watscheln, bis sie angekommen sind. Mitten im antarktischen Winter, bei Dunkelheit, im Schneesturm, bei fünfzig Grad Kälte.«

»Ich verstehe nicht, was du damit sagen willst, Carl.«

Der Inder hatte seine Zeichnung abgeschlossen. Urs Zender betrat den Raum. Carl zog einen Handschuh aus seiner Anoraktasche, auf dem eine Feder befestigt war.

»Ich habe einen Test mit einer Feder gemacht, Mr Kenelly, auf die ich in Zürich Punkte mit verschiedenen Farben gemalt habe.«

»Urs, Sie sollten sich diesen jungen Mann als Beispiel nehmen, wie man Probleme anpackt«, unterbrach Ash Carls Rede. »Entschuldige mich ein paar Minuten«, bat er Carl im Aufstehen, »ich beschäftige mich gleich wieder mit deiner Feder. Rühr dich nicht vom Fleck, vielleicht kannst du uns helfen.«

Ash entrollte ein zweites Poster, auf dem eine violette Linie eingetragen war. »Jetzt werden wir unsere Entdeckung machen, Urs.« Sie hielten beide Zeichnungen übereinander und verglichen die Linien. »Sehen Sie sich das an.« Ohne Zenders Reaktion abzuwarten, wandte sich Ash an die Verfasser der beiden Blätter. »Yanshi und Pierre, hier ist genau die Stelle, an der ihr aneinander vorbeiarbeitet.« Er legte die Hand auf einen Punkt in der Struktur, der außerhalb beider Linien lag. »Hier, zwischen Sender und Empfänger, die aus dem Kraftwerk in die Außenwelt kommunizieren, einerseits, und der Überwachung der physikalischen Prozesse im Innern andererseits, liegt das Niemandsland. Irgendetwas, auch wenn es zu unbedeutend ist, um auf dieser Übersicht eingezeichnet zu sein, liegt dort und es gibt niemanden, der sich damit befasst. Findet es. Es ist unser Problem. Und unsere Chance. Setzt euch zusammen, redet miteinander und grabt diese Chance aus.« Zender blickte verstört auf die beiden Poster. Diese Methode, ein Problem anzugehen, war ihm suspekt.

Ash winkte Michelle und die beiden Kinder heraus. »Wir sollten sie jetzt in Ruhe arbeiten lassen. Erzähl uns in meinem Büro weiter von deiner Entdeckung, Carl.«

»Was hat der Test mit deiner Feder ergeben?«, nahm Ash den Faden wieder auf.

»Keine Farbe hat das Reiben mit dem Handschuh auf dem Schnee in Bäretswil länger ausgehalten, als es zehn Kilometer weitem Rutschen entsprechen würde. Die Zeichen müssen zwischen April und Juli auf den Pinguin geschrieben worden sein, weil das Foto im Juli aufgenommen wurde.«

»Erklär uns, wie das mit den Pinguinen ist.«

»Es ist auf ein Männchen geschrieben worden«, erklärte Carl. »Das Weibchen ist von Mai bis Juli unterwegs, um sich im Meer vollzufressen. Auf dem Foto ist kein einziges Weibchen zu sehen. Sie müssten fetter sein. Wenige Tage später tauchen die Weibchen auf und die Männchen ziehen los zum Meer. Wieder hundert Kilometer weit.«

»Das bedeutet, dass jemand im schlimmsten antarktischen Winter, in völliger Dunkelheit, im Schneesturm, bei fünfzig Grad Kälte etwas auf einen Pinguin geschrieben hat, von dem er sicher sein konnte, dass er sich auf eine Reise macht –«

»– bei der er niemals jemandem begegnen würde«, beendete Carl Ashs Satz. »Wenn Ende August die Sonne aufgeht, würde man nichts mehr lesen können.«

»Er muss verzweifelt gewesen sein«, vermutete Ash. »Offenbar war er sicher, dass für ihn selbst jede Rettung zu spät kommen würde.«

»Ich glaube, er wollte damit nicht sich selbst retten, MrKenelly, sondern andere. Er wollte andere warnen.«

»Eine Warnung.« Ash sah ihn lange an. Carl war ein erstaunlicher Junge.

»Wovor kann eine 3 warnen?«

24

23 Uhr 30

Die Musik, die Ash die letzten Stunden wie aus einer Schneewehe heraus gehört hatte, war verstummt. Als er mit der Teekanne in der Hand vor der kleinen Küche stand, begegneten ihm Michelle und Maria.

»Darf ich Sie zu einer Tasse Tee einladen?«, fragte er an Michelle gewandt.

»Haben Sie Carl gesehen? Ich dachte, er wäre bei Ihnen.«

»Er ist sicher noch bei seinen Wissenschaftlern. Kommen Sie, wir setzen uns in den Konferenzraum.« Sie nahmen sich Tassen und folgten ihm.

»Jetzt noch? Es ist fast Mitternacht«, stellte Michelle ungläubig fest.

»Es ist hellichter Tag.« Carl stand plötzlich in der Tür. »Ich habe die Lösung. Und auch wieder nicht. Auf jeden Fall sind wir berühmt«, verkündete er. Die Augen brannten stolz in seinem übermüdeten Gesicht. Er warf eine Zeitung auf den Tisch. »Die Antarctic Sun Times. Sie erscheint morgen für die kommende Woche.«

Er marschierte in die Küche, um sich eine Tasse zu holen, und goss sich schweigend Tee ein.

In eine der vier Spalten der Titelseite war ein Foto von ihrer Ankunft eingerückt, alle fünf vor der Hercules aufgereiht, deutlich sichtbar die Geigenkästen der beiden Frauen. Die Überschrift lautete: **Pinguin Power erhält Verstärkung.**

Darunter der folgende Text: »Die AπA schafft Verstärkung heran, um ihr kränkelndes Baby, das von der Firma Simmons Industries in Auftrag gegebene *Elektra*-Kraftwerk für McMurdo, endlich in Betrieb nehmen zu können: den Projektleiter, Mr Kenelly (Mitte), zwei Geigen (die schwarzen Kästen), zwei schöne junge Damen, die möglicherweise im Town zu einem Konzert bitten werden, und den Sohn von Firmenchef Simmons persönlich (Carl Simmons, links). Wer oder was von ihnen den Durchbruch bringen wird, bleibt abzuwarten. Wir halten alle McMurdoniten auf dem Laufenden. Gebt die Hoffnung nicht auf, träumt weiter von einem warmen Zimmer im Winter.«

Ash war kreidebleich. Er sah Michelle kühl an. »Jetzt wird es ernst in Ihrem Job. Jetzt weiß jeder, dass die Simmons-Kinder hier sind. Ich plädiere für vorgezogene Abreise, aber Sie sind es, die entscheiden muss.«

»Interessiert sich vielleicht auch noch einer für mein Problem?«, fragte Carl.

»Schieß los, Junge.« Ash streckte die Beine weit unter den Tisch. Michelle und er zuckten zurück, als sich ihre Füße unter dem Tisch trafen.

»Ich glaube, kein Mensch hat vor mir so viele Pinguine in so kurzer Zeit gesehen. Mein Bild war Nummer 3671, es hätte viel schlimmer sein können. In einem der Nachbarbilder habe ich das hier gefunden. Auf Bild 3669.« Triumphierend warf er eine 20x30-Ausschnittsvergrößerung auf den Tisch.

Ash sah sich den Pinguin an. Das Bild war von einem flacheren Winkel aus aufgenommen worden, also offenbar zu einem früheren Zeitpunkt im Anflug des Überwachungsfliegers. Das Tier stand frei in einer Lücke, den

Schnabel nach unten gebeugt, das rechte der drei Zeichen leicht überdeckend. Dennoch war es vollkommen klar, was dort stand. *T 3 T*

»Was zum Teufel soll das heißen?«, fragte Ash.

»Das weiß keiner. Ich habe die halbe NSF gefragt. Keiner hatte eine Idee. Es wird niemand vermisst. Keine Schiffbrüchigen, keine flüchtigen Verbrecher. Es sind keine Koordinaten, keine Abkürzung, die irgendwie bekannt wäre. Nur *T 3 T.*«

Carl holte eine zweite Kopie des Fotos heraus und gab sie Ash.

»Vielleicht begegnen Sie jemand, der weiß, was *T 3 T* bedeutet. Die Leute von der NSF haben mir auf einer Karte ein Gebiet von 500 Kilometern Durchmesser markiert, in dem sich das Tier bewegt haben kann, seit es dieses Federkleid trägt. Der Kreis geht von der Siple Coast über die Shirase Coast und Roosevelt Island bis zur Bay of Whales an der Kante des Ross-Eisschelfs. Zum Meer hin ist er offen.«

Maria verdrehte den Kopf. »Habt ihr versucht, die Zeichen auf den Kopf zu stellen, vielleicht war er gezwungen, im Liegen zu schreiben?«

Auch das ergab keinen Sinn. *T 3 T.* Das war es.

Michelle stand auf. Sie gab den Kindern einen Wink. Sie säuberten Tassen und Kanne in der Küche. Ash nahm die kleine hölzerne Kiste und legte sorgfältig zwei der Tassen, die Kanne und eine Keramiksiebeinlage in die vorgesehenen Aussparungen des Futterals.

25

M.S. Pesca Vaqueiro; Dienstag, 19. Januar

Ab Mittag waren sie berühmt. Wenig später hatten Michelle und die Kinder eine Einladung von Biologen der University of Chicago zur Teilnahme an einer eintägigen Forschungsfahrt mit der *Pesca Vaqueiro* in das Ross Meer auf dem Tisch.

Das Schiff hatte einen Anstrich bitter nötig. Von den kopfgroßen Bullaugen, die sich vom Bug bis mittschiffs aufreihten, liefen braune Rostfahnen nach unten, ebenso von den vier größeren Fenstern in der Reihe darüber. Die *Pesca Vaqueiro* war ein eistaugliches Fischereischiff mit einem rostigen Portalaufbau im Heck zum Einholen von Schleppnetzen.

Seit gestern hatte sich das Wetter verändert. Es ging ein leichter Wind aus Südost, der Himmel war bedeckt. Es herrschte eine milchige, entrückte Stimmung. Die Temperatur lag nur wenige Grad unter null.

Michelle erschien bis auf eine weiße Mütze ganz in Schwarz, Maria trug eine knallrote Daunenjacke, in der sie aussah wie in einem Federbett, und Carl kam sich vor wie in einem Stapel hellblauer Autoreifen.

An Bord des Schiffes waren Männer am Werk, die gelbe Pudelmützen trugen. Einige von ihnen hatten weiße Jacken an, mit der Aufschrift »Marine Biology of the SubZero. University of Chicago«. Ein schwarzer Zweimetermann winkte sie von der Reling aus an Bord. Zwischen Bordwand und der Spundwand des Pier brabbelte das Wasser.

Sie betraten das Schiff. Es vibrierte. Tief im Innern waren Motoren angelaufen.

Unten stieg ein Mann in gelbem Overall ein, der mehrere Fotoapparate umgehängt hatte. Einer der Männer ließ die Leinen mit gekonntem Schwung über die Poller hüpfen. Der Wasserspalt verbreiterte sich, bald waren sie weit in der See.

Umgeben von Fischgestank und etwas verloren standen sie inmitten rostender Gerätschaften auf dem Vorschiff. Etwa ein Dutzend Wissenschaftler und ein halbes Dutzend Mannschaftspersonal mochten mit ihnen an Bord sein, sowie der Neuankömmling, der damit beschäftigt war, Fotos aus großkalibrigen Objektiven zu schießen.

Inzwischen war es windstill geworden. Es herrschte eine seltsam entrückte Feiertagsstimmung. Kleine Eisbrocken rasselten an der Bordwand entlang. Ein versprengter Sonnenstrahl traf die große, weiße Mauer der Eisschelfkante. Wie die Befestigung eines mythischen Landes leuchtete sie am Ende des diesigen Meeres.

In einigen hundert Metern Entfernung zog die Nordspitze von Ross Island an ihnen vorbei. Einen Felsenhang hoch zog sich eine Kolonie tausender Adeliepinguine. Schwimmend begleiteten einige von ihnen das Schiff, alle Dutzend Meter als tropfenförmige Pfropfen aus dem Wasser springend.

Der gelb gekleidete Fotograf trat vorn im Bug neben Michelle. »Ist es nicht erstaunlich, wie die heimkehrenden Pinguineltern unter tausenden Küken ihre eigenen wieder finden?«, meinte er.

Michelle sah ihn an. Er trug weder Mütze noch Handschuhe. Sie sah in ein großes klares Gesicht, in dem die Augen für ihren Geschmack zu blau strahlten. Er sprach amerikanisches Englisch mit leicht skandinavischem Akzent. »Es ist unfair, dass ich mich nicht vorgestellt habe, während Sie inzwischen jeder in McMurdo kennt.« Er lächelte warm. »Lars Stensen. Ich fotografiere für einen Bericht der National Geographic Society. Ich frage mich, wie die Pinguine es schaffen, den Richtigen zu finden. Wir

Menschen könnten davon wahrscheinlich lernen. Uns kommt eher der Zufall zu Hilfe und wir fangen an zu improvisieren.«

Er schaute ihr mit einer blauäugigen Konzentration ins Gesicht, die ihr unheimlich wurde. Die Intensität und Präsenz, mit der er diese Unterhaltung führte, passte so gar nicht zur Entspanntheit des Wetters, zu der wohltuenden Abwesenheit jeder Art von Aufgabe für alle, die nicht zur Mannschaft gehörten.

Er wandte sich ab. Beide Hände auf der Reling, blickte er voraus. An seiner rechten Hand prangte ein Ring mit einem kreisrunden blauen Stein, in dem Striche wie ein Bündel Strahlen vom Zentrum aus eingraviert waren, die bei der Position 16 Minuten vor zwölf begannen. Die ersten drei Viertel der einer Uhr ähnlichen Zeichnung waren leer.

Vielleicht hatte sie überreagiert. Alles an dieser Umgebung war ihr fremd. Ihre Instinkte konnten irren. »Sie arbeiten in McMurdo?«, fragte sie.

»Ich arbeite in *Granka*, einer kleinen Station auf dem Ross Eisschelf, mit einigen Physikern, die dort ein Projekt haben, über das ich berichte. Hier bin ich nur zur Erholung.«

Eigentlich schien er doch nichts Unheimliches an sich zu haben. Ein zivilisierter Skandinavier.

»Wenn Sie und die Kinder sich langweilen sollten und einen Mitflug finden, kommen Sie mal auf einen Sprung in unsere Station. Hin- und Rückflug sind an einem Tag gut zu schaffen. McMurdo ist nicht die Antarktis. Die entdecken Sie bei uns, in einem kleinen Forschungscamp, mit nichts als Eis bis zum Horizont.«

26

McMurdo; Dienstag, 19. Januar

Man hätte eine Stecknadel fallen hören können. »Was habt ihr festgestellt?« Ash bemühte sich, leise zu reden. Zender stand an einer Wand voll Baugruppendarstellungen.

»Das Kraftwerk berichtet täglich seine Kennung und seinen Zustand an *Atlas* in der Schweiz, der täglich die Erlaubnis zum Weitermachen erteilt, wenn alles exakt in Ordnung ist: Ort, Zustand, Zeitpunkt der Meldung, Codes etc. Wir haben ein sicheres System gegen Hacker eingebaut. Die Verschlüsselungscodes werden stündlich von einem Zufallsgenerator geändert, der nach einer vereinbarten Zufallsverteilung die Schlüsselzahlen immer neu erzeugt.«

»Weiter. Denken Sie an den 3. Februar. Jede Minute zählt.«

»Die Statistik dieser Zufallsverteilung, nach der der vierundsechzigstellige Code geändert wird, ist in allen Kraftwerken und in der Zentrale identisch. Zuständig dafür ist das Modul *RanSeG*, die Abkürzung steht für *Random Sequence Generator*. Es wird von Sender und Empfänger gleichermaßen genutzt, es füttert die Verschlüsselungs- und die Entschlüsselungsmodule ...«

»... und es sitzt genau im Niemandsland. Richtig? Niemand hat sich mit dem Ding beschäftigt.«

»Richtig. Wir haben etwas gefunden, Ash. Aber wir wissen nicht, welches Problem es hat.«

»Liefert mir die Temperaturübersicht und wir werden es wissen. Vertrauen Sie meinem Riecher. Der alte Jack Cousin ist kein Idiot.«

27

M.S. Pesca Vaqueiro; Dienstag, 19. Januar

Michelle ging, um nach den Kindern zu sehen. Maria fand sie auf der Brücke. Von dort sahen sie Carl. Er fotografierte einen Wanderalbatros, der dicht neben dem Schiff über dem Wasser hinglitt und ihn ansah, ohne auch nur eine Feder zu bewegen.

Matt spiegelten sich die Eisklötze im Wasser, hin und wieder schneite es leicht. Der Schnee blieb auf dem Wasser liegen. Ihr Ziel lag nicht mehr weit voraus an Steuerbord.

Die Motoren wurden gestoppt und die Luft wurde so still wie das Meer. Dann begann das Klappern der Stahltrossen, die das Netz in die Tiefe rutschen ließen. Schreie von Raubmöwen und anderen Vögeln mischten sich in das Geräusch der Winden.

Michelle stand leicht fröstelnd mit Maria neben der Brücke am Oberdeck. Maria trug ihre Kopfhörer. Sie nahm sie ab und reichte sie Michelle. »Hören Sie es sich an, es ist ein Wunder.«

Michelle setzte sie auf und befand sich in einer fremdartigen Sphäre. Der große Albatros, dicht über der Wasseroberfläche, segelte nach den zu sanfter Musik verarbeiteten Walgesängen durch eine in Geheimnisse entrückte Nebelwelt. Von der Musik gerufen, hoben sich die Buckel zweier Wale aus dem Meer wie Knospen der am Horizont rosa blühenden Berge. Matt folgten ihr unbekannte Vögel der Melodie durch die türkis schimmernden Trümmer alter Eislandschaften. Sie schwebte in einer unendlichen Unterwasserwelt, in der sie Rufe von der anderen Seite der Erde zu vernehmen meinte.

Netze und Proben wurden eingeholt. Der Dieselmotor wurde gestartet. Die »Pesca Vaqueiro« war auf dem Weg zurück. Die Wale begleiteten sie noch ein Stück wie eine U-Boot Patrouille.

»Wo ist Carl?«, fragte Maria.

Michelle sah sich um. Er stand nicht bei ihnen und war nicht im Vorschiff zu sehen. Sie lief hinter die Brücke und sah nach hinten. Dort waren die Biologen mit dem Aufsammeln der Beute beschäftigt. Keine Spur von Carl.

Sie ging hinunter. Sie sah hinter jedes Rettungsboot, hinter die Winden. Doch nirgends war eine Spur von ihm. Ihr wurde schwindelig.

Sie blickte nach hinten durch das rostige Schleppnetzportal in das träge aufgewirbelte Meer. Nichts.

»Wir müssen tiefer ins Schiff hinein«, sagte sie zu Maria.

28

McMurdo; Mittwoch, 20. Januar

Ich liebe ELSA«, sagte Ash. »Wer immer auf die Idee gekommen ist, über Infrarotsatelliten mittels Temperaturveränderungen zu kommunizieren, hat einen Orden verdient.«

Um ein Uhr lag ein Temperaturdiagramm der gesamten Transport- und Lagerzeit von *Elektra* auf dem Tisch. Es beruhte auf den Wärmeaufnahmen, die die Satelliten turnusmäßig alle fünfunddreißig Stunden vor Aufnahme des produktiven Betriebes von dem Kraftwerk in McMurdo anfertigten. Niemand hatte daran gedacht, diese Aufnahmen für die Zeit *vor* der Installation auszuwerten. Sie hatten den Raum verdunkelt. Zender projizierte eine Grafik an die Wand. Es sprang sofort ins Auge: Ein blauer Spalt im Temperaturdiagramm zeigte, dass das Kraftwerk in einem Lagerhaus in McMurdo für länger als neunundzwanzig Stunden einer Temperatur von fast fünfzig Grad unter null ausgesetzt gewesen war.

Zender schaltete den Projektor ab. Er ging an den Tisch und legte die Fotos aus. »Wenn Sie wollen, Ash, können Sie sich die ELSA-Originalfotografien und Ausschnittvergrößerungen ansehen.«

Er nahm eine faustgroße elektronische Baugruppe in die Hand, die auf dem Tisch gelegen hatte.

»Jetzt zu diesem Ding, das wir aus einem Simulator ausbauen konnten. Der Zufallszahlengenerator *RanSeG* greift seine Zufallswerte aus einem Kristallgitter ab. Die Gleichheit aller eingesetzten Kristalle wird durch ihre hochpräzise überwachte Herstellung sichergestellt. Die extreme Kälte hat die Kristallstruktur in dem hier eingesetzten Modul verändert und damit auch seine Zufallsstatistik. Wir haben eine Simulation laufen lassen, die bestätigt: *Elektra* kann *Atlas* nicht mehr verstehen und schaltet sich ab.«

»Was können wir tun?«, wollte Ash wissen.

»Es ist einfach. Wir brauchen eine Software, mit der wir die falsche Zufallsstatistik in die geforderte umsetzen. Dazu brauchen wir die Analyse der falschen Statistik und die Firma, die die Verschlüsselungssoftware für uns realisiert.«

»Das heißt, wir frieren dieses Ding für neunundzwanzig Stunden auf fast fünfzig Grad ein, womit wir eine Kopie des defekten Moduls aus unserem Kraftwerk erhalten. Damit können wir zu den Softwarespezialisten gehen und für *Elektra* eine angepasste Umsetzungssoftware erstellen lassen. Mit welcher Firma arbeiten wir?«, fragte Ash und blickte in Zenders Gesicht.

»Cryptosoft. Sie sind Spezialisten in Tel Aviv, mit denen Simmons schon lange in der Militärtechnik zusammenarbeitet.«

»Gut. Gehen wir damit zu Cryptosoft nach Israel«, stellte Ash fest. »Und wie lange brauchen wir?«, wollte er weiter wissen. »Wenn alles gut läuft, sind wir in vier Wochen in Betrieb«, sagte Zender.

»Es läuft nie alles gut«, sagte Ash. »Der schlimmste Engpass scheinen mir die Flüge von und nach McMurdo zu sein. Jack Waters von der AπA in Christchurch hat mich angerufen. Ich habe ihm den 3. Februar für seine morgige Pressekonferenz bestätigt.«

»Niemals, Ash. Wir haben nicht die geringste Chance. Bis dahin sind es nur zwei Wochen.« Zender schien an Ashs Uneinsichtigkeit zu verzweifeln.

»Kümmern Sie sich ab sofort um die Flüge«, sagte Ash und ignorierte Zenders Bemerkung. »Es zählt jede Sekunde. Ich werde den gegebenen Termin erst kündigen, wenn wir in Tel Aviv gescheitert sein sollten. Nicht eine Minute früher. Und lassen Sie die Gefrierkammer im Crary Lab vorbereiten, Urs. Lassen Sie jede Verbindung spielen, die Jack Waters für uns einsetzen kann. Alles andere hat Zeit.«

29

M.S. Pesca Vaqueiro; Mittwoch, 20. Januar

Carl stieg in das Innere des Schiffes hinab. Er brauchte ein paar Fotos aus der Antarktis, die etwas Besonderes waren. Noch niemals hatte er einen Blechbau wie diesen betreten. Es roch nach Dieselöl, nach geteerten Netzen, nach Fisch und nach rostendem Eisen. Die Gänge waren nur wenig beleuchtet. Alle hielten sich an Deck auf. Sie waren mit dem Heben der Netze beschäftigt. Die Winden waren bis in den letzten Winkel des Schiffes zu hören. Von außen hatte man dem Schiff nicht angesehen, dass, wie Carl jetzt feststellte, nach unten ins Meer hinein eine Etage auf die andere folgte.

Die Schiffswände bebten und knirschten von den Kollisionen mit Eisbrocken, je tiefer er kam, desto mehr. Links und rechts des Ganges lagen verklinkte Stahltüren, die in leere Räume führten, in denen es modrig roch. Offenbar war das Schiff für längere Touren und größere Mannschaften gebaut worden als die, für die es jetzt gemietet war.

Carl suchte einen extremen Ort, um Bilder zu erhalten, die überhaupt nicht nach Antarktis aussahen und doch von dort stammten. Am besten mit Details, an denen seine Klassenkameraden, nachdem sie einen Tag auf dem Bild gesucht hatten, den Beweis fanden. Vielleicht im Maschinenraum. Vielleicht auf einer Galerie in einem riesigen leeren Laderaum oder in einem mit vergessenen stinkenden Fischen gefüllten Stahlsaal.

Als er einen Raum betrat, der viel größer zu sein schien als alle, die er bisher gesehen hatte, befand er sich in dem Keller unter ihrem Haus in Bäretswil. Wie hatte er sich darauf einlassen können, hier wieder herunterzusteigen. Der Schweiß brach ihm aus. Die Dunkelheit saß vor ihm wie ein großes Tier.

Ehe er zurücktreten konnte, war das Schott hinter ihm zugefallen und ließ sich nicht mehr öffnen. Pulveriger Rost haftete an seinen Händen. Der Handgriff hinter ihm blieb Teil einer verschweißten Wand. Das einzige Licht waren schwankende Sterne im Innern seiner Augen. Er tastete nach einem Lichtschalter. Hinter jeder Tür musste es einen Lichtschalter geben.

Hier nicht. Es blieb dunkel. Carl gab einen Ton von sich. Ein großer Raum. Noch einmal.

»Hallo.« Das war besser als »Hilfe«.

Er wusste, was das Schrecklichste war, das ihn im Keller

in Bäretswil befallen hatte. Die Erkenntnis überfiel ihn mit der Wucht eines Schlages. *Angst.* Lähmende Angst.

Er war außerstande, seinen Platz auch nur um einen Zentimeter zu verlassen. Arme, Hände, Augen, Ohren, sein Hirn, alles funktionierte. Nur die Beine nicht. Seine Sinne dehnten sich mit der Angst in die Schwärze des Raumes, die Füße wuchsen fest. Es kam ihm vor, als würde er auf einer Folterbank in die Länge gezogen.

Er hatte dort im Keller in der Dunkelheit in seinem Sandhaufen gesteckt und war nicht in der Lage gewesen, sich fünfzig Meter voranzubewegen, wo er an eine dünne Trennwand zum Waschkeller des Hauses hätte klopfen können. Den ganzen Abend hatte die italienische Haushaltshilfe seiner Mutter unmittelbar neben der Wand gearbeitet. Sie hätte ihn gehört und er wäre vielleicht dreißig Minuten statt vierzig Stunden gefangen gewesen.

In dem vollen Bewusstsein seiner Angst musste er das Schlimmste tun, was er tun konnte: in der Dunkelheit stehen bleiben. Er fror. Er schwitzte. Er rief: »Hilfe!«.

Der Schiffsmotor lief an. Sein Gefängnis machte sich mit ihm auf die Reise durch die Schwärze seiner Alpträume.

Er konnte nicht sagen, wie lange er da stand. Ein Haar aus Licht wuchs aus der Mitte der Dunkelheit, es bog sich, wurde stärker. Eine Tür öffnete sich. Michelle Schneider stand in vollem blendenden Licht, weniger als zehn Meter entfernt, am anderen Ende der Balustrade, auf der er stand.

»Carl?«

Er flog auf sie zu und umarmte sie. Sie drückte den Jungen fest an sich, der durch eine Hölle gegangen sein musste, die sie nicht verstand. »Michelle!« Er schluchzte, »ich schaffe es. Ich schaffe es.«

»Du schaffst es. Du schaffst alles, was du dir vornimmst, Carl. Ich weiß es sicher.« Hinter ihr tauchte Maria auf.

Sie fuhren an der Drygalski Eiszunge vorbei, in der der David-Gletscher von den Albert-Bergen herab fast dreißig Kilometer ins Meer hineinragte. Eine gut vierzig Meter hohe Wand aus weißem Eis ragte über ihnen auf. Beim Näherkommen nahm die Häufigkeit der Eisberge zu. Neben Michelle standen Carl und Maria.

Ein Brocken in Form und Farbe eines beleuchteten Schwimmbeckens trieb an ihnen vorüber. Rechts vor ihnen ragte schattenhaft eine Kirche aus Eis aus dem Meer.

Am oberen Rand der Festlandkante stand eine Kette kleiner Figuren. Der Fotograf stellte sich neben sie. Er reichte den Kindern ein Fernglas.

»Kaiserpinguine«, stellte Maria fest.

»Meist warten unten im Meer Orcas darauf, dass einer herabfällt«, sagte der Skandinavier.

Es begann zu schneien. Sie stellten sich unter. Carl fotografierte, schließlich wandte er sich an Michelle. »Ich habe meinen letzten Film angebrochen und mir zwei von Lars geborgt.«

»Das ist nett von Lars. Vielen Dank.« Michelle lächelte gequält.

»Wir können ihm zwei neue in die Forschungsstation bringen, wenn wir ihn besuchen.«

»Sicher.«

»Was hat der Fotograf dir erzählt?«, fragte Michelle, als sie auf der Brücke wieder unter sich waren.

»Er hat von dem Vorhaben der Physiker in der Station erzählt, das *Amyan-D* heißt. Sie bohren kilometertiefe Löcher ins Eis und senken tausend Empfänger hinunter, mit denen sie Teilchen erkennen, die aus dem Weltall auf der anderen Seite in die Erdkugel eingedrungen sind.«

Marias Augen leuchteten.

»Das ist verrückt wie in Alice im Wunderland. Vögel, die unter Wasser leben, Wale, die um die Welt rufen, Teilchen, die durch die Erde fliegen. Was ist das für ein Kontinent, wo die Männer nicht hinter Geld, Vergnügen mit uns Weibern oder Essen und Trinken herjagen, sondern einzig und allein Rätsel lösen und Daten sammeln. Selbst Mr Kenelly und Carl tun das hier.«

»Welches Rätsel lösen Sie hier, Miss Schneider?«, fragte Carl.

»Mein eigenes. Das ist schwerer als alles andere. Vielleicht kann ich es hier, wo alle hinter ihren Geheimnissen her sind, ja wirklich lösen.«

»Und welches ist es?«, bohrte Maria.

»Wie ich den Mut aufbringe, etwas Schreckliches aufdecken zu *wollen,* egal, was ich dabei feststellen muss. Und deins, Maria?«

»Ich muss das Rätsel lösen, ob es meine Aufgabe ist, die Erwartungen anderer Menschen zu erfüllen, indem ich vor ihnen spiele.« Sie stöhnte. Stunden später, kurz nach vier Uhr morgens, gingen sie von Bord.

30

McMurdo; Mittwoch, 20. Januar

Gegen Mittag saßen sie zu viert beim Frühstück. Ash meinte, er habe die erste Hälfte seines Jahresgehaltes verdient. Die Kinder waren ganz scharf auf einen Besuch in der Forschungsstation auf dem Eis und sie überlegten, wie sie dorthin gelangen könnten.

Ein schwarzbärtiger Mann im dunkelblauen Overall meldete sich vom Nachbartisch.

»Habe ich aus Ihrer Unterhaltung richtig verstanden, dass Sie einen Flieger brauchen?«

Die Kinder fuhren mit ihren Stühlen herum.

»Ganz genau. Wir müssen nach Granka, das ist 650 Kilometer von hier«, sagte Carl.

»Oha. Das ist weit. Da reicht ein Hubschrauber nicht aus.« Der Mann im Overall kratzte sich am Kinn.

»Was dann?«, fragte Maria. Sie wollte Teil der wichtigen Entscheidungen sein, die sich hier anbahnten.

»Es müsste eine Twin Otter sein«, erklärte der Mann im Overall, während er Michelle ansah.

»Ist das nicht viel zu teuer?«, fragte Michelle.

»Mieten können Sie die überhaupt nicht. Die Maschinen sind im Sommer jede Stunde verplant.« Er blieb sitzen.

»Aber?«, fragte Michelle.

»Was aber?«

»Sie sitzen noch hier, also gibt es eine Möglichkeit?«

»Ich könnte einiges umschichten und Sie würden mit den Spritkosten davonkommen. Wenn Sie mir einen Gefallen täten.«

Sie sah ihn entgeistert an. Sein Gesicht wurde rot.

»Sie spielen Geige?« Er bemühte sich, seine Stimme sachlich klingen zu lassen.

»Ja.« Michelle trank ihren Kaffee aus. Sie war gespannt, was kommen würde.

»Ich helfe den Leuten vom Club. Ihnen ist heute eine Veranstaltung ausgefallen. Vielleicht können Sie beide heute Abend ein Konzert geben?« Jetzt war es heraus. Er machte einen erleichterten Eindruck.

»Und dann bringen Sie uns zur Station und zurück?« Michelle freute sich. Sie sah die Kinder an. Sie würde etwas ganz Besonderes für die beiden organisieren.

»Um sechs Uhr geht's los«, sagte der Mann im Overall und setzte seinen Kaffeebecher ab.

»Versprochen?«, fragte Michelle. Sie streckte ihm die Hand entgegen.

Maria ahnte, worauf es hinauslief. Sie wollte protestieren, doch Carl hielt ihr den Mund zu.

»Versprochen!«

»Einverstanden.« Michelle drückte ihm die Hand. Er hatte einen Händedruck wie ein Schraubenschlüssel. »Wir heißen Michelle Schneider und Maria Simmons.«

»Vittorio Pertone«, stellte er sich vor.

»Ich sterbe«, rief Maria, als Carl die Hand von ihrem Mund nahm.

31

Es war verräuchert. Es war laut. Es war rappelvoll. Vor lauter Menschen konnten sie kaum den Raum erkennen. Carl stellte fest, dass alle Männer Bärte trugen. Slater gab ihm Recht. »Sie rasieren sich nicht, sie reden nicht viel, sie trinken nicht sonderlich viel, sie rauchen, sie bohren tiefe Löcher und sie waschen sich nicht so viel wie anderswo die Leute. Dafür dürfte es der Club mit dem höchsten Durchschnitts-IQ auf der südlichen Halbkugel sein.«

»Du sagst es.« Es mochten gut hundert Männer und vielleicht drei Dutzend Frauen in dem Raum sein. Sie saßen in Gruppen um winzige Tische, auf denen Batterien von Gläsern und Flaschen standen. Vorn war eine Bühne, so hoch und so groß wie ein Doppelbett, daneben stand etwas erhöht ein Klavier.

Carl stand mit Ash und der Mannschaft aus dem Projektcontainer hinten an der Wand, wo sie nach einigem Drängeln auch etwas zu trinken erobert hatten.

Michelle und Maria betraten die Bühne. Carl musste zugeben, dass seine Schwester hervorragend aussah. Ein besserer Kontrast ließ sich nicht denken: Michelle Schneider mit kurzen, schwarzen Haaren in einem engen, schwarzen Kleid, eine silberne Kette mit einem blauen Anhänger um den Hals, daneben Maria, um keinen Zentimeter kleiner, mit langen, blonden Haaren in einem engen, schwarzen T-Shirt unter einer offenen langärmligen, dunkelroten Seidenbluse, die wie eine Jacke geschnitten war und bis kurz über die Hüften reichte, dazu weite, schwarze Hosen, die Carl als die erkannte, die Michelle Schneider in Christchurch getragen hatte. Jede hatte ein weißes Tuch und ihre Geige im Arm.

»Zwei Stars«, flüsterte Ash ihm zu.

»Jetzt müssten sie wieder abtreten, dann kann nichts schief gehen«, lästerte Carl.

»Hab Vertrauen, Partner.«

Michelle Schneider trat einen Schritt vor. Der Lärm im Raum ebbte ab. »Wir haben wie ihr alle eine lange Reise hierher unternommen. Jetzt sind wir sehr stolz, dass ihr uns eure Zeit und Aufmerksamkeit schenkt, hier, in der jetzt für uns wichtigsten Stadt der Welt, McMurdo.« Es klang zum Dahinschmelzen wie »Meque Murdeau«.

Das Eis war gebrochen. Das Publikum wollte begeistert sein und hatte begriffen, dass es dazu Gelegenheit bekommen würde. Die beiden Frauen strahlten eine Präsenz aus, die Carl kaum ertragen konnte.

Er sah in das Gesicht seiner Schwester, in dem der Anflug einer Erkenntnis lag: »So einfach ist es? Nur tun oder sagen, was man empfindet? Und man erhält es vom Publikum zurück?«

Mit einem Schlag ging es los. Carl hatte das Gefühl, sich anschnallen zu müssen, um seine Aufregung zu bändigen. Die Übungs-MD der »Vier Jahreszeiten«. Der volle Klang der Wiener Philharmoniker, die erste und zweite Geige, verstärkt mit einem Mikrofon, füllten den Raum. Keine Noten. Das konnte nicht gut gehen. Sie begannen mit dem Frühling. Sie sahen sich an. Sie spielten sich die Töne zu und hatten Spaß. Es war wie ein Tanz. Es waren die Bewegungen der beiden jungen Frauen in dieser Musik, ihre freudig strahlende Präsenz, die alle hinrissen. Die Leute klatschten sich die Seele aus dem Leib.

Maria spielte allein. Michelle begleitete sie am Klavier. Ein zartes, leises Stück. Und ihre Zuhörer waren bezaubert. Sie genoss es. Sie strahlte vor Glück. Mit jeder Sekunde wurde sie sicherer. Ein Stück folgte dem anderen, bestimmt eine Dreiviertelstunde lang. Ein Solo, nur die Geige Michelles. Kraftvoll, ruhig drang es in Carls Innerstes wie ihre Umarmung, als sie ihn aus dem rostigen Verschlag im Kielraum der *Pesca Vaqueiro* befreit hatte.

Er sah Ash Kenelly an. Er konnte es nicht fassen. Der war bis über beide Ohren verliebt. Er hatte wahrscheinlich selbst keine Ahnung davon, mit welchen Augen er den Star auf der Bühne betrachtete.

Zum Abschluss kündigte Michelle die »Frühlingsstimmen« von Johann Strauß an. Wie Boote legten sich die beiden Frauen in die Wellentäler des Walzers. Der Clubraum dehnte sich zum Volksfest aus. Neben Carl begann eine hagere, hochgewachsene Frau mit langem blonden Pferdeschwanz mit einem schwitzenden Glatzkopf zu tanzen. Sie raunte ihm lautstark etwas über metergroße Seesterne ins Ohr.

Michelle und Maria warfen sich die Einsätze wie Fäden im Wind zu. Carl fühlte sich an ein Karussell auf einem Zürcher Weihnachtsmarkt erinnert, auf dem sich musizierende Mädchenpuppen zwischen Holzpferden drehten.

Jemand öffnete die Tür des Clubs. In Flocken, groß wie von einem Konfettiregen, stob Schnee herein, er wehte nach vorn auf die Bühne. Dankend warfen die beiden Kusshände ins Publikum.

Mit den letzten Takten des Walzers holten sie aus, als wollten sie alle Bewohner McMurdos aus ihren Blechhütten in die Konfettiparade des antarktischen Schneetreibens kehren. Im letzten Takt stampften sie auf den Boden der kleinen Bühne. Stürmischer Beifall. Schließlich trat Maria einen Schritt vor. Es wurde still.

»Ihr alle seid hier, um irgendwelche Rätsel zu lösen. Ich habe mich gefragt, ob ich das Rätsel, das ich in die Antarktis mitgebracht habe, hier auch lösen kann. Jetzt kenne ich seine Lösung. Es hat mich unendlich glücklich gemacht, dass ihr Spaß an meinem Spiel hattet. Dafür danke ich euch und Michelle. »

Sie verbeugten sich und der Beifall brachte ihre Augen noch mehr zum Leuchten.

»Ich danke Vittorio, der die Technik betreut und alles organisiert hat und der uns morgen aufs Eisschelf hinausfliegen wird.« Maria deutete mit den Händen auf ihn. »Vittorio?«

Er stand auf und sagte: »Um sechs Uhr geht's los.«

Carl boxte Ash in die Seite. Er hatte es geahnt, dass er einen Star zur Schwester hatte. Seine Nachbarn hielten ihre Zigaretten zwischen den Lippen und applaudierten.

Die beiden Frauen tauchten auf wie zwei Feen. Ash Kenelly kam mit sechs Gläsern Champagner. Er drückte Urs die Gläser in die Hand. Er umarmte zuerst Michelle und gab ihr einen Kuss auf die Wange, dann Maria. Sie hoben die Gläser, tranken und Carl stellte fest, dass das Zeug nichts für ihn war. Er stellte sein Glas an die Seite. Er hatte noch immer nicht herausgefunden, was *T 3 T* bedeutete.

32

McMurdo; Donnerstag, 21. Januar

Einzig ferne Schreie von Skua Raubmöwen waren zu hören. Der Himmel war hell. Die Viertausender der Royal Society Ranges lagen noch im Schatten. Ash und Michelle gingen durch die menschenleeren Pisten über hart gefrorenen Schlamm.

Ash trug die angebrochene Flasche Champagner in der Jackentasche. »Gibt es etwas, das Sie nicht spielen können?«, fragte er.

»Ich glaube, dass nichts unmöglich ist, wenn man genug Zeit hat, daran zu arbeiten.«

»Wollen Sie mit mir gemeinsam an dem Rest des Champagners arbeiten? Ich glaube, wir würden es schaffen, ihn nicht verkommen zu lassen. Ich bin sicher, dass der Übungsraum für Violinstunden zur Zeit nicht vergeben ist.« Michelle zögerte. »Vielleicht wäre die richtige Antwort: ›Ich weiß nicht.‹«

»Dann lege ich alle meine Karten auf den Tisch: Darf ich Ihnen zum Champagner ein paar Fotos zeigen?«

Sie lachte.

»Wenn es nicht die Fotos aus dem Papierkorb in Christchurch sind, haben Sie mich überzeugt.«

Er nahm aus der Küche zwei Gläser mit. Als er ins Zimmer trat, stand sie am Fenster. Eine zarte Gestalt im schwarzen Kleid vor dem waagerecht beleuchteten Panorama des viertausend Meter hoch aus dem Eis ragenden Mount Erebus, über dem eine sonnenbeschienene Rauchfahne senkrecht in der blassblauen Stratosphäre verschwand. Ash goss zwei Gläser voll.

»Auf Ihren doppelten Erfolg, für Sie selbst und Maria.«

Sie stießen an.

»Sie wollten mir die Geschichte von Ihrem blauen Anhänger erzählen«, sagte Ash.

»Sie wollten mir Ihre Fotos zeigen.«

Sie setzten sich mit ihren Gläsern auf den Boden am Fuß des Vulkans hinter dem Fenster. Ash breitete die Bilder aus.

»Je blauer ein Punkt eingefärbt ist, desto kälter, je roter desto wärmer ist er. Hier sehen Sie, wie plötzlich am 7. und 8. Mai im letzten Jahr das Lagerhaus von *Elektra* zur Hälfte auf neunundvierzig Grad abgekühlt wird, kalt wie die Umgebung. Damit hat unser Problem begonnen.«

Michelle fächelte sich mit zwei anderen Bildern Luft zu. »Und was für Bilder sind das?«

»Die Originale, aus denen die anderen Bilder herausvergrößert wurden. Sie zeigen das ganze Schelfeis.«

»Merkwürdig.«

Sie nahm in jede Hand ein Bild und betrachtete sie abwechselnd. »Kennen Sie diese Suchbilder, auf denen man zehn Fehler oder Unterschiede finden muss?«, fragte sie. »Das hier ist auch so etwas.«

»Wo?« Ash sah nichts.

»Sehen Sie. Links. Rechts. Links. Rechts.« Sie schwenkte die Bilder vor seinen Augen. Sie war ihm so nah, dass er ihren Duft wahrnehmen konnte und ihre lebhafte Frische spürte. Als er ihr die Bilder abnahm, streifte sein Arm ihre Brust. Sie stand auf. »Sehen Sie es auch? Links sind es sechs, rechts sieben. Links ist alles vor den Punkten blau, rechts ist dort ein rosa Schimmer.«

»Ich sehe es«, sagte Ash, »aber ich habe keine Ahnung, was es bedeutet. Als hätten sie sich plötzlich mitten im Winter entschlossen, eine neue Hütte auf dem Ross Eisschelf zu bauen. Ich werde morgen ein paar Experten damit beschäftigen.«

Sie hielt ihm ihr Glas hin, er schenkte nach.

»Ich hatte Ihnen versprochen, meine Geschichte zu erzählen.« Sie setzte sich mit dem Rücken in die Ecke gegenüber dem Fenster auf den Boden. Ash saß vor ihr auf dem Stuhl, die Arme über die Lehne verschränkt.

»In den letzten Jahren ihres Lebens war meine Mutter eine in ihrem Unglück unerträgliche Frau«, begann Michelle mit leiser Stimme zu reden. »Sie war eine Sängerin, der die Stimme abhanden gekommen war, sie war krank. Sie verließ kaum mehr ihre Wohnung. Sie hatte die Bekannten aus besseren Zeiten, als sie noch in der Musikwelt Santiagos zu Hause war, zurückgelassen wie einen Club, den sie nicht mehr betreten mochte. Ihre Verbindung zur realen Welt hatte sich auf mich beschränkt. Ihr Medium, dabei zu sein, war das Telefon.

Vor zwei Jahren wurde es noch schwieriger, als sie meine Zeit mit Josef teilen musste, einem Mann, den ich damals kennen gelernt hatte.«

Michelle hielt inne und trank einen Schluck. Sie schien an etwas anderes als die Fortsetzung dieser Geschichte zu denken. Sie sah Ash an und fuhr fort.

»Wenige Tage nach ihrem fünfundsechzigsten Geburtstag war ich auf einer Konzertreise in Mexico City. Weil sie schon früher hysterisch reagiert hatte, wenn ich nicht wegen eines Konzertes, sondern wegen dieses Mannes, Josef, längere Zeit abwesend war, ließ ich sie darüber im Unklaren und war offiziell fortan nur noch wegen der Konzerte unterwegs. Meine Geschichten wurden damit komplizierter.

Nach dem Konzert hatten Josef und ich dreitägige Ferien geplant, mit allem Luxus unter der Sonne, den wir uns vorstellen konnten. Mich erreichten verzweifelte Anrufe meiner Mutter. Sie sagte, es ginge ihr sehr schlecht, und sie zwang mich, über mein Handy erreichbar zu sein. Irgendwann stellte ich das Telefon für vierundzwanzig Stunden ab, um meine Ruhe zu haben. Ein Sturm von Vorwürfen brach über mich herein, als sie mich danach erreichte. Sie drohte damit, sich das Leben zu nehmen, wenn ich nicht sofort zurückreise. Ich versprach es ihr. Aber irgendetwas in mir und die pazifische Sommerpracht um mich wollten die Dinge auf die Spitze treiben. Also blieb ich mit Josef, wo ich war.

Als sie mich weitere zwölf Stunden später erreichte, sagte sie, sie habe sich eine Giftkapsel herausgesucht. Sie wollte sie jetzt öffnen und sich damit umbringen. Ich hörte Glas splittern. Dann wurde das Telefon aufgelegt.

Erst zehn Stunden später war ich in Santiago. Als ich in ihrer Wohnung eintraf, hatte die Polizei bereits die Tür aufgebrochen, die Nachbarn hatten sich in abgelegene Zimmer ihrer Wohnungen zurückgezogen. Niemand hat je mit mir darüber gesprochen, warum. Man hatte mich erst in die Wohnung gelassen, nachdem sie abtransportiert war, tot habe ich sie niemals gesehen.

Die Untersuchung ergab, dass sie sich mit einem indianischen Pfeilgift getötet hatte, dessen Name ich nicht vergessen werde, so wenig wie den Namen des Tieres, von dem es stammt: Batrachotoxin, das aus der Haut des kolumbianischen Farbfrosches *Phyllobates aurotaenia* gewonnen wird. Es war in einem aufgebrochenen blauen Glasmedaillon enthalten, dessen Splitter noch in ihrem Handballen steckten. Dieses Gift hat eine grausige Wirkung, hat man mich aufgeklärt, und ihr Zimmer sprach Bände davon.« Michelle vergrub ihr Gesicht in beide Hände, legte den Kopf auf die Knie und atmete tief ein.

Ash war erschüttert. Seit Helens Tod existierten für ihn keine Belanglosigkeiten. Alles in seiner Umgebung schien sich mit schrecklicher Bedeutung aufgeladen zu haben. Michelle fuhr fort. »Innerhalb weniger Sekunden nach Eindringen in die Blutbahn lähmt das Gift die Muskeln. Sobald die Augenlider zu zucken beginnen, ist man schon zu keiner Aktion mehr fähig. Danach machen sich die anderen Muskeln selbständig. Alle. Stunden eines entsetzlichen Todeskampfes beginnen. Das Bewusstsein bleibt bei allem, was geschieht, wach, erlebt es in geschärfter Wahrnehmung wie ein Fahrgast in einem außer Kontrolle geratenen Fahrzeug, bis zur letzten Sekunde, die bis zu vier Stunden auf sich warten lässt, aber unvermeidlich ist, weil Gegenmittel nicht bekannt sind. Als ich viel später die Wohnung betrat, stellte ich fest, dass sie verwüstet war.«

»Eine grauenhafte Geschichte«, sagte Ash. »Es tut mir Leid, dass ich Sie daran erinnert habe.«

»Sie haben ja nur eine harmlose Frage gestellt. Aber die Geschichte ist noch nicht zu Ende. Bei der Auflösung ihres Haushaltes fand ich ein zweites identisches Medaillon. Ich nahm Kontakt zu ihrem vormaligen Geliebten, Ortega Lopez, auf, der sie zwanzig Jahre vorher von ihrer Familie aus der Schweiz nach Südamerika gelotst hatte und inzwischen als Dirigent in Buenos Aires lebte.

Er meinte, sie hätten irgendwann, als sie frisch verliebt gewesen waren, auf einer Reise in Bárbara, einem Kaff tief im Innern Kolumbiens, unweit der Quelle des Japura Flusses, die dort für Paare angebotenen »Treuemedaillons« erworben – ein Zeichen der Verbundenheit bis in den Tod. Er sagte, dass damals Anhängerpaare gefüllt mit Wasser, verbotenerweise solche mit Pfeilgift wie auch gemischte Paare, eins mit Wasser, eins mit Gift, verkauft wurden. Er konnte sich beim besten Willen nicht erinnern, welche Sorte sie erstanden hatten. Er habe seines ohnehin nie getragen. Als sie sich trennten, habe er ihr seines zurückgeschickt.«

»Wusste Ihre Mutter, ob Gift nur in einem oder in beiden war?«, fragte Ash.

»Mit Sicherheit wusste sie es, das Medaillon bedeutete etwas für sie. Seither beschäftigt mich nichts so sehr wie die Frage nach dem Inhalt des zweiten Medaillons.«

Sie nahm den blauen Anhänger in die Hand, einen in Silber gefassten Glastropfen an der feinen silbernen Kette über ihrem schwarzen Kleid.

»Wenn auch dieses Ding Gift enthält, ist es der Beweis, dass ich sie in den endgültig beschlossenen Selbstmord getrieben habe, als hätte ich sie mit eigenen Händen getötet. Falls Wasser darin sein sollte, hätte ich sie nur in eins der häufiger vorkommenden Spielchen mit theatralischer Selbstmorddrohung gedrängt, das jetzt durch eine Verwechslung zum tödlichen Unfall wurde.

Das ist das Rätsel, das ich mit mir herumtrage. Und ich habe nicht den Mut, die Anwort wirklich zu suchen. Ich habe Angst, das Medaillon zu öffnen, und Angst davor, mich endgültig davon zu trennen.«

Sie lehnte sich zurück an die Wand und atmete schwer. Sie sah ihn an. »Irgendwann wird sich die Gelegenheit ergeben«, sagte sie. »Außerdem ist es beruhigend zu wissen, dass ich für den schlimmsten Fall möglicherweise einen Notausgang mit mir herumtrage.«

»Hauptsache, Sie halten das Ding von den Kindern und mir fern«, erwiderte Ash.

»Ich glaube, wir sollten jetzt in unser ›Hotel‹ gehen. Es war ein langer Tag. Morgen haben wir uns einen Ausflug redlich verdient.«

Als sie sich auf den Rückweg machten, war es heller und wärmer geworden.

33

Granka 3; Freitag, 22. Januar

Fünf Minuten vor sechs Uhr morgens bestiegen sie die rote De Havilland Twin Otter, vor der Vittorio schon bei laufenden Motoren wartete, als sie eintrafen. Dankend nahm er das Geld an, das Michelle ihm als Beteiligung am

Flugbenzin anbot. Zehn Minuten später stiegen sie in den Himmel. Wie immer lag die Sonne dicht über dem Horizont. Sobald sie den Kurs aufgenommen hatten, hatten sie sie im Rücken.

»Darum sind die Polargebiete auf Fotos immer schön«, stellte Carl fest. »Es herrscht immer waagerecht strahlendes Fotolicht.«

Eifrig zückten sie ihre Kameras.

»Für den Fall, dass wir in extremes Wetter geraten, muss ich euch Verhaltensregeln für den *White Out* geben«, erklärte Vittorio. »Die Luft ist voll mit Schnee und Nebel. Überall ist es weiß. Die Sicht reicht keine zehn Zentimeter weit. Es gab Leute, die in einem *White Out* beim Überqueren einer Straße die Orientierung verloren und nicht mehr auftauchten. Nie vor einem *White Out* noch schnell ein Stück gehen. Bleibt, wo ihr seid. Auch auf kürzesten Strecken könnt ihr verschwinden.« Er lachte trocken. Sein Außenthermometer zeigte 18 Grad unter null.

»Laut Wetterbericht haben wir einen passablen Tag vor uns, möglich, dass es später schneit. Wir werden etwa zwei Stunden benötigen, um dorthin zu gelangen. Ich habe um 15 Uhr im Town einen anderen Auftrag zu erfüllen, das heißt, wir sollten uns dort nicht länger als drei Stunden aufhalten. Vor einer Stunde habe ich mit Lars gesprochen. Er sagt, das Wetter ist perfekt und sie erwarten alle sehnsüchtig den Besuch. Gebratene Eier mit Speck und frischer Kaffee stehen bereit, wenn wir ankommen.«

Seine Aufmerksamkeit wurde durch seine Instrumente und alle möglichen Knöpfe in Anspruch genommen. Dann wandte er sich ihnen wieder zu. »Ich bin verpflichtet, eine Notfallbelehrung durchzuführen. Wichtig ist ein Zelt, das als orangefarbener Sack hinter mir hängt. Direkt daneben gibt es eine Kiste mit fünf Signalraketen, die jede mehrere Minuten in der Luft brennen, und ein primitives Abschussrohr dazu. Sollte etwas passieren, sind das die Dinger, die ihr unbedingt retten müsst, damit ihr überleben könnt und gefunden werdet. Das Zelt klappt sich selbst auseinander. Es hat innen eine silberne Wärmereflektionsschicht, darin könnt ihr es bis zu vier Tagen aushalten. Wasser liegt in trockener Form überall herum, vergesst aber nie die alte Polarfahrerregel, niemals gelben Schnee zu essen.«

Er lachte sich halb tot über seinen Witz.

Michelle begann zu begreifen, dass McMurdo nicht die Antarktis war. Dies hier war die Antarktis. Mit jeder Minute, die sie flogen, fühlte sie sich kleiner und spürte die Weite mehr und mehr. In ihren heutigen Tagesausflug passte die Schweiz mehrfach hinein. Ihr Gefühl von Verlorenheit nahm zu und damit die Wertschätzung für Vittorio und seine brave zweimotorige Maschine.

Die Gebirge hatten sich hinter ihnen verloren, die Wolken rissen auf, ballten sich in ihrem Rücken. Die Sonne hinter ihnen strahlte durch labyrinthische Korridore von Wolkengebirgen.

Vittorio, ein Klassik-Freund, hatte eine Musik eingelegt, die Michelle eigentlich verabscheute. Jetzt jedoch, in diesem Moment, in dem Fetzen von Nebel an den roten Tragflächen vorbeischwammen, beleuchtet von einer Sonne in ihrem Rücken, die den Anfang eines düsteren Tunnels aus eisiger Wüste und sie umgebenden Gebirgen aus Dampf bedeutete, in den sie sich wie ein Insekt vorgewagt hatten, bescherte ihr der »Fortuna Choral« ein Gefühl der Mächtigkeit und des Glücks, gegen das sie sich nicht wehren konnte.

»Das Omen!«, wisperte Carl.

»Orff«, korrigierte Maria.

Vittorio legte sich in die Kurve, die Motoren schienen ihren Takt nach dem Stampfen der Musik gerichtet zu haben. Unter ihnen drehten sich die sieben Hütten der Station heran wie Plätze um eine Feuerstelle einsamer Jäger in einer

Eiszeitwelt. Aus dem Funkgerät drang die Stimme des Fotografen: »Ich kann euch hören, Freunde. Jetzt sehe ich euch. Ihr seid knallrot, das gibt ein paar wunderschöne Fotos. Ich wünsche Hals- und Beinbruch bei der Landung.«

»Stellt einen Wodka kalt und grüß die Russen«, sagte Vittorio.

Sie landeten butterweich auf der leicht mit Schnee bezuckerten Eisfläche, der aus der Windstille der letzten Tage herausgefallen war. Die Motoren drehten leer und stoppten.

34

McMurdo; 8 Uhr 20

Bob Arvin stand in der Tür zu Ashs Büro.

»Was treibt Sie in die Hauptstadt, Bob?«, fragte Ash.

»Queen and Princess of Antarctica. Ich war gestern Abend im Club. Für ein Ereignis wie dieses reist man aus den Latady Mountains gerne acht Stunden an.« Arvin setzte sich auf die Kante von Ashs Schreibtisch und sah sich um.

»Und meldet sich nicht bei alten Bekannten auf einen Whisky«, sagte Ash, weit in seinem Drehstuhl zurückgelehnt.

»Ich wollte nicht stören. Sie sahen verliebt aus.« Arvin blickte aus dem Fenster.

»Ich?«, fragte Ash.

»Beide.«

»Blödsinn.« Ash war entrüstet. »Was tun Sie hier eigentlich?«

Arvin stand auf und wanderte umher. Offenbar wollte

er es spannend machen. »Ich sitze einen Block weiter im Keller des Crary Lab und werte mit automatischen Spektralanalysatoren meine Bohrkerne aus.«

»Eis aus den Latady Mountains?«, fragte Ash. Auch er war aufgestanden. Sie sahen beide hinaus in die spektakuläre, von Mount Erebus gekrönte Szenerie.

»Nicht Eis, Stein. Wir sind neunundvierzig Meter tief in den Untergrund gegangen. Neunundvierzig Meterstücke tiefgefrorener, zusammengepresster Boden und Felsen.« Jetzt erst sah Arvin Ash an.

»Wie langweilig«, sagte Ash.

»Hochinteressant. Wir haben inzwischen einen Archäologen im Team. Halten Sie sich fest, wir haben zweiundfünfzig übereinander liegende Kulturschichten gefunden.« Arvin schlug ihm auf die Schulter.

»Polierte Steine?« Ash hatte entschieden, sich von Arvins Begeisterung nicht anstecken zu lassen. Er brauchte jedes Quäntchen Neugier für sein eigenes Projekt.

»Unter anderem. Holz, Steine. Es ist unglaublich. Wenn Sie sich klar machen, dass es an der Stelle, an der wir bohren, bis vor dreizehntausend Jahren viermal so lange warm war, wie New York, London oder Chicago seit der Eiszeit eisfrei sind, wird Ihnen klar, dass sehr viel in der Zeit geschehen sein kann.«

»Mir fehlt angesichts der kilometerdicken Eisgebirge da draußen die Phantasie.«

»Es geht nicht nur Ihnen so. Wer unter dem Eis nachsieht, findet in 99,9 Prozent der Fälle nichts. Das Eis fährt zuerst eine Million Planierraupen auf, kommt dann mit einer Milliarde Handwerkern mit Schleifmaschinen, die metertief den Stein abfräsen. Ende. Besser können Sie Spuren nicht tilgen.«

»Bob, wenn Sie ein passionierter Fährtensucher sind, habe ich ein Puzzle für Sie. Lassen Sie sich Zeit, ich setze einen Tee für uns auf.«

Ash reichte ihm die beiden ELSA-Fotos, die auf dem Eis das Entstehen einer neuen Hütte dokumentierten. Als Ash mit dem Tee zurückkam, sah Arvin sich in seinem Büro um. »Wozu machen Sie solche Bilder?«, fragte er.

»Wissen Sie, was ein Thermoisopleth ist?«, fragte Ash zurück.

»Das Jahrestemperaturdiagramm eines Ortes.«

»Bestanden. Haben Sie das Puzzle gelöst?«

Arvin nahm die Bilder wieder zur Hand.

»Wärmebilder? Das dürfte Roosevelt Island sein, das dort sind die Russen auf *Granka 3*.«

»Russen? Ich dachte, es wären Skandinavier.«

»Russen. Sie machen mit bei *Amyan-D,* Antarctic Myon and Neutrino Detector. Wie jeder hier bohren sie Löcher ins Eis. Russen. Granka heißt ›Fahne‹. Das passt immer.«

»Wieso Granka *drei*?«

»Wahrscheinlich sind eins und zwei vor langer Zeit von der Schelfeiskante gebrochen – wie Little America 1 bis 5 – oder im Eis unter der Station versunken. Jetzt gibt es nur noch die 3. *Granka 3*. Was ist auf den Bildern?«

Ash beschlich ein sehr ungutes Gefühl. »Das ist ein Thermobild vom 7. Mai letzten Jahres, das andere vom 8. Mai.«

»Am achten Mai gibt es plötzlich eine siebente Hütte«, stellte Arvin fest.

»Richtig. Und einen blassrosa Schatten doppelt so lang wie die gesamte Siedlung. Ein richtiger Wärmesee. Auf einem späteren Foto vom 18. Mai ist er wieder verschwunden.«

»Haben die Russen über Nacht eine neue Hütte gebaut? Mitten im Winter? Und ein Feuer angezündet? Ein einhundertzwanzig Meter langes Feuer? Hatten Sie einen Wodkakoller? Rufen Sie sie an, dann wissen Sie es.«

»Russen.« Ash starrte ihn an, als wäre er ein Geist. »*Granka 3*.«

»Sie machen mir Angst«, sagte Arvin irritiert.

»Die Russen haben eine andere Schrift. Können Sie die lesen, Bob?«

»Nein.«

Ash griff zum Telefon. »Wir rufen dort auf keinen Fall an! Pete. Ich brauche sofort in dieser Minute eine russisch beschriftete Karte der Antarktis.« Ash hatte das Gefühl, unmittelbar vor einer unangenehmen Entdeckung zu stehen.

»Wir haben Glück, die Baulöwen haben eine hinterlassen«, teilte er kurz darauf Arvin mit. Wenig später beugten sie sich über die Karte.

35

Granka 3; 8 Uhr 25

Stille, mit der die Weite Michelle bis ins Herz drang. Sie reckten sich und stiegen aus. Unter ihren Stiefeln knirschte der Schnee wie Sand.

»Vierzehn Grad unter null«, stellte Vittorio fest.

»Wo ist das Begrüßungskomitee?«, fragte Carl.

»Sie stehen alle in der langen Hütte da drüben und bereiten mit Luftschlangen den Empfang vor«, antwortete Vittorio aufgeräumt.

»Nichts wie hin.« Die Kinder stürmten voran.

Sie waren mit der Twin genau gegenüber in etwa siebzig Meter Entfernung von dem längsten Bau zum Stehen gekommen. Der Eingang war auf der anderen Seite. Vittorio und Michelle folgten den Kindern. Der Eingang, in dem sie verschwunden waren, stand offen. Bevor Vittorio und Michelle eintreten konnten, kamen die Kinder blass wieder heraus.

»Wir sind in der falschen Station gelandet«, sagte Carl, »innen ist alles kalt und voller Schneewehen. Da ist seit hundert Jahren keiner mehr gewesen.«

»Was steht da?« Michelle zeigte auf ein wettergegerbtes Brett, das über den Eingang genagelt war.

»Es ist russisch«, sagte Vittorio, »es heißt *Granka 3.*«

Carl sah das Brett wie versteinert an. »Es war kein *T.*«

»Offenbar ein russisches *G*, Blitzmerker!«, setzte Maria Carls Bemerkung fort, »dein Pinguin wurde hier angestrichen.«

»Ich gehe zur Twin und hole das Funkgerät. Lars ist irgendetwas dazwischengekommen, oder wir haben uns doch verpasst.« Er ging zurück zum Flugzeug.

»Hier verpassen? In der Mitte des Nirgendwo?« Michelles innere Warnlampen leuchteten grell auf. Plötzlich musste sie an den winzigen Augenblick auf dem Schiff denken, in dem sie Stensen für einen Verrückten gehalten hatte. Unschlüssig blieben sie in der Tür stehen. Es begann leicht zu schneien.

»Auch das noch. Bleibt bitte hier stehen, genau an dieser Stelle. Ich gehe nachsehen, wo Vittorio bleibt.«

Schnellen Schrittes ging sie zurück. Vittorio war nicht zu sehen, die Twin stand einsam dort, Schnee begann sich auf den Tragflächen zu sammeln. Sie ging näher heran. Nichts. Im Innern schnarrte ein Funkgerät. Sie bestieg die heraushängende Trittleiter. Ihr Herzschlag setzte aus. Quer über den Pilotensitz lag Vittorio, die Kehle durchschnitten, beide Augen schwarzblutige Seen. Die Kabine eine Lache von Blut, die Instrumente und Kabel im Cockpit zerstört.

Michelle stürzte rücklings von der Leiter in den Schnee. Die Bewegung des Aufstehens zwang sie, sich nicht dem Schock hinzugeben. Es hämmerte in ihrem Kopf: »Weiterdenken! Weiterdenken!«

Funk. Eine Waffe. Die Kinder.

Das waren jetzt die Prioritäten. Um Vittorio brauchte sie sich keine Gedanken mehr zu machen. Sie überwand sich, zurück in die Maschine zu klettern. Sie schob sich in die hintere Tür. Auf dem Boden der winzigen Passagierkabine lag ein Walkie-Talkie, das vor sich hin knurrte.

»Ich bin es. Wo bleibt ihr? Ich kann euch nicht mehr hören, seid ihr abgestürzt?«

Das war Stensen. Wo war er? Hatte er die Bluttat veranstaltet oder war ein Dritter im Spiel?

»Ich habe einmal unter Wasser einen Taucher aufgeschnitten«, tönte es weiter.

Er war es. Er ist verrückt und geistert hier herum. Sie langte in die Kabine und griff sich drei Raketen und das Abschussrohr. Das Funkgerät hängte sie sich um den Hals. Wer wusste schon, wozu es gut sein könnte. Solange Stensen redete, hatte sie das Gefühl einer winzigen Kontrolle über die Situation. Sie rannte zurück zu den Kindern und schrie so laut sie konnte: »Kinder. Her zu mir.«

»Das Wasser hatte minus 0,7 Grad. Das herausfließende Blut fror sofort zu langen, dünnen Eiszapfen. Der Kerl trieb dort wie ein großer, roter Seeigel.« Stensen lachte aus dem Funkgerät. Stille.

Die Kinder standen wie angewurzelt an der Stelle, an der sie sie verlassen hatte.

»Los. In die Hütte«, rief Michelle. »Wir müssen sehen, ob wir eine Waffe finden oder irgendetwas Brauchbares. Er ist ein Wahnsinniger.« Michelle nahm sie bei den Händen.

»Vittorio?«, fragte Carl.

»Ist tot.«

»Mach ihn fertig, Michelle. Nimm Deine Superwaffe, benutz Deine Karateschläge, hau ihn in Stücke.« Hilflos sah Carl sie an. Sie zuckte mit den Schultern. Sie hatte keine Waffe und sie verfügte auch nicht über besondere Kampffähigkeiten.

Sie musste sich zusammenreißen, um nicht in einem Meer

der Verzweiflung zu versinken. Sie gab jedem das größte Küchenmesser, das sie in der Kochecke finden konnten.

36

McMurdo; 8 Uhr 30

Bob Arvin stand am Flipchart, die russisch beschriftete Karte der Antarktis vor sich auf dem Tisch, neben ihm stand Ash, ein Pinguinfoto in der Hand.

»Es schreibt sich so«, sagte Arvin und zeigte auf die Karte. »ГРАНКА 3« stand dort.

Schlagartig war Ash klar, dass Carl dort angelangt war, wohin die rätselhaften Zeichen auf dem Pinguin führen sollten. *Aber was ist der Sinn des Ganzen?*, dachte er.

»Pete, versuchen Sie sofort, eine Verbindung zu Vittorio in seiner Twin zu organisieren«, sagte Ash. »Sie müssten vor kurzem gelandet sein.«

»Ich gehe rüber zu den Naval Operations der Amerikaner. Was soll ich sagen, wenn ich sie am Funk habe?« Pete war begierig, Ashs Wünsche zu erfüllen, als würde es helfen, auch das Problem zu lösen, von dem sein Job abhing.

»Sagen Sie ihnen, sie sollen, was immer sie gerade tun, wo immer sie sind, durchstarten, umkehren und möglichst großen Abstand zu *Granka 3* gewinnen. Sie sollen regelmäßigen Kontakt halten. Näheres folgt. Richte Carl aus, dass wir dabei sind, sein Rätsel zu lösen, und richte ihm auch aus, dass ich dabei ein Scheißgefühl habe.«

Pete war verschwunden.

»Wir haben das erste *T*«, sagte Ash.

»Ich verstehe überhaupt nicht mehr, was in diesem Büro vorgeht«, murmelte Arvin.

Ash hielt das Bild des markierten Pinguins hoch, das Carl ihm gestern gegeben hatte.

»Ich mache eine lange Geschichte kurz. Carl Simmons, Sohn des Vorstandchefs von Simmons Industries, hat auf einem Massenfoto von Pinguinen einen entdeckt, der diese Markierung trägt. Wir haben es als *T 3 T* gelesen. Jetzt wissen wir – Sie sehen den kleinen Haken nach unten am Querstrich – dass das erste *T* ein russisches *G* ist – für *Granka*. Irgendjemand hat dort eine Nachricht auf einen Pinguin geschrieben. Sicher nicht aus Vergnügen.« Ash legte das Foto auf den Tisch. Sie sahen sich das Bild durch eine Lupe an.

Arvin stöhnte. »Das verdammte Vieh hat seinen Kopf nach unten gebeugt und seinen Schnabel über dem dritten Zeichen.«

»Rechts von dem Schnabel ist ein roter Punkt«, stellte Ash fest, »vielleicht ein Teil des Striches, der dann unter dem Schnabel weiterginge? Ich kenne keinen einzigen der verdammten russischen Buchstaben.«

Ash schlug ratlos auf den Tisch. Arvin war leichenblass geworden. Er ging zum Flipchart. »Das ist auch nicht mehr nötig.

Es ist perfekt verständlich!« Er malte **Γ 3 †** . »*Tot*. Es ist ein Kreuz, kein *T*, kein Buchstabe. Es heißt: *Granka 3 tot.*«

»Du meine Scheiße.« *Was ist hier los,* dachte Ash. Verfolgt mich der Tod von Frauen und Kindern quer durch die Welt?

Pete stampfte atemlos die Treppe hoch. »Es gibt keine Verbindung zu Vittorio. Und zu den Russen auch nicht.«

»Wir müssen hin«, rief Ash und sprang auf. »Ihr beiden kommt mit.«

37

Granka 3; 8 Uhr 40

Ich hole euch ab«, säuselte es aus dem Funkgerät, »da drin ist es viel zu kalt, ihr holt euch noch den Tod.«

»Was willst du von uns, Arschloch?« Carl brüllte mit überschnappender Stimme.

»Der junge Simmons. Sieh an. Ich komme mit meiner Kharkovchanka.«

Michelle sah in die schreckgeweiteten Augen Marias, drehte sich um und hörte in dem Moment den heulenden Motor. In einem Meter Entfernung vor dem Fenster sah sie ein qualmendes schwarzes Kettenfahrzeugmonster aus einer Endzeit anrollen. Allein sein Kettenantrieb ragte bis zur Oberkante der Fenster.

»Achtung, er kommt rein!« Holz splitterte, die Doppelglasscheiben explodierten in den Raum, das Ding war dabei, die Hütte platt zu walzen. In der Sekunde des Sprunges wurde Michelle klar, was ihr einziger Fluchtweg sein konnte. Das hier war eine Falle.

Das Ding bewegte sich mit der Langsamkeit einer Schnecke und der Zerstörungskraft eines Panzers. Sie sollten in die andere Richtung der Hütte getrieben werden.

Michelle nahm ihre Waffen unter den Arm und die Kinder bei der Hand. Sie schob sie voran, dem Ding entgegen und auf seinen abgeschrägten Kühler hinauf. Sie kletterten über das leere Fahrerhaus nach hinten und sprangen vom Dach der Aufbauten dahinter in den Schnee. Das Funkgerät hatte sie abgestellt.

»Los. Rüber in den Dom dort!«, brüllte sie.

Ein Plastikdom, von dem sie vermutete, dass darunter ein Hubschrauber wartete, mit dem Stensen gekommen war. Das Raupending mit dem russischen Namen war einfach zu langsam, als dass es ihn vom Eispier in McMurdo hergebracht haben konnte.

»Die Messer raus«, schrie sie, »schneller.«

Mit drei langen Schlitzen verschafften sie sich Einlass in den Dom. Dort stand der Helikopter. Mit einem Blick hatte sie die Lage erfasst. »Rennt weiter und versteckt euch hinter dem halbrunden Hangar!« Die Kinder rannten davon. Sie holte das Raketenrohr heraus und lud es mit einer Signalrakete. Der runde Tankdeckel. Er war abgeschlossen. Die Klappe zum Motor ließ sich öffnen. Ehe sie weiter herumsuchte, schoss sie die Rakete aus nächster Entfernung in den Motor und rannte um ihr Leben, den Kindern hinterher.

Sie ließ sich zu ihnen hinter den Hangar fallen. Eine Explosion, im nächsten Moment regnete es Metallfetzen und brennendes Gummi. Eine qualmende Flamme blies schwarze, stinkende Flocken nach oben. Michelle bedeutete den Kindern, den Mund zu halten. »Ich will hören, wie das Schwein darauf reagiert, dass wir ihm den Rückzug abgeschnitten haben.«

Carl konnte nicht stumm bleiben. »Warum hast du den Heli zerschossen?«, fragte er entsetzt. »Jetzt kommen wir hier nie mehr weg.«

»Wir wären auch sonst nicht weggekommen. Aber er. Jetzt muss er seine Zeitplanung ändern. Er muss zusehen, dass er verschwindet. Kommt, Kinder, wir legen eins nach.«

Sie schoben sich durch das angelehnte Tor des Hangars, wo das zweite Raupenfahrzeug aufgetankt stand. Das erste mahlte sich weiter durch das Haus, bald würde es sich seinen Weg hindurch gewalzt haben.

»Habt ihr links neben diesem Hangar die beiden kleinen Würfel gesehen?«, fragte Michelle die Kinder. »Ja«, antwortete Carl für beide.

Das erste Fahrzeug hielt an und wechselte die Richtung. Er war unterwegs in ihre Richtung.

»Rennt hinüber und kauert euch hin, ich jage dieses Ding auch noch in die Luft. Los.« Sie rannten. Michelle öffnete den Tank. Ob es klappen würde? Vielleicht löschte das kalte Dieselöl die Rakete. Sie rannte nach vorn und schoss in den Motorraum. Fünf Minuten Brennzeit mussten reichen, das Ding außer Gefecht zu setzen. Gleißendes Feuer brach los. Sie rannte zu den Kindern und stellte das Funkgerät an.

»Ich habe dich unterschätzt, Hexe«, drang die Stimme heraus, die sie nie in ihrem Leben vergessen würde, »du zwingst mich tatsächlich, meine Pläne zu ändern. Ich werde mit dem letzten Vehikel verschwinden. Ich komme –« Sie stellte das Ding wieder aus. »Bei dem Gequatsche kann ich nicht klar denken.«

Das Raupenfahrzeug drehte ab. Carl sah um die linke Ecke des Baus, hinter dem sie saßen. Ein Schrei.

Michelle riss das Abschussrohr mit der letzten Rakete darin herum. Hinten fuhr die Kharkovchanka langsam weiter. Ihr gegenüber, zwei Meter entfernt, stand Stensen. Er hatte Carl gepackt und hielt ein Messer an seinen Hals. Maria war um die Ecke hinter Michelles Rücken verschwunden.

»Diesmal hat der Trick funktioniert«, sagte Stensen triumphierend.

»Lass ihn los oder ich jage dir eine Rakete ins Hirn.« Michelle war außer sich vor Wut. Sie wusste, dass sie ihn töten würde.

Er lachte und drückte Carls Hals zusammen. Der wurde kalkweiß im Gesicht. »*Ich* stelle die Bedingungen. Ich bin in Eile, deshalb mache ich es kurz. Wenn du feuerst, ist der Junge hinüber. Ich werde jetzt mit ihm rückwärts um das Haus gehen und verschwinden. Du wirst nicht deine Rakete starten. Du wirst uns nicht verfolgen und keinen Ärger machen. Du wirst dein Funkgerät einstellen.«

Michelle war wie versteinert. Der Schnee fiel dichter

und blieb auf ihr liegen. Schritt für Schritt zog Stensen sich mit dem Jungen hinter das Haus zurück.

»Maria, hierher«, zischte Michelle. Maria kam zu ihr herübergerobbt.

»Leise.« Sie stellte das Funkgerät ein.

Sie hörten das Schnaufen von Stensen, der irgendwo rannte, dazu Hilferufe von Carl, ein Motorengeräusch, das im Funkgerät lauter wurde.

»Sie klettern in den Raupenschlepper.« Michelle stöhnte. Die Anspannung löste sich in Verzweiflung auf, sie weinte und zitterte, dass Maria sie umarmte.

Das Raupenfahrzeug fuhr eine Kurve und verschwand Richtung Westen in der Endzeit, aus der es aufgetaucht war, hinter Vorhängen aus Schnee, der dichter und dichter niederfiel. Dort, wo sie Carl zum letzten Mal gesehen hatten, verschwand ein schwarzer Fleck unter der weißen Decke. Maria löste sich aus der Umarmung und ging hinüber, um ihn aufzuheben.

»Carl hat uns seinen Fotoapparat hinterlassen.« Während sie ihn in die Tasche ihres Anoraks stopfte, brach ein lautes Schluchzen aus ihr heraus, das jahrelangen Schmerz zu enthalten schien.

Stensen hielt über Funk einen längeren Vortrag.

»Ich bin mit dem Jungen unterwegs. Es ist jetzt genau neun Uhr. Bis 14 Uhr wird euch niemand vermissen. Man wird versuchen, euch zu erreichen, wird warten, organisieren, bis man sich gegen 17 Uhr vielleicht auf den Weg macht. Dann wird man, wenn das Wetter nicht schlechter wird, gegen 19 Uhr hier sein können. Das sind zehn lange einsame Stunden. Denn ihr könnt nicht weg. Alles, was sich bewegen kann, ist zerstört. Aber, wo solltet ihr auch hin? Ihr werdet also bleiben. Ich selbst brauche nicht so lange. Ich werde es euch nicht so genau sagen, aber vielleicht kann ich in drei Stunden wieder bei euch sein. Ohne den Jungen. Nur Spaß für uns drei. Vielleicht komme ich auch in zwei oder vier Stunden wieder oder gar nicht mehr, falls ich es mir anders überlege. Ich hasse die Vorstellung, dass jemand herumläuft, der mich wiedererkennen könnte. Ich werde mich um euch kümmern, das schwöre ich. Wenn nicht mehr hier, dann anderswo. Überall auf der Welt. Wenn dich dein Held vom Titelblatt, Mr Kenelly, hier abholt, richte ihm Folgendes aus. Er weiß dann, was zu tun ist: ›Don't cry for me, Argentina‹ und ›Code Napoleon‹. Und sag ihm, ich melde mich wieder.«

Er entfernte sich aus dem Sendebereich. Michelle konnte nichts mehr hören. Sie schluchzten beide und hielten sich umarmt. Der Schnee fiel in großen Flocken. Wind kam auf.

38

9 Uhr 30

Sie standen im Schnee. Beide Feuer brannten noch und spuckten den dicht fallenden Schnee schwarz in den Himmel zurück. Michelle und Maria hielten sich fest und weinten. Michelle nahm Maria bei den Schultern und sah ihr fest in die Augen.

»Sieh mich an, Maria. Wir beide werden es jetzt schaffen. In der größten Not ist unser Blick am klarsten. Als Erstes werden wir aufhören zu heulen.« Sie versuchten sich anzulächeln. »Als Zweites planen wir jetzt die nächsten zehn Minuten. Immer nur zehn Minuten im Voraus. Nicht nach hinten sehen, nicht an später denken, nur von jetzt bis in zehn Minuten.«

»Was tun wir jetzt?«, fragte Maria verstört.

»Wir besorgen uns eine Unterkunft, in der wir nicht frieren. Dazu holen wir das Zelt aus dem Flugzeug.« Michelle legte ihre Hand um Marias Schulter.

Sie gingen los. Es war bereits schwer, durch das Schneegestöber das Flugzeug auszumachen.

»Halt«, sagte Michelle, »du erinnerst dich an das, was Vittorio über den *White Out* gesagt hat?«

»Ja«, sagte Maria leise, »wenn es danach aussieht, niemals nur eben noch nach draußen gehen. Nach dem ersten Schritt siehst du weder nach hinten noch nach vorn etwas.«

»Findest du, dass es jetzt danach aussieht, Maria?«

»Ja.« Maria sah um sich. Der Schnee fiel so dicht, dass sie sich vorkam wie im Innern eines Federbettes.

»Dann tasten wir uns in die Hütte, die ich noch in meinem Rücken spüre, und sehen zu, dass wir uns ein Seil besorgen, das lang genug ist. Was schätzt du, wie viele Schritte es bis zum Flieger sind?«

»Vielleicht fünfzig Schritte?«, vermutete Maria.

»Sagen wir hundert Schritte, sagen wir hundert Meter. Wir suchen ein Seil von hundert Metern Länge«, sagte Michelle. »Wenn wir das haben, bekommen wir unser Zelt.«

»Wie das?« Maria stand unbeweglich wenige Zentimeter neben Michelle.

»Du wirst schon sehen. Zuerst das Seil.«

Sie tasteten sich bis zum Eingang und gingen in die Hütte. Das Raupenfahrzeug hatte das letzte Viertel der Hütte zerstört. Der Rest war kalt, zugig und füllte sich mit Schnee.

»Wo finden wir Schnüre?«, fragte Michelle. Sie musste Maria mit immer neuen Fragen davon abbringen, in Entsetzen und Verzweiflung zu versinken. *Die winzigen Aufgaben für winzige Schritte sind jetzt das wichtigste Mittel zu überleben,* dachte sie.

Sie begannen mit den Laborräumen links vom Eingang. Im großen Gemeinschaftsraum blieb Maria stehen. Sie starrte wie gebannt auf einen großen, weißen Fleck an der letzten Wand, die noch unversehrt stand. Hatte dort nicht die Karte gehangen? Michelle schob sie weiter.

»Verlängerungsschnüre«, sagte Maria, »wir knoten Verlängerungsschnüre zusammen.«

Als sie aus Laborräumen, Küche, Schlafräumen schon mindestens zehn Schnüre verknotet hatten, fanden sie in einem Regal im Eingang drei Kabeltrommeln von je fünfzig Metern Länge. Sie warfen ihr bisheriges Werk beiseite und knoteten, nachdem sie eine der Kabeltrommeln abgeschnitten hatten, die Kabel zusammen, legten ein Ende fest um Marias Hüfte und verschnürten es an ihrem Gürtel.

Draußen herrschte das Weiß. Oben und unten, vorne und hinten waren ununterscheidbar. Sie konnten ihre Füße nicht sehen, nicht die Handschuhe an den Enden ihrer ausgestreckten Arme.

Das Kabel, das an Maria befestigt war, wickelten sie zusätzlich um einen durch den Abbruch frei stehenden Pfeiler der Hütte.

»Du bleibst hier stehen, egal was passiert«, wies Michelle Maria an, »nach einer halben Stunde fängst du an, mich an dem Kabel sanft zurückzuziehen. Nur, wenn das nicht funktioniert, ziehst du das Kabel durch Deinen Gürtel, bindest es an dem Pfeiler fest und hangelst Dich wie an einer Seilbahn vor, bis du auf mich stößt. Hast du das verstanden?«

Maria nickte. »Du kannst dich auf mich verlassen.«

»Gut. Ich gehe jetzt los. Hier ist mein Plan. Ich werde geradeaus direkt dorthin gehen, wo ich das Flugzeug vermute. Ich werde es wahrscheinlich verpassen. Ich schlage dann einen Bogen am straff gespannten Kabel. Wenn es irgendwo hängen bleibt und im Winkel abknickt, habe ich das Flugzeug geangelt. Dann spule ich mich mit meiner Trommel am Kabel zurück. Alles klar?«

»Ich habe Angst«, gestand Maria leise.

»Wem sagst du das?« Michelle seilte sich ab und verschwand für alle ihre Sinne im Nichts. Absichtlich hatte sie eher zu weit nach rechts gehalten, so dass sie den Suchbogen mit Sicherheit nur in einer Richtung zu schlagen brauchte.

Als sie an der Nabelschnur der Hütte im Nichts schwebte, machte sich Panik in ihr breit. Aller Sinne beraubt, im Schnee allein inmitten der Antarktis. Eine heiße Welle von Hysterie drohte in ihr hochzuschlagen. Sie blieb stehen. Sie schloss die Augen. Noch nie hatte sie ihre Erinnerungen so als lebenswichtigen Proviant für Katastrophenzeiten begriffen wie jetzt. Das leere Zimmer in Zürich. Nackte Füße auf blankem Parkett. Das war viel zu schwach! Sie entdeckte, dass sie dabei war, den Knoten ihres Gürtels aufzulösen, mit dem sie die Kabeltrommel an sich befestigt hatte.

Das Übungszimmer. Wärme. Das Summen einer Fliege. Der weite majestätische Vulkan im flachen, schrägen Licht, im großen Rahmen des Fensters. Ihre Hand auf dem Instrument. Ein Augenblick unendlicher Dauer; ein Blick unbegrenzten Vertrauens von Maria; Wärme; das ferne Geräusch einer Fliege. Sie beruhigte sich und ging weiter.

Nach wenigen Metern Kreisbogen stieß sie auf das Flugzeug. Sie kletterte in den hinteren Eingang und nahm das Zelt, die restlichen beiden Raketen sowie zwei von drei Handlampen, die dort hingen.

Als sie ausstieg, hatte es aufgehört zu schneien. Wie in ablaufender Milch wurde Maria hinten deutlicher sichtbar. Dann war alles vorbei. Sie lief zurück, das Kabel am Gürtel.

»Du siehst aus wie ein wild gewordener schwarzer Staubsauger am Draht.«

Sie bogen sich vor Lachen. Das Kabel blieb im Eingang der Hütte liegen. »Wir haben keine Ahnung, wie lange wir aushalten müssen«, stellte Michelle fest. »Wir brauchen ein Versteck, in dem wir uns ein Nest bauen können.«

Sie standen im Eingang zur Hütte. An einer Wand des Windfangs hing ein Lageplan mit russischen Bezeichnungen.

»Was ist das?«, fragte Maria.

Michelle legte den Finger auf ein gestricheltes Rechteck auf der Karte. »Was kann dort liegen?«, fragte sie. »Ich habe es nicht als eine Hütte gesehen. Wenn ich mich recht erinnere, gab es an der Stelle nur etwas wie eine Telefonzelle aus Beton. Lass uns nachsehen.« Sie rissen den Plan von der Wand und nahmen ihn mit.

In dem Betonhäuschen führte eine Eisenstiege senkrecht ins Eis. Unten endete der Abstieg in einem Wellblechrohr von mindestens drei Metern Höhe, das so lang zu sein schien wie die große Hütte oben.

»Ein alter Bau, der abgesunken ist und jetzt als Lager dient«, vermutete Michelle. »Hier können wir es aushalten.« Das Eisenschott in dem Betonhäuschen ließ sich von innen verriegeln, in einer Ecke am Beginn des Rohres öffneten sie den Zeltsack.

»Was ist der Plan?«, wollte Maria wissen.

»Der Plan ist, das Zelt aufzustellen und uns warm zu halten. Dann machen wir den Plan für danach.«

Das Zelt, aufgezogen auf vorgespannte elastische Kohlefaserstäbe, sprang heraus und entfaltete sich. Von innen war es silbern mit Aluminium bedampft. Den Boden bildete eine dünne Schicht, die in feste Folie eingeschweißt war.

»Ich weiß, wie das geht«, sagte Maria, »irgendwo gibt es eine Lasche.«

Sie zog. Sie riss die gesamte Folie ab und es zischte. Eine unter Vakuum gehaltene Isolationsmatte füllte sich mit Luft.

»Wir müssen einige Zeit warten. Lass uns erkunden, wo wir gelandet sind.«

39

McMurdo; 11 Uhr

Die Navy hatten sie schnell überzeugt. Sie tauschten einige Funksprüche mit der vor Jahren aufgegebenen, aber für diesen Sommer erstmals wieder bevölkerten Station der Russen, *Russkaya*, die unterhalb des Mount Grey an der Hobbs Coast der Westantarktis im Südpazifik lag und wie McMurdo etwa siebenhundert Kilometer von *Granka 3* entfernt war. Als sie bereits mit der Twin Otter der Navy in der Luft waren, liefen Gespräche mit dem Marineministerium in Washington. Sie suchten nach einem gewissen »Lars Stensen« von National Geographic. Die Antwort kam und war negativ.

Die Russen würden morgen einen Langstreckenhubschrauber vom Typ Mi-8 entsenden, alt, aber als Arbeitstier im Polareinsatz bewährt.

Inzwischen waren sie seit neunzig Minuten in der Luft. Die Russen hatten ihnen mitgeteilt, dass seit fast zwei Jahren in *Granka 3* vornehmlich am Projekt *Amyan-D* gearbeitet wurde. Bis vor vierundzwanzig Stunden habe noch zu allen Experten der Station reger Funkkontakt bestanden. Man habe in den letzten Tagen keine Auffälligkeiten registriert, wenn man einmal davon absah, dass in diesem Sommer dort keine Besucher zugelassen waren, wegen eines staatlichen Geheimprogrammes, das parallel zu *Amyan-D* lief.

Um 11 Uhr 30 landeten sie in *Granka 3*. Die siebte Hütte, die erst im Mai auf dem Bild aufgetaucht war, und der daneben stehende Hangar der Kharkovchankas waren zerstört.

Ein Schwelbrand dampfte schwarz durch den inzwischen darüber gefallenen Schnee. Die größte der Hütten war zum Teil zerstört. Einige Meter weiter stand die rote Twin von Vittorio verlassen im Schnee.

»Es sieht schlimm aus«, sagte Arvin. Die Navy-Leute schwärmten aus. Ihr Commander, ein Bursche von Ende zwanzig, gab Anweisungen, was zu tun war. Pete sah sich um.

»Sie sagen es, Bob!«, stellte Ash fest.

»Es sieht so beschissen aus«, sagte ein älterer der Navy-Leute, »wie seit den 257 Toten beim Absturz von Flug ANZ 901 am 28. November 1979 am Mount Erebus nichts in der Antarktis ausgesehen hat.«

Nach einer halben Stunde trafen sie sich wieder vor dem Navy-Flugzeug. Der Commander fasste zusammen. Dabei sprach er in ein Funkgerät: »Wir haben eine Leiche. Dem Piloten der Twin Otter sind die Augen ausgestochen und die Kehle durchgeschnitten worden. In welcher Reihenfolge, muss ein Arzt feststellen. Keine weiteren Leichen. Keine weiteren Personen. Wir haben eine ausgebrannte Kharkovchanka und einen ausgebrannten Hubschrauber russischen Fabrikats vorgefunden. Keine menschlichen Überreste auf den ersten Blick darin feststellbar. Ein Raupenfahrzeug fehlt, nach Angaben der Russen heute früh, wahrscheinlich derselbe Typ. Außerdem gibt es hier eine durch ein Fahrzeug zerstörte Baracke und hundert Meter aneinander geknotetes Stromkabel. Wir haben alle Gebäude genau durchsucht und niemanden sonst gefunden. Die Mannschaft nicht, die vermissten drei Personen aus der Schweiz nicht und den angeblichen Journalisten auch nicht.«

Er sah seine Leute fragend an. Einer hob die Hand.

»Noch etwas, in keinem der Bauten war innerhalb der letzten sechs Wochen ein Bewohner. Sie sind kalt, die Fenster zum Teil eingeschlagen, deshalb weitgehend zugeschneit. Fußspuren, Spuren von weiteren Fahrzeugen oder Helikoptern konnten wir nicht finden, da inzwischen mehr als zwanzig Zentimeter Neuschnee gefallen sind.«

Er sah noch einmal in die Runde. Ash hatte die Augen geschlossen. Er hatte seinen Platz im Flieger nicht verlassen.

»Gut. Wir brechen ab. Wir werden zurückfliegen und Überwachungsbilder anfordern. Morgen sind die Russen hier, wir werden später mit einem Analyseteam zurückkehren.«

»Wo stecken Sie, Bob?«, fragte Ash, die Augen weiter geschlossen. Er musste sich konzentrieren. Irgendetwas hatten sie übersehen.

»Sieht so aus, als wären sie entführt worden«, antwortete Arvin müde.

»Dann leben sie wenigstens. Hoffentlich.«

Sie saßen zusammengesunken im Flieger. Vor ihnen unterhielten sich die beiden Piloten. »Wir haben einen Verrückten in der Antarktis, wir brauchen professionelle Hilfe. Frage: Wer ist zuständig? Die Russen?«, fragte der etwa zehn Jahre ältere.

»Es ist ihre Station. Die Mannschaft, die gestern noch am Telefon war, ist seit sechs Wochen verschwunden. Das verstehe, wer will.«

»Oder die Kiwis? Sie halten den Anspruch auf das Ross Schelf. Oder wir?« Der Ältere hantierte an den Instrumenten.

»Wir sind für alles zuständig«, sagte der Jüngere weise. »Oder die Schweizer? Es sind schließlich drei von deren Staatsbürgern verschwunden.«

»Ich sage dir, wie es ausgeht«, bemerkte der Ältere. Er stocherte sich mit dem kleinen Finger im Ohr und betrachtete das Ergebnis. »Die Russen und wir hängen uns das Thema um und die Arbeit klebt an uns.«

»Ich bin sicher, dass du Recht hast. Wir und die Russen. Wir müssen los, es ist ein neuer *White Out* im Anmarsch.«

Instrument um Instrument wurde eingeschaltet, Zeiger begannen sich zu bewegen.

»Haben die *›neuer White Out‹* gesagt?«, fragte Arvin.

»Haben sie«, sagte Ash

»Wie weit, schätzen Sie, ist die rote Twin von der Baracke entfernt?«

»Vielleicht siebzig Meter. Was soll das?« Ash wusste nicht, worauf Arvin hinauswollte.

»Das Stromkabel! *White Out*! » Arvin sah Ash aus wenigen Zentimetern Entfernung in die Augen. »Es hat sich jemand angeseilt, um im *White Out* etwas aus der Maschine zu holen!«

Mit einem Satz war Ash aus der Maschine gesprungen. Arvin und Pete folgten ihm.

»Wir brauchen zehn Minuten«, rief Arvin.

»Ihr habt dreißig. Nicht eine Sekunde mehr.« Ein Funkgerät flog heraus. Arvin fing es auf.

»Wir gehen zum Flieger. Pete, Sie kontrollieren noch einmal genau die Baracke.«

Vittorios Leiche war mit Schnee bedeckt. Das Blut aus Augen und Kehle hatte in die weiße Decke ein makabres Clownsgesicht gezeichnet. Auch im Passagierraum lag Schnee.

»Das Zelt fehlt«, sagte Arvin. »Ich kenne die Dinger, hinter dem Copilotensitz hängt der Zeltpack, dahinter Hacke, Seile und Handlampen.«

»Ich sehe eine Lampe. Zelt und zwei Lampen fehlen.« Arvin kletterte aus der Maschine. Ash sah hinein. »Und das Signalraketenrohr. Damit haben sie dic bciden Vehikel in Brand geschossen.«

»Warum sollten sie das getan haben? Leichen haben wir darin nicht gefunden.«

»Gleichheit der Waffen«, murmelte Ash. Er sah sich um. »Abschneiden der Rückzugsmöglichkeiten. Ohne den Helikopter kam er in Zeitdruck.«

Sie gingen zur Hütte, die verbliebene Lampe trug Ash in der Hand. Pete stand im Eingang. »Es ist nicht viel, aber hier im Eingang muss ein Lageplan gehangen haben. Ein Fetzen mit einer Ecke des Fahrzeughangars hängt noch da. Der Riss sieht mir frisch aus.«

»Also: Sie haben ein Zelt«, stellte Ash fest. »Sie leben. Sie sind zu zweit. Sie haben einen Lageplan abgerissen, warum? Weil sie verhindern wollten, dass sich jemand anderes daran orientiert, der sie verfolgen könnte? Hat jemand eine Zigarette?«

Ash hatte seit fünf Jahren nicht mehr geraucht. Er hatte auch nicht die Absicht, es hiernach jemals wieder zu tun. Er hatte vor allem nicht die Absicht, jemals danach wieder einer Situation wie dieser zu begegnen. Pete spendierte eine Runde Lucky's. Ash fingerte vergeblich nach einem Feuerzeug, bis Pete ihm Streichhölzer reichte.

»Stubenhocker«, sagte Ash, »erkennt man an Streichhölzern.«

Er schlug Pete auf die Schulter. »Wir kriegen das hin!«

»Wir haben noch fünfzehn Minuten«, sagte Arvin.

Der Geschmack der Zigarette versetzte Ash zurück in den Golfkrieg. Damals war Rauchen seine geringste Gesundheitssorge gewesen.

»Wir sollten weitersuchen«, drängte Arvin. Er warf seine kaum angezündete Zigarette in den Schnee und ging noch einmal hinüber zur Baracke.

»Weitersuchen ist gut«, rief Ash ihm hinterher, »aber zuerst im Hirn und dann in der Gegend.« Er sog den Rauch tief ein.

»Weiter also«, fuhr er fort. »Vor wem haben sie sich versteckt und wo? Wie viele waren es überhaupt insgesamt? War Stensen allein?«

Er blickte so versunken an Pete vorbei, dass der sich umdrehte, um etwas hinter seinem Rücken zu suchen.

»*Granka 3*? Warum 3? Bob hat heute früh gesagt, dass eins und zwei oder eins oder zwei im Eis versackt sein könnten.«

Sein Funkgerät krächzte ihn an. »Fünf Minuten.«

»Zehn«, gab er zurück. »Pete, holen Sie Arvin aus der Küche zurück. Es wird jetzt nicht gegessen. Wir müssen in den winzigen Betonklotz dort drüben. Irgendwo tief darunter hocken zwei Menschen im Zelt. Ich wette darauf. Und ich weiß nicht, ob es die Guten sind. Bringen Sie zur Sicherheit die Axt aus der Twin mit.«

Sie rannten in verschiedene Richtungen los. Als Pete in die Baracke kam, stand Arvin im großen Gemeinschaftsraum inmitten einer in den Schnee gekippten Bücherflut aus einem umgekippten Regal. Er wühlte in den Büchern. Er bemerkte Petes entgeisterten Blick.

»Haben Sie schon einmal gehört, dass man aus Büchern lernen kann? Und nicht nur aus dem, was darin steht.«

»Reden Sie nicht«, versetzte Pete unwirsch. »Setzen Sie sich in Marsch zum Eingang in die abgesackte Station. Ich hole eine Axt.«

Arvin stieg aus dem Bücherwust. Er hielt einen voll geschneiten dickleibigen Bildband in der Hand. Er wischte den Schnee vom Umschlag. Leroy Eisenstatts »Welthauptstädte«. Es würde schwerlich zur Aufklärung des Verbrechens beitragen können. Er steckte es ein. Wie gut, dass er in Bath das Geld dafür gespart hatte. Er sah Ash an der Stahltür in dem Betonklotz rütteln. Sie war von innen verriegelt. Da half auch keine Axt.

»Abgesunkene Hallen werden oft als Lager für Bohrkerne genutzt. Solange sie noch besetzt sind, haben sie zwei Eingänge, damit man bei Schneeverwehungen bessere Chancen hat.«

»Wie lang?«, fragte Ash.

»Was, ›wie lang‹?« Arvin hörte nicht zu. Er sah sich um.

»Wie lang sind die Hütten und wo ist der zweite Eingang? Ich sehe ihn nicht.«

»Da hinten, dreißig Meter von hier, unter dem Schneehaufen vielleicht.« Arvin wies mit der ausgestreckten

Hand in die Richtung. Als sie angekommen waren, wühlten sie sich mit den Händen vor. Ein Betonhaus wie jedes andere. Eine Tür. Offen.

Das Funkgerät brachte sich lautstark in Erinnerung. »Ich komme jetzt, um euch da rauszuholen«, ließ sich der Commander vernehmen. »Es sind noch zwei Minuten, ihr bringt uns alle in Gefahr.« Ash stellte das Funkgerät ab. Pete kam mit der Axt zurück, völlig außer Atem. Sie stiegen hinab, Ash als Erster. Langsam gingen sie voran. Sie kamen in einen mehr als drei Meter hohen Tunnel, der an beiden Seiten mit langen Stäben aus Eis voll gepackt war.

»Bohrkerne«, flüsterte Arvin.

Es war kalt. Eine Eisschicht überzog die Instrumente auf dem Tisch für die Bohrkernanalysen. Arvin wischte mit dem Zeigefinger darüber. »Gefrorener Atem. Irgendwer hat hier Wasserdampf produziert. Allerdings mehr als von zwei Menschen in drei Stunden.«

Einige Meter weiter ragte ein Metallregal von beiden Seiten in den Tunnel. Dazwischen blieb nur ein vielleicht siebzig Zentimeter breiter Gang frei. Die Regale waren auf beiden Seiten mit dicken Rollen voll gepackt. Ash und Pete waren schon daran vorbei, als es hinter ihnen tönte: »Heilige Scheiße! Ich habe eine Hand berührt.«

Sie fuhren herum. Ash leuchtete ins Regal. Dort lagen acht Menschen. Eingefroren. Er wischte mit dem Handschuh eine feine Eisschicht weg.

»Abgemurkst«, sagte Arvin.

»Die Stationsbesatzung! Die liegt auf jeden Fall viel länger hier herum als vierundzwanzig Stunden. Eher zwölf Monate. Weiter. Die wir suchen, sind wärmer!«

Ash stürmte weiter. Am Ende des Rohres sahen sie das golden durchscheinende Kugelzelt von inneren Scheinwerferspielen erleuchtet wie einen letzten bunten Meeresorganismus, der sich in die äußerste Ecke seines Unterwasserreiches verkrochen hatte.

»So versteckt sich kein Killer«, sagte Ash.

Aus Seitenschlitzen des Zeltes drangen zwei Scheinwerferstrahlen und trafen sie voll.

40

Granka 3; 9 Uhr

Michelle und Maria zogen los, um zu erkunden, was sie umgab.

»Darf ich Sie was fragen?«, sagte Maria. »etwas Persönliches?«

»Bitte. Aber du solltest mich duzen, nach allem, was wir schon überstanden haben. Und wenn wir das hier gemeinsam überleben, sollten wir nicht viele Geheimnisse voreinander haben müssen.«

»Ich mache mir Sorgen, dass ich meine Tage nicht bekomme. Ich meine zum ersten Mal.«

Michelle musste lachen. »Maria, nimm mir mein Lachen nicht übel. Es ist einfach wundervoll. Das Leben hat uns wieder!«

»Es ist aber wichtig.«

»Natürlich ist es wichtig. Es ist eine von den Sachen, die bei meiner Zehn-Minuten-Regel völlig unter den Tisch fallen, aber wichtig sind. Du brauchst dir bestimmt keine Sorgen zu machen.«

»In meiner Klasse haben die meisten schon ihre Tage gehabt. Eine hat vor Weihnachten den Mädchen davon erzählt, wie es war, als sie mit ihrem Freund geschlafen hat. Das geht zu weit, finde ich. Das Mädchen ist vierzehn! Aber meine Tage sollte ich kriegen.«

»Wirst du auch. Du bist körperlich einfach noch nicht

so weit entwickelt wie dieses Mädchen. Das ging mir auch so. Es kommt von ganz allein. Bleib stehen!«

Über Marias Schulter hing ein Schuh. Sie stand wie angewurzelt, ohne ihren Kopf zu drehen.

»Komm zu mir zurück«, sagte Michelle langsam.

Michelle hatte mit einem Schwenk ihrer Lampe erfasst, dass dort ein Regal stand, das voll gestopft war mit eingefrorenen Leichen. Die Mannschaft der Station. Der Blonde, mit dem sie sich auf dem Schiff unterhalten hatte, war ein Massenmörder. Was sollte das alles? Wozu trieb er sein Unwesen in der Antarktis? Hatte er alle diese Menschen umgebracht, nur um an einen Teil von Kenellys Technik zu gelangen? Das ergab keinen Sinn.

»Wir gehen zurück. Frag jetzt bitte nicht, wir gehen jetzt einfach zurück in unser Zelt und wärmen uns auf.«

Sie hockten sich auf die Isomatte, die inzwischen fünf Zentimeter dick geworden war, und sie kuschelten sich eng aneinander. Um jeden Preis würde Michelle dafür sorgen, dass Carl in Bäretswil wohlbehalten Marias Konzert lauschen könnte. Dieses Bild in der Zukunft wahr werden zu lassen war ihre Aufgabe, nichts sonst.

Sie erzählte von den schönsten Bildern, die sie in der Welt kannte, von sonnigen warmen Plätzen in Santiago und im sommerlichen Zürich, von ihrer schönen leeren Wohnung, von Bootstouren im Pazifik vor der chilenischen Küste, von dem warmen Sonnenzimmer, in dem sie gestern geübt hatten.

Plötzlich huschte ein Licht von außen über ihr Zelt. Sie schalteten die Lampe aus, die sie die Zeit über angelassen hatten. Michelle ergriff die Signalrakete. Sie öffneten die Seiten des Zeltes und richteten zugleich ihre Lampen auf das andere Licht, Michelle den Finger am Abzug der Rakete.

Vor ihnen mit Lampe und erhobener Axt standen Kenelly und Pete sowie ein dritter Mann, den sie nicht kannten.

Sie flogen ihnen entgegen. Pete und Kenelly umarmten sie nicht lange. »Wir müssen um unser Leben rennen, sonst verpassen wir den Flieger«, sagte Ash.

41

Kaum waren sie gestartet, drehte sich der Commander zu Ash um. Abwechselnd mit der linken und der rechten Hand strich er sich die Haare glatt. Er wusste genau, was er in der Antarktis zu tun hatte, diese Situation jedoch dürfte ihm eine neue Stufe des Schreckens gezeigt haben. Bisher hatte er sich wacker geschlagen.

»Ich habe veranlasst, dass die Russen über Washington unterrichtet werden, Sir.«

Die Tatsache, dass er einige Überlebende übersehen hatte, schien ihn zu der Überzeugung gebracht zu haben, dass er seine Aktionen lieber sorgfältig mit Ash abstimmte. Fehlerfreies Arbeiten – egal, wer Anteil daran hatte – war für die Karriere allemal förderlicher als schief gelaufene Alleingänge.

»Es ist damit zu rechnen, dass die Kiwis und unsere Leute übermorgen hier mit der Kavallerie aufkreuzen. Ob und wann die Russen auftauchen, kann ich nicht sagen. Ich habe weiterhin in Abstimmung mit den Russen in *Russkaya* veranlasst, Sir, dass über den gesamten Vorgang eine Informationssperre verhängt wird. Es gibt eine Ausnahme: Über Interpol sind die Staaten des Antarktisvertrages gebeten worden, die Transportwege aus der Antarktis nach den beiden Gesuchten, dem Jungen und Stensen, zu überwachen. Flüge und Schiffsverbindungen, alle Gates außerhalb wie Ushuaia, Puenta Arenas, Christchurch, Hobart und andere wie auch die Hubs auf antarktischem Gebiet wie Rothera, King George, Palmer Station, McMurdo und so weiter. Und ich habe die Oberen in Washington gebeten, die Technik in Stellung zu bringen.« Er grinste stolz.

»Die Technik?«, fragte Ash.

»Überwachungsabdeckung aus der Luft. Das dauert sicher ein paar Tage. Die Frage ist, ob es dann noch nötig ist. Habe ich etwas übersehen, Sir?«

»Ich glaube nicht. Sie haben einen exzellenten Job gemacht.«

»Danke. Waren Sie am Golf, Sir?« Der Commander sah ihn mit leuchtenden Augen an.

»Ja. Ich habe einen Hubschrauber geflogen, mehr nicht. Meinen Sie, dass sie noch in der Antarktis sind?«

»Mit Sicherheit. Er hat sich irgendwohin mit einem Hubschrauber verpisst. Er musste zwei Stunden fahren, bevor sie die Kharkovchanka nach zwanzig Kilometern verlassen konnten, um von einem Helikopter aufgenommen zu werden. Also dürfte er zur Zeit noch nicht einmal die Ausgangsbasis wieder erreicht haben, in der sie das Ding versteckt haben. Vielleicht in einer halben Stunde. Jetzt bräuchten wir eine Luftüberwachung, nicht später. Aber Satellitenbilder, mit denen man was Gescheites anfangen kann, gibt's hier unten leider nicht. Zu uninteressant.«

»Stellen Sie mir eine Telefonverbindung mit McMurdo her«, sagte Ash. »Urs Zender im *Elektra*-Projektcontainer. Schnell. Sie haben Recht, aber vielleicht gibt es doch eine Chance.«

Der Commander redete mit dem Kopiloten, der die Kommunikationsverbindungen kontrollierte. Nach zwei Minuten hatte er Zender in der Leitung.

»Zender, *Elektra* Monitoring Center, Simmons Industries,« meldete er sich korrekt.

»Ash hier. Urs, Sie müssen jetzt extrem schnell reagieren. Wir hatten einen Überfall, bei dem Carl entführt wurde. Der oder die Täter sind vermutlich mit einem Hubschrauber auf der Flucht, bis sie in zwanzig Minuten in ihrer Basis verschwunden sind, die wir nicht kennen. Sehen Sie zu, dass Sie ELSA dazu bringen, mir jetzt, sofort, Bilder aus einem Umkreis von vierhundert Kilometern um *Granka 3* zu liefern. Vorwiegend in Richtung Roosevelt Island. Veranlassen Sie bei der Gelegenheit Ausschnittvergrößerungen aller ELSA-Bilder für *Granka 3* für die Zeit seit dem 7. Mai letzten Jahres. Das Erste zuerst. Danke. Viel Glück.«

»Was ist ELSA?«, fragte der Commander. Sollten hier militärische Systeme im Einsatz sein, von denen er nicht wusste?

»Eine supraleitende Infrarotkamera an Bord eines zivilen Satelliten«, erklärte Ash und konnte einen gewissen Stolz nicht verhehlen. »Damit können wir aus der Umlaufbahn Ihren Kopf noch von Ihrem Arsch unterscheiden, Commander – eine Woche nachdem Sie bereits in Urlaub abgereist sind. Vielleicht bekommen wir den Schweinehund auf die Platte. Sie sind ein guter und umsichtiger Mann, Commander. Ich denke, wenn Sie das hier gemeistert haben, werden Sie nicht mehr lange in der Antarktis herumhängen.«

»Danke, Sir.«

Sie waren seit einer Stunde unterwegs. Michelle und Maria saßen aneinander gelehnt und schliefen. Ash und Arvin unterhielten sich leise.

»Was tun Sie eigentlich in McMurdo, Bob?«

»Haben Sie jetzt den Nerv, sich meine Geschichten anzuhören?«

»Für nichts anderes, um ehrlich zu sein«, erwiderte Ash schläfrig.

»Ich analysiere meinen dritten Bohrkern.«

»In den Crary Laboratories?« Ash hatte den Eindruck,

als würden Bob Arvins Funde von tief unter dem Eis immer näher an ihn heranrücken. *Haben sie irgendeine Bedeutung für das, was hier passiert?*, fragte er sich.

»Ja. Sie sind unvergleichlich gut ausgestattet. Nur, im nächsten Schritt reichen sie nicht mehr für meine Bedürfnisse. Ich brauche archäologische Analytik. Daran hat in der Antarktis noch nie jemand gedacht.« Das Flugzeug sackte in einer Windbö nach unten. Ash hatte die Augen geschlossen. »Reisen Sie wieder ab?«

»Übermorgen.«

»Wohin? Wo finden Sie, was Sie brauchen?«

»Kairo«, sagte Arvin. »Mein alter Freund Hastren hat Zugang zu den besten archäologischen Labors und Expertisen.«

Ash war hellwach. Hier konnte sich die Chance bieten, schnellstmöglich aus der Antarktis zu verschwinden. »Kairo passt. Haben Sie noch vier Plätze frei?«

»Was wollen Sie in Kairo, Ash?«

»Zender und ich müssen so schnell wie möglich eine Softwarefirma in Tel Aviv aufsuchen, um unsere Wärmflasche für McMurdo zu reparieren, und die beiden Frauen müssen umgehend zurück in die Schweiz. Kairo ist da so gut wie alles andere. Welche Route nehmen Sie?«

Arvin versuchte sich trotz Motorenlärms zu konzentrieren. »Über mein Camp in den Latady Mountains mit den Briten nach Rothera, von dort nach Port Stanley auf den Falklands und direkt nach Kairo.«

»Wie haben Sie das fertig gebracht? Direkt von den Falklands nach Kairo?« *Es passt zu gut, um wahr zu sein,* dachte Ash, *hoffentlich taucht nicht noch ein Haken in der Geschichte auf.*

»Die Royal Air Force leistet der ägyptischen Luftwaffe bei der Bekämpfung rebellisch gewordener Moslem-Ultras Militärhilfe, indem sie eine Fallschirmjägergruppe aus Port Stanley mit einem Flieger, der zur elektronischen Aufrüstung ins Vereinigte Königreich gebracht werden muss, unterwegs in Kairo absetzt. Ich habe den Hinterbliebenen des Falklandkrieges eine Spende zukommen lassen. Vier Plätze? Das könnte machbar sein. Sie müssten großes Glück haben, wenn Sie auf irgendeinem anderen Weg schneller wegkämen. Die Flüge über Christchurch sind für Wochen ausgebucht.«

»Ich werde Zender sagen, dass er sich bei Ihnen meldet, um den Rückflug zu organisieren.« *Wir kommen nicht weg,* dachte Ash, während das Flugzeug ihn durchrüttelte. *Ich kann mein Versprechen nicht halten und ich verliere den zweiten Jungen.*

Im Sturm über dem Strand des pazifischen Ozeans arbeitete der Drache an seinem Seil wie eine Maschine.

»Ich will fliegen«, sagte Tom, »die Palme nicht. Der Drache und ich schon.«

»Sei froh, dass die Palme deinen Drachen festhält. Halte dich an ihr fest, heute fliegt alles.«

»Fische auch?«

»Manche können manchmal über das Wasser segeln.«

»Alle dürfen.« Tom warf händeweise Sandfahnen in den Sturm.

Ash sah in ein Meer dichter Wolken, das unter ihnen trieb. Der Sturm schlug auf die kleine Maschine ein. Arvin hatte die Augen geschlossen und die Hände tief in seiner Jacke vergraben. »Wissen Sie, Ash, was ich da unten in dem abgesackten Stationsrohr gerochen habe, bevor wir die Leichen gesehen haben?«

»Gerochen? Ich habe nichts gerochen. Es war alles gefroren.« Ash verstand nicht, worauf Arvin hinauswollte.

»Petroleum. Seit meiner Kindheit rieche ich Petroleum, wenn etwas Schreckliches bevorsteht. Es ist verrückt. Sie konnten es nicht riechen. Es ist in meinem Kopf.«

Er schloss wieder die Augen. Einen Moment starrte er Ash an.

»Wann, sagten Sie, wurden die Aufnahmen gemacht, die Sie mir in Ihrem Projektbüro gezeigt haben? Im Mai?«

»7. und 8. Mai.«

»Merkwürdig«, brummte Arvin vor sich hin.

»Was ist daran merkwürdig?«, fragte Ash.

»Ich habe etwas in der Station mitgehen lassen, weil ich eine Möglichkeit sah, dreiundzwanzig Pfund zu sparen. Etwas Belangloses. Ein Buch.«

Er holte das Buch von Eisenstatt aus der Tasche. Inzwischen aufgetaut, war es feucht geworden, und die Seiten wölbten sich. Ash nahm den schweren Band in die Hand. »›Welthauptstädte‹, was ist daran merkwürdig?«

»Erstens ist der Autor Leroy Eisenstatt. Seit er mein wichtigster Sponsor geworden ist, sollte ich mich mit seinen Werken befassen. Zweitens ist es das Buch zu einer mehrteiligen TV-Dokumentation, die der Discovery Channel seit dem 4. April letzten Jahres weltweit ausstrahlt. Üblicherweise kommt das Buch zur Serie punktgenau in den Handel. Anfang April ist südlich des achtzigsten Breitengrades tiefster antarktischer Winter und jede Nacht hat vierundzwanzig Stunden. Wie ist es hergekommen?«

»Kein Problem. September, Oktober, November. Mit normalem Austausch, wie er im Sommer möglich ist.« Ash konnte sich nicht vorstellen, dass ein Buch zur Aufklärung der Verbrechen in der Station beitragen konnte.

»Und wenn die Mannschaft im Mai ermordet wurde, im Rahmen der Aktion, die Sie auf dem Foto haben? Harmlosen Besuch gab es danach nicht mehr. Einer der Killer muss es mitgebracht haben.«

Ash gab ihm das Buch zurück. »Falls sich herausstellt, dass es so war, wie Sie vermuten, werde ich es bei Ihnen ausleihen und mich damit beschäftigen.«

Nach böigem Anflug setzten sie auf dem Willy-Strip eines diesigen McMurdo auf. Das Klatschen des Meeres an der Armada aus Eisbergen, die in der Bucht kreuzte, war bis zum Landeplatz zu hören.

42

McMurdo; Freitag, 22. Januar

Ash stemmte sich mit Pete auf dem Weg in den Projektcontainer gegen den Schneesturm. Dort angekommen, ließen sie sich von Zender berichten, was er erreicht hatte.

»Wir haben es geschafft, zwei Bilder von ELSA zu bekommen. Nummer eins ist turnusmäßig um zehn Uhr erstellt worden, Nummer zwei erst eine Stunde nach Ihrem Anruf. Leider. Sie glauben nicht, was alles notwendig ist, um ELSAs Programm zu ändern. Die Überwachungssequenzen der *Elektra*-Pilotanlagen müssen weltweit kurzfristig angepasst werden, um das Zeitverhalten der Infrarot-Überprüfung der Ortsinformation durch *Atlas* nicht aus dem Rhythmus zu bringen. Ein Riesending, das Wellen um die ganze Welt geschlagen hat.

Um der Aktion die notwendige Priorität zu geben, musste ich hoch einsteigen. Eine halbe Stunde später hat mich Claude Simmons angerufen. Notgedrungen musste ich ihm sagen, was los ist. Ich habe ausgerichtet, dass Sie nach Aufnahme der ersten Informationen und Rückkehr nach McMurdo sofort bei ihm anrufen würden.«

»Das erste Gespräch muss natürlich Miss Schneider führen, sie trägt die volle Verantwortung.« Ash hatte gewusst, dass es mit ihr und ihrer Aufgabe Schwierigkeiten geben würde. Er machte sich Vorwürfe, sie für diesen Job engagiert zu haben.

»Auf die Idee ist sie schon selbst gekommen.« Michelle trat ins Büro.

»Bitte«, sagte Ash, »gehen Sie in mein Büro und heben Sie ab, wenn es klingelt.«

Sie ging.

»Ich kann ihr das nicht ersparen. Nach der Sache mit dem Titelbild habe ich ihr geraten, sofort die Abreise zu planen.

Pete, gehen Sie bitte hinüber ins California und setzen Sie sich zu Maria. Wenn sie aufgewacht ist, bringen Sie sie hierher und besorgen Sie uns was zu essen. Noch eins. Wir müssen unseren Rückflugplan erweitern, tragen Sie Alternativen für eine schnellstmögliche Rückkehr von fünf Personen nach Europa oder Israel zusammen. Sprechen Sie mit Bob Arvin, lassen Sie Ihre Beziehungen spielen, bis heute Abend brauche ich den günstigsten Vorschlag.«

Zender hatte mit Claude Simmons gesprochen. Er hatte alle Termine für heute abgesagt und war in seinem Arbeitszimmer erreichbar. Er hatte Zender die Nummer von Bäretswil hinterlassen, zu der er jetzt versuchte, eine Verbindung zu erhalten. Ash sagte: »Gib mir eine Minute, ich gehe zu ihr ins Büro.« Als er eintrat, klingelte es.

Mit blassem Gesicht hob Michelle ab.

»Michelle Schneider«, meldete sie sich. »Ich bin im Büro der *Elektra*-Projektleitung, bei mir ist Mr Kenelly.«

»Claude Simmons«, kam es von der anderen Seite. »Bei mir sind meine Frau Christine und Mr David Polesky, ein Experte, der Simmons Industries in solchen Fällen berät. Wo ist Maria?«

»Maria schläft sicher in unserer Unterkunft. Das ist jetzt das Beste für sie. Wenn sie aufwacht, wird sie mit Ihnen sprechen. Sie ist nicht verletzt. Sie hat sich tapfer gehalten.«

»Ist Carl verletzt? Was ist passiert?«

»Soweit ich gesehen habe, ist Carl unverletzt.« Michelle schilderte knapp, was sie erlebt hatten.

»Ash, haben Sie noch etwas hinzuzufügen?«

»Zum Überfall selbst nicht. Ich habe Vorschläge für die nächsten Schritte.«

»Gut. Mr Polesky?« Eine sachliche, sehr ruhige und auf Anhieb vertrauenerweckende Stimme erklang. »Miss Schneider, hatten Sie den Eindruck, dass die Entführung einer spontanen Aktion entsprang?«

»Ganz im Gegenteil. Ich bin davon überzeugt, dass sie geplant war und der eigentliche Grund für die Einladung«, antwortete Michelle.

»Wo, unter welchen Umständen, wurde die Einladung, die Station zu besuchen, ausgesprochen?«

»Bei einer Schiffstour, zu der uns einige Wissenschaftler eingeladen hatten. Der Entführer gab sich als Fotograf aus.«

»Schildern Sie Ihren Eindruck von dem Mann, Miss Schneider.«

»Er ist ein großer, gut aussehender Mann mit stechend hellen blauen Augen. Im Gegensatz zu der Entspanntheit, die alle anderen während der Reise an den Tag legten, wirkte er auf mich angespannt, geradezu aufgeregt. So als wäre die Unterhaltung mit mir die Arbeit für ihn, deretwegen er dort war.«

»Hat er etwas von Bedeutung gesagt?«

»Wir haben nur Belanglosigkeiten ausgetauscht. Er trägt einen auffallenden Ring am Finger: ein runder, blauer Stein wie eine winzige Uhr mit einem Bündel eingezeichneter Zeiger, die etwa von ›Viertel vor‹ bis zur vollen Stunde reichen.«

»Danke, Miss Schneider.« Polesky gab den Hörer wieder an Simmons, der Lautsprecher klickte sich wieder ein. »Ash?«

»Ich glaube, wir müssen bis auf weiteres zwei verschiedene Fälle unterscheiden, Claude: die Entführung, die nach dem, was der Entführer ausrichten ließ, mit dem

Vorfall in Argentinien in Zusammenhang steht. Hier wollen sie etwas haben, das wir besitzen. Damit besteht eine Chance, weiterzukommen. Aber außerdem ist die gesamte Besatzung der Station umgebracht worden, acht Personen. Ich kann mir nicht vorstellen, dass diese Tat etwas mit unserem Fall zu tun hat, auch wenn es vielleicht dieselben Täter waren. Also sollten wir uns bei allem, was immer wir selbst tun können, auf den Teil konzentrieren, der uns betrifft. Wie Sie heute Nacht erfahren haben, versuchen wir dabei, Ressourcen aus dem *Elektra*-Projekt für die Suche einzusetzen. Ich nehme an, dass das in Ihrem Sinne ist.«

»Wenn Sie *Elektra* gefährden, hätten wir nichts gewonnen, sondern nur ein weiteres Problem am Hals. Aber ich habe gehört, dass Sie gute Fortschritte gemacht haben. Danke. Weiter, Ash?«

»Sie können sich darauf verlassen, dass *Elektra* nicht gefährdet wird. Ich beabsichtige, den Rückflug so schnell es irgend geht anzutreten, um Maria in die Schweiz bringen zu lassen. Ich hoffe, dass heute Abend unser Reiseplan steht. Ich glaube nicht, dass wir es schaffen, Carl und den Täter noch in der Antarktis zu finden. Dazu ist alles zu gut vorbereitet.

Claude, ich bin der Überzeugung, dass wir Carl genau dort wieder finden werden, wo die *Elektra* aus Argentinien steckt – wo immer das ist. Die an dem *Elektra*-Vorgang arbeitende Gruppe sollte schnellstens mit unserem Entführungsfall vertraut gemacht werden. Ich biete mich an, dafür zusätzlich zur Verfügung zu stehen.«

»Danke. Ich habe mich eben kurz mit Mr Polesky beraten. Sobald Sie mit den beiden Frauen in Europa sind, wird er sich in den Fall einschalten. Alle Kontakte zu dem Täter persönlich werden über ihn laufen – soweit wir das steuern können. Ansonsten wird er hautnah informiert werden. Dazu erhalten Sie per Fax eine vertrauliche

Handynummer. Wir teilen Ihre Ansicht, dass sich in der Antarktis zu dem Fall nicht mehr viel abspielen wird. Die Drahtzieher werden woanders sitzen. Trotzdem hat Miss Schneider die Aufgabe, Maria nicht von der Seite zu weichen und alles zu tun, um sie unbeschadet nach Zürich zu bringen – auf welchem Weg auch immer, wenn es der schnellste ist.

Das Argentinien-Thema bearbeitet ein amerikanisches Spezialteam, das intern unter ›A-Squad‹ läuft. Sie werden, sobald ihr Flugplan feststeht, schnellstmöglich mit Ihnen Kontakt aufnehmen. Die Simmons-Interessen – Familie und Unternehmen – werden bis auf weiteres in der Antarktis durch Sie wahrgenommen. Später kann es sein, dass die Schweizer Polizei über eine Amtshilfe aktiv wird. Wenn Maria wach ist, soll sie uns anrufen. Ihre Mutter und ich möchten mit ihr sprechen. Alles Gute.«

Die Verbindung war beendet.

Sie sahen sich schweigend an. Ash ging einen Tee aufsetzen. Michelle hatte das Gefühl, auf ihrer langen Reise in einer unbekannten inneren Eiswelt angekommen zu sein.

43

20 Uhr

Die Bilder von ELSA lagen vor, eins um 10 Uhr 15, eins um 13 Uhr aufgenommen. Das erste zeigte einen roten Fleck weit nördlich von Roosevelt Island und einen weiteren, das Raupenfahrzeug, zehn Kilometer von *Granka 3* entfernt, im Eis unterwegs.

»Sie haben sich aufeinander zubewegt. Zehn Kilometer weiter hat der Hubschrauber, der erste Fleck, sie übernommen.« Zender redete, während seine Finger über das Foto glitten und jede Stelle berührten, von der die Rede war.

Er legte das zweite Bild auf den Tisch. Ash und Pete, Yashi und Pierre standen über den Tisch gebeugt. Mit rotem Filzstift war auf dem Bild eine Linie eingezeichnet.

»Drei Stunden später«, setzte Ash die Rede fort. »Die Kharkovchanka ist noch warm, wie wir sehen können. Der Strich markiert die Verbindungslinie der beiden Objekte mit *Granka 3* aus dem ersten Bild. Er ist darüber hinaus verlängert, schneidet an der Saunders Coast zum ersten Mal die Küste und läuft ab der Sulzberg Bay im Südpazifik weiter. Das Wichtigste ist, was wir nicht sehen – der Hubschrauber. Wir haben den Ausschnitt so gewählt, dass sein Operationsgebiet mit Sicherheit noch enthalten ist. Nichts. Eine simple Abschätzung bringt uns weiter: Wenn er um 9 Uhr 30 gestartet ist, um Stensen abzuholen, konnte er um 10 Uhr 15, dem Zeitpunkt, an dem das erste Bild aufgenommen wurde, nicht mehr als 250 Kilometer zurückgelegt haben. Auf der roten Linie zurückverfolgt heißt das, er muss in der Nähe der Sulzberg Bay seine Basis haben, in der er, für uns unsichtbar, verschwunden ist. Wahrscheinlich ein Schiff.«

Pierre meldete sich zu Wort. »Warum haben wir das Schiff nicht auf dem Bild? Es kann bei dem Abflug des Helikopters nicht außerhalb des Bildausschnittes gewesen sein.«

»Du hast Recht, Pierre.«

Zender zuckte die Achseln. »Vielleicht gibt es einen überhängenden Eisberg oder ähnliches, hinter dem sie sich versteckt hielten. Im Augenblick haben wir ohnehin keine Chance, da ELSA erst übermorgen Nachmittag turnusmäßig wieder zur Verfügung steht. Eine Luftaufklärung oder einen Flug über tausend Kilometer dorthin können wir angesichts des Wetters ebenfalls vergessen.«

Yanshi meldete sich leise zu Wort.

»Ist es möglich, dass es ein Flugzeug sein könnte, in dem ein Hubschrauber mitgeführt wird?«

»Das müsste eine Galaxy oder eine Antonow sein«, sagte Ash. »Unmöglich, dass ein solcher Gigant sich unsichtbar machen könnte. Man würde ihn in jeder Luftraumüberwachung sehen, es sei denn, er hätte einen sehr kurzen Weg wie beispielsweise nach Südamerika.«

Yanshi gab nicht auf. »Es würde zu dem blassen Fleck aus dem Bild im Mai passen.«

»Es wäre nur halb so groß wie der Fleck. Vielleicht waren es zwei in der Aufnahmezeit des Bildes bewegte Helikopter, die den Eindruck von Größe vorgetäuscht haben. Wir haben keine Chance, hier noch fündig zu werden, bevor sie wieder Kontakt zu uns aufnehmen.«

Ash horchte auf. Nachdem die beiden Frauen noch einmal mit der Schweiz telefoniert hatten, übten sie jetzt wieder. Das Einzige, was ihnen im Augenblick blieb. Er wandte sich den anderen zu, um die Erledigung der nächsten Aufgaben zu organisieren.

»Was sind die Reisealternativen, Pete?«

Es stellte sich heraus, dass keine Chance bestand, über Christchurch früher als in zehn Tagen in Europa oder Israel zu sein. Vier Filmteams, zwei Gruppen von Ärzten, ein halbes Dutzend Kongressabgeordnete, italienische, japanische und brasilianische Wissenschaftler hatten wochenlang vorher ihre Plätze gebucht – wie sie selbst auch, nur für den falschen Termin. Es fand sich niemand, der bereit gewesen wäre, vier Plätze zu tauschen – und Trennung kam jetzt nicht in Frage.

»Damit ist beschlossen, dass wir über Latady Camp, Rothera und Port Stanley nach Kairo fliegen.« Ash erfreute sich an ihren verblüfften Gesichtern. »Dann sind wir, vorausgesetzt, Urs organisiert das mit Hilfe von Bob Arvin in bewährter Weise, eine Woche früher da als andersherum um die Welt.«

Er nahm seinen Topf mit Tee in die Hand und ging in sein Büro. Dort erwartete ihn ein Fax aus der Schweiz.

Im Anschreiben der inzwischen aktiv gewordenen Kantonspolizei Zürich hieß es: »In der Anlage erhalten Sie ein Foto der Frau, die sich am 17. Dezember im Test für die Sicherheitsbetreuung der Simmonskinder in der Antarktis qualifiziert hat.«

Ash blätterte um. Das Bild aus dem Laserfax war eher undeutlich, trotzdem war auf den ersten Blick klar, dass die Frau auf dem Bild nicht Michelle Schneider war. Den Test hatte eine Unbekannte bestanden.

44

Michelle und Maria hatten ihre Übungen eingestellt. Maria war schweigsam geworden. Mit Sorge beobachtete Michelle, wie das Mädchen immer tiefer in sich hineinkroch und sich ihre Kommunikation nach außen auf die Geige beschränkte. Trotz des Schneesturmes schlug Michelle vor, zu der kleinen Kirche, »Chapel of the Snow«, hinüberzugehen und sich gemeinsam einen Moment in einer anderen Umgebung in die Stille zu setzen. Sie informierte Pete, wo sie hinzugehen beabsichtigten.

Der Schneefall war weniger dicht, dafür hatte der Wind aufgefrischt. Der fast waagerecht fliegende Schnee schlug ihnen mit eiskalten Nadeln ins Gesicht. Dahinter kamen die Silhouetten der Berge wieder zum Vorschein. Weiß gestrichene Anker standen vor der Tür wie eiserne Engel, die ihre Köpfe im Boden versteckt hatten. Weiß gestrichen und blau abgesetzt war der kleine, spitze Glockenturm, blau die Eingangstür über drei blauen Treppenstufen. Die Tür war nicht verschlossen, die Kirche leer.

Sie setzten sich. Michelle ging an den Altar, über dem sich ein Fenster in die Bergwelt der Ross Insel öffnete. In die Seitenfenster waren einfache Glasbilder eingelassen, die einen Pinguin und einen Wal darstellten. Michelle zündete eine Kerze an.

»Der Berg dort draußen ist nicht Mount Erebus«, sagte Maria.

»Was ist er dann?«

»Mount Terror.«

»Es gab ein Schiff, das Terror hieß. Danach ist er benannt worden. Es hat nichts mit dem zu tun, was wir erlebt haben.« Maria war nicht überzeugt. Sie lehnte sich an Michelle. Kenelly und Pete betraten die Kirche.

»Ich habe Sie gesucht. Ich muss Sie unbedingt sprechen. Es ist dringend.« Kenelly klang tot wie Wind in ausgebrannter Schlacke. Was konnte dringender sein, als jetzt Maria beizustehen?

»Pete, bringen Sie bitte Maria in ihr Zimmer. Ich komme in ein paar Minuten nach und löse Sie ab.«

Maria hakte sich bei Pete ein. Der Sturm holte sie vor der Tür ab und jagte sie vor sich her.

»Was gibt es, das so wichtig ist?«, fragte Michelle.

Sie blieb auf der Bank sitzen. Kenelly lehnte sich an den Altar, links von ihm brannte die Kerze, hinter ihm tobte der Sturm. Er hielt ihr ein Blatt Papier entgegen. »Kennen Sie dieses Foto von Ihnen?«

»Das bin ich nicht«, stellte Michelle kalt fest.

»Ach. Wer ist es dann?«

»Eine Freundin, die einen Sportclub namens Olympia betreibt.«

»Eine Freundin!« *Was auch sonst,* dachte Ash.

»Eigentlich war ich auf dem Weg anzunehmen, dass Sie doch kein Armleuchter sind. Es tut mir Leid, feststellen zu müssen, dass Sie ein viel größerer sind, als ich jemals befürchtet hatte. Wenn Sie denken, dass ich mich in diese

Aufgabe eingeschlichen habe, um vorzubereiten, was jetzt passiert ist, können Sie mir mit Ihrer Menschenkenntnis gestohlen bleiben.« Michelle stand inzwischen unbeweglich in der Kirche.

Ash wanderte umher. »Es spielt allein eine Rolle, was Claude und Christine Simmons, was Interpol und die Schweizer Polizei denken. Und es geht nicht um strafrechtliche Ermittlungen, sondern um Schuld. Schuld! Raten Sie mal, warum ich die Anzeige so formuliert hatte, dass sich normalerweise kein Mensch in der ganzen Schweiz gefunden hätte. Wollen Sie noch einmal eine Kopie? Geige und Personenschutz! So was gibt's auf der ganzen Welt nicht.

Es war so gut wie geregelt, dass es mit dem Kinderausflug in die Antarktis nichts würde, weil meine Bedingung, den Allround-Betreuer in Personalunion aufzutreiben, nicht erfüllt werden könnte. Dann kreuzen Sie auf und behaupten und beweisen in allen nötigen Tests, dass Sie dieser Sonderfall im Universum sind, der alle Bedingungen erfüllt. Also gebe ich mich geschlagen. Was ich immer verhindern wollte, geschieht. Die Kinder kommen mit, ein Mann wird massakriert, der Junge entführt. Und der richtige Tanz hat noch nicht begonnen. Sie tragen die hundertprozentige Verantwortung für diesen Fall. Nicht wie jemand, der sich ehrlich angestrengt, sein Bestes gegeben hat und gescheitert ist – nein, sondern wie jemand, der nicht beurteilen konnte und wollte, worauf er sich einließ, der selbst eine Situation herbeigeführt hat, in der er scheitern musste. Ich hatte Sie gewarnt. Glauben Sie bitte nicht, dass Ihr Leben so schwer ist, dass es Sie zu besonderen Fehlern berechtigt. Es gibt genügend andere, die nicht besser dastehen und trotzdem den Überblick behalten müssen.«

Michelle wandte sich so um, dass sie Ash voll ins Gesicht sah. Sie fixierte ihn mit dem Blick, bis er schließlich seinen Rundgang einstellte. »Wenn ich so viel von Ihnen wüsste wie Sie von mir, könnte ich noch weiter in der Vergangenheit suchen und alle Schuld einzig und allein bei Ihnen finden. Ich hatte Ihnen gesagt, wenn Sie von Scharfschützen oder Massenmördern wüssten, die hinter Ihnen her sind, was ich keinem von denen verdenken könnte, wäre ich nicht die Richtige. Haben Sie reagiert?

Während Sie Ihre Energie darauf verwenden, die lupenreine Weste für Ihre Enkel oder für die Berichte an Ihre Chefs vorzubereiten, sollten Sie endlich der Verantwortung ins Gesicht sehen, die Sie versucht haben, per Zeitungsanzeige auszuschließen, die aber dennoch an Ihnen kleben wird. Die Verantwortung dafür, den Jungen wieder herbeizubringen. Es ist meine Aufgabe Nummer eins, auch wenn ich täglich zehn Gründe hätte, sie an bessere Teams, härtere Kämpfer, schlauere Experten abzugeben, und auch wenn die Chance des Scheiterns tausend zu eins ist und mein Unglück dann noch größer wäre.«

»Bei Gelegenheit werden Sie mich sicher informieren, wie Sie das anstellen wollen.« Ash nahm seinen Rundgang wieder auf.

»Ich weiß, dass Sie Reisender in der Verteilung von Verantwortung sind und sich wohl fühlen dabei. Stellen Sie sich endlich selbst der Verantwortung, die Ihnen zugefallen ist, gegen Ihre Blockdiagramme von Zuständigkeiten – oder wie Sie das Zeug sonst nennen mögen. Sie sind der Experte für dieses Kraftwerk. Sie können herausfinden, wo das verschwundene Ding zu finden ist. Sie haben den Schlüssel in der Hand, Carl wiederzufinden. Sie Riesenarmleuchter.« Als hätte der Sturm gewartet, warf er ihr die Tür in die Hand.

Ash stand am Altar und blickte in den Schnee, der wie eine Wasserströmung vorüberfloss. Er wurde den Gedanken nicht los, Carl in ein Meer endloser Größe hinaustreiben zu sehen.

45

Sie saßen zu zweit im Projektraum. Mit der Festlegung der Reiseroute flochten sie ein Kunstwerk aus Organisation, Überredung und Bezahlung. Ash hatte die Arbeit Zender überlassen, der sie mit wendiger Bissigkeit erfolgreich erledigte.

Sie würden sich am 24. Januar um 14 Uhr einem bereits von Bob Arvin arrangierten Flug mit einer Hercules der US Navy nach Latady Camp auf der anderen Seite der Westantarktis anschließen. In Arvins Latady Camp würden sie sich mit der ›A-Squad‹ treffen, die in den Fall eingeschaltet worden war – gegebenenfalls in der Hercules.

Dass der Rest des Fluges tatsächlich so funktionieren würde wie von Arvin vorgeschlagen, hatten sie um 24 Uhr herausgefunden. Sie streckten sich. Ash lud Zender auf einen Schluck in den Erebus Club ein. Dort saßen sie als zwei einsame Gestalten an der Bar. Ein Poster zeigte ein schwarz umrandetes Bild von Vittorio. Ash bestellte einen Glenfiddich, Zender ein Heineken.

»Wir schaffen den 3. Februar niemals«, stellte Zender melancholisch fest.

Er hasst es, dachte Ash, *wenn seine Planungen über den Haufen geworfen werden – selbst wenn es ihm hilft.* »Seien Sie optimistisch, Urs. Wir wissen, wo der Fehler steckt, wir haben die Abhilfe in die Wege geleitet, wir haben sogar einen Flug in die Nähe von Tel Aviv erwischt. Es ist knapp, es ist schwierig, aber es besteht weniger ein Grund, den Termin zu kippen, als je zuvor. Welchen Rückflug haben Sie?«

»Ich habe einen einzigen Platz in der einzigen Verbindung erhalten, die einen von uns noch rechtzeitig zurückbringt. Sie hat den Nachteil, dass sie uns in Tel Aviv keine Zeit zum Arbeiten, geschweige denn zum Testen lässt.«

»Wann?«, fragte Ash.

»Wir kommen am 24. Januar in Kairo an, einer muss am 27. von Tel Aviv abfliegen, hängt zwei Tage in Christchurch herum und ist schließlich am 31. zurück bei unserem Baby. Keine Chance.«

»Testen und Freigeben der Software kann parallel gemacht werden. Man wird uns dort unten anrufen, um mitzuteilen, dass alles geklappt hat, und wir können noch eine Schlaftherapie dazwischenschieben, ehe wir am 3. Februar in aller Gemütsruhe pünktlich ans Netz gehen. Dann gibt es nur noch eine Aufgabe.«

»Die wäre?«

»Beten.«

Zender machte ein skeptisches Gesicht.

»Es gibt einen noch schlimmeren Termin«, sagte Ash. »Der Tag, an dem das in Argentinien gestohlene Kraftwerk unbrauchbar wird. Danach ist Carl für sie ohne Wert.« Ash schüttete sich den Rest seines Glases in die Kehle und bestellte nach.

»Meinen Sie, dass der Junge noch lebt?«, fragte Zender nach einer Weile, in der sie geschwiegen hatten.

»Diejenigen, die hinter der Entführung stecken, haben mit unglaublichem Aufwand den heimlichen Abtransport einer *Elektra* organisiert und jede Menge Tote in Kauf genommen«, sagte Ash. »Ich glaube nicht, dass sie es riskieren werden, keine Lebenszeichen mehr von ihm liefern zu können. Die sind schließlich ihre wichtigste Währung im kommenden Handel um das, was sie erreichen wollen.«

»Und was genau wollen sie?« Zender spielte mit einem gläsernen Aschenbecher, der die Aufschrift »Park Lane Hotel London« trug.

»Sie brauchen den Betriebscode von *Elektra,* sie wollen das Ding selbst betreiben. Und dafür haben sie Zeit bis zum 1. Februar.«

»Wollen wir ihnen den Code geben?« Zender bewegte

das Glasstück wie ein taktweise vorandrehendes Zahnrad. Jeder Schritt war ein Klick auf der Theke.

»Was hätte das für Konsequenzen?« Ash war sicher, dass es niemanden gab, der das besser abschätzen konnte als Zender.

Das Zahnrad tickte weiter auf dem Tresen. »Sie könnten sich nach ein paar Jahren Arbeit und Tests mit der *Elektra*, die sie sich bereits verschafft haben, in den Betrieb sämtlicher *Elektras* einmischen, die jemals installiert werden.«

»Sie abschalten?«

»Möglicherweise auch das.« Zenders Bier war leer. Er griff hinüber zu Ashs zweitem Whisky und trank ihn leer. »Haben wir überhaupt so etwas wie einen ›Betriebscode‹?«, fragte er sich selbst. »Pfui Teufel. Wie können Sie dieses Zeug trinken? Die Entführer brauchen den Schlüssel der Codierung und wir dürfen ihnen den niemals geben, ohne das gesamte Prinzip der Sicherheit in Frage zu stellen. Was tun wir in dem Dilemma?« Zender verrenkte sich, um dem Mann hinter dem Tresen aufzufallen und ein neues Bier zu bestellen. »Die Antwort ist, wir tun beides. Sie erhalten einen Schlüssel – aber er ist der falsche. Der tiefgekühlte *RanSeG*. Damit ergeht es ihnen ähnlich wie uns – Vater *Atlas* wird Tochter *Elektra* bald nicht mehr verstehen. Die fehlerhafte Statistik wird verhindern, dass sie einen Code ableiten, mit dem sie uns stören könnten, weil sie nirgendwo eine echte Referenz für die nötigen Tests besitzen. Der Betrieb in der geklauten *Elektra* sieht für maximal achtundvierzig Stunden perfekt aus. Viel Freude werden sie daran nicht haben.«

46

McMurdo; Samstag, 23. Januar

Am Morgen um 10 Uhr stand im Projektbüro ein kleiner stämmiger Mann, der mongolisch aussah und unter der gefütterten Jacke der neuseeländischen Luftwaffe einen grellgelben Pullover mit der Aufschrift trug: »University of Auckland, New Zealand«. Dazu trug er weiße Jeans und war braun gebrannt und müde. Das Englisch, in dem er sich vorstellte, strotzte vor russischem Akzent.

»Wassili Ljutonkin, Morddezernat St. Petersburg«, stellte er sich vor.

»Wie zum Teufel haben Sie das gemacht?« Ash konnte es nicht fassen. Ljutonkin vermittelte den Eindruck, als sei diese Frage das Einzige, auf das er sich in den letzten vierundzwanzig Stunden gefreut hatte. »Hase und Igel«, sagte er und grinste breit über sein mongolisches Vollmondgesicht. Er mochte um die fünfzig Jahre alt sein, bei Asiaten ließ sich das für Ash noch immer schlecht schätzen. »Ich wette, mit dieser Technologie haben wir die Amerikaner bei der Eroberung des Südpols um vierundzwanzig Stunden geschlagen.«

»Aber wie?« Ash konnte es noch immer nicht begreifen.

»Lassen Sie mir mein kleines Geheimnis. Dann werden Sie mir für die Lösung des großen alles zutrauen. Das kann bei der Vernehmung nur von Vorteil sein. In Absprache zwischen der russischen und der neuseeländischen Regierung leite ich die Ermittlungen. Technische und logistische Unterstützung wird mir die neuseeländische Polizei aus Christchurch leisten. Ich rieche, Sie trinken Tee. Sie helfen den Ermittlungen, wenn Sie mir auch einen eingießen.«

Ash nahm seine zweite Tasse aus ihrem Futteral in der Holzkiste.

»Ich bin seit acht Uhr in McMurdo.« Es klang wie »MackMurrdo«. »Ich habe mich ausführlich mit Commander Thornton unterhalten, von dem ich Sie herzlich grüßen soll. Wir werden um elf Uhr mit voller Mannschaft amerikanischer und neuseeländischer Spezialisten sowie russischer Polarexperten aus der Station *Russkaya* unter meiner Leitung nach *Granka 3* fliegen, um eine abschließende Analyse vorzunehmen. Wir werden die Toten bergen und ihre Überstellung nach Russland vorbereiten. Das alles kann bis 22 Uhr dauern. Danach sollten Sie für eventuelle Fragen, die sich ergeben haben könnten, zur Verfügung stehen, da Sie ja morgen abreisen wollen. Jetzt habe ich nur wenig Zeit. Zuerst möchte ich mich mit den beiden Frauen unterhalten. Getrennt.«

»Ich kann Ihnen mein Büro zur Verfügung stellen. Die Frauen sind dort nebenan. Sie werden sie spielen hören.«

Er stand in der Tür mit seiner Plastiktasche, die aussah, als hätte er sie kurz vor dem Abflug noch schnell in einem Schreibwarenladen gekauft. »Noch etwas.«

»Ja?« Ash trat auf ihn zu.

Er reichte ihm eine verschlossene Tüte und sah ihn prüfend an.

»Man fragt sich in der Schweiz, wer Sie sind, Mr Kenelly. Wir können uns heute Abend darüber unterhalten.«

Ash ahnte, um was es ging. Er entnahm der Tüte die Kopie eines Zeitungsausschnittes des »Sydney Herald« vom 10. Dezember des vorigen Jahres, Lokalteil Seite sechs. Das Foto zeigte Ash, wie er dem Pfarrer die Hand schüttelte. Darüber stand: **Zwei Tote bei Hausbrand.** Darunter: »Mr Ashton Kenelly bei der Beerdigung seiner Frau und seines Sohnes, die bei dem Brand in der Ellsworth Street 23 ums Leben kamen.« Ash steckte die Kopie zurück in die Tüte. Pete betrat den Raum. Mit kreidebleichem Gesicht sprach Ash ihn leise an. »Wie zum Teufel ist der Kerl so schnell von Russland nach McMurdo gekommen?«

47

Um 21 Uhr 30 war Ljutonkin aus *Granka 3* zurück und stand bei Ash im Büro.

»Es zog mich zu Ihrem Tee, wahrscheinlich der beste auf diesem Kontinent.«

Als Ash seine zerbeulte Teebüchse von Fortnum & Mason in die Tasche zurücksteckte, fiel ihm ein flaches, in Weihnachtspapier verpacktes Päckchen in die Hand. Irgendwo darin war der Name von jemand versteckt, der weiß, wohin Carl gebracht wird. Davon war er überzeugt. Das Argentinien-Team wird nichts anderes tun, als Tag und Nacht die Daten durch ihre Superrechner zu jagen, um den Kerl zu finden. Davon war er nicht überzeugt.

Er kehrte mit seiner Kanne und den beiden Porzellantassen in sein Büro zurück. Ljutonkin stand an der Wand und betrachtete die Termingrafiken. Er schüttelte den Kopf.

»Es ist erstaunlich, welche neuen Methoden ihr ständig herausfindet, um das, worauf es ankommt, noch klarer zu machen, wo jeder überzeugt war, es sei längst klar genug. Haben Sie Zucker?« Ash reichte ihm eine Dose mit Würfelzucker. Ljutonkin legte sich einen Würfel auf die Zunge und schlürfte den Tee darüber. Für einen Augenblick schloss er genüsslich die Augen.

»Sie haben die richtige Kanne, Kenelly. Es muss ein Keramik- oder Glaseinsatz sein, mit dem man die Teeblätter rechtzeitig entfernt, die wenigsten wissen das.«

»Und das Wasser darf beim Aufguss nicht sprudeln, es muss gerade zu sieden beginnen. Das ist der Grund dafür, dass die Kanne vorgewärmt sein muss. Von außen. Innen muss sie warm werden und trocken bleiben.«

Ljutonkin umschloss seine Tasse mit beiden Händen. »Etwas an dem Fall bleibt für mich rätselhaft, die Verbindung der beiden Teile miteinander.«

»Sie meinen die Ermordung der Stationsmannschaft und die Entführung des Jungen?«, fragte Ash.

»Die Ermordung der Mannschaft, von der wir jetzt wissen, dass sie zwischen Anfang und Ende Mai stattfand, zeigt die klare Handschrift einer extrem sorgfältigen und aufwendigen Vorbereitung – die sich vor allem in der Fortführung eines virtuellen Stationslebens nach draußen zeigte. Die Kontakte zur Nachbarstation und zu den Angehörigen nach Hause wurden aufrechterhalten, wie auch die wissenschaftlichen Korrespondenzen in Maßen weitergepflegt. Dazu mussten sie die Mannschaft austauschen und der neuen Besatzung einzelne Rollen zuweisen. Sie mussten die Bewohner so studiert haben, dass sie einigermaßen an dem Punkt weitermachen konnten, an dem sie sie ausgeschaltet hatten.«

Mai! Ash durfte nicht vergessen, sich heute Nacht von Arvin das Buch abzuholen. Jetzt würde er von dem Buch lieber nichts erzählen, um Bob nicht in Schwierigkeiten zu bringen. Stattdessen setzte er den Gedankengang des Kommissars fort: »Der Transport. Sie mussten im antarktischen Winter einen Transport organisieren. Ich habe Ihnen Bilder unseres Infrarotsatelliten zusammengestellt, die möglicherweise Wärmeschatten mehrerer Transportmaschinen zeigen.«

»Wozu brauchten sie den Helikopter?«, fragte Ljutonkin. »Um in der Lage zu sein, ihre Basis zu erreichen? Nirgendwo dort gibt es eine Basis, die in Reichweite eines Helikopters liegt. Oder haben sie dort im Eis etwas angestellt, wozu sie ihn brauchten?« Er kniff konzentriert seine Augen zusammen. »In dem gut vorbereiteten Anschlag auf die Station gibt es eine zweite Handschrift, die, wenn man so will, sinnlose Züge hat, die dem Ziel, die Station unter Kontrolle zu halten und normalen Alltag vorzutäuschen, nicht zusätzlich diente. Die Männer und die eine Frau in der Station wurden nicht einfach umgebracht, sie wurden mit Genuss abgeschlachtet.« Er sah Ash an, als habe er selbst Vergnügen bei dem Gedanken.

»Dieselbe Handschrift wie bei Vittorio und in Argentinien«, sagte Ash.

»Wir vermuten, dass dieser Stensen schon im Mai dabei war. Von der sorgfältigen Vorbereitung finden wir bei der Entführung des Jungen kaum etwas, nur den Teil, der Stensens Handschrift trägt.« Immer noch starrte Ljutonkin Ash an. Ash wurde es dabei unbehaglich zumute. »Beunruhigend«, sagte er.

»Ich kann es nicht ändern. Es macht eher den Eindruck eines Zufallstreffers. Ich habe mich mit der Schwester unterhalten. Die Initiative zu der Reise ging ausschließlich von dem Jungen aus. Niemand hat ihn hergelockt.«

»Er hatte den Pinguin entdeckt und wollte dessen Geheimnis ergründen.«

»Wir haben Spuren roter Acrylfarbe an den Fingern eines der Opfer gefunden, Ilya Surkin. Er wird Ihr Mann sein.« Ljutonkin wanderte im Zimmer herum. »Sehe ich aus, als wäre ich aus St. Petersburg?«

»Ich weiß nicht, wie jemand von dort auszusehen hat.« Ash war vorsichtig.

»Ich sehe nicht so aus. Ich bin es nicht.« Ein weiterer Zuckerwürfel wanderte in seinen Mund.

»Wer sind Sie dann?«

»Bis vor sechsundachtzig Stunden in den Ruhestand versetzter Leiter der Behörde für die Bekämpfung der Wirtschaftskriminalität in Wladiwostok. Das erste Mal in zwanzig Jahren hatte ich eine richtige Reise angetreten, in ein richtiges, funktionierendes Land, zu meinem Schwiegersohn nach Auckland.« Er machte eine Pause, um den Tee zu schlürfen.

»In den Ruhestand versetzt – aber nicht aus Altersgründen?«, fragte Ash.

»Das Leben ist hart. Keiner, der nicht ein bisschen an

den Regeln dreht, um über die Runden zu kommen. Sie haben jahrelang etwas in Sydney am Köcheln, die Kleine mit der Geige erschleicht sich diese Reise. Soll ich Ihnen deshalb eine Entführung anhängen? Ihre Regelverstöße sind gemessen daran Lappalien! Nur ihr Amerikaner verlangt von aller Welt, lupenrein nach Regelbuch, Bibel und Menschenrechtscode zu leben und keinen Müll in die Ecke zu werfen.« Was sollte Ash sagen? Ljutonkins Beschreibung traf die Aktenlage.

Der goss sich einen Tee nach. »Die russischen und britischen Teezivilisationen müssen sich in der Antarktis treffen und gegen die bigotten Kaffeetrinker verbinden. Oder sind Sie selbst Amerikaner? Aber wer weiß schon von sich, wer er ist? Mich hat man in Auckland ausfindig gemacht, in den Dienst zurück und in die Mordkommission St. Petersburg versetzt, die formal für die Polarstationen Russlands in Nord und Süd zuständig ist. Zack.« Er schnappte mit dem Mittelfinger der rechten Hand hinter sein Ohr. Mit Genuss schlürfte er den Tee über ein weiteres Zuckerstück.

»Ich trinke nicht Tee, weil ich Brite bin, sondern seit ich eine Teeplantage in Indien besucht habe«, sagte Ash in der Hoffnung, andere Themen zu vermeiden. »Ein Meer von grünen Wellentälern in den Ausläufern der Hochgebirge im Norden. Ein Traum von Ruhe.«

Ljutonkin setzte die Tasse ab und goss sich neuen Tee nach. »Ich habe gehört, die Amerikaner sind in zwei Tagen hier. Haben Sie Feuer? Danke.« Er steckte sich ein Zigarillo an und nahm einen tiefen Zug. Er setzte sich auf Ashs Schreibtisch und ließ die Beine baumeln. »Werden Sie erpresst, Mr Kenelly?«

Ash bemühte sich, die Tasse in der Hand festzuhalten, ohne Tee zu verschütten. In diesem Augenblick kostete dieser Versuch viel Kraft. »Wissen Sie, Ljutonkin, dass es mein Traum ist, einmal einen Teegarten zu besitzen?«

Ljutonkin sah ihn durch den aufsteigenden Dampf mit zusammengekniffenen Augen an und erwiderte: »Mein Traum ist es, ein einziges Mal von *Yin Zhen*, dem Silbernadel-Tee der chinesischen Kaiser, zu trinken, Kenelly, der nur aus den Knospen und dem ersten Blatt besteht, der niemals erhitzt, sondern nur getrocknet wurde, der nur an zwei Tagen im Jahr geerntet wird. Er soll wie der Duft von Orchideen sein. Sie sollten mir wirklich erklären, womit Sie erpresst werden.«

Ash sagte etwas, von dem er wusste, dass es Unsinn war: »Das ist eine andere, völlig private Angelegenheit, die nichts, rein gar nichts mit diesem Fall zu tun hat.«

»Ihnen ist bekannt, dass die Beurteilung der Relevanz von Informationen für diesen Fall in mein Ressort fällt, oder?« Die mongolische Lebensfreude war aus seinem Gesicht verschwunden und undurchsichtiger Härte gewichen. Ash hätte ihn sich in diesem Moment gut als Boss einer Autoschieberbande in Wladiwostok vorstellen können.

»Also, werden Sie erpresst, ja oder nein?«

»Ich nehme an, dass Miss Schneider Ihnen von dem Vorfall in Christchurch erzählt hat. Ein Bekannter in Sydney möchte Bilder an mich verkaufen, die er sich beschafft hat.«

»An Sie verkaufen? Für wie viel? Haben Sie sich deshalb in die Antarktis abgeseilt, weil Ihnen die Angelegenheit über den Kopf wuchs?«

»Was soll das werden, ein Verhör?«

»Was denken Sie, was wir hier machen? Ein abendliches Plauderstündchen im antarktischen Ferienparadies? Aber gut, damit Sie mir nicht gleich mit dem ganzen amerikanischen Anwaltskram kommen, brechen wir es ab. Sie sehen, wenn man bösartig wäre, könnte man den Eindruck gewinnen, Sie hingen mit drin. Ich bin, zumindest jetzt, noch nicht bösartig.«

Er sprang vom Schreibtisch.

»Wir haben übrigens eine echte Spur. Die Leiche eines Besatzungsmitglieds fehlt. Maxim Djurvakin, 28-jähriger Physikprofessor an der Stanford Universität in den USA, geboren in St. Petersburg, inzwischen amerikanischer Staatsbürger, war auf der Station, hat noch vor fünfzig Stunden mit Leuten in *Russkaya* per Funk gesprochen, ist nicht unter den Leichen. Möglicherweise haben die Kerle ihren ersten Fehler gemacht. Sie hätten die Leichen verschwinden lassen sollen. Vielleicht ist er gefangen, vielleicht hängt er mit drin. In keinem Fall wird er sonderlich gut auf Stensen zu sprechen sein.«

»Wieso?«, fragte Ash. Er hatte seinen Tee ausgetrunken und die Tasse abgestellt.

»Stensen hat es versäumt, die Leichen verschwinden zu lassen, mit dem Resultat, dass Djurvakin jetzt auf die Fahndungsliste kommt. Und Miss Schneider war es, die es ihm verbaut hat. Stensen wird extrem böse auf sie sein.«

»Hängt davon ab, ob Djurvakin oder Stensen die wichtigere Position in der Hierarchie der Stationsbesetzer inne hatten.«

»Djurvakin war, wie uns die Amerikaner mitgeteilt haben, ein Star der Szene theoretischer Quantenmechanik in Stanford, eine weltbekannte Nummer. Wenn er wirklich mit drinhing und nicht ausgespart wurde, weil er mehr wert war als die anderen, dann kann er nur eine Schlüsselfigur sein, niemals ein Nebenspieler. Er stünde dann turmhoch über Stensen – wenn nicht beide identisch sind und Stensen selbst das fehlende Besatzungsmitglied.

Ich bin bei der Navy drüben auf einen nächtlichen Wodka verabredet, bevor morgen früh die Befragungen hier am Ort losgehen. Kommen Sie mit?« Ljutonkin war dabei, das Büro zu verlassen.

»Ich habe noch zu tun, vielen Dank.« Ash hatte nicht die geringste Lust, diese Art von Unterhaltung länger als nötig über sich ergehen zu lassen.

»Gute Nacht und gute Reise«, verabschiedete sich der russische Kommissar. »Passen Sie auf die beiden Mädchen auf, sie sind die Einzigen, die Stensen aus der Nähe gesehen haben. Es besteht die Gefahr, dass er sich daran erinnert.«

48

Wieder war es kurz vor Mitternacht, als Ash das Projektbüro verließ. Er hatte Arvin versprochen, sich für das Buch zu interessieren, sobald klar wäre, dass es von dem Killerkommando mitgebracht worden sein musste. Plötzlich war das Buch über Welthauptstädte von einem Mitbringsel zu einem möglichen Beweisstück geworden. Ash hoffte, dass sie an anderen Dingen Berge von Fingerabdrücken gefunden hatten, so dass es auf das Buch nicht ankäme. Jetzt jedenfalls war es unmöglich, es in den Lauf der Ermittlungen einzublenden, ohne unangenehme Fragen zu provozieren. Ash hatte zudem nicht den Verdacht, dass eine Dokumentation zum Thema »Welthauptstädte« etwas zur Aufklärung des Falles beitragen könnte.

Er fand Arvin in dicker Kälteschutzkluft in einem Labor, zwei Stockwerke tief im Felsen. Er stand vor einer hohen, in Glas gefassten Wand, die von hinten beleuchtet war und Streifen in allen Blautönen zeigte, die man sich vorstellen konnte.

»Sieht es nicht aus wie dreißig Jahre übereinandergeschichtete Morgendämmerungen über dem Atlantik?«, sagte Arvin. »Ich könnte mir vorstellen, dass so unser Gedächtnis von innen aussieht.«

»Was ist es?«, fragte Ash.

»Dreißig Jahre Schneefall in Palmer Land, in zwei Kilometer Höhe auf der antarktischen Halbinsel. Die dunklen Streifen sind Winter-, die hellen Sommerschnee.« Arvin ging hinüber zu einem Gerät, das in schneckenhafter Langsamkeit einen ein Meter langen rotierenden Bohrkern entlangfuhr. Ash stellte sich neben ihn.

»War es Ihnen im Büro zu muffig?«, fragte Arvin.

»Die Luft wurde dicker, als Ljutonkin anfing, mich auszuquetschen.«

»Er hat mit mir geredet. Es dauerte nicht lange, weil wir uns hier unten unterhalten mussten. Er hatte keine Lust zu frieren. Er wollte vor allem etwas über Sie und die Simmons-Familie hören.«

»Vielleicht braucht er für Geschäftspartner in Wladiwostok ein paar nützliche Informationen.« Ash verzog das Gesicht.

»Wladiwostok?«, fragte Arvin. »Ich dachte St. Petersburg.«

»Er wurde versetzt. Ich bin gekommen, um mir Ihr Buch auszuleihen. Die Mannschaft wurde im Mai umgebracht.«

»Ich hatte also Recht.«

Zum ersten Mal sah Ash sich genauer in dem Labor um. »Was tun Sie hier eigentlich, Bob?«

»Ich habe Ihnen erzählt, dass wir zweiundfünfzig Schichten in dem Kern von neunundvierzig Metern Länge gefunden haben, bevor wir in einem Sandsteinblock die Bohrung abbrechen mussten. Ich vermesse jetzt den Kern spektralanalytisch mit einer Maschine, die speziell für die Analyse von Bohrkernen entwickelt wurde, in hundert Schritten je Zentimeter. Dazu wird Absorption und Rückstrahlung verschiedener Lichtwellenlängen gemessen. In dem Stück Kern, das Sie hier sehen, stecken drei der zweiundfünfzig Schichten. Ich halbiere sie später, behalte jeweils eine Hälfte und verteile die jeweils anderen an Speziallabors zur weiteren Untersuchung.«

»Sie haben es nicht einfach.«

»Einen Meter zu scannen dauert zehn Stunden, glücklicherweise läuft der Vorgang automatisch. Nur zum Wechseln der Kerne muss ich in den Keller. Bevor ich mit einem Teil zweier der Schichten nach Kairo ziehe, muss ich sie vollständig vermessen haben.«

»Was haben Sie herausgefunden?« Ash war beeindruckt von der Begeisterung, mit der Arvin seine Arbeit schilderte. Es kam ihm vor wie die Spurensuche nach einem unbekannten Tier.

»Irgendwann in der Zeit zwischen fünfundsechzigtausend bis dreizehntausend Jahren vor der heutigen Zeit gab es dort, wo wir bohren, eine Siedlung auf der antarktischen Halbinsel. Das ist ein Faktum. Über sehr lange Zeit, wovon die vielen Kulturschichten sprechen. Ein weiteres Faktum. Neu ist, dass die Periodizität der Schichten sensationell homogen ist. Das können Sie auf dem Monitor an den Verteilungskurven aus dem Scan-Ergebnis sehen. Homogen wie ein Stapel Muffins. Die Schichten sind ähnlich dick und ähneln sich in der Zusammensetzung.«

»Und das bedeutet was?«

»Dass sie über lange Zeit ein extrem rigides Ritual oder ein festes Regelwerk hatten, nach dem Kultur für Kultur eine Schicht auf die andere legte, beispielsweise für Beerdigungen. Es könnte eine Begräbnisstätte gewesen sein.«

»Unter zwei Kilometern Eis?«, fragte Ash skeptisch.

»Unter zwei Kilometern Eis«, antwortete Arvin euphorisch.

»Elftausend Jahre vor Christi Geburt?«

»Mindestens.«

»Bevor mein Hirn noch ganz aus dem Leim geht, weil es heute zu viel ertragen musste, wir haben den Reiseplan.«

Arvin stand auf. Er hob den Kern mit dem Glasrohr, das ihn hielt, und ließ ihn in ein aufgeklapptes Metallrohr gleiten. Er verschloss es und legte es zu drei anderen in einen gepolsterten Isolationskoffer aus Aluminium. Er nahm einen anderen Kern und legte ihn ein. Das Quarzglasrohr begann zu rotieren. Die Prozedur begann. Er riss den Ausdruck einer Auswertung ab.

»Wir gehen hoch in ein Büro, in dem es schön muffig ist.«

Das Büro eines Mikrobiologen war frei. Petrischalen, Wärmeöfen und gläserne Druckgefäße standen auf einem Sidebord. Ausdrucke mit Kurven hingen an den Wänden, die nicht viel anders aussahen als die, die Arvin in der Hand hielt.

»Wir starten morgen um 14 Uhr in Ihr Camp, Bob«, teilte Ash ihm mit.

»Wie schön, Begleitung bei mir zu wissen. Ich muss die Kerne, die ich hier vermesse, im Camp trennen und persönlich beaufsichtigen, wie sie zwischengelagert werden. In den Kühlkammern der akademischen Welt geistern heute tausende von Kernen herum, die keiner mehr sinnvoll nutzen kann, weil sie mal eben schnell zwischengelagert wurden. Ende Februar wird das Lager abgebaut sein. Dann wird das Archiv nach Florida abtransportiert, wo sie darauf spezialisiert sind.«

Er nahm das Buch vom Heizkörper. Es war jetzt trocken, hatte aber einen Buckel bekommen.

»Was ist seine Botschaft?«, fragte Ash, als er es in der Hand hielt.

»Er stellt die Städte vor, die zu Ihrer Zeit die Hauptstädte der Welt waren – nicht einfach Hauptstädte *in* der Welt, sondern *der* Welt: Rom, Alexandria, Xian, Babylon, Atlantis. Alle. Er sieht in ihnen Städte und Lebenskulturen, die er in ihrem Programm und ihrer Idee für die Welt vorstellt, deren Zentren sie waren. Zum Schluss fragt er, ob es in dem heutigen vernetzten globalen Dorf jemals so etwas wie eine reale Hauptstadt der Welt geben könne. Er bejaht das und setzt das Ziel, eine Hauptstadt der Welt zu gründen, in der die Zivilisation auf Dauer sicher genug ist, über alle Katastrophen hinweg weitergegeben werden zu können – wie die ersten Mikroben in dem Asteroiden, der das Leben auf die Erde brachte. Er fordert, sich dem Bestreben nach Umsetzung dieser Vision anzuschließen.«

»Ist er ein Spinner?«

»Er ist genug Spinner, um ein hinreichend großes Publikum zu haben, solide genug, um ein Forum in den großen Medien zu finden, und kaltschnäuzig genug, um eine Menge Geld mit seinen Büchern, TV-Reihen und Fanclubs amerikanischer Hausfrauen zu scheffeln.«

»Auf meinen langen Flügen in klappernden Maschinen werde ich genug Zeit finden, mich an den Gärten Babylons zu erbauen. Ich gebe es Ihnen in Kairo zurück. Haben Sie eine Idee, warum es in *Granka 3* herumlag?«

»Nicht die geringste. Ich kenne Eisenstatt, er finanziert mich schließlich. Er ist ein Visionär, naiv und geschäftstüchtig zugleich. Seine einzige Schuld wird es sein, eine Menge Bücher in die Welt gesetzt, aber nicht überprüft zu haben, welche Zeitgenossen sie lesen.«

Arvin blätterte in seinen Ausdrucken.

»Gold. Eisen.«

»Wo?«

»In Schicht Nummer achtundzwanzig finden sich Spuren von Eisen und Gold.«

»Sie werden reich werden, Bob.«

»Metalle sind fantastisch: Sie enthalten Fingerabdrücke der Bearbeitungsmethoden und der Herkunftsminen.«

»Gute Nacht, Bob. Jetzt haben Sie ein weiteres Problem: unter zwei Kilometern Eis eine Goldmine zu finden. Wir sehen uns morgen am Airstrip.«

»Gute Nacht, Ash.«

49

Latady Camp; Sonntag, 24. Januar

Acht Stunden, nachdem sie pünktlich in McMurdo gestartet waren, fanden sie sich in einer Märchenwelt wieder. Der Kontinent schien alles aufbieten zu wollen, um sie mit sich zu versöhnen.

Es war ein windstiller, gleißend strahlender Sonnentag. Sie waren auf der antarktischen Halbinsel, in einer Hochebene von Palmer Land, 2000 Metern über dem Meer gelandet, nach Westen und Süden von einer durchbrochenen Kette höher aufragender Gipfel umgeben. In Richtung Osten bot sich ihnen ein weiter Blick über den Zusammenstrom zweier mächtiger Eisflüsse hinweg auf das Rønne-Eisschelf. Im Nordosten konnten sie hinübersehen auf die Weddell See, glitzernd in einer nördlichen Sonne, die so hoch am Himmel stand, wie es in der Antarktis möglich war. Auf dem Meer zog sich eine Regatta hin, Schiffe, Häuser, Städte, Landstriche aus Eis, die ihre Wetterfracht gemächlich in geheimnisvolle warme nördliche Regionen trugen.

Zu seinen Füßen tat sich vor Ash eine Felsen- und Eislandschaft auf, die mit griechischer Inselwelt und neuseeländischen Fjorden keinen Vergleich zu scheuen brauchte. Felskirchen, Granitburgen, schroffe Abgründe, lange, tief eingeschnittene Täler ruhten unter leuchtendem Blau inmitten des Meeres von unmerklich strömendem Eis. Über meeresnahen Felsspitzen der Bowman Peninsula im Nordosten kreisten Vögel. Ihre fernen Schreie maßen die Stille aus und vergrößerten sie.

Es war unfassbar für Ash, dass die alpenhohe Eisdecke unter seinen Füßen die Überreste einer Siedlung verdeckte, die in einer Landschaft ähnlich der von Neuseelands Südinsel geblüht haben sollte. Dort hatte sich ihm vor einigen Jahren am Franz Josef Gletscher wie vor dreizehntausend Jahren vielleicht hier ein Blick durch Palmen auf eine Eiswand geboten. Arvin schaute mit seinem Bohrer wie mit einem Fernrohr auf einen winzigen Punkt dieser fernen vergessenen Welt hinab.

Arvin trat neben ihn. Sie blickten schweigend über die glitzernde Eisfläche in die Sonne.

»Die menschliche Gesellschaft von Palmer Land liegt fern von uns wie der Andromedanebel, Ash«, sagte Arvin. »Es war ein Archipel um eine große Insel, der zweihundert Meter höher aus dem Meeresspiegel ragte als heute und dessen Bewohner den ersten Krieg des Klimas gegen den modernen Menschen verloren haben. Heute sammelt das Förderbandsystem der Meeresströmungen die Wärme von den Küsten der dritten Welt, um sie in Europa und Nordamerika abzuliefern.«

»Wie den Tee«, sagte Ash.

»Wie bitte?«

»Tee«, sagte Ash. »Er ist nichts anderes als der Export von Wärme und Zeitlosigkeit aus den Ländern der Armut.«

»In der spiegelverkehrten Welt des warmen Südens war Palmer Land das Ziel der globalen Wärmelieferungen«, sagte Arvin. »Vielleicht tranken sie damals unter unseren Füßen den Tee.

Im Camp vorn warten zwei Männer Ihrer ›A-Squad‹ auf Sie, die mit einem Seaking Helicopter von einem argentinischen Eisbrecher gekommen sind.«

Das Camp bestand aus mehr als zehn halbrunden festen Thermozelten, zwei größeren aufgestelzten Laborzeltbauten und vor allem einem zehn Meter hohen Turm auf einem halb so hohen Blechkasten, der durch einen schrägen Wellblechabstieg mit einem weiteren Laborbau verbunden war. Auf Ash machte es den Eindruck einer Erdölbohrstation. Gelbe Planen verdeckten Seiten des Blechgebäudes, Männer in orangefarbenen Anzügen standen auf Leitern und schraubten Metallteile ab. Es roch nach Metall und Öl, ein leierndes Quietschen erfüllte die Luft.

Vor einem der Zelte saß Zender mit den beiden Männern der A-Squad. Ash trat heran und begrüßte sie. Einer der beiden, ein fettleibiger Hispanoamerikaner in olivgrünem Parka, der sich als John Punta vom amerikanischen Energieministerium vorstellte, trat näher an Ash heran. »Wenn das Ding, ich spreche von der Atompille, die Ihnen abhanden gekommen ist, wenn das Ding nicht bald auftaucht, schalten wir Ihnen das ganze Stromkonzert ab. Aus. Nichts mehr mit *Elektra* in den Vereinigten Staaten von Amerika, dann kommt der Strom eben über die gute alte Überlandleitung.«

Ash stand wie vom Donner gerührt. Er bezweifelte sehr, dass diese Kerle mit der richtigen Motivation und Vertraulichkeit an die Sache herangingen. Sie sich gar in Verbindung mit der Suche nach Carl vorzustellen trieb ihm den kalten Schweiß auf die Stirn. Hoffentlich schlug Claudes Mut, die wichtigsten potentiellen Kritiker seines Systems frühzeitig in die heikelsten Punkte mit einzubinden, nicht in das Gegenteil der beabsichtigten Wirkung um. Er lächelte freundlich. »Ich mache mir keine Sorgen, dass wir das verlorene Stück nicht wiederfinden, wenn Sie beide es sind, die die Aufklärung des Falles vorantreiben.« John Punta grinste bissig.

Ash ging wieder hinüber zu Arvin. Die beiden Neuankömmlinge konnte er nicht lange am Stück ertragen. Er hatte es gewusst. »A-Squad« klang einfach zu operettenhaft. Plötzlich stieg in Ash ein schlimmer Verdacht auf, der alles in ein völlig neues Licht setzte. Er blieb stehen. Er musste jetzt an andere Dinge denken und machte sich auf die Suche nach Arvin. Er fand ihn schließlich in einem der Laborzelte.

»Wie konnte es hier jemals warm sein?«, erkundigte sich Ash.

»Sehen Sie sich ein unbewohntes Haus in London im tiefen Winter an, in dem ein Wasserrohr gebrochen ist, das bei klirrendem Frost eine Woche lang nicht repariert werden konnte. Dann können Sie sich auch nicht mehr vorstellen, dass dort einmal jemand im Pyjama im Wohnzimmer seine Briefmarken sortiert hat. Nehmen Sie Julianehåb, ein Nest an der Südspitze Grönlands im ewigen Eis, und Helsinki, die ›Weiße Stadt des Nordens‹, mit einer Million Einwohnern, Parlament, Universität, Hafen, Bahnverbindungen – was Sie wollen. Beide auf dem 60. Grad nördlicher Breite. Die Stadt an der gleichen Heizung wie ganz Nordeuropa, nämlich dem Golfstrom, das Nest im ewigen Eis.«

Neben Ash zirpte die Disneylandmelodie »It's a small world«. Rechts von ihm fingerte Zender hektisch in einer Tasche nach seinem Satellitentelefon. Er legte es ans Ohr.

»Für Sie.« Er reichte es Ash und hielt fragend einen daran hängenden Ohrstecker hoch. Ash nickte. Zender hörte mit.

»Kenelly«, meldete sich Ash. Die Verbindung war schlecht. Poleskys Stimme war kaum zu verstehen: »Die Entführer haben sich bei der Familie Simmons in Zürich gemeldet. Sie verlangen den notwendigen Code, um *Elektra* eigenständig betreiben zu können, innerhalb von sechzig Stunden in Zürich, nach vorgeschriebener Übergabeprozedur.«

»Und der Junge?«

»Sie wollen vier Wochen testen, um sicherzugehen, dass alles funktioniert. Danach soll der Junge nach ihren Bedingungen übergeben werden. Haben Sie etwas, was wir ihnen geben können?« Poleskys Stimme schien wie auf einer Wolke davonzuschweben.

Maria war aufgestanden und hatte sich genähert. Sie hing an Ashs Lippen. »Lebt Carl?«, fragte sie.

Ash nickte ihr zu. »Haben Sie ein Lebenszeichen von Carl?«, fragte er Polesky.

»Es gibt ein Foto, auf dem er die gestrige Fax-Ausgabe der New York Times in Händen hält.« Ash hatte jedes der Worte mitgesprochen.

»Wie wird der Kontakt gehalten?«, hakte er nach.

»Über die private Simmons-Nummer mit mir. Der Sprecher ist Amerikaner. Ich habe gefordert, dass wir eine Woche Zeit bekommen, einen auf ihr *Elektra* eingestellten Betriebscode zu generieren, und dass wir Carl sofort im Gegenzug haben wollen. Ich muss wissen, wann Sie so weit sind, denn ich glaube nicht, dass wir diese Position halten können.«

»Wieso?« Ash war beunruhigt.

»Wir haben nur Kontakt zu Helfern, nicht zu Entscheidern«, setzte Polesky seine Erklärungen fort. »Wir brauchen Ihr Modul, von dem mir die A-Squad vor zehn Minuten berichtet hat, schnellstens in Zürich.«

»Erstens«, entgegnete Ash, »richten Sie Claude bitte aus, dass die A-Squad ein Haufen Scheiße ist, wenn nichts Schlimmeres. Er muss dort unbedingt einen loyalen Mann von Simmons Industries einbauen. Zweitens: dass ich nach meinem notwendigen Abstecher nach Tel Aviv von dort aus sofort nach Zürich fliegen werde, um das Modul mitzubringen. Drei Tage sind das Minimum. Sie müssen sie hinhalten. Haben sich Hinweise ergeben, wer sie sind?«

»Es gibt ein paar Spuren. Der verbrannte Hubschrauber ist ein amerikanischer Bell 412 aus Beständen der kenianischen Luftwaffe, der fehlende Stationsbewohner, Maxim Djurvakin, ist amerikanischer Staatsbürger. Er ist noch im Dezember von Buenos Aires nach Großbritannien geflogen. Das Merkwürdige daran ist, dass bisher kein Hinweis darauf gefunden wurde, auf welchem Weg er nach Argentinien kam. Ljutonkin hat versucht, eine Beschreibung von dem Schweden zu erhalten, mit der wir nach ihm suchen können. Ohne Erfolg. Auf dem Schiff, auf dem er aufgetaucht war, hat außer den beiden Frauen niemand Notiz von ihm genommen. Er wird in Zürich nach ihren Erinnerungen ein Phantombild anfertigen lassen.«

»Also lautet die Botschaft ›nichts Konkretes‹ ?«

»Richtig.«

»Ich werde mich melden, sobald wir in Kairo sind.«

Er gab das Telefon an Zender zurück.

»Carl lebt. Und mit Sicherheit nicht in New York.«

50

Arvin stellte Ash einen bärtigen Italiener aus seinem Team vor: »Plinio Catarani aus Venetien. Er ist Spezialist für alte Steine, Gläser und Keramiken. Die Antarktis als ernsthaftes Betätigungsfeld glaubt ihm zu Hause kein Mensch.«

»Wir können Ihnen die beiden Pakete zeigen, die wir für die Reise nach Kairo vorbereitet habe«, sagte Catarani.

Sie gingen in ein anderes Zelt gegenüber. Auf einem Tisch lagen zwei verschlossene runde Behälter aus schwarzem Glas von vielleicht zehn Zentimetern Durchmesser und fünfzehn Zentimetern Höhe nebeneinander, darin die aufgeklappten Halbkerne der Bohrungen. Catarani versiegelte die Boxen mit einem Klebestreifen. »Wir müssen sie in einer Dunkelkammer halten – wie den Rest des Bohrkerns.«

»Wieso?« Ash blätterte in einer großen Mappe, die neben den Behältern auf dem Tisch lag. Darin befanden sich Skizzenblätter mit schematischen Zeichnungen.

»Die bisher vermessenen Schichten«, erklärte Catarani. »Es ist eine seltsame Struktur, die wir gefunden haben.« Er blätterte, bis er ein Übersichtsblatt aufgeschlagen hatte.

»Der Bohrkern beginnt mit einer Schicht von Sand und Mergel. Dann folgen Spuren von Glas, Zement und Schnipsel von Bronzeblech und eine zwei Meter dicke Schicht Sandstein. Immer wieder gibt es massive Steinschichten, Marmorreste und vor allem Schichten in fast identischem Aufbau. Einige Male schräg angeschnitten, verschiedene Male verkehrt herum, meist zwischen sechzig Zentimetern und einem Meter stark, und oft enthalten sie eine uns unbekannte flachgepresste organische Schicht von zehn Zentimetern Stärke. Insgesamt 49,3 Meter lang und 1,2 Tonnen schwer. In Schicht Nummer achtundzwanzig, die wir mit in das Labor nach Kairo nehmen werden, haben wir ein Stück vergoldetes Eisenblech entdeckt, das Dreiviertel der Querschnittsfläche der Bohrung bedeckt.«

»Wieso halten sie die Schichten im Dunkeln?«, erkundigte sich Ash.

»Die Proben halten wie eine fotografische Aufnahme den Zeitpunkt fest, an dem sie zuletzt Licht – oder bei Keramik Hitze – gesehen haben. Die natürliche Radioaktivität des Gesteins lädt ab diesem Augenblick Teilchen der Proben wie winzige Uhren auf. Wenn wir sie in den Labors in Kairo belichten, können wir die seither verstrichene Zeit mit optischer oder thermischer Lumineszenzanalyse ablesen wie von atomaren Uhren.«

Catarani klappte die Mappe zu und verschloss sie mit einem Gummiband. Dann wandte er sich an Arvin. »Mich beschäftigen diese Schichtungen. Etwas daran stimmt nicht.«

»Was sollte das sein?«, fragte Arvin.

»Noch nirgendwo wurden Reste einer Kultur aus so großer Tiefe geborgen. Der Druck von siebzehn Tonnen Eis auf dem winzigen Querschnitt unserer Bohrung entspricht dem Druck einer Hochleistungspresse. Wenn wir die Kerne hier an der Oberfläche untersuchen, kann es vorkommen, dass sie förmlich explodieren. Insbesondere der Teil, der aus organischem Material besteht, muss stark komprimiert worden sein, ebenso die Keramik- oder Erdschichtenanteile. Vielleicht war die Schichtdicke zu ihrer Entstehungszeit doppelt so groß. 1,6 Meter.«

»Was wäre daran schlecht?«

»Es will mir nicht in mein Hirn«, sagte Catarani, »das wäre schlecht daran. Zweiundfünfzig in ihrem Aufbau außergewöhnlich homogene Schichten von 1,6 Metern Dicke, schräg zur Achse unserer Bohrung, also vielleicht an einem Hang gelegen. Wenn man annimmt, dass es zwischen einhundert und tausend Jahren gedauert hat, dass eine Schicht dieser Dicke zu den aktiven Zeiten der Kultur entstand, so müsste über einen Zeitraum von fünftausend bis fünfzigtausend Jahren nach identischen Regeln eine Schicht über die andere gewachsen sein. So etwas gibt es nicht.«

»Vielleicht ein Friedhof oder ein Kulthügel?«, schlug Arvin vor.

»Nur in einigen der untersten Schichten deuten sich Reste eines Feuers an. Auf Knochenreste weist bislang überhaupt nichts hin. Die wiederkehrenden Steinschichten identischer Dicke, die Farbstoffreste in der Keramik lassen eher vermuten, dass es so etwas wie ein Shintu-Schrein gewesen sein kann, der alle vier Jahre erneuert wird.«

»Dann sprächen wir über zweihundert Jahre.«

»Aber alle vier Jahre eineinhalb Meter?«

»Halten Sie eine Täuschung für möglich?«, sprach Ash Arvin an.

»Wir werden es sehen«, sagte Arvin beschäftigt.

»Ich spreche nicht von Keramik- oder Granitschichten«, meinte Ash. »Ich spreche von der Forderung der Entführer nach einem Teil unserer Technik. Könnten Sie sich ein Ablenkungsmanöver vorstellen, hinter dem es in Wahrheit darum geht, die kommenden Gigawatt *Elektra*-Stromleistung auf dem Weltmarkt zu verhindern?«

»Von der Öl- und Energiemafia kann ich mir alles vorstellen. Simmons und Sie sind die ersten netten Kerle, die ich aus der Branche treffe. Die beiden da drüben rücken mein Weltbild wieder zurecht. Seien Sie auf alles gefasst, Ash.«

Wenig später wurden sie von einer kleinen britischen Maschine abgeholt. Der Traum von einem vergangenen Palmer Land wärmte Ash während der Gespräche in den nächsten Stunden, bis sie sich in Rothera von dem Argentinien-Team verabschiedeten. Dann versank die Antarktis im Motorengeräusch, in dem er sich einzurichten begann.

Al Giza

51

Nimrod; Sonntag, 24. Januar

Michelle hielt die Stellenanzeigen in der Hand, als ein Sonnenstrahl auf die Dielen fiel. Silberne Risse liefen durch das Glas, das sie umgab, führten durch ihre nackten Füße und setzten sich durch die Dielen fort. Von dort, wo sie sie berührten, zogen sie Blut. Bald hing sie im Glas wie ein großer roter Seeigel.

Aus zwei Kilometern Höhe über Zürich brachten in Overalls gekleidete Männer im Schneesturm eine Bohrung nieder. Der Kopf des Vier-Zoll-Bohrers hing vor ihr wie eine rotierende Thermoskanne. Er hatte das Blatt in ihrer Hand erreicht und fraß die Anzeige aus der Zeitung. Er fraß die Spitze ihres Zeigefingers, einen Teil des Neumayer-Flügels und zog alles nach oben. Mit dem roten Netz, in dem sie hing, reichten ihre Schmerzen weit in die Wohnung.

Michelle schüttelte sich und wachte mit Kopfschmerzen auf. Mehr als zehn Stunden waren vergangen, seit sie das Flugzeug auf dem regennassen Rollfeld von Port Stanley bestiegen hatten. Die Fallschirmjäger waren im hinteren Teil der an zwei übereinander liegende Fische erinnernden Maschine verschwunden. Sie selbst saßen quer zur Flugrichtung paarweise vor Schränken voller Elektronik. Maria lehnte sich zu Michelle hinüber. »Versprichst du mir etwas für die Zeit in Zürich nach unserer Ankunft?«

»Was möchtest du?«, fragte Michelle.

»Ich glaube, dass du einen Orden verdienst, weil du

mich gerettet hast, aber mein Vater wird dich feuern. Die Reise ist beendet. Du hast Carl nicht mit zurückgebracht. Mein Geigenspiel ist schlimmer, als es jemals war. Selbst wenn ich mich jetzt trauen würde aufzutreten, wird es für die Zuhörer eine Qual sein. Versprich mir, trotzdem weiter mit mir zu üben. Geheim.«

»Solange ich in Zürich bin, will ich gern mit dir üben.« Michelle hätte heulen können. Maria atmete schwer.

»Wir müssen Carl finden. Solange ich die Station im Eis nicht vergessen kann, wird trotz allem Üben nie was aus mir.«

Sie nahm ihr Tagebuch auf die Knie und schrieb. Plötzlich sah sie auf. »Warum war die Karte verschwunden?«

Michelle blickte sie erstaunt an.

»Als Carl und ich in die Stationshütte in *Granka 3* vorausgelaufen waren«, erklärte Maria, »hing eine große russisch beschriftete Antarktiskarte an der Wand. Du musst sie auch gesehen haben, als wir gemeinsam durch die Hütte liefen und schließlich Messer in der Küchenecke gefunden haben.«

»Was ist mit der Karte?« Michelle spürte eine fiebrige Unruhe in sich.

»Als wir beiden später im Schnee nach Seilen oder Kabeln suchten, war sie nicht mehr da«, sagte Maria leise.

»Die Hütte war zerstört.«

»Aber die linke Wand des großen Raumes, an der sie gehangen hatte, stand noch«, sagte Maria mit atemloser Stimme. »Für eine Sekunde ist mir der helle Fleck an der Wand aufgefallen.«

»Ich kann mich nicht erinnern. Weder an die Karte noch an den Fleck. Hat Stensen sie entfernt? Warum ?«

»Vielleicht wollte er verhindern, dass jemand später die darauf fett markierten Punkte entdeckt.« Maria nahm Michelles Arm. Ihre Augen glänzten. »Mir fällt noch mehr ein. Carl hatte bei unserem ersten Gang in die Hütte auf die Punkte gezeigt und gesagt: ›Vielleicht sind sie draußen auf dem Eis an ihren Bohrlöchern.‹« Sie drückte Michelles Arm.

»Das hört sich gut an.« Michelle nahm die Füße von ihrer Tasche. Sie zog einen kleinen Reiseführer heraus, den sie nicht oft gebraucht hatte. Auf der Rückseite war eine Karte. »Weißt du, wo die Punkte waren?«

Maria schloss die Augen. Sie nahm die Karte und den Füller zur Hand. »Es müssen mehr als drei und sicher weniger als zehn Punkte gewesen sein. Ich glaube, sie waren hier, hier, hier.« Sie machte drei Punkte. »Vielleicht waren hier noch welche.« Sie zeichnete eine größere Ellipse.

»Whitmore Mountains. Ellsworth Land«, las Michelle vor. »Sie liegen fast auf dem halben Weg zwischen *Granka 3* und Palmer Land.«

»Ob es etwas mit Bob Arvins Bohrungen zu tun hat?«, fragte Maria.

»Vielleicht«, sagte Michelle, »jedenfalls hat es nichts mit einem *Elektra*-Kraftwerk zu tun. Sie hatten ein völlig anderes Programm.«

Michelle stand auf. Sie trat mit dem Reiseführer in der Hand vor Arvins Sitz und lehnte sich an das Elektronikpult. Er lächelte sie an und setzte seinen Satz fort.

»Ob es Ihnen passt oder nicht, Plinio, Leroy Eisenstatt hält mit seiner Communications Society die Rechte. Wenn er nicht eingesprungen wäre, hätte ich mir nicht einmal die Schuhe besohlen lassen, geschweige denn die Bergung des Bohrkerns sichern können. Er weiß das. Er wird nicht einen Millimeter von seinen Rechten abgeben. Seit seiner Geburt glaubt er an eine Vorsintflut-Kultur, egal wo sie auftaucht. Seine Klientel glaubt daran. Jetzt haben wir sie ihm geliefert. Auch wenn es wissenschaftlich in unserer Verantwortung bleibt, in den Medien wird es sein Ding werden. Er wird sich eine goldene Nase damit verdienen.«

»Oder es unter den Teppich kehren und jede Veröffentlichung verhindern. Haben Sie die Möglichkeit auch in Betracht gezogen?«, mischte Michelle sich in die Unterhaltung ein.

»Warum sollte er das tun, Michelle? Es macht für ihn keinen Sinn, nicht als Prediger seiner Fans und nicht als Geschäftsmann«, sagte Arvin überrascht.

»Vielleicht hat er andere Bohrungen finanziert, die er schützen muss?« Michelle ließ nicht locker.

»Um Gottes Willen, nein! Wo sollte das sein?« Arvin starrte sie an, als hätte er einen Geist gesehen. »Sie meinen doch nicht etwa …?« Er sah Catarani an, der ein ratloses Gesicht machte. »Sie glauben, die Verbrecher in *Granka 3* hätten irgendwas gefunden? Und er hängt mit drin?«

»Ich glaube gar nichts. Ich kenne diesen Mr Eisenstatt überhaupt nicht.« Michelle blieb ruhig. Sie hatte einen Stein ins Wasser geworfen und die Ringe schienen etwas in Gang zu setzen.

»Eisenstatt ist zwar etwas verrückt, aber er ist eine bemerkenswerte Persönlichkeit, mit Sicherheit kein Gangster«, sagte Arvin.

»Ich möchte Ihnen etwas zeigen«, erwiderte Michelle. Unaufgefordert stand Catarani auf und nahm Michelles Platz neben Maria ein. Michelle zeigte Arvin die Karte.

»Maria hat sich daran erinnert, Markierungen auf einer Karte gesehen zu haben, die später aus der Hütte in *Granka 3* verschwunden war. Sie muss den Killern etwas bedeutet haben. Was könnten sie dort gesucht haben?«

»Bodenschätze?«

Arvin machte zu seiner eigenen Frage ein skeptisches Gesicht. »Zu teuer. Selbst für Gold- oder Platinvorkommen wären die Erschließungskosten in der Antarktis zu hoch, um irgendwen anzulocken. Sieht eher so aus, als ob die ganze Unternehmung etwas mit Energie zu tun hat. *Elektra*. Diese Bohrungen. Vielleicht gibt es eine schwerwiegende physikalische Entdeckung in dem *Amyan-D*-Projekt, von der wir keine Ahnung haben.«

»Mit Palmer Land könnte es nicht vielleicht etwas zu tun haben?«, fragte Michelle. »Immerhin ziehen sich die Markierungen vom Marie Byrd Land aus in dessen Richtung bis in die Ellsworth Mountains.«

»Auf keinen Fall. Auch zu Zeiten eines florierenden Palmer Land gab es dort seit hunderttausend Jahren nur Eis, vielleicht länger.« Arvin war sich vollkommen sicher.

»Wenn wir wüssten, was sie dort wirklich wollten, womit sie sich zwischen Mai und Dezember beschäftigt haben, wären wir näher daran, Carl Simmons zu finden«, sagte Michelle und lehnte sich zurück.

»Was immer es war, mit Palmer Land hatte es nicht das Geringste zu tun.« Arvin gab sich Mühe, vollkommen sicher zu klingen. In Wahrheit wusste er nicht, ob es nicht doch so sein könnte. *Zu viele Zufälle,* dachte er.

Maria hielt ihr Tagebuch zugeklappt.

»Welche Musik übst du?«, fragte Catarani.

»Vivaldi«, sagte Maria leise, »die ›Vier Jahreszeiten‹.«

»Das ist wunderschön. Warst du schon einmal in seiner Stadt?«

»In Venedig? Nein.« Marias Stimme schien plötzlich rau geworden zu sein.

»Sie war damals das Entertainmentzentrum Europas. Sie ist meine Heimatstadt, die zauberhafteste Stadt der Welt.«

Er sah Maria an. »Wenn du mit der Schule einmal fertig bist, solltest du dorthin reisen und daran denken, dass dort vielleicht nicht die Liebe erfunden wurde, aber der größte Abenteurer der Liebe gelebt hat.« Maria merkte, dass sie feuerrot wurde.

»Du kannst dann in der Sonne, an den stillen Kanälen ohne Gitter auf der Insel Murano sitzen und in Ruhe Briefe schreiben. Du solltest es wirklich tun. Wer weiß, wie lange Venedig noch aus dem Wasser ragt.«

Maria wurde die Hitze in ihrem Gesicht einfach nicht mehr los. Catarani saß zu nah bei ihr. »Was meinen Sie«, fragte sie, »muss man sich Palmer Land mit ein paar Familien besiedelt vorstellen, die ums Feuer herumgesessen und Robben gebraten haben?«

»Was schätzt du, wie viele Einwohner Amerika in beiden Teilen hatte, bevor Kolumbus eintraf?«

»Vielleicht fünf Millionen?« Maria war froh, das Gespräch wieder auf neutralen Boden gebracht zu haben.

»Einhundertfünfzig Millionen Menschen. Wir müssen uns von der Vorstellung verabschieden, dass die Menschen früher, vor fünftausend, zehntausend oder auch achtzigtausend Jahren, dümmer waren als wir, dass sie immer nur in kleinen Haufen herumrannten und kaum etwas im großen Stil planen, geschweige denn umsetzen konnten. Seit dieser Zeit waren sie Menschen wie du und ich.«

Ash Kenelly beugte sich herüber und fragte Maria, ob sie den Platz für einen Moment mit ihm tauschen würde. Sie setzte sich zu Zender, Ash nahm ein dickes Buch mit und setzte sich zu dem Italiener.

»Ich habe gehört, dass Sie sich vorhin mit Bob über Eisenstatt unterhalten haben. Ich habe in seinem Buch geblättert. Was halten Sie davon?« Ash sah ihn an.

»Von welchem? Er hat eine Menge verfasst – ›Tauchfahrt nach Atlantis‹, damals suchte er vor den Scilly Islands danach – oder ›Energie der Götter‹ über die Bundeslade des alten Testamentes. Viel Zeug. Viel Unsinn.«

»Das hier heißt ›Welthauptstädte‹ und scheint vergleichsweise seriös zu sein.«

»Kenne ich nicht.« Catarani schien von dem Namen Eisenstatt unangenehm berührt zu sein. »Eisenstatt ist ein Bursche, der von der ganz speziellen Vision angetrieben wird, dass es vor der Eiszeit eine mit unserer vergleichbare

Hochzivilisation gab, die alles mögliche Hexenwerk vollbrachte und die an magischen Orten, die sich pauschalreisemäßig gut vermarkten lassen, noch heute wirkt.«

»Ich kann in diesem Buch nichts Verdächtiges finden«, meinte Ash und blätterte abwesend darin.

»Warum sollten Sie auch?«, fragte Catarani.

»Weil erwiesen ist, dass einer der Killer dieses Buch in *Granka 3* zwischen Mai und Dezember auf seinem Nachttisch hatte.«

Michelle war neben Catarani getreten. Sie hatte den letzten Satz mitgehört. Catarani ging hinüber zu seinem alten Platz und Michelle setzte sich auf den frei gewordenen Sitz neben Ash.

»Wieso interessieren Sie sich für den Hintergrund des Entführungsfalles?«, erkundigte sie sich. »Sollte man das nicht den Experten überlassen?«

»Ich habe mich in Ihr Gebiet vorgewagt? Bitte, ich leihe es Ihnen.« Ash war froh, es auf diese Weise los geworden zu sein.

»Meine Ansicht zu Ihrem Fall hat sich nicht geändert«, sagte Michelle. »Sie sind es, der sich um Carls Verbleib kümmern sollte. Wissen Sie, Mr Kenelly, Menschen, die weder können noch wollen, stören nicht und richten nichts an. Mit denen, die nicht können, aber wollen, werden die Zeit oder das Publikum fertig. Die Schlimmsten aber, an denen irgendwann die Welt zugrunde gehen wird, sind die, die können, aber nicht wollen. Und von denen sind Sie der Schlimmste, der mir je begegnet ist.«

»Lesen Sie das Buch, vielleicht entdecken Sie etwas«, erwiderte Ash, ohne auf ihren Vortrag einzugehen. »Es ist erst während des antarktischen Winters in den Handel gekommen, einer der Killer muss es auf die Station gebracht haben, anderen Besuch gab es zu der Zeit dort nicht mehr. Das Buch ist ein Indiz, dass die Morde an der Stationsbesatzung etwas mit Eisenstatts fixer Idee von einer Welthauptstadt zu tun haben. Sie können es in Kairo direkt an Bob Arvin zurückgeben. Er hat es gefunden.«

»Sie haben in Latady Camp telefoniert. Haben Sie den Eindruck, dass die Experten wirklich vorankommen?«, fragte Michelle.

»Nein. Habe ich nicht. Aber ich habe den Eindruck, dass sie ihr Bestes geben. Das ist bei denen mehr als bei mir – und als bei Ihnen. Weil sie die Experten sind.« Ash sah sie an. »Sie haben Maria gerettet. Dafür wollte ich Ihnen danken. Ich glaube, das hatte ich vergessen.«

52

Kairo; Montag, 25. Januar

Michelle sah aus dem Fenster der Maschine auf die braunen Bienenkörbe der Wohnblocks unter sich, auf die Sandsteintafeln, die sich bis in die Stadt hineinschoben, und auf die qualmenden Feuer in den Armensiedlungen an ihren Rändern. Das Flugfeld war übersät von weiß gekleideten Menschen mit grünen Fahnen. Dazwischen war Militär zu erkennen, das offenbar versuchte, die Bewegung der Menge einzugrenzen. Nur noch wenige Meter. Der Nimrod glitt dicht über den Köpfen einer Militärabsperrung auf die freie Landebahn. Der Pilot brüllte über einen zu laut eingestellten Lautsprecher. »Der Flughafen Kairo wird von einigen tausend Personen belagert, die stetig weiteren Zustrom erhalten. Wie ich soeben über den Bodenfunk erfahre, ist der Flughafen in dieser Minute für den zivilen und militärischen Flugverkehr geschlossen worden.« Sie setzten hinter der Absperrkette auf.

Michelle und Maria sahen sich an, Kenelly und Zender

stöhnten laut auf. »Die Einheit wird am Boden von den zuständigen Offizieren der ägyptischen Luftwaffe empfangen werden. Unsere Gäste bitte ich, sich mit ihrem gesamten Gepäck in das zivile Flughafengebäude zu begeben. Wir sind dabei, über den militärischen Bodenfunk die Schweizer Botschaft zu unterrichten. Ich hoffe, dass Sie dann in Empfang genommen werden.«

Michelle nahm Maria bei der Hand. Sie packten ihre Sachen zusammen. Hinter ihnen strömten die Fallschirmjäger aus der Maschine. Draußen tobte ein warmer Wind, in dem sich Michelle ausgiebig streckte. Sie liebte diese Wärme.

Nachdem der Leiter des technischen Büros von Simmons Industries in Kairo, Salam, sie durch den Flughafen geschleust und Kenelly und Zender sich in einem Mercedes Vito Lieferwagen nach Tel Aviv auf den Weg gemacht hatten, verabschiedete sich Bob Arvin, um in die Labors seines Freundes Hastren in einem »gelben Haus« in Kairo aufzubrechen.

Salam führte Maria und Michelle zu einem BMW älteren Baujahrs. Hupend stürzten sie sich in den Verkehr. Am Ausgang des Flughafenzubringers waren Schützenpanzerwagen in Stellung gegangen. Im Gegenverkehr rollten in einer kilometerlangen Schlange Mannschaftswagen der Streitkräfte heran.

Im Henkerstempo ging es in der Mitte zwischen den stadteinwärts führenden Spuren und getragen von den Frequenzen der Autohupe in die Tiefe der Stadt. Nicht weit vom Flughafen entfernt kamen sie an einer Hochzeitsfeier vorbei, die auf der grünen Verkehrsinsel zwischen den Fahrtrichtungen stattfand. Wie ein böser verspäteter Gast brach die Dunkelheit ein.

53

Kairo; Dienstag, 26. Januar

Michelle trat auf den Balkon. Die schmeichelnd milde Luft kurz vor einem Regen umgab sie. Vergeblich suchte sie im Dunkel über den Baumwipfeln nach Konturen ferner Pyramidenspitzen. Plötzlich erschien im aufflammenden Scheinwerferlicht die schwarze Silhouette der großen Pyramide als mächtiger Teil des Himmels so nah vor ihren Augen, dass es ihr den Atem nahm. Sie überwältigte das bedrängende Gefühl, Teil eines Planes zu sein, der vor langer Zeit aufgestellt worden war, aber heute noch galt. Es stand etwas bevor, von dem sie nicht spüren konnte, wohin es sie führen würde. Die Nacht kam ihr vor wie die Nacht der Ankunft eines großen Schiffes, das sehr lange sehr weit draußen unterwegs gewesen war und sich nun näherte, um sie abzuholen. Ein hereinfallender Sturm brachte die Eukalyptusbaumriesen im Park zum Rauschen. Einige warme Regentropfen fielen vor dem Balkon herab und verdunsteten, bevor sie den Boden erreicht hatten.

Am nächsten Morgen weckte sie ein Rascheln unter der Tür. In undurchdringlicher Dunkelheit stieg Michelle aus dem Bett. *Welch ein Vergnügen ist es, wieder barfuß über einen Fußboden gehen zu können,* dachte sie.

Auf den Flur fiel leichter Lichtschein. Zwei Briefumschläge waren unter der Tür hindurchgeschoben worden. Sie legte sie auf den kleinen Schreibtisch neben dem Fenster. Das Telefon schrillte. Sie nahm den schweren Hörer in die Hand und erkannte die Stimme von Christine Simmons, noch bevor sie ihren Namen sagte. »Ich mache mir Sorgen um Maria. Aus Kairo werden schreckliche Ereignisse berichtet, wir haben in Zürich drei Stunden auf dem Flugfeld gestanden.«

»Es geht ihr so gut wie lange nicht.« Michelle sah auf Maria, die quer über ihr Bett gestreckt schlief, das Kopfkissen in den Armen. »Maria liegt direkt vor meinen Augen. Sie schläft seit vierzehn Stunden. Im Hotel ist alles ruhig, von dem Aufruhr in der Stadt ist nichts zu spüren. Im Nebenzimmer ist der Sicherheitsbeamte aus der Schweizer Botschaft einquartiert. Was wird aus Kairo berichtet? Wir haben keine Nachrichten gehört.«

»Der Flughafen bleibt besetzt. Niemand kann uns sagen, wie lange das anhält. Seit das Religionsministerium gestürmt wurde, gerät die Regierung immer stärker unter Druck. Es hat Tote gegeben. Militär wird zusammengezogen. Andere Staaten der Region fangen an, sich mit Forderungen einzumischen. Wir müssen einen Weg finden, Maria dort herauszuholen.«

»Machen Sie sich keine Sorgen. Ihr wird hier nichts geschehen. Wir werden das Hotel erst dann verlassen, wenn wir wieder zum Abflug aufbrechen können. Im Übrigen werden wir täglich ein paar Stunden üben, damit wir nichts verlernen«, versuchte Michelle sie zu beruhigen.

»Sehr gut. Der Bau unter dem Haus schreitet wunderbar voran. Es wird ein Traum. Wir freuen uns alle sehr auf den Tag des Konzertes«, sagte Christine.

»Maria wird mich fragen, ob es Nachrichten von Carl oder Botschaften der Entführer gibt«, versuchte Michelle mit sanfter Hartnäckigkeit etwas herauszulocken.

»Es gibt cin Foto, das Carl vor einer aktuellen Nachrichtenseite von gestern zeigt. Mein Mann kann es kaum noch ertragen. Ich mache mir Sorgen um ihn.« Christine hörte sich an, als wolle sie möglichst schnell das Gespräch beenden.

»Gibt es neue Forderungen? Hat die Polizei Hinweise?«, wollte Michelle wissen.

»Es wurden Übergabedaten für die Lieferung irgendeines Moduls vereinbart. Aber kümmern Sie sich darum nicht, Schätzchen. Kümmern Sie sich um nichts als mein verbliebenes Kind, das Ihnen anvertraut worden ist. Ich muss sagen, ich mache mir große Sorgen. Adieu. Grüßen Sie Maria.«

Die Leitung war tot. Das abrupte einseitige Abbrechen von Gesprächen erinnerte Michelle an die Gespräche mit ihrer Mutter. Es war ihr verhasst.

»Sie hat nicht abgewartet, bis sie Ihr ›Auf Wiederhören‹ gehört hat, stimmt's?« Marias Stimme kam wie eine Feder direkt aus dem Schlaf geschwebt.

In weißen Bademänteln mit dem Aufdruck »Mena House Oberoi« traten sie auf den Balkon. Unter ihnen lag kurz geschnittener Rasen, über den in flachen Bögen schwarze Krähenvögel durch locker stehende Palmen, Eukalyptus- und Akazienbäume segelten. Links hinten der stumme, in den Himmel ragende Schatten der Cheopspyramide. Die Wärme, die sie umgab, vermittelte Michelle das Gefühl, in ihre Erinnerungen zurückgekehrt zu sein.

Sie saßen auf dem Balkon des White South tausend Kilometer südlich von Santiago über der pazifischen Küste Chiles. Sie sahen aufs Meer hinaus, in ihrem Rücken lagen die weißen Bergspitzen der Anden.

»Kennst du den exquisitesten Ort Südamerikas, an den vorgelassen zu werden so etwas wie den Zutritt zum Olymp bedeutet?« Josef saß ihr auf dem schmalen Balkon gegenüber, hinter einem übergroßen, zu einem Drittel gefüllten Rotweinglas, vor ihm ein aufgeklapptes Schachbrett mit ihrer begonnenen Partie.

»Ist das der Ort, von dem du träumst?«, fragte Michelle. »Der Olymp?«

»Der sowieso. Der andere.«

»Es ist das Llao Llao Hotel. Es ist einsam unter den Gipfeln der Anden am Nahuel Huapi See gelegen. Märchenhaft. Geradezu tibetanisch. George Soros, für den Milliarden keine Rolle spielen, hat es gekauft und lässt nur vor, wen er mag.«

»Du wirst Schwierigkeiten haben, unterhalb des Weltmeistertitels jemals vom Pförtner durchgelassen zu werden. Armer Josef.« Sie musste ihn vollständig missverstanden haben. Das wurde ihr bewusst, als sie in sein Gesicht sah. Es war kein Spaß, sondern sein voller Ernst. Dort wollte er dazugehören.

»Dann weißt du jetzt den Grund, warum ich es werden muss.«

Wie er dort saß, im offenen weißen Hemd unter breiten, weißen Hosenträgern, die ein Paar weite, weiße Hosen hielten, braun gebrannt, mit kurz geschnittenen Haaren, vor sich den halbrunden roten Fleck des Weinglases, war sie rettungslos in ihn verliebt. In seine Entschlossenheit. In seinen Glauben an seine Fähigkeiten.

Die angefangene Partie auf dem zerbrechlichen Tischchen zwischen ihnen hinderte sie daran, sich auf ihn zu stürzen. Er zog ein abgegriffenes Zeitungsfoto aus seiner Hemdtasche.

»Das ist es. Shangri La in Patagonien. Verlass Dich darauf, ich werde es schaffen, dazuzugehören.«

Als sie jetzt auf dem Balkon in der Vormittagssonne vor den Pyramiden stand, wusste sie, dass genau in jenem Augenblick das Ende ihrer Beziehung begonnen hatte, ohne dass sie es damals auch nur geahnt hätte.

Anstelle eines Frühstücks nahmen sie eineinhalb Stunden später das Mittag im Garden Cafe am Rand des kurz geschnittenen Rasens ein. Michelle nahm die Umschläge in die Hand. Der erste Umschlag trug den Aufdruck des Hotels, in dem sie sich befanden. Er enthielt eine Aufforderung, sich im Laufe des heutigen Tages in einem Büro der Kriminalpolizei von Kairo einzufinden. Man würde dort in Amtshilfe für Interpol schnellstmöglich ihre Beschreibungen von Stensens Aussehen aufnehmen, um ein Fahndungsbild zu erstellen. Wegen Umbauarbeiten im Polizeipräsidium war das betreffende Büro vorübergehend in der *Mogamma* untergebracht.

»Was ist die ›*Mogamma*‹?« Maria löffelte einen Fruchtsalat mit Naturjoghurt. Michelle hatte keine Ahnung. Sie fragten einen jungen, hoch aufgeschossenen Kellner. Er lachte und zeigte große Zähne. »Oh. It's big. Whatever you want, it takes a week in the *Mogamma*.« Er goss Wasser nach und zog ab.

Der zweite Umschlag war weiß. Kein Aufdruck. Darin steckte ein sorgfältig gefaltetes weißes Blatt. Sonst nichts. Keine Nachricht. Nur ein weißes Blatt in einem weißen Umschlag.

»Es ist leer.« Michelle war ratlos. »Ein Irrtum.«

»Nicht ›leer‹. Weiß.« Maria war blass geworden. »Weiß in weiß.«

Sie starrte Michelle aus dunkel gewordenen Augen an.

»Weiß in Weiß«, wiederholte sie. »Er ist hier.«

»Wer soll hier sein?«

»Er. Stensen. Er schickt uns das *White Out*. Eine Nachricht, die keine Spur hinterlässt. Die nur wir verstehen. Er hat sie persönlich bei uns unter der Tür durchgeschoben. Er war heute Morgen vor unserer Tür.«

»Reg Dich nicht auf. Du hast eine blühende Phantasie. Das leere Blatt ist ein Irrläufer. Ein Fehler, der sich an der Rezeption aufklären lässt. Woher sollte Stensen wissen, wo wir sind? Wir wissen es ja selbst kaum. Lass uns bitte in Ruhe unser Mittagessen beenden.«

Dicht über dem fetten Gras segelten zwei Krähenvögel unter ihrem Tisch hindurch, als wären sie schon nicht mehr anwesend. Für einen Moment schien die Stadt um sie still geworden zu sein wie eine unter der Sonne glitzernde Fläche aus Eis.

Nach dem Essen bestand Maria darauf, sich an der Rezeption nach dem weißen Umschlag zu erkundigen. Das Mädchen hinter dem Tresen teilte ihnen mit, dass der Mitteilungsdienst des Hotels ausschließlich über bedruckte Couverts verfüge und niemals billige weiße Umschläge verwende, wie man sie in jedem Supermarkt kaufen könne. Schweigend gingen sie zurück ins Zimmer und begannen, den Inhalt aus Koffern und Taschen in die Schränke zu packen.

Als Maria ihre Daunenjacke aus dem Koffer nahm, stutzte sie plötzlich. Sie fasste in die Jackentasche. Ohne hinzusehen, was sie in der Hand hielt, streckte sie es Michelle entgegen. Ein schwarzer Fotoapparat.

»Carls Kamera.« Michelles Herz klopfte bis an den Hals. »Ist ein Film darin?«

»Ja. Noch ein Bild frei.« Sie visierte Michelle an und drückte auf den Auslöser. Der Motor des Apparates zog den Film zurück in die Patrone. Maria öffnete ihn und gab die Filmpatrone Michelle. Dann griff sie in die andere Tasche der Jacke und nahm ein flauschiges Knäuel mit einer Fahne in der Hand heraus: *Elektra* – The Penguin Power. Bevor sie das kleine Tier in ihre eigene Tasche steckte, küsste sie es wie einen verlorenen Freund.

54

Unter Begleitung des Sicherheitsbeamten der schweizerischen Botschaft machten sie sich auf den Weg. Michelle nahm in ihrer Tasche die »Welthauptstädte« von Leroy Eisenstatt mit, da sie ahnte, dass es ein langer Nachmittag werden würde.

Nach fast einer Stunde Schritttempofahrt im Taxi durch ein sich aufheizendes Kairo quälten sie sich durch die voll gestopften Gänge der *Mogamma* in der Sharia Sheikh Rihan. Schließlich betraten sie einen Büroraum, der so grün war, als befände er sich tief unter dem Meeresspiegel. Wie bunte Wasserpflanzen wiegten acht junge Frauen ihre mit Tüchern bedeckten Köpfe über umfangreichen Aktenbergen. Michelle trat zu einer Frau mit rotem Kopftuch und händigte ihr das Schreiben aus. Diese wies auf einen Büroverschlag am Ende des Raumes, wo Maria und Michelle von zwei jungen Männern empfangen wurden. Michelle und der Sicherheitsbeamte wurden auf Stühle im großen Aquarium verwiesen, Maria in ein Einzelbüro geführt.

Wir sind erwartet worden, dachte sie, *der Brief ist authentisch. Aber Stensen kann ihn gelesen haben und wissen, wo er uns findet.* Michelle sah sich um. In dem Büro, das sie umgab, war nichts Auffälliges zu entdecken. Die Gegenwart des Schweizers neben ihr beruhigte sie. Sie nahm sich ihr dickes, mit Farbfotos gespicktes Buch vor und begann darin zu lesen.

Nach einer Stunde wurde Michelle hereingerufen. Nach zwei weiteren Stunden war ein zweites Bild von einem Gesicht nach ihren Erinnerungen entstanden. Auf der Grundlage beider Zeichnungen wurde schließlich das endgültige Fahndungsbild zusammengebaut.

»Lars Stensen«, sagte Michelle, »in dieser Sekunde weiß ich, dass ich ihm wieder begegnen werde. In Schnee und Eis.«

»Zurück in die Antarktis?«, fragte Maria besorgt. Der Polizeibeamte nahm die Zeichnung und verließ den Raum, um sie in ein Faxgerät zu schieben.

»Ich hoffe nicht«, sagte Michelle. Beim Hinausgehen fiel ihr Blick auf eine elektrische Uhr über der Tür des Büros. Die Uhr summte und jede Sekunde tickte etwas darin, aber sie hatte keinen einzigen Zeiger.

»Was tun Sie damit?« Michelle wandte sich an den jungen Zeichner, der die überflüssigen Zeichnungen zerriss.

»Sie ist in Reparatur. Wie lange schon, weiß ich nicht, weil sie keine Zeiger hat.« Er lachte und zeigte prachtvolle Zähne unter einem kleinen Bart. Er tippte an seine Armbanduhr. »Die da ist für die Zeit allemal besser, aber als Anlass für ein Schwätzchen ist die Große nützlicher als jede andere. Zuerst fiel der Stundenzeiger ab. Von da an taugte sie zwar nicht mehr als Maßstab, um pünktlich zu sein, aber konnte immer noch verhindern, dass eine Sitzung ausuferte. Als Nächstes fiel der Minutenzeiger ab. Kaum war er allein, hetzte uns der Sekundenzeiger im Büro herum, als stünden wir acht Stunden am Tag im Wettlauf. Schließlich haben wir ihn abgenommen. Inzwischen haben wir uns an die älter gewordene Uhr gewöhnt, der ihre Zeiger ausgegangen sind.«

Michelle durchfuhr eine Erkenntnis, die sie nicht näher zu fassen vermochte. Sie nahm Maria am Arm. Sie kämpften sich zurück durch die Flure der *Mogamma* auf die Straße.

Vor dem Eingang der *Mogamma* schlug ihnen ein Verkehrsgestank entgegen, wie Michelle ihn noch niemals erlebt hatte. In dem geschäftigen Treiben blieben sie eng beieinander stehen. Ihr Schweizer Beschützer war nirgendwo zu entdecken. In einem der Gänge der *Mogamma* hatten sie sein leuchtend hellblaues Hemd noch sehen können. Jetzt war es verschwunden.

55

Ich will so schnell wie möglich sehen, was Carl fotografiert hat«, sagte Maria.

»Wir suchen uns einen 1-Stunden-Fotoladen.«

»Gut. Wo finden wir den besten? Dort, wo die meisten ungeduldigen Touristen sind und fotografieren.« Maria drängte voran. »Touristen sind immer ungeduldig. *Khan el-Khalili.* Der große Basar von Kairo ist laut Blatt von der Rezeption ein touristisches Muss.« Michelle winkte ein Taxi herbei. Kaum hatte sie die Hand erhoben, hielt ein dunkelgrauer Simca, eine Marke, von der Michelle noch niemals gehört hatte. Sie sanken in die hinteren Sitze.

»Khan el-Khalili.« Michelle hielt ihre Tasche fest im Arm. Maria sah aus dem Fenster in den bunten Verkehr.

Der Fahrer hatte das Fenster neben sich geöffnet und dirigierte den ihn tangierenden Verkehr mit der linken Hand, als wäre er sein eigener Verkehrspolizist.

Michelle inhalierte die warme Luft, die ein Windstoß von den Hochebenen der Wüste in die Straße blies. *Welch ein Genuss.* Sie befand sich dort, wo sie sich auskannte: im Sommer. Die Kälte, die sie hinter sich gelassen hatten, schien ihr in diesem Augenblick, in dem sie sich als Teil des Gewimmels um sie herum empfand, durch die Abwesenheit menschlicher Wärme erzeugt worden zu sein.

Sie fuhren durch Qualmwolken, die aus den Müllfeldern vor den Sandsteinfelsen der östlichen Hochebene quollen. Links und rechts entstand aus einzelnen Töpfergeschäften eine urzeitliche Fabriklandschaft für Ton- und Steinzeug. Weiße Schwaden von Gesteinspuder drehten sich in den schwarzen Gestank der Feuer. Der Geruch stach bis tief in die Lunge, der Staub begann an den Zähnen zu schleifen.

Maria drehte sich um.

»Wen suchst du?«, fragte Michelle.

»Ich prüfe, ob uns jemand verfolgt.«

»Und?«

»Ich bin mir nicht sicher«, sagte Maria.

An einer von tausenden Menschen bedeckten Straßenecke hielten sie an und verließen das Taxi. Auf der gegenüberliegenden Seite eines Platzes öffnete sich in einer Straßenschlucht der Eingang zum Basar. Nach wenigen Schritten in die Tiefe des Gewirrs hinein ging die gepflasterte Straße in eine Sandpiste über. Eine Gestalt, deren Gesicht unter einer dunklen Kapuze verborgen blieb, bot ihre Dienste an, die beiden vor ungebetenen Angeboten zu schützen. Michelle nahm die Offerte an. »Wir suchen einen Fotoladen. 1-Stunden-Foto«, sagte sie und hielt die Filmpatrone kurz hoch. Die Kapuze nickte und stürmte in einen Seitenweg, in dem es nach wenigen Metern kaum noch Besucher gab. An ihnen vorbei wühlte sich ein dicker, grau gekleideter Mann auf einem Moped durch den Sand, auf seinem Rücksitz ein Bündel gerupfter Hühner.

Die Dämmerung brach herein. Michelle fühlte sich unsicher. Auf dem Weg waren keine Touristen mehr zu sehen. Schmuckstuben, Textilstände und Geschirrstapel waren verschwunden. Es gab Blechschmiede und Schlachter. Es roch nach heißem Schweißstahl und verwesenden Innereien. In einem Seitenweg war der Beginn eines Müllplatzes zu sehen. Aus einem noch kleineren Weg, in dem es stank wie in den Tanks einer chemischen Reinigung und auf dessen Boden sich Pfützen ausbreiteten, die ölig im Licht einer vereinzelten Glühbirne schimmerten, bog er links um die Ecke. Sie traten in Neonlicht und Touristentrubel. Direkt neben ihnen lag ein gekachelter Laden, über dem auf einem Leuchtschild »1-hour-photo-shop« stand. Davor ertönten die tiefen sonoren Klänge eines Streichinstrumentes. Eine einfache, klare, traurige Musik. Ein vielleicht zehnjähriger Junge spielte auf einer lila eingefärbten, selbst gebastelten Geige, die eine einzelne Saite über einem Holzstab trug. Der Resonanzkörper war eine straff mit Pergament überspannte leere elektrische Verteilerdose. Weitere Geigen derselben Bauart hingen neben ihm an einem Haken an der Hauswand.

»Fünfzehn Pfund«, sagte er, während er weiterspielte. »Mit Bogen.«

Michelle gab Maria eine Zehnpfundnote. »Kauf dir die zum 1-Stunden-Foto passende Geige.«

Sie zahlte den Führer mit zwei Dollarnoten aus. Ein für den hiesigen Markt fürstlicher Betrag. Es war klar, dass er jede Chance der Welt nutzen würde, sein Geschäft fortzusetzen. Obwohl sie ihn fortan ignorierten, wartete er vor dem Laden.

Maria nahm die soeben erworbene Geige. Sie betraten den Laden. Die Maschine arbeitete und spuckte Bilder aus, die sie aufeinander stapelte. »Rechnen wir trotzdem besser mit zwei Stunden«, flüsterte Michelle. Möglicherweise arbeitete der Shop mit einem Restaurant in der Nähe zusammen und benötigte genau die Zeit, die man dort brauchte, um ein Essen zu servieren.

»Zwei Stunden«, sagte die junge Ägypterin, die wie der Laden nach Fixiersalzen roch. »Sie können dort drüben warten.« Sie deutete auf ein Restaurant, das gegenüber auf einer Dachterasse über einem Teppichgeschäft lag. Diese Handbewegung verscheuchte den draußen wartenden Geist in der dunklen Kapuzenkluft.

Als sie dort saßen, den Blick auf das flackernde Treiben unter ihnen gerichtet, schien es Michelle, als blicke ein blonder Ausländer suchend von unten hoch in ihre Richtung. Sie zog Maria zurück hinter die Brüstung.

»Ob er weiß, dass wir einen Film haben?«, fragte Maria flüsternd.

»Woher sollte er?«, erwiderte Michelle.

»Ich habe an der Hotelrezeption nach einem Entwicklungslabor gefragt.«

»Du kannst ganz sicher sein. Bei dem Weg, den wir eben genommen haben, um das Labor zu finden, kann er uns unmöglich gefolgt sein. In der Menge sind wir versteckt. Es ist jetzt sieben Uhr. Lass uns eine Kleinigkeit essen, das wird hier ohnehin von uns erwartet.«

Sie winkten nach der Karte. Michelle bestellte für beide einen frisch gepressten Orangensaft auf Eis.

Maria führte sich einen Salat mit gebratenen Hühnchenleberstücken zu Gemüte. Michelle hatte einen Teller Reispäckchen in Weinblättern mit Avocadomus und Knoblauchquark bestellt. »Was mag Carl fotografiert haben?«, überlegte Maria laut. »Wo sind seine anderen Filme geblieben? Es müssen mindestens fünf Rollen gewesen sein.«

»Ich habe sie aus seinem Gepäck genommen und an den Russen übergeben, der in McMurdo die Ermittlungen leitete«, erklärte Michelle. »Seine Kamera habe ich damals natürlich nicht gefunden. Die Tatsache, dass wir heute ein Fahndungsbild zeichnen lassen mussten, beweist, dass nichts darunter war, was für die Fahndung nach Stensen verwertbar gewesen wäre«.

Michelle lächelte gequält. Mehr als sie zeigte, beunruhigte sie die Tatsache, dass ihr Beschützer verschwunden war. *Hat er die Spur verloren?,* fragte sie sich. »Er wird im Hotel auf uns warten.« Entgegen ihrer Absicht hatte sie laut gesprochen. Maria sah sie überrascht an. Sie strich auf der kleinen Geige, die Takte aus den »Frühlingsstimmen« fielen hinab in den Lärm der Straße und zerstoben dort wie Schneeflocken in einem Sommergewitter.

»Es ist eine tolle kleine Geige«, freute sich Maria.

»Wer es kann, kann es mit allem«, sagte Michelle.

Von der Terrasse aus konnten sie die Arbeit in dem Fotoladen gegenüber beobachten. Unvermittelt schlug Michelle Eisenstatts Buch auf und las laut vor: »Alexandria muss man sich als das Zentrum einer Welt voller Rätsel und Gerüchte, voller Legenden über die Dunkelheit der Vergangenheit und der Entfernung vorstellen. Der Rand des bekannten Universums war Jahresreisen vom hellen Zentrum entfernt.

Als Alexandria um Christi Geburt auf der Höhe seiner Zeit war, handelte es vorwiegend mit dem Zentrum einer anderen Weltmacht, mit Rom. Tausend Jahre später war

Alexandria noch immer mächtig, Rom bis auf fünfunddreißigtausend Einwohner verkümmert. Die Welthauptstadt, mit der Alexandria nun seinen Handel trieb, hieß Cordoba, die Stadt der tausendsechshundert Moscheen, von denen eine einzige, die legendäre *Mezquita*, zweiundfünfzigtausend Menschen zu fassen vermochte.«

Sie legte das Buch aus der Hand. Inzwischen war es vollkommen dunkel geworden und der Fotoladen lag als erleuchtetes Aquarium vor ihnen, in dem die Erinnerungen der Touristen wie bunte Fische zur Welt gebracht wurden. Daneben war wie ein erleuchtetes Schiff in einem Meer aus Lärm und Dreck ein Laden sichtbar geworden, in dem Orangen in Netzen als gelbe Trauben von der Decke hingen.

»Zweieinhalb Stunden – wir gehen«, beschloss Maria. Sie zahlten das Essen. Das Geld stank. Feuchte stinkende Lappen wie die Einlegesohlen alter Schuhe. Maria verzog angeekelt das Gesicht, als sie das Wechselgeld in Empfang nahm. Auf der Straße vor ihnen stockte der Verkehr. Mühsam zwängten sie sich hindurch. Eselskarren waren aufgetaucht, ein Handwagen mit einer Pyramide aus Farbeimern, im Stehen knatternde LKWs, ein Fahrer, der sich vom Lenkrad aus mit einer schwarz gekleideten Frau auf einem Balkon unterhielt, ein Mann mit einem Eisengitter, ein Pferdefuhrwerk, auf dem ein verschnürter Kleiderschrank taumelte.

Im Laden war es kühl. »Es riecht nach chemischer Zivilisation«, bemerkte Maria, während sie lautstark um sich schnüffelte. Michelle holte den Abschnitt aus ihrer Tasche. Die junge Frau im T-Shirt mit der Aufschrift »It's a 1-hour process« kramte in den abgelegten Papiertaschen. Sie war die einzige Kraft im Laden und sie kam mit keiner der Arbeiten ungestört zu Rande. Touristen lieferten einen Pack von zehn neuen Patronen an, die Maschine klemmte und spuckte eine Schlaufe bunt gestreiften Papiers aus einem

Schacht. Die Suche nach ihrer Nummer ging nicht voran.

Nachdem sie die Maschine gestoppt hatte, rätselte das junge Mädchen noch immer an der Nummer auf dem Abschnitt herum. Schließlich war die richtige Tüte gefunden. Oberflächlich blätterte Michelle einige der Bilder aus der Tüte auf. Eis. Eine rostige Schiffswand. Die Antarktis. Sie hatten den richtigen Film. Vor dem Laden belegten sie erst das fünfte Taxi, das sich ihnen anbot.

Als sie sich an der Hotelrezeption ihren Zimmerschlüssel geben ließen, stellten sie fest, dass auch der Schlüssel des Nachbarzimmers dort hing. Der Schweizer Sicherheitsbeamte war noch nicht im Hotel eingetroffen. Michelle hielt Maria zurück. »Warte, bis die Gruppe der japanischen Rentner abgefertigt ist. Sie sind in unserem Trakt untergebracht. Wir schließen uns ihnen an.« Sie musste schnellstens mit Zürich, mit Dr. Salam, oder auch mit Kenelly telefonieren. Sie benötigten dringend Schutz.

Die Japaner waren begeistert von der türkisfarbenen Lagune des Swimming Pools, den sie auf dem Weg zum Fahrstuhl passierten. Fünf Touren brauchte der Lift, um all die alten Männer in die oberen Etagen zu bringen. Die sechste Fahrt hatten Michelle und Maria für sich allein.

Sie standen zwischen den Spiegelwänden der Kabine und sahen sich an. Die Tür blieb offen stehen. Michelle drückte wiederholt auf den Knopf für die fünfte Etage. Ohne Erfolg. Maria begann, einige Takte aus Vivaldis »Winter« auf dem lila eingefärbten Holzstock zu spielen. *Eine Stahlfeder, die im Licht schwingt,* dachte Michelle, als sie Maria in den Spiegeln betrachtete.

Mit der gelösten Konsequenz, die auf die Traurigkeit folgt, flogen die Töne des Largo in die gespiegelten Welten hinter dem Glas. Schließlich schlossen sich die Türen und sie bewegten sich aufwärts.

56

Maria brannte vor Neugier, Carls Bilder zu sehen. Nachdem sie die Kette vor die Türen zu Flur und Nachbarzimmer gelegt und den Schreibtisch vor die Flurtür geschoben hatten, versuchte Michelle vergeblich, eine Verbindung in die Schweiz zu bekommen. Sämtliche Leitungen des Hotels schienen überlastet zu sein.

Sie setzten sich auf Michelles Bett. Sorgfältig sahen sie sich ein Bild nach dem anderen unter der herübergeschwenkten Nachttischlampe an. »*Pesca Vaqueiro.*« Michelle hielt die ersten fünf Bilder wie einen Fächer. »Was hat er nur mit diesem Motiv vorgehabt?« Aus den verschiedensten Blickwinkeln zeigten die Bilder immer wieder dieselbe Szene: eine rostige Wand, auf die fast waagerecht Licht aus einem Bullauge fiel, das sich dicht über der Oberfläche des Meeres befand. Vor dem Glas konnte man eine krisselige See im Licht der Sonne erkennen.

»Was soll das?« Michelle war ratlos.

»Das Bild hat ein Datum.« Maria deutete auf die eingeblendete digitale Zeitangabe: 20.1.22°°.

»Ich erkläre dir, wie Carl denkt. Er wollte ein Foto aufnehmen, das ungefälscht nur in der Antarktis aufgenommen werden konnte – ohne Eis oder anderweitig Typisches zu zeigen. Man sollte durch Überlegung darauf kommen. So etwas liebt er über alles. Ich bin mir ziemlich sicher, dass er hauptsächlich deshalb in die Antarktis reisen wollte, um ein solches Rätselfoto machen zu können.«

»Was ist die Logik bei diesem Foto?«, fragte Michelle.

»Ich denke es mir so: Es wurde auf einem Schiff aufgenommen, dessen Bullauge flach über dem Wasser liegt. Ein Sonnenstrahl trifft parallel gegenüber auf die Wand, das heißt, dass die Sonne flach über dem Horizont steht. Jetzt die Uhrzeit. Es ist 22 Uhr nachts. Mitternachtssonne an einem der Pole. Das Datum, 20. Januar, zeigt, dass es der Südpol sein muss, weil um diese Zeit im Norden ewige Nacht ist. Ein rostiger Fischkahn auf mitternächtlicher Reise in den Gewässern der Antarktis. Das ist das Bild.«

»Ihr seid ein Team, was?«

Weitere Bilder folgten. Tiere. Eisformationen. Maria. Das Schiff. Michelle. Zwei gelbe Filmschachteln. Ein Vogel, der im Fliegen über die Reling ins Schiff sieht. »Halt.« Maria legte Michelle die Hand auf den Arm.

Es klopfte an der Tür. Instinktiv schob Michelle die Bilder unter das Kopfkissen.

»Ja, bitte?«

»Housekeeping.« Eine Frauenstimme.

»Please don't disturb us.«

Die Stimme murmelte Unverständliches. Das Klappern eines großen Schlüsselbundes entfernte sich. Das Gleiche an der Tür des Nachbarzimmers. Keine Antwort. Die Tür wurde aufgesperrt. Geräusche. Irgendeine Arbeit begann.

»Was tut sie da?«, flüsterte Maria.

»Sie deckt das Bett für die Nacht auf, legt ein Täfelchen Schokolade aufs Kopfkissen. Wieso hast du ›Halt‹ gerufen?«

Michelle holte die Bilder unter dem Kissen hervor. Maria war außer Atem. »Die Hand!« Sie blätterte die Bilder durch. »Hier.«

Maria legte das Foto auf die Bettdecke.

»Er hat auf den letzten Bildern seines eigenen Films Stensens Hand festgehalten, wie sie ihm die neuen Filme übergibt. Er wollte zeigen, dass er nicht vergessen wird, sie zurückzugeben. So denkt er.« Sie wandte sich ab, um zu schluchzen. Michelle strich ihr über den Kopf.

Vor ihr lag Stensens rechte Hand. Sie hielt zwei gelbe Filmpackungen. In der Mitte des Bildes, von der Mitternachtssonne bestens beleuchtet, prangte in brillanter Schärfe Stensens Ring. Michelle sprach leise, während sie weiter Marias Kopf streichelte. »Wir haben seinen Ring.« Endlich wusste sie, welcher Gedanke ihr in der *Mogamma* bei der Betrachtung der Uhr ohne Zeiger durch den Kopf geschossen war. Es gab nicht viele weitere Bilder. Das letzte war der Anflug auf die sieben Hütten von *Granka 3*.

Im Nebenraum rissen die Geräusche nicht ab. Das Hauspersonal hatte inzwischen im Badezimmer zu tun. Noch immer gelang es Michelle nicht, eine Verbindung in die Schweiz zustande zu bringen. »Unser bester Schutz liegt in der Öffentlichkeit. Ich schlage vor, dass wir ein Bad im Pool und anschließend nebenan ein kleines Dinner nehmen. Dabei werde ich dir eine verrückte Idee schildern, die mir in der *Mogamma* gekommen ist. Wie wäre das?« Maria lächelte zur Antwort.

Sie brachen mit ihren Taschen zum Pool erst auf, als sie auf dem Gang die Schritte einer größeren Gruppe von Gästen vernahmen, der sie sich anschlossen.

Die Restauranteinweiserin stand an ihrem erleuchteten Pult, als wären Pool, Fontänen, Palmen und Pyramide Teil einer Sinfonie, die von ihr dirigiert wurde. Maria und Michelle saßen inzwischen an einem Tisch im Halbdunkel und ließen in der lauen Nachtluft ihre Haare trocknen. Sie hatten sich *Kofta* bestellt, gegrilltes Lamm, gewürzt, gewürfelt und in Minzsoße serviert.

»Was ist Deine Idee?«, fragte Maria. Sie ignorierte die bewundernden Blicke der an anderen Tischen sitzenden Ägypter auf ihre langen, blonden Haare.

Am Nachbartisch saß ein grauhaariger Mann, der sich herüberbeugte und Michelle um Zucker bat. Er stellte sich als Eisenbahnexperte vor, der gekommen war, um einen Bahnunfall mit hundert Toten zu untersuchen. Sie gab ihm eine silberne Zuckerdose von ihrem Tisch. »Die Leute wollen sich mit hoher Geschwindigkeit bewegen«, vertraute er ihr als Gegenleistung an, »aber sie wollen die Genauigkeit nicht steigern, mit der sie ihre Arbeit erledigen.

Das kann nur schief gehen. Danke.« Er drehte sich zurück.

Michelle sprach leise: »Wir beide haben nicht die geringste Chance, etwas Ernsthaftes zur Aufklärung von Carls Verbleib beizutragen, geschweige denn zu seiner Befreiung. Wir sind zu schwach. Wir wissen zu wenig. Wir haben keinen Einfluss und keine Verbindungen. Wir haben praktisch nichts in der Hand, außer dem Willen, den Massenmörder Stensen zur Strecke zu bringen, und dem Willen, Carl zu finden. Unsere einzige Chance besteht darin, Spuren zu verfolgen, die so verrückt sind, dass diejenigen, die mit der Suche beauftragt sind, niemals darauf kommen werden. Und dass sie sie niemals ernsthaft in Erwägung ziehen oder gar verfolgen würden, selbst wenn sie darauf kämen. Wir arbeiten die Liste der wichtigen Spuren von unten her ab. Ich habe eine Idee, die verrückt genug ist. So verrückt, dass ich sie keinem anderen als dir anvertrauen würde.«

Michelle konnte sich nicht erinnern, je so von einer Idee gepackt worden zu sein. Glücklicherweise hatte aber auch nie zuvor die Notwendigkeit bestanden, einer übernommenen Verantwortung nur noch mit verzweifelten Ideen gerecht werden zu können. Sie rückte das Essen beiseite und legte eine unbenutzte Papierserviette zurecht.

»Die ägyptische Uhr im Büro der Kriminalpolizei hat mich darauf gebracht.« Sie zeichnete zwei Kreise.

»Was ist das?«, fragte Maria. »Die Uhr bei der Polizei?«

»Richtig. Links, als sie noch alle Zeiger hatte. Rechts, wie sie aussah, als wir dort waren«, erklärte Michelle.

Ein Kellner brachte die bestellten Getränke. Einen alkoholfreien Kokoscocktail für Maria, eine Margaritha mit Salzkruste für Michelle.

Michelle nahm das Buch »Welthauptstädte« aus ihrer Tasche. Sie schlug eine Seite auf, die sie mit einem Eselsohr markiert hatte. Auf der rechten Seite prangte das Symbol, das Eisenstatt für seine fiktive neue »Hauptstadt der Welt«, *Astra* , vorschlug: »Das nahe liegende alte Symbol für das Zentrum im Weltkreis, für eine künftige Hauptstadt der Welt, ist zugleich das ägyptische Zeichen für Licht oder Zeit.«

Links daneben legte sie das Foto von Stensens Ring.

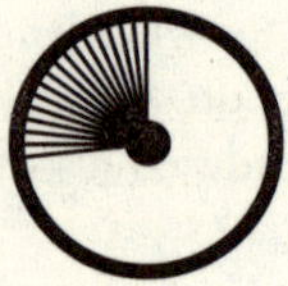

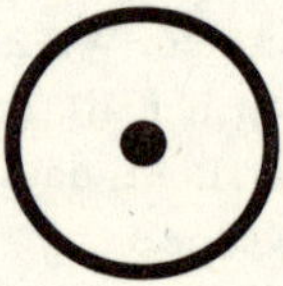

»Willst du sagen, dass Stensens Ring eine Uhr darstellt, die ihre Zeiger verliert, bis sie zu einem Symbol für *Astra* wird?«, fragte Maria verwirrt.

»So etwa. Ein Countdown. Vielleicht gibt es einen Tag oder ein Jahr, auf das alles hinausläuft. Oder es ist eine Gruppe, in der ein Mitglied umso weniger Striche auf dem Ring zeigt, je höher es steht. Vielleicht haben wir es mit einer Art Sekte zu tun, die sich auf den Einzug in die Welthauptstadt vorbereitet. Völlig verrückt!«

»Und wo soll die Stadt liegen?« Maria blieb skeptisch.

»Das ist das Problem. Es gibt sie nicht, sie ist ein Konzept, eine Idee, mehr nicht. *Astra* ist ein Luftschloss. Wir werden uns deshalb mit unserer Erkenntnis bei keinem Experten sehen lassen können. Wir würden für verrückt erklärt. Wir hätten keine Antwort auf die Frage, was sie dann bitte im Eis der Antarktis zu suchen hatten. Das kommende Rom? Ein klarer Fall für die Medizin. Es gibt nur einen Weg. Eisenstatts Buch wurde in den Trümmern von *Granka 3* gefunden. Einer der falschen Wissenschaftler, vielleicht Stensen selbst, muss es dort hinterlassen haben. Wir haben eine Verbindung zwischen Eisenstatts *Astra*-Fantasie und Stensen gefunden«, schloss Michelle ihren geflüsterten Vortrag.

»Wir müssen Eisenstatt treffen«, sagte Maria, inzwischen offenbar von Michelles Begeisterung angesteckt. »Er ist in Kairo. Bob Arvin trifft ihn morgen in seinem Labor zu einer Fernsehaufzeichnung. Er hat uns eingeladen, dabei zu sein. Nur er kann uns zu Carl führen.«

Seit der weiße Brief aufgetaucht war, seit die Bedrohung ihnen nahe gerückt schien, erkannte Michelle Maria nicht wieder. Woher nahm sie plötzlich diese Entschlossenheit?

Für einen Moment schwiegen sie, atemlos wie nach einem kilometerlangen Lauf. Carl war in einem ihnen unbekannten Zusammenhang mit der fixen Idee von *Astra* entführt worden.

57

Mittwoch, 27. Januar

Die Straße war ein dreckiger Graben zwischen ausgetrockneten Schlammwänden von Wohnsilos und am Straßenrand lagen Plätze herum wie auf der Durchfahrt verlorene Ladung. Hinter einem schmiedeeisernen Zaun aus dem neunzehnten Jahrhundert, von dem die Farbe blätterte, befand sich ein einstöckiges, gelbes Palais. Es war eingezwängt zwischen einem achtstöckigen Wohnbau, dessen Erdgeschoss ein Sanitärgeschäft beherbergte, und einem zwölfstöckigen dreckig roten Bürohaus, dessen Erdgeschoss aus nichts als Eingängen, Durchfahrten, Zäunen und blinden Fensterfronten bestand. Auch das kleine Palais war von dem trockenen Schlamm bedeckt, den die Luft absonderte, aber es strahlte die einfache Eleganz einer alten Dame aus, der als einziger Schmuck ihre innere Unabhängigkeit geblieben war. Als sie aus dem Taxi stiegen, wartete Hastren auf sie, der hier seit Jahren ein und aus zu gehen schien.

»Seit mehr als zwanzig Jahren hat das *Center for International Studies on Ancient Egypt* im Palais seinen Sitz«, erklärte Hastren seinen Besucherinnen. »Es wird von sechzehn amerikanischen und europäischen Hochschulen, der UNESCO und zu einem kleinen Teil dem ägyptischen Museum finanziert. Für die länger draußen in den Nekropolen südlich von Kairo arbeitenden Grabungsteams dient es als Labor- und Koordinationszentrum.«

Das schäbige Outfit von Zaun, Fassade und Auffahrt machte auf Michelle den Eindruck von bewusster Mimikry, die dazu diente, nicht den Neid der in den letzten Jahren herangewucherten Umgebung auf sich zu ziehen.

Sie traten in den klammen Schatten. Hastren hielt einen Moment inne und sah hinauf. »Das Palais hat ein vier Meter hohes Erdgeschoss und ein fünf Meter hohes erstes Stockwerk. Zugegeben, nicht gerade ein Muster an moderner Raumausnutzung. Aber für alle, die es geschafft haben, hier ein Büro zu unterhalten, ein herrschaftlicher Platz. Der Anbau dahinter stammt aus den achtziger Jahren und ist von der Straße aus nicht zu sehen. Neben einigen kleinen Appartements sind dort die meisten der Büros. Im Keller befinden sich die Notstromversorgungstechnik, die Computerräume, Laborräume der Restauratoren sowie ein sicheres Zwischenlager für kleinere Fundstücke. Mein Büro liegt im ersten Stock des Vorderhauses, direkt neben dem großen Konferenzraum.« Die beiden folgten Hastren durch den alten Teil des Komplexes.

»Es stinkt wie in unserer Schule«, flüsterte Maria. »Sie müssen das gleiche Reinigungsmittel benutzen.«

»Jetzt kommen wir in den modernen Teil, erst vor drei Jahren fertig gestellt. Er enthält die besten Laboratorien für archäologische Analytik, in denen ich überhaupt irgendwo gearbeitet habe, und ist der Stolz des hiesigen Kulturministeriums.« Mit einer Chipkarte öffnete er eine Folge von Türen. Schließlich betraten sie durch eine Tür, an der ein Schild mit der Aufschrift »Achtung, Aufnahme« hing, einen hohen und lang gestreckten Laborraum. Er war ausgefüllt mit weiß lackierten Blöcken mannshoher Maschinen. Auf einem gekachelten Labortisch lagen in Kühlbehältern die schwarzen Glaszylinder mit den halbierten Bohrkernschichten. Daneben lagen in Glas je ein Holzpräparat der untersten und der obersten Schicht. Es war gleißend hell. Sie mussten über ein Gewirr armdicker Kabel steigen. Mit heftigen Gesten wurden sie von Arvin in eine Ecke gewiesen.

Eine Fernsehkamera lief, dahinter stand ein fetter Ägypter, der seine Brille in die Haare geschoben hatte. Vor der Kamera im Licht, ein Mikrofon am Revers, stand eine beeindruckende Gestalt.

Der Mann war etwa sechzig Jahre alt, mittelgroß und hatte ein braun gebranntes, glattes Gesicht. Er trug eine nach hinten gekämmte graue Dirigentenmähne, die bis in den Nacken fiel. Ein strahlendes Lächeln lag auf seinem Gesicht. Nicht einen Millimeter hatten die Pupillen in seinen hellbraunen Augen in Richtung der Neuankömmlinge gezittert. Stattdessen blieben sie fest auf die Texttafeln gerichtet, die hinter der Kamera hochgehalten wurden. Er trug einen leichten hellgrauen Anzug aus rauer Seide, darunter ein schwarzes T-Shirt.

»Das ist er«, flüsterte Maria Michelle zu.

»Wir befinden uns in den Laboratorien des *Center for International Studies on Ancient Egypt* in Kairo. Neben mir steht Professor Robert Arvin, Geologe und Klimatologe an der Johns Hopkins Universität Baltimore. Professor Arvin, wie kommt es, dass Sie Ihre Entdeckung aus der Antarktis hier in Kairo untersuchen?«

Arvin hielt selbst das Mikrofon, in das er sprach. »Die hervorragenden Labors in McMurdo in der Antarktis sind naturgemäß nicht auf die inzwischen notwendig gewordenen Analysen eingerichtet. Als wir plötzlich feststellten, dass uns unsere geologischen Untersuchungen auf archäologische Spuren gebracht hatten, kam ich auf das Angebot meines Kollegen Professor Hastren zurück, das zur Zeit fortschrittlichste und von den besten Experten der Welt betreute archäologische Labor hier in Kairo zu nutzen.«

»Haben Sie dort unten Atlantis entdeckt, Professor Arvin?«

»Mit Sicherheit nicht. Wenn Sie bei Platon nachlesen, werden Sie keine einzige Beschreibung darin finden, die auf Palmer Land zuträfe – wie wir jetzt die entdeckte alte Kultur nach dem Teil der antarktischen Halbinsel nennen, auf dem wir die Besiedlungsspuren gefunden haben. Ehrlich gesagt, ich glaube, die Fixierung auf Atlantis vernebelt unsere Köpfe und hindert uns daran, an den richtigen Orten die richtigen Fragen zu stellen. Mittelasien. Vorderasien. Der Süden Südamerikas. Antarktika.«

»Schnitt«, rief eine Stimme aus dem Hintergrund.

»Das nehmen wir später raus, Jack«, sagte Eisenstatt.

Sein Gesicht hatte das Publikums-Strahlen verloren. Seine Augen ließen erkennen, dass er über einen silberfischschnellen Verstand verfügte und in seinem Leben viel gelacht hatte.

»Den Take mit Dr. Catarani bitte«, sagte er in Richtung Technik und stellte sich in Position vor die Bohrkernstücke. Die Scheinwerfer sprangen an.

»Ich stehe neben Dr. Plinio Catarani von der Technischen Hochschule in Mailand, der die archäologischen

Untersuchungen des Fundes von der antarktischen Halbinsel leitet. Dr. Catarani, die Bohrkernabschnitte, die wir hier auf dem Labortisch sehen, sind nur ein Bruchteil dessen, was Sie gefunden haben. Welche Erkenntnisse hoffen Sie ausgerechnet aus diesen Abschnitten zu gewinnen?«

»Sie sind die Hälfte von einem Dreißigstel dessen, was wir zutage gefördert haben. An jedes Material stellen wir eine andere Frage in einer anderen Sprache – in der, in der es versteht, uns Antworten zu geben«, sagte Catarani, bevor er zu einem großen Wandposter ging, auf dem das Fundgebiet in eine Karte der Westantarktis eingetragen war. »Von Palmer Land kennen wir nichts als dieses Stück Bohrkern, 49,3 Meter lang, vier Zoll, das heißt knappe zehn Zentimeter im Durchmesser. Das Material ist durch einen Druck von siebzehn Tonnen auf den Bohrquerschnitt hochverdichtet und bei dreißig Grad unter null tiefgefroren. Es gibt weder Berichte noch Legenden oder eine Religion, die darauf hinweisen würde. Es existieren keine Nachbarvölker oder Kunstwerke, die uns etwas überliefert hätten. Nichts. Nur eintausendzweihundert Kilogramm Indizien aus der unbekannten Geschichte eines winzigen Punktes der Antarktis, nicht größer als meine Hand. Vor einer Herausforderung wie dieser hat die Archäologie bisher nicht gestanden.« Catarani nahm einen Schluck Wasser. Eine zweite Kamera, deren Monitor Michelle einsehen konnte, zoomte auf ein Stück des Kerns.

»Was wollen wir wissen und wie gehen wir konkret dabei vor? Das sind die entscheidenden Fragen für die nächsten Monate und Jahre«, fuhr der junge italienische Archäologe fort. »Wir wollen alles wissen. Was haben sie gegessen? Welche Werkzeuge hatten sie? Mit wem trieben sie Handel? Woran haben sie geglaubt?

Hatten sie einen Entwicklungsstand, vergleichbar einer der steinzeitlichen Großindustrien Westeuropas zum Abbau von Feuerstein und der Produktion von Steinäxten erreicht, als bei Rijckholt in Holland in fünftausend Schächten Stein abgebaut und mehr als einhundert Millionen Steinäxte produziert wurden – nur neuntausend Jahre früher als dort? Welche Fertigkeiten im Umgang mit dem Feuer hatten sie, welche Temperaturen konnten sie erreichen, welche Art der Metallbearbeitung war ihnen bekannt? Waren sie uns um Tausende von Jahren weiter voraus als die *Haya* am westlichen Ufer des Viktoriasees in Tansania, die zweitausend Jahre vor den Europäern Stahl von niedrigem Kohlenstoffgehalt bei Temperaturen von 1400 Grad produzieren konnten? Verfügten die Bewohner von Palmer Land über eine Schrift? Haben sie Kunstwerke geschaffen in der Qualität der eiszeitlichen Höhlenpicassos vor mehr als dreißigtausend Jahren in Frankreich, Spanien und in Australien?«

Er nahm von einem Tisch eine großformatige Skizze des Bohrkernaufbaus und hielt sie in die Kamera. »Jede Wissenschaft gerät an die Grenzen ihrer Methodik, wenn Unikate Gegenstand ihrer Untersuchung werden. Unsere Hauptanstrengungen richten sich in den nächsten Tagen und Wochen deshalb auf die einzige Möglichkeit, die wir sehen, einen Kontext zu untersuchen, nämlich auf die Frage: Wie hängen die zweiundfünfzig verschiedenen Schichten miteinander zusammen?«

»Haben Sie Artefakte gefunden, die für uns rätselhaft sind?«, führte Eisenstatt das Interview weiter.

»Wir haben ein Stück Eisenblech entdeckt, das möglicherweise mit Gold beschichtet war.«

»Maschinenreste einer Vorzeitzivilisation?«

»Dafür gibt es nicht den geringsten Hinweis«, erwiderte Catarani. »Vielleicht ein Schmuckstück oder eine Grabbeigabe. Wir werden zu rekonstruieren versuchen, wozu es einmal gehört hat, immerhin ist es mit beträchtlicher Kraft flachgepresst worden.«

»Und die zweiundfünfzig Schichten – der seit Jahrhunderten an derselben Stelle auf alten Fundamenten errichtete Palast des Herrschers wie in Knossos?« Eisenstatt ließ nicht locker. Er musste an künftige Zuschauer denken und nicht seine, sondern deren Fragen stellen. Michelle hätte schwören können, dass sie lautes Zähneknirschen von Catarani hörte.

»Eher so etwas wie ein Shintu-Schrein, der über viele Generationen hin rituell abgerissen und wieder aufgebaut wurde.« Er antwortete mit Engelsgeduld.

Unvermittelt erloschen die Scheinwerfer. Von einer auf die andere Sekunde wandte sich Eisenstatt von dem Italiener ab, als wäre er der Abspann einer weiterlaufenden Projektion. Er kam auf Michelle zu wie ein Auto in voller Fahrt. Er schüttelte ihr fest die Hand.

»Leroy Eisenstatt«, stellte er sich vor. »Sie sind aus dem Team von Bob Arvin?«

»Michelle Schneider. Ich habe Ihr letztes Buch gelesen.«

»Ich hoffe nicht, dass es mein letztes ist – oder wissen Sie mehr?«

Als er lachte, bewegte sich sein Gesicht entlang der Falten, die schon vorher zu erkennen gewesen waren.

Hastrens Handy spielte eine Melodie. Er erhielt eine kurze Information.

»Es ist soweit.« Eisenstatt brach sein Gespräch ab.

»Einpacken, Männer. Vergesst meine Butterbrote nicht. Wir werden dort länger zu tun haben. Professor Arvin, die weiteren Einstellungen werden wir in unserem Pyramidenstudio aufnehmen. Uns läuft die Zeit davon. Spätestens in zwei Stunden sollten Sie zur Fortsetzung dort sein.«

Aus den Ecken tauchten zwei struppige Männer an Eisenstatts Seite auf. Sie wickelten die Kabel ein, verpackten Kameras, Lampen, Stative in Aluminiumkoffer und waren dreißig Minuten später mit Eisenstatt verschwunden. Arvin und Catarani streckten sich in zwei Laborstühle. Der Archäologe blies laut die Luft aus, Arvin strich sich mit beiden Händen durch sein Bürstenhaar. Er gab dem Stuhl des Italieners einen Stoß, dass er auf dem gekachelten Gang durch das Labor rollte. »Den wollen Sie stoppen?«, sagte er. »Keinen Millimeter, mein Junge.«

»Ich hatte vor, ihm ein paar Fragen zu stellen«, sagte Michelle, »wohin ist er verschwunden?«

»Die Meute zieht zum nächsten Fraß. Hastren hat in der Cheopspyramide ein Projekt, das, solange es noch nicht abgeschlossen ist, wunderbares esoterisches Spekulationspotential bietet. Er steht unter Vertrag mit Eisenstatt, dessen Team ihm die nächsten Tage mit der Kamera über die Schulter sehen wird. Wenn Sie etwas von ihm wollen, müssen Sie in die Pyramide klettern. Eingeladen dazu sind Sie von meinem Freund.«

»Dann klettern wir eben in die Pyramide«, sagte Michelle.

58

Tel Aviv; Mittwoch, 27. Januar

Ash wartete seit zwei Stunden auf Zender. Sie hatten verabredet, sich zur Übergabe des Moduls zu treffen, bevor Zender mit der angepassten Software über Sydney und Christchurch zurück nach McMurdo in die Antarktis fliegen würde. Ash würde drei Stunden später den künstlich frostgeschädigten Zufallsgenerator für eine spätere Übergabe an die Entführer direkt nach Zürich bringen.

Nachdem er gegessen hatte, ohne dass Zender aufgetaucht war oder sich telefonisch gemeldet hatte, begann Ash sich in dem Restaurant umzusehen. Zwei Tische weiter, mit dem Rücken zu einem großen Spiegel, saß ein hagerer älterer Mann in einem viel zu dicken, etwas unförmigen Pullover. Er machte den Eindruck, als sei er seit Jahrzehnten vergeblich konzentriert. Mit nicht enden wollender Bemühung schrieb er etwas in ein kleines, schwarzes Buch.

Ashs Telefon meldete sich. Poleskys Stimme klang bestimmt. »Warten Sie nicht länger auf Zender. Er sitzt bereits mit der Software im Flieger.«

»Warum meldet er sich nicht?«, fragte Ash.

»Es wurde eng. Er hat sich bei uns gemeldet und uns aufgetragen, Ihnen schöne Grüße auszurichten. Sie müssen die Planung umstellen. Wir wurden benachrichtigt, dass Kairo für eine weitere Woche gesperrt sein wird. Claude möchte, dass seine Tochter und ihre Betreuerin abgeholt und über Tel Aviv so schnell wie möglich ausgeflogen werden. Leider bekommen wir keine Verbindung zu Dr. Salam vom Simmons-Verbindungsbüro in Kairo. Ich nehme an, dass er sich angesichts der Probleme dort um seine Familie kümmert. Ebenso können wir den zum Schutz der beiden Frauen abgestellten Sicherheitsexperten der Schweizer Botschaft nicht erreichen. Es bleibt uns nur eine Möglichkeit: Sie müssen fahren.«

»Ich halte es nicht für zweckmäßig, die Tour zweimal durch die ägyptischen oder moslemischen Straßensperren zu unternehmen«, erwiderte Ash. »Und wie komme ich an das Modul?«

»Sie bekommen einen alten CIA-Profi zur Begleitung, der es Ihnen in den Cryptosoft Labors übergeben wird. Sie werden nach der Tour gemeinsam mit ihm zurück zum Flughafen in Tel Aviv fahren und ihn mit nach Zürich bringen. Er heißt Zack Fishman.«

»Zack?«, fragte Ash.

»Zacharias Fishman. Er nennt sich Zack. Er hat Post für Sie dabei, die Ihnen aus Zürich zu Cryptosoft nachgesandt wurde. Noch etwas. Die Entführer haben sich gemeldet. Die Übergabe des Moduls wird ohne Einschaltung der

Schweizer Polizei durch den Abwurf eines präparierten Behälters aus einer Cessna irgendwo über der Schweiz erfolgen. Der Behälter wird in genau achtundvierzig Stunden in Zürich Kloten an uns übergeben.«

»In achtundvierzig Stunden? Das ist viel zu spät. Dann bleiben uns kaum noch drei Tage, Carl zu finden.« Noch immer hatte Ash keine Idee, welche Absichten wirklich hinter der Entführung steckten.

»Claude will auf Nummer Sicher gehen. Er möchte, dass Simmons Industries die Übergabe eigenständig überwacht. Ich glaube, er ist dabei, den Kampf mit den Entführern seines Sohnes zu einer sehr persönlichen Sache zu machen. Ich bin mir nicht sicher, ob das gut ist. Jedenfalls sollen Sie den Prototyp einer Überwachungsdrohne mitbringen, die sich gegenwärtig zum Test bei Cryptosoft in Tel Aviv befindet. Fishman ist der Operator der Drohne. Sie bringen ihn mit, inklusive Drohne. Wie viel Zeit brauchen Sie?«, fragte Polesky abschließend.

»Vierundzwanzig Stunden.«

»Dann steht eine Canadair nach Zürich Kloten für Sie und Fishman auf dem Flughafen in Tel Aviv bereit. Beeilen Sie sich. Es wird eng, Ash. Von Ihnen hängt viel ab in diesem Spiel.«

»Sind Sie weitergekommen? Haben wir eine Ahnung, wo Carl stecken könnte? Ein Lebenszeichen?«, wollte Ash wissen.

»Es gibt Merkwürdigkeiten. Wir haben auf keinem der Überwachungsvideos, die letzte Woche auf den Flughäfen an den Gateways in die Antarktis entstanden, jemanden gesehen, der verdächtig sein könnte. Es ist ein Rätsel, wie sie verschwunden sind und wo sie stecken könnten. Inzwischen jagt man anhand von Satellitenbildern nach einer Wolke, die westlich von Samoa aufgetaucht ist. Ich bitte Sie, Kenelly, das ist doch Geisterseherei. In Wahrheit gibt es keine Spur. Nichts. Nur ein weiteres Lebenszeichen. Ein Bild vor einer Internet-Nachrichtenseite. Sonst aber nichts, das Sie jetzt für Ihren Auftrag wissen müssten. Gute Reise, und melden Sie sich rechtzeitig.«

Ash bezahlte sein Essen. *Der Code*. Wenn er sich jetzt im Besitz des Moduls auf die lange Fahrt durch Straßensperren und Wachtposten machte, musste er unbedingt den Code verschwinden lassen. Die ganze Kinder-und-Michelle-Schneider-Idee war von Beginn an Schwachsinn gewesen. Jetzt war sie dabei, sich zu einer Katastrophe auszuwachsen. Er nahm einen winzigen Zettel aus seiner Brieftasche.

1MA8Z-K24P4-ZL973

Wie, zum Teufel, soll ich mir das zu merken? Dreimal fünf Stellen!

Er trat vor das Lokal in die sengende Hitze. Jenseits einer Strandpromenade öffnete sich gegenüber ein breiter Sandstrand in die Weite des Mittelmeeres. Im Rauschen des vorübergleitenden Verkehrs hörte er das Rauschen des Atlantiks.

Er stand mit nackten Füßen vor seinem Vater im weichen Sand von Delray Beach. Die flachen Wellenausläufer der Straits of Florida benetzten dessen nackte Beine, als er einige Schritte in die Sonne und tiefer in das Wasser zurücktrat, um seinen Sohn zu fotografieren, der den Arm um seine Mutter gelegt hatte. Es war ein unendlicher Sommertag, ein Hitzetag, der nach Sand, nach verbrannter Haut, nach Salzwasser roch. Und der sich in Ashs Erinnerung auf Jahre ausgedehnt hatte.

Nicht eine Sekunde achtete er darauf, was hinter ihm vor sich ging. Hatte seine Mutter, die neben ihm stand, es gewusst? Sein Vater, das war sicher, hatte es gewusst. Er hatte es gewusst, er musste es geplant haben, er hatte es bewusst fotografiert. Und deshalb hasste ihn Ash. Aber seine Mutter?

Ein Sandkorn setzte sich in sein Auge. Als er sich von der Sonne aus seiner Erinnerung abwandte, um es zu entfernen, blickte er zurück in das Restaurant. Der große Mann im dicken Pullover sah ihn kurz an, dann beugte er sich wieder über den Tisch, um weiter an seinen Notizen zu schreiben.

Auf der Fahrt zurück in die Cryptosoft Labors ließ Ash einen winzigen Schnipsel des Codezettels nach dem anderen im Straßenverkehr verwehen. 1MA8Z-K24P4-ZL973.

59

Kairo; Mittwoch, 27. Januar

Als Michelle und Maria in das Hotel zurückkehrten, herrschte große Aufregung. Sie erkundigten sich bei einem der Japaner, was passiert war. Ein Mann war ermordet in seinem Badezimmer aufgefunden worden. Das Personal stand herum und flüsterte miteinander.

Vor ihrem Nebenzimmer drängten sich Polizei und Hotelmanagement. *Der Sicherheitsbeamte ist tot!* Michelle und Maria schlüpften durch ihre Tür und verschlossen sie mit der Kette. Michelle griff nach dem Telefon. Sie erhielt sofort eine Amtsleitung und eine gut verständliche Verbindung in die Schweiz.

Als Christine Simmons am Apparat war, reichte Michelle den Hörer an Maria weiter. Maria erzählte ihrer Mutter, dass der Sicherheitsbeamte verschwunden war und dass sie sich in unbestimmter Weise bedroht fühlten. Sie erwähnte weder den Brief noch den Toten im Nachbarzimmer.

»Dein Vater hat bereits veranlasst, dass ihr abgeholt werdet. Mr Kenelly ist mit Begleitung auf dem Weg. Er wird euch abholen und zum Flughafen in Tel Aviv bringen.«

»Ich freue mich darauf, euch wiederzusehen«, sagte Maria und legte auf.

»Wie kann das möglich sein«, fragte sie. »Er hat uns in die *Mogamma* begleitet, ist dort verschwunden und nie im Hotel aufgetaucht, und jetzt liegt er tot im Bad?«

»Wissen wir wirklich, dass er nicht in seinem Zimmer war? Es kann ihn jemand betäubt und den Schlüssel wieder in den Sammelbehälter an der Rezeption geworfen haben.«

»Das Housekeeping? Es war eine Frauenstimme.« Maria schüttelte sich.

Michelle schwieg. Offenbar konnte sie nichts anderes kontrollieren als das, was in diesem Zimmer vor sich ging. Außerhalb dessen lief alles anders ab, als es zunächst den Anschein hatte. Sie war überzeugt davon, dass die Verbindung der Morde und Entführungen zu Eisenstatts *Astra*-Idee bestenfalls einen Weg zum eigentlichen Motiv weisen konnte. Die an den Haaren herbeigezogene Vision einer Welthauptstadt konnte unmöglich die kriminelle Energie mobilisieren, der sie sich seit Wochen gegenübersahen. Es musste noch etwas viel Materielleres hinzukommen, als sie es sich bislang träumen ließen.

Maria sah sie entschlossen an. »Wir werden einen zweiten Versuch unternehmen, Eisenstatt zu befragen. Er ist in unserer Nachbarschaft in der Pyramide. Mindestens ein Dutzend Leute werden bei den Aufnahmen anwesend sein. Wir sind da also nicht allein. Hinter den dicken Mauern sind wir in Sicherheit. Es gibt nur einen Eingang und ein paar Kammern, nichts kann uns gefährden.«

»Ich kann mir nicht vorstellen, dass irgendwer jemals bisher ins Innere der Pyramide vordringen wollte, weil er sich in seinem Hotel nicht mehr sicher genug fühlte«, sagte Michelle. »Wir werden für Kenelly eine Nachricht an der Rezeption hinterlassen und ihm mitteilen, wo er uns aufsammeln kann, wenn er eingetroffen ist.«

»In einem verklebten Umschlag«, fügte Maria hinzu.

60

Cheopspyramide; Mittwoch, 27. Januar

Der Eingang zur Pyramide war großräumig mit einem Eisengitter abgesperrt worden. Von den unterhalb des Plateaus liegenden Ställen der Kamelvermieter flog Papier im Wind herauf. Die Fetzen tobten in den Wirbeln, als würden sie sich am Fuß der großen Pyramide zu einem Zug in den Süden versammeln. Die uniformierten Wachen sahen ungerührt einem Kind zu, das sich abmühte, sich auf einem den Hang heruntergaloppierenden Pferd zu halten. Als sie vor der großen Pyramide standen, fühlte Michelle, dass deren Erbauer von der Empfindung überwältigt gewesen sein mussten, sich in einer Idee von radikaler Einfachheit aufzulösen. Sie kannte dieses Gefühl und sie war süchtig danach. Deshalb würde für sie niemals etwas anderes wichtiger sein können als die Musik.

Sie betraten das Innere der Pyramide über etwas ähnliches wie einen Bergbaustollen, der sich in zehn Metern Höhe über dem Boden in der steinernen Wand auftat. Zu ihrem Erstaunen vermittelte der enge Gang, besonders als sie gebückt hintereinander in die sorgfältig von den alten Baumeistern gesetzte aufsteigende Passage krochen, einen Eindruck technischer Funktionalität.

Vor ihnen öffnete sich der Gang, ein Kirchenraum von

einer Halle zog sich in der gleichen Steigung weiter empor. Am Fuß der Halle knickte der niedrige Gang waagerecht ab und führte tiefer in das Innere der Pyramide. An seinem Ende öffnete sich ein Raum von der Größe und der Schlichtheit einer Grabkapelle. Darin hielten sich drei Männer und eine Frau auf, die konzentriert kaum vernehmbare Bemerkungen austauschten. Weder Eisenstatt noch Bob Arvin waren unter den Anwesenden.

Sie blieben am Eingang der Kammer stehen. Maria hielt die violette Spielzeuggeige in der Hand. Vor zwei Monitoren, verschiedenen Tastaturen und einem Steuerknopf saß ein rattenhaft aussehender kleiner Mann. Er schien sich schon lange im Dunkeln aufzuhalten, seine Haut war bleich, die Augen gerötet, die dünnen Haare reichten bis in den Nacken. Das Seltsamste war die Baseballmütze auf seinem Kopf, deren Kappe aus Drahtgeflecht bestand.

Außer Hastren, der einen hellgrauen Anzug mit offenem Hemd trug, dessen Kragen über den Kragen des Sakkos gelegt war, trugen alle einen weißen Overall: die junge Ägypterin, der Rattenmann mit der Drahtkappe und ein dickerer älterer Ägypter. Über Hastrens Kopf war ein Bügel geklemmt, an dem eine Hörmuschel und ein vor den Mund ragendes Mikrofon befestigt waren. Die Technik verlieh ihm das Erscheinungsbild eines alt gewordenen Bühnenstars. Mit einer flüssigen Bewegung stand die Ägypterin auf.

»Sie ist schön«, flüsterte Maria, »wie eine Pharaonin.« Michelle erinnerte sich daran, dass sie ihr am Flughafen begegnet waren, als sie Arvin in Empfang genommen hatte.

Sie trug schwarze, lange Haare, die tief im Nacken vom Knoten eines Pferdeschwanzes zusammengehalten wurden, ihr Gesicht zeigte das klassische Profil einer Statue.

»Aziza Salmawi«, stellte sie sich vor. »Ich bin die Assistentin von Sami Ezzat, der sich dort drüben mit Lance

Hastren unterhält. Er ist der von der ägyptischen Altertumsverwaltung eingesetzte verantwortliche Leiter für die Grabungsprojekte auf dem Giza-Plateau. Thomas Priotti hat die technische Leitung bei der Erforschung des südlichen Luftschachtes.« Sie nickte mit dem Kopf in Richtung des Mannes mit der Drahtmütze.

»Sie müssen mich jetzt entschuldigen, wir sind sehr angespannt. Soeben haben wir einen Versuch abgebrochen, mit einer Stickstoffeinleitung das Volumen der Hohlräume hinter dem Stein zu messen. Das Ergebnis war ein Fehlschlag, es zeigte für den winzigen Luftschacht einen größeren Rauminhalt als den aller anderen Kammern der Pyramide zusammen. Jetzt stehen wir kurz davor, ein Endoskop durch den Verschlussstein zu führen«, erklärte die Ägypterin.

»Wo sind Bob Arvin und Leroy Eisenstatt?«, fragte Michelle.

»Sie haben oben in der Königskammer ein Fernsehstudio aufgebaut.« Sie glitt zurück an ihren Platz.

»Was tun sie?« Marias Stimme hatte sich dem Flüsterton angepasst.

»Sie fahren mit einer kleinen Kamera einen engen Schacht entlang und wollen herausfinden, was sich hinter einer winzigen Steintür befindet.« Unmittelbar links von ihnen reichte eine übermannshohe Nische vier Sandsteinblocklagen hoch bis zum Beginn der Deckenschräge. Michelle stellte sich darin eine Statue von doppelter Lebensgröße mit pharaonischer Kopfbedeckung vor. In der Längswand, die ihnen gegenüberlag, befand sich ein quadratisches Loch von der Größe zweier Handflächen. Darin verschwand ein flexibles Kabel, das die Assistentin Meter für Meter nachschob und dessen anderes Ende in die Apparatur des Rattenmannes führte.

Eine Atmosphäre wie bei einer schwierigen Operation, dachte Michelle. *Es sieht so aus, als würden sie einen Tu-*

mor entfernen oder ein Kind zur Welt bringen. Sie nahm Marias Hand. »Lass uns sehen, Maria, was Eisenstatt uns in der oberen Kammer zu *Astra* erklären kann.«

61

Mena House; Mittwoch, 27. Januar

Am späteren Nachmittag stoppten Ash und Zack Fishman den mit rotem Staub bedeckten Vito vor dem Militärposten, der inzwischen vor der Einfahrt des Mena House aufgezogen war. Seit zehn Stunden waren sie unterwegs. Die Hälfte der Zeit hatten sie in den beiden Stadtgebieten und an einer Straßensperre von Moslemmilizen im Sinai zugebracht. Nachdem sie sich als amerikanische Staatsbürger ausgewiesen hatten, wurden sie auf die ruhige Hotelzufahrt vorgelassen.

Zack Fishman war ein kompakter Mittvierziger, der aus Lincoln im US-Bundesstaat Nebraska stammte und seit zwanzig Jahren in Tel Aviv lebte.

»Wenn Sie aus Lincoln stammten«, hatte er auf ihrer Fahrt durch die Wüste erklärt, »würden Sie etwas dafür geben, in Sibirien leben zu dürfen. Ich habe mir immerhin Tel Aviv erkämpft.« Er grinste unverschämt und strich sich mit beiden Händen nacheinander seine Glatze. »Es sieht nur so aus, als poliere ich ständig meine Glatze, in Wahrheit reinige ich meine Hände.«

»Es wird ein Vergnügen sein, Zack, Sie Ihnen zum Abschied zu schütteln.«

Als sie vor dem Hotel eintrafen, bestand Zack darauf, im Wagen zu bleiben: »Mein Vogel ist mein Job, Ash. Wenn einer der herumlungernden Militärs meinen Alukoffer entführt, bin ich erledigt. Holen Sie die Damen und wir sehen zu, dass wir so schnell wie möglich die Kurve kriegen, bevor noch mehr Militärs sich plötzlich in Moslemmilizen verwandeln.«

»Was kann Ihr Vogel?«, fragte Ash.

»Fliegen. Sehen. Hören. Vor allem kann er sehen. Ein Zoom, das vom Fischauge bis zu einer 7x50-Vergrößerung alles bewältigt. Die haben sich dafür ultraleichte Fresnel-Linsen einfallen lassen, ein ganzes Objektiv, nicht dicker als ein Packen von drei Münzen. Seine Sicht ist über andere Sensoren von Infrarot bis Ultraviolett spektrenweise selektierbar. Er hat ein Ultraschallsonar, das er als Navigationshilfe einsetzen kann, um damit auf Hindernisse so zu reagieren wie eine Fledermaus. Mit Sonar und einem Tiefenradar kann er je nach Material bis zu zwei Meter tief in den Boden sehen.«

»Ein Superding. Wem gehört es?« Ash war beeindruckt.

»Das fragen Sie? Der US-Army. Sie hat fünfzig Stück bestellt. Das hier ist einer von drei Prototypen.«

»Dann vertraue ich Ihnen meinen Alukoffer zur Bewachung an, obwohl er mehr wert ist. Carls Leben hängt davon ab.«

Nachdem Ash sich an der Rezeption ausgewiesen hatte, händigte man ihm einen unverschlossenen Briefumschlag und den Zimmerschlüssel der beiden Frauen aus. Er faltete den Brief auf.

»Mr Kenelly, wir befürchten, im Hotel in Gefahr zu sein. Aus bestimmten Gründen haben wir uns einem Team angeschlossen, dem auch Bob Arvin angehört und das gegenwärtig in der großen Pyramide eine TV-Reportage dreht. Bitte beziehen Sie sich auf eine Verabredung mit Professor Lance Hastren, wenn Sie die Posten am Zugang passieren wollen. Sie sind avisiert. Herzliche Grüße von M. Simmons und M. Schneider.«

Ash ging zurück und klopfte an die Scheibe des Wagens.

Fishman saß zurückgelehnt und hatte die Augen geschlossen. Das Klopfen weckte ihn auf.

»Warten Sie hier mit unseren Aluminiumkisten. Ich werde das Gepäck der beiden holen, während Sie sich auf einen Besuch in der Cheopspyramide vorbereiten dürfen«, erklärte ihm Ash.

»Ich habe ›Cheopspyramide‹ verstanden«, sagte Fishman schläfrig.

»Im Hotel fühlten sie sich bedroht. Halten Sie die Augen offen.«

Im fünften Stock war kein Mensch zu sehen. Der breite Gang, an dem die Zimmer lagen, war völlig leer. An der Tür des Zimmers 523 hing ein »Bitte nicht stören«-Schild. Ash ignorierte es. Er hatte das deutliche Gefühl, dass hier etwas nicht stimmte. Er öffnete die Tür. Es war dunkel, die Vorhänge waren zugezogen. Als er das Licht einschaltete, offenbarte sich ihm ein Chaos. In größter Eile war das Zimmer durchwühlt worden. Er öffnete die Vorhänge. Der Anblick wurde nicht besser.

Die Betten waren herausgezogen worden, die Kissen umhergeworfen. Alle Schubladen waren geöffnet. Die Geigen lagen, soweit er feststellen konnte, unversehrt auf dem Boden. Im Bad waren Puderdosen und Cremetöpfe in größter Hast geöffnet und umhergeworfen worden. Hier war nicht Zerstörungswut am Werk gewesen, sondern zielgerichtete Suche nach einem Objekt, das in eine Puderdose zu passen schien. Was konnte das gewesen sein?

Ash sah sich um, ohne etwas anzurühren. Ihm grauste vor der Arbeit, das Gepäck zusammenzuraffen.

Wenn der Rückweg die gleiche Zeit brauchte wie der Weg nach Kairo, hatten sie noch ganze vier Stunden, um zu packen, die Frauen zu finden, sie aus der Fernsehshow loszueisen und den Rückzug anzutreten. An eine mögliche Auseinandersetzung mit dem oder den Einbrechern, die vielleicht nicht gefunden hatten, was sie suchten, mochte Ash nicht denken.

Auf dem Schreibtisch lag ein geöffneter Fotoapparat ohne Patrone. Carls Kamera? Wie von einem knirschenden mechanischen Räderwerk angetrieben, schlossen sich Kontakte in seinem Kopf. Carls letzter Film? Wer konnte Interesse daran haben? Es gab nur eine Antwort. Er war sich sicher, dass die Stunden in Kairo eine Herausforderung werden würden. Je schneller alles ablief, desto besser.

Er bat die Rezeption des Hotels telefonisch, Fishman mit dem Wagen vorfahren zu lassen, um ihn abzuholen. Als er die drei Rucksäcke, die drei großen Koffer und die beiden Geigenkästen unten abgeladen hatte, tauchte Fishman auf.

»Wo bleibt die dritte Geige?«, fragte er.

»Es gibt keine. Wir schleppen das Gepäck des entführten Jungen mit. Ich hoffe, Sie haben eine Waffe, Zack.«

»Wozu?«

»Im Zimmer waren Einbrecher, die möglicherweise nicht gefunden haben, wonach sie suchten. Wenn es die sind, an die ich denke, kann es sehr eng für uns werden.«

Fishman wurde in Sekundenfrist ernst. Sein Gesicht veränderte sich, als trete er vor ein neues Publikum. »Verlassen Sie sich auf mich, Ash. Gerade wenn's heiß wird.«

Nachdem er die Rechnung beglichen hatte, machten sie sich auf den Weg. Der war so kurz und so direkt, dass keine Chance bestand, einen eventuellen Verfolger in die Irre zu führen. Nach den ersten Metern würde er wissen, wo Ash die beiden abholen wollte. Es half nichts. Sie hatten weniger als drei Stunden, die sie unter Kontrolle halten mussten.

62

Sie stiegen über mit Stufen versehene Holzplanken den steinernen Gang der beleuchteten Großen Galerie empor.

»Eine Kirche oder ein umgedrehtes Schiff«, sagte Maria, »am ehesten vielleicht ein Zwischenraum.« Maria war stehen geblieben und hatte ihre violette 1-Saiten-Geige angesetzt. Ein kraftvoller Ton breitete sich aus.

»Musik hat hierin niemals eine Rolle gespielt«, stellte sie fest.

Am Ende der Galerie knickte ein Gang waagerecht ab. Sie durchquerten eine höher ausgebaute Vorkammer. Durch einen kurzen Kriechgang erreichten sie von dort die Königskammer.

Wieder hatte Michelle das Gefühl, Teil eines in seiner monumentalen Einfachheit überwältigenden Konzeptes zu werden, als sie den quaderförmigen Raum betraten. Fünf Lagen geglätteter, quaderförmiger Blöcke aus Rosengranit bildeten die Wände, große steinerne Balken die Decke. Fünf Personen waren anwesend. Leroy Eisenstatt und sein Team mit dem schwarz gelockten ägyptischen Kameramann, einem Techniker und einem blass aussehenden Burschen, der mit Klemmbrett und Papier herumhantierte, hatten die Grabkammer des *Chufu* in ein grell erleuchtetes Fernsehstudio verwandelt. In dem Granitsarkophag des Pharao waren silberne Kisten und Koffer gestapelt, an der unmittelbar an den Zugang grenzenden Schmalseite der Kammer war vom Boden bis zur Decke eine blaue Papierbahn gespannt. An der gegenüberliegenden Schmalseite war über dem Sarkophag eine weiße Leinwand mit Klebestreifen befestigt worden, auf die das Bild der Roboterkamera aus dem engen Tunnel in der anderen Kammer projiziert wurde. Sie zeigte im hellen Licht eines Doppelscheinwerfers einen beigefarbenen Steinblock, aus dem zwei verrostete Metallstücke ragten. Nichts bewegte sich. Auf dieses Bild blickte Eisenstatt, während er im weißen Anzug über grauem T-Shirt dastand und in ein Mikrofon an seinem Revers sprach.

»Wir werden uns alle Zeit der Welt lassen, um den richtigen Zeitpunkt zu treffen«, flüsterte Michelle.

Auf Stativen waren zwei professionelle Fernsehkameras aufgebaut, an einem Pult vor einem Monitor zur Steuerung der Bildausschnitte und Mischungen der Mitschnitte saß der Techniker. An der Längsseite der Kammer waren große Grafiken befestigt worden – ein Querschnitt durch die Pyramide, ein Luftbild des Giza-Komplexes. Eine der Kameras war auf das dritte Poster gerichtet, das eine Männergestalt zeigte, die an Stelle des Kopfes einen Turm wie einen aus drei Schichten bestehenden Baumkuchen trug. Auf dem Baumkuchenstumpf prangte ein Kreis, der von zwei Flügeln gekrönt wurde. Eisenstatt war vor die blaue Fläche getreten. Er sprach in die andere Kamera. Er deutete auf einen imaginären Punkt auf der blauen Wand.

»Wir befinden uns genau hier in der Pyramide, die Pharao Chufu vor viertausendfünfhundert Jahren als seinen ›Horizont‹ bauen ließ. Bis heute ist sie, was die Menge des eingesetzten Baumaterials angeht, das größte Gebäude, das Menschen jemals errichtet haben. Wie sie auf der Simulation sehen, enthält sie drei Kammern, die Große Galerie, vier ›Luftschächte‹, die niemals welche waren, Gänge und Schächte, die alles miteinander verbinden, und mehr Fragen als Antworten.«

Die Simulation wurde auf die Leinwand projiziert. Wie in einem dreidimensionalen Glasmodell leuchteten ihre inneren Strukturen bunt auf. Sie würde synthetisch dazu gemischt werden und groß hinter Eisenstatt anstelle der blauen Wand erscheinen.

»Die als Nächste gebaute benachbarte Pyramidenanlage seines Sohnes Chafre umfasst als zusätzliches Wunderwerk die Sphinx. Was, so fragen sich die Experten um Professor Hastren, ist das Wunderwerk, das ihr in der Anlage seines Vaters gleichwertig wäre? Liegt es in ihrem Inneren verborgen? Führt ein Weg über diesen Schacht dorthin, an dessen Ende eine geheimnisvolle Tür entdeckt wurde? Gegenwärtig ist unsere Roboterkamera so weit vorgedrungen, wie der Mensch seit der Zeit der Erbauung der Pyramide nur ein einziges Mal vordrang, und zwar vor nunmehr sechs Jahren mit einem anderen Fahrzeug. Jeder weitere Zentimeter, den wir uns jetzt weiterbewegen, wird ein Schritt in völliges Neuland sein.

Während das Team von Professor Hastren darangeht, die Bohrung durch den Schlussstein durchzuführen, durch die wir in etwa einer halben Stunde an einem Teleskoparm eine Kamera führen werden, lassen Sie uns die Zeit nutzen, Hintergründe der soeben angelaufenen Forschung zu beleuchten. Was erwarten Professor Hastren und seine Forscherkollegen, hinter der kleinen Steintür zu entdecken? Pause.« Er brach ab. Der grelle Scheinwerfer erlosch. Die Kammer erschien plötzlich in düsteres Licht getaucht.

Eisenstatt begrüßte Michelle und Maria. »Wie schön, dass Sie unserer Einladung gefolgt sind. Sie werden an der aufregendsten TV-Produktion des Jahrhunderts teilnehmen, Bob.«

Da sie im Eingang stehen geblieben waren, um die Präsentation nicht zu stören, hatten sie bisher Arvin nicht bemerkt, der rechts von ihnen unterhalb der Poster an einem weiteren Arbeitsplatz saß. Er ließ es sich nicht nehmen, beide ausführlich zu umarmen und an sich zu drücken, als hätten sie sich nicht erst vor wenigen Stunden gesehen.

»Meet me in the chamber of death.« Arvin grinste Michelle breit an.

»Was haben Sie in der größten Produktion des Jahrhunderts zu tun?«, fragte sie ihn.

»Ich hatte Lance Hastren versprochen, ihm bei der Exkursion seines Lebens Gesellschaft zu leisten. L.E. ist unser beider Finanzier und Produzent. Was läge näher für ihn, beides zusammenzulegen und mich in die Doppel-Live-Aufzeichnung für den Sendetermin Neujahrstag 2000 einzubauen?«

Auf der weißen Projektionswand sah man, wie ein Zylinderhohlbohrer an die Mitte des Steines gesetzt wurde. Mit einem in die Kammer übertragenen surrenden Geräusch machte er sich daran, einen sektkorkengroßen Pfropfen aus dem Stein herauszubohren.

»Ich muss Eisenstatt zu *Astra* befragen. Sie müssen mir dabei helfen, ihn festzunageln«, bat Michelle ihn.

»Ich werde tun, was ich kann. Nur werden Sie es jetzt in dieser Sekunde schwer haben, ihn zu etwas zu bewegen, was nicht seinem Programm entspricht.«

Eisenstatt war wieder vor die blaue Wand getreten. Die Scheinwerfer flammten auf. Sie stellten sich hinter den Techniker und sahen auf das gemischte Bild, das L.E. vor dem sich übergroß in den Stein fressenden Bohrer zeigte.

»Während wir inzwischen Neuland betreten haben und bevor unser Auge sehen wird, was kein Mensch nach den Erbauern des größten und letzten verbliebenen Weltwunders der Antike je gesehen hat, sollten wir uns mit der These befassen, die Professor Hastren mit seiner Untersuchung belegen will. Er ist der Ansicht, dass Pharao Chufu, uns als Cheops bekannt, seine Pyramide, die das ›Haus des Osiris‹ genannt wurde, bereits als das größte Wunder der Welt plante. In vielem sticht sie aus der Menge der anderen Pyramiden hervor. Während ihres Baues schickte er Boten durch Ägypten, die Geheimnisse des Gottes der Weisheit, Thot, und andere Reliquien aufzutreiben, um sie in seinem Grabmal für alle Ewigkeit aufzubewahren.«

Das Bild in Eisenstatts Rücken hatte sich verändert. Die seltsame Figur mit dem Baumkuchenkopf war aufgetaucht. Doppelt so groß wie Eisenstatt ragte sie auf düstere Weise im Misch-Monitor hinter ihm auf.

»Osiris, der Gott von Unterwelt und Fruchtbarkeit. Er wurde nach der ägytischen Legende von seinem Bruder Seth, an den die Bezeichnung Satan für den christlichen Teufel noch heute erinnert, in vierzehn Stücke gehauen. Die Stücke wurden in verschiedenen Tempeln aufbewahrt. Der Kopf in Abydos, zweihundert Kilometer flussaufwärts von hier.

Was war dieser Kopf?, fragt Professor Hastren angesichts dieses Bildnis des Osiris. Was hatte es mit diesem größten Heiligtum aus der legendären ›ersten Zeit‹ der Ägypter auf sich? Wo ist es geblieben, als es etwa zu der Zeit des Baues dieser Pyramide aus der ägyptischen Geschichte verschwand? Kann es sein, dass wir es in wenigen Minuten sehen werden, wenn der Bohrer die Steinbarriere durchbrochen hat? Oder finden wir die sagenhafte ›Halle der Aufzeichnungen‹, von der der moderne Prophet Edgar Cayce in den vierziger Jahren dieses Jahrhunderts träumte? Werden wir auf einen leeren toten Gang stoßen oder auf nichts als weitere siebzehn Meter Stein, bis wir die Außenmauer durchstoßen?«

Abbruch.

Michelle konnte sich der seltsamen Spannung nicht entziehen, die das Vordringen des Bohrers in den Stein erzeugte. »Carl werden wir dahinter nicht finden. Wir werden ihn nur finden, wenn wir Eisenstatt dazu bringen, uns *Astras* Verbindung zu Stensen zu erklären.« Maria drückte ihre Hand.

»Das ideale Studio«, flüsterte der Mann mit dem Klemmbrett, »keine Rasenmäher, keine Nebengeräusche, keine Fliegen, die sich in die Gesichter setzen.«

»Du solltest fragen, ob sie es vermieten. Wir würden unsere Arbeit in der halben Zeit schaffen.«

Der Bohrer verschwand in einem Loch. Ein Mikrofon

zeichnete ein leises Plopp auf, als der herausgezogene Bohrkern zu Boden fiel. Das Bohrloch wurde größer und füllte die Leinwand. Die Kamera glitt hindurch.

63

Ash lenkte den Vito über den buckligen Untergrund vor einen blassblauen Bauwagen, der sich in einer separaten Einzäunung vor dem Zugang zur großen Pyramide befand. Ein Wasserrohr führte in den Wagen, daneben stand ein doppelter Chemietoilettenbau. Außer einem Landrover, der ebenfalls an der Stelle geparkt war und von dem ein blonder Mann silberne Kisten ablud, deutete nichts auf außergewöhnliche Aktivitäten hin.

Ash stieg aus. »Schauen Sie nicht so traurig drein«, sagte er an Fishman gewandt, »seien Sie froh, dass Sie nicht gezwungen sind, sich mit mir da hineinzuquetschen.«

»Aber ich bin ein Historienverehrer und will mir die Chance nicht entgehen lassen«, entgegnete Zack.

»Dann steigen Sie aus und kommen Sie mit, um mich aufzumuntern. So wenig Touristen wird's sonst wohl nie wieder geben.«

»Was mache ich mit meinem Vogel?« Zack war plötzlich unsicher geworden.

»Sie lassen ihn im Auto, was sonst«, erwiderte Ash ungeduldig.

»Das kann ich nicht. Das wissen Sie genau.«

»Dann machen Sie's wie ich und schleppen Ihr Köfferchen mit hinein und wieder hinaus.«

»Gut.«

Obwohl es heiß war, hatte Ash sich entschlossen, seine sandfarbene Jacke überzuziehen. In der Pyramide würde es kühler sein. Er blickte sich auf dem Plateau um. Eine Schar lang gewandeter Moslems war vor der Kasse aufgetaucht und redete auf die dortigen Wachposten ein. Ash und Zack nahmen ihre Aluminiumkoffer und stiegen die Treppe hoch. Fishman ging voran.

Ash sah bei jedem seiner Schritte den Lauf einer Pistole, die Zack an der rechten Wade festgeschnallt hatte, aus dem schwarzen Hosenbein ragen. Vor dem Eingang saßen zwei Wachtposten und würfelten. Hinter ihnen an der Wand lehnte ein handgeschriebenes Schild: »Wegen Reparaturarbeiten geschlossen«. Vor der Pyramide entlud der Blonde eine größere Lieferung von Wagenhebern aus dem Landrover.

Nach einem Telefonat wandten sich die Wachen wieder ihrem Würfelspiel zu. Das schien das Signal zu sein, dass der Eingang freigegeben war. Als sie gebückt im Gänsemarsch in den Stollen stiegen, sah Ash sich in die Nacht zurückversetzt, die er bei schwerem irakischen Beschuss in einem Tunnel unter dem Sand in Kuwait verbracht hatte. Es war alles andere als eine angenehme Erinnerung.

64

Der Schacht setzte sich jenseits des kleinen Torsteines mit der gleichen Steigung und in den gleichen Abmessungen fort wie in dem bisher bekannten Abschnitt. Enttäuschtes Gemurmel machte sich unter den Zuschauern breit. Die Innenwände des Gangs waren geglättet, als handele es sich um die Innenwand einer Kammer. Die Sicht der Kamera reichte drei Meter tief in den Gang hinein, dahinter lag undurchdringliche Schwärze und die Ahnung breitete sich aus, dass der Schacht einfach weiterging. Sonst nichts.

Ist jetzt der geeignete Moment, Eisenstatt anzusprechen?, fragte sich Michelle.

»Was gedenken Sie jetzt zu tun?«, wollte der über sein Mikrofon von Hastren wissen. Hastrens Antwort war auf den Lautsprecher in der Kammer geschaltet. »Wir werden den Stein aufsägen, seine Einzelteile zurücktransportieren und mit der Roboterkamera weiterfahren. Was immer am Ende des Ganges ist, wir werden es sehen.«

»Meinst du, die haben wirklich was anderes erwartet?«, erkundigte sich Maria im Flüsterton. »Schätze, Wunder, den Stein der Weisen? Ich kann mir nicht vorstellen, dass es hier so etwas gibt. Es sieht alles eher aus wie –«, sie suchte nach einem Wort, »wie im Innern einer Brücke.«

Ehe sie es sich versahen, hatten sich alle auf den Weg in die untere Kammer gemacht, um mit Hastrens Team die weitere Planung zu diskutieren. Was er vorgeschlagen hatte, könnte Stunden in Anspruch nehmen, erwartete Michelle. Zögernd und auf die Minute ihrer Chance wartend, folgten sie ihnen dorthin zurück, von wo sie eben gekommen waren.

65

Dort, wo die aufsteigende Passage sich in die Große Galerie erweiterte, sahen sich Ash und Zack Fishman zwei schönen jungen Frauen wie aus einem Traum von 1001 Nacht gegenüber, die eine schwarz gekleidet mit blonden Haaren, mit schwarzen Haaren und in Weiß die andere.

»Das ist Zack Fishman«, stellte Ash vor, »Zack, Michelle Schneider und Maria Simmons.« Dann, an die beiden Frauen gewandt: »Sie sollten sofort Ihre Sachen einsammeln und sich verabschieden. Wir werden zügig in das

Auto steigen. Es wartet vor dem Eingang. Unsere Zeit ist knapp. In genau zwölfeinhalb Stunden startet für uns eine Canadair in Tel Aviv nach Zürich. Ich habe mir erlaubt, Ihr Gepäck in den Vito zu laden.«

Ash betrachtete Michelle eingehend. Sie wirkte auch in der Bunkerumgebung des Pyramideninneren elegant. Ihre schwarzen, kurzen Haare glänzten seidig. Die weiße Hose und ein beigefarbener Pullover unterstrichen die schlanke Elastizität ihrer Erscheinung. Ihre Augen leuchteten entschlossener, als er sie in Erinnerung hatte. Beide Frauen schienen nicht ängstlich, sondern angriffslustig gestimmt. Ash hatte das Gefühl, als hätte er sie in einer Attacke gebremst. »Es hat neue Entwicklungen gegeben«, erklärte er. Michelle sah ihn an, als stünde er im Weg. »Bitte!«, sagte Ash.

»Wenn Sie sich für einige Minuten in die obere Kammer bewegen«, bemerkte Fishman, »können Sie meine Kiste bewachen und ich derweil meinen touristischen Rundgang unternehmen.« Sie waren zu dritt.

»In Ihr Zimmer ist eingebrochen und ein Chaos hinterlassen worden«, berichtete Ash, als sie oben angekommen waren. »Ich vermute, jemand hat den in Carls Kamera fehlenden Film gesucht. Hat er ihn gefunden?«

Michelle und Maria hatten sich auf Aluminiumkisten der Fernsehleute gesetzt. Ash nahm sich einen Klapphocker.

»Die Geigen?«, fragte Michelle beunruhigt.

»Soweit ich es beurteilen kann, sind sie intakt. Was ist mit dem Film?«

»Wir haben die Bilder entwickeln lassen. Wir haben den Film.«

»Und?« Ash wurde ungeduldig.

»Lassen Sie es uns im Zusammenhang berichten. Erstens: Stensen war im Hotel. Er war an unserer Tür und hat uns eine Nachricht ins Zimmer geschoben.«

»Was stand darauf?«

»Nichts«, sagte Maria. »Es hat uns das *White Out* gesandt. Ein weißer Bogen im weißen Umschlag.«

»Und diese Botschaft heißt: ›Ich bin da. Ich weiß, wo Ihr seid. Ich werde euch kriegen. Ich habe die Macht.‹« Michelles Gesicht hatte sich gerötet. Ash sah sie skeptisch an. »Ist das alles?«

»Neben uns im Zimmer wurde unser Bewacher massakriert.«

»An der Rezeption hat man mir gesagt, er wäre gestürzt«, berichtete Ash.

»Wir haben wenig Zeit, gleich wird die Fernsehhorde zurückkehren und Hastren sich weiter durch den Stein sägen. Die wichtige Botschaft ist das hier.« Aus der Tasche, die an ihrem Fuß lehnte, zog sie ein Foto und hielt es Ash entgegen, »Stensens Ring. Wir haben uns in Expertenarbeit eingemischt und werden Eisenstatt hier in der Pyramide zu der Verbindung dieses Symbols mit seiner *Astra*-Vision befragen.« Sie sahen ihn mit leuchtenden Augen an.

»Sie sind weiter detektivisch tätig?«, fragte Ash spöttisch. »Sie werden es abbrechen müssen. Ich habe den Auftrag, Sie beide hier rauszuholen und via Tel Aviv nach Zürich zu bringen. Einer der beiden Aluminiumkoffer, die dort stehen, enthält ein Modul, das den Entführern von Carl schnellstmöglich übergeben werden muss, damit wir die Chance wahren, ihn lebend wiederzusehen. Der andere Koffer enthält einen kleinen Flugroboter, der die Übergabe überwachen soll. Wir alle müssen mit diesen Geräten schnell und sicher nach Zürich. Dort können Sie der Polizei alle Theorien der Welt erläutern. Hier müssen wir nur eins. Weg!«

»Warten Sie hier auf Ihren Begleiter«, erwiderte Michelle. »Ich werde jetzt zu den anderen gehen, Eisenstatt in die Augen sehen und ihn befragen. Sollten Sie sich entschließen, vorher in Ihr Auto zu steigen und zurückzufahren, dann tun Sie es bitte. Ich werde hier tun, was getan werden muss.«

»Ich helfe ihr.« Mit diesen Worten verschwand auch Maria gebückt im Ausgang.

Ash hatte ein unvorhergesehenes Problem. Er blieb auf seinem Klappstuhl sitzen und atmete durch. Er hatte Fishman versprochen, die Kisten nicht aus den Augen zu lassen. Also blieb er und wartete. Er horchte in die Stille des Steins, der ihn umgab. Auf der großen Leinwand über ihm leuchtete die Projektion eines Kamerabildes, das einen leeren, glatt behauenen Gang zeigte, der sich ins Dunkel verlief.

Sein Blick fiel auf den Koffer, den Fishman seit Tel Aviv mit sich herumtrug. Über eine Seite war eine Art Satteltasche aus weichem Leder gehängt, aus der eine braune Papiertüte ragte. Hatte Polesky nicht davon geredet, dass Fishman aus den Cryptosoft Labors Post für ihn dabei hatte, die aus Zürich nachgesandt worden war? Ash ging an die Tasche und zog an der Tüte. Sie war prall mit Papier gefüllt. Er riss sie auf.

Über ihm setzte sich das projizierte Bild in Bewegung. Die Kamera fuhr rückwärts. Der Gang verschwand im Dunkeln. Ein Stein mit Loch wurde sichtbar, durch den die Kamera zurückglitt. Weiter ging die Fahrt zurück.

In der Papiertasche war eine weitere Tüte, in der ein dickeres Papier zusammengefaltet zu sein schien. Sie war adressiert an »Mr Ash Kenelly, Simmons Industries Central Office Zürich« und abgesandt in Australien. Ash legte den Kopf zurück. Das konnte nicht wahr sein! Hörte die Heimsuchung durch diese Plage denn niemals auf? George!

Die Kamera fuhr geräuschlos weiter auf ihrem Weg zurück. Als Ash nach vorn zur Schmalseite der Kammer sah, wo sich der Zugang befand, erschrak er zu Tode. Direkt vor ihm, nur wenige Meter entfernt, stand ein Mann, den er schon einmal gesehen hatte. Auf der anderen Seite der Welt. In Sydney. Walker.

66

Lächelnd stand er da, zu lange schon für eine aus der Wüstenfahrt nachgeschleppte Fata Morgana, fand Ash. Er trug schwarze Hosen, wie man sie zu einem Blazer mit Goldknöpfen trägt, ein hellblaues Hemd mit schwarz-rot gestreifter Krawatte und einen marineblauen Pullover, der locker über die Schultern gelegt war.

»Glauben Sie mir, ich hatte nicht die Absicht, Sie zu erschrecken«, sagte Walker sanft. »Ich wollte nie diese Weltreise unternehmen: erst nach Tel Aviv, dann nach Kairo. Ich bedaure es sehr, dass mir nach Georges Unfall keine Wahl blieb, als mich selbst in Bewegung zu setzen.«

»Unfall?«

»Ich sehe, Sie haben die Nachricht, die wir Ihnen vor einigen Wochen zukommen ließen, ungelesen in der Hand. George hatte einen bösen Unfall. Glücklicherweise hat er seinen Nachlass geregelt und mir die Abwicklung der Vorhaben mit unseren gemeinsamen Geschäftspartnern übertragen. Nun ja, er war in fortgeschrittenem Alter. Wenngleich, ich muss sagen, er hatte sich gut gehalten. Aber was rede ich, Sie kennen ihn selbst.« Walker lächelte matt. »Nach unserer letzten Begegnung weiß ich nicht, ob ich Ihnen mein Beileid zum Ableben Ihres Schwiegervaters ausdrücken soll.«

»Lassen Sie es bleiben.« Ash riss die Tüte in seiner Hand auf. Er war verwirrt. Worum ging es hier tatsächlich? Walker nahm sich einen Klappstuhl und setzte sich, wobei er sich ein weißes Taschentuch unterlegte. Auch Ash setzte sich. Er schwieg. Er hatte das Gefühl, dass die in seinem Rücken auf der Projektionsfläche weiterlaufende Rückwärtsfahrt ihn an einen anderen Ort bringen würde. Seelenruhig blickte Walker an Ash vorbei auf die Projektion.

Ash befand sich im »Unstetter«, inmitten von Regalen

voller Geschenke, vor der Tür das Getriebe der weihnachtlichen Zürcher Innenstadt. In wenigen Stunden würde seine Maschine von Kloten nach London starten. *Vier brennende Kerzen auf einem Adventskranz.* Die winzige alte Verkäuferin in ihrem grünen Trachtenkleid sah zu ihm auf. »Sie müssen die Kerzen löschen«, sagte Ash heiser, als er den Kranz erkannte, »Sie werden sonst den Laden in Brand setzen.« Sie nahm einen erloschenen Kerzenstummel aus einem anderen Kranz. Sie hielt das Feuerzeug an den Docht. Er brannte so wenig, als wäre er ein Stück Draht. »Wir verkaufen nur Kerzen mit Brennstopp«, sagte sie, »sie verlöschen von allein.« Und voller Stolz fügte sie hinzu: »Keiner unserer Kränze hat je einen Brand ausgelöst.«

Ash war plötzlich schweißgebadet. *Sie haben Helen und Tom auf dem Gewissen. Mord! Mit Sicherheit haben sie auch bei George nachgeholfen, der von den Dimensionen der von ihm in Gang gesetzten Geschäfte heillos überfordert war. Welche Druckmittel haben sie noch?*

Er drehte sich um. Die Kamera zeigte Gesichter und Hände. Der kleine Roboter hatte den Stollen verlassen und wurde umgerüstet. Angemessenes Werkzeug, Sägen, Greifer und Bohrer wurden installiert. Bald würde der Roboter, ausgestattet mit den passenden Hilfsmitteln gegen den Stein, wieder die Fahrt nach vorn antreten.

Walker deutete auf die Tüte, die Ash in der Hand hielt. »Sie sollten es sich ansehen«, sagte er beiläufig.

Ash konnte sich lebhaft vorstellen, was darin war. Der Verzicht auf *The Park*, dessen Existenz ihm niemals anvertraut worden war, solange Helen noch gelebt hatte, würde es ihm, was immer er dabei fühlen würde, erlauben, sein Leben in Cornwall einschließlich der Erhaltung des Familiensitzes und seiner Arbeit bei Simmons Industries weiterzuführen wie bisher. Und war nicht Carl die eigentliche Verantwortung, der er sich stellen musste? Musste er nicht jedes Risiko für dessen Befreiung vermeiden, das aus vergangenen Verpflichtungen entstehen könnte? Er nestelte ein Papier aus der Tüte. Walkers Erläuterung folgte auf dem Fuße: »Es ist eine Abtrittserklärung. Sie brauchen nur zu unterschreiben, dann müssen Sie sich die zweite Dokumentation gar nicht erst ansehen.« Walker sah sich um. »Es tut gut, in geeigneter Umgebung Erbschaftsangelegenheiten zu besprechen.«

Ash holte eine farbige Bildbroschüre aus der Tüte. »Menschen bei der Arbeit«. Er blätterte darin. Hochglanzfotos. Er sah sich selbst. In der Umgebung eines Bauprojektes. Im Büro. Bilder, die er sehr gut kannte. George hatte sie geliefert. Er ahnte, was als Nächstes kommen würde. Die Fotos. Schwarzweiß. Farbig. Direkt und deutlich. Sie waren zu gut. Zu künstlerisch. Zu fotografisch. Zu wunderbar für die Umgebung, in die sie geraten waren. Die Bildunterschriften nannten seinen Namen, den von Simmons Industries und den von Cindys Familie. Im Faltblatt in der Mitte waren Helens und sein Gesicht gut zu erkennen. Die Seiten, die folgten, waren aus Hardcore-Pornoheften zusammengestellt. Stets wurde der Eindruck erweckt, Ash selbst sei beteiligt.

Ash sprach leise. »Sie haben sich große Mühe gegeben, Walker.«

»Ich habe mich damit nicht im Detail befasst. Es ist nicht mein Arbeitsgebiet. Ich sehe, dass es Ihnen schwer fällt, zu unterschreiben, vielleicht brauchen Sie Zeit. Vielleicht plagt Sie aber auch die Sorge vor möglichen späteren Aktionen. Ich kann Ihnen versichern, es wird keine geben – einfach, weil das, was Sie mit Ihrer Unterschrift wieder gutmachen, eine Größenordnung hat, von der wir wissen, dass Sie sie später niemals wieder persönlich aufbringen könnten. Nach der Unterschrift sind Sie uninteressant für uns.«

Es ging alles so langsam und schwerfällig. Ashs Apparat, persönliche Entscheidungen zu treffen, war eingerostet.

»Für den Fall, dass Sie auf dumme Gedanken kommen sollten, der Versand Ihrer – darf ich sagen ›persönlichen Broschüre‹ ? – ist eingeleitet«, fuhr Walker in seiner Rede fort. »Sie wird die Empfänger in einer Woche erreichen, wenn ich den Vorgang nicht stoppe.« Ash verharrte stumm und bewegungslos.

»Überstürzen Sie nichts«, meinte Walker. »Ich werde mit meinen Geschäftspartnern draußen warten. Ich habe die Befürchtung, dass sie Sie nicht ohne eine Unterschrift an die Sonne lassen werden.«

»Ihre Geschäftspartner«, lachte Ash heiser.

»Sie haben mir aufgetragen, Ihnen auszurichten, dass alle Welt einen Unfall, den Sie womöglich nach Veröffentlichung der Broschüre haben könnten, als einen Selbstmord in Schande missverstehen würde.«

Was zum Teufel sollte er mit dem Dschungelgrundstück in Australien anfangen? Er hatte nur ein Ziel, nämlich das Modul und die beiden Frauen nach Zürich zu bringen. Wenn er jetzt unterschrieb, hatte er die meisten Probleme vom Hals.

Meine Unfähigkeit zur Flucht ist meine letzte verdammte Chance, ein Versprechen zu halten. Er hatte es Helen nach ihrem Tod gegeben – und Tom.

»Verpissen Sie sich, Walker. Sie irren sich, wenn Sie meinen, dass ich diesen Bau verlassen müsste. Verschicken Sie Ihr Hardcore-Pamphlet. Gehen Sie zugrunde an den Schulden, die Ihnen Ihre Geschäftspartner in den Hals stopfen werden.«

Walker lächelte mitleidig. »Ich fürchte, Sie werden eines Tages wünschen, einen Unfall gehabt zu haben.« Er wischte Staub von seinen Hosen und ging.

Ash dachte an das, was kommen würde: Scheidung, Bankrott und die Übernahme von Drawdykes Castle durch die Loper-Familie. Wahrscheinlich hatte er soeben seinen Vater getötet.

An der Wand über ihm nahm der Roboterwagen seine Fahrt nach vorn wieder auf – inzwischen mit allem notwendigen Rüstzeug ausgestattet, sein Hindernis zu zerlegen.

67

Wir werden es ihm zeigen«, flüsterte Maria, die auch jetzt ihre Spielzeuggeige nicht aus der Hand legte. Sie gingen durch den Schiffsbauch der Großen Galerie zurück. Als sie in die Königinkammer traten, hatten sie den Eindruck, einen Raum nach dem Ende einer Party zu betreten. Die Stimmung war gedrückt. Die Hoffnungen, direkt hinter dem Stein auf eine Sensation zu stoßen, waren, obwohl von keinem eingestanden, zu groß gewesen.

»Ich hätte es niemals genehmigen dürfen«, jammerte der kleine Ägypter, der ihnen als Sami Ezzat vorgestellt worden war. »Giza ist um ein Geheimnis ärmer, dabei leben wir von Geheimnissen. Jahrhunderte hätten wir es mit einer geschlossenen Tür aushalten können.«

»Es hilft nur die Flucht nach vorn«, sagte Hastren. Der Bügel mit Hörer und Mikrofon hing um seinen Hals.

»Oder wir beschlagnahmen die Aufnahmen und diese Exkursion hat niemals stattgefunden.« Ezzat zeigte sich hartnäckig, obwohl es offenkundig war, dass er überredet werden wollte. Er war einfach zu neugierig.

In den vergangenen Jahren war Schatzsuche das Motiv, die Pyramiden zu erforschen, dachte Michelle, *jetzt ist es die Neugier. Die Medien werden das 21. Jahrhundert zum Jahrhundert der Neugier machen. Geheimnisse und Einzigartigkeit werden aussterben wie flugunfähige Vögel.*

»Es gibt nur eine Chance«, meldete sich Priotti, der in all der Aufregung vor seinem Pult sitzen geblieben war, um den Roboter auf seiner Rückfahrt zu steuern. Es wurde still. »Wir müssen an beide Metallstücke im Abschlussstein Spannung anlegen, um eine Falltür zu aktivieren, durch die Füllsand verschwinden wird, der den Zugang aus dieser Kammer zur Halle der Aufzeichnungen freigibt. Das wird das Ende des Zeitalters des Fisches sein.« Priotti meinte es todernst.

Sie sahen sich an. Hastren lächelte entschuldigend. Er legte Priotti kurz die Hand auf die Schulter und murmelte: »Okay, Thomas. Sollten wir die Halle finden, würden wir wahrscheinlich nicht erkennen, dass sie es ist, weil wir nicht wissen, nach welchen Aufzeichnungen wir suchen. Fänden wir sie, würden wir wahrscheinlich ihre Bedeutung nicht verstehen.« Maria trat näher an Priotti heran. Sie sah über seine Schulter auf den Monitor. »Warum tragen Sie eine Drahtmütze?«, fragte sie.

»Ich bin sehr empfindlich«, antwortete Priotti, ohne sie anzusehen. »Mein Großvater lebt heute in Florida. Er ist achtundachtzig Jahre alt. Jeden Tag steigt er in sein Ruderboot, um durch die Sümpfe voller Mücken und Krokodile zu rudern, seit dreißig Jahren, behauptet er, habe er kein einziges Mal geniest. Er hat die Widerstandskraft der Familie auf sich allein gezogen, ich bin gegen alles allergisch, zum Glück noch nicht gegen Sand.« Er lachte hysterisch.

»Wenn Deine Mutter ...«, er nickte in Richtung von Michelle.

»Sie ist meine Geigenlehrerin«, unterbrach ihn Maria.

Auf einem seiner Monitore hatte sich etwas getan. Ein blechern aussehender Kasten, auf dem soeben noch fünf kleine Bilder wiedergegeben waren, zeigte nur noch grauen Schnee.

»Seltsam«, sagte Priotti. Er war konzentriert, als läge die Unterhaltung mit Maria eine Woche zurück.

»Was ist?«, fragte Maria.

»Ich habe auf diesem Gerät die Bilder der Überwachungskameras aus den drei Kammern, der Großen Galerie und vom Eingang. Sie sind alle auf einen Schlag ausgefallen«, erklärte Priotti in einer Antwort, die an niemanden außer ihm selbst gerichtet war.

»Was bedeutet das?«, fragte Maria dennoch weiter.

Erst jetzt wandte Priotti sich ihr wirklich zu. »Ich zapfe mit meinem Kabel nicht die Kameras direkt an, sondern die Überwachungszentrale, die sich draußen auf dem Plateau befindet. Dort muss eine Verbindung unterbrochen worden sein.« Er drehte an verschiedenen Knöpfen, versuchte es mit verschiedenen Tastaturen. Nichts.

»Tot«, sagte er. Mit dieser Bemerkung schloss er das Thema ab, um dann nahtlos an das vorher unterbrochene Gespräch anzuknüpfen. »Du spielst Geige? Wenn deine Lehrerin in meine Nähe kommt, bekomme ich Schnupfen und mir tränen die Augen. Jetzt, wo du es sagst, wird es mir klar. Es ist der Kolophoniumstaub. Ich muss Abstand halten.«

»Und die Drahtmütze?« Maria ließ nicht locker.

»Die elektrischen Hochfrequenzwellen aus den Computern.« Er stand auf, als sei ihm bei der Antwort unwohl. Er war einen Kopf kleiner als Maria und sah sie aus geröteten Augen an. Als sie lächelte, lächelte er im Gehen in eine andere Richtung weiter.

Ezzat und Hastren waren zu einer Einigung gekommen. Sie zogen Eisenstatt hinzu und schlossen den folgenden Handel ab: Sollten das Zersägen des Blockes und die Weiterfahrt des Roboters nichts als einen leeren Gang enthüllen, der irgendwo einfach beendet war, würden alle Aufzeichnungen ab dem Beginn der ersten Bohrung in den Blockierstein vernichtet werden. Sie würden behaupten, eine technische Störung hätte den Abbruch des Experimentes erzwungen. Das Rätsel bliebe bestehen. Jetzt aber, mit dieser Abmachung, ging es voran. Zersägen und Rücktransport würden einige Stunden in Anspruch nehmen. Jetzt war der passende Moment, Eisenstatt anzusprechen. Maria bat ihn in eine Ecke, in der Michelle zwei Klapphocker bereitgestellt hatte.

»Ich bin eine begeisterte Leserin Ihres Buches ›Welthauptstädte‹«, begann Michelle.

»Das freut mich.« Eisenstatt war anzumerken, dass er sich geschmeichelt fühlte. Michelle reichte ihm das aufgeschlagene Buch und einen Kugelschreiber. »Besonders fasziniert mich Ihre Idee einer neuen künftigen Welthauptstadt *Astra.* Wie muss man sie sich vorstellen und wann wird es sie geben?«

Eisenstatt schickte seine Crew nach oben, um weitere Aufzeichnungen vorzubereiten. Nachdem er sich nach ihrem Namen erkundigt hatte, unterschrieb er: »Für Michelle Schneider von Leroy Eisenstatt«.

»Oh. Es ist eine Vision. Ob sie jemals realisiert werden wird und wann, steht noch in den Sternen. Gegenwärtig versuche ich, die Leute für die Vorstellung einer Metropole zu begeistern, die in der Lage ist, den Geist zu beflügeln, die Besten der Welt aufzunehmen und vor den kommenden Katastrophen für Tausende von Jahren einen sicheren Ort für die Zivilisation zu bieten. Stellen Sie sich eine leuchtende Stadt im Gebirge vor oder eine Metropole auf einem Felsen im Ozean«, schwärmte Eisenstatt, als würde er einen geheim gehaltenen Plan verraten.

»Sie haben ein Symbol für *Astra* vorgeschlagen.« Michelle näherte sich ihrem Thema.

»Das *ra* oder *hru*. Die Sonne oder der Tag. Man könnte es auch als Zentrum in einem Weltkreis interpretieren. Liegt nahe, finden Sie nicht?«

»Mir ist vor einiger Zeit ein Symbol begegnet, dass im Zusammenhang mit Ihrem Zeichen für *Astra* stehen könnte.« Sie legte ihm das Foto von Stensens Ring auf das Buch. Er zuckte mit den Schultern. »Tut mir Leid. Es hat Ähnlichkeit mit dem Stern im Kreis, der ägyptischen Hieroglyphe des *duat,* der Unterwelt. Ich glaube nicht, dass es irgendetwas mit *Astra* zu tun hat.« Er schien die Frage damit als abgeschlossen zu betrachten.

Bei dem Wort *Astra* hatte Hastren in seinem ruhelosen Lauf innegehalten und sich der Gruppe genähert. Er tat, als beobachte er Priotti beim Aufrüsten des Roboterwagens. Tatsächlich war Michelle sicher, dass er konzentriert mithörte.

Eisenstatt verlor erstmals sein überlegenes Lächeln und sah plötzlich in bestimmter Weise mutlos aus. Er sah Michelle an. Sie hielt dem Blick stand. Je länger sie sich ansahen, desto tiefer drangen sie schweigend durch Erwartung und Vermutung in Argwohn und Verdacht vor. Paradoxerweise fühlte sie sich in diesen Sekunden von ihm angezogen. *Ein Abgrund, der eine winzige Gestalt oben am Felsrand anzieht,* dachte Michelle.

Eisenstatt stand auf und verschwand ohne eine weitere Bemerkung.

Der Roboter war auf seiner Fahrt in die Tiefe des Schachtes weit vorangekommen, als Kenelly in die Kammer trat. Er stellte sich hinter Aziza und unterhielt sich leise mit ihr. Er machte auf Michelle den Eindruck, als wäre er unmittelbar zuvor einem Geist begegnet und als sei der Zeitdruck, unter dem er zuvor gestanden hatte, einem anderen, noch größeren Druck gewichen, der von innen kam.

Hastren stand vor ihr. Sein Atem roch nach Alkohol. »Ich habe Teile Ihrer Unterhaltung verfolgt. Bob Arvin hat mir berichtet, was Sie in der Antarktis mitmachen mussten. Es tut mir Leid.« Er sprach nicht weiter, weshalb sie ihm aufmunternd zunickte. Kenelly näherte sich, als Hastren wieder ansetzte. »Als ehemaliger Polizist kann ich nicht aus meiner Haut. Vor einiger Zeit habe ich etwas erlebt, das Ihre Unterhaltung berührt und für Sie von Bedeutung sein könnte. Leroy ist mein Finanzier, deshalb wäre es praktisch, wenn er von dieser Unterhaltung nichts erführe.«

Michelle nickte, um ihr Einverständnis zu signalisieren.

»Im Dezember fand in Bath ein von Leroy ausgerichteter Kongress statt. Bob Arvin und ich hielten Vorträge. Ich war mit Leroy verabredet. Es ging um die Finanzierung meines Vorhabens in der Pyramide. Er ist knapper bei Kasse als früher, weil er viel in ein Bauprojekt in Bath investiert. Als ich auf ihn wartete, hörte ich den Rest einer Unterhaltung, die er mit einem zunächst für mich nicht sichtbaren Unbekannten führte. Dabei ging es darum, dass –« Statt weiter zu reden, legte er die Hände an die Schläfen und schloss die Augen.

Kenelly stand jetzt dicht bei ihnen, so dass Michelle seinen Atem spürte. Er war von einer Atmosphäre aus Unruhe, Sand, Sonne und Benzin umgeben. Sie spürte in seiner Gegenwart die Verpflichtung, sich äußern zu müssen. Ein Gefühl, das sie nicht mochte. Sie kannte es aus den Tagen ihrer ersten Begegnungen mit Josef.

»Es ging darum«, fuhr Hastren jetzt fort, »dass es Leroy nicht mehr erlaubt sein sollte, sein Geld in etwas anderes als in *Astra* zu investieren. Sie bräuchten eine Kampagne zu seiner Besiedlung. Er müsse damit fertig werden, dass die Umsetzung seiner Vision ohne ihn in Gang gesetzt würde. Am 4. Februar würde man wissen, dass die Bewegung in Richtung *Astra* begonnen habe, die noch in fünfzig Jahren nicht beendet sei.«

»Mit wem hat er gesprochen?« Maria fieberte dem Namen Stensen entgegen.

Hastren reagierte nicht auf die Frage. Er sah Maria lange an und sagte dann: »Es gab eine weitere rätselhafte Bemerkung, die der Unbekannte machte, bevor er anfing zu lachen.« Hastren hielt inne, um nachzudenken. »Als Eisenstatt fragte, wo *Astra* wohl liegen solle, antwortete der andere, ›Sie lieben es, unser Geld in den Pyramiden zu verschleudern, Professor. Vielleicht finden Sie dort einen Hinweis auf den Ort, an dem *Astra* liegt.‹«

Maria sah ihn weiter fragend an. »Der Unbekannte hieß Max Djurvakin. Ein amerikanischer Physiker«, sagte Hastren und verzog das Gesicht, als habe er Kopfschmerzen.

68

Ash trat heran. Der fehlende Mann aus der russischen Polarstation war aufgetaucht. In Bath?

»Was hatte Djurvakin in Bath vor?«, fragte Ash.

»Er hat einen genialen Vortrag über die Achsenausrichtung alter Kulturstätten gehalten«, antwortete Hastren.

»Nichts zu Teilchenphysik oder Energietechnik?«

»Überhaupt nichts Technisches. Als ich das Datum der von ihm projizierten Datei gesehen habe, dachte ich, wahrscheinlich hat er das Papier schon als Oberschüler verfasst. Aber vielleicht irre ich mich auch.« Unschlüssig stand er da.

Ash setzte sich zu den Frauen. Als er in Marias Gesicht sah, wusste er, dass sie an diesem Abenteuer erwachsen werden würde. Wenn sie es überlebte. Es machte keinen Sinn, sie von weiteren Diskussionen auszuschließen.

»Sie hatten Recht damit, dass es eine Verbindung gibt – Djurvakin ist der fehlende Mann in *Granka 3*.«

Michelle sah ihn entgeistert an.

»Die komplette Besatzung der Station wurde umgebracht«, berichtete Ash von dem, was er wusste. »Wahrscheinlich von Stensen. Nur von einem der Mitglieder der

Originalbesatzung fehlte die Leiche – Maxim Djurvakin. Wunderkind. Quantenphysiker. Russe und amerikanischer Staatsbürger. Er scheint derjenige zu sein, der Eisenstatt sagt, wofür Geld auszugeben ist. Und er ist wohl auch derjenige, der *Astra* in irgendeiner Form zu realisieren vorgibt, in einer Form, von der auch Eisenstatt nichts zu ahnen scheint. Kurz gesagt, obwohl Eisenstatt Stensen selbst vielleicht nicht kennt, über Djurvakin ist er indirekt Stensens Auftraggeber. Aber wofür? Was genau soll am 4. Februar passieren?«

Mitten in Ashs Rede tauchte Fishman mit seinem silbernen Koffer auf. »Wir können abfahren. Ich habe alles gesehen. Es ist unglaublich. Wenn ich alle Eingänge mitrechne, die durch Gittertüren versperrt sind, ist das hier das reinste Labyrinth.«

Ash ließ ihn ausreden und setzte ruhig hinzu: »Wir haben eine Stunde. Und es gibt hier noch einiges zu klären.«

»Eine Stunde schien eben noch sehr wenig Zeit«, wunderte sich Fishman.

»Jetzt ist es sehr viel. Was haben Sie die ganze Zeit über getrieben?«

»Ich habe mich tief unten in die Felsenkammer gesetzt. Ich habe tief im Stein die quälende Ruhe der altägyptischen Unterwelt auf mich wirken lassen. Wenn man sieht, was überall in diesem Bau herumsteht, könnte man auf die Idee kommen, die Pharaonen und ihr Hausrat wären in silbernen Kisten beigesetzt worden.«

»Silberne Kisten?« Ash war irritiert.

»Aluminiumkoffer. Überall. Hier. In der Kammer oben, da unten.«

»Da unten? Wer sollte dort Koffer mit Technik abgestellt haben?«

»Keine Ahnung. Sie standen dort. Wie Grabbeigaben, die auf die Mumie warten.«

Hastren horchte in die Hörmuschel seines Headsets und

wurde kreidebleich. Er ging an eine Tasche, kramte eine Flasche mit klarer Flüssigkeit heraus und setzte sie zu einem großen Zug an. Anschließend verschraubte er sie sorgfältig und wischte den Mund mit einem Tuch ab.

»Machen Sie keine Witze, Fishman«, sagte Ash und sah Hastren an. Etwas stimmte nicht.

»Wir haben einen Toten in der Pyramide«, beantwortete Hastren Ashs unausgesprochene Frage.

»Ich denke, dafür sind die Dinger gebaut«, bemerkte Fishman und verstummte, als er in Hastrens Gesicht sah.

»Einem Unbekannten wurde die Kehle durchgeschnitten.« Sie brachen nach oben auf. Fishman holte die Pistole aus seinem Hosenbein.

Auf dem Monitor von Aziza Salmawi hatte ein Arm des Roboters damit begonnen, den Sandsteinblock aus dem Bohrloch von innen heraus zu zersägen.

69

Um in die Königskammer zurückzugelangen, mussten alle, die aus der unteren Kammer gekommen waren, über die Leiche eines Mannes steigen, der in grauenerregender Haltung in der Vorkammer lag und einen schrecklichen Anblick bot. Jetzt standen nur Ash, Hastren und Fishman in der kleinen Kammer. Die anderen waren bis auf Priotti und Aziza in der benachbarten Königskammer versammelt. Auf der Leinwand hatte der Roboter zum zweiten Schrägschnitt aus der Mitte heraus angesetzt.

Der Mann am Boden trug schwarze Hosen und ein blassblaues Hemd. Ash sah ihn in diesem Augenblick zum dritten Mal in seinem Leben. Walker. Erst jetzt merkte er, dass er selbst noch immer die zusammengerollte Broschüre in der Hand trug. Wie sollte er in der Pyramide etwas verschwinden lassen? Er befand sich an einem besonderen Ort, aus dem im Lauf der Zeit alles, und sei es erst nach hundert Jahren, wieder auftauchen würde, abgebildet, ausgewertet und publiziert. Was aussah wie das Innere eines kahlen Felsens, war in Wahrheit ein Vergrößerungsinstrument der Zeit, in dem alles zur Sensation mutierte, ein wucherndes Biotop von Mythen und Verschwörungstheorien, von Beschuldigungen, Entdeckungen und von Schwingungen der Esoteriker in einem Bauwerk von Ingenieuren der Transzendenz.

Er steckte das Machwerk in die Gesäßtasche seiner Hose und ließ seine Jacke darüber fallen. Er fand, dass es genau dorthin gehörte.

Walker lag ausgestreckt wie an den Händen herbeigeschleift. Beim Zerren über den Boden aus der Richtung der Großen Galerie war sein Kopf an dem Schnitt, der den Hals bis auf die Wirbelsäule durchtrennt hatte, zurückgeklappt. Die Wirbelsäule war an der Stelle gebrochen. Er lag dort, als wäre eine der ägyptischen Malereien mit ihrer anatomisch verdrehten Perspektive von einer Wand gestürzt.

»Kennt jemand den Mann?« Hastren schien beschlossen zu haben, die Ermittlungen zu führen.

»Ein Notar aus Sydney, der mich vor einer halben Stunde in der oberen Kammer aufgesucht hat, um mir die Unterschrift unter einen Erbschaftsvertrag abzunötigen. Seither frage ich mich, wie es ihm gelungen ist, hier einzudringen.«

»Das ist nur eine Frage des nötigen Kleingelds«, kommentierte Hastren, bevor Ash fortfuhr. »Er hatte etwas von Geschäftspartnern gesagt, die draußen auf ihn warten würden.«

»Hatten Sie den Eindruck, dass er sich in irgendeiner Form bedroht fühlte?«, fragte Hastren.

»Überhaupt nicht. Aber vielleicht hatte er die Wut seiner

so genannten Partner unterschätzt, als er ohne die Unterschrift auftauchte.« Ash glaubte nicht an das, was er sagte. Unfall. Erpressung. Brandstiftung. Das waren die Mittel von Walkers Freunden. Dies hier sah nach etwas völlig anderem aus. *Blutrünstiger Mord,* dachte er, *wie wir ihn nur in der Antarktis kennen gelernt haben.*

Hastren schien zu einer Entscheidung gekommen zu sein. »Ich glaube, wir sollten uns in geeigneter Weise verteilen. Mr Fishman und Professor Ezzat, wenn Sie beide bitte in die untere Kammer zu dem Rest des Grabungsteams gehen.«

Fishman sah Ash an. Der nickte. Er stieg zurück in die Kammer, packte seinen Koffer und verschwand mit dem Ägypter nach unten. Arvin hatte sich zu ihnen gesellt. Hastren fuhr fort: »Niemand, der mit diesem Mann eine Rechnung offen gehabt hatte, hätte ihn hier umgebracht oder hierher gelegt. Er hätte es draußen getan und ihn dort im Sand liegen gelassen, was ihm einige Stunden Vorsprung verschafft hätte. Wer auch immer es getan hat, hat es *unseretwegen* getan. Er will etwas von *uns*. Was es ist, können Sie möglicherweise besser beurteilen als ich. Warum wurde ausgerechnet dieser Mann umgebracht und warum wurde er ausgerechnet hierher gelegt? Weil er zum falschen Zeitpunkt am falschen Ort war? Wahrscheinlich hat der Killer ihn in der Nähe des Ausgangs erwischt, denn als Sie, Ash, von hier in die untere Kammer gingen, haben sie ihn nirgendwo mehr gesehen.« Er sah Ash an, als wartete er auf eine Bestätigung. Ash nickte.

»Und er hat ihn an diesen Ort geschleift, um genau hier ein Zeichen zu setzen«, verfolgte Hastren weiter seine Theorie.

»Um Angst zu verbreiten«, ergänzte Michelle.

»Oder um uns alle an genau diesen Ort zu locken. Weg von der unteren Kammer«, vermutete Ash. Die anderen sahen ihn an.

»Sollten wir nicht unverzüglich das Feld räumen, ehe noch mehr geschieht?«, fragte Fishman. Ash sah ihn zum ersten Mal ernsthaft beunruhigt. »Professor Hastren, haben Sie in der Felsenkammer unter der Pyramide Material gelagert?«, erkundigte sich Ash.

»Nein.«

»Dann war er es. Dann hat er unten auf seine Gelegenheit gewartet. Ich bin sicher, dass er Vorkehrungen getroffen hat, um zu verhindern, dass wir die Pyramide verlassen können. Der Tote an diesem Ort ist eine Provokation. Er ist eine Botschaft, die heißt: ›Es geht los‹.«

»Wer ist er?«, fragte Hastren.

»Ein Killer, der uns seit der Antarktis verfolgt. Er hat es auf Maria und Michelle abgesehen, weil sie ihn identifizieren könnten. Er nennt sich Stensen.«

Ash war erschüttert. *Es ist unglaublich! Wie kann er hier in unserer Nähe auftauchen? Der Mann am Landrover vor der Pyramide? Jetzt wenige Meter entfernt, irgendwo hinter dem Stein?*

Hastren sah sie ernst an. Dann sprach er in sein Mikrofon: »Thomas? Zur Zeit gibt es keinerlei Kommunikation nach draußen. Das Grabungsteam ist nicht betroffen. Die Grabung wird fortgesetzt wie geplant.«

Fishman saß an dem zentralen Punkt der Pyramide, an dem der Zugang, die Große Galerie hinauf in die Königskammer und der waagerechte Gang in die Königinkammer aufeinander trafen, auf einem Klappstuhl. Auf seinem Schoß lag seine Pistole. »Wir losen aus, wer mit der Pistole in der Hand den Gang nach unten geht. Es ist so eng, dass es keine andere Taktik oder Strategie geben kann als ›Augen zu und durch‹. Wenn sich etwas bewegt, erst schießen, dann fragen.« Er rieb sich geschäftig das Gesicht. Hier war er bei der Arbeit. »Er muss jeden nah an sich herankommen lassen. Professor, wo ist das möglich?« Zack horchte auf das, was Hastren ihm erklärte, und sprach es mit. »Am Schnittpunkt von absteigender Passage, die zur Felsenkammer hinabführt, und aufsteigender Passage, kurz bevor der so genannte Grabräubertunnel, durch den wir alle hereingekommen sind, von dem Originalzugangstunnel links abzweigt. Verstanden? Egal. Aufpassen, wenn etwas abzweigt.«

Fishman holte drei Münzen aus der Tasche.

»Zahl verliert. Wir werfen so lange, bis nur eine Zahl liegt.« Auf offener Hand streckte er ihnen je eine Fünf-, Zehn- und Fünfundzwanzigcentmünze entgegen. Ash tippte den Zehner an, Eisenstatts Script-Mann mit dem Milchgesicht, der sich als Freiwilliger zur Verfügung gestellt hatte, den Fünfer.

»Ich bin der Quarter«, sagte Fishman. Er schüttelte die Münzen in der hohlen Hand und ließ sie auf den Boden fallen. Zahl bei Zehner und Quarter. Er sammelte alle wieder ein. Fünfer und Zehner zeigten die Zahl. Dritter Wurf. Nur der Fünfer mit Zahl.

»Eine Frage, guter Mann«, sagte Ash, während der blasse Script-Mann seinen Helm anschnallte und das Licht einschaltete, »warum mussten ausgerechnet Sie jetzt hier sein?«

»Ich weiß es nicht«, sagte er und zitterte dabei wie Espenlaub, »ich habe zum ersten Mal in meinem Leben eine Entscheidung getroffen.« Er bückte sich in den Gang und verschwand, einen Bauarbeiterhelm mit Scheinwerfer auf dem Kopf.

»Ich hoffe für dich, dass deine erste nicht deine letzte Entscheidung war«, murmelte Fishman.

Ash schwieg. Sie sahen ihm nach, wie er in den Lichtringen verschwand, die die Lampen an den Wänden der Passage aufreihten. Zwei Schüsse fielen.

»Er probiert die Pistole und geht auf Nummer Sicher«, beruhigte sich Fishman.

»Und er sagt: ›Ich komme‹«, kommentierte Ash.

Dann geschah nichts mehr. Keine Rufe oder Schreie. Es blieb still. Sie warteten zwanzig Minuten.

»Seit fünfzehn Minuten sind wir auf der Rückfahrt nach Tel Aviv«, sagte Ash und war im Gang verschwunden, ehe Fishman etwas erwidern konnte.

70

Es war leichter, einen Gang hinauf- als hinunterzukriechen. Ash musste versuchen, seine Fersen so in die Querhölzer der für die Touristen eingerichteten Gangbeplankung zu stemmen, dass er nicht abrutschte. Vorn sah er den Gang dunkel werden. Er legte sich hin und robbte auf allen vieren weiter voran. Ein Schuh ragte in sein Gesichtsfeld. Er hob um Zentimeter den Kopf, um darüber hinweg sehen zu können. Vor ihm lag der Script-Mann. Tot. Es gab keinen Grund zur Eile.

Für den Bruchteil einer Sekunde hob Ash den Kopf, um sich einzuprägen, was er sah. Wenige Schritte vor ihm begann die Dunkelheit. Stensen musste die Lampen zerstört haben. Es gab eine dicke dunkle Barriere aus überkreuzten Eisenstangen. Neuer Blick. Zweimal zwei Wagenheber, die mit Holzblöcken an beiden Seiten in den Gang verkeilt waren. Neuer Blick. Die Kurbeln waren abmontiert. Der Gang war versperrt, als wäre ein Granitblock davorgerollt worden. Ein letzter Blick. In der Tiefe der Dunkelheit leuchtete vorn ein winziges rotes Licht. Die Pyramide war verschlossen.

Ash machte sich rücklings auf den Rückzug, den Toten an dessen Fuß hinter sich herziehend. Unterwegs rutschte die Pistole unten aus der Hand des Toten. Sie verschwand im Dunkel hinter der Barriere.

Fishman hatte seinen Posten an der Gangkreuzung behalten. Ohne Waffe. Als Ash die obere Kammer betrat, zeigte die Leinwand den kleinen Roboter, der die Bruchstücke des zersägten Blockiersteines im südlichen Luftschacht zurück in die Königinkammer transportierte.

Der Techniker hatte entsprechend Ashs Angaben die Position der Barriere als schwarzen Querbalken in eine Grafik des Pyramideninneren eingetragen, die er jetzt auf die Leinwand in der Königskammer projizierte. Hastren nahm den Laserpointer. »Wir wissen jetzt, dass Stensen sich eine Absperrung gebaut hat, hinter der er seelenruhig abwarten kann. Der Tote ist von sechs Bolzen getroffen worden. Drei gingen in den Kopf, zwei in die rechte Brustseite und einer in die Leber. »

Fishman ließ sich vernehmen: »Professor, ich muss darauf bestehen, dass wir jetzt die Kavallerie rufen. Es ist tödlicher Ernst. Ein Mann Ihres Teams ist ermordet worden.«

»In etwa dreißig Minuten werden wir den Kontakt zu dem draußen auf dem Plateau stationierten Armeekommando aufnehmen«, erwiderte Hastren kühl.

»Warum denn erst in dreißig Minuten? Sind Sie komplett verrückt geworden? Ein Wahnsinniger ist am Werk, der uns mit Wagenhebern in der Pyramide eingekeilt hat und uns einen nach dem anderen erledigen will, und Sie wollen ihm dafür noch weitere dreißig Minuten einräumen?«

»Wenn Sie nicht zu der Barriere vorkriechen, kann Ihnen im Augenblick nichts passieren. Bleiben Sie sitzen, wo Sie sind. Ehe das Militär alles sperrt und räumt, werden wir die angefangene Arbeit zu Ende bringen. Im Übrigen war nicht ich es, der den Wahnsinnigen angelockt hat. Tragen Sie also bitte – zumindest für eine halbe Stunde – die Konsequenzen allein, ohne mich damit zu belasten.« Er legte an seinem Headset einen Schalter um. »Thomas, wie weit sind wir?«

»Noch zehn Meter, dann haben wir mit der letzten Fahrt den südlichen Luftschacht von allen Teilen gesäubert. Es gibt ein erstes Ergebnis. Die Metallstifte im Stein sind rückwärtig zu einem Haltering verbunden. Eine Art große Öse.«

»Sie hätten mit Ihrem Vorschlag, Strom anzulegen, einen Kurzschluss verursacht, Thomas. Weiter nichts.«

Ash musste sich widerwillig eingestehen, dass er Verständnis für Hastren aufbrachte. Es war das Ereignis seines Lebens. Wäre es live übertragen worden, hätten sich Hunderte Millionen von Fernsehzuschauern dafür interessiert. *Die Öffnung der letzten Wand, die die Menschheit von einem Geheimnis trennt.*

Trotzdem hatte er während der ganzen Zeit das schreckliche Gefühl, dass sie etwas an dem Erlebten völlig falsch verstanden. Er hatte etwas gesehen, was falsch interpretiert worden war. Aber was?

Die Leinwandprojektion zeigte, dass der Gang frei war. Sie sahen die Rückwärtsfahrt. Sie sahen die Hände von Priotti und der jungen Ägypterin, als der Wagen umgerüstet wurde. Über ihnen rollte die Kamera durch den Gang. Bald würde sie die Stelle hinter sich lassen, an der der Stein den Gang blockiert hatte. Alle sahen gebannt hoch. Der Roboter hatte die Position erreicht, die der Blockierstein eingenommen hatte. Eisenstatt hatte darauf bestanden, live zu kommentieren, damit eine spätere Ausstrahlung berechtigterweise als Live-Aufzeichnung vermarktet werden konnte. Auf der Projektion stand er in einem sich hinter ihm verlierenden Gang.

»Der Roboter, den das Team von Professor Hastren eigens für diese Forschungen konstruiert hat, hat die Barriere beseitigt, über die seit Jahren so viel spekuliert worden ist«, sagte Eisenstatt jetzt. »Eine erste Analyse der Kupferteile in dem Stein lässt vermuten, dass es sich um einen auf beiden Seiten angebrachten Griff oder eine Öse handelt, die eine Funktion beim Bau des Schachtes gehabt haben könnte. Wir sehen, dass der Schacht in diesem Teil besser bearbeitet ist als der Abschnitt, der bisher bekannt war.«

Die Fahrt ging weiter. Am unteren Bildrand lief die Meterzählung, gerechnet vom Punkt der Blockierung. Nichts war zu sehen. Der Raum, der bis zur Außenfläche der Pyramide verblieb, wurde zusehends schmaler. Nichts. Bei 8,25 Metern lag eine kleine Sanddüne im Gang. Der Roboter mahlte sich hindurch. Zehn Meter. Fünfzehn Meter. Bei 16,50 Metern war Schluss. Das Ende war ein glatt behauener Stein, der eine identische, korrodierte Öse aufwies und dicht unter der letzten Schicht der Pyramide liegen musste. Ende. Das Rätsel hatte sich aufgelöst.

Eisenstatt nahm das Mikrofon. Er stand in der Projektion vor dem Stein, der allen Fantasien ein Ende setzte. »Wir haben ein rätselhaftes Tor durchbrochen. Wir haben erwartet, dahinter Geheimnisse oder Schätze zu entdecken. Wir haben einen Gang gefunden, der sich fortsetzt bis an die äußere Grenze der Pyramide. Nichts sonst. Aber, so muss die Frage an die Experten lauten, die sich in den nächsten Jahren mit der Bewertung dieses Ergebnisses befassen werden, wird nicht das Rätsel des von uns zerlegten und heraustransportierten Steines nur umso größer? Es war kein Tor zu einer Kammer. Gut. Wir haben zu primitiv gedacht. Was aber war der Stein mit seinen kupfernen Ösen dann? Haben wir das Geheimnis eines Schatzes verloren und sind dafür auf das Geheimnis einer Struktur gestoßen?«

Michelle flüsterte: »Er ist genial. Das muss man ihm lassen.«

»Er erinnert Sie an Ihre Dirigenten, stimmt's?« Ash spürte ihre Wärme an seiner Seite. Ihre Wangen waren gerötet.

»Und an meinen Vater.«

Fishman hatte es geschafft, sich auf den Lautsprecher zu

schalten. »Ich wette, Professor, jetzt wünschten Sie, Sie hätten vorhin das Militär alarmiert. Dann wäre Ihr Traum noch am Leben.« Er hörte sich gemein und ungeduldig an. Hastren kippte sich wieder klare Flüssigkeit aus einer Flasche in den Hals, ohne deren Öffnung zu berühren. Er wischte sich den Mund und stellte sie an die Seite. Er hatte es geschafft, seine Flasche aus der unteren Kammer mitzubringen.

»Thomas, stellen Sie eine Verbindung her.«

Priotti meldete sich nach wenigen Minuten. »Wir bekommen keine Verbindung. Die Leitungen nach draußen sind tot.«

Fishman ließ sich von seinem Wachposten am Schnittpunkt der Gänge über Funk im Lautsprecher vernehmen: »Herrschaften, wir müssen endlich anfangen, zu denken.«

71

Ash und Hastren leisteten Fishman auf seinem Wachposten Gesellschaft. »Wir warten ab«, schlug Fishman vor. »Stensen will an die beiden Frauen herankommen. Er kann sich unmöglich einbilden, dass er ewig das größte Bauwerk der Welt kontrollieren kann. Jetzt ist es zwanzig Uhr. Morgen früh, spätestens in vierzehn Stunden, wird den Wachen etwas auffallen. Auch wenn er sie bestochen haben sollte, sind ab morgen zehn Uhr neue da. Die Zeit arbeitet gegen ihn. Er muss etwas tun.«

Hastren hatte offenbar einen Entschluss gefasst. »Schließen Sie mich bitte in Ihre Betrachtungen nicht weiter ein«, sagte er zu den anderen. »Wenn sich die Situation morgen früh tatsächlich ändert, wird die Pyramide geräumt und gesperrt werden. Ich habe genau eine Nacht Zeit, um herauszufinden, ob es mit dem Gang etwas anderes auf sich hat, als es auf den ersten Blick den Anschein hatte.«

Er ging die Große Galerie hinauf in die Königskammer.

»Eins muss man ihm lassen, er ist konsequent bis zum Ende«, sagte Ash.

»Er hat oben seine Flasche vergessen. Sie ist es, die ihn zunehmend beschäftigt, nicht der Gang. Warten wir eine Stunde«, sagte Fishman, »ich lasse von mir hören, wenn es etwas Neues gibt.«

Ash kroch in den waagerecht in die Königinkammer führenden Gang. Er hatte keine Lust, sofort Hastren wieder über den Weg zu laufen.

Priotti, Ezzat und die ägyptische Schönheit Aziza ließen die Videoaufzeichnung der Kamerafahrt in dem neuen Gangabschnitt Zentimeter um Zentimeter noch einmal ablaufen. Das kleine Raupenfahrzeug stand auf einer Kiste, in einer anderen Kiste war der zerlegte Blockierstein aufbewahrt. Ein Ding, das doppelt so groß war wie ein Ziegelstein mit einer stark verrosteten Kupferöse. Nichts Weltbewegendes, fand Ash.

»Haben Sie neue Details entdeckt ?« Er blätterte geistesabwesend in einem Buch, das auf Priottis Tisch lag und Bildmaterial zum Pyramideninneren enthielt.

»Es gibt Sägespuren, als sei der Stein beim Bau vor Ort zugeschnitten und präzise in den Gang eingepasst worden.« Aziza zeigte ihm ein Foto, das einer der Apparate auf dem Tisch ausgedruckt hatte. Sie war fast so groß wie er, schlank, mit vollen, nicht zu üppigen Brüsten, die von ihrem weißen Overall nicht verborgen werden konnten. Augen von einem so hellen, türkisenen Grün hatte Ash noch nie gesehen. Sie strahlte eine Atmosphäre ruhiger Wachheit aus, in der als Kontrast zu ihrer Assistentenaufgabe Unabhängigkeit, ja Überlegenheit mitschwang. Ash fiel auf, dass er keinen anderen Duft als den des frisch gewaschenen Overalls an ihr wahrnahm.

»Die interessante Frage ist, woher der Sand in der kleinen Düne in der Gangmitte kommt«, ließ Ezzat sich vernehmen.

»Was hoffen Sie noch zu finden?«, fragte Ash.

»Wenig. Wir nutzen die Zeit, die wir haben.«

Ash war beeindruckt von der Kaltschnäuzigkeit, mit der das Team, unberührt von der Bedrohung, seiner Arbeit nachging. Vielleicht spürten sie für sich keine Bedrohung. Vielleicht dachten sie, die Aufregung habe nur mit den eingeschleppten Gästen zu tun. Vielleicht hatten sie Recht.

Er nahm das Buch mit auf seinem Weg in die obere Kammer. Als er Fishmans Posten passierte, hatte er wieder das nagende Gefühl, etwas Gesehenes falsch interpretiert zu haben. Prüfend rüttelte er am Gitter zu einem senkrecht neben Fishmans Sitz hinabführenden Schacht. Es war fest verschlossen.

»Ich fürchte, wir können nichts anderes tun, als zu bleiben und bis morgen früh abzuwarten. Halten Sie Ihren Hintern von dem Gitter fern, Zack, sonst fangen Sie sich einen Bolzen ein.«

»Danke, Ash. Sie sind ein echter Freund.«

72

Die Zeit verstrich, seit Stunden saßen sie ratlos in der Kammer. Ash lehnte seinen Kopf zurück an die kühle Granitwand. Hatte er Helen und Tom einen Gefallen damit getan, dass er die nun unweigerlich folgende Verbreitung der Fotos provoziert hatte? *Die Fotos sind die logische Folge der großen Entfernung, die uns voneinander getrennt hatte. Sie stürzt jetzt tot wie ein abgeschnittener Strick auf mich herab.*

Der Kameramann hatte auf einem weißen Tuch Teile einer Spiegelreflexkamera ausgebreitet. Er betrachtete sie einzeln, legte sie zurecht, tupfte sie mit einem weichen Tuch ab und setzte hier und da einen winzigen Tropfen Öl. Der Techniker hatte aus einem Koffer eine Kiste geholt, die mit blauem Samt ausgeschlagen war. Er hatte einen Farbkasten von der Größe einer Zigarrenkiste aufgeklappt. Vor ihm auf dem Boden stand eine Reihe daumengroßer, beigefarbener Figuren. Eine bemalte er sorgfältig, als Ash herantrat und vorsichtig eine von den anderen Figuren in die Hand nahm.

»Mein Bruder hat eine Spritzgussfabrik«, erklärte der Techniker. Es klang stolz.

»Sind Sie das selbst?«, fragte Ash und deutete auf die Figur in seiner Hand. Der Mann nickte.

»Eine Armee?« Wieder ein Nicken.

Ash setzte sich zu Michelle und Maria, die neben den Fernsehleuten saßen. »Die beiden Fernsehleute sind zum Warten ausgebildet«, sagte er.

»Sie sind mir noch eine Geschichte schuldig«, erwiderte Michelle, ohne auf Ashs Bemerkung einzugehen. Sie spielte mit dem blauen Anhänger, der in der winzigen Kuhle zwischen ihren Schlüsselbeinen an ihrem Hals ruhte.

»Ich habe keine Geschichte«, sagte Ash.

»Ich glaube, Sie hatten sie mir auf dem Flug nach McMurdo angekündigt. Jeder hatte dort unten sein persönliches Geheimnis aufzudecken. Erzählen Sie mir davon«, forderte sie ihn auf.

»Meins ist bereits gelöst. Es ist schnell erzählt.« Er zog ein Bild aus der Innentasche seiner Jacke. Michelle lächelte ihn an. Hatte Ash ihre Augen schon jemals so nah vor sich gesehen?

»Meine Familie hat seit dem fünfzehnten Jahrhundert einen größeren Besitz in Cornwall, im Süden Englands, der seit siebzig Jahren nichts als eine Plage ist. Die Eltern meines Vaters hatten den Besitz überschuldet und auf der Basis zweifelhafter Verträge wurde er ihnen abgenommen. Seit er denken konnte, hat mein Vater, der das einzige Kind seiner Eltern war, darum gekämpft, Schloss und Land wieder in den Besitz der Familie zu bringen. Dazu beschäftigte er über dreißig Jahre lang eine Anwaltskanzlei namens Caster & Reglin in Washington, D.C., da die gegnerische Partei in den USA saß. Als er den letzten Prozess gewonnen hatte, war er bei Caster & Reglin so verschuldet, dass der Besitz faktisch der Kanzlei gehörte. Er heiratete Stella Reglin, meine Mutter, die Tochter des Seniorpartners der Kanzlei. Alles schien geregelt. Für eine Generation.«

Ash massierte seine Stirn. Es war still. Niemand gab ein Geräusch von sich. Kein Flüstern. Das Rauschen der Steine war nichts als das eigene Blut im Körper.

»Mein Vater hatte gelernt, dass Drawdykes Castle niemals aus sich selbst heraus das Geld zu seiner Unterhaltung aufbringen konnte. Deshalb war er so glücklich, wie ich ihn weder vorher noch später je gesehen habe, als ich ihm mitteilte, dass ich Cindy Loper, die Tochter des zweitgrößten nationalen Autovermieters in Großbritannien, Thornton Loper, heiraten wollte. Ich hatte Cindy zwei Jahre vorher kennen gelernt, als ich sie bei einer Autokarambolage aufsammelte. Wir hatten eine schöne Zeit.

Jahre nach unserer Hochzeit fiel mir diese Fotografie in die Hand, die ich bereits bei der Ordnung des Nachlasses meiner Mutter in Washington viele Jahre vor meiner Hochzeit gefunden hatte. Jetzt erst war ich in der Lage, zu verstehen, was ich darauf sah.«

Er hielt den beiden das Bild hin. Sie legten die Köpfe zusammen.

»Sie sehen mich als Siebzehnjährigen neben meiner Mutter am Strand von Delray Beach, Florida. Es war der letzte Urlaub, den wir gemeinsam verbrachten. Mein Vater war aus Großbritannien herübergekommen, meine Eltern lebten zu der Zeit schon getrennt. Ich erinnere mich an einen rosafarbenen Kasten von Luxushotel, in dem der Vater meiner Mutter für uns ein Appartement gebucht hatte. Fotografiert hat mein Vater. Im Hintergrund die Strandpromenade. Es sind andere Gäste zu erkennen, insbesondere ein Mann und ein zwölfjähriges Mädchen, die hinter mir stehen. Sie sehen in die Kamera, als wären sie mitporträtiert worden. Wenn Sie genau hinsehen, bemerken Sie, dass das Mädchen die Hand leicht zum Winken angewinkelt hat. Als ich nach dem Tod meiner Mutter das Bild fand, waren mir die beiden unbekannt. Als ich es vor neun Jahren wieder betrachtete, kannte ich sie inzwischen: meine Frau Cindy und ihr Vater.« Ash holte Luft. »Ich liebe Anfänge und ich hasse Fortsetzungen. Was ich für einen Anfang gehalten hatte, erwies sich plötzlich als Erbschaft. Kann man sich Schlimmeres ausmalen? Saddam Hussein hat mich aus meiner Krise gerettet.«

»Sie waren im Golfkrieg?«, fragte Michelle.

»Ich habe mich spontan als Freiwilliger gemeldet, was eine spontane Dummheit war. Ich glaube, mein Vater und meine Frau kennen bis heute nicht den wahren Grund dafür.«

»Das Mädchen dort ist Ihre Frau?«, versuchte Michelle zu verstehen und nahm das Bild in die Hand.

»Dreizehn Jahre, bevor ich sie kennen gelernt habe.« Ash nahm das Bild zurück und steckte es ein.

»Warum hat Ihr Vater das Foto aufgenommen?«, fragte Michelle und sah Ash an.

»Das ist die Frage, die mich am meisten irritiert. Vielleicht war es eine Dokumentation, ein Vertragsbestandteil des von ihm in meiner Kindheit für mich getroffenen Arrangements. Vielleicht der Übermut, die Dinge im Griff zu haben.« Es hielt Ash nicht auf dem Boden. Er stand auf und ging ziellos umher.

»Setzen Sie sich«, sagte Arvin müde von der anderen Seite. »Sie machen uns noch verrückt, bevor wir umgebracht werden.«

Ash ging zu ihm und ließ sich nieder.

»Beruhigen Sie sich, Ash. Was immer Sie aufgeregt haben mag, denken Sie daran, dass wir hier über unendliche Zeit verfügen«, sagte Arvin leise, den Rücken gegen die Quader gelehnt. »Die Natur wird zweieinhalb Millionen Jahre brauchen, um die Pyramide durch Erosion einzuebnen.«

»Gute Aussichten für uns.« Ash hatte keinen größeren Bedarf an weiteren Unterhaltungen.

»Viel mehr als warten können wir im Augenblick nicht tun. Er sitzt dort unten. Wir haben Luft genug. Die Zeit arbeitet gegen ihn, weil er von außen gestört werden wird. Je mehr er am Eingang umbringt, desto mehr fällt er auf. Wenn wir bis zehn Uhr früh durchhalten, kommt Hilfe.«

»Sind Sie sicher?« Ash blieb skeptisch.

»Es kommt immer irgendwann eine Hilfe. Das ist die Erfahrung, zu der mir Hastren verholfen hat.«

»Wieso Hastren ?«, fragte Ash.

»Er hat mich vor vielen Jahren gerettet.«

»Erzählen Sie. Ich habe zufällig Zeit.«

»Meine Eltern besaßen ein Fotoatelier in Gaspé, einem kleinen Kaff am St. Lorenz-Strom im Nordosten von Quebec. Wir waren in den Ferien in unser Sommerhaus an der flachen Mündungsbucht des Saint-Jean-Flusses südlich von Gaspé gezogen. Es war eine herrliche Zeit, aus der für mich der Duft von Meer und Fisch für immer mit Sommerhitze verbunden bleibt. Unser Haus stand direkt am Wasser, vielleicht einen Meter oberhalb des Wasserspiegels des Lorenz-Golfes. In dem Sommer, von dem ich rede, muss ich sechzehn gewesen sein. Ich sollte nach den Ferien auf ein katholisches College in Quebec gehen und war entschlossen, mich ein letztes Mal von der Familie bedienen zu lassen.

Ich hatte am Abend mit meinem Vater am Meer gesessen und ihm zu verstehen gegeben, dass es nicht mein Lebenstraum sein würde, sein Fotoatelier in Gaspé zu übernehmen. Es wurde kalt, der Wind aus Südost frischte auf. Die Schiffe, die aus dem Atlantik durch die Cabot-Straße an uns vorüberzogen, suchten sich geschützte Plätze, um über Nacht vor Anker zu gehen. Nahe bei uns ging die ›Exxon Lagoas‹ vor Anker, ein Rohöltanker wie eine nahe Großstadt.

Der Himmel bezog sich, ein Sturm kam auf, der schubweise zu einem Orkan anwuchs. Alle mussten raus, um am Haus festzuzurren, was nur irgend ging, meine Mutter, mein Vater, mein Bruder und ich. Als ich im Bett einschlief, kam ich mir vor wie in einem ratternden Zug, der von einer stampfenden Lokomotive durch ein geteiltes Meer gezogen wurde.

Ich erwachte in einem Alptraum, in dem ich am Boden eines abgrundtiefen Sumpfes steckte. Ein Sumpf aus Öl, so zäh wie Teer. Nacht. Gestank. Durch alle Öffnungen meines Körpers drang der stinkende Petroleummorast in mich ein. Um mich tobten Haustrümmer in trägen Wirbeln. Reflexartig presste ich alle Körperöffnungen zusammen und klammerte mich an ein über meinem Bett hängendes antikes Fischernetz mit Dutzenden daran befestigter Glaskugeln.

Ich habe keine Ahnung mehr, was im Einzelnen weiter geschah. Mir wurde berichtet, dass ich fast hundert Meter weiter landauf in mein Fischernetz verknotet gefunden wurde, am Rand einer Schutt- und Teermoräne.

Von unserem Haus war nichts mehr übrig geblieben, nichts, was ich mir von meinen Eltern oder meinem Bruder noch hätte ansehen wollen. Das einzige Bild, an das ich mich erinnere und das ich niemals vergessen werde, ist diese stinkende flughafengroße Asphaltebene, die sich langsam bewegte, als würden darunter Flugzeuge stecken, die verzweifelt versuchten zu entkommen, im Hintergrund wie ein gekippter ausgebrannter Terminal der aufgebrochene Tanker. Seit diesem Sommer war ich nie mehr dort an der Küste. Ich könnte den Gestank nach Petroleum nicht ertragen, der seither in mein Gehirn eingewachsen ist und sich meldet, wann immer ich mich meiner Heimat oder einer anderen Gefahr nähere.

Lance Hastren arbeitete zu der Zeit als Experte bei Quebec Mutual Life, die damals unseren Fall bearbeitete. Ich habe als jugendlicher Vollwaise mehr als zwei Jahre bei ihm und seiner Mutter gelebt. Allmählich bekam ich das Gefühl, dass das Unglück meinen Schutzengel miterzeugt hatte.«

Ash hatte sich hingesetzt, er lehnte sich zurück an die Wand. »Das Unglück ist da. Ich sehe keinen, der als Schutzengel aufgetaucht wäre.«

»Wenn es jemanden gibt, der wie einer aussieht, ist sie es.« Arvin deutete mit einem Kopfnicken hinüber zu Maria.

Sie saß an der Längsseite zwischen Apparaten und Aluminiumkisten der Fernsehleute neben Michelle. Links und rechts über ihr klebten die weißen Papiere mit der Osiris-Figur und der Pyramidenskizze an der Wand. Sie saß da in Jeans und weißem T-Shirt mit langen Ärmeln, die blonden Haare lose hochgesteckt, ein Buch auf den Knien, in dem sie zeichnete oder schrieb. Zu ihren Füßen lag die Spielzeuggeige.

»Sie ist ein erstaunliches Mädchen«, sagte Arvin. »Sie hat eine merkwürdige Beobachtung in der Station dort unten in der Antarktis gemacht.«

Arvin erzählte, was Michelle ihm an Bord des Fliegers nach Kairo von Marias Beobachtung berichtet hatte. »Ich frage mich, was so wichtig gewesen sein kann, dass Stensen sich entschlossen hat, die Karte in letzter Sekunde zu entfernen.«

»Sie muss sehr wichtig gewesen sein. Für wen? Für die zu erwartende Spurensuche in der Station?«, fragte Ash.

»Ein Hinweis auf das Motiv des Überfalls? Ein Hinweis auf die Beschäftigung, der sie dort nachgegangen waren?«, ergänzte Arvin.

Maria sah auf. Ash winkte sie herüber. »Es ist der einzige Hinweis, den wir allen anderen, die bisher erfolglos waren, voraushaben. Wir werden daraus etwas lernen, Bob, verlassen Sie sich darauf.« Maria setzte sich zu ihnen.

»Wir denken über deine Beobachtungen in der russischen Station in der Antarktis nach«, sprach Arvin sie an.

Maria wirkte, als habe sie die Frage nicht gehört. Sie blickte in Richtung des Ausgangs der Kammer. »Meinen Sie, dass Stensen einfach dort unten wartet, bis der Tag anbricht, und dann verschwindet?«

»Die Barriere hält ihn genauso fest wie uns«, sagte Ash. »Wir brauchen nur den einen Zugang zu beobachten.«

»Was hat er geglaubt? Dass wir vor Schreck sterben? Er muss noch etwas vorhaben. So ergibt es keinen Sinn.« Maria schüttelte verwirrt den Kopf.

»Vielleicht verstehen wir besser, was er wirklich vorhat, wenn wir verstehen, was sie im Eis bei *Granka 3* wollten. Willst du uns dabei helfen?«, fragte Arvin sie leise und ruhig. »Ja«, antwortete Maria.

»Erzähle uns möglichst genau, was in der russischen Station auf der Wandkarte zu sehen war, bevor er sie abgerissen hatte.«

Maria schloss die Augen. Sie zog ihre Haare fest hinter dem Kopf zusammen und band ihren Knoten im Genick neu.

»Es waren einzelne Punkte«, begann sie. »Daneben standen Zeichen oder Zahlen. Es waren mehr als vier, aber bestimmt weniger als zehn Punkte. Kann sein, dass da Striche waren. Ja. Ich bin sicher, es gab Linien, die von *Granka 3* auseinander liefen. Auf jeder Linie lagen gleichviele Punkte. Jeweils drei oder vier.« Sie öffnete die Augen. »Es ist schwer. Carl ist dazwischen. Je mehr ich an die Karte denke, desto mehr verschwinden die Punkte und Carl taucht auf.«

»Danke, Maria. Möglicherweise hast du uns sehr geholfen.« Ash rutschte zur Seite. Michelle war zu ihnen gekommen. Sie setzte sich neben Maria.

»Was können die Punkte bedeutet haben?« Ash sah Arvin an. Der stand auf und kramte in seinem Koffer. Er kam mit einer Karte der Antarktis zurück, in der der Ort seiner Bohrung in den Latady Mountains eingetragen war. Er legte sie Maria vor. Sie dachte lange nach, bevor sie vier Punkte machte. »Es war ein anderer Maßstab. Die Karte war viel größer. Ich weiß genau, dass sich alle Punkte in dem Viertelkreis links unten befanden. Hier.«

»Bohrungen. Sie haben Bohrungen niedergebracht. Wenn die Linien, die Maria gesehen hat, die Fahrtrouten der beiden Kharkovchankas zu den Bohrungen waren, kann die Arbeit nur im Sommer erledigt worden sein. Sie hatten weniger als sechs Monate für sechs oder acht Bohrungen. Wenn die Lage der Punkte einigermaßen stimmt, haben sie mit jedem der Raupenfahrzeuge bestimmt 1500 Kilometer zurückgelegt. Das sind allein für die Fahrten hin und zurück sechs Wochen. Das heißt, sie haben Heißwasserbohrungen an den Punkten durchgeführt.«

»Heißwasserbohrungen?« Ash hielt seine Hände mit gespreizten Fingern in der Luft, ohne dass sie sich berührten.

»Dabei wird mit heißem Wasser und starkem Druck ein Bohrloch großen Durchmessers aus dem Eis gespült. Auf diese Weise erreicht man schnell große Tiefen«, erklärte Arvin.

»Was kann man damit untersuchen?«, wollte Ash wissen.

»Nicht viel. Im Wesentlichen den Boden am Grund des Eises, wo man dann Proben entnehmen kann.«

»Nehmen wir an, sie haben die Besatzung überfallen und ausgetauscht, um etwas anderes zu tun als deren *Amyan-D*-Projekt fortzuführen. Wissen Sie dazu etwas, Bob?« Ash hatte Feuer gefangen, dies war die Arbeit, in der er der Spezialist war.

»Im *Amyan-D*-Vorhaben wurden Sensoren im Eis deponiert. Teilchenzähler auf einem viel enger begrenzten Raum. Die Anlage war längst installiert, dem Team standen lediglich weitere Messungen bevor. Keine neuen Bohrungen.« Arvin antwortete ohne das Gefühl, einer heißen Information auf der Spur zu sein.

»Sie haben etwas anderes gesucht, richtig?«, fragte Ash.

»Wahrscheinlich«, antwortete Arvin widerstrebend.

»Haben sie es gefunden?«, wollte Ash weiter wissen.

»Sieht so aus«, sagte Arvin. »Sonst hätten sie bestimmt nicht die Ortsangaben vernichtet, um ihre Entdeckung vor uns zu verbergen.«

»Das ergibt keinen Sinn, Bob. Sie wissen besser, wie gleichförmig kalt, weiß, stürmisch da unten alles ist. Die Pünktchen hätte man niemals wiederfinden können. Jeder misst dort am Ende von Bohrungen irgendetwas, ob einen Meter weiter hier oder dort ist unerheblich. Ich kann mir kein Messergebnis vorstellen, für das es sich lohnte, eine Mannschaft zu massakrieren. Sie müssen etwas Reales gesucht haben. Und gefunden.« Ash sah Arvin aus zusammengekniffenen Augen an, seine Hände schwebten in der Luft. »Haben sie es erst im letzten Bohrloch gefunden? Nicht anzunehmen, die Verteilung der Löcher ist zu symmetrisch.« Ash schien jetzt mit sich selbst zu reden. »Sie waren genau dort geplant und zwar von Anfang an. Alle sechs oder acht. Wozu dann so viele Löcher? Und Sie sagen, dass sie nicht die Zeit hatten, in den Boden hineinzugehen, richtig?«, wandte er sich wieder an Arvin.

»Richtig.«

»Sie können also kaum etwas von der Art gefunden haben wie Sie in Latady Camp, richtig?«

»Stimmt.«

»Oder Mineralien, Erdöl oder sonst was?«

»Richtig.«

»Wenn sie nichts herausgeholt haben, wenn Messungen nicht bei *Amyan-D* anstanden, was hätten sie sonst tun können? Etwas verstecken vielleicht. Etwas im Eis deponieren?« Ash lehnte sich zurück und legte die Hände auf die Beine. Dann redete er weiter. *Das ist es, wir haben das Niemandsland entdeckt.* »Sie haben dort unten etwas deponiert, von dem selbst die grobe Lage nicht bekannt werden sollte. Weitere Messgeräte können es damit nicht gewesen sein.«

Arvin wurde blass. Er sah Ash an und starrte auf die Karte in seiner Hand. Er schwieg lange. Es war still, die anderen sahen Arvin an. Sie wussten, dass er etwas sagen würde. Als er es tat, war seine Stimme rau. »Die größte Scheiße der Welt. Ein *Heinrich-Event*. Sie haben Recht. Ich weiß jetzt, was am 4. Februar losgehen wird.« Er blickte in die Runde. »Unter gar keinen Umständen darf Stensen zulassen, dass auch nur einer von uns lebend hier rauskommt.«

73

Arvin hatte es geschafft, von den Fernsehleuten eine Thermoskanne mit Kaffee aufzutreiben. Er goss den Kaffee in den Deckel, reichte ihn herum und hielt den anderen einen Vortrag.

»Über der Stabilität des Weltklimas schwebt ein Damoklesschwert, das Westantarktische Eisschild, abgekürzt WAIS. Es haftet an einem Kontinentalsockel, der bis zu zwei Kilometer tief unter dem Meerespiegel liegt. Die unterste Schicht nähert sich durch den Druckanstieg der darüber wachsenden Eismassen der Druckschmelze, das heißt der Konsistenz eines Gleitmittels. Schon heute fließen hier die Gletscher bis zu fünfhundert Meter in einem Jahr, schneller als sonst wo auf der Welt. Außerdem hat man dort in den letzten Jahren die Spuren einer gigantischen Caldera in der Eisoberfläche entdeckt. Ausgerechnet an der schwächsten Stelle, dort, wo alles ins Rutschen geraten kann, liegt unter dem Eis ein mächtiger Vulkan.«

»Und?«, fragte Ash.

»Wenn WAIS in einem *Heinrich-Event* ins Rutschen kommt, treibt das Eis über dem Meerespiegel auf und reißt ab.«

»Und?«

»Das Eis der Westantarktis rutscht in die Weltmeere. Ähnliches ist vor einhundertfünfzehntausend Jahren mit den nordamerikanischen Gletschergebirgen geschehen.«

»Und?« Ash wurde immer ungeduldiger. »Lassen Sie sich doch nicht alles einzeln aus der Nase ziehen, Bob.« Ash hatte Arvin noch niemals so ernst, so zu Tode erschüttert und erregt gesehen. Was ihm die Nerven raubte, war, dass sich Arvins Erregung in Bedächtigkeit äußerte.

»Ich bin Ihnen zu langsam? Sie glauben, was nicht schnell geht, wird nichts? Ich sage Ihnen, das Überleben des Menschen ist gefährdet, weil er nicht langsam genug ist. Er denkt zu schnell und versteht deshalb nichts. Wie Sie. Was ich Ihnen jetzt sage, ist wahrscheinlich das Wichtigste, was Sie je gehört haben. Machen Sie mir die Freude und hören Sie einfach nur zu.« Ash machte eine beschwichtigende Handbewegung und blieb still.

»Der damalige Abbruch der nordamerikanischen Gletscher war der Beginn dessen, was wir auf der Nordhalbkugel die *Weichsel-Eiszeit* nennen, ›unsere‹ Eiszeit, die mehr als hunderttausend Jahre andauerte. Wie wir heute wissen, ist das Klima auf der Welt damals innerhalb weniger Jahre umgeschlagen. Reißt WAIS tatsächlich ab, würde der Meeresspiegel um etwa sieben Meter ansteigen. Städte wie Washington oder New York, wie London oder Amsterdam, wie Bangkok oder Manila würden dann unter Wasser liegen. Ganz zu schweigen übrigens von den Flutwellen, die um die Welt laufen, wenn ein Kubikkilometer Eis von den Felsen herab ins Meer stürzt. Jeden Tag. Einhundert Jahre lang.«

Arvin nahm seinen Filzstift. Schwungvoll zeichnete er einen Kreis in die Mitte der Punkte. »Das ist der Trigger. Der Vulkan unter dem Eisschild. Sie haben vor, WAIS abzusprengen.« Er knallte den Rotstift auf das Blatt.

»Wie war das? ›Am 4. Februar beginnt, was noch in fünfzig Jahren nicht beendet sein wird‹«, murmelte Ash. »Djurvakins Bemerkung Eisenstatt gegenüber.«

»Verabschieden Sie sich von der Welt, die Sie kennen«, sagte Arvin düster.

»Warum wollen die das tun?«, fragte Maria, »wer sind die überhaupt?«

»Wir wissen nur eins über sie«, erwiderte Ash trocken, »sie leben mit Sicherheit nicht an einer Küste.«

Eisenstatt stand stumm neben ihnen. Er ging in die Hocke herab, sein Gesicht nah vor Arvin: »Bob, wir sollten die Zeit nutzen, die uns der Verrückte da unten zum Arbeiten gibt. Wir werden Ihren Part jetzt aufzeichnen.«

Arvin sah ihn mit versteinerter Miene an. »Jetzt?«

»Es ist alles vorbereitet. Haben Sie Probleme damit?«

»Es könnte nicht besser passen«, seufzte Arvin. »Sie ahnen nicht, wie ernst ich das meine, Leroy.«

74

Auf die Leinwand war ein Teil von Arvins Bohrkern in Großaufnahme projiziert worden. Vor der blauen Wand stand Eisenstatt und strahlte.

»Das Team von Professor Arvin hat Proben des Bohrkerns aus dem Boden unter dem Eis von Palmer Land in der Westantarktis an Dutzende von Labors in aller Welt versandt. Die eintreffenden Analysen erlauben weitere Schlussfolgerungen, die das Bild dieser fremdartigen und einsamen Vorzeitkultur schärfer werden lassen. Professor Arvin.«

Eisenstatt machte die blaue Wand für Arvin frei. Michelle und Maria flüsterten miteinander, Ash blätterte in seinem Buch, Arvin trank einen Schluck Wasser.

»Ich bitte darum, dass jemand das verschüttete Waschbenzin aufnimmt. Ich möchte keine Feuersbrunst in der Kammer erleben.« Die anderen sahen sich verwirrt an. Ash setzte sich auf. Heißes Blut stieg ihm in den Kopf. Der Techniker war mit seinen Apparaten beschäftigt. »Alles okay.«

»Gut, machen wir weiter«, sagte Arvin plötzlich beruhigt.

Es roch nicht nach Benzin.

»Uns liegen die ersten Ergebnisse von Lumineszenzanalysen des Materials in dem Kern vor«, begann Arvin seine Erklärungen vor der Fernsehkamera. »Die ermittelten Werte liegen in ihrer Mehrzahl zwischen zwanzig- und dreizehntausend Jahren vor heute. Für einige Proben aus den untersten Schichten wurden Werte aus der Zeit von vor vierzigtausend Jahren ermittelt. Eine weitere besondere Spur ergab sich aus der Untersuchung der organischen Schichten, die wir in regelmäßigen Abständen zwischen Stein, Keramik und einer Art Betonzement fanden, wie wir es aus der Zeit um Christi Geburt von den Römern kennen.« Die organische Schicht erschien vergrößert auf der Leinwand.

»Wir sahen uns die innere Struktur des extrem komprimierten Materials an und stießen auf eine Wabenstruktur, die die Meeresbiologen in Woods Hole in den USA als Blätter der Riesenseetangpflanze *Macrocystis pyrifera* identifizieren konnten. Sie wächst pro Tag bis zu einem Meter, unter anderem auf Felsen vor den Küsten Neuseelands und Südamerikas. Sie wird bis zu dreißig Meter lang und muss in den Wellen der Küstengebiete extrem hohen Belastungen standhalten können. Nach der Lage der Lamellen in den flachgepressten Schichten simulierten wir den Originalzustand und kamen zu dem folgenden Ergebnis.«

Schicht um Schicht wuchs aus einer der flachen Scheiben, von Form und Größe eines halbierten Bierdeckels. Ein Maßstab wurde eingeblendet. Aus einer zehn Zentimeter dicken Schicht war ein achtzig Zentimeter dicker Block entstanden.

»Ein Balken. Leichtbau, ähnlich dem, der bei der Konstruktion von Flugzeugtragflächen zum Einsatz kommt. Sie sehen, dass der Block aus mehr als zehn verschiedenen hochkant orientierten Schichten mit jeweils gegenlaufenden Lamellenausrichtungen verleimt worden ist. Ein Balken von Gewicht und Tragkraft eines Carbon-Verbundelements. Wir haben zweiundfünfzig dieser Balkenlagen gefunden. Welche ungeheure Last, so fragen wir uns, mussten sie halten?

Es stinkt. Ein Motor ist ausgelaufen. Ein Kanister mit Reinigungsbenzin. Ich schwöre es. Tut hier keiner etwas?«

Arvin sah in die erschütterten Gesichter um sich her. Er wurde blass. »Ihr riecht nichts?« Die anderen schüttelten mit dem Kopf.

Ash hatte eine Seite aufgeschlagen, die die Königskammer im Querschnitt zeigte. Er winkte Hastren herbei.

»Was ist das?« Ash deutete auf die in fünf Etagen angeordneten unregelmäßigen Flächen, die oberhalb der Kammer schraffiert waren.

»Die Entlastungskammern«, antwortete Hastren.

»Kann man sie betreten?«

»In vier Meter Höhe am oberen Ende der Großen Galerie gibt es einen Kriechgang, über den man sie erreichen kann.«

»Geben Sie mir Ihr Mikrofon«, sagte Ash. »Zack?«, fragte er hinein.

»Ja?«

»Gibt es eine Bewegung bei Ihnen?«

»Nein.«

»Gut. Stellen Sie sicher, dass Ihr Rücken zur Wand zeigt und nicht in einen Gang. Auch nicht zur Großen Galerie.«

»Ich passe auf.«

Arvin war der Schweiß ausgebrochen. Er trat zu Ash und sah ihn ratlos an. »Ich weiß, dass hier etwas oberfaul ist. In meinem Kopf stinkt es, als hätte ich ihn an der Tankstelle füllen lassen. Es wird etwas passieren. Wir irren uns in einem fundamentalen Punkt.«

»Ich hatte den Verdacht, dass Stensen über uns in den Kammern hocken könnte«, sagte Ash. »Wie aber, zum Teufel, sollte er an Zack vorbeigekommen sein? Machen wir weiter.«

»Meinetwegen. Hauptsache, Sie fummeln nicht mit offenem Feuer vor mir herum.« Arvin stellte sich wieder vor die blaue Wand.

»Zweiundfünfzig Lagen Balkenwerk in Leichtbauweise. Wir wissen nicht, wie hoch die Abstände zwischen den Lagen ursprünglich waren. Die zweite Struktur, die wir rekonstruieren konnten, war das Metallteil, extrem korrodiertes vergoldetes Eisenblech. Wir nahmen an, dass seine Originalformgebung durch Guss oder Heißverformung entstand – im Gegensatz zu der späteren kalten Pressung unter dem Eis. Auf Basis dieser Annahme konnten wir die Originalform aus den unterschiedlichen Kristallstrukturen der verschiedenen Verformungsphasen berechnen. Das Teil war etwa vier Zentimeter lang, zwei Zentimeter stark, rund und innen hohl.«

Auf der Leinwand drehte sich ein vergrößertes Stück unregelmäßig geformten gebogenen Rohres. War es ein Rohr? Teil einer Urne? Der Henkel eines Gefäßes?

»Wenn wir wissen, was dieses Stück gebogenes Rohr, gefunden unter zweitausend Metern Eis der Antarktis, bedeutet«, sagte Eisenstatt mit belegter Stimme, »werden wir wissen, mit wem wir es bei den Leuten von Palmer Land zu tun hatten.«

»Ein Finger«, flüsterte Michelle. »Es ist das Mittelstück eines gebogenen Fingers, der Teil einer Statue.«

Eisenstatt sah sie an wie vom Donner gerührt. Er setzte ihre Rede fort: »Es ist doppelt so lang wie ein natürliches Fingerglied. Für eine Statue in lebensechten Proportionen hieße das, dass sie etwa vier Meter groß gewesen sein muss. Wir haben einen Teil einer vier Meter hohen Statue. Es kommt mitten aus dem Bohrkern, aus Schicht achtundzwanzig.« Er schwenkte aufgeregt mit dem Laserpointer durch die Gegend. Direkt vor Ashs Auge flog der rote Punkt über die Wand. Der *rote Punkt*. Ash sprang auf.

Eisenstatt hatte sich das Mikrofon genommen und stand vorn.

»Die Analyse des Bohrkerns hat eine Sensation ergeben. Neunundvierzig Meter Bohrkern sind der zusammengepresste Rest eines Wolkenkratzers von mindestens zweiundfünfzig Stockwerken und mehr als zweihundert Metern Höhe. Er stand vor vierzig- bis dreizehntausend Jahren dort, wo jetzt ein Gebirge aus Eis auf ihm liegt. Palmer Land, meine Damen und Herren, war nicht ein ›Pompeji des Eises‹, es war das Zentrum der globalen Zivilisation vor dem Beginn einer Eiszeit, die sie ausgelöscht hat.«

»Und davon gibt es Spuren in diesem Bau, und wenn es mich das Leben kostet«, murmelte Hastren.

Leise und ruhig sprach Ash in den entstandenen Tumult. Zu Beginn wurde er nicht gehört, dann verstummten die anderen.

»Wir haben uns geirrt. Die Gefahr ist viel größer, als wir denken. Zack, hören Sie mich? Mr Priotti?« Die Antworten kamen prompt über den Lautsprecher.

Auf der Leinwand wurde Schicht um Schicht der Balkenlagen und der Zwischenräume angehoben. Ein unglaubliches Bauwerk im Felsenkessel der Latady Mountains ließ sich ahnen. Balken, Fußböden, Steinschichten, Mosaike.

Ash stand darunter, das aufgeschlagene Buch in der Hand. Er setzte seine Rede fort. »Die Barriere ist nicht besetzt. Sie ist über einen Auslöser gesteuert worden, vielleicht über eine Lichtschranke. Daher die Technikbehälter in der Felsenkammer. Deshalb der Beschuss mit einer großen Menge an Bolzen, er konnte sich sonst nicht sicher sein, mit einem Schuss zu treffen. Nachdem er sie gebaut hatte, schaltete er die Barriere von dieser Seite aus über Funk scharf. Zu keinem Zeitpunkt saß er selbst dahinter. Walker hatte er im Gang zu dieser Kammer abgelegt, um uns abzulenken und sich frei durch die Große Galerie bewegen zu können. Er saß von Anfang an in einer der Etagen direkt über unseren Köpfen.«

Stille.

»Zack, wir werden etwas unternehmen«, sagte Ash. »Ich komme zu Ihnen hinunter.« Die Zeit zum Abwarten hatten sie in Wirklichkeit niemals gehabt. Die verbleibenden Stunden bis zum Morgen schmolzen dahin. Stensen verfolgte einen Plan, der völlig anders aussah, als sie gedacht hatten. Der Zeitpunkt seines Handelns war nahe gerückt. Ash machte sich auf den Weg.

75

Marias Atem ging schwer. Am Ende der oberen Kammer setzte sich Eisenstatt neben sie und Michelle. »Ich habe eine Tochter, die vor einigen Jahren in deinem Alter war. Als sie nach dem Tod ihrer Mutter so traurig war, habe ich ihr nächtelang Geschichten erzählt, bis sie einschlafen konnte. Magst du eine Geschichte hören, auch wenn du schon erwachsen bist?«

»Ja«, ließ sich Maria vernehmen, »ich bin gerade nicht in der Stimmung, erwachsen sein zu wollen.«

»Vor vielen Jahren gab es bei Jonesport an der Küste von Maine einen Leuchtturmwärter, der Neville hieß. Mit seinem Licht warnte er die Schiffe draußen im Meer vor Sandbänken und Riffen an der Küste. Jede Nacht folgte ein gigantischer schwarzer Vogel den Lichtstrahlen über das Meer. Vielleicht hielt er sie für Beute, die er fangen wollte. Vielleicht jagte er Insekten, die in dem Lichtschein flogen. Eines Nachts musste er entdeckt haben, woher das Licht kam. Er ließ sich auf dem Dach des Leuchtturms nieder und hackte mit dem Schnabel in das Glas, bis es zerbrach. Neville nahm den Kampf gegen den Vogel auf, um das Licht des Scheinwerfers zu schützen. Er verlor den Halt, stürzte auf den Felsen hinunter und war tot. Nach wenigen Schnabelhieben erlosch das Licht.

Von nun an zog der Vogel, die Jagd nach dem Licht gewohnt, jede Nacht allein in der Dunkelheit seine Bahn auf dem Weg, den früher der Lichtstrahl über das Meer genommen hatte. Die Seeleute auf ihren Schiffen richteten sich, wenn sie vor der Küste von Jonesport in Sturm und Dunkelheit darauf angewiesen waren, die Sandbänke und Riffe zu umschiffen, nach dem Auftauchen eines großen schwarzen Vogels, der sich für Sekunden wie der Schein eines schwarzen Leuchtturms auf ihrem Deck niederließ. Sie nannten ihn ›Nevilles Schatten‹, auch wenn bald keiner mehr wusste, warum.«

Er drückte Marias Hand. Sie lächelte ihn an.

»Du schläfst noch nicht?«, fragte Eisenstatt.

»Ich habe Angst. Sitzt Stensen wirklich genau über uns? Ich weiß, dass wir seine Pläne nicht durchschaut haben. Deshalb haben wir auch keine Ahnung, was er als Nächstes vorhaben könnte. Müssen wir sterben, nur weil Michelle und ich ihm irgendwo am Ende der Welt auf einem Schiff begegnet sind?« Sie sprach mit ruhiger Stimme.

»Es ist jetzt eine halbe Stunde nach Mitternacht. Wir müssen nicht mehr lange durchhalten, spätestens morgen früh kommt Hilfe. Ich werde dir aus der Geschichte von Palmer Land berichten. Vielleicht schläfst du dabei ein.«

Maria legte sich hin, den Kopf in Michelles Schoß.

»Die Leute von Palmer Land lebten in einem Paradies, umgeben von einem warmen Meer, am Fuß eisbedeckter Gebirge. Sie waren von allen anderen Kontinenten so weit entfernt, dass sie für Tausende von Jahren unter sich bleiben mussten. Erst als sie die Seefahrt zu meistern begannen, begriffen sie, dass sie in einer unendlichen Welt lebten, die weit und dunkel war wie der Kosmos über ihnen. In ihrer Nähe war diese Welt nichts als ein Ozean, als Wasser und Sturm. Gebirge aus Eis, die von der anderen Seite ihres Kontinentes herkamen, kreuzten in ihren Gewässern gegen den Wind.«

Das Mikrofon an Eisenstatts Revers war angeschaltet und hatte Priotti aus der unteren Kammer herbeigelockt. Er hockte sich vor den Sarkophag und hörte der Erzählung zu.

»Eine lange Reise von ihnen entfernt gab es im ewigen Eis, das einen Teil ihres Kontinents bedeckte, einen Ort, an dem die Sonne am Himmel einen vollkommenen Kreis beschrieb. Bald verstanden sie, dass das geheimnisvolle Universum aus Wasser und Sturm, das sie umgab, sich um die Mitte dieses Kreises drehte und die Kugelgestalt eines Wassertropfens hatte, an dessen Oberfläche sie lebten.

Sie entdeckten, dass es zwei Tiere ihrer Umgebung vermochten, diese unendlich große Kugel zu umrunden: Albatrosse, die dicht über den Wellen hinglitten, ohne eine Feder zu rühren, und Wale in den Tiefen des Meeres. In deren um den Erdball reichenden Gesängen wurden die Menschen von Palmer Land groß wie in einer fremdartigen Kirchenmusik. Diese Tiere nahmen sie sich zum Vorbild und brachen auf in die Weite der Rätsel, die sie umgaben.«

Bei dem letzten Satz durchlief Priotti ein heftiger Ruck.

»Wale haben zwanzig Herzen«, murmelte Maria und lächelte, bevor sie einschlief. Ihre Hand sank auf Eisenstatts Hand. Er brachte die Geschichte zum Abschluss.

»Ferne Küsten, fremde Inseln, seltsame Pflanzen, nie gesehene Tiere und unbekannte Gewürze. Es war eine dunkle, wilde Welt, die sie fanden. Sie bildeten darin wie eine einsame Sonne den ersten Punkt erwachender menschlicher Zivilisation.«

»Gesänge wie Kirchenmusik«, murmelte Priotti. »Zwanzig Hertz – das Dröhnen ihrer Rufe in den Ozeanen.« Er wurde blass, sprang hektisch auf und verschwand in Richtung der unteren Kammer.

76

Fishman begrüßte Ash mit einem Vorschlag. »Dort oben können wir Stensen aushungern. Er hat nur einen Zugang.«

»Und er hat alle möglichen Waffen und keine Skrupel. Was wollen wir tun, wenn er sich von oben herunterwagt?

Nicht oben liegt die Rettung, sondern unten, an der unbesetzten Barriere. Dort müssen wir unsere Chance nutzen.« Ash rüttelte an dem Gitter. »Wir brechen das Gitter auf, klettern durch den Schacht nach unten, umgehen die Barriere und entschärfen sie von hinten. Der Vorteil ist, dass wir ihn oben in seiner Kammer schmoren lassen können, bis wir Hilfe geholt haben. Milizen, voll gepackt mit Maschinenpistolen, werden ihn dann dort oben herunterpflücken.«

»Und wer klettert, sollten wir es schaffen, das Gitter zu öffnen, in den Schacht hinunter?«, wollte Fishman wissen.

»Wer schon? Der Vorschlag kam schließlich von mir.« Ash hatte das Gefühl, einen unstillbaren Durst auf Heldentaten zu entwickeln.

»Ich werde mich vorher mit Ezzat treffen, der die praktischen Details der Pyramide am besten kennen dürfte. Anschließend werde ich mich mit Maria und Michelle Schneider unterhalten, die als Einzige einen Kampf mit Stensen geführt haben.«

In der unteren Kammer herrschte Aufregung. Hastren und Ezzat debattierten über ägyptische Mythologie. Sie stritten über ein Buch gebeugt, in dem große Reproduktionen ägyptischer Wandmalereien abgebildet waren. Aziza Salmawi und Priotti präparierten den Roboter für einen neuen Gang.

Ash unterbrach die beiden in dem Augenblick, als Ezzat sagte:

»Man kann zu den Geheimnissen dieses Bauwerkes nur vordringen, wenn man die mythologischen Konzepte versteht, nach denen es gebaut wurde, nicht indem man die Wände abklopft. Mr Kenelly?«

Ezzat wandte sich ihm zu. Ash fragte nach dem senkrechten Schacht, neben dem Fishman seine Position bezogen hatte.

Ezzat nestelte an seinem Gürtel. »Sie meinen den Luftschacht zur Felsenkammer. Siebzig mal siebzig Zentimeter im Querschnitt und an die vierzig Meter tief. Klemmen Sie sich gut fest. Wenn Sie fallen, sind Sie erledigt.« Er förderte aus der Tasche seines Overalls ein Schlüsselbund zutage, von dem er einen Schlüssel entfernte. »Der Generalschlüssel für die Absperrungen in dieser Pyramide. Vergessen Sie nicht, ihn mir zurückzugeben.« Ohne Ash noch eines Blickes für würdig zu erachten, wandte er sich wieder Hastren zu.

Michelle führte Marias Handbewegung an der perfekt gehaltenen Spielzeuggeige, als Ash in der Königskammer auftauchte.

»Sie sind die Einzigen, die Erfahrung im Umgang mit Stensen haben«, sagte er. »Ich habe vor, durch den senkrechten Schacht nach unten vorzudringen und die Barriere von hinten wegzuräumen. Er sitzt auf unserer Seite der Barriere. Oben über unseren Köpfen. Es gibt nur einen Zugang dorthin, den Zack Fishman im Auge hat.«

»Die kurze Erfahrung, die wir mit Stensen gemacht haben, reicht uns für den Rest unseres Lebens. Er scheint es zu lieben, ganz allein eine größere Gruppe zu töten, immer schön einen nach dem anderen. Seine Waffen sind Angst und Verwirrung.« Die Erinnerung ließ sie zittern, aber sie fuhr fort: »Die Brutalität seiner Morde und das Ausstellen der Opfer sollen Angst erzeugen. Als wir auf ihn trafen, hat er unentwegt geredet. Kommunikation ist bei ihm nur dazu da, Angst und Verwirrung zu steigern. Er lässt uns das Licht, er lässt uns die Kameras und die Kommunikation. Er wird mit Sicherheit eine Gelegenheit herbeiführen, wo wir hier auf der Leinwand einen schrecklichen Mord sehen werden und nichts tun können, um zu helfen. Dann erst wird der Zeitpunkt kommen, an dem er uns das Licht nimmt und die Möglichkeit zur Kommunikation.« Sie stand auf und ging umher. Sie drückte ihre Fäuste an die Schläfen.

»Seine dritte Waffe besteht darin, mehr Schritte vorauszudenken als seine Opfer. Was wie eine Chance aussieht, ist eine Falle. Und –«, sie trat nah an Ash heran, »was wie eine Falle aussieht, ist eine Falle.« Sie setzte sich.

»Wie haben Sie es geschafft, mit ihm fertig zu werden?«, fragte Ash.

Michelle unterdrückte den Impuls, den Streit über ihre Fähigkeiten in McMurdo anzusprechen. »Wir haben einfach nicht reagiert. Wir haben in der Wut des Augenblickes selbst angegriffen, an unerwarteter, geradezu irrwitziger Stelle.«

»Sie hat Schritt für Schritt mit unserem Selbstmord begonnen.« Maria fieberte in der Erinnerung. »Und sie hat einen Schritt weiter gedacht als er.«

»Nur ein Mal.« Michelle kämpfte mit den Tränen.

Ash musste damit rechnen, dass Stensen ihn am unteren Ende des Schachtes erwartete. Er könnte bewusst an der Barriere den Eindruck erweckt haben, sie sei nicht besetzt. Nur deshalb hatte er Ash verschont, als der herangekrochen war. In Wahrheit saß er von Beginn an auf der anderen Seite des Doppelkreuzes aus Wagenhebern. Ash nahm den Helm des toten Script-Mannes in die Hand. Im Herausgehen winkte er Arvin zu. »Stinkt es noch, Bob?«

»Dichten Sie endlich die Pipeline ab, Ash.«

Er ist auf dieser Seite der Barriere. Ich glaube an Bobs Petroleum-Riecher. Zur Verabschiedung standen Arvin und Fishman neben ihm.

»Wissen Sie, Ash, was ich Ihnen die ganze Fahrt nach Kairo über sagen wollte?«, fragte Fishman. »Mit Ihnen bin ich zum ersten Mal in meinem Leben in einem Mercedes gefahren. Es war wunderbar. Mein Vater war Volvo-Fan. Ich bin in einem Volvo groß geworden. Ich habe in einem Volvo kotzen gelernt. Ein Mercedes, Ash!«

»Heben Sie sich die Details für später auf, Zack. Der Kerl hockt oben und nicht unten. Ich werde die Barriere beiseite räumen, die Pistole wieder mitbringen und durch den anderen Gang zurückkommen.«

»Ganz sicher, Ash.« Fishman sah nicht sonderlich überzeugt aus. Ash band den Helm mit der Lampe an seinem linken Fuß fest. »Für den Fall der Fälle.« Er schaltete den Scheinwerfer ein. Füße voran, ließ er sich in den Schacht hinab.

Im Dämmerlicht der Königskammer lehnten Arvin und Eisenstatt an den Wänden, das Fernsehteam saß auf silbernen Kisten.

»Sie haben die Nabelschnur der menschlichen Zivilisation aus dem Tiefkühlspeicher gezogen, Bob«, sagte Eisenstatt. »Wussten die Leute von Palmer Land, was auf sie zukam? Gibt es Spuren von ihnen und Botschaften für uns, wenn sie den Untergang lange genug voraussehen konnten?«

»Es gibt überall Spuren«, antwortete Arvin. »In alten Karten, in Kalenderrechnungen, in der Mathematik. In allem, was sie als Navigatoren von den unerreichbaren Küsten hinter den südlichen Meeren an die Ränder der nördlichen Kontinente brachten.«

»Aber Botschaften? Botschaften für zwanzigtausend Jahre in die Zukunft? Botschaften, die so verborgen sein mussten, dass sie Bestand hatten, und so klar, dass sie verstanden werden konnten? Botschaften, deren Inhalt den Aufwand lohnte?« Fishman redete per Funk dazwischen: »Jemand sollte mich für einen Moment vertreten. Es ist ein einfacher und ungefährlicher Job, der im Sitzen erledigt werden kann.« Der fette Kameramann meldete sich. Er zog die Brille auf die Nase herunter.

»Was haben Sie vor, Fishman?«, fragte Arvin.

»Ich will nachsehen, ob das Baby, das ich mitgebracht

habe, komplett ist. Es macht mich nervös, es nicht neben mir zu sehen. Haben Sie Interesse an einem Blick in die Trickkiste der US-Army?«

»Warum nicht?«, sagte Arvin.

Zusammen mit Kameramann und Techniker, die ebenfalls Interesse hatten, machte er sich auf den Weg.

Jemand hatte die abgedeckte Leiche Walkers bewegt. Sie schoben sich daran vorbei. Als sie an Fishmans Platz angekommen waren, kehrte der Kameramann um.

»Ich hole was zu futtern«, sagte er, »geht ruhig weiter. Ich habe alles im Blick.« Schwankend wie ein Flusspferd schob er sich die Galerie hoch. Die anderen gingen in die untere Kammer.

Scheppernd verschwanden unter Ash Colabüchsen im Schacht. Es war nicht so eng, wie er in seinen Zwangsvorstellungen, im Stein stecken zu bleiben, befürchtet hatte. Fünfzehn Meter senkrecht nach unten, fünfundzwanzig abgeschrägt tiefer in den Felsen hinein. Der Schacht war perfekt gefügt.

Nichts außer den eigenen Gliedmaßen, das einen Sturz aufhalten könnte. Er gebrauchte seinen Rücken. Er gebrauchte die Unterarme in ihrer vollen Länge. Er gebrauchte die Knie. Er gebrauchte die Füße, den linken nur eingeschränkt. Was immer er gebrauchte, war nach wenigen Metern wund.

Je tiefer er kam, desto größer die Kraftanstrengung, die es ihn kostete, jeden Gedanken an die umgebenden Steinmassen zu verscheuchen. Der Schmerz in seinen wund gescheuerten Gliedmaßen holte ihn in die Realität zurück. Noch war er nicht im Felsen. Noch immer steckte er im Bau der Pyramide über der Erde. Tiefer. Wurde die Luft schlechter? Allein der Gedanke legte ihm einen Ring um den Brustkorb.

Es war eine wirklich großartige Idee gewesen, den

Scheinwerfer am Fuß zu befestigen. Mit der Behinderung beim Klettern hatte er sich eine winzige, um zwei Meter erweiterte Perspektive erkauft. Bewegungsspielräume, die nicht vor viereinhalbtausend Jahren gemauert worden waren, existierten hier nicht.

Er rutschte weiter, nun schräg nach unten. Als sein linker Fuß mit dem Scheinwerfer daran in einer Erweiterung des Schachtes frei baumeln konnte, wusste er, dass er es geschafft hatte.

Von oben rasselte etwas den Schacht herunter. Splitterte. Er zog den Kopf zwischen die Schultern. Neben ihm fiel etwas vorbei. Hatte er richtig gesehen? Eine Brille?

Von Ferne ertönten gellende Schreie. Er blieb, wo er war, und hielt die Luft an. Das Blut rauschte in seinen Ohren. Der Schacht rauschte. Der Felsen um ihn knisterte. Schreie. Sein Name wurde gerufen.

Er wusste nicht, wie lange er brauchen würde, das mit Tonnenkraft verkeilte Doppelkreuz der Wagenheber ohne deren Kurbeln zu beseitigen. Vielleicht gab es eine weitere Barriere, die die erste absicherte. Wenn er oben helfen wollte, musste er zurück, woher er gekommen war. Ein neuer gellender Schrei. Ein Geräusch wie ein Sturz über ihm. Er machte sich auf den Weg zurück nach oben.

»Boah!«, machte Arvin. Priotti, der hinzugetreten war, gab ein begeistertes Kichern von sich. Stolz hatte Fishman seinen Koffer auf einen Klapphocker gelegt. Im sorgfältig ausgesparten Futteral befand sich ein Kontrollpult, das sich nicht sehr von einem Laptop unterschied. Es hatte Kontrollknäufe wie auf der Konsole eines Videospiels. Im Futteral der hochgeklappten Hälfte, von zwei Bändern aus weichem Leder mit Klettverschlüssen gehalten, lag wie ein wertvolles Musikinstrument ein metallisch matt glänzendes Objekt. Es hatte Form und Größe zweier flach aufeinander gelegter Hände.

»Erzählen Sie schon«, drängelte der Techniker Fishman, »was kostet das Ding?«

»Wenn Sie mehr als zwanzig Stück abnehmen, bekommen Sie es für fünf Millionen Dollar pro Stück.«

»Inklusive Entwicklung?«

»Machen Sie sich nicht lächerlich. 180 Millionen, die für die ersten drei Prototypen angerechnet werden. Zahlbar vor der ersten Lieferung.«

»Wir haben es nicht mit Stensen zu tun«, stöhnte Arvin. »Es ist die Mafia internationaler Waffendealer. Sie sind hinter nichts anderem als diesem Ding her. Legen Sie es vor den Eingang und wir haben Ruhe.«

»Was hat es drauf? Lassen Sie mal hören.« Der Techniker rieb sich die Nase.

»Punkt eins: Es fliegt und überwacht in beide Richtungen. Punkt zwei: Es überträgt über die Mikrowellenantenne oder speichert, was es aufnimmt ...«

»Wie schnell fliegt es?«, wollte der Techniker wissen.

»Ab Fußgängergeschwindigkeit ist es in der Luft, um ein Auto verfolgen zu können, schafft es bis zu einhundertzwanzig Sachen.«

Hastren stand neben Priotti und dem Techniker. Fishman konnte in ihren Gesichtern lesen wie in einem Buch. »Seid nicht traurig, Kinder. In fünfzehn Jahren kauft ihr das im Supermarkt, dann könnt ihr damit durch die Schächte der Pyramide sausen.«

Fishman gab der Drohne einen Kuss und verstellte das zwölfstellige Zahlenschloss. Plötzlich ertönte ein gellender Schrei aus der Richtung des Kreuzungspunktes der Passagen. So schnell sie konnten, krochen sie gebückt nach vorn.

Obwohl der Scheinwerfer am Fuß ihn behinderte, ließ Ash ihn dort. Das schwankende Licht unter ihm verhinderte, dass er sich in den Alptraum einer lebendigen Bestattung versetzt fühlte. Er wusste sofort, dass er den Fehler gemacht hatte, an die Worte »Alptraum« und »Bestattung« zu denken. Er hielt inne und atmete schwer. Die Versuchung, den Kopf so lange gegen die Wand zu schlagen, bis ihn wohlige Ruhe umschloss, war groß. »Himmel«, »Sonne«, das waren die Worte, an die er jetzt denken musste. Er kletterte weiter, unter ihm das zitternde Licht, das sein Fuß verbreitete.

Ich hänge hoch oben im Mast auf einem Schiff im schweren Seegang. Es hilft nichts, ich muss rauf, um nach Eisbergen Ausschau zu halten. Die Wellen brechen über das Schiff herein. Die Gischt stiebt bis über den Mast. Ich werde durchnässt. Ich klettere weiter. Ich wische die Nässe ab. Klebrige, sämige Nässe tropfte auf ihn herab. Erst als er tiefer nach oben in die Nässe hineinkletterte, konnte er mit seinem Fuß beleuchten, was von der Wand rann. Rot.

Solange Ash denken konnte, hatte er nicht mehr gebetet. Nicht laut. Nicht in Worten oder in Sätzen. Nicht in einem Stoß an Gedanken, der sich aus seiner Seele Bahn brach.

Er wusste, was kommen würde. In allen Fasern sammelte er Kraft für diesen Moment.

Dann kam die Berührung. Der Kopf. Der Mensch über ihm steckte fest. Mitten im Entsetzen spürte Ash Erleichterung. Es konnte keine der Frauen sein. Alle bis auf den fetten Kameramann wären auf ihn gestürzt und hätten ihn in die Tiefe mitgerissen. Es gab keinen Platz, um an ihm vorbeizukommen. Wenn er hinaufwollte, und er wollte hinauf wie nie etwas zuvor in seinem Leben, musste er ihn Zentimeter für Zentimeter nach oben schieben.

Er drückte sich so unter ihn, dass ihre Schultern quer aufeinander lagen. Den Kopf des Mannes im Nacken, spürte er, wie Blut mit der Stetigkeit des Stroms aus einer geöffneten Warmwasserleitung seinen Rücken hinunterlief. Mit jedem Meter, den er sich mit der Last über ihm höher schob, wurde es um ihn kälter, dickflüssiger, zäher.

Für einen Augenblick hatte er das paradoxe Gefühl, dass der Schrecken seines Weges geringer geworden war. Millimeter für Millimeter würde er sich an Einzelheiten nach oben ziehen.

Der Scheinwerfer löste sich von seinem Fuß und stürzte in die Tiefe. Der Schacht verwandelte sich zurück in Stein. Schwärze. Stille. Ein Grab.

Ash musste sich übergeben. Ekel, Schmerz und Erschöpfung drohten ihn zu überwältigen.

Hatte Fishman nicht gesagt, er habe in einem Volvo kotzen gelernt? Er würde später sagen können, er habe es im Felsen unter der Cheopspyramide gelernt. Er lachte. Er scherte sich einen Teufel um die Gefahr, verrückt zu werden. Er musste den Fettsack auf seinen Schultern nach oben stoßen.

Die Dunkelheit ist besser. Keiner kann mir beweisen, dass es kein Traum ist, in dem ich stecke. Die Drachenschnur schneidet in meine Hand und reißt mich hoch, über mir leuchtet der Drache im Sonnenlicht wie ein Segel. Eine Bö erfasst ihn. Endlich nimmt er mich mit in den Wind.

Maria hatte begonnen, leise auf ihrer Spielzeuggeige zu spielen. *Was geht in dem Mädchen vor*?, fragte sich Michelle. Sie spielte »Schöne Blaue Donau«.

»Wie kommst du darauf, jetzt einen Walzer zu spielen?«, fragte sie entgeistert.

»Ich wollte probieren, wie es ist, wenn man einen Walzer fiedelt und dazu mit der Geige im Arm tanzt.« Sie tanzte einige Schritte umher. »Solange ich es noch kann.«

»Und wie ist es?«

»Es macht Spaß.« Michelle war fassungslos, über welche unermesslichen Reserven dieses Kind verfügte. Eisenstatt war entzückt.

»Können Sie das auch?«, fragte er Michelle.

»Das ist ihre Geige. Ich spiele andere Instrumente.«

»Ich werde eine Aufnahme von ihr machen. Hier in der Kammer.« Eisenstatt nahm das Mikrofon.

»Kamera«, rief er und wandte sich dann an Michelle. »Wir haben die beiden in Kairo angeheuert, hervorragende Experten, die beim ägyptischen Fernsehen arbeiten.« Es blieb still. Er rief noch einmal. Nichts.

»Wir gehen nachsehen«, sagte Michelle.

Eisenstatt ging voran. Sie gingen die Große Galerie hinunter. Neben dem leeren Sitz des Kameramannes lag eine Gestalt am Boden. Als sie näher herantraten, sahen sie die Kehle vor ihnen klaffen wie ein aufgerissenes Maul. Mit dem halben Oberkörper ragte der Tote in den abwärts führenden Schacht.

Neben ihnen wuchs eine Gestalt aus dem Gang zur Königinkammer. Ehe Eisenstatt etwas sagen konnte, lief ein weißer Riss über die obere Hälfte seines Gesichts. Im Zeitlupentempo nahm Michelle wahr, dass sich der Riss rot füllte. Eisenstatt schlug die Hände vor das Gesicht und stürzte sich auf den Angreifer. Michelle und Maria gewannen wertvolle Sekunden. Mit einem Schrei riss Michelle den Klapphocker hoch. Beide schrien ohne Unterbrechung. Maria brüllte ein lang gezogenes »Keeeneellyyy!«

Eisenstatt brach zusammen. Aus seinem Bauch strömte Blut. Ohne zu zielen rammte Michelle dem Angreifer ein Bein des Hockers ins Gesicht. Es musste getroffen haben, sie war auf Widerstand gestoßen. Aus dem Gang zur Königinkammer wurden Rufe laut. Die Frauen brüllten noch immer.

Der Angreifer rannte an ihnen vorbei. Es ging alles so schnell, dass sie ihn nicht erkannten. Im Laufen verpasste er dem Kameramann einen Fußtritt. Langsam sackte der kopfüber in den Gang hinab.

Der Angreifer rannte die Große Galerie hinauf. An ihrem Ende schien er sich an einem Seil in die Höhe zu schwingen und war verschwunden. Die Frauen zitterten. Sie umarmten sich. Aziza war gekommen und legte ihre Arme um sie.

»Was war los?«, fragte sie.

»Wir müssen etwas für Eisenstatt tun«, sagte Michelle. »Er hat uns das Leben gerettet.«

Oben wurde es heller. Jemand griff nach den Beinen des Mannes über Ash und zog ihn hinaus.

»Sie sehen zum Kotzen aus«, sagte Fishman.

»Ist mir da unten auch aufgefallen.« Ash zog sich nackt aus. Er schüttelte sich vor Ekel. Arvin stand mit einer Flasche Mineralwasser neben ihm und hatte einen weißen Anzug über dem Arm. »Waschen Sie sich so gut es geht, Ash«, sagte er.

Ash goss sich das Wasser über seinen Kopf und trocknete sich mit trocken gebliebenen Flächen seines Hemdes ab. Anschließend zog er den Anzug über die nackte Haut. Der Anzug sah aus wie vor Jahren abgelegt.

»Eisenstatt hat eine zweite Ausstattung dabei«, erklärte Fishman grinsend, als er Ashs Aufzug sah. Eisenstatt war gut einen Kopf kleiner als Ash.

Ash setzte sich erschöpft hin, um den Inhalt seiner Taschen aus der Hose zu sammeln. Es schüttelte ihn, als er das blutverklebte Machwerk Walkers aus seiner Hose zog. Wo, zum Teufel, sollte er es endlich loswerden? Er steckte es in die hintere Tasche der weißen Hose, auf der sofort ein blutiger Fleck erschien.

»Wo sind die anderen? Was ist passiert?«, fragte er.

»Es gab einen Angriff auf die Frauen. Der Kameramann wurde getötet und in den Schacht gestopft. Eisenstatt ist schwer verletzt.«

77

Bis auf Priotti und die Ägypterin waren alle in der Königskammer versammelt.

»Er hat keine Chance«, flüsterte Hastren, nachdem er Eisenstatt untersucht hatte. »Er hat schwere innere Verletzungen und verliert zu viel Blut. Ich gebe ihm nicht länger als eine Stunde.«

Michelle saß bei ihm. Sie hatte ihn abgedeckt und hielt seine Hand. Eisenstatt war bleich. Er zitterte von dem Blutverlust. Er flüsterte, aber seine Stimme war fest. Michelle brachte ihr Gesicht nahe an seins, um zu verstehen, was er sagte.

»Wissen Sie, dass meine Familie aus Italien stammt? Mein Vater kommt aus der Nähe von Bozen. Er war von einem Tag auf den anderen verschwunden. Seit mehr als vierzig Jahren habe ich nichts mehr von ihm gehört. Kein Zeichen.« Er hustete. Michelle nahm seine Hand, sie war nass und kalt.

»Wenn er heute noch lebt, ist er vierundachtzig Jahre alt. Es gibt keine Botschaft von ihm. Wir haben ihn für tot erklären lassen, um über sein Eigentum verfügen zu können. Vielleicht bereitet er eine Erbschaft vor, damit sein Tod eine Botschaft an seine Kinder wird?« Er machte eine lange Pause. Er hielt Michelles Hand mit erstaunlicher Kraft. Unter dem Verband, den sie aus dem Erste-Hilfe-Paket der Fernsehleute auf seinem Gesicht angelegt hatte, konnte sie seine Augen nicht sehen, aber sie hatte den Eindruck, als begebe er sich in eine andere Umgebung.

»*Astra* ist meine Botschaft«, murmelte er. Er drückte ihre Hand wie als Zeichen, dass er ihr jetzt eine wichtige Mitteilung machen wollte. Seine Stimme wurde stärker.

»Mit den Jahren habe ich mich Schritt für Schritt in einem Traum, der mich seit meiner Jugend begleitet, durch ein dunkles Seitental der italienischen Alpen bewegt. Vielleicht in den Dolomiten. Ich bin auf der Suche nach etwas Einmaligem, was sich irgendwo dort oben versteckt im Wald befinden soll. Es ist feucht. Es ist kalt, obwohl es Anfang Juni ist. Man hat mir gesagt, dass man das, was ich suche, nur an einem einzigen Tag des Jahres sehen kann. Über Jahre irre ich in meinen Träumen durch das Tal, ohne etwas zu finden. Längst war im wirklichen Leben mein Vater verschwunden.«

Michelle goss Wasser in einen Becher und gab es ihm zu trinken. »Ich laufe durch einen Wald, in dem die Bäume in den Wipfeln zusammenwachsen«, erzählte Eisenstatt weiter. »Er umgibt mich wie das Geflecht eines fremden Verstandes, dessen Sinnesorgane tief in der Erde liegen und der Eindrücke verarbeitet, die mir verborgen bleiben. Wie kann ich mit ihm in Kontakt treten?

Kurz vor Einbruch der Dunkelheit stehe ich plötzlich inmitten der riesenhaften Bäume vor einer barocken Kapelle, die ohne jeden Weg im undurchdringlichen Dickicht liegt. Ein zauberhafter Bau. Das Dach ist intakt, der Turm, die Wände, die Fenster. Der Putz ist jedoch von den Wänden geblättert, die ersten Spuren des Verfalls zeigen sich. Ich klettere hinein, was mich Jahre meiner Träume kostet. Auch im Innern sind die meisterhaft gebauten Wände und Säulen, die Verzierungen und Stuckornamente kahl. Auch im Innern beginnt der Verfall.«

Er zitterte. Durch die Decke auf seinem Bauch war ein großer neuer Fleck Blut gesickert. Er nahm noch einen Schluck Wasser.

»Ich sehe an meinen Füßen herab. Der Boden der Kirche ist in einer knöchelhohen Schicht von verpuppten Raupen bedeckt. Ich schüttele sie von meinen Beinen. Entsetzt renne ich tiefer in die Kirche hinein. Auf einer Empore finde ich eine freie Fläche auf einer Bank. Es ist Nacht geworden. Ich schlafe ein.« Er sank zurück in eine längere Pause.

Auf die Leinwand war das Innere der Pyramide projiziert. »Es ist eine Scheißprojektion«, sagte Ash, »sie zeigt nicht alle Gänge und Kammern, die es gibt. Sie zeigt nicht, dass in fünf Etagen über uns jemand hocken kann, und sie zeigt nicht, dass hier der Zugang dafür ist.« Er deutete auf die halbe Höhe am oberen Ende der Großen Galerie. Hastren fasste die Ereignisse zusammen: »Als Bob und Fishman am Schacht standen und Mr Kenelly verabschiedeten, der gerade hinunterkletterte, scheint Stensen unbemerkt von oben abgestiegen zu sein und sich neben Walkers Leiche unter dem Tuch versteckt zu haben. Sie sind in der Zeit alle an ihm vorbeigegangen. Wahrscheinlich hatte er sein Seil dabei, denn es ist keinem aufgefallen. Vielleicht hatte er Walker einzig aus dem Grund, ein Versteck zu haben, dorthin gezogen.«

Ash sah, dass Michelle nicht hörte, was gesagt wurde. Sie saß bei Eisenstatt, der mit ihr zu sprechen schien.

Maria zitterte. Sie drängte sich an ihn.

»Ich habe unten im Schacht gehört, dass du mich gerufen hast«, sagte Ash.

»Es hört nicht auf. Wir erleben alles noch einmal«, sagte Maria wie eine nüchterne Feststellung.

»Nein. Wir erleben etwas Neues«, widersprach Ash. »In der Antarktis waren wir überrascht. Hier lernen wir, dass wir durch Verstecken nicht entkommen können. Wenn wir das hier hinter uns haben, werden wir angreifen. Wir werden Carl finden und retten.«

»Versprechen Sie es?«, fragte Maria.

»Ich verspreche es«, sagte Ash.

Eisenstatt sprach immer leiser. »Am nächsten Morgen wache ich auf. Ich liege im Sonnenlicht. Mich umgibt ein Wunderwerk des Barock. Bunte Heiligenbilder in den Kirchenfenstern, durch die das Licht fällt, funkelnd vergoldete Säulenkapitelle, blassgelbe Wände, Blütenmalereien an den Säulen, große, goldgerahmte Heiligenbilder an den Wänden. Über dem Altar strahlt ein Triptychon. Um mich vibriert die Luft, als würde die Welt neu geboren. Schmetterlinge. Das Innere der Kirche ist bis auf den letzten Millimeter bedeckt mit Schmetterlingen. Sie sind zu einer perfekten Barockmalerei geordnet.

Am Abend, als die Dämmerung hereinbricht, verwandelt sich das Vibrieren in einen Wind. Ein Rauschen. Die Bilder zerfließen. Ich sehe, dass vor meinen Augen das Innere der Kirche zusammenfällt. In einem nicht endenden Strom verlässt es den Turm durch ein Loch in seinem Dach. Als eine dunkle Wolke verschwindet das barocke Wunder in den letzten Strahlen der Sonne.«

Michelle fühlte, dass er lächelte. Er drückte ihre Hand.

»Es ist noch nicht zu Ende«, sagte er. Seine Stimme war kaum noch zu vernehmen. Michelle war klar, dass er nichts weiter im Leben wollte, als diese Rede zu Ende zu bringen.

»Jahre später träumte ich, dass ich den Platz wieder besuche. Ich finde einen Haufen Trümmer vor. Einige Wände und ein Teil des Turms stehen noch, einige Balken stechen aus dem Schutt hervor. Ein Berg von Puppen verwandelt sich mit den Strahlen der Morgensonne in einen Wust von Schmetterlingen. Ein ekelerregender Anblick. Als sie davonfliegen, ist es eine Befreiung aus der Katastrophe.«

»Ich verstehe Sie nicht«, sagte Michelle leise.

»Die Schmetterlinge brauchen einen Ort, an dem sie sich treffen. Dieser Ort enthält selbst nichts. Er ist ein Muster. Wenn die Schmetterlinge kommen, lebt darin eine erstaunliche Zivilisation. Ist der Ort zerstört, zerfallen die Zusammenhänge. Keiner hat die Macht, sie wiederherzustellen.«

Er zog sich hoch, um näher an ihr Ohr zu kommen.

»Hier stinkt alles nach Blut. Nur Sie duften wie der Sommer Italiens.« Er gab ihr einen Kuss auf die Wange.

»Eines der Heiligenbilder, die ich sah, war ein wandgroßes Porträt. Es stellte meinen Vater dar. Einzig in diesem Traum, nur wenn ich in dem Wald die Kirche an genau diesem einen Tag im Jahr betrete, habe ich, zusammengesetzt aus den Flügeln der Schmetterlinge, das Bild meines Vaters in meiner Erinnerung. Niemals sonst kann ich mich an sein Aussehen erinnern.«

»Was ist *Astra?*« Michelle fühlte, dass es mit Eisenstatt zu Ende ging.

»*Astra* ist der Ort«, hauchte er fast unhörbar, »wo sich die Schmetterlinge treffen.« Jede weitere Frage an ihn kam zu spät.

78

Michelle und Maria konnten den Gedanken nicht ertragen, Stensen nur durch die Decke der oberen Kammer von sich getrennt zu wissen, auch wenn sie aus tonnenschweren Granitbalken bestand. Sie machten sich auf den Weg in die untere Kammer, wo sie Zeugen eines merkwürdigen Gespräches zwischen Priotti und Aziza wurden.

»Wissen Sie, wie sich Wale verständigen?«, fragte der kleine Mann mit der Drahtmütze.

»Selten?«, versuchte Aziza mit milder Stimme eine Antwort.

»Mit Gesängen in tiefen Tönen und Infraschall. Sie machen Lärm wie Düsentriebwerke, mit dem sie sich über tausend Kilometer verständigen können.« Er machte ein Gesicht, als überlege er, mit welchen Utensilien er sich dagegen schützen könnte.

»Ich glaube, ich verstehe Sie nicht, Thomas«, gestand Aziza.

»Töne, so tief, dass wir sie mit den inneren Organen fühlen oder gerade noch mit dem Gehör wahrnehmen können. Am lautesten sind sie bei zwanzig Schwingungen in der Sekunde, wo die Töne eine Wellenlänge von 16,5 Metern haben.« Er sah Aziza triumphierend an. Sie legte ihm die Hand auf die Schulter.

»Der äußere Teil des Luftschachtes ist ein Instrument«, setzte Priotti seine Erklärung fort, »das auf einen Ton eingestellt wurde, indem man den Verschlussstein nach Fertigstellung der Pyramide in die richtige Position in dem Luftschacht setzte.«

»Eine gedackte Orgelpfeife?« Michelle war sprachlos. War Priotti verrückt? »Dann müsste sie irgendwo angeregt worden sein«, vermutete sie.

»Wenn Sie eine geschlossene Orgelpfeife anregen und die stehenden Wellen darin mit Energie auftanken wollen, tun Sie das am besten in den Schwingungsknoten. Wir haben einen gesehen, genau auf der Hälfte des Gangabschnittes. Bei 8,25 Metern. In einem Schwingungsknoten herrscht Stille, die Luft steht, Sand sammelt sich.«

Azizas Gesicht hellte sich auf. »Die Düne«, murmelte sie.

»Die Pyramide war ein Instrument, das mit den starken, tiefen, mit den Ohren gerade noch hörbaren Tönen eines Wales in die Wüste rief. Dort, wo die Düne ist, finden wir etwas, was uns zeigt, wie sie angeregt worden sein könnte.« Priottis Gesicht glühte vor Begeisterung.

»Finden wir es heraus«, meldete sich Hastren über die Sprechverbindung aus der oberen Kammer, »wir haben ohnehin keine bessere Idee.« Er hörte sich an, als habe er mit den Tränen zu kämpfen.

79

In der Königskammer hatten alle die Unterhaltung mitverfolgt. Priottis abwegige Idee wurde umgesetzt. Auf der Leinwand waren Hände zu sehen, die den Roboter umrüsteten. Der kleine Wagen machte sich zum dritten Mal auf den Weg.

Ash kam sich deplatziert und lächerlich vor, halb nackt in einem ausgewachsenen Anzug von edlem Stoff und Zuschnitt, Zuschauer eines Vorgangs, der an Absurdität nicht zu überbieten war. Er stand auf. »Brechen Sie die Arbeiten ab. Wir werden uns jetzt endlich ernsthaft mit unserer Rettung befassen.« Er wandte sich an Ezzat: »Wozu wurden nach klassischer Theorie die falschen Luftschächte aus den Kammern herausgebaut?« Ezzat sah ihn verblüfft an. Hastren lehnte sich an eine Wand. Er schwankte.

»Sie erlauben es dem *ka* des Pharao, den Weg zu den Sternen zu finden, auf die sie ausgerichtet wurden«, sagte Ezzat. »Der südliche Schacht in der unteren Kammer, den wir gegenwärtig erforschen, zeigte auf Sirius, den Stern der *Isis*. Der südliche Schacht in der oberen Kammer zeigte auf Al Nitak, den ersten der drei Gürtelsterne des Orion oder Osiris. Wahrscheinlich dienten sie während der Bauarbeiten der Luftzufuhr und der präzisen Ausrichtung der Kammern im Pyramidenkörper.«

»Sind die Schächte offen?«, fragte Ash ungeduldig.

»Ursprünglich waren alle geschlossen. Die beiden von dieser Kammer abgehenden Schächte sind heute offen, sieht man einmal vom Müll der Touristen unten und einem Ventilator darin oben ab. Der nördliche Schacht der unteren Kammer ist noch unerforscht, der südliche ist verschlossen, wie wir eben gesehen haben.«

»Dann wird der Roboterwagen für uns Osiris um Hilfe

rufen«, sagte Ash. Die anderen sahen ihn sprachlos an. Er hielt sein Handy hoch.

Hastren hatte nicht die geringste Reaktion gezeigt. Die Arbeiten liefen weiter. Bevor die anderen ihre Fassung wiedergewonnen hatten, konnten sie auf der Leinwand verfolgen, wie der Roboter mit seinem Greifer unter der kleinen Düne ein Metallstück von fast einem Meter Länge freilegte. Der Sand hatte es während der beiden Fahrten zuvor vollständig verdeckt.

»Was zum Teufel soll das sein?«, fragte Arvin.

»Vielleicht hatte Thomas Recht und es war eine Pfeife oder eine Membran unter einer zwischen den Ösen im Luftschacht gespannten Saite«, antwortete Ezzat, glühend vor Aufregung.

Ash konnte nicht fassen, was vor sich ging. »Haben Sie mich nicht gehört?« Er erhob die Stimme nur wenig. »Ich verlange von Ihnen, Professor Hastren, dass Sie den Versuch abbrechen und den Roboter unverzüglich zur Verfügung stellen, um eine Verbindung nach draußen herzustellen. Wir werden nicht mehr lange Gelegenheit dazu haben. Der Mörder schert sich nicht darum, wer zu welchem Team gehört.«

Nichts tat sich.

»Ich bestehe darauf. Ich werde Sie von nun an persönlich für alle weiteren Konsequenzen verantwortlich machen.«

»Das ist mir scheißegal, junger Mann«, platzte es wie nach stundenlangen Qualen aus Hastren heraus. »Ich habe mehr Leichen in meinem Leben gesehen, als Sie sehen würden, wenn es hier noch zehn Jahre so weiterginge. Und selbst wenn Sie oder der Wahnsinnige über uns mir eine Pistole an den Kopf hielten, würde mich das nicht um einen Millimeter von dem Ziel abbringen, herauszufinden, was unter dem Metall dort liegt.«

»Ich kann es Ihnen sagen«, sagte Ash kalt. »Dort ist ein

Schacht. Und noch einer. Und wieder einer. Bis am Ende keiner mehr von uns am Leben ist. Machen Sie mit Ihrer Untersuchung weiter, wenn wir Kontakt aufgenommen haben. Kein Mensch wird Sie dann mehr stören.«

»Das würde Stunden dauern. Die Anlage in der unteren Kammer müsste abgeschaltet und abgebaut werden. Sie müsste, wie auch Wagen und Kabel, Stück für Stück in diese Kammer transportiert werden. Dann die Fahrt. Die Kommunikation. Zurück. Abbauen, Umräumen, Aufbauen. Auch wenn der Verrückte da oben uns dabei nicht stören sollte, rechne ich mit allen möglichen Zeiten zwischen einem halben Tag und nie wieder. Damit haben Sie die Antwort. Ich werde jede Chance, jede Minute, die uns bleibt, nutzen. Die Mitglieder des Teams sind natürlich frei, sich zu entscheiden. Professor Ezzat? Thomas? Aziza?«

Es kam keine Antwort.

»Und wenn Sie mich weiter unter Druck setzen, breche ich die Unterhaltung mit Ihnen ab«, verkündete Hastren schließlich.

Ash kochte vor Wut, aber er konnte nichts tun. Ohne Priotti, der auf Hastrens Weisungen hörte und möglicherweise noch verrückter war, konnte er nichts bewirken. Hastren und Ezzat rückten wortlos ab.

»Scheiße«, tönte Fishman aus dem Lautsprecher, nachdem sie wutschnaubend an ihm vorbeigekommen waren, »mein Koffer!« Er rannte ihnen hinterher. Kurze Zeit später war er atemlos wieder da.

»Zu spät. Er hat die beiden Mädchen hinausgeworfen und das Eisengitter am Zuweg zur unteren Kammer mit einem Scheinwerferstativ verbarrikadiert. Sie ziehen ihr Ding durch. Sie haben mein Baby und wir haben den Verrückten allein auf dem Hals.«

Auf der Leinwand konnten sie verfolgen, welche Fortschritte das kleine Raupenfahrzeug bei den Räumungsarbeiten im Gang machte. Als wolle er seinen Triumph auskosten, zeigte Hastren ihnen in Kinoformat, wie er mit ameisenhafter Emsigkeit sein Programm abwickelte.

»Wie kommt es, dass sie einen Verrückten wie ihn in die Pyramide gelassen haben?«, fragte Fishman ratlos.

»Schädel«, sagte Arvin, »Er ist Forensiker und hat es mit Schädeln. Wenn ich mich nicht irre, hat er die Gesichter von einem Dutzend Mumien rekonstruiert.«

»Wir bereiten uns auf eine längere Belagerung vor«, verkündete Ash. Über sein Headset wandte er sich an den Techniker, der wie Fishman auf seinem Wachposten saß. »Wir werden unsere Kräfte besser einteilen. Ich möchte, dass Sie, während Zack auf seinem Wachposten bleibt, in der Mitte der Großen Galerie eine der Kameras installieren. Ich will, dass wir hier auf dem Schirm den Zugang zu Stensens Kammer überwachen können. Wir dürfen ihn nicht eine einzige Sekunde aus den Augen verlieren. Das Gute an der jetzigen Situation ist«, er grinste die anderen aufmunternd an, »das Gute ist, dass Stensen in seinem Loch keinen Zugriff auf Energie- und Kommunikationskabel hat, die im Innern verlegt sind. Er kann nicht einmal einen Kurzschluss verursachen. Oder? Professor Ezzat?«

Schweigen.

»Sie sollten Hilfsbereitschaft demonstrieren. Vielleicht brauchen Sie uns trotz allem noch.«

»Sie haben Recht«, meldete sich Ezzat schließlich. »Die dort oben vorgenommenen Installationen wurden vor einem Jahr vom Netz getrennt.«

»Sehr gut«, sagte Ash. »Legen Sie los mit der Kamera. Bob, wir brauchen Waffen. Wir werden sie uns aus den überflüssigen Stativen bauen. Hat jemand ein Messer?«

Sie förderten zwei Schweizer Messer zutage. Eins davon gab Ash Michelle. Das andere steckte er für den Wachposten selbst ein.

Der Techniker tauchte auf und baute die auf die blaue

Papierbahn gerichtete Kamera ab. Arvin und Ash begannen, die anderen Stative auseinander zu bauen.

»Wenn der Kerl da oben hockt«, murmelte der Techniker vor sich hin, »warum gehen wir nicht einfach mit einer Kiste als Schild hinunter und räumen die verdammte Barriere weg?«

Niemand hörte ihn. Niemand hatte ihn hören sollen.

Das Metallstück im Schacht füllte das ganze Bild.

»Was ist es?«, fragte Hastrens Stimme. Priotti hantierte an seiner Steuerung. »Ich versuche es aufzuheben.«

Der Roboter versuchte mit seinem Greifer unter eine Kante des Metallstücks zu kommen. Die Edelstahlkralle griff in das Metall hinein. Priotti machte mit ihr eine ungeschickte Bewegung und legte sie auf die Mitte der Platte. Der Greifer sackte hindurch. Wie ein mürber Keks brach das gesamte Stück ein und stürzte nach unten in ein Loch.

»Vollständig korrodiert. Es sah aus wie Eisen«, kommentierte Priotti konzentriert.

Arvin konnte nicht umhin, von dem, was er sah, fasziniert zu sein. Ash hatte beschlossen, mögliche Wunder der Pyramide so lange zu ignorieren, bis sie sie heil wieder verlassen hatten. Der Roboter stand am Rand des Loches, seine Kamera blickte in endlose Schwärze.

»Wie haben wir es nur geschafft, zweimal ohne einzubrechen über diese Stelle zu fahren?« Maria blieb aufmerksam.

»Der Sand hat das Gewicht des Wagens so fein verteilt, dass kein Millimeter mehr belastet wurde als der andere.« Arvin packte den Fuß der zu installierenden Überwachungskamera und schleppte ihn nach draußen in die Große Galerie.

Der Roboter fuhr seine Kamera am Teleskoparm senkrecht nach unten. In einer Tiefe von zwei Metern verengte sich der Schacht von einem Meter auf zehn Zentimeter

Weite, bei der gleich bleibenden Breite von zwanzig Zentimetern. Das war der halbe Querschnitt des Luftschachtes, den der kleine Roboter in den letzten Stunden durchmessen hatte. Keine Chance, weiterzukommen. Ash hatte es aufmerksam verfolgt. »Schluss, Hastren. Sie hatten Ihre Chance. Die Fahrt ist abgeschlossen, wir sind dran. Geben Sie uns das Fahrzeug und lassen Sie uns Hilfe herbeiholen.«

Eine Minute, zwei Minuten Schweigen.

»Kommen Sie herunter, Kenelly. Ich mache Ihnen einen Vorschlag, der Ihr Problem lösen wird«, kam Hastrens Stimme aus dem Lautsprecher in der Königskammer.

Michelle und Maria waren allein. Fishman und Arvin waren auf ihrem Wachposten, der Techniker richtete die Überwachungskamera ein und Kenelly war zu Hastren hinuntergegangen.

»Was hat Eisenstatt über *Astra* erzählt?«, fragte Maria.

»Er hat eine merkwürdige Geschichte erzählt«, sagte Michelle in Gedanken versunken. »Ich glaube, er war trotz aller Geschäftstüchtigkeit und Medienprofessionalität ein großer Träumer. Er hat gesagt, dass er seinen Vater sucht, der vor vierzig Jahren verschwunden ist.«

»Was hat er über *Astra* erzählt?«

»Er hat gesagt, *Astra* ist der Ort, wo sich die Schmetterlinge treffen.«

»Was soll das bedeuten?«

»So ganz hab' ich es auch nicht verstanden. Ich glaube, es ist die Vision von einem Ort, an dem sich die Menschen an ihre Väter erinnern können.«

Ash kehrte zurück. Er bat Arvin und den Techniker, die erste Wache vor dem Monitor zu übernehmen, der nun die Große Galerie und den Schatten des Eingangs von Stensens Unterschlupf in der Totale zeigte. Als Fishman kam, legte er ihm eine Hand auf die Schulter.

»Hastren hat ein Geschäft vorgeschlagen«, sagte Ash.

»Und? Verkauft er uns seine Kiste, damit wir telefonieren können?«, wollte Fishman wissen.

»Er will einen Tausch. Den Roboter gegen Sie.«

»Gegen mich? Der Mann wird mir unheimlich.«

»Genauer gesagt, Priotti und den Roboter gegen die Drohne und Sie. Er will mit der Drohne in den senkrechten Schacht.«

»Wie spät ist es?«, fragte Fishman. Ash und er sahen sich an, ohne auf die Uhren zu sehen. »Wir stehen kurz vor der Landung in Zürich. Es ist alles gelaufen«, teilte Ash ihm mit.

»Was ist, wenn ich es nicht tue?«, fragte Fishman.

»Dann gibt er den Roboter nicht heraus. Er hat sich unten eingeschlossen. Stensen ist ihm egal. Er wird dort warten und sich zuschütten. Auch wenn wir in unserem Blut ertrinken sollten, interessiert es ihn einen Scheißdreck, was aus uns wird. Es interessiert ihn auch einen Scheißdreck, was aus ihm wird. Das Einzige, was ihn interessiert, ist, was dort unten in dem Loch ist. Das waren wörtliche Zitate.«

»Sechzig Millionen Dollar«, konstatierte Fishman.

»Wie bitte?«, fragte Ash.

»Der Prototyp. Legen Sie bei Claude Simmons ein gutes Wort für mich ein?«

»Das werde ich tun, was immer es wert ist«, versprach Ash.

»Wissen Sie, dass Sie in Ihrem Anzug mit Jacke über offener Brust, viel zu kurzen Ärmeln und Hosenbeinen und einem roten Fleck auf dem Arsch aussehen wie ein Bäckerlehrling im Fleischerladen?«

»Dafür sehen Sie aus wie der Held mit dem Falken auf der Faust, der den geheimen Ausgang findet. Einverstanden?«

»Einverstanden.« Zack machte sich auf den Weg.

80

Mein Baby wird in dem senkrechten Schacht einen Sturz hinlegen. Ende. Sechzig Millionen Dollar Schrott.« Fishman nahm das glatte, silbern glänzende Metallstück in die Hand. »Ist es nicht wunderschön?«

Aziza stand nahe bei ihm. Ehe er verstand, was geschah, hielt sie seine Hände mit ihrer Linken fest und malte mit einem schwarzen Stift auf den metallischen Rücken der Drohne ein Auge. »*Udjat*«, sagte sie, »das Auge des Atum.« Fishman sah sie erstaunt an. Sie lächelte unergründlich. »Es bringt Glück«, verriet sie ihm.

»Gut, wenn es hilft, heißt es ›udjat‹.«

Er küsste die Drohne und legte sie sorgfältig auf einen Klapphocker. Einem ausgesparten Teil des Futterals entnahm er einen dicken Batzen Kaugummi. Er packte es aus, steckte es in den Mund und begann zu kauen. Das zerknüllte Papier legte er wieder in die Aussparung.

Während Hastren und Aziza ihm zusahen, packten Priotti und Ezzat die Apparate und Steuerungen des kleinen Roboters in Kisten. Priotti löste an dem in den Roboter hineinführenden Doppelkabel die Zugentlastungsklemmen.

Vorsichtig setzte er ihn in eine mit Schaumstoff gefüllte Kiste. Anschließend legte er Hastren den Adapter für den Anschluss der Kabel an den Roboter in die aufgehaltene Hand. Dieser hatte darauf bestanden, das Verbindungsstück so lange in seiner Kontrolle zu behalten, bis klar war, dass Fishman mit der Drohne seinen Anweisungen folgen würde.

In aller Ruhe legte Priotti die Schnappverschlüsse um und arretierte sie. Die Kabel wurden auf Trommeln gespult. Computer und Monitore wurden vom Stromnetz genommen, die Stecker gelöst, die Verbindungskabel in vorbereitete Kabelkisten gelegt. Monitore und Computer wurden ebenfalls in großen Kisten verstaut.

Die Kammer schien umso voller zu werden, je mehr er verpackte. Kiste um Kiste, die ineinander gestapelt worden waren, holte er hervor und füllte sie. Aziza und Ezzat machten sich daran, die Kisten nach vorn zu tragen.

Hastren schüttete eine Hand voll Tabletten in seinen Mund und spülte aus einer angesetzten Wasserflasche nach. Seine Hoffnungslosigkeit hatte sich in Jagdfieber verwandelt.

Fishman zog mit seinem Koffer hinüber auf den Arbeitstisch, den Priotti soeben mit seinen Apparaten geräumt hatte. Er klappte ihn auf, drückte einige Tasten und legte einen Schalter um. Dann steckte er ein Kabel in die Netzversorgung der Pyramide. »Ich hoffe, euer Netz bleibt stabil«, sagte er. »›*Udjat*‹ ist ein Prototyp. Die Batterieaufladung macht hin und wieder Probleme.«

Der aufgeklappte Spezialrechner begann zu arbeiten. Fishman nahm aus einer Aussparung des Futterals einen Videoadapter und steckte die Übertragungskabel ein. »Wir wollen doch, dass die anderen oben auch ihren Spaß haben, oder? Technik?«

Von oben kam die Antwort des Technikers. »Wir haben euer Signal.«

»Dann los, *udjat,* flieg.« Fishman legte an der Drohne einen winzigen Schalter um. Für den Bruchteil einer Sekunde leuchtete im unteren Teil der Schnauze des Fliegers ein grellweißer Scheinwerfer auf, der sich anschließend auf die Stärke einer hellen Streichholzflamme abschwächte. Fishman kaute mit vollen Backen und pflanzte sich vor sein Gerät. »Wasser.«

Hastren goss ihm ein Glas Wasser ein. Fishman leerte es in einem Zug. Mit dem Sirren einer Libelle hob die Drohne ab. Unter der Decke der Kammer drehte sie Kreise wie eine Stubenfliege. Hochkant blieb sie auf ihren beiden

Doppelpropellern in der Luft über Fishman stehen, der Monitor zeigte seine Glatze.

Mit leisem Summen verschwand »Das Auge des Atum« in elegantem Schwung zielgerichtet in dem Schacht, als wäre es in den Stein getaucht.

Ash hatte sein Handy an das Ladegerät angeschlossen. Ihm blieb nicht viel zu tun. Bevor Priotti nicht den Aufbau seines Systems abgeschlossen hatte, waren sie zur Untätigkeit verdammt. Er setzte sich auf die Kante des Sarkophag. Michelle sprach ihn an. »Ich glaube nicht, dass Stensen sich in panischer Flucht verkrochen hat, wie es den Anschein hatte. Ich glaube, es war wie alles andere ein vorbereiteter Schritt.«

»Was würden Sie tun?«, fragte Ash.

»Mich in seine Lage versetzen und anschließend einen Schritt weiter gehen.«

»Was würde er Ihrer Meinung nach tun?«

»Er würde das, was wie eine Schwäche aussieht, als Stärke nutzen. Wenn Sie einen Hochsitz wie er da oben einnehmen würden, hätten Sie dann das Gefühl, eine schwache Position zu besitzen?«, half sie ihm auf die Sprünge.

»Was schlagen Sie vor?«

»Fallen und Barrieren bauen wie er.«

»Gut«, sagte Ash. »Wir werden mit dem Aufbau einer Barrikade beginnen. Maria, wie lang ist die Saite Deiner Geige? Bob, Sie sichten bitte alles, was hier herumliegt, darauf, wie es sich für den Bau einer Barrikade einsetzen lässt. Lassen Sie sich dazu auf Ihrem Wachposten ablösen. Danach wartet die unangenehmste Aufräumungsaufgabe auf uns.«

»Die Leichen«, stöhnte Arvin.

Ash unternahm einen Rundgang durch die Kammer, die Vorkammer und den kleinen Verbindungsgang bis zur

Großen Galerie. Er sprach mit Ezzat über die Kommunikationsanlage. »Wohin führt die Blechtür an der rechten Seite des Durchgangs zwischen Großer Galerie und Vorkammer? Sie ist abgeschlossen.«

»Ein Ventilationssystem, das in einen Tunnel eingebaut wurde, mit dem sich Giovanni Batista Caviglia im vorigen Jahrhundert in die Pyramide hineingewühlt hatte«, antwortete Ezzat. »Sehr weit ist er nicht gekommen.«

»Wie viele Meter sind begehbar?«

»Vielleicht drei bis fünf.«

»Ich brauche Ihren Generalschlüssel noch einen Moment«, verlangte Ash abschließend.

Fishman hatte es geschafft. Als *udja*t über den Rand gerutscht war, hatte er die Leistung der Propeller hochgedreht und ihn in die Senkrechte manövriert. Kurz vor dem Aufschlag auf dem Absatz zum engeren Teil des Schachtes hatte er ihn abgefangen. Jetzt stand die Drohne surrend über dem Abschnitt des senkrechten Schachtes, der nicht viel breiter als ein Briefkastenschlitz war. Zack lehnte sich zurück. Er kaute. Schweiß perlte auf seiner Glatze. Hastren gab ihm ein Zeichen, noch anzuhalten. Er zitterte. Er wollte diesen Moment auskosten, womöglich der letzte, in dem er mit der Hoffnung leben konnte, hinter den Blockiersteinen und Schächten der Pyramide ein Geheimnis zu finden. Er hielt inne, aus Angst vor einem Sturz in neue Enttäuschung.

Sie begegneten sich in der großen Galerie. Auf der linken Seite des Aufweges brachten Aziza, Priotti und Ezzat die Kisten und die Koffer, die Computerkartons und die Kabeltrommeln, die Steckersätze und Monitore nach oben. Auf der anderen Seite trugen Ash und Arvin die Toten hinunter. Sie legten sie in dem mittleren Einschnitt der Galerie auf halber Höhe ab und deckten sie mit der Plane zu, die über Walker gelegen hatte. Für die Arbeit hatten sie sich Jacken und Hosen der Toten überziehen müssen. Aziza gab ihnen einen Karton feuchter Reinigungstücher, mit denen sie sich säuberten, bevor sie ihre Kleidung wieder anlegten.

»Die Kammer riecht nach Lavendel«, sagte Ash.

»Nicht für mich«, sagte Arvin. Er drückte die Handballen an die Schläfen. Auf der Projektion in der Kammer war ein schwarzer Schlitz zu sehen, über dem die Kamera verharrte.

»Fertig?«, fragte Fishman. »Es geht abwärts.«

Das Bild wurde heller. Der Flugautomat hatte den Scheinwerfer aufgedreht und fiel hinab in den Schacht. Er veränderte sich nicht. Die Meteranzeige lief im Bild mit. Priotti sah in der oberen Kammer auf das Bild. »Wenn der Luftschacht harmonische Töne von sich gegeben hat, sollte sich etwas tun, bevor die Tiefe seine Länge von 16,5 Metern übersteigt«, stellte er über den Lautsprecher fest.

Zehn Meter, zwölf Meter, vierzehn Meter.

»Wir sind noch immer im Briefschlitz«, sagte Fishman mit trockener Stimme. »Wie machen Sie es, dass Sie nicht an die Wände schrammen?«, wollte Hastren wissen.

»Das Auge des Atum ist eine Fledermaus«, sagte Fishman in voller Konzentration.

Sechzehn Meter. Der Schlitz riss auf zu einem erweiterten quadratischen Schacht, den die Drohne mit einer Drehung um die Achse vermessen hatte: 1,3 mal 1,3 Meter. Hastren erklärte: »Wir sind noch weit oben im Baukörper der Pyramide, noch deutlich oberhalb der Höhe dieser Kammer.«

Der Scheinwerfer strich über die aus sorgfältig geglätteten Sandsteinblöcken gebildeten Wände. In Abständen von einigen Metern waren quadratische Löcher in die Wände gemeißelt, die als Aufnahme von Balken gedient haben mochten. In zweiundfünfzig Metern Tiefe waren sie im Fels.

Der Schacht weitete sich noch einmal. Die Vermessung erfolgte sofort: 5,25 mal 5,25 Meter.

»Zehn Ellen mal zehn Ellen im Quadrat. Einen Schacht wie diesen haben wir bisher nur in der Mastaba unter der Stufenpyramide in Saqqara gefunden. Tiefer gehen.« Man meinte, Hastrens Herz klopfen zu hören.

Die Drohne sank tiefer. Meter um Meter. Plötzlich schlug sie einen komplizierten Salto in einer räumlichen Kurve. Die Betrachter schlossen die Augen, die Bewegung verursachte Übelkeit.

Die Drohne wechselte in eine horizontale Lage, um sich in gleichförmigen Spiralen in den Schacht nach unten zu schrauben, ohne dass es eine Veränderung gab.

»Wir beeilen uns mit dem Aufbau«, sagte Ash. »Es gibt keine Pause, bevor wir am Netz sind.«

Aziza und Ezzat verschwanden nach unten. Maria und Michelle halfen Priotti dabei, die Apparate auszupacken. Ash schloss mit Ezzats Schlüssel, den er noch immer bei sich hatte, die Tür zum Caviglia-Tunnel auf. Sie nahmen das aussortierte Material und begannen mit dem Aufbau einer Barrikade.

»Stopp«, hörten sie Hastren leise aus dem Lautsprecher. »Dort war etwas.«

»Wozu in aller Welt wollen sie das Eis absprengen?« Ash schob einen Karton mit dem Fuß in den Gang zur großen Galerie. Arvin schob eine Aluminiumkiste mit geriffelter Oberfläche nach.

»Bodenschätze? Nein. Sinnloser Aufwand. Es kann nur Chaos sein, das sie erzeugen wollen. Eine Klimakatastrophe. Die Vernichtung der Küstenstädte. Flüchtlingsströme. Aber wozu? Und vor allem, womit? Um einen Effekt zu erzielen, müssen sie gewaltige Bomben haben. Kernwaffen. Vier oder mehr Atombomben im Westantarktischen Eisschild, die den darunter liegenden Vulkan zünden. Das könnte funktionieren.« Er gab der Kiste einen mächtigen Fußtritt. Sie holten zwei Koffer und eine Holzkiste herbei, die ihnen von innen her zugeschoben wurden.

»Was können wir tun?«, überlegte Ash.

»Nichts. Wir sitzen fest. Die Bomben sind an unerforschlichen Orten unter kilometerdickem Eis. Sie werden zum programmierten Zeitpunkt hochgehen, ich schätze, am 4. Februar. Es gibt nichts, was wir tun könnten. Es ist praktisch bereits passiert. Der Kampf, den wir hier führen, ist verloren, egal wie er ausgeht.« Arvin klang endgültig resigniert.

»Ich will, dass wir Stensen erwischen und dass wir Carl finden«, sagte Ash. »Was die Welt danach macht, ist mir egal.«

»Sie haben gut reden mit einem Arbeitgeber in den Alpen. Meiner sitzt an der Atlantikküste.« Arvin wollte sich offenbar nicht aufmuntern lassen.

Von draußen meldete sich der Techniker: »Warum hauen wir nicht einfach ab? Der Kerl sitzt oben fest. Der senkrechte Brunnen ist frei. Seine Sperre aus Wagenhebern da unten ist unbesetzt. Wenn wir aus einer Kiste ein Schutzschild bauen, knacken wir sie.«

Michelle griff sich das Mikrofon. »Das ist genau das, was er erreichen will. Glauben Sie mir, ich habe ihn erlebt.«

»Erlebt und mitgebracht.« Der Techniker schien nicht sonderlich überzeugt. Ash beschloss, ein wachsames Auge auf ihn zu haben. Der Techniker meldete sich wieder: »War einer von euch schon mal pinkeln?«

»Nehmen Sie den Brunnen«, sagte Ash. »Das haben alle gemacht, seit ich da heraus bin.«

»Ein Grund mehr, der dagegen spricht, in den Brunnen abzutauchen.« Arvin ging hinaus, um den Techniker abzulösen. Der verschwand aus dem Blickfeld der Kamera. Kurz darauf tauchte er in der Kammer auf.

»Ich suche einen Sitz«, sagte er und hantierte mit einer großen leeren Aluminiumkiste herum. Er schaltete das Bild der Überwachungskamera groß auf die Leinwand. Nichts.

»Sie können kommen, Arvin , ich löse Sie wieder ab.« Er bückte sich und schob mit seiner Kiste ab durch den Gang. Ash hatte eine dumpfe Ahnung, dass sich eine Katastrophe anbahnte.

Arvin kam herein und setzte sich auf den Platz an der Videokontrolle. Auf der Leinwand tauchte der Techniker im Hintergrund am oberen Ende der Galerie auf. Er bezog nicht seine Wachposition, stattdessen kam er auf die Kamera zu. Er trug die Kiste vor sich in den Händen. Bald füllte sein junges, grinsendes Gesicht die Leinwand. In der Großaufnahme formten seine Lippen die Worte: »Bye bye!«

Im nächsten Moment trat aus seinem linken Auge ein dicker brauner Gegenstand wie eine kurze Zigarre, der dicht an der Kamera vorbeiflog. Eine Sekunde lang war nur sein Gesicht auf der Leinwand über dem Sarkophag zu sehen. Das triumphierende Lachen gefror auf der einen Seite des auf der anderen Seite bereits zerfetzten Schädels. Eine Wolke von Blut und hellgrauem Schleim flog auf die Kamera zu. Arvin hieb auf die Steuerung der Projektion ein, um das Bild verschwinden zu lassen.

Ein schwarz glänzendes Gesicht sah von der Wand in die Königskammer herab, als würde sich der Techniker in der Sekunde seines grauenhaften Todes als eine Gestalt der Unterwelt erweisen. In den steinernen Augen schimmerten Lichtreflexe.

81

Stensen hat sich nicht zurückgezogen. Er hat sich in Position begeben.« Ash starrte in das raumhohe Gesicht an der Wand der Kammer, von dem beklemmenden Gefühl bedrängt, dass der Besitzer des Hauses, das sie in Aufruhr versetzten, nach langer Abwesenheit zurückgekehrt war. Er verscheuchte die in seinen Verstand sickernden Nebel. »Stensen hatte uns die ganze Zeit unter Kontrolle«, sagte er heiser. »Als einer von uns versucht hat auszubrechen, hat er seinen nächsten Schachzug getan.«

»Er hat den Überraschungsmoment als seinen Trumpf ausgespielt«, sagte Arvin. Er starrte auf das schwarze Gesicht. »Jetzt kontrolliert er die Große Galerie vollständig. Jederzeit kann er alle, die dort entlangsteigen, abschießen. Jederzeit kann er herunterkommen. Wir haben kaum Chancen, dagegen etwas zu unternehmen.«

»Es sei denn, wir sind es, die das Licht löschen«, sagte Ash. »Wenn wir darauf vorbereitet sind und nicht er, haben wir einen Vorteil. Sollte er, nachdem wir eine Verbindung zustande gebracht haben, herabsteigen, löschen wir das Licht. Dann ist seine Armbrust nichts mehr wert und wir ziehen uns auf die Positionen unseres Plans zurück.«

»Was ist der Plan?«, fragte Arvin und zog die Augenbrauen hoch. Der Wachposten war unbesetzt. Sie verfolgten auf dem Überwachungsausschnitt das statische Bild der Kamera.

Bevor Ash sprechen konnte, meldete sich Priotti von dem Platz vor seiner Anlage. »Wir sind soweit. Uns fehlt nur der Adapter. Er befindet sich in der unteren Kammer. Der Professor hat ihn in seiner Hosentasche.« Ash drehte sich in seinem Stuhl und blickte sorgenvoll auf das Gesicht aus Stein, das über ihm die Wand füllte.

Sie hatten eine Tiefe von 83,2 Metern erreicht, gerechnet ab ihrem Ausgangspunkt oben im Luftschacht. Sie befanden sich damit im Felsen unter der Pyramide in gleicher Höhe wie die unterirdische Felsenkammer, vielleicht vierzig Meter südlich von ihr. Der Boden war erreicht. Er war übersät mit Felsensplittern und Steinschutt. In der Mitte konnte man bei jedem Vorbeiflug den Umriss eines mit Schutt aufgefüllten Brunnens im Felsen ahnen.

Am unteren Rand, etwa fünf Meter oberhalb des Niveaus des Bodenabschlusses, in der Felswand, die in Richtung der nördlich gelegenen Felsenkammer zeigte, öffnete sich ein Quergang von 1,3 Metern Höhe. Die Drohne stellte sich senkrecht und tanzte wie eine Libelle hinein.

»Immer vorsichtig«, sagte Fishman, »ich will meine Flunder nicht gegen eine Blockade rammen.«

Nach wenigen Zentimetern hatte sie eine aus Blöcken gesetzte Wand passiert. Direkt dahinter öffnete sich ein großer, in den Felsen gehauener Raum. Wände und Decke waren geglättet. Sie waren dunkelblau und mit fünfstrahligen Sternen ausgemalt.

Unter der Decke schwirrend vermaß die Drohne den Raum an seinen Kanten. Die Zahlen erschienen auf dem Monitor: Länge 14 Meter, Breite 7,2 Meter, Höhe 5,3 Meter.

»Eine fertig gestellte Version der Felsenkammer«, hauchte Hastren heiser. Er trank das letzte Wasser aus Fishmans Glas. Ezzat gab Laute von sich, als würde er erwürgt.

Fishman ließ die Drohne senkrecht im Raum stehen. Er polierte sich mit den Händen die Glatze und streckte sein Kreuz. Er nahm ein frisches Pack Kaugummi aus dem Koffer. Das Gebrauchte verpackte er und verstaute es in der Aussparung des Futterals.

Die Drohne begann, den Raum zu durchmessen, den Scheinwerfer auf höchste Leistung gestellt. Das grelle Licht war scharf konzentriert. Es erzeugte fliegende Schatten, die das kleine Flugzeug wie eine schwarze Feuersbrunst umgaben. In den schwarzen Flammen saß eine monumentale Gestalt.

»Polierter Diorit.« Ezzat sprach die Worte wie ein Glaubensbekenntnis aus.

»*Chufu.*« Hastren hielt sich an der Wand. »Wir haben sein *serdab* gefunden.« Fishman konnte sich dem unglaublichen Bild, das sich ihm bot, nicht entziehen. Er schickte die Drohne auf den Flug durch den Raum.

Er war nahezu ausgefüllt von drei großen Kugeln aus grauem, glattem Stein. Sie wurden vermessen. Jede hatte einen Durchmesser von 4,2 Metern. Sie waren in einem Dreiecksmuster angeordnet, je eine links und rechts der Statue des Pharao, die mittlere direkt gegenüber. Fishman ließ die Drohne dicht über dem Boden durch die Kammer sausen. Jede der Kugeln wurde von einer Steinmanschette am Boden gestützt, die nicht höher als einen halben Meter war. Um jede der Manschetten lag ein Kreis von vierzehn faustgroßen Kugeln. Zu Füßen der Statue lagen Reste von Tüchern. Das war alles. Fishman nahm die Helligkeit des Scheinwerfers zurück und die Kugeln unter der Steindecke voller fünfstrahliger Sterne traten, bewacht von der matt glänzenden schwarzen Statue, zurück in die Dämmerung der Zeitlosigkeit.

»Der Plan ist der folgende«, sagte Ash. »Sobald Stensen runtergekommen ist, löschen wir das Licht. Dazu hat Thomas eine Kurzschlussabschaltung in die Kammer gelegt, mit der wir in einer Handbewegung das interne Stromnetz lahm legen werden.« Er nahm einen Filzstift und malte auf die blaue Papierbahn, vor der Eisenstatt gestanden hatte.

»Unmittelbar an der Gangeinmündung in der Wand, die von der Großen Galerie in die Vorkammer zur Königskammer führt, haben wir die erste Barriere aus Kisten und

Koffern. Sie soll hauptsächlich Lärm schlagen und verhindern, dass er von Beginn an gute Sicht hat, wenn er einen Scheinwerfer mit sich trägt. Rechts dahinter ist die Blechtür in den Caviglia-Tunnel, die einzige Tür hier oben, die sich abschließen lässt. Der Tunnel ist nur eine flache Nische mit einem Kriechgang von ein paar Metern. An seinem Ende haben wir eine zweite Barriere. Dahinter verbreitet ein batteriebetriebenes Bandgerät unterdrückte Geräusche, die, wenn man in die Stille hineinhorcht, gerade noch vernehmbar sind. Wir gehen davon aus, dass sich der Ventilator im Caviglia-Tunnel abschaltet, sobald wir durch unsere Kurzschlussschaltung im entscheidenden Augenblick das Stromnetz in der Pyramide lahm legen. Einen Test dafür gibt es nicht. Der Plan ist, dass er uns im Tunnel vermutet und, um den Rücken für das weitere Vorgehen frei zu haben, hineinsieht. Dann schließen zwei von uns, die in der Vorkammer gewartet haben, die Tür und sperren ihn ein.« Ash hob den Generalschlüssel hoch.

Arvin sah ihn skeptisch an. »Er wird wissen, dass die Blechtür abgeschlossen war, als er sich neben Walkers Leiche unter der Abdeckung versteckt hielt. Er wird sich fragen, warum sie geöffnet ist, wenn wir doch den Schlüssel haben. ›Wenn sie sich dort versteckt haben‹, wird er sich fragen: ›Warum haben sie dann nicht abgeschlossen?‹«

»Er wird feststellen, dass sie von innen nicht abschließbar ist«, blieb Ash bei seinem Plan. »Er wird schlussfolgern, dass wir alle darin hocken und deshalb keiner mehr da war, der von außen abschließen konnte. Weiter im Gang hinter der Vorkammer ist die Saite der Geige gespannt. Hakt er dahinter, stürzt ein Stapel Kisten um und wir wissen, dass er bis vor unseren Eingang gekommen ist. Er *muss* zuerst klären, ob jemand in dem Caviglia-Tunnel ist, weil er ihn beim Weitergehen sonst im Rücken hätte.

Im Eingang zu dieser Kammer schließlich wird die letzte Barriere aus Aluminiumkisten geschlossen, möglichst erst, wenn alle wieder hereingekommen sind oder alles andere schief gegangen ist. Dahinter stehen wir in der Kammer. In dem Moment, in dem er noch gebückt im Gang steht, blenden wir ihn mit den beiden verbliebenen Helmscheinwerfern. Wir nehmen unsere Stahlrohre und Messer und machen ihn fertig.«

»Wir machen ihn fertig. Gut. Was ist Plan B?«, fragte Arvin.

»Plan B ist: Es geht alles viel schneller, kommt alles ganz anders und wir nehmen unsere Messer und Stahlrohre und machen ihn fertig. Zufrieden?«

»Zufrieden.«

Ash nahm das Mikrofon. »Wir sind soweit. Wir brauchen den Adapter.«

»Gut«, kam die Antwort von Hastren. »Aziza bringt ihn hoch. Im Tausch gegen den Schlüssel.«

»Plan B«, sagte Arvin.

Maria saß auf einer der letzten Aluminiumkisten, die noch nicht verbaut worden waren. Auf ihrem Schoß lagen ihre violette Geige, von der sie die Saite für den Bau einer Falle geopfert hatte, und der Geigenbogen. Sie war überzeugt, dass sie ihr im Notfall als Waffen dienen könnten. Die anderen liefen aufgeregt herum, besprachen sich, planten, liefen wieder herum. Sie beobachtete, was auf der großen Leinwand Erstaunliches vor sich ging. Die Kamera umflog in einer geschlossenen Bahn drei steinerne Kugeln. Sie wurden von dämmrigem Licht aus dem Flieger beleuchtet. An den Grenzen ihrer Flugbahn lag ein Sternenhimmel, übersät mit fahl aufscheinenden, fünfstrahligen Sternen. Was sie im Vorbeiflug für ferne Landschaften auf den Oberflächen der Kugeln gehalten hatte, waren gemalte Figuren – Fische, springende Tiere und Menschen, die sie jagten, Vögel, von Wellen verschlungene Schiffe. Eingeritzte Linien liefen über die Kugeln wie fein gespannte Fäden.

Wieder und wieder schoss im Flug der schwarze Kopf des Pharao vorbei. Ein Bild blieb stehen. Groß erschien an der Wand das polierte Gesicht von der Seite, schwarz glänzend im Licht. Dahinter wölbte sich die riesige Oberfläche einer der Kugeln, als wäre sie es, die durch den Raum heranrasen würde.

Wohinein blicken wir dort unten?, fragte sich Maria. Nichts auf der Welt schien ihr weiter entfernt zu sein als das, was sie dort in der Kammer erblickte. *Es ist so einfach,* dachte sie, *dass es mir Angst macht, es sicherer versteckt zu sehen als alles andere auf der Erde. Es ist,* sie zögerte bei dem Gedanken, *wie ein eingeschlossener ferner Weltraum, in dem die Zeit noch nicht begonnen hat.*

Das Bild der Überwachungskamera rechts unten in der Projektion zeigte keine Bewegung.

»Wir werden ein Ablenkungsmanöver starten«, sagte Ash, »ich brauche ein zehn Meter langes Kabel.« Er legte ein zusammengerolltes Stück, das Priotti ihm zeigte, über den Arm. Er stellte sich in der Wand zur großen Galerie unter Stensens Schlupfloch. Immer wieder warf er das Kabel über den Balken. Als Aziza auftauchte, winkte er ihr als Zeichen, dass sie sich beeilen sollte. Sie verstand und kam die Galerie hochgerannt. Neben ihm in der schützenden Vorkammer, streckte sie ihre Hand aus. Ash gab ihr den Schlüssel und nahm den Adapter entgegen.

»Viel Glück«, sagte sie. »Wir schließen uns ein.«

Ash gab den Adapter an Priotti weiter. »Thomas, die Fahrt geht los.«

Er ging hinaus, warf noch einige Male mit dem Seil, bis Aziza in den unteren Gang gebückt verschwand. Priotti hatte sich noch nicht vom Fleck gerührt. Er trat mit verschwörerischer Geste an Ash heran. »Sie sind der Einzige, der hier unvoreingenommen ist.« Er sah sich um, bevor er weiterredete. »Ich hatte geglaubt, Professor Ezzat habe

Aziza eingeführt. Er glaubt wie Professor Hastren, dass ich sie mitgebracht habe. Das stimmt aber nicht. Als ich kam, war sie mit den beiden schon da und begrüßte mich. Sie ist –« Er unterbrach sich, als er sah, dass Arvin kam. Ash wandte sich irritiert ab.

»Bob, zum ersten Mal haben wir einen winzigen taktischen Vorteil gegen Stensen herausgearbeitet.«

»Was sind das für Kugeln?« Arvins Frage drang aus dem Lautsprecher in die untere Kammer.

»So etwas haben wir noch nirgendwo gesehen«, erklärte Hastren über den Lautsprecher den anderen in der oberen Kammer. »Es gibt legendäre Steine, den *Ben Ben,* den *Omphalos*, von denen keiner genau weiß, was sie waren und wo sie geblieben sind. Vielleicht haben wir sie vor uns.«

»Sehen wir doch nach«, sagte Fishman munter, »ob in den Kugeln etwas versteckt ist.«

Die Drohne schlug eine Kreisbahn um die am weitesten hinten liegende Kugel ein. Das Licht wurde schwächer, ein roter Lichtpunkt markierte die Oberfläche. Mit jeder Umkreisung rutschte er einige Zentimeter tiefer.

Maria hielt ihren kleinen Pinguin fest in der Hand. Es kam ihr vor, als rieche er noch eine Spur nach der klaren Kälte der Antarktis. Penguin Power.

Vor ihr auf dem Boden lag, von den Fernsehleuten achtlos beiseite gelegt, ein Buch mit Bildern der ägyptischen Mythologie, in dem sie nach Darstellungen des Osiris gesucht hatten. Sie blätterte darin und betrachtete die Schakalmenschen, die Vogelmenschen, die Widdermenschen, die Boote und die seltsamen Kopfbedeckungen.

»Die Barke der Millionen Jahre«, las sie leise die Zeile unter dem Bild eines Bootes, in dem der Vogelmensch *Ra* mit einer großen Kugel vor sich saß. Sie hielt den Pinguin an ihr Gesicht. *Das bist du, du bringst die Kugel den Nil hinauf. Du wirst uns wieder herausbringen. Ich traue dir alles zu.*

»Das Ding hat einen metallischen Kern«, stellte Fishman fest. »Unregelmäßig, geradezu chaotisch. Haben Sie schon einmal Bleigießen veranstaltet? Wenn Sie das geschmolzene Metall in das Wasser gießen und sich fragen, was die Stacheln und Kissen, die Sie da erzeugt haben, wohl bedeuten mögen? So komme ich mir vor.« Er brachte die Daten als Simulation auf seinen Monitor. In der Mitte der perfekt geformten Kugel lag ein metertief gezackter Metallkern, als würde sie ein metallisches Tiefseeungeheuer umschließen.

»Durchgehend Metall. Haben Sie eine Ahnung, was es bedeuten könnte, Professor?«, fragte Fishman. Aus dem Lautsprecher tönte Arvins Stimme, der sich in der anderen Kammer angesprochen fühlte: »Wie kann man in einen Stein, der keine erkennbare Fuge hat, einen Metallkern eingelassen haben?«

»Man wird geschmolzenes Metall durch ein Loch im Boden der Kugel gegossen haben«, sagte Fishman mit vollen Kräften kauend.

»Unmöglich«, schnarrte Arvins Stimme aus dem Lautsprecher, »niemals hätte man durch ein Loch die Steinkugel in einer vorgeplanten Form aushöhlen können.«

»Ist es geplant gewesen?«, fragte Fishman. »Es sieht zufällig aus, als hätte man einen irregulären Metallklumpen mit einer Betonkugel umhüllt oder Metall in einen natürlichen Hohlraum gegossen.«

»Ich bin sicher, dass es natürlicher Stein ist«, ließ sich Arvin vernehmen. »Und ich bin sicher, dass der Hohlraum darin künstlich ist. Er sieht zu geplant aus – aber wozu das Ganze? Was, um alles in der Welt, sollte diese Form bezwecken? Was ist dort wirklich eingeschlossen worden?«

Hastren und Ezzat nahmen keinerlei Notiz von der Unterhaltung. Sie waren für profane Fragen nicht ansprechbar und ereiferten sich über Landschaftsformen von etwas, das sie *duat* nannten.

»Das *duat*, die Unterwelt des alten Ägypten, besteht nach den Lobpreisungen des *Ra* aus ›verborgenen Kreisen‹. Wir haben sie vor uns. Wir haben das *duat* vor uns.« Ezzats Gesicht war gerötet, Hastren schüttelte den Kopf. Fishman beschloss, eine Pause einzulegen, um die beiden zu zwingen, sich in die Wirklichkeit zurückzubewegen. Und die Wirklichkeit bedeutete, dass er seinen Vogel noch genau eine halbe Stunde betreiben konnte. Dann war die Kraft der winzigen Batterie erschöpft und das »Auge des Atum« würde sich zur Ruhe begeben. Er steuerte die Drohne direkt unter der Decke des Raumes auf die mittlere Kugel zu. Vorsichtig, geradezu zart, setzte er sie dort ab.

»Der Vogel ist gelandet. Auf eurem *Ben Ben*. Dort bleibt er, bis ihr mir zuhört«, sagte Zack und lehnte sich heftig kauend zurück.

Seine Worte hatten die beiden elektrisiert.

»Der *benu* !«, riefen sie.

»Was für ein Ding?«

»Sie haben soeben ein Symbol nachgebildet, von dem sie nichts ahnen können«, sagte Ezzat. »Der *benu* ist der aus dem Feuer geborene heilige Vogel der Ägypter, der sich bei der Erschaffung der Welt auf den *Ben Ben*-Stein setzte. Bei den Griechen hieß er *Phoenix* und soll nach der Sage aus der Asche des Feuers, in dem er verbrannt wurde, immer wieder neu entstehen.«

»Blödsinn«, murmelte Fishman. »Oder – halt. Sagten Sie Feuer?«

»Er sagte Feuer.«

»Eine geniale Idee, Professor.«

Ezzat sah nicht aus, als hätte er selbst das Gefühl, eben zur Klärung eines Sachverhaltes beigetragen zu haben.

»Auf der Basis der Daten, die wir gesammelt haben, machen wir eine thermische Simulation«, sagte Fishman eifrig. »Wir tun so, als wäre die Kugel bei der Erschaffung der Welt nass geworden, und der Phoenix legt sie in ein Feuer, das das Metall im Inneren erhitzt und die Kugel trocknet. Mal sehen, was passiert.«

Blass geworden, murmelte Hastren vor sich hin: »… das versiegelte Ding in der Dunkelheit, mit Feuer darin. Es enthält den Geist des Osiris und wurde nach Rostau gebracht.«

Nach dem Durcheinander beim Start des kleinen Roboterwagens, der mit dem Telefon in seiner Kralle den Luftschacht nach oben kroch, hatte sich Maria wieder auf ihren Sitz begeben. Das Bild auf der Leinwand hatte sich vollkommen verändert. Vor dem blauen Hintergrund schwebte die räumliche Grafik einer durchsichtigen Kugel. Kreisring für Kreisring füllte sich die Oberfläche. Helle und dunkle Flächen darin bildeten Muster, aus denen vor ihr ein Gesicht entstand. Es sah ihr, Maria, genau in die Augen.

Es war keine Zeichnung, kein Bild einer Statue. Es war ein riesiges Bild wie ein Foto, das die Ausmaße des für sie sichtbaren Teils der Kugel nahezu ausfüllte, als sei es darin eingeschlossen, nur an den Rändern waren andere Muster zu erkennen. Es zeigte das Gesicht eines Mannes, dessen Blick sie sofort ergriff. Ernst. Hart. Unabhängig wie aus großer Entfernung und beherrschend wie unerträglich nah, zudem von der Ruhe unbeschränkter Machtfülle geprägt. Sie hielt die Hand vor die Augen. Die lebendige Erscheinung, die sie ansah, war nicht zu ertragen.

Die Hand noch vor Augen, fragte sie sich, woher das Bild aufgetaucht war. Aus dem Stein? Wie konnte es darin stecken? Das Gesicht schien das eines Indianers mit etwas zu breiter Nase und etwas zu dicken Lippen zu sein. Aber sie hatte schließlich auch das harte Polargesicht Amundsens im Antarktis-Museum in Christchurch für das Gesicht eines Indianers gehalten. Er trug einen Ring oder ein Band um den Kopf, seitlich auf eine Schulter fiel ein kurzer Zopf.

Sie blinzelte zwischen den Fingern hindurch. Sie glaubte, sich in einem schrecklichen Traum zu befinden, in dem das Gesicht ihres Vaters sie schweigend aus einem Stein heraus ansah. Maria hatte sich tief in ein Schneckenhaus der Gefühllosigkeit zurückziehen müssen, um die letzten Tage und Wochen überstehen zu können. *Ich lebe selbst wie ein Gesicht im Stein,* dachte sie jetzt. Wenn alles vorbei sein würde und sie in der Lage, ihre Sinne wieder in Betrieb zu nehmen, würden ihre Erinnerungen ihr einen Schock versetzen. Sie wusste es. Das Gesicht im Stein würde sie in der Bewegungslosigkeit als beklemmender Alptraum verfolgen.

»Zack? Ich möchte die Kugel von der anderen Seite sehen.« Bob Arvin, der am Videoüberwachungspult saß, sprach leise in das Mikrofon.

»Bitte sehr«, tönte es aus dem Lautsprecher.

Marias Blick fiel auf die rechts von ihr an der Wand hängende Grafik mit der merkwürdigen Osiris-Figur, die anstelle des Kopfes drei übereinander gestapelte Sockel unter einer Kugel trug. Ihr Blick blieb daran hängen und wanderte von dort zurück zu dem monumentalen Gesicht im Stein. *Das Haupt des* Osiris, flüsterte sie ohne sichtbare Lippenbewegung.

Die Kugel drehte sich, das Gesicht verschwand. Dunkle Flächen, helle Flächen. Maria drehte den Kopf nach unten, um das Bild auf den Kopf gestellt zu sehen. Sie hatte sich nicht geirrt. Es war ein Globus. Er stand irgendwie ungewohnt schief, die Antarktis war oben, aber es war eindeutig ein Globus. Südamerika, Afrika, Nordamerika. Hier und da ein wenig anders, als sie es kannte, aber sie hatte auch noch niemals einen so großen Globus gesehen. Das Gesicht hatte auf der Rückseite den Pazifik gefüllt.

Auf der Leinwand erschien das Display des Telefons. Ein schwarzer Balken pulsierte neben dem Wort »Netzsuche«

»Wir brauchen uns keine Sorgen mehr zu machen, dass uns ein Ventilator im Schacht in der Pyramide festhält«, rief Priotti. »Wir haben ein Signal.«

»Haben Sie gesehen, Ash, wo der obere Scheitelpunkt der Kugel liegt?«, fragte Arvin. »Haben Sie gesehen, dass die Antarktis eine völlig andere Form hat als heute, dass sie in Richtung Osten größer ist? Die antarktische Halbinsel ist ein Archipel um eine große Insel in der Art Neuseelands, Japans oder Madagaskars, vielleicht eintausendfünfhundert Kilometer lang, die im Südosten mit den Latady Mountains abschließt. Alexander Island auf der anderen Seite des George VI-Sundes ist größer als heute, die Heritage und Sentinel Ranges der Ellsworth Mountains bilden eine weitere große Insel. Der Südpol liegt im Meer vor der heutigen antarktischen Ostküste bei Queen Mary Land.«

Arvin stützte sein Gesicht in die Hände. Er hatte die Augen geschlossen, während er weiter sprach. »Palmer Land lag mehr als zweitausend Kilometer näher in Richtung des Äquators, weit außerhalb des Polarkreises, und es wurde von einem Warmstrom umspült, weil die antarktische Konvergenz, die Kreisströmung um den Kontinent, von einer Eissperre um den Pol im Osten abgeriegelt wurde. Dort dürfte ein Klima geherrscht haben, Ash, wie Sie es heute von Cornwall kennen.«

Die Verbindung in die untere Kammer bestand weiter. Hastren meldete sich mit heiserer Stimme zu Wort: »Es gibt noch etwas, Bob, das in der Kugel verborgen ist. Wir können den Nordpol nicht sehen, weil er unten im Sockel liegt und vielleicht auch nicht vermessen wurde.«

»Und?«

»Er liegt auf der Queen Mary Land genau gegenüberliegenden Seite der Erde, in der Hudson Bay vor Povungnituk. Djurvakin hat darüber seinen Vortrag in Bath gehalten.«

»Scheiße«, rief Arvin, »der Pol hat sich verschoben und Djurvakin ist überzeugt, dass er weiß, warum.« Verwirrt schaltete Ash sich ein.

»Ich verstehe kein Wort. Beeilt euch! Wir haben die Nummer der schweizerischen Botschaft einprogrammiert. Wenn wir das Glück unseres Lebens haben, bekommen wir in den nächsten Minuten eine Verbindung. Ich glaube nicht, dass wir die Zeit mit geologischen Debatten verbringen sollten.«

»Wir müssen, Ash«, sagte Arvin mit fester Stimme. Wir haben das Motiv. Es heißt Hugh Auchincloss Brown.«

»Wer, zum Teufel, ist das?«

»Ein pensionierter General. Er rief in den fünfziger Jahren einen internationalen Krieg gegen den gemeinsamen Feind der Menschen, die Eiskappe der Antarktis, aus. In den sechziger Jahren hat er den US-Kongress mit Vorschlägen verrückt gemacht, das Eis der Antarktis mit Atombomben abzusprengen. Er hat die Bildung einer Global Stabilization Organization zur Überwachung der Lage der Pole gefordert. Immerhin bewirkte er damit, dass das Institute for Defense Analysis in Washington damals Untersuchungen dazu vornehmen ließ. Brown hatte die fixe Idee, dass durch die aufwachsenden antarktischen Eismassen die Erde ins Taumeln gerät und sich die Pole verschieben.«

»Wollt ihr mir allen Ernstes erzählen, dass Djurvakin das Eis absprengen möchte, um zu vermeiden, dass sich die Pole verschieben?«, fragte Ash entgeistert.

»So ist es. Entscheidend ist nicht, ob es wirklich so ist. Entscheidend ist, dass Djurvakin es glaubt.«

»Wie und wohin, verdammt, sollen sich seiner Ansicht nach die Pole verschieben?«

»Niemand weiß, wohin. Zurück nach Nordamerika? Ist es der Südpol, der zurück nach Australien geht? Nach Südamerika? Oder nach Afrika? Eins ist sicher. Dort, wo sie den nächsten Pol vermuten, werden wir sie finden. Und *Elektra*. Und Carl.«

Ash deutete auf das Mikrofon. Arvin machte eine hilflose Geste. Es war eingeschaltet.

»Verstehe ich euch richtig, dass es hier um Atomwaffen geht?«, ließ Fishman sich hören. »Stellt bitte den Lautsprecher in eurer Kammer ab und hört nur ihr beide mir zu. Bitte, bestätigt das.«

82

Ash und Arvin bestätigten es, als sie den Lautsprecher ausgestellt hatten. Sie waren dicht vor den Monitor getreten und teilten sich die Hörmuscheln eines Headsets. Fishmans Stimme klang hart. »Ich habe den Vorteil, von den Dingen, die hier vor sich gehen, nicht viel zu verstehen. Ich weiß auch nicht, was die Vorfahren der Ägypter, wie immer sie hießen, oder was die Leute von Palmer Land, wer immer sie waren, technisch realisieren konnten. Ich habe auch keine Ahnung, wie sich ein Pol bewegen kann. Ich weiß nur eins: Bevor ich mir die zweite und die dritte Kugel ansehe und eins und eins zusammenzähle, beginnt mein CIA-Puls zu klopfen. Deshalb sage ich euch jetzt, was passieren wird.

Ich werde aus den Daten der zweiten und dritten Kugel die Simulationen berechnen lassen, ich werde sie euch hochschicken und ihr werdet sie euch ansehen. Ihr werdet sie mitschneiden und die Kassette einstecken. Das Einzige, was ihr mir sagen dürft, wenn ihr sie angesehen habt, ist:

›Du hattest den richtigen Riecher, Zack.‹ Das reicht mir als Ehre voll und ganz. Bei mir werde ich alle Daten löschen.«

»Wozu das?«

»Nichts wissen ist Macht«, antwortete Zack. »Wussten Sie das nicht, Ash? Ein alter Hase wie Sie? Und wenn es nicht Macht ist, dann ist es wenigstens ein Leben verlängerndes Medikament.«

»Wie Sie wollen. Schicken Sie Ihre Daten rüber.«

Auf ihrem Monitor begannen sich die Kugeln zu drehen. Schicht um Schicht füllten sich die Oberflächen parallel mit unterschiedlichen Mustern.

»Bitte etwas schräger drehen«, sagte Arvin, »ich möchte die oberen Teile deutlicher sehen.«

Als die Kugeln voll ausgefüllt vor ihnen schwebten, die Pole schräg in ihre Richtung gekippt, nahm Arvin das Mikrofon: »Sie hatten den richtigen Riecher, Zack.«

Ash stürzte zu seinem Koffer und holte ein in Weihnachtspapier verpacktes flaches Päckchen heraus. Er riss es auf, entnahm ihm eine goldene, unbeschriftete CD und schob sie in Arvins PC.

»Was ist das?«, wunderte sich Arvin.

»Organisationen, Namen, Telefonnummern und Adressen, in einer geografischen Datenbank. Ist Ihr PC handlungsfähig?«

Arvin fing an, verschiedene Menüs zusammenzuschieben.

»Installieren Sie endlich, los«, drängte Ash.

»Worum geht es?«

»Um Leben und Tod. Um unseren«, sagte Ash.

In riesenhafter Vergrößerung zeigte die Leinwand den schwarz pulsierenden Balken. ›Netzsuche‹. Der Roboterwagen fuhr weiter den Luftschacht nach oben, das Telefon vor sich ausgestreckt. Priotti drehte sich zu Michelle um. »Die Pyramide bündelt positive Energie aus dem All in dieser Kammer. Wir brauchen uns keine Sorgen zu machen. Es gibt keinen sichereren Ort.« Er sah sie weiter an. Die Sätze schienen seinen entzündeten Augen davongaloppiert zu sein. Nun blickten sie ihnen nach und warteten ängstlich, wie es ihnen erging.

»Dann sollten Sie Ihre Drahtmütze abnehmen, Thomas«, sagte Michelle geduldig. Er lächelte sie dankbar an. Dann drehte er sich zu seinen Apparaten, die Kappe blieb auf dem Kopf.

Im eingeblendeten Ausschnitt der Überwachungskamera gab es eine Bewegung. Am oberen Ausgang tat sich etwas.

»Wir müssen das Licht abschalten«, rief Michelle, »Stensen kommt heraus.«

»Noch nicht. Wir haben noch keine Verbindung. Wenn er ein Seil nach unten lässt, versucht, es ihm aus den Händen zu reißen. Bleibt vorsichtig und zieht euch im Zweifelsfall sofort hierher zurück«, rief Ash ihr zu.

Maria und Michelle schlichen sich hinaus, jede mit der Stange eines Stativs bewaffnet.

»Die Datei ist geladen«, meldete Arvin.

»Geben Sie her!« Ash setzte sich vor den Laptop. Auf einem Landkartenausschnitt markierte er eine Fläche. »Tausend Kilometer Umkreis sollten reichen«, murmelte er.

Auf dem Bildschirm tauchte eine Kette von Namen auf. Fünf volle Bildschirmseiten Namen und Adressen. Welche konnte es sein? Angesichts der Ausmaße und des Aufwands dessen, auf das sie in der Antarktis gestoßen waren, beschloss Ash, den am höchsten klingenden Posten der am größten klingenden Organisation auszuwählen. Er hoffte, dass es nur eine Alternative gab. So viel musste jetzt klappen, dass es an ein Wunder grenzen würde: Die Nummer musste stimmen, der Angerufene musste verfügbar sein und außerdem bereit, zuzuhören. Er musste bereit sein, darauf einzugehen, und – Ashs ganzes Konzept musste stimmen: der Ort, das Motiv. Aber hatte nicht Eisenstatt in der Folge seiner *Astra*-Vision eine ganze Schleppe der Unwahrscheinlichkeiten erzeugt und um sich verbreitet? Wenigstens einmal, wenigstens jetzt sollte das Schicksal ihn davon profitieren lassen.

Der pulsierende Balken auf dem Display des Telefons war zur Ruhe gekommen. An der Wand der Königskammer stand nun groß der Schriftzug »MobiNil«.

»Wir sind am Netz«, rief Priotti. Er rieb sich die Hände, als würden sie frieren. »Das Telefon wählt die gespeicherte Nummer.«

»Abbrechen!«, rief Ash. »Wir nehmen eine andere Nummer.« Er gab eine Nummer durch. Auf der Leinwand konnten sie verfolgen, wie der Greifarm des Roboters in aller Sorgfalt Ziffer für Ziffer die Tasten drückte. Ein Signal ertönte. Ash schloss die Augen. Er hielt den Atem an. »Das Freizeichen«, flüsterte er.

Maria kam herein und unterbrach die angespannte Stille. »Wir haben ihm das Seil abgenommen. Er muss springen.« Mit ihrer Stange aufgepflanzt stand sie da wie vor einer Hasenjagd.

Um Gottes Willen, dachte Ash, *in welchen Irrsinn sind wir geraten?* »Maria«, sagte er. Sie kam näher. »Wir haben soeben den Angriff eröffnet, um Carl zu befreien.« Sie nickte ernst und ging mit ihrer Stange hinaus.

Eine Frauenstimme meldete sich in einer Sprache, die Ash nicht verstand. Er nahm das Mikrofon. Er sprach englisch und gab sich große Mühe, seiner Stimme einen herrischen Klang zu verleihen. Er verlangte den Namen, den er auf der Visitenkarte gelesen hatte. Sie fragte nach einem Stichwort.

»Die Nummer stimmt noch. Er ist da«, raunte Ash Arvin zu und bemühte sich aus dem Flüstern zurück in eine normale Stimmlage zu wechseln: »Sagen Sie ihm, dass ich der persönlich Bevollmächtigte von Simmons Industries für den Abschluss eines Bartergeschäftes über ein argentinisches Kraftwerk des Typs *Elektra* mit der Ammport Corporation bin.«

Er wurde weitergeschaltet.

»Mr Tschadir ?«

»Worum geht es?«, erklang eine leise Stimme, glatt, unpersönlich und hart, wie die Oberfläche einer leeren Autobahn.

»Sie haben Bedarf, in einer Ihrer Energieversorgungsanlagen ein Modul einzusetzen, das von Simmons Industries geliefert werden soll. Ich bin von Claude Simmons persönlich autorisiert worden, den Austausch abzuwickeln. Ich habe das dazu notwendige Modul bei mir. Einer Ihrer Mitarbeiter, der sich Stensen nennt, behindert den Tausch. Bleibt es dabei, werden Sie das Modul nicht erhalten und die Kraftwerksanlage wird sich in vier Tagen zerstören. Alle hätten verloren. Schaffen Sie uns den Mann vom Hals, der uns gegenwärtig bedroht, und Sie bekommen das Modul unversehrt. Ich bin Experte in der Inbetriebnahme der von Ihnen in Argentinien erworbenen Anlage, in der Sie es einsetzen wollen.«

Pause. Nach einigen Sekunden Rauschen, die der Roboterwagen oben in der Pyramide mit seinem Telefon aus den Tiefen des Weltalls einzufangen schien, erklang die Stimme: »Ich weiß nicht, wovon Sie sprechen. Offenbar hat man Sie falsch verbunden. Wiederhören.«

»Ich weiß, was Sie für den 4. Februar planen«, warf Ash eilig ein. »Wenn Sie uns hier herausholen lassen und Ihren Mann stoppen, nehme ich in der Angelegenheit keinen weiteren Kontakt auf.«

»Wo sind Sie?« Die fremde, kalte Stimme hatte kurz gezögert.

»Wir sind in der Großen Pyramide in Kairo eingeschlossen.« Ash machte ein gequältes Gesicht. *Wenn er meinen Anzug sehen würde, wäre das Gespräch beendet.*

»In der Pyramide?« Der Stimme war Verwunderung anzumerken.

»Ein Zufall, Mr Tschadir. Schaffen Sie uns Ihren Mann vom Hals.«

Schweigen.

»Ich lasse Sie abholen. Bringen Sie mit, was Sie haben.«

»Was ist mit Stensen?«, hakte Ash nach.

»Schreiben Sie ein Schild.«

»Was für ein Schild, verdammt. Beeilen Sie sich mit Ihrer Entscheidung, sonst zerstört Ihr eigener Mann Ihr Kraftwerk, für das Sie eine Menge investiert haben.«

»Kein weiterer Kontakt?«

»Hab ich Ihnen schon gesagt.«

»Wie viele Personen sind Sie?«

»Wir sind vier.«

Arvin schüttelte vehement den Kopf und schlug sich mit der Hand an die Stirn. Dann hob er die andere mit drei ausgestreckten Fingern.

»Schreiben Sie: ›Rufe *Amazar XIV*‹«, sagte Tschadir durch das Rauschen hindurch.

»Stensen hat sich heruntergelassen«, schrie Michelle.

»Licht aus«, brüllte Ash. Mit einem Schlag wurde es dunkel. Was immer noch über die Verbindung kommen mochte, endete draußen in achtzig Metern Höhe zwischen den Sandsteinblöcken an der Außenseite der Pyramide. Der Roboter war zum toten Stück Metall geworden. Eine Verbindung in das Innere der Kammer bestand nicht mehr.

Es herrschte eine Dunkelheit, die so vollkommen und so nah war, dass es Zack Fishman vorkam, als beginne sie im Innern seines Kopfes. Das Stahlgittertor war abgeschlossen, sie waren in Sicherheit. Der Kontakt zu der Drohne war abgebrochen.

»Sie hat noch fünf Minuten. Die Batterie meines Steuerrechners hat sich nicht aufgeladen, ich kann sie nicht mehr erreichen. Sie wird wie eine gefangene Seele herumschwirren, bis ihre Batterien erschöpft sind, dann wird sie sanft auf der Schulter des Pharao landen. Ihr könnt mir glauben, dass *udjat* der unglaublichste Schatz sein wird, der unter der Pyramide auf künftige Archäologen wartet.«

Fishman war erschüttert. Ihm war ein dienstbarer Geist verloren gegangen, der ihm übermenschliche Fähigkeiten verliehen hatte. Und ein Job.

Ash riss einen Streifen der blauen Papierwand ab. Im Durchgang von der Großen Galerie zur Vorkammer rasselte es.

»Jemand ist an der ersten Barriere«, flüsterte Michelle. Sie hatte sich mit Maria in die hinterste Ecke der Kammer geschmiegt. Ash schrieb im Dunkel mit dickem Filzstift »Rufe *Amazar XIV*« auf den Streifen. Gebückt tastete er sich nach vorn. Er hatte das Gefühl, das jemand vor der Tür zum Caviglia-Tunnel stand und horchte. Oder hörte er nur das Atmen, das sie selbst auf Kassette aufgenommen hatten? Er schob das blaue Papier über die Kante der innersten Barriere und ließ es sich nach vorn entrollen, dann hob er eine Kiste aus der Barriere, schob den Helm hindurch, legte ihn auf den Boden und schaltete sein Licht an, um die Schrift zu beleuchten.

Das sollte das magische Wort sein, das die Toten wieder ins Reich der Lebenden bringen würde? Amazar? Ash hatte nicht die leiseste Ahnung, was es damit auf sich hatte.

Minuten später gab es noch einmal ein Geräusch, als jemand mit der Saite den Kistenstapel umriss. Wer auch immer dort stand, musste die Schrift lesen können. Danach war es still. Der erste und der zweite Scheinwerfer waren nach einer Stunde verbraucht.

»Ich frage mich, ob die Kugeln eine Botschaft an uns sind«, flüsterte Ash.

Arvin zögerte. »Sie sind keine Botschaft, keine Aufzeichnung, sie sind die Quintessenz einer zeitlosen Zivilisation: einfach, geheim und verständlich über alle Zeiten, voller Magie und von praktischer Bedeutung. Diese Quintessenz ist alarmierend, weil sie unsere Unterscheidung von Zukunft und Vergangenheit aufhebt.«

Der dritte Scheinwerfer erlosch. Danach war es dunkel. Für Stunden. Und Stunden.

83

Bob? Sind Sie da?«

»Maria?«

»Ja. Wie kam das Gesicht aus der Kugel?«, fragte sie.

»Es war eine Simulation. In der Kugel ist Metall, kein Gesicht. Nur wenn Eis auf der Oberfläche der Kugel wäre und man das Metall erwärmen würde, entstünden die Bilder, die du gesehen hast.«

»Wozu sollte das gut sein?« Sie hielt inne. Dann wurde ihr Flüstern zu einem Hauchen. »Es ist jemand mit uns im Raum. Keiner von uns. Ich spüre es.« Sie zitterte.

Arvin lauschte ins Rauschen des Dunkels. Ruhig redete er weiter.

»Vielleicht wollten die Erbauer, dass es nicht jeder oder man es nicht immer sehen konnte. Es war etwas Außerordentliches, etwas Rätselhaftes schon von Anfang an. Vielleicht war es die hochentwickelte Form der Sitte, die Toten in Stein zu bestatten. Die Arbeitsleistung, die hinter den Kugeln steckt, dürfte tausendmal größer sein als die beim Bau der Pyramide darüber.«

»Warum? Sie sind viel kleiner«, raunte Maria ihre Frage.

»Sie brauchten ein paar Jahrhunderte lang eine Flotte von vielleicht tausend Schiffen. Sie brauchten einen ausgefeilten Plan, die Erde zu erkunden und zu vermessen. Sie mussten die Ergebnisse zu Hause verstehen, ordnen, verwalten.«

»Vielleicht hatten sie eine Wundertechnik?«, schlug sie vor.

»Sie hatten sie so wenig wie die Pyramidenbauer. Über sehr lange Zeit organisierte menschliche Anstrengung war das Wunder.«

»Aber warum ist die Erdoberfläche *im* Stein? Warum nicht außen, wie sonst bei einem Globus?« Wieder erstarb Marias Stimme und wurde zu einem vibrierenden Luftstrom, aus dem Arvin ihre Worte erahnte: »Es riecht nach Blut. Ich spüre, wie seine Wärme vergeht.«

Arvin ließ sich nicht beirren: »Auf das Innere des Steins hatten nur diejenigen Zugriff, denen er gewährt wurde. Es war geheimes Wissen. Vielleicht diente es aber auch praktischen Zwecken, vielleicht haben sie Ausschnitte der Weltkugel mit Farbe heiß auf Tücher übertragen – und auf diese Weise Landkarten hergestellt. Vielleicht war der Maßstab ein Grund für die Größe der Kugeln. Eins zu drei Millionen für den ganzen Planeten, genau der Maßstab, mit dem man in heutigen Atlanten die Heimatländer der Leser darstellt, an die man die Kartenwerke verkaufen möchte.«

»Warum drei Kugeln?«, bohrte Maria weiter. Ihre Stimme war nicht kräftiger geworden.

»Das ist eine der wenigen Fragen, auf die ich dir sagen muss, es ist besser, wenn du die Antwort nicht weißt.«

Priotti saß abseits von allen. Er gab kein Geräusch von sich. Ash spürte Michelles Nähe, ohne sie zu berühren. Auf der anderen Seite war Maria im Schlaf von ihr gesunken. Ihr Kopf musste an Arvins Schulter liegen. Das Flüstern der beiden hatte vor längerer Zeit aufgehört.

»Bob?« Auch er schien zu schlafen. Ash berührte Michelles Hand. »Schlafen Sie?«

»Nein«, kam die Antwort.

»Nehmen wir an, es klappt und wir werden abgeholt von Männern, die wir noch nie gesehen haben. Hätten wir später einen Beweis, dass uns tatsächlich Stensen terrorisiert hat?«, fragte Ash.

»Haben Sie Zweifel?«

»Wir haben nichts in der Hand. Ein leeres Blatt Papier in einem weißen Umschlag. Viele Morde, aber keine Spuren. Keine Worte. Außer einer vorbeihuschenden Gestalt haben wir nichts gesehen.«

Ihr Flüstern ließ sie in der Dunkelheit so nahe sein wie noch nie. In dieser Sekunde spürten sie beide vom anderen, dass er das Gefühl der Nähe teilte. Es machte aus dem gemeinsamen Flüstern ein gemeinsames Vibrieren ihres Atems, ein gemeinsames Pochen des Pulsschlags.

»Das magische Wort«, sagte Michelle unvermittelt.

»Was ist das magische Wort?«, fragte Ash.

Im gleichen Rhythmus hämmerten ihre Herzen so, dass es ihnen im Flüstern fast die Kehlen zuschnürte. Sie spürten die Wärme des anderen.

»*Amazar* ist das magische Wort«, flüsterte Michelle. »Woher sie es durch den Seelenschacht des Pharao auch immer geholt haben mögen, es hat Stensen verschwinden lassen.« Sie schwiegen. Sie spürten, dass sie sich ihre Gesichter zugewandt hatten. »Was mag ›*Amazar XIV*‹ bedeuten?«

Da sie in der abgrundtiefen Dunkelheit nur das Nichts, bestenfalls das Zittern tagealter Nachbilder in ihren Augen sehen konnten, berührten sich plötzlich, als sie flüsterten, ihre Lippen, als wollten sie sich tonlos miteinander verständigen. Sie schreckten zurück.

»*Amazar XIV*«, hauchte Michelle, »hört sich an wie ein fremder Planet.« Ash lehnte sich ein Stück in die andere Richtung.

»Ich bleibe auf diesem Planeten«, flüsterte er heiser, »hier findet der Krieg statt.«

Michelle schwieg. Sie legte das kühle Glasmedaillon auf ihre Zunge. Ein Biss würde genügen, um ihr Klarheit zu verschaffen.

Sie hoffte inständig, dass ihr Kopf im Schlaf nicht an Kenellys Schulter sacken würde.

Mehr als sieben Stunden Dunkelheit waren vergangen, als Licht durch den Gang drang. Stimmen wurden laut. Bündel gleißenden Lichts schoben sich in die Kammer. Geblendet saßen sie da. Ein gellender Schrei von Maria ertönte. Priotti saß in seinem Stuhl wie in einen dunklen Mantel aus Blut gehüllt, der ihn von seinen Schultern her abwärts umgab. Sie hatten nur zwei Meter daneben gesessen und sich sicher gefühlt.

»Angst«, flüsterte Michelle erschüttert, »Angst und Macht sind seine Botschaften. Er will uns jede Sekunde der Ruhe nehmen – selbst wenn es eine Ruhe in der Erinnerung ist.« Sie schüttelte sich vor Ekel bei der Vorstellung, dass Stensen, klebrig von dem Blut seiner Opfer, im Dunkeln neben ihr und Ash in ihrem falschen Frieden gestanden hatte.

»Und er will uns zeigen, dass nicht ein Befehl seiner Auftraggeber uns gerettet hat, sondern einzig und allein seine Gnade.« Ash nahm an Priottis Tisch einen Zettel auf, der mit vielen Ornamenten verziert und einem merkwürdigen Text versehen war: »Aziza Salmawi ist Isis, sie kommt und geht, wann sie will.« *So also sah es aus, wenn Priotti eine Frau verehrte*, dachte Ash.

Der Anführer trat auf Ash zu. »Sie sind vier? Bitte folgen Sie uns.« Wie in Trance verließen sie das Schlachtfeld in der Pyramide. Ash hatte Tschadir gesagt, dass sie zu viert waren. *Habe ich Priotti auf dem Gewissen?* Als sie am Gang in die untere Kammer vorüberkamen, griff Ash sich an die Brust und sackte zur Seite auf den Boden. Er stürzte rückwärts in den Schachteingang zur Königinkammer.

Sein Kopf schlug an das verschlossene Stahlgitter.

»Können Sie sich drei Worte merken?«, zischte Ash, als er Zacks Anwesenheit auf der anderen Seite des Gitters im Dunkel spürte.

»Ich werde mich anstrengen«, kam die geflüsterte Antwort.

»*Ulan Ude. Ammport Corporation. Amazar.*«

»Das sind fünf Worte.«

»Aber nur drei Dinge«, wisperte Ash. »Eine Stadt in Sibirien. Ein Bergwerkskonzern. Ein Rätsel.«

Es war neunzehn Uhr dreißig. Draußen fanden sie sich am Grund eines endlosen Sternenhimmels wieder, wo sich Ash, argwöhnisch bewacht, auszog, um endlich seine alte, in Tel Aviv abgelegte Reisekluft anzuziehen, die ihm jetzt geradezu frisch erschien. Vor siebenundzwanzig Stunden hatte er auf der Suche nach den beiden Frauen in Wirbeln von Staub und Papier die Pyramide betreten, jetzt trieb der nächtliche Sturm die Papierfetzen des Giza Plateaus zurück in die leuchtende Metropole Kairo, die sich zu ihren Füßen ausbreitete.

Zwischen den Sternen, die die Pyramide umgaben, wartete der bucklige Schatten eines Mi8-Hubschraubers. Ihre drei Begleiter sprachen Arabisch, von dem Ash nichts verstand. Er registrierte, dass der Hubschrauber im olivgrünen Tarnanstrich eines Heeres ohne Hoheitszeichen mit Zusatztanks ausgerüstet war. Der große Fünfblattrotor lief unter Ausstoß stinkender Qualmwolken. Ash und Michelle packten das Gepäck vom Van in den Helikopter, Arvin hielt Maria im Arm. Stensen war nirgends zu sehen. In Dieselgestank und mit Lärm hoben sie ab in die sternklare Nacht.

»Es riecht nach Petroleum«, sagte Arvin.

»Ich rieche es auch«, sagte Ash.

84

Transaero; Freitag, 29. Januar

Gegen 23 Uhr waren sie auf einem dunklen Flughafen des Nahen Ostens von ihren Begleitern in eine dreistrahlige Verkehrsmaschine geleitet worden, die die Aufschrift »Transaero« trug. Als eine der letzten Maschinen, bevor der Flughafen, von dem Ash vermutete, dass es sich um Damaskus handelte, für diese Nacht den Betrieb einstellte, waren sie zum Start gerollt. Jetzt befanden sie sich auf dem Weg nach Moskau. Ash und Arvin standen vor der Toilette und warteten.

»Sie haben mich verschleppt, Ash. Nach Moskau! Überall wartet Arbeit auf mich, nur da nicht.« Er schüttelte den Kopf.

»Ich dachte, ich hätte Sie gerettet. Ehrlich gesagt mag ich mir gar nicht vorstellen, was mit Ihnen geschehen wäre, wenn ich gesagt hätte, wir wären nur drei. Ich hätte ›fünf‹ sagen sollen, vielleicht würde Priotti noch leben.«

»Vielleicht schaffe ich es, mich in Moskau von Ihrer Truppe zu entfernen«, sagte Arvin, ohne auf Ashs Bemerkung einzugehen.

»Sie sollten dabei bleiben, Bob. Ich habe das Gefühl, wir werden dort, wohin wir fliegen, um Carl zu finden, einen Geologen wie Sie brauchen, damit wir die Fronten in dem kommenden Kampf verstehen.«

Nachdenklich lehnte sich Arvin an die Kabinenwand. »Palmer Land lässt mich nicht los, Ash. Es hat den Geologen in mir getötet. Mussten ihre Bauwerke immer gigantischer werden, um im kälter werdenden Klima Wärmeverluste zu verringern? Oder verdichtete sich ihre Ansiedlung zur Metropole, weil es keine Flächen zur Abwanderung gab? Wenn mich nicht so etwas wie ein Lotterietreffer bei den Bohrungen auf genau dieses Gebäude geführt hat, müssen ganze Teile der Insel von Städten bedeckt gewesen sein. Dann hätte Palmer Land nicht zwei, sondern vielleicht fünfzig Millionen Einwohner gehabt.«

»Ich frage mich noch etwas anderes«, sagte Ash nachdenklich. »Wie konnten diese Leute so sicher sein, dass das, was sie mit so immensem Aufwand in den drei steinernen Kugel versteckten, tatsächlich so aussehen würde?«

»Sie haben die Welt fünfmal länger beherrscht als wir«, antwortete Arvin. »Vielleicht waren sie sich deshalb sicher, weil sie langsam genug waren, die Welt zu verstehen. Sie wussten zum Zeitpunkt der Antworten noch, wie einmal die Fragen gelautet hatten. Und sie hatten gelernt, Fragen in Erwartung sehr später Antworten zu stellen. Den großen Aufwand haben sie getrieben, weil sie wussten, dass die Antworten, die sie gefunden hatten, sehr lange gültig sein würden. Und weil sie uns etwas hinterlassen wollten, das uns zeigt, dass Fragen, die wir erst in Zukunft stellen werden, schon lange vor unserer Zeit für uns beantwortet worden sind. Versteckt in Stein.«

Ein Mann im offenen Hemd über gebräunter Brust und einer dünnen, goldenen Halskette drängte sich durch einen den hinteren Teil der Kabine verdeckenden Vorhang nach vorn. Er sah skeptisch in die Toilette, als Ash und Arvin keine Anstalten machten, sie vor ihm zu nutzen. Dann verriegelte er sie.

»Wir sind über Nacht zu einer alten Kultur geworden«, murmelte Arvin. »Im Alter lebt die Zukunft von verschütteten Erinnerungen.«

Als sie die Grenze zu Russland überflogen, saßen Maria und Arvin nebeneinander. Maria schlief am Fenster, Arvin am Gang.

Ash sah aus dem Fenster. Die entsetzliche Entdeckung, dass Stensen in ihrer Nähe gewesen sein musste, als sie im

Dunkel aneinander gelehnt eingeschlafen waren, hatte ein steiniges Niemandsland zwischen ihnen aufbrechen lassen. Michelle fing leise an zu reden. »Mein Vater nahm mich als Kind manchmal auf den Schoß, eine Tüte Rosinen in der Hand, und fragte: ›Wohin geht die Reise?‹ Ich antwortete zum Beispiel: ›nach Timbuktu‹ und er fing an zu erzählen, solange die Rosinen reichten.«

»Ich habe keine Rosinen und ich weiß nicht, wohin die Reise geht«, erwiderte Ash. Dabei sah er sie wie abwesend an und beide hatten das Gefühl, dass er durch sie hindurch in die Dunkelheit der letzten Nacht in der Pyramide blickte.

»Was haben Sie?«, fragte Michelle.

»Es kann nicht Stensen gewesen sein.«

»Wovon sprechen Sie? Von der Pyramide?«

»Es kann unmöglich Stensen gewesen sein, der uns dort gejagt hat.«

»Wieso?«

»Er hatte keine Chance, aus der Antarktis so schnell nach Kairo zu reisen. Es gab keine Flüge.« Ash lehnte sich im Sessel zurück und streckte die Beine aus.

»Ich weiß, dass er es war«, widersprach Michelle und schüttelte sich vor Ekel. »Ich habe es – gerochen. Vielleicht hatte er eine Vorreservierung in einem der für uns ausgebuchten Flieger.«

»Die regulären Verbindungen wurden seit der Entführung überwacht. Andere, mit denen er kurz nach uns in Kairo hätte eintreffen können, gab es nicht. Wenn er es war, muss er auf einem Weg gekommen sein, der sich unserer Erkenntnis bisher völlig entzieht.«

Sie schwiegen lange jeder für sich. Ash hatte die Augen geschlossen. Michelle sah an ihm vorbei durch das Fenster.

»Erinnern Sie sich an die Schlägerei vor dem Aquarium in Christchurch?«, fragte er, die Augen weiter geschlossen.

»Ich erinnere mich.«

»Das war ein Abgesandter von Walker. Ich wurde erpresst.«

»Mit den Bildern, deren Schnipsel ich gefunden habe?«

»Es geht um viel Land, unter dem viel Öl liegt. Walker und seine Freunde haben Millionen aufgewendet, um das herauszufinden. Nun wollen sie nicht auf das Geschäft verzichten. Sie haben Bilder von mir und Helen in ihren Besitz gebracht.«

»Helen?«

»Meine wirkliche Frau. Die Mutter meines Sohnes Tom.«

»Was ist eine ›wirkliche Frau‹?« Michelle sah ihn skeptisch an.

»Eine wirkliche Frau ist ein eigener Anfang, keine Fortsetzung. Eine Frau, die ich liebe. Helen war Fotografin. Sie hat wunderschöne Bilder von uns gemacht, die nur für uns bestimmt waren. Walker hat sie in die Finger bekommen. Seine Leute haben widerliche Pornoszenarien darumgebastelt und das Ganze in eine miese Broschüre gepackt. Ich werde ziemlich dumm und beschissen dastehen.«

Sie schwieg eine Weile.

»Sie haben ihn zum Teufel gejagt«, sagte sie schließlich.

»Erst ich, dann –«, er zögerte. »Stensen.«

»Was wird geschehen?«

»Sie werden die Bilder an Gott und die Welt verteilen. Erst recht jetzt, wo sie denken, dass ich Walker auf dem Gewissen habe. An meinen Vater, seine Schwiegertochter und deren Vater. Mein Vater wird es nicht überleben. Sobald die Lopers ihr Geld abziehen, wird der Besitz versteigert werden. Das beste Gebot wird von ihnen kommen. Der alte Loper wird sich fragen, warum er nicht längst diesen kostengünstigeren Weg eingeschlagen hat, sich alles unter den Nagel zu reißen. Und sie werden die Bilder natürlich an Simmons und seine Kunden verteilen. Claude Simmons wird mich nicht halten können, seine Atomtechnologie ist ohnehin vielerorts unter Beschuss. Ein Skandal nach dem Motto ›Atommanager in Sexskandal verwickelt‹ würde ihn zu viel kosten. Ob es stimmt oder nicht, spielt dabei keine Rolle.«

»Was werden Sie tun?«, fragte Michelle.

»Ich habe mich in der Pyramide dafür entschieden, mich in England scheiden zu lassen, meinen Vater umzubringen, meinen Familienbesitz zu verschleudern und meinen Ruf zu ruinieren. Nicht schlecht für den Anfang, oder? Schade, dass ich mich für Helen und Tom erst entschieden habe, als sie schon tot waren.« Ash blickte aus dem Fenster. »Jetzt werde ich Carl finden und herausholen. Walker hat mich in die Ecke gedrängt und Stensen wird zu spüren bekommen, dass ich nur noch nach vorn kann.«

»Und danach?«

»Danach gilt Plan B«, sagte Ash.

An einem sonnigen Morgen tauchten sie in den Dunst Moskaus ein.

Amazar

85

Ulan Ude; Freitag, 29. Januar

Kurz vor der Landung in Scheremetjevo hatten sich in ihrem Flugzeug drei Männer durch das Einsammeln ihrer Pässe als ihre Bewacher zu erkennen gegeben, darunter der verlebt aussehende Blonde mit der goldenen Kette, und sie in rätselhafter Weise anschließend durch die Einreiseformalitäten des Flughafens geschleust. Nach einer Transferjagd durch den Berufsverkehr Moskaus, bei der für Ash und seine Begleitung nicht die geringste Chance bestanden hatte, den Bewachern zu entkommen, schwangen sie sich in Domodedovo von betonversiegelten Äckern aus Schwärmen rostender Maschinen in die Morgendämmerung, um sechs Stunden später mit brennenden Augen im abendlichen Ulan Ude herabzusinken. Ash öffnete die Augen. Die Tu 154 der Buryat Air war elegant 5500 Kilometer östlich von Moskau gelandet.

Im Schein vereinzelter Lampen nahm Ash während der Fahrt in einem hellgrauen Bus flache Häuser unter Dächern aus Wellasbest wahr. Schlieren von feinem Schneestaub wehten über die Straße. Er konnte sich nicht erinnern, schon jemals in seinem Leben so müde gewesen zu sein. Wie heiße Decken legten sich seine Lider über die Augen.

Seit er sein Leben parallel gelebter Alternativen in der Pyramide beendet hatte, begannen Helen und Tom in seiner Erinnerung zu verblassen. Es war, als hätten sie die blutigen Alpträume im Labyrinth der Pyramidenpassagen nicht überlebt. Konnte er sich an ihre Gesichter erinnern? Vermischte sich Toms Gesicht mit dem von Carl?

An einem Hotel auf einer Wiese inmitten sechsgeschossiger Wohnblocks hielten sie an. Noch bevor Ash in seinem Bett eingeschlafen war, befand er sich in einem Flieger, eingemauert tief unter den Felsen des Giza Plateaus. Trotz allen Lärmens und Vibrierens fand die Maschine, die ihn umgab, keinen Weg mehr, der näher rückenden Dunkelheit zu entkommen.

86

Samstag, 30. Januar

Gegen sieben Uhr Ortszeit wachte Ash auf, umgeben von der sumpfigen Wärme überheizter Heizkörper. Er sehnte sich nach der frischen Wärme der Tropen, als er aus dem Bett tappte und, ohne das Licht einzuschalten, nach dem Telefon tastete. Tot. Er duschte, in der Hoffnung, davon aufzuwachen, nahm seinen Anzug aus dem Schrank und fand ein letztes weißes Hemd. Er legte eine gelbgrau gepunktete Krawatte um.

Anschließend durchquerte er in der ersten Etage eine Lobby, die ihm gestern Nacht nicht aufgefallen war. Der milchig helle Tag sah durch die großen Fenster der Lobby herein, die mit ihren weichen Sofas und Sesseln in einem weiten hellen Raum auf warm getöntem, dunkelbraunem Parkettboden eine unirdisch anmutende Gelassenheit ausstrahlte.

Auf dem Weg zum Frühstücksraum kam er an einer winzigen Nische vorüber, in der eine dicke Russin strickte und

Andenken verkaufte. Für einen Dollar erwarb Ash eine englischsprachige Broschüre über Ulan Ude und Buryatia. Er sah sich die Souvenirs an, die kleinen Schnitzereien, Steinarbeiten, die Figuren und Puppen, die gestickten Tücher.

Sein Blick fiel auf einen Wal aus dunklem Hartholz, der etwas größer war als seine Faust. Das Holz war glatt poliert und roch leicht ölig. Ash nahm ihn in die Hand. Der hölzerne Wal fühlte sich an, als wäre er für seine Hand geschnitzt worden.

Vielleicht hilft es, wenn ich etwas für Carl mitbringe. Die rundliche Frau packte den Wal in Seidenpapier.

»Baikalsee«, sagte sie stolz.

»Übertreib mal nicht, Mütterchen«, sagte Ash in der festen Überzeugung, dass sie ihn nicht verstand, und reichte ihr die verlangten fünfundzwanzig Dollar.

Bob Arvin saß bereits beim Frühstück vor einem Glas Orangensaft und einem Korb mit von Hand geschnittenen und gerösteten Weißbrotscheiben. An den Wänden des niedrigen Raumes hingen an Bambusstäben rote Tafeln mit chinesischer Lackmalerei. Einige Tische weiter entfernt unterhielt sich eine Gruppe koreanischer Geschäftsleute lautstark.

An ihrem Nachbartisch saßen zwei miteinander verwandt aussehende Europäer in Geschäftsanzügen, die wie Ash bald feststellte, Deutsch redeten. *Sie sind sich ähnlich, sind sie Brüder? Was tun sie hier?* Vielleicht konnte er zu ihnen Kontakt aufnehmen. Einer der beiden aß ein Spiegelei.

Ash bestellte sich ein Frühstück mit Kaffee und zeigte auf das Ei.

»Ich werde abhauen. Hier, mitten in Sibirien, werde ich mich aus dem Staub machen«, verkündete Arvin mit gedämpfter Stimme. »Dies hier ist nicht mein Ding, Ash. Schon in der Pyramide bin ich aus purer Sympathie bei Ihnen geblieben. Aber Sibirien geht zu weit! Ich muss zu meinem Stück Palmer Land zurück, zurück an meinen Bohrkern. Die Kerle in aller Welt, an die ich Proben verteilt habe, schlafen nicht. Stündlich erzielen sie neue Ergebnisse und schmücken sich mit dem, was mir zusteht. Außerdem tue ich gut daran, vor dem 4. Februar mein Haus in Baltimore zu verkaufen, solange ich noch einen guten Preis bekomme. Das werden Sie sicher verstehen.«

»Ich kann Sie nicht gehen lassen, Bob. Sie wissen, was auf dem Spiel steht. Die Auseinandersetzung, die auf uns zukommt, ist ein Krieg der Geologen, den ich ohne Sie niemals bestehen kann.«

»Sie werden ihn auch *mit* mir nicht bestehen, Ash.«

»Wenn Sie verschwinden, gefährden Sie Carl und uns«, sagte Ash. »Und sich selbst auch.« Geröstetes Weißbrot mit Butter und gebratenem Ei wurden serviert. Es schien Ash eine Ewigkeit vergangen zu sein, seit er zum letzten Mal geglaubt hatte, jemals wieder ein Frühstück mit gebratenem Ei am Morgen genießen zu können.

87

Aus der milchigen Luft fielen einzelne klamme Staubkörnchen von Schnee, im Dunst über ihnen glühte eine bösartige Entzündung am Himmel. Als sie in die Suche-Bator-Straße einbogen, folgte ihnen in größerem Abstand ein gelangweilter Halbwüchsiger im dunkelblauen Anorak.

Sie betraten einen weiten Platz, auf dem das Vormittagsleben begonnen hatte. Pkws in den Formen italienischer Wagen aus den siebziger Jahren und einige aufwendige Geländewagen fuhren auf den Straßen umher. Menschen strömten die Straße hinunter, die sich vor ihnen in die bläuliche Ferne zog. Alles geschah leise. Unter einem einsamen Eisenkopf in der Mitte des Platzes wurde aus einem gelben Fass auf Rädern ein dampfendes Getränk ausgeschenkt.

»Haben Sie den Kopf gesehen, Ash?«, fragte Arvin.

»Glauben Sie mir, Bob, wir sind noch tief in der Pyramide eingeschlossen. Es ist eine Illusion, sich hier aus dem Staub machen zu können. Wir haben nur einen sehr langen Weg in eine neue Kammer zurückgelegt. Das dort ist der Kopf, der in diese Kammer gehört.«

»Der Kopf des Osiris, Sie haben Recht, Ash. Er hat als Totem der fernen Zentrale des Imperiums für die Prozessionsmärsche der Untertanen in Ulan Ude am entlegenen Ende des Reiches das notwendige Quantum an kommunistischer Anbetung eingefordert.«

»Er muss zehn Meter hoch sein«, staunte Ash. Sie beschlossen, die Häuser am Rand des Platzes zu erkunden, um ein Kaufhaus zu finden. Inzwischen war die Sonne kräftiger geworden. Ash begann zu entdecken, dass die Stadt bunter war, als es zunächst den Anschein gehabt hatte. Die Gebäude waren hellbraun und weiß, dunkelbraun und weiß, rosa und weiß bemalt. Die Dächer, sofern nicht mit allgegenwärtigem Wellasbest gedeckt, waren grün gestrichen. Den zentralen »Platz des Sowjet« mit dem Leninkopf umgaben die imperialen Bauten der wichtigsten Institutionen: ein beige-weiß bemalter Palast des Inlandsgeheimdienstes der Russischen Föderation, über dessen Monumentalportal in Stuck farblich abgesetzt die Fahnen der sechzehn untergegangenen Sowjetrepubliken prangten; hinter dem Leninkopf unter rot-weiß-blauen Fahnen die Regierungs- und Verwaltungsgebäude der Republik Buryatia, deren Aluminiumtüren im Wind flatterten; an der Ecke des Platzes, ganz rechts, an der dem Kopf gegenüberliegenden Seite, das Parlament mit trutzigem Eckportal und einer Türfassung in Stein, die an einen Tresor erinnerte. Direkt aber fiel Lenins Blick auf einen Bau, der die gesamte Längsseite des Platzes einnahm. Sie gingen daran entlang, vielleicht war es das Warenhaus.

Am Hauptportal des Gebäudes, das in der kleinen Querstraße lag, war eine sorgfältig polierte Bronzeplatte angeschraubt, in die in lateinischen und kyrillischen Buchstaben der Schriftzug »AMMPORT CORPORATION« eingeprägt war.

»Sie legen sich mit Lenin persönlich an, Ash«, sagte Arvin. Beiden war nicht sonderlich wohl zumute.

Sie beschlossen, ihre Suche fortzusetzen. Ash hatte die Straßenseite gewechselt und sah, den Kopf in den Nacken gelegt, hinauf zu einem gegenüberliegenden Prachtbau, mit dem sich die Lenin-Straße jenseits des Platzes fortsetzte. Er hielt den gekauften Prospekt in der Hand.

»Sie werden denken, es ist ein Palast aus dem achtzehnten Jahrhundert«, referierte Ash, was er gerade las. »Tatsächlich hat Stalin es während des Krieges von japanischen Gefangenen bauen lassen.«

»Was ist es?«, fragte Arvin. »Der Residenzpalast des sowjetischen Statthalters?«

»Eine Oper. Sie hatten die Vision, Zivilisation in die Wildnis zu bringen.«

Sie gingen die Straße hinunter an dem Märchenschloss von Opernhaus entlang. Noch hatten sie kein Geschäft entdeckt, das danach ausgesehen hätte, Kleidung zu verkaufen.

»Ist Ihnen schon aufgefallen, Ash, wie viele Apotheken es hier gibt?«, fragte Arvin. Ein Mann sägte an der Straße ein Brett. Es roch nach frischem Holz. Vier Männer, die damit begonnen hatten, aus Brettern ein Gerüst an einem Haus zu bauen, warteten. Die kalte Schläfrigkeit der Steppe lag über der Stadt.

Je weiter sie an der Seite des Opernhauses vorankamen, desto mehr Zeichen des Verfalls zeigte es. Während die Vorderfront mit dem Portal unter einem triumphalen Reiterstandbild und der Trakt für Bühnentechnik und Kulissenspeicher dahinter wie ein restaurierter Burgbau mit vier spitzen Wimpel tragenden Türmchen glänzten, waren die Mauern weiter hinten feucht und begannen zu zerfallen. Offenbar waren die Pfeiler und Säulen, die klassisch geformten Pfosten der Balustraden und Erker aus billigem Zement gebacken worden. Am anderen Ende glich das Gebäude einer Ruine und der sich anschließende Park war verödet und ließ nur noch dunkel die prachtvolle Gartenlandschaft ahnen, in die sich die Opernwelt über Alleen von Treppen und Katarakte von Podesten unter warmem sibirischem Sommerhimmel ergangen haben mochte. Jetzt befanden sich Ash und Arvin in einer Landschaft zerfallender Treppenaufgänge, Emporen und gigantischer, über zwanzig Meter hoher arkadischer Bögen, die in das verkommene ehemalige Parkareal führten wie in die irrealen Ruinen eines im kalten Dunst Sibiriens gestrandeten Bühnenbildes der Zauberflöte.

»Wenn es hier nur Apotheken gibt, gehen wir eben als Nächstes in eine Apotheke«, beschloss Ash laut. Es fiel ihm schwer, sich von dem morbiden Zauber des vom Zerfall gefressenen Opernhauses zu befreien.

Hinter den Treppen ragte ein moderner Bau auf, der kaum älter als zwei Jahre zu sein schien. Sein Dach sah aus, als wäre darauf ein UFO gelandet. Davor wehte eine gelb-blau-rote Fahne.

Wieselflink war Arvin über die Treppen gelaufen, einen Abhang hinunter, an verrosteten Blechbehältern, Matratzen und Müll vorüber. Ash sah ihn weit unten ein Schild studieren, das neben der Tür angebracht war. Wenige Minuten später war Arvin wieder da. Noch außer Atem berichtete er, was er entdeckt hatte:

»Das Konsulat der Mongolischen Republik. Das, mein lieber Ash, ist mein Notausgang, der aus der Pyramide führt.«

Wenige Straßenbäume weiter, hinter einem kleinen, gelben Gebäude von den wohltuenden Proportionen eines Renaissance-Palais, fand sich zurückgesetzt auf einer Rasenfläche eine schäbige Baracke mit halb geöffneter Eingangstür. AПTEKA stand darüber in kyrillischen Buchstaben.

Sie betraten die Baracke durch die Tür, die sich nicht einen Zentimeter weiter öffnen ließ, so dass sie gezwungen waren, sich seitwärts hindurchzuschieben. Gleichzeitig kam ein älterer Mann mit einer Plastiktüte aus dem Park herbei und drängte sich nach ihnen in die Baracke.

Nach langem Suchen hatte Ash in einem Raum mit Medikamenten, Verbandszeug und Textilien an einem Ständer eine braune Cordhose und in einem Regal einige Hemden und einen dunkelblauen Pullover gefunden. Der Alte mit der weißen Plastiktüte drängte sich wild gestikulierend auf, die Ware verstauen zu helfen. Ash gab nach. Er nahm die Tüte, packte die Päckchen ein und reichte dem Alten einen Dollar. Befreit traten sie an die Luft. Der Alte blieb in der Baracke, ein junger Mann im blauen Anorak, der ihnen seit dem Hotel gefolgt war, nahm die Begleitung wieder auf.

»Was ist mit dieser Stadt geschehen?«, fragte Ash mit Blick auf die kleinen, zu Elendsquartieren verkommenen Landhäuser aus Holz mit den Resten feinsten Schnitzwerkes. Sie sahen die großen imperialen gelben Blöcke an dem zentralen Platz, die auf dem Weg in den Verfall keine Pause einlegten, den zerbröselnden Beton der neueren Zeit, die Plattenbauten aus der Werkstatt von Planern, die fünftausend Kilometer entfernt residierten.

»Eine Landkultur von kontinentaler Ruhe wurde von einem Imperium mit dem Anspruch einer Weltmacht überfallen, das an seiner Eile zugrunde gegangen ist«, sagte Arvin.

In der Tüte lag auf den gekauften Textilien eine zusammengeklappte Karte, die Ash unbekannt war. Sie war eine zweisprachig gedruckte Einladung für vier Personen zu einer Vorstellung buryatischer Volksmusik im Klub Baikal. Nichts weiter. Ash besah sich die Karte genauer. Auf der Innenseite war direkt neben der Falz ein Krümel mit Klebefilm festgeheftet worden. *Wozu das?* Ash kniff konzentriert die Augen zusammen, um zu erkennen, was es mit dem Krümel auf sich hatte. Das konnte unmöglich ein Zufall sein. So viel war sicher. Es war eine Nachricht. Ein Blatt. Ein winziges, zerbröckeltes, getrocknetes Blatt. *Tee*!

»Es gibt eine Botschaft«, sagte er leise, während sie zurück in Richtung Hotel gingen. »Ljutonkin ist hier. Es geht los.«

88

Wir werden die Wärme und den Komfort nutzen, um zu üben«, sagte Michelle, »das Konzert am 8.Mai rückt trotz allem näher.« Sie standen in der Mitte ihres Zimmers und bauten einander gegenüber ihre Notenständer auf. Maria hatte ihren MiniDisk-Recorder installiert und befestigte den Tonaufnehmer unter den Saiten ihrer Geige. Sie verabscheute die Aufnehmerei, die ihre Mutter Christine ihr verordnet hatte, um, so vermutete Maria, später anhand der Aufnahmen ihre Fortschritte überprüfen zu können. *Ich traue ihr zu, danach das Gehalt von Michelle zu bemessen.* Solange sie sich erinnern konnte, war ihr niemals die Idee gekommen, ihre Mutter könnte sie lieben. Sie organisierte ihr Leben, gut. Aber lieben? Das musste etwas anderes sein.

Maria strich mit dem Bogen über das Kolophonium. Die

Tür öffnete sich, ohne dass jemand angeklopft hatte. Der Blonde aus dem Flugzeug trat ein, ein dreistes Grinsen auf dem Gesicht. Er bewegte sich, als sei er in sein eigenes Zimmer getreten, und ließ sich durch keine Proteste der beiden Frauen stören. Mit Worten, die sicher irgendwelche Obszönitäten bedeuteten, scheuchte er sie in eine Ecke. Michelle stellte sich vor Maria, beide hielten die Geigen in der Hand.

Der Mann klappte ein Messer aus, bewegte sich zum Nachttisch, nahm das Telefon hoch und trennte mit einem Schnitt das Kabel durch. Anschließend klemmte er sich das Telefon unter den Arm.

»Reparatura«, sagte er, grinste Michelle unverfroren an und verschwand.

Sie montierten die beiden Tonwölfe an ihre Geigen. Ernst standen sie sich gegenüber, die beiden Violinen unter das Kinn geklemmt.

»Christine sagt, ich habe die Zeit, ein Kinderstar zu werden, ungenutzt verstreichen lassen«, erzählte Maria.

»Du hast die Zeit bestimmt genutzt, nur vielleicht nicht, um ein Kinderstar zu werden. Deshalb ist es für dein weiteres Leben mit der Musik umso wichtiger, dass du spätestens nach dem Konzert am 8. Mai entscheidest, was du wirklich erreichen willst.«

Nachdem sie eine Weile gespielt hatten, klopfte es an die Tür. Die junge Buryatin von der Rezeption und die beiden Putzfrauen standen davor, ihre Gesichter glühend vor Begeisterung. Sie redeten von heftigen Gesten begleitet auf sie ein. Mit fragenden Blicken packten sie die Notenständer und trugen sie aus dem Zimmer, den Gang entlang, um sie schließlich in der Mitte eines hellen Fleckens zu postieren, den die inzwischen matt leuchtende Sonne auf das blank polierte dunkelbraune Parkett der Lobby legte. »So können sie besser zuhören, wenn sie unten arbeiten«, sagte Michelle. »Russland, Maria, ist ein Land der Musik.«

Nachdem sie zwei Stunden mit Kopfhörern geübt hatten, um ihr Spiel mit den anderen Orchesterstimmen zu mischen, setzten sie sich in die weichen, warmen Sessel und blinzelten in das Sonnenlicht, das wie dünne Milch durch die großen Glasscheiben floss. Auf dem Tisch zwischen den Sesseln standen ein gläserner Aschenbecher und ein abgenutztes Schachbrett.

Ein Land der Musik, dachte Michelle, *und ein Land des Schachspiels.*

Sie sah es Josef an, wenn er sich aus der Gegenwart mit ihr verabschiedet hatte. Momentan befand er sich mit seinen Gedanken weit entfernt in dem olympischen Gebirgspalast am Ziel seines Lebens. Sie mochte das nicht, weil sie fand, dass die Gegenwart einen Anspruch darauf hatte, ernst genommen zu werden. Nur dann konnte sie den Spaß und die Lust am Augenblick verspüren, die beide einander bereiteten.

»Ein schlechter Zug von dir«, sagte sie. Er schob einen Bauern vor seine Königin und machte damit für einen Turm den Weg frei, ihr Schach zu bieten.

»Das war ein schlechter Zug von dir. Du hast deine Eröffnungslinie verlassen.« Er zog seine Augenbrauen hoch, als nähme er Michelle zum ersten Mal wahr. Er trank einen Schluck Wein, ein beleidigendes Zeichen, fand sie, das Schachspiel mit ihr nicht als Kampf zu begreifen.

»Ich bin dir auf den Fersen. Du bist in die einzige Partie getappt, die ich wirklich beherrsche.« Sie trank einen Schluck Wasser.

»Du nimmst die Sachen zu ernst«, sagte er. »Zu formal. Damit lässt sich Musik spielen, vielleicht ist es sogar nötig dafür, aber nicht dafür, mit mir Schach zu spielen. Du wirst sowieso verlieren. Wieso willst du leiden, indem du es ernst nimmst?«

Die Sonne lag groß über dem Horizont. Es war kühler

geworden. Von einer Sekunde auf die andere hatte das Spiel aufgehört, Spiel zu sein. Josefs Tötungsinstinkt war erwacht. Sie liebte diese Konzentration an ihm, nur jetzt lag etwas anderes in der Luft. Er selbst hatte bemerkt, dass sein Instinkt wie ein schläfriger Tiger erwacht war, hinter dem sich die Gitter bereits geschlossen hatten. Er saß in der Falle. Michelle spürte eine wilde Lust, es ihm bis zum Schachmatt zu beweisen. Zug um Zug. Um danach als die Stärkere mit ihm ins Bett zu gehen und ihm dort Befehle zu erteilen, die er erfüllen müsste. Sie war beeindruckt von der Wut ihrer Lustgefühle in dem nahen Triumph.

Josef fegte das Brett beiseite. Wie eine Schar vergifteter Vögel stürzten die Figuren vom Balkon.

»Ich gehe an die Bar in der Lobby. Allein.« Damit verschwand er.

Michelle saß wie erstarrt. Nicht sie war der Grund für seine Wut, sondern der Verdacht, dass seine überragenden Fähigkeiten dabei waren, ihn im Stich zu lassen. Das olympische Felsenschloss war für ihn soeben in weite Ferne gerückt.

»Mir ist komisch zumute«, sagte Maria.

»Wir machen eine Pause, leg dich auf dein Bett.« Maria verschwand mit ihren Sachen in ihrem Zimmer. Michelle streckte sich in dem Sessel.

Sie mussten Maria in Sicherheit bringen, solange es noch möglich war und bevor es ernst werden würde. *Nur wie?* Michelle war vollkommen ratlos. Im Zimmer fand sie Maria auf dem Bauch liegend vor. Michelle setzte sich neben sie auf das Bett.

»In meinem Bauch bewegen sich Tiere«, sagte Maria irritiert.

»Du bekommst Deine Tage. Nimm eine heiße Dusche.«

»Ups.« Maria erhob sich.

Im Strahl des heißen Wassers lösten sich Marias Spannungen auf, die Angst vor dem, was die nächsten Stunden und Tage bringen mochten, verschwand. Sie sah an sich herunter. Blut lief ihre Beine entlang. Sie seufzte unter der Last des Glückes, endlich gehörte sie dazu und würde ernst genommen werden.

Aber nur durch die, die es wussten. Oder? Würde man es ihr ansehen? Sie würde es nicht jedem auf die Nase binden.

Mit ziemlicher Sicherheit werden meine logischen Fähigkeiten leiden. Ich bin jetzt eine Frau. Sie stöhnte. *Frauen sind dümmer als Kinder.*

89

»Warum sind wir ausgerechnet von denen aus der Pyramide befreit worden, die Carl entführt haben? Ist Stensen nicht beauftragt worden, uns umzubringen?« Maria hatte sich auf das große warme Sofa in der Lobby gelegt.

»Der war nur hinter uns beiden her und wusste nicht, dass, kurz bevor er den Zugang versperrte, Ash in der Pyramide mit dem Modul aufgetaucht war, dem die ganze Entführung im Austausch gegen Carl galt. Um es rechtzeitig in ihren Besitz zu bringen, mussten sie uns herausholen«, erläuterte Michelle.

»Aber Stensen hatte einen plausiblen Grund, uns auszuschalten zu wollen, wir sind die Einzigen, die ihn identifizieren können, und wir haben den Film, auf dem ein Foto von ihm sein könnte.«

»So ist es.«

»Und der Grund besteht weiter«, schlussfolgerte Maria. »Also sind wir auch weiter in Gefahr. Oder?«

»Es sei denn, Stensen ist unwichtig geworden, selbst umgebracht oder was weiß ich. Zerbrich dir nicht seinen Kopf.«

»Aber warum sitzen wir nobel im Hotel und nicht hinter Gittern? Erpresst, geschlagen und schließlich umgebracht?«

»In einem modernen Tierpark gibt es keine Gitter«, sagte Michelle, »weil man die großen Flächen vollständig kontrolliert, mit dem Ergebnis, dass die Tiere das Gefühl haben, in Freiheit zu leben.« *Und was danach kommt, wissen wir alle nicht.*

»Die ganze Stadt wird kontrolliert?«, fragte Maria entsetzt, »ist es das?«

»Sie haben alles im Griff, verlass Dich darauf.« Eine Weile schwiegen beide und räkelten sich behaglich in den Polstern.

»Hast du Geld?«, fragte Maria nach einigen Minuten. »Ein paar Dollar?«

Michelle sah in ihrer Tasche nach. Sie gab ihr drei Fünfdollarscheine.

»Ich will wissen, wie groß der Tierpark ist.« Maria ging die Treppe hinunter und kehrte wenige Minuten später mit einer auf rauem Papier zweisprachig bedruckten Karte zurück.

Michelle nahm einen Bogen Notenpapier. »Wir sollten zusammenfassen, was wir wissen.« Sie schrieb in winziger Schrift über die erste leere Zeile aus fünf Notenlinien das Wort »Verbrechen«, vor den Beginn von vier der Linien die Worte »Carls Entführung«, »Morde in der Antarktis«, »Kraftwerksraub in Argentinien« und »Sprengung des Eises«. Über die zweite Zeile schrieb sie »Namen«, dahinter »Stensen«, »Tschadir«, »Eisenstatt« und »Djurvakin«. Über die dritte Zeile schließlich schrieb sie »Orte« mit den Linien »*Astra*«, »Amazar« und »Granka«. Durch senkrechte Linien verband sie die Vorgänge, die zusammengehörten, wobei sie jeweils einen dicken schwarzen Punkt wie den Kopf einer Viertelnote auf die Kreuzung setzte.

»Auf diese Weise sieht man, dass es zwei getrennte Gruppen von Zusammenhängen gibt. Die Amazar-Gruppe mit Tschadir, der hier in Sibirien hockt, als zentraler Figur und den Themen *Elektra* und Entführung,«

»Und die *Astra*-Gruppe«, setzte Maria Michelles Überlegungen fort, »bei der es um die Morde und die Sprengung des Eises geht, mit Djurvakin als Schlüsselgestalt.«

»Aber wodurch beides zusammenhängt«, schaltete sich Ash ein, der die Lobby soeben in Begleitung von Arvin betreten und die letzten Worte mitgehört hatte, »und worum es wirklich geht, wozu der Angriff auf das Eis –,«

»und wozu der Aufwand einer Entführung«, fuhr Arvin weiter fort, »um in den Besitz von Strom im Wert von ein paar Millionen Dollar zu kommen, wissen wir noch immer nicht.«

Ash und Arvin ließen sich auf das Sofa fallen. Maria stand auf. »Ich werde jetzt allein in meinem Zimmer üben.«

Nachdem sie verschwunden war, sagte Michelle: »Ich glaube, dass wir uns überlegen müssen, was wir mit ihr tun.«

»Wieso mit ihr?« Ash war erstaunt.

»Wir können sie unmöglich tiefer mit hineinziehen. Der Weg aus der Pyramide hat uns verrückterweise nach Sibirien geführt, was ich noch immer nicht so richtig verstehe. Irgendwo in der Umgebung wird Carl versteckt sein und auf einige von uns warten jetzt weitere Aufgaben. Aber Maria? Sie ist aus dem Horror der Pyramide befreit worden. Sie muss so schnell wie möglich nach Hause!«

»Wie, bitte, wollen Sie das anstellen, Miss Schneider?«, fragte Ash

»Ich nehme sie mit«, sagte Arvin, »ich muss das Datenband aus der Pyramide unbeschadet nach Hause bringen.

Zack Fishman hat es für wichtiger gehalten als alles andere.«

»Womit das Problem nicht halbiert, sondern verdoppelt wäre.« Ash fing an, sich aufzuregen.

»Ich finde die Idee gut, Maria hätte einen Begleitschutz«, unterstützte Michelle Arvins Idee.

»Idee. Begleitschutz. Das ist alles kompletter Blödsinn. Macht euch bitte klar, wo wir hier sind. Als Analphabeten, was die Schrift angeht, als Taubstumme, was die Sprache betrifft, und als Nackte in Bezug auf die Pässe. Bob hat gesehen, dass die Ammport Corporation, mit der wir uns anlegen werden, der pompöseste Kasten am größten Platz der Stadt ist, Auge in Auge mit dem größten eisernen Leninkopf des Universums. Glaubt mir, dieser Lenin wusste, worauf er seine Blicke zu richten hatte. Ich schätze, dass hier mehr oder weniger alles von den Ammport-Leuten kontrolliert wird, daher die laxe Bewachung.« Ash hatte sich in Rage geredet, weil ihn das Bewusstsein plagte, dass auch er keine Lösung parat hatte, Maria in Sicherheit zu bringen.

»Die einzige Möglichkeit, die ich sehe«, sagte er weiter, »ist, dass ich Kontakt zu den beiden deutschen Brüdern oder Vettern aufnehme, die in diesem Hotel logieren. Wir könnten dann Maria verstecken, bis sie über die schweizerische Botschaft abgeholt werden würde.«

»Kontaktaufnahme ist genau das, was die Bewacher im Hintergrund zu verhindern suchen werden«, widersprach Arvin.

»Wir werden sehen, wie erfolgreich sie dabei sind. Ljutonkin hat eine konspirative Methode gewählt, uns einzuladen.«

»Ljutonkin?«, fragte Michelle überrascht.

»Er ist hier. Wir sind anonym eingeladen, an einer Vorführung buryatischer Volksmusik teilzunehmen. Er wird uns dort treffen. Darauf wette ich.« Ash war sich sicher.

»Wenn es mit den Deutschen nichts werden sollte, Ash, werde ich mit Maria das mongolische Konsulat stürmen. Ich habe ehrlich gesagt keine Lust draufzugehen, nur weil ich die falschen Leute zu einer Videoproduktion in die Pyramide eingeladen habe.« Arvin zeigte mürrische Entschlossenheit.

Ash und Arvin sahen sich an. Arvin hatte etwas, für das er um seines Selbstverständnisses willen kämpfen musste. Ash brachte Verständnis dafür auf.

»Worum geht es eigentlich«, fragte Michelle, »warum sind wir ausgerechnet hier gelandet?«

»Sie haben hier etwas, das sich *Amazar* nennt«, antwortete Arvin, »vielleicht auch *Astra*. Es muss so immens wichtig für sie sein, dass sie es auf sich genommen haben, das Eis der Westantarktis zu sprengen. Sie sind von der fixen Idee besessen, der Nordpol würde sich hierher bewegen und begraben, was sie Wichtiges haben. Und sie bilden sich ein, dass sie die befürchtete Katastrophe mit ihrer Aktion verhindern können.« Arvin beobachtete die Wirkung seiner Worte in den Gesichtern der anderen. Auch Ash war noch unsicher. Arvins Hypothese hatte sie zwar in einem Geniestreich aus der Pyramide geführt, aber traf sie wirklich zu?

»Der gute Zack scheint die Schlacht in der Pyramide überlebt zu haben«, vermutete Ash. »Er muss Ljutonkin über Claude Simmons informiert haben, dass wir in Ulan Ude anzutreffen sein werden.«

»Die Einladung könnte nicht vielleicht dem Zweck dienen, Ihr Modul in unserer Abwesenheit aus dem Zimmer zu holen und das Problem ohne uns zu lösen? Ohne Carl auftauchen zu lassen?«, fragte Michelle skeptisch.

»Sie haben keine Chance«, sagte Ash. »Es gibt einen siebzehnstelligen Code, den nur ich kenne.« *Wenn es mir gelingt, mich wieder an ihn zu erinnern.* »Ich bin sicher, dass das Teeblatt von Ljutonkin stammt.«

90

Es war dunkel und kalt, in lockeren Flocken, nicht übermäßig dicht, fiel Schnee. Es war noch stiller als tagsüber. Als Ash die vermummten fremden Gestalten auf der Straße und sich und seine Begleiter in ihren antarktischen Jacken betrachtete, hatte er zum ersten Mal das Gefühl, in Sibirien angekommen zu sein. Um die Straßenlaternen bildete das Licht milchige Höfe, in denen die Schneeflocken wie Schwärme von Albinomotten tanzten.

Der Klub Baikal war im vierten Stockwerk eines stillgelegten Fabrikgebäudes in der Smolina-Straße untergebracht. Das Licht im Treppenhaus war ausgefallen. Sie tasteten sich über die gemauerten Stufen hoch. Aus einer Tür im vierten Stock fiel ein Lichtschimmer, der ihnen weiter oben den Weg wies. Schließlich betraten sie einen weiten, nicht über drei Meter hohen Raum, der sich über die volle Breite des Gebäudes erstreckte. Links vom Eingang, der sich in der Mitte befand, diente der Raum als Bühne, rechts davon als Zuschauerraum, in dem bereits etwa ein Dutzend Sechsertische mit weißer Tischdecke und Servietten, Geschirr, Gläsern, Besteck und jeweils einer Flasche Wodka gedeckt waren.

Ein schlanker Russe in bunter Volkstracht führte sie an einen der Tische. Kurz darauf wurde ein stämmiger Mann im gestreiften Anzug hereingeführt. Er nahm auf dem fünften Stuhl an ihrem Tisch Platz. Er machte den konzentrierten Eindruck eines Menschen, der nicht der Volksmusik wegen gekommen war. Dabei sah er buryatischer aus als viele der in größerer Zahl hereinströmenden Tänzer, die offenbar Russen waren. Er musste Buryate oder Mongole sein. Ash wusste, dass er aus Wladiwostok stammte und für die Petersburger Polizei arbeitete. Wassilij Ljutonkin.

Der schwieg. Sie alle waren verstummt. Ash sah sich um. Der Raum war hellblau gestrichen, auf der Bühnenseite hingen gemusterte Vorhänge vor den Fenstern und ein runder Holzgriff, wie sie in Proberäumen von Ballettgruppen anzutreffen sind, lief über die gesamte Länge der Wand. An den übernächsten Tisch wurden die beiden Deutschen platziert, daneben noch ein Buryate mittleren Alters und ein Mädchen, das eine dolmetschende Studentin sein mochte. Wenn Ash sich Mühe gab, konnte er verstehen, was dort geredet wurde.

»Die holländische Tomate«, sagte gerade einer der beiden, »beherrscht die Märkte bis nach Sibirien hinein.«

Noch immer redete Ljutonkin nicht. Langsam füllte sich der Raum. Der Tisch der Deutschen wurde mit zwei Männern komplettiert, deren gelangweilte Mienen sie als Bewacher kennzeichneten. Auch an ihrem eigenen Tisch wurden nun die freien Plätze besetzt.

Mit kühlen Fischaugen um sich blickend, nahm der Blonde zwischen Ash und Arvin Platz. Er trug jetzt ein hellblaues Hemd mit weißem Kragen und eine Krawatte, beides weit geöffnet, so dass die Haare und die Kette an seinem Halsansatz sichtbar wurden. Maria und Michelle flüsterten miteinander. Ash beneidete sie. Frauen war es überall erlaubt, miteinander zu tuscheln oder gemeinsam auf die Toilette zu gehen. *Sie sind für Geheimoperationen viel besser geeignet als wir.*

Der Blonde drehte ihnen halb den Rücken zu und sah in Richtung Bühne, auf der sich junge Mädchen und Männer in volkstümlicher Tracht zu versammeln begannen. In großen Ladungen schob er sich seinen Salat in den Mund. Wie Ljutonkin entschied er sich für die Flasche Wodka.

Michelle nahm eins der umgedreht auf dem Tisch stehenden frischen Wassergläser, stellte es vor sich hin und sagte leise, aber gut hörbar mit Blick auf den Blonden, der ihr die Seite zuwandte:

»Ich würde gern einen Schluck von Ihrem Schnaps probieren.«

Bei den ersten englischen Worten war ein Ruck durch den Blonden gegangen, der sich aber nicht umdrehte und keine weiteren Reaktionen erkennen ließ. Michelle drehte das Glas wieder um. Die Verhältnisse am Tisch waren klar. Der Blonde verstand englisch.

»Wann geht es los?«, fragte Maria.

»Wenn das Hauptgericht aufgedeckt ist«, antwortete Ljutonkin. »Es wird einen Berg *Pelmeni* geben, von dem sich jeder während der Show bedienen kann.«

Eine Frau im Straßenkostüm trat in die Mitte der Bühne. Während die Suppenteller abgeräumt und große Teller mit Pelmeni, dazu Schalen mit sahnigem Meerrettich aufgedeckt wurden, berichtete sie auf Englisch von der Geschichte des Ensembles.

»Was tun sie in Ulan Ude?«, fragte Ljutonkin.

»Wir sind geschäftlich hier in Sachen Energie. Meine Frau und meine Tochter«, sagte Ash und nickte in Richtung der beiden Frauen, »waren so sehr an Sibirien interessiert, dass sie mich unbedingt begleiten wollten.« *Warum sage ich das?*

Er redete schnell und nicht übermäßig laut. Sollte der Zuhälter an ihrem Tisch sich doch anstrengen, er würde ohnehin mit jedem Schluck Wodka, den er nahm, größere Schwierigkeiten haben, ihnen zu folgen.

Maria starrte wie gebannt auf den Berg Pelmeni. Sie lagen dort wie ausgebleichte glitschige Frösche, die man um ihre Extremitäten gebracht und ausgestopft hatte. Mit lautem Patschen ließ sie einen Pelmenifrosch auf ihren Teller fallen.

Vor ihnen begann eine fremdartige Musik. Ein junger Mann in einem prachtvollen Gewand mit dunkelblauen Seiten, von denen mit silbern glänzender Litze ein hellblauer Brustteil abgesetzt war, an den Füßen dunkelblaue, ebenfalls mit Silberborten bestickte Filzstiefel und eine blaue Samtkappe auf dem Kopf, saß auf einem Hocker und entlockte einem Instrument auf seinen Knien, das wie eine trapezförmige Geige aussah, lang gezogene, melancholische Melodien. Ein anderer, in einen roten Samtmantel gekleideter Mann mit schwarzer Kappe, stand hinter ihm und spielte auf einer Querflöte. Neben ihnen sang eine schlanke und für Ashs Empfinden überraschend schöne junge Frau, begleitet von anmutigen Bewegungen ihrer Arme, ein ebenso trauriges Lied. Sie trug einen roten Brokatmantel mit übergroßen, silbernen Ärmelstulpen und eine Pelzkappe, deren Form Ash an das Dach des mongolischen Konsulats denken ließ.

»Es ist die Geschichte eines Mädchens, das sich aus ihrem Dorf in der Steppe auf den Weg macht, ihren Geliebten zu suchen, und das nie wieder nach Hause zurückkehrt«, erklärte Ljutonkin.

»Hatte sie je die Absicht gehabt, von ihrem Glück oder ihrem Elend zu Hause wieder zu berichten?«, fragte Maria.

»Sie war allein, ohne Hilfe. Das war ihr Problem. Als sie es verstanden hatte, war es zu spät.«

»Warum sind die Geschichten hier so traurig?«, fragte Maria.

»Das Land ist so weit, dass sich alles in der Größe verläuft. Deshalb enden Geschichten hier traurig.«

»Was hat Sie hierher geführt? Oder leben Sie hier?« Michelle nippte an ihrem grusinischen Rotwein. Der Blonde spitzte die Ohren. Ash vermutete, dass er ermächtigt war, bei dem geringsten Verdacht das Lokal räumen zu lassen.

»Ich bin Journalist«, antwortete Ljutonkin. »Ich habe nicht weit von hier, in Irkutsk, ein Interview mit einer Frau geführt, die ihren Sohn verloren hat. Ich sammle traurige Geschichten.«

Ein halbes Dutzend junger Mädchen, drei in blumigen blauen Gewändern unter goldbestickten, schwarzen Westen, drei in grünen Gewändern unter roten Westen, führten einen Tanz vor, bei dem sie von der trapezförmigen Geige, der Querflöte, einer Art Xylophon und dem Gesang der Frau im Brokatkostüm mit einer lebhaften, auf unbestimmte Art an Wind erinnernden Musik begleitet wurden.

»Sie erzählen die Geschichte von der Schlange mit dem gelben Horn«, erklärte Ljutonkin leise. »Sie handelt von dem Helden, der auszieht, den Drachen zu besiegen. Auch er macht den Fehler, sich allein auf die Reise zu begeben. Unterwegs trifft er eine winzige Schlange, die ein kleines gelbes Horn trägt, er freundet sich mit ihr an und wird von ihr begleitet. Später irgendwann, in einer Schlucht im Felsengebirge, in der er die schlechtest mögliche Position hat, sieht er sich einem Drachen gegenüber, der die ganze Schlucht ausfüllt, der mit seinem Atem ganze Wälder niederbrennt. Und der Held erkennt, dass der Drache auf seiner Stirn ein gewaltiges gelbes Horn trägt.« Bedächtig trank Ljutonkin seinen Wodka.

»Es war die Schlange«, sagte Maria. »Er hat nicht erkannt, wie groß das ist, womit er es zu tun hat. Er hat in dem Zipfel nicht das Ganze erkannt.«

»So ist es.« Ljutonkin sah sie aufmerksam an. Er nahm ein Pelmeni von dem Berg, legte es auf seinen Teller, bestrich es mit Sahnemeerrettich und steckte es in den Mund. Ash machte es ihm nach. Es schmeckte von außen so glitschig, wie es aussah. Von innen war es fettig, aber gut gewürzt. Ash hatte zu viel von dem Rettich genommen. Er spürte jede einzelne Haarwurzel auf seinem Kopf.

»Wie geht es weiter?«, fragte Maria.

»Der Held flieht. Er weiß, dass er nur dann eine Chance hat, wenn er selbst es ist, der den Schauplatz des Kampfes bestimmt.«

»Aber der Drache hat die Jungfrau. Was geschieht mit ihr?«, fragte Maria.

»Ihr wird nichts geschehen. Der Held ist es, der in Gefahr ist«, warnte Ljutonkin.

»Was wird er tun?«, wollte Maria weiter wissen.

Der Blonde hatte die Nerven seines Abhörorgans nicht auf Kinderkram eingestellt.

»Er weiß jetzt, wie groß der Drache ist«, ließ sich Ljutonkin in seinem Bericht nicht beirren. »Er weiß, dass er die reitenden Horden des Königs braucht, um mit dem Drachen fertig zu werden.«

»Aber er weiß auch, dass er die Jungfrau in seinen Armen halten muss, bevor es Neumond ist. Er hat nicht die Zeit, auf die Reiterei des Königs zu warten.« Maria schritt in ihren nüchternen Feststellungen voran wie ein Uhrwerk.

»Er muss an alle Jungfrauen denken, die in Zukunft in die Krallen des Drachen geraten mögen, da ist es wichtiger, den Drachen zu töten, als diese Jungfrau zu retten.«

»Aber sie ist es, die er liebt.«

»Das Land des Helden ist groß. Die Geschichte endet traurig.« Ljutonkin blickte mit undurchsichtiger Miene in die Runde.

Es gab Bewegung. Einer der beiden Deutschen marschierte los in Richtung der Toiletten. Sofort schloss sich ihm einer der Bewacher an. Ljutonkin gab Arvin einen Wink mit der Augenbraue, auch der machte sich auf den Weg. Der für Arvin zuständige Blonde an ihrem Tisch sprang auf, um als Verstärkung mitzugehen. Für einen Augenblick hatten sie Ljutonkin allein am Tisch.

»Wir werden hier nicht lange reden können«, zischte er. »Wir treffen uns nach dem Ende der Vorstellung an der Rückseite des Opernhauses. Ich werde dort mit einem Kleinbus auf Sie warten und trage einen grünen Mantel.«

»Sie müssen Claude Simmons darüber informieren, wo wir sind. Wir hatten keine Möglichkeit, ihn zu erreichen«, sagte Ash.

»Er weiß Bescheid. Die Reiter des Königs sind unterwegs.«

»Ich brauche ein Telefon.«

»Später. Aber eigentlich brauchen Sie auch dann keins mehr, weil ich Sie alle mitnehmen werde, um den Weg für die Reiterei freizumachen.«

»Sie wissen noch gar nicht, wohin es gehen soll«, protestierte Ash. »Keiner von uns weiß es. Nehmen Sie die drei anderen mit, nicht mich.«

»Sie machen sich keine Vorstellungen davon, mit wem Sie es zu tun haben.«

Am Ende des Raums war die Delegation von der Toilette wieder aufgetaucht. Arvin verwickelte den Deutschen in einen Streit, der sie und die Bewacher an die Tür bannte. Es schien darum zu gehen, wer zuerst durch die Tür gelassen werden musste. Sie hatten so gut wie keine Zeit mehr, erkannte Ash.

Aber Ljutonkin redete weiter, als hätte er unendlich Zeit. »Ich habe gestern in Irkutsk die Mutter eines der Opfer in *Granka 3*, Ilya Surkin, besucht. Ich musste ihr mitteilen, dass ihr Sohn seit fast einem Jahr tot ist. Sie wollte es nicht glauben. Wir saßen hinter diesen Spitzengardinen, die aussahen wie dichte uralte Spinnweben, und sie starrte mich nur fassungslos an. Schweigend. Noch bis vor sechs Wochen hatte sie regelmäßig Telegramme mit ihm ausgetauscht. Ich saß dieser 72-jährigen zierlichen Frau gegenüber, eine wache fleißige Person in ihrer Zweizimmerwohnung in der dritten Etage an der Zhelyabova-Straße, direkt gegenüber des nur noch von zwei Restaurants und Hunderten von Ratten bevölkerten ehemaligen Zirkusgebäudes in der Innenstadt. Sie weinte nicht, sie brach nicht zusammen, sie wurde nur zusehends leerer. Sie schüttelte sich vor Ekel.«

Ljutonkin machte Pausen, als müsse er in sich hineinhören, um seine Erinnerungen richtig zu zitieren.

»Nach Minuten des Schweigens sagte sie zu mir: ›Es ist wie mit dem leeren Bau dort drüben. Die Biographie meines Sohnes ist die letzte Zeit von schrecklichen Parasiten bewohnt gewesen.‹ Wieder hatte sie sich geschüttelt. Sie fühle sich, sagte sie mir, als hätte ein Parasit sich bis in ihr Herz gefressen, ohne dass sie es gemerkt habe. Echte und falsche Erinnerungen seien verknäuelt wie ein Schlangennest. Sie hörte nicht auf, in diesen furchtbaren Bildern zu reden, von denen sie überwältigt zu werden schien.

Ich habe ihr das Phantombild gezeigt, das uns aus Kairo gefaxt worden ist. Sie erkannte den Kerl wieder als einen schwedischen Journalisten, der einen Bericht über das Forscherteam um ihren Sohn hatte schreiben wollen. Vor zwei Jahren hatte er sie mehrere Stunden interviewt. Seine Spuren haben sich seit der Antarktis im Sand verlaufen.«

»Wie weit sind Sie mit der Klärung der Morde in *Granka 3?«*, fragte Ash.

»Nach allem, was wir jetzt wissen, hat man sich sehr lange auf die Übernahme der Station vorbereitet. Die ersten Interviews mit den Wissenschaftlern aus St. Petersburg gab es vor mehr als drei Jahren«, antwortete Ljutonkin nach einem längeren Schluck aus dem Wodkaglas. »Ein seltsames Phänomen in der ganzen Geschichte ist der Transport. Sie kommen und sie verschwinden. Sie holen ein Kraftwerk aus Argentinien, sie entführen den Jungen, stets ohne eine Spur zu hinterlassen. Es scheint, als könnten sie sich unsichtbar fortbewegen. Wir haben weltweit Himmel und Hölle in Bewegung gesetzt, ihre Transportwege und Stützpunkte zu finden. Bisher ohne Ergebnis. Die einzige Spur, die wir darüber hinaus haben, ist Maxim Djurvakin, der fehlende Stationsbewohner.«

»Schnell noch«, stieß Ash hastig hervor, »das Ziel der Männer des Königs muss Ammport sein. Tschadir heißt der Kerl, der hinter allem steckt.«

Arvin war es nicht gelungen, die anderen noch länger

hinzuhalten. Sie kamen langsam näher. Ljutonkin war blass geworden, behielt aber weiter die Ruhe, weiterzureden: »Haben Sie eine Ahnung, was *Ammport* hier ist? Die ›Amazar Mineralnij i Maschinij Import-Export Corporation‹ mit Verwaltungssitz in Ulan Ude ist einer der großen Rohstoff- und Maschinenbaukonzerne Russlands und hat eine Menge zu verlieren. Das Hauptgeschäft von Ammport sind Erze und metallische Rohstoffe von Gold über Uran bis zu Blei und seltenen Metallen wie Titan, Wolfram, Molybdän. Ihnen gehören vierundachtzig Bergwerke in Tief- oder Tagebau. Sie haben ihre eigenen Transportflotten, sie sind im nuklearen und nicht nuklearen Entsorgungsgeschäft und im nuklearen Konversionsgeschäft. Sie sind einer der drei großen russischen Umwandler von Waffenplutonium in Kraftwerksbrennstoff. In den letzten Jahren haben sie sich an Produktion und Verkauf von Elektroenergie gewagt und an einigen großen maroden militärischen Flugzeug- und Schiffsfabriken beteiligt. Sie verfügen über beste Beziehungen zum Militär, sie kontrollieren das Gebiet des selbständigen *okrug Agin Buryat*. Tun Sie, was Sie tun müssen, Kenelly. Wir werden Ihnen folgen, ohne dass Sie es merken. Sie werden keinen Schritt tun, ohne dass ich es weiß. Ich hoffe nur in Ihrem Interesse« – Ljutonkin ließ eine winzige Pause für einen kurzen Blick auf den Blonden, der jetzt neben ihm stand – »dass die Tanzgruppe bei ihren erfolgreichen Touren ins Ausland nicht zu viele von ihren buryatischen Tänzerinnen verliert.«

»Hübsch genug sind sie ja«, sagte Arvin. »Der Deutsche hat auf dem Klo erzählt, dass er bis jetzt noch nicht weiß, wer ihnen die Einladung hierher besorgt hat.«

Ljutonkin grinste. Schweigen breitete sich aus.

Er hat »Amazar« gesagt! Ammport *ist Amazar, was aber ist Amazar?* Ash versuchte die Gespräche am Tisch der Deutschen mitzuhören. Einer der beiden erzählte die

Geschichte seiner Vorfahren, die sämtlich in der Schlacht bei Liegnitz von den Mongolen ausgelöscht worden waren, bis auf ein kleines Mädchen, das sich in einer Scheune versteckt gehalten hatte. Von ihr allein stamme seine gesamte Familie seither ab. Er habe vor Jahren den mongolischen Botschafter zur siebenhundertfünfzigsten Wiederkehr der Schlacht zu einem Familienfest eingeladen, um den Krieg zwischen seiner Familie und den Mongolen für immer zu begraben und den Frieden zu begießen. Alle am Tisch, einschließlich der Bewacher, prosteten sich zu mit dem Ruf »*Uruk Scha*«.

»Was heißt ›*Uruk Scha*‹?«, fragte Michelle.

»Vorwärts«, sagte Ljutonkin, stand auf und verließ den Raum.

Es kommt darauf an, einen Einzelnen zu retten, dachte Ash, *die Geschichte da drüben ist eine Botschaft an mich.*

Ein wilder Säbeltanz begann. Eine gute Stunde später war die Veranstaltung beendet und sie brachen auf. Gefolgt von einer Schar ihrer Bewacher traten sie hinaus in die inzwischen dichter fallenden Vorhänge aus Schnee.

91

Sie zogen die Reißverschlüsse an ihren antarktischen Jacken so hoch es ging und verkrochen sich hinter den aufgestellten Kragen oder in ihren Kapuzen. Die Bewacher schirmten die Deutschen auf ihrem Weg ins Hotel ab, nur der Blonde, der jetzt einen weißen Daunenmantel trug und im Schneegestöber kaum zu erkennen war, lungerte in ihrer Nähe herum.

»Wir trennen uns«, sagte Ash auf Deutsch. »Ich werde den Blonden in Richtung Hotel lotsen, während ihr schon zur Oper geht. Bob weiß, wo sie ist. Ich werde euch bei Ljutonkin am Auto treffen.« Mit einer Drehung war er im Schnee verschwunden, der Blonde folgte ihm auf den Fersen.

»Wir müssen uns schräg rechts halten«, sagte Arvin im Losgehen. Maria und Michelle schlossen sich ihm an. Für einen Augenblick war in der Schneewand hinter ihnen schemenhaft eine Gestalt im grünen Mantel aufgetaucht. Als sie in die verfallene Treppenlandschaft hinter dem Opernhaus einbogen, flüsterte Michelle: »Jemand ist uns gefolgt.«

»Ich habe niemanden gesehen«, sagte Arvin.

»Ich bin sicher«, beharrte Michelle.

»Dann lasst uns einen Haken schlagen. Gelegenheit dazu gibt es hier mehr als genug.«

Der Schnee fiel so dicht, dass sie nur wenige Meter Sichtweite hatten und nichts anderes wahrnehmen konnten als Treppen.

»Wir müssen hinauf«, rief Arvin. Sie stiegen hoch und gelangten an eine Brüstung, unter der die eigentliche Tiefe nach drei Metern in wirbelndem Weiß verschwand. Über ihnen rollte ein Stein. »Geht es höher?«, fragte Michelle.

»Ich weiß es nicht. Ich dachte, wir sind auf dem höchsten Podest«, sagte Arvin unsicher.

Ein Zementbrocken krachte neben ihnen auf die Balustrade und riss ein Loch in das morsche Material. Für einen Augenblick schob ein Windstoß die Schneevorhänge beiseite und sie konnten zu den zwanzig Meter über ihnen aufragenden Arkadenbögen aufsehen.

»Dort oben war eine Gestalt«, rief Michelle. Ein weiterer Brocken krachte herunter.

»Der Kasten fällt vor unseren Augen zusammen«, meinte Arvin.

»Er fällt nicht zusammen. Er wird zerlegt«, widersprach Michelle. »Weg hier. Wir müssen Ljutonkin finden.«

Sie setzten sich zur Seite hin in Bewegung. Es gab eine Treppe, die in einen Absatz mündete, von dem fünf weitere Treppen in alle Richtungen nach unten führten. Die Schneevorhänge waren wieder gefallen. Sie sahen niemanden und es würde niemand geben, der sie mit Zementbrocken treffen könnte.

»Wo ist die Autozufahrt?«

»Unten rechts.«

Sie tasteten sich durch den Schnee zu einer der nach rechts unten führenden Treppen. Unter ihnen schepperte weich eine Büchse. Glas knirschte. Es hörte sich an, als stiege ihnen jemand auf der Treppe entgegen.

»Keine Angst. Vielleicht ist es Ljutonkin«, meinte Arvin.

Vorsichtig stiegen sie weiter hinunter, dem Geräusch entgegen. Michelle sah sich um. Maria? Wo war Maria? Eben noch hatte sie neben ihr gestanden. Mussten ihre schlimmsten Alpträume aus den Kämpfen in der Antarktis jetzt hier in Sibirien wahr werden? Sie war der Verzweiflung nahe. Sie musste zurück. Sie kehrte um, ging wieder treppauf, blieb aber bald ratlos stehen.

Hatte sie jetzt dieselbe Treppe gewählt, die sie heruntergekommen war? Diese kam ihr steiler vor. Vor ihr am Ende der Treppe wartete ein grüner Fleck. Ljutonkin? In einer endlos aufragenden Wand prangte ein grünes Tor von opernhaften Ausmaßen, ein mürbes Portal, wie es zum Thronsaal eines Sarastro führte. Das Opernhaus schien in dieser absurden Welt der Schneevorhänge sein kulissenhaftes Innerstes nach außen gewendet zu haben.

Zurück. Wo waren die anderen?

»Maria?« Ihre Stimme versackte im Schnee, ohne Spuren zu hinterlassen. Sie tastete sich eine Balustrade entlang.

Es ist lächerlich, dachte sie, *auf engstem Raum klettern wir wie beim Blindekuhspielen umeinander. Wahrscheinlich war der ominöse Verfolger Ljutonkin selbst, der sie suchte.* Sie war ganz unten angekommen, vor ihr türmte sich ein mannshoher rostiger Stahltank auf, in den oben ein kopfgroßes Loch führte.

Welche Theorie hatte Priotti vertreten? Wale und Pyramiden verständigten sich über Kilometer mit tiefen Tönen?

Sie stellte sich auf die Zehenspitzen an den Kessel und rief in das Loch hinein.

»Mariaaaah!« Und wieder. »Mariaaaah!«

Es hallte durch den Schnee wie der tiefe Ton eines Nebelhorns. Der Ruf schien aus dem Schnee und aus der Erde zugleich zu kommen. Hätte sie ihn nicht selbst erzeugt, wäre sie vor Angst erstarrt. Der Schnee verbarg außer dem rostigen Tank alles vor ihr. Wer immer ihrem Ruf folgen würde, träte direkt vor ihr aus dem Schnee. Neben ihr stand jemand. Und noch einer.

Sie fuhr herum. Arvin und Maria waren ihrem Ruf gefolgt.

An der linken Seite, wo ein weiteres Treppenbündel hoch zu einem Seitenbau der Oper führte, war an einer Balustrade, nur wenige Meter von ihnen entfernt, eine Gestalt im grünen Mantel erschienen. Ljutonkin. Sie liefen ihm entgegen. *Er ist zu groß,* dachte Michelle, *hier stimmt was nicht.* Sie hielt die anderen zurück. Die Gestalt sah über die Balustrade ins Schneetreiben und drehte ihnen den Rücken zu. *Ein Versuch kann nicht schaden.* Sie formte einen Schneeball und warf ihn der Gestalt in den Rücken. Keine Reaktion. Es war unheimlich.

»Weg«, rief sie. »Er ist es nicht.«

Sie stürmten auf der anderen Seite eine Treppe hoch. Michelle drehte sich um. Bevor der Schnee seine Vorhänge vor dem abgelaufenen Akt schloss, drehte sich die Gestalt um. Und Michelle erkannte, wer sie war.

»Weg! Weg! Weg!« Sie zog die anderen mit sich nach oben in den dichten Schnee. *Ein grüner Mantel. Ein Zufall? Oder hatte er Ljutonkin den Mantel abgenommen?*

»Oh, nein! Nein. *Er* hat den grünen Mantel!« Michelle schrie so laut und klang so verzweifelt, dass die anderen erschraken.

»Was ist?« Maria sah ihr ins Gesicht.

»Stensen. Dort unten«, sagte Michelle.

»Wo sollen wir hin?«, fragte Maria ratlos.

»Hoch«, keuchte Arvin. »Auf die Straße neben dem Opernhaus. Dort ist das Auto.«

Fern durch den Schnee hörten sie, unpassend wie in einer laufenden Opernaufführung, das leise Zirpen eines Handys. Außer Atem rannten sie in die Richtung, aus der es kam.

An der Kreuzung zur Suche-Bator-Straße beschleunigte Ash seine Schritte. Gegenüber der Straße, in die er links zum Hotel einbiegen musste, befand sich ein mehrstöckiges Telekom-Gebäude, vor dem eine große quadratische Säule mit einem Parabolspiegel aufragte. Er stellte sich hinter die Säule. Als würde die Antenne den Schnee ansaugen, schoss er in Spiralen heran. Es gab kein Geräusch. Kein Mensch war zu sehen. Ash wartete etwa drei Minuten und lief dann in Richtung des großen Platzes den Weg, den sie am Morgen genommen hatten. Zuerst sah er vorm Opernhaus einen fliegenden Reiter hoch über sich durch den Schneesturm toben. Kein Haus war zu erkennen, keine Wand, nur oben in der Luft die sich aufbäumenden Pferde mit dem Fahnen schwingenden Helden. Wagners Visionen waren vor die Vorhänge aus Schnee getreten. Ash begann zu begreifen, dass das Opernhaus nicht im Innern, sondern nach außen seine Stücke spielte.

Hinein in den Schnee. Unter den Pferden musste er vorbei auf die andere Seite, wo er eine Straßenzufahrt vermutete. Direkt an der Wand des Gebäudes tastete er sich voran. Irgendwo vorn hörte er leise eine sich ständig wiederholende Handymelodie.

Sie hielten inne, um zu lauschen. Die elektronische Melodie des Telefons. Sonst nichts. Kein Rufen. Keine Schritte. Sie waren allein.

»Warum nimmt keiner den Anruf an«, fragte Maria. Michelle brach der kalte Schweiß aus jeder Pore. Sie konnte sich einen Grund vorstellen. Einen furchtbaren Grund.

»Es ist wie auf der verfluchten Station«, flüsterte Maria neben ihr, »ich habe Angst.«

»Wir werden nachsehen gehen«, entschied Arvin.

Die Melodie wurde lauter. Ein grauer Kleinbus wuchs vor ihnen aus dem Schnee, er war von innen beleuchtet.

»Ihr bleibt genau hier stehen«, sagte Arvin. Er ging vor und sah vorsichtig hinein. Der Anblick war grauenvoll. Es musste einen Kampf gegeben haben, viele Scheiben waren von innen blutbeschmiert. Ljutonkin hing mit dem Kopf nach hinten über der vorderen Sitzbank. Seine Kehle war durchgeschnitten. Das Schlimmste aber war das Telefon.

Arvin ging zurück zu den anderen. »Ende. Hier gibt es für uns keinen Ausgang mehr. Die einzig verbleibende Chance ist das Konsulat. Für uns alle drei.«

»Was ist mit Carl?«, wollte Maria wissen.

»Ash ist der Held, er wird sich um ihn kümmern, er wird allein besser zurechtkommen, wenn er weiß, dass wir in Sicherheit sind, und er ist groß genug, um für sich zu sorgen. Wir haben nur eine winzige Chance und die nur einen winzigen Moment. Jetzt.«

»Das Konsulat?«, fragte Michelle.

»Es ist dort unten. Vorne rechts. Wir müssen noch einmal über die Treppen.«

Ash fragte sich, warum niemand den Anruf entgegennahm. Ljutonkin? Was war mit ihm? Er machte sich auf das Schlimmste gefasst, als er vor sich wie ein erleuchtetes Unterseeboot den grauen Kleinbus aus dem Schnee auftauchen sah. Nach einem Blick ins Innere wandte er sich ab.

Ljutonkin war förmlich abgeschlachtet worden, aber er hatte sich gewehrt. Das Telefon! Ash wurde schlecht. Er trat zur Seite und atmete tief die frische Schneeluft ein.

Die Schnittfläche von Ljutonkins Hals lag wie die großflächige Auslage eines Fleischgeschäftes offen. Es roch nach verdampftem Blut. In den Stumpf seines Halses am Kopf war das Handy gerammt worden. Nicht viel mehr als die winzige Antenne schaute heraus. Es war so, als würde er mit der elektronischen Fistelstimme des Telefons aus einer anderen Welt nach Ash rufen.

Mit spitzen Fingern zog Ash das Telefon heraus. Es hinterließ ein schmatzendes Geräusch, als hätte die Leiche aufgestoßen. Ash wischte es an einer der Gardinen ab, die der Bus hinter seinen Fensterscheiben trug.

»Bitte«, sagte er, als er das Gespräch entgegennahm.

»Endlich, alter Freund. Sie sind langsam«, tönte es vom anderen Ende.

»Was wollen Sie?«, fragte Ash.

»Was ich will? Ist das nicht klar? Ich habe jetzt die kleine Chance, endlich mit den beiden Frauen abzuschließen, ohne Ihr Geschäft zu gefährden. Dann wird alles für Sie leichter. Sie spielen doch sicher mit?«

»Lassen Sie die beiden in Ruhe und fressen Sie Ihren eigenen Arsch.«

»Ich kann sie nicht in Ruhe lassen. Sie schränken meine Freiheit ein, weil sie sich an mich erinnern.«

Das Telefon begann zu piepsen. Das Display zeigte einen leeren Akku an.

»Hier ist *meine* ganz persönliche Botschaft«, sagte Ash, vom Piepsen unterbrochen. »Wenn einer der Frauen ein Haar gekrümmt wird, ist das Gesamtgeschäft geplatzt. Richten Sie das Ihrem Chef Tschadir aus.« Die Verbindung brach ab.

Die anderen sind offenbar geflohen. Der einzige Ort, von dem Stensen nichts ahnen konnte, war das mongolische Konsulat, dorthin würde Arvin sie gebracht haben. Darin waren sie verschwunden. Alle.

Ash war allein. Er würde das bevorstehende Himmelfahrtskommando allein durchziehen. Michelle Schneider hatte sich darum zu kümmern, Maria unversehrt nach Hause zu bringen. Die Sorge um Carl hatte er ihr abgenommen. Sie würde dankbar sein, eine Ausrede zu haben, den Rückzug aus dem von ihr verursachten Krieg antreten zu können. Alle?

Er würde nachsehen müssen, wenn er sichergehen wollte, dass es genauso war. Morgen würde die entscheidende Phase des Kampfes beginnen, bei dem seine einzige Stärke darin bestand, dass er wusste, dass er ihn mit den schlechtest möglichen Aussichten führen würde.

Erneut wischte er das Handy ab, um keine Spuren zu hinterlassen, und legte es ins Auto. Anschließend machte er sich auf den Weg zu den Treppen.

92

Da Stensen uns nicht einfach an Ljutonkins Auto erwartet hat, hat er jetzt keine Chance mehr, uns zu finden«, meinte Arvin, »er muss denken, dass wir zurück ins Hotel wollen, und versucht, uns dort abzufangen. Er hat keine Ahnung, dass wir in Richtung Konsulat laufen.«

Sie hielten sich ständig rechts und drangen dabei tiefer und tiefer in den verwilderten Park vor. Die Treppenstümpfe wurden durch Baumstümpfe abgelöst, durch Drahtrollen, durch unter ihren Schritten im Schnee knirschende Glasscherben und schließlich durch große, kahle Bäume, die wie versteinerte Blitze im Schneegestöber standen.

Sie gelangten an einen Zaun, den sie durch eine offene Gittertür passierten, und standen vor dem hellen modernen Gebäude des Konsulats. Im Innern brannte Licht. Michelle hielt inne. »Geht bitte vor«, sagte sie, »ich warte auf Kenelly.«

»Du kommst nicht mit, oder?«, fragte Maria. Sie hatte Tränen in den Augen.

»Ich glaube nicht.« Maria und Michelle umarmten sich lange.

»Passen Sie auf meine Meisterschülerin auf, Bob. Sie ist das Wichtigste auf der Rückreise.«

»Ich verspreche es Ihnen.« Arvin umarmte sie.

Michelle trat zurück in den Schnee. Sie sah Bob und Maria an die Tür klopfen. Nach einer Weile wurde die Tür geöffnet und sie wurden eingelassen. Sie war allein. Das Gefühl der Einsamkeit schlug in ihr hoch und drohte ihr die Luft zu nehmen. Sie rückte ihre Jacke zurecht und blieb, vom Schnee verborgen, am Zaun stehen.

Ash hatte sich nie so genau mit der Lage des Konsulats beschäftigt wie Arvin. Als er jetzt im dichten Schnee durch den Irrgarten aus Treppen tappte, fiel es ihm deshalb schwer, die Richtung zu halten. Je mehr Schnee liegen blieb, desto stiller wurde es. Das Opernhaus ließ Ash die versinkende Pracht eines Palastes ahnen, der leise im Eis verging, der Zentimeter um Zentimeter, Jahr um Jahr ohne Pause von Schnee bedeckt wurde, der unter der wachsenden Last zerbrach, bis sich sein surrealer Luxus in Zementresten und Farbpartikeln unter einer Eisschicht auflöste.

Er war auf einem Podest angelangt, von dem nur Treppen nach oben führten. Er wusste aber, dass er nach unten musste. Er kletterte über eine Balustrade und ließ sich herab. Darunter fand er eine Treppe, die weiter nach unten führte. Es wurde glatt. Neben ihm wuchs ein glasiger Buckel aus den Stufen wie eine riesige Schnecke. Eis. Irgendwo darunter ließ ein defektes Wasserrohr aus jedem seiner Risse riesige Schnecken wachsen.

Neben dem Buckel lehnte ein Mann am Geländer; er rauchte eine Zigarette und stand ruhig im fallenden Schnee.

»Ich liebe dieses Wetter in den Resten des Opernhauses«, sagte er in bestem Englisch. »In ganz Europa gibt es nichts, was damit vergleichbar wäre. Wussten Sie, dass der Architekt vorher nur Bühnenbilder entworfen hatte? Nein? Ich finde, man sieht es dem Gebäude an.«

Ash sah sich den Mann an. Ein Deutscher? Oder ein Engländer?

»Haben Sie ein Handy dabei«, fragte er ihn.

»Sicher«, antwortete der Mann, klemmte die Zigarette zwischen die Lippen und nestelte an seiner Innentasche, um es schließlich zutage zu fördern.

»Moment. Ich muss den Code eingeben. Ich weiß nicht einmal, ob man hier ein Netz bekommt.« Er fummelte eine Weile herum und sagte dann: »Bitte schön. Wenn Sie näher treten, kann ich es Ihnen geben.« Er trug einen grünen Mantel.

Stensen.

Ash trat zurück in die Schneeflut. Nach zwei Schritten sah er Stensen nicht mehr. Er raste hinunter in Richtung Konsulat. *Hoffentlich ist Michelle nicht auf die Idee gekommen, mir entgegenzugehen.* Er sprang über Müll und Steine, fiel in den Schnee, und als er hochblickte, sah er vor sich den Zaun vor der Botschaft und an ihn gelehnt eine Gestalt, die vereinsamt im Schnee stand.

»Bilden Sie sich keine Schwachheiten ein, Kenelly, ich kann Ihnen Carls Befreiung nicht allein anvertrauen. Ich habe mehr Erfahrung im Krieg mit Stensen als Sie«, sagte Michelle.

»Sie klingen nicht entschlossen genug, um mir Vertrauen einzuflößen. Kommen Sie, wir verschwinden ins Hotel.«

»Davon geht er aus. Er wird auf uns warten.«

»Ich habe ihn getroffen«, berichtete Ash. »Er ist hier. Er wartet hier irgendwo auf den Treppen.«

Sie rannten in den Schnee hinein, der jetzt so dicht fiel, dass man nicht die Hand am Ende des Arms sehen konnte. Michelle war gezwungen, Ashs ausgestreckte Hand zu ergreifen, um ihn nicht zu verlieren.

Manchmal glaubten sie Schritte zu hören oder fallende Steine. Irgendwann hatten sie die Treppenlandschaft verlassen und liefen eine Straße entlang, in der ihnen die Straßenlichter begegneten wie eine Reihe kalter Sonnen. *Ein versprengtes Paar, auf der Jagd nach dem letzten Schiff, das vor Eintreffen der Eiszeit die Stadt verlässt.*

Sie liefen zurück, die Straße entlang, an dem großen Platz vorbei, auf dem durch die Schneewände Lenins Kopf wie eine vage Projektion aus der Vergangenheit erschien. Schließlich, von einer Sekunde auf die andere, hatte der Schnee eine Türöffnung bekommen, die direkt ins Hotel führte.

Michelle hatte darauf bestanden, den Kühlschrank vor die Tür ihres Zimmers zu schieben. Sie lag in ihrem, Ash in Marias Bett im Dunkeln, während draußen der Schnee Stille über der Stadt anhäufte.

»Sie hätten bei den anderen bleiben müssen. Ich habe mit mir selbst und den Entführern genug am Hals, ich kann nicht auch noch auf Sie aufpassen«, redete Ash sich in Rage. »Sie waren es, die den Irrsinn ins Rollen gebracht hat. Ich habe uns aus der Pyramide befreit. Sind Sie jetzt zurückgekehrt, um alles endgültig zu vermasseln?«

»Überall auf der Welt hätte man Carl entführt«, widersprach Michelle nicht weniger wütend. »Und sei es in einem geklauten Jaguar in Zürich. Was wollen Sie tun, nachdem Sie Carl gefunden haben – wenn Sie ihn denn finden? Ich kann mir lebhaft vorstellen, dass Sie die Welt retten wollen, sobald Sie Carl die Hand geschüttelt haben. ›Abgehakt. Carl ist gefunden.‹ Was mit ihm weiter passiert, ist Ihnen egal, weil es Ihnen egal ist, was mit Ihnen selbst passiert. Ist es nicht so?«

Ash sprang auf und schaltete das Licht ein. Mit einer blitzschnellen Bewegung griff er unter den Kühlschrank. »Hier haben Sie eine Chance zur Selbsterkenntnis«, sagte er und öffnete die Hand, in der ein großer, brauner Käfer zitterte. »Zerschlagen Sie Ihren Anhänger und prüfen Sie, ob Sie Ihre Mutter getötet haben. Die Schabe wird sich gerne opfern, damit Sie endlich Ruhe vor sich selbst haben. So oder so.« Er warf das Insekt auf die Erde und zertrat es.

»Ficken Sie sich selbst«, murmelte Michelle.

»Wie bitte?«

»Ich sagte, lassen Sie sich nicht einfallen, zu mir ins Bett zu klettern. Denken Sie nicht mal daran.« Michelle wickelte sich in ihre Decke.

»Sie sind die einzige Person hier im Raum, die daran denkt.« Ash löschte das Licht und legte sich wieder in Marias Bett.

»Muss ich nach Sibirien reisen, um mich derart beleidigen zu lassen?«, hörte er Michelles tonlose Stimme. Lachte sie oder weinte sie? Ash konnte es nicht feststellen.

Für Carls Rettung blieb noch gut ein Tag. Nicht mehr. Ash schloss die Augen, um sich in ruhigen Gefilden tropischer Wärme für die kommenden Tage zu rüsten.

93

Sonntag, 31. Januar

Der Kühlschrank schob sich ins Zimmer, sein Scheppern ließ Ash hochschrecken. Im anderen Bett lag Michelle unter Kissen eingerollt. Sie war auf den ersten Blick nicht sichtbar, schien aber noch zu schlafen. Es war kurz nach sieben Uhr, draußen dämmerte ein grauer Morgen herauf.

Der Kühlschrank hatte sich verkeilt, was vor der Tür mehrere Stimmen in Wut versetzte. Durch den bereits geöffneten Spalt schob sich das Gesicht des Blonden. »Dawaj. Dawaj.« Michelle wurde von dem Lärm wach.

»Es geht los«, sagte Ash, »das, wofür wir gekommen sind, beginnt.« Er versuchte, die Kerle vor der Tür zu besänftigen, indem er ihnen unter Hinweisen auf seine Uhr klar machte, dass sie noch zehn Minuten warten müssten. Dabei erwies es sich als hilfreich, dass der Blonde Englisch verstand.

Es war warm geworden, der Schnee der Nacht hatte sich in wässrigen Matsch verwandelt, der Himmel war hell, die Luft hatte die Farbe von Abwaschwasser. Vor der Tür stand ein gelber Bus mit laufendem Motor, an dessen Heck sie vorübergehen mussten, um von der anderen Seite einzusteigen. Nachdem ihre Bewacher ihr gesamtes Gepäck eingeladen hatten, stiegen auch sie ein.

Innen war der Bus hellgrau gestrichen. Die ebenfalls grauen Sitzbänke mit niedrigen Lehnen standen in großen Abständen voneinander und ließen Platz für viel Gepäck. Farbe und Raum gaben dem Inneren etwas angenehm Lichtes, ja Heiteres.

Auf der hintersten Bank hatten sich der Blonde und ein anderer Bewacher in die Ecken an die Fenster gelehnt, bereit, nach wenigen Kilometern Fahrt mit dem Schlafen zu beginnen. In der Mitte, auf einer Zweierbank aneinander gelehnt, saßen Bob Arvin und Maria. Sie empfingen Ash und Michelle mit traurigem Blick, um eine große Hoffnung ärmer. Als sie sich ansahen, brach Maria in Tränen aus. Arvin machte den Platz frei, damit Michelle sich neben sie setzen konnte.

Kurz darauf, um sieben Uhr dreißig, setzte sich der Bus in Bewegung.

94

Zum ersten Mal sah Ash das größere Areal der Stadt bei Tag. Ein kilometerlanger Betonzaun begleitete sie in Richtung des Flughafens durch plantagengroße Anordnungen flacher Einfamilienhäuser. Er trennte die Straße von der Farbe des Nichts. Ash und den anderen bot sich ein trostloses Bild: zerbeulte Autos, zerfahrene Straßen, die dunstige Weite der Hoffnungslosigkeit.

Die baufälligen Häuser zeugten beredt davon, dass das Handwerk aus dieser Stadt verschwunden war wie eine zerfallene Kolonialmacht.

Sie verließen die Ausläufer der Stadt und fuhren in eine bläulich dunstige Ebene, an deren Horizont sich Hügelketten entlangzogen. Mit den letzten Gebäuden der Stadt verschwanden die Reste des Schnees. Soweit Ash sehen konnte, hatten Sand und trockenes Gras seinen Platz eingenommen.

Auf der rechten Seite standen mehrere vierstöckige Backsteinbauten einer Fabrikanlage inmitten der Einöde. Zu ihnen führten Rohrleitungen und zerrissen im Wind wehende Drähte, die an Masten herangeführt wurden. Noch waren die Asbestdächer intakt, die Fensterhöhlen waren leer, einige Etagen der größeren Bauten ausgebrannt.

Nach einer Stunde begann Arvin unvermittelt zu erzählen: »Es war ganz einfach. Wir wurden freundlich in Empfang genommen, als habe man uns erwartet. Es wurde viel telefoniert. Sie redeten Englisch mit uns, wir wurden verköstigt und in zwei Gästezimmer gesteckt. Man sagte mir, wir würden an die mongolische Grenze gebracht, dort übergeben, um dann von Ulan Bator aus den Rückflug nach Zürich anzutreten. Ich hatte das Gefühl, es sei die schönste Nacht meines Lebens, Maria strahlte an dem Abend vor Glück. Bei aller Entschiedenheit, die sie an den Tag gelegt hatte, ihrem Bruder zu helfen, war sie heilfroh und erleichtert, aus allem heraus zu sein. Heute Morgen holte uns der Bus ab.«

Ash sah aus den Fenstern, vor denen inzwischen Nadelwälder aufgetaucht waren, die den beißenden Geruch nach Waldbränden verbreiteten. Zwischen dem grünen Federwerk der Bäume stand wie ein gigantisches Pflanzenexemplar aus einem frühen Erdzeitalter eine schwankende, himmelhohe Säule aus Rauch. Er setzte sich zu Maria, die ihre Karte auf dem Schoß ausgebreitet hielt. »Wohin fahren wir?«

»Wir sind auf der Straße dorthin.« Ihr Finger zeigte auf eine Stadt mit dem Namen Kyakhta.

»Daneben liegt die mongolische Grenze«, sagte Ash.

»Ich habe noch etwas anderes entdeckt.« Marias Finger fuhr weit in nordöstlicher Richtung auf der Karte. Namen von Gebirgen, von Flüssen und Städten, von denen Ash noch nie gehört hatte, flogen an dem Finger vorbei. Auf einem Punkt mit einem winzigen Schriftzug ließ sie den Finger stehen. Ash kniff die Augen zusammen. Amazar. Der Ort Amazar am Amazar-Fluss, im Amazar-Gebirge. Er sah Maria beeindruckt an.

Es ist ein Nest in Sibirien! Das rätselhafte Wort, das die

Kraft gehabt hatte, die Pyramide zu öffnen – nichts anderes als ein winziges Kaff im entlegensten Teil Sibiriens? Zudem war es in einer Richtung gelegen, die wenig mit der Richtung zu tun hatte, in die sie sich soeben wieder in Bewegung setzten. Vielleicht ist ›*Amazar XIV*‹ etwas völlig anderes als *Amazar*, dachte Ash. Vielleicht eine der russischen Geheimstädte aus der Zeit des kalten Krieges, von denen niemand etwas wissen durfte? Ash setzte sich zu Arvin, um ihn in Marias Entdeckung einzuweihen.

Bald nahm eine grau gestrichene, in einem Waffelmuster gegossene Betonwand, hinter der sich ein Militärlager verbarg, für Kilometer ihre Begleitung auf.

95

Kyakhta; Sonntag, 31. Januar

Blaugrau floss die Stadt heran, flache, blaugrau gestrichene Häuser und Baracken, vereinzelte blaugrau gestrichene Wohnblocks, blaugrauer Dunst von Heizungen und Kraftwerken. Ein sanftes Tal öffnete sich vor ihnen, der Weg hinein war gesäumt mit borstigem Gras, mit verholzten Gebüschen und verkümmerten Feldern.

Die Gesichter der Menschen, an denen sie vorüberkamen, zeigten Neugier ohne Hoffnung, manchmal Dreistigkeit, nie Selbstbewusstsein.

»Was ist es, das die Leute hier um so viel trostloser aussehen lässt als die genauso armen Leute in Indien?«, fragte er Arvin.

»Es sind der Suff und das Bewusstsein, dass eine große Zeit hinter ihnen liegt.« Arvin deutete hinüber auf den weiß aus dem blaugrauen Meer der Hütten aufragenden

Bau einer Kirche im Stil der italienischen Neorenaissance. »Wie kommt die hierher?« Ash zuckte mit den Schultern.

»Sie sieht aus wie eine der großen venezianischen Kuppelkirchen«, sagte Arvin. Drei Kuppeldächer strahlten silbern in der Sonne, die weißen Wände blendeten ihn, unter den Säulen des überkuppelten Eingangsportals lagen Kühe. Ash sah genauer hin. Die Fenster waren zerstört, die Türen zerfallen, aus dem Innern der Kirche trotteten die Kühe. Die Stufen der Steintreppen waren fußhoch mit Kuhmist und herabgefallenem Schutt bedeckt.

Sie hielten an einem Bau aus den sechziger Jahren, der an offener, zur Schau getragener Hässlichkeit nicht zu überbieten war. An den Längsseiten des blassrosa eingefärbten und vom Verfall gezeichneten Kastens, der sich auf schrägen Säulen über eine finstere Passage schwang, prangten zwei Gemälde, links ein vor der Erde im Weltall schwebender Kosmonaut, der die Buchstaben CCCP an seinem Helm trug, rechts das monumental auf seine Untertanen herniedersehende Gesicht Lenins.

Busfahrer und Begleiter stiegen aus. Sie machten sich daran, das Gepäck auf die Straße zu stellen. Während der Busfahrer und einer der beiden Bewacher in den Leninbau hinübergingen, um, wie sie mit Gesten bedeutet hatten, etwas zu essen, ließ der Blonde sie ihr Gepäck über die Straße vor den Eingang eines Gebäudes schleppen, das in ihrem Rücken gelegen hatte.

Es war ein hervorragend gepflegter, weiß, grün und gold bemalter Bau aus dem neunzehnten Jahrhundert, der einmal als Mädchenschule gebaut worden sein mochte.

»Ich fasse es nicht«, sagte Maria, »wer ist hier zu Hause? Der Präsident des Landes?«

Der Blonde schloss die schwere Eichenholztür auf und schob sie hinein. Im Innern tastete er nach einem Lichtschalter, der kurz darauf eine Reihe zwölfflammiger Kronleuchter aufleuchten ließ, in deren Licht ein drei Meter hoher Braunbär und ein mächtiger Säbelzahntiger von den beiden Podesten des Treppenaufgangs auf sie herabsahen. Als alles Gepäck hereingebracht worden war, stellte sich der Blonde vor die Tür. Er klopfte auf seine Uhr.

»Drei Stunden.« Er grinste dreist und setzte hinzu, »Warten.« Als sich die Tür von außen schloss und der Schlüssel herumgedreht wurde, merkten sie, dass sie zum ersten Mal in ihrem Leben in einem Museum eingesperrt worden waren.

Ratlos sahen sie sich an. Michelle nahm eine der Informationsbroschüren, die auf dem verwaisten Kassentisch lagen. Arvin lachte.

»Glaubt uns das einer? ›Wo wart ihr?‹ ›Wir wurden zwei Jahre lang in einem Museum an der mongolischen Grenze gefangen gehalten.‹ ›Und wovon habt ihr gelebt?‹ ›Von ausgestopften Tieren und dem Alkohol, in dem sie Missgeburten konserviert hatten. Es war eine schöne Zeit.‹«

»Helft mir ein Telefon zu suchen«, sagte Ash. Verteilt machten sie sich auf den Weg durch das Museum.

»Ich habe Hunger«, sagte Maria. Sie trottete Michelle hinterher in einen Gang, dessen Abschluss eine aufragende Wand ohne Tür bildete. Michelle ging dicht heran, um genauer zu betrachten, was da vor ihr aufragte. Maria gab keinen Ton von sich.

Hinter einer vier Meter breiten und fünf Meter hohen Glaswand, die den Flur abschloss, waren auf hellgelbem Untergrund Tausende von Schmetterlingen auf Nadeln gespießt, geordnet nach Herkunftsland, Art und Farbe.

»*Papilio antheus*«, las Maria andächtig, »*Byblia illithyia*. Was ist mit den Schmetterlingen?«

»Wir sind angekommen«, sagte Michelle leise. »Dort, wo sich die Schmetterlinge treffen.« In der versandeten Handelsmetropole an der mongolischen Grenze Russlands waren sie schließlich auf Eisenstatts beerdigten Traum gestoßen.

In der Eingangshalle trafen sie auf Arvin und Ash, die ihre Suche nach einem Telefon erfolglos aufgegeben und sich zwischen Säbelzahntiger und Braunbär auf die Treppenstufen gesetzt hatten. Michelle stellte sich hinter sie auf den Treppenabsatz, das Heft über das Museum und die Stadt Kyakhta in der Hand und begann vorzulesen: »Kyakhta, eine russische Metropole im Inneren Asiens, gelegen an der von Asien nach Europa führenden Handelsstraße, beherrschte im neunzehnten Jahrhundert den Teehandel mit China und wurde von Zeitgenossen wegen seines Reichtums das ›Venedig des Sandes‹ genannt …«

Während Michelle las, holten Ash und Arvin die Stühle der Museumswächter herbei.

»Welche Chance haben wir, heil aus allem herauszukommen?«, fragte Michelle und verscheuchte im Sitzen mit dem Heft eine Fliege vor ihrem Gesicht.

»Keine«, sagte Arvin. »Sobald sie das Modul haben, und wissen, dass es funktioniert, sind wir nichts mehr wert.«

»Sie, mein lieber Bob, sind selbst das beste Beispiel dafür, dass Sie Unsinn reden. Muss ich Sie daran erinnern, dass das Unheil seinen eigenen Schutzengel erzeugt?«, sagte Ash.

»Bei dem, was uns oder der Welt bevorsteht, muss es ein schützender Erzengel sein«, erwiderte Arvin.

»Wie Sie in Ihrem kanadischen Ölsumpf überleben konnten, ist ein Musterbeispiel der Unwahrscheinlichkeit«, erinnerte ihn Ash. Arvins Gesicht hellte sich etwas auf, die beiden Frauen blickten skeptisch. »Hätte sich einer von euch, als ihr noch in der Pyramide festsaßt, träumen lassen, dass er sich ein paar Tage später in einem sibirischen Juwel von Museum wiederfinden würde?«, fragte Ash. »Glaubt mir, ich kenne mich mit der Planbarkeit der

Zukunft aus. In diesem abstrusen Abenteuer kommt nichts, wie wir es erwarten. Was heute wie ein todsicherer Fluchtplan aussehen mag, erweist sich morgen als naiv. Wissen wir denn, welche Rollen Stensen, Djurvakin oder dieser Tschadir wirklich spielen? Selbst Ljutonkin ist für uns völlig überraschend aufgetaucht, weil eine zweite Spur ihn in unsere Nähe gebracht hat, die uns nicht zugänglich war. Er hat bei uns Hoffnung geweckt, die sicher auf sorgfältiger Planung beruhte, und wurde ausgeschaltet. Planung ist nichts weiter als eine Zerkleinerung der Zeit: Stücke der Gegenwart werden wie eine Kaninchenherde vermehrt, um sie Gänge in die Zukunft graben zu lassen.« Ash holte kurz Luft in seiner Rede. »Wir müssen einfach die Augen offen halten, jede noch so geringe Chance, die uns der Befreiung Carls einen Schritt näher bringt, nutzen und danach die erstbeste Gelegenheit wahrnehmen, uns selbst in Sicherheit zu bringen. Die Lage ist vollkommen offen, deshalb sind Beobachtung und schnelle Reaktion angesagt, nicht Planung.

Das Schlimmste, was wir tun könnten, ist den Mut sinken zu lassen, weil sich die Dinge anders entwickeln, als wir erwartet haben.« Ein leichtes Lächeln kämpfte sich durch Marias Gesicht. Ash sah sie an.

»Verblüffen wir sie mit der guten Stimmung, in der sie uns hier vorfinden, wenn sie uns abholen. Vielleicht gewinnen wir ein paar wertvolle Bewunderer und Freunde. Holt eure Fiedeln hervor und spielt uns den Säbelzahntanz«, forderte er die beiden Frauen auf.

Maria und Michelle zierten sich eine Weile, doch Ash und Arvin setzten ihnen so zu, dass sie schließlich nachgaben.

Als die Tür von mehreren Militärs in Drillichkampfanzügen geöffnet wurde, fanden sie eine seltsame Szene vor. Zwei junge, in ihrer Begeisterung strahlend schöne Frauen, die auf zwei Geigen einen rasenden russischen Tanz spielten, nach dem zwei Männer untergehakt zwischen ausgestopften Vorzeittieren tanzten und sich dabei nicht im Geringsten stören ließen.

Die jungen Soldaten blieben im Eingang stehen, andere rückten nach. Sie klatschten mit wachsender Begeisterung in sich steigerndem Tempo, bis die Musik abbrach und die beiden Tänzer erschöpft auf die Treppenstufen sanken.

Sie mussten keins ihrer Gepäckstücke selbst auf den vor dem Eingang stehenden Mannschaftstransporter hieven. Ash half Michelle beim Einsteigen und raunte ihr zu: »Sieben Stunden habe ich nie vorher in einem Museum zugebracht. Carl ist noch genau fünfzehn weitere Stunden für sie von Wert. Verraten Sie mir, warum sie tun, als hätten sie unendlich viel Zeit.« Michelle flüsterte, als sie auf dem Wagen nebeneinander saßen: »Russland ist ein Land des Schach.«

96

Sie brauchten weniger als zwanzig Minuten, um mit dem Mannschaftswagen aus der Stadt zu gelangen und in ein Militärlager einzubiegen. Sie saßen auf einer langen Bank, die Füße auf ihrem Gepäck, ihnen gegenüber zwei der Soldaten, die sie in dem Museum in Empfang genommen hatten. Der Rest des Transporters war mit Stapeln olivgrüner Holzkisten angefüllt. Der jüngere der beiden mochte um die fünfundzwanzig Jahre alt sein. Er hatte sie die ganze Fahrt über angesehen, ohne unter seinem millimeterkurzen Haarschnitt auch nur einmal die Miene zu verziehen, als sehe er durch sie hindurch in die Weite des Landes auf sein in der Ferne liegendes sibirisches Heimatdorf. Der Ältere mochte um die fünfzig Jahre alt sein. Er trug einen kurz geschnittenen, grau werdenden Vollbart unter festen schwarzen Haaren – und war offensichtlich von deutlich höherem militärischen Rang. Sein Kampfanzug war schwarz, nicht khakifarben wie der des anderen. Außerdem lächelte er sie an, während der andere den Roboter spielte.

»Sie spielen wunderbar Violine«, sagte er plötzlich. Michelle traute ihren Ohren nicht.

»Sie sprechen deutsch?«

»Ich war zehn Jahre dort«, antwortete er knapp. Dann wurde er ernst, als hätte er schon zu viel verraten, und redete die weitere Fahrt über nicht mehr.

Ihre Fahrt führte sie nahezu eine Stunde durch die verzweigten Wege des schier nicht enden wollenden Militärlagers, vorbei an Kasernenblöcken mit grau gestrichenen Fensterscheiben, Irrgärten von Rohrleitungen, Hallen mit braun lackierten Metalltoren, Erdunterständen von Panzerfahrzeugen und schwerem Militärgerät für Pioniereinsätze. In einer Kolonie von Hubschraubern am Rand einer im Dunst der Entfernung verschwimmenden Betonlandebahn verlangsamten sie schließlich die Fahrt. Sie hielten vor dem größten Hubschrauber, der über zwei mächtigen Turbineneinsaugkanälen von einem achtblättrigen Rotor gekrönt wurde.

»Sie ist die Königin«, sagte Ash ehrfürchtig. Arvin sah ihn fragend an.

»Die Mil 26, der stärkste Hubschrauber der Welt. Etwas wie dieses Monster mit Achtblattrotor und Rotorkopf aus Titan haben selbst die Amerikaner heute nicht.« Wieder wurde Gepäck umgeladen. Der schwarz gekleidete Soldat half den Frauen in den Helikopter.

»Mein Name ist Nektorijan«, stellte er sich Michelle leise vor, während er ihren Ellenbogen hielt.

»Ein armenischer Name?«, fragte sie. Er nickte, um anschließend in der Pilotenkanzel zu verschwinden. Sie setzten sich in ihre Sitze und schnallten sich mit Hosenträgergurten an. Der riesige Frachtraum der Maschine schluckte ihr Gepäck und die Kisten, die der Mannschaftswagen gebracht hatte. Sie wurden zu der zehnfachen Menge ähnlicher Kisten gestellt, die sich bereits an Bord befand. Nach einer Viertelstunde hoben sie sich unter Ausstoß stinkender Rauchwolken und sich zum heulenden Sausen steigernden Lärm senkrecht nach oben, um sich in vierhundert Meter Höhe auf den Weg in nordöstliche Richtung zu machen.

»Wir fliegen Richtung Amazar«, sagte Ash, der neben Michelle saß.

»Oder nach *Astra*«, stellte sie fest.

97

Amazar XIV; Sonntag, 31. Januar

Nach gut zweistündigem Flug sanken sie bei leichtem Nieselregen in den Oberlauf eines dunstigen Tales hinab, das sich von einem Zweitausender-Gebirge bis in die sanften Hügelketten zu dessen Füßen zog und in dem ein Flussmäander eine sandige Ebene durchfächerte. An den nordöstlichen Hängen der Berge wurde Stufe um Stufe die Erde bewegt. Jeder Abraumkegel und jede Ladefläche der riesenhaften Vierachskipper, die dort unten zu erkennen waren, ließen im leichten Wind eine Staubfahne wehen. Am südöstlichen Rand des sich unübersehbar hinunterziehenden Tals drängten sich Verhüttungsanlagen und Kraftwerksblöcke. Dampf, der aus der Luft als dreckiger Niederschlag zurückkehrte, floss aus sechzehn Schornsteinen und vier Kühltürmen in den Himmel.

Sie landeten auf einem großen Betonquadrat in Pfützen von Öl. Instinktiv scharten sie sich nach dem Aussteigen unter dem Sturm der Rotorblätter eng zusammen. Sie waren in eine Alptraumwelt am Grunde eines Meeres aus Dunst und eiskaltem Regen geraten. Zu ihren Seiten stiegen links und rechts Felswände auf, bis sie sich irgendwo oben in Wolken verloren. Es stank penetrant nach konzentriertem Fleischextrakt wie vom exzessiven Einsatz organischer Chemikalien. Links von ihnen trieb die Strömung eines Flusses mit hoher Geschwindigkeit talabwärts, rechts von ihnen führten talaufwärts eine asphaltierte Straße sowie zwei Eisenbahngleise und, in geringem Abstand von der rechten Felswand, eine an rostende Masten gehängte Hochspannungsleitung. Auf der anderen Seite des Flusses, die nur unscharf zu erkennen war, zeichneten sich schemenhaft große Hallenbauten und Blöcke wie von Kraftwerks- oder Fabrikgebäuden ab. Näher am Fluss lief eine doppelte, in weitläufigen Schleifen aufgeständerte meterdicke Rohrleitung durch das Tal, unter ihr weitere sich kreuzende, verzweigende oder überschneidende Stahlrohrleitungen. Aus Verbindungsmuffen und Verzweigungsstücken trat stinkender gelber Dampf.

Sie luden ihr Gepäck auf einen flachen, offenen Pritschenwagen und fanden zusammengedrängt auf den beiden Sitzreihen in der Fahrerkabine Platz. Auf ihrer Fahrt talaufwärts begegneten sie Schutthalden, auf denen sich rostende Maschinenteile, Bauschutt und Reste von Abraum mischten. Neben der Straße floss ihnen ein Schlammbach entgegen, einer der Blöcke auf der gegenüberliegenden Seite stieß flockenden, weißen Dampf aus.

Wie feine Grafiken zeichneten sich Gittermasten, Hochspannungsleitungen und Umspannwälder aus dem Dunst ab. Von zehn Meter hohen Rohrbrücken hingen Gurte, an denen dick eingemummte Kinder schaukelten, ein Junge pendelte dicht an Michelles Kopf vorüber. Unter seiner

Fellmütze musterten sie für den Bruchteil einer Pendelbewegung kalte schwarze Augen.

»Hier brummt die Industrie ohne lästiges Vorschriftenwerk. Ist es nicht ein Traum, Bob?«, fragte Ash.

»Zweifellos«, antwortete Arvin. »Nur nicht meiner. Sie wissen, ich bin umweltgeschädigt. Ich sollte meinen Freunden von Greenpeace einen Wink geben. Die Leute hier müssten dankbar sein, wenn ein paar Kilometer Eis diesen ganzen Schrott zudecken, anstatt dagegen zu kämpfen.« Vor ihnen wurde das Tal durch einen Staudamm abgesperrt, wie es schien.

Doch als sie näher kamen, glaubte Ash nicht recht zu sehen. Was ihm eben noch als ein Staudamm erschienen war, erwies sich als ein Industriebau aus den siebziger Jahren, der sich bis in hundert Meter Höhe quer über das etwa doppelt so breite Tal zog und es wie ein Damm abriegelte. Bald konnten sie nähere Einzelheiten an dem Koloss ausmachen. Seine Seitenabschnitte und der Sockel ließen Anzeichen erkennen, dass dieses Gebäude tatsächlich einmal als Staudamm begonnen worden war. Jetzt stieg es wie ein überdimensionales, oben flach geschnittenes A vor ihnen auf, wobei das untere Tor zwischen den Beinen des A im Vergleich zu dessen Gesamtgröße winzig war. Das Tor schuf einen trapezförmigen Durchlass, der vielleicht dreißig Meter weit und zwanzig Meter hoch über das Flussbett ragte. Sie fuhren weiter auf das Gebäude zu und Ash musste den Kopf in den Nacken legen. Zwanzig Stockwerke türmten sich auf dem Sockel. Die obere Kante des Bauwerkes schloss ein über die gesamte Breite laufender schmutzig weißer Schriftzug vor verblichenem roten Untergrund ab, der aus mehreren Worten bestand. Nur die letzten Zeichen konnte Ash erkennen, bevor sie in einem Straßentunnel unter dem Bau verschwanden. Es waren ein »I«, ein »V« und ein »X«, keine kyrillischen Buchstaben, sondern eine römische Zahl. Vierzehn.

Je höher sie die Talstraße fuhren, desto mehr löste sich der Nieselregen in Nebel auf, der sie, durchweicht wie sie waren, trotz der dampfenden Wärme in dem engen Fahrerraum des Pritschenwagens frösteln ließ. Während sie das gigantische Gebäude durchfuhren, das an der Basis tatsächlich die Dicke eines Staudammes besaß, schienen sie eine ortsgebundene Wetterscheide hinter sich gebracht zu haben, die ihnen eine bessere Fernsicht in den vor ihnen liegenden Talverlauf erlaubte als weiter unten.

Pflanzen waren abgesehen von kümmerlichen Gräsern und holzigem Buschwerk, das sich in Ritzen der Felswände in Sicherheit gebracht hatte, auch hier nicht zu entdecken. Dafür nahm die Anzahl der Menschen zu, die ihnen begegneten. Auf beiden Seiten des Flusses zogen sich nach oben paarweise zehnstöckige Wohnblocks in Plattenbauweise hin, in die Scharen von Menschen strömten. Sie kamen aus dem großen Querbau oder aus Zügen, die auf beiden Seiten des Flusses die Gleise hochfuhren.

Rechterhand rückte die Felswand in eine Biegung zurück, die eine Schleife des Flusses vor Jahrmillionen ausgewaschen hatte. Ihre Form musste später mit Hilfe von Baggern und Sprengstoff erweitert worden sein, so dass ein kleiner halb offener Talkessel mit ebenem Boden entstanden war. Auf der ihnen gegenüberliegenden Seite, vom Oberlauf des Flusses her nicht einsehbar, stand ein quaderförmiges Gebäude, das die Form zweier hochkant stehender Ziegelsteine und die halbe Höhe eines Plattenbaus hatte. Die verrosteten Hochspannungsmaste an seiner Seite deuteten darauf hin, dass es sich um einen stillgelegten Kraftwerksblock handelte.

Am vorderen Rand des Talkessels befand sich eine Missgeburt von bunkerartigem Konzert- oder Veranstaltungskomplex, an dessen äußeren fensterlosen Mauern Stuckreliefs angebracht worden waren. Eine graue kastenförmige Betonmasse auf Säulen ließ den darunter liegenden Eingangsbereich, in dem die Fahrt endete, im Dunkel verschwinden.

Das Gepäck wurde ausgeladen und sie stiegen, geführt von Nektorijan und einem Begleiter, die in einem Geländewagen vorausgefahren waren, und gefolgt von zwei anderen Soldaten in den düsteren Eingang. Arvin, der neben Ash ging, wandte sich leise an ihn: »Merkwürdig, dass um das ganze Gebäude am Fundament Holzplatten angelehnt sind.«

»Ich habe es gesehen«, sagte Ash. »Ich habe auch gesehen, was sie verdecken.«

»Und?«

»Bohrlöcher. Das Gebäude ist für eine Sprengung vorbereitet.«

»Gute Nacht«, kommentierte Arvin sarkastisch.

Unter ihren Schritten knirschten Schutt und Glassplitter, einige trübe Glühbirnen tauchten die Eingangshalle in Dämmerlicht. Auf allem lag eine dicke Staubschicht. Sie steuerten auf einen Fahrstuhl zu. Eine Fahrstuhltür öffnete sich, Michelle und Ash stiegen mit dem Gepäck ein, begleitet von dem Armenier. Der war offenbar ausgewählt worden, die Begleiterrolle zu übernehmen, weil er der Einzige war, der eine Sprache sprach, die seine Gäste verstanden.

»Haben Sie keine Angst«, sagte er, »ich bin Ihr Freund.« Dabei blickte er wie üblich ernst und wie durch sie hindurch auf die geschlossene Tür. »Der einzige«, setzte er hinzu.

Was sollte das bedeuten? Ash und Michelle sahen sich an. Der Fahrstuhl hielt, wenige Schritte entfernt stand die Tür eines Zimmers offen. Sie stiegen aus und, während der Fahrstuhl nach unten verschwand, trugen sie das Gepäck in den Raum, der sich vor ihnen auftat. Vermutlich war der Saal erst nachträglich als Künstlerunterkunft für Gastspiele im Kulturzentrum von *Amazar XIV* zurückgesetzt auf den Bunker gebaut worden, denn die großen Fenster, die ihn mit Licht versorgten, waren von unten nicht sichtbar gewesen. Fünf Betten, einmal zwei und einmal drei, waren in der Nähe der beiden Fenster hergerichtet worden. Der Raum war sauber und barst schier vor Wärme, die die Reihen großer Heizkörper verströmten. Der Parkettboden war spiegelblank poliert, es roch nach Bohnerwachs. Der Raum mochte an die fünfzig Quadratmeter groß sein und war bis auf einen Tisch mit fünf Stühlen, die Betten und ein aufquellendes Polstersofa leer. Maria und Arvin traten ein.

»Vom Luxus in den Sperrmüll«, sagte Arvin. Michelle berührte Ash am Arm. »Haben Sie die Betten gesehen?«

»Und die Stühle, ergänzte Ash. »Fünf. Es ist fast wie bei den sieben Zwergen.«

»Ist das nun perfide ausgedacht oder ein Hinweis darauf, dass sie sich an die Abmachung halten?«, fragte Michelle.

»Ich tippe auf besonders perfide.« Ash musste an die Sprenglöcher im Fundament des Gebäudes denken. Die Bewacher zogen sich zurück.

»Was werden wir jetzt tun?«, erkundigte sich Michelle. Sie hatte sich ratlos auf eins der Betten gesetzt.

»Warten«, sagte Ash. Er trat zu Arvin, der sich an das riesige, in Aluminiumrahmen gefasste Fenster gestellt hatte. Sie genossen einen weiten Blick auf eine triste Straße, die von doppelarmigen Peitschenmasten mit Laternen gesäumt war, und in das obere Tal hinauf, durch das nur noch einzelne Fetzen von Nebel wehten. In den Häuserblocks waren Lichter aufgeflammt, die sich Punkt für Punkt zu rechteckigen Formationen anordneten.

»Keine elf Stunden mehr«, sagte Ash. »Tschadir muss aktiv werden.« Während die anderen sich auf ihre Betten legten, zog Ash sich in aller Ruhe um. Er packte eins der drei in Ulan Ude gekauften weißen Hemden aus und wusch und rasierte sich über einem der etwa fünfzig

Waschbecken, die er in einem Waschraum für ein komplettes Estradenorchester am Ende eines kurzen Ganges entdeckt hatte. Dann band er die gelb-grau gepunktete Krawatte um und zog seinen Anzug an. Als er seinen Aluminiumkoffer zurechtgelegt hatte, klopfte es an die Tür. Nektorijan trat ein.

»Herr Kenelly«, sagte er, »der Präsident erwartet Sie.« Ash sah die anderen schweigend an. Er nahm seinen Koffer in die Hand, um dem Armenier zu folgen.

98

Was können Sie für uns tun, wenn Sie unser Freund sind«, fragte Ash, als er mit Nektorijan allein in einem Lastenfahrstuhl, mit dem man Pkws hätte transportieren können, in den sechsundzwanzigsten Stock fuhr.

»Ich kann dafür sorgen, dass etwas, das unweigerlich passieren wird, früher passiert.« Dabei nickte Nektorijan in Richtung eines Gitters an der Decke, das aussah wie ein Lautsprecher. Vielleicht ein Mikrofon. Der Fahrstuhl hielt. Ash wusste, dass er mit der rätselhaften Bemerkung eine Weile allein zurechtkommen musste. *Was ist es, das unweigerlich passieren wird? Unser Tod? Will er anbieten, uns eher umzubringen?*

Sie gingen einen breiten Gang entlang, dessen Ende vor der hohen Flügeltür aus dunklem Holz etwa über der Talmitte liegen musste. Nektorijan öffnete die Tür. Sie betraten einen Saal von doppelter Geschosshöhe mit einer Empore, die auf halber Höhe über einer dunklen Holzvertäfelung einmal um den Raum herum verlief. Auf zwei Seiten erlaubten riesige Fenster einen weiten Blick in den Ober- und Unterlauf des Tales. Der Raum roch nach

Reinigungsmittel und muffigen Samtvorhängen und bis auf einige Sessel, die um einen mannshohen Kamin in der Ecke gerückt waren, war er vollkommen leer. Eine weitere Flügeltür an der gegenüberliegenden Seite wurde von einem Hünen in Uniform geöffnet, der auf einem Stuhl vor einem kleinen Fernseher im drei Meter breiten Zwischenraum zu einer weiteren Tür gesessen hatte. Nektorijan verabschiedete sich und der Hüne öffnete die nächste Tür. Sie betraten einen Arbeitsraum, der wie der große Saal an beiden Seiten von Fenstern begrenzt war. Von einem Schreibtisch am Ende des Raumes kam ihnen ein kleiner, fetter Mann im schwarzen Anzug entgegen, der eine Brille mit extrem starken Gläsern trug. Er stellte sich vor. »Tusan Tschadir.«

Ash nahm seine ausgestreckte Hand, die sich weich und kalt anfühlte, als hätte sie ihm sein Gegenüber aus dem Kühlschrank herübergereicht.

»Es freut mich, dass Sie mich besuchen, Mr Kenelly«, sagte Tschadir in passablem Englisch. »Was kann ich für die Firma Simmons Industries tun?«

»Ich weiß nicht, ob wir die Zeit für Spielchen haben, MrTschadir. In unserem Telefongespräch waren wir bereits auf den Punkt gekommen. Es sind noch genau zehneinhalb Stunden Zeit, um Ihr Problem zu lösen. Dessen sollten sich bewusst sein und mir daher möglichst sofort Carl Simmons übergeben.«

Tschadir lehnte sich zurück. »Ich bin sicher, dass Sie sich über die Ammport Corporation informiert haben werden, Mr Kenelly. Vielleicht bei einem Gespräch an der Bar oder unterwegs, nachdem wir Sie, um Missverständnisse und daraus folgenden Ärger für die Gesellschaft zu vermeiden, aus Ihrem Versteck in der Pyramide holen ließen.

Ammport ist der größte Goldproduzent Russlands. Seit der Aufhebung des staatlichen Exportmonopols nehmen wir selbst am internationalen Markt teil. Da der Staat ausländischen Investoren das Leben leichter macht als den eigenen Firmen, haben wir auf Umwegen über unsere ausländischen Tochtergesellschaften regierungsabgesicherte Goldzertifikate erworben und so Schritt für Schritt eine Holding aufgebaut, die die zersplitterte russische Goldminenindustrie unter unserer Führung wieder zusammengefasst hat. Ammport liefert dreißig Prozent der Goldjahresproduktion Russlands, mehr als vierzig Tonnen. Ähnlich sind wir in anderen Sektoren vorgegangen. Wir sind kein russisches Unternehmen mehr, Mr Kenelly, wir sind ein weltweit aktives globales Unternehmen unter russischer Kontrolle.«

Tschadir goss sich ein großes Glas Mineralwasser aus einer auf einem Tischchen in der Ecke stehenden geschliffenen Karaffe ein. Anschließend schob er die Karaffe und ein leeres Glas zu Ash hinüber. Worauf lief die Unterhaltung hinaus? *Warum lässt sich Tschadir so viel Zeit?*

»Der Erzkomplex *Amazar XIV* ist eine Stadt, keine Fabrik, kein Bergwerk. In dem Tal, von dem Sie nur einen winzigen Teil gesehen haben, leben 125.000 Einwohner – Männer, Alte, Frauen und Kinder, für die ich zu sorgen habe, weil *Amazar XIV* vollständig der Ammport Corporation gehört. Der Wunsch, den Sie mir erfüllen werden, hängt mit einer Zukunft für diese Menschen zusammen, die besser sein wird als das, was Sie gegenwärtig von diesen Fenstern aus sehen oder unterwegs hierher gesehen haben. Ich glaube nicht, dass Sie Ihren persönlichen Wunsch vor die Bedürfnisse dieser Menschen stellen werden.«

Darauf also läuft es hinaus. Ein Spiel um die besseren Nerven. »Sie haben uns alle, nicht nur Carl Simmons, vollständig unter Ihrer Kontrolle«, sagte Ash. »Also macht es für Sie keinen Unterschied, wenn Sie ihn uns schon jetzt übergeben.«

»Aber für Sie«, erwiderte Tschadir. »Das ist der Unterschied, den es für mich macht.«

»Ich muss darauf bestehen«, beharrte Ash. »Ich brauche einen Beweis, dass er am Leben ist.«

»Mr Kenelly, Sie müssen etwas tun, was selbst mein Sohn und meine engsten Mitarbeiter nicht tun. Sie müssen mir vertrauen. Ich hätte nie geglaubt, dass ich das noch einmal erleben würde.« Tschadir stellte das Glas abrupt beiseite und zwinkerte Ash durch seine dicken Gläser an. »Machen wir es kurz«, sagte er. »Sie können sich überlegen, ob Sie meinen Vorschlag bezüglich der Reihenfolge der Transaktionen annehmen wollen oder nicht. Die ganze Angelegenheit hat schon derart viel Ärger bereitet, dass ich sie beenden will, so oder so. Solange Sie Ihren Teil des Handels noch nicht erhalten haben, kann ich sicher sein, dass Sie mit der notwendigen Motivation an die Arbeit gehen werden. Spätestens im Lauf des morgigen Tages ist unsere diesbezügliche Geschäftsbeziehung allerdings beendet.« Damit stand er auf und wendete sich ab. Ash nahm seinen Koffer. Der Hüne, der zwischen den Türen hauste, geleitete ihn in den großen Saal und überließ ihn dort sich selbst.

99

Arvin durchstreifte zusammen mit den beiden Frauen das stillgelegte Kulturzentrum auf der Suche nach etwas Essbarem oder einem Bewacher, dem sie den Wunsch danach deutlich machen konnten. Im Scheinwerferlicht vor dem Gebäude wanderten zwei junge Soldaten auf und ab. Als sie die drei sahen, kamen sie näher und versperrten ihnen den Weg.

»Essen«, sagte Arvin, »Hunger.« Sie schlugen auf ihre Bäuche und löffelten an imaginären Suppen. Einer der beiden freute sich, dass er verstanden hatte, worum es ging.

Er stürmte vor ihnen in das Haus, fegte durch die trübe beleuchtete Eingangshalle, so dass sie Mühe hatten zu folgen und ging eine breite Treppe hinunter. Unten führte der Weg durch eine schlecht beleuchtete, von endlosen Garderobentheken gesäumte Halle, anschließend durch eine Kellerbar, die von zwei roten und gelben Scheinwerfern beleuchtet wurde. Am Rand einer zentimeterdick mit Staub bedeckten Tanzfläche stand ein Flügel, auch er unter einer tiefen Staubschicht verborgen. Schließlich betraten sie durch metallene Pendeltüren die verstaubte Küchenanlage eines Großrestaurants, von der ein winziger Teil gesäubert worden war.

Nachdem sie in der Bar auf von Arvin gereinigten Sesseln an einem von ihm polierten Tisch gegessen hatten, streckten sie die Beine von sich. »Ich finde, ihr beiden solltet jetzt hier vor mir als Publikum eine öffentliche Violinprobe ablegen. Egal wie es läuft, diese Bar wird Schlimmeres erlebt haben«, sagte Arvin und zwinkerte Michelle zu. Anschließend wandte er sich an Maria: »Ich schlage vor, dass du die Instrumente für euch holst.« Maria protestierte zwar, ließ sich aber schließlich von Michelle überzeugen. Murrend machte sie sich auf den Weg in Richtung des düsteren Garderobenkellers. Arvin lehnte sich zurück. »In vier Tagen wird in der Westantarktis das Eis ins Meer zu stürzen beginnen. Durch die Massen des Treibeises wird sich das Klima wandeln – Niederschläge werden ausbleiben, wo es sie gab, und Regionen überschwemmen, die sie bis dahin nicht kannten.« Er stand auf und durchforstete die Bar. »Es ist unmöglich, dass es in Russland eine Bar gibt, in der sich nichts zu trinken findet.« Er kletterte hinter die verstaubte Theke und öffnete gebückt einen Schrank nach dem anderen. Michelle konnte nur gelegentlich noch die schwarze Bürste seiner Haare sehen.

Als er wieder hochtauchte, hatte er eine leere Weinflasche in der Hand. »Das abgeflossene Eis der Westantarktis wird das Fließgleichgewicht des Eises der gesamten Antarktis ändern«, sagte er, während er wieder auf Tauchstation ging. »Eisströme der Ostantarktis, die achtzig Prozent des Welteises enthält, werden abfließen können, wo sie bisher daran gehindert wurden. Schließlich wird der ansteigende Meeresspiegel die großen Städte versenken.« Er tauchte triumphierend wieder hoch. »Ich habe eine halbe Flasche rumänischen Cognac gefunden, das einzige Gesöff, das selbst die Russen nicht haben mitgehen lassen. Kein Eis. Sehen Sie ein Glas?« Michelle hielt ihr Wasserglas hoch.

»Auch einen?«, fragte er.

»Warum nicht? Man muss seine Bedürfnisse den Verhältnissen anpassen.« Arvin lief in die Küche, um ein weiteres Glas zu holen, und schenkte ihnen beiden ein.

»Auf das Unwahrscheinlichste, was ich mir vorstellen kann«, brachte er einen Toast aus, »auf einen glücklichen Ausgang.« Beide nahmen einen kräftigen Schluck.

»Guter alter rumänischer Cognac«, sagte Arvin.

Michelle ließ den Cognac im Glas kreisen. »Diese Dinger, die wir in dem unglaublichen Raum unter der Pyramide gesehen haben, was sind sie, Bob?«

Arvin kippte den Rest des Glases hinunter und schüttelte sich. »Sie scheinen für die Geschichte der Menschheit zu sein, was Kopernikus für die Astronomie war: Wir sind nicht der Dreh- und Angelpunkt der Zivilisation, sondern nur eine beleuchtete Insel nach einer anderen, die ausradiert wurde, als sich unsere Eiszeit vom Norden in den Süden verschob.«

»Aber was sind sie?«, beharrte Michelle mit leiser Stimme.

»Sie sind Spuren aus unserer Vorzeit«, sagte Arvin nachdenklich, »die uns erschüttern werden, weil sie nach vorne zeigen.«

Als Maria kam, saßen sich die beiden in ihren roten Sesselchen auf der Tanzfläche gegenüber. Sie sahen sie an, als brächte sie nicht die Violinen, sondern Luft zum Atmen.

Michelle stand auf, sie packten die Geigen aus und begannen mit dem Stimmen.

»Wir dürfen hier so laut und kraftvoll spielen, Maria, wie es nur irgend geht. Wir spielen alles von Anfang an einmal durch und dann das *Largo,* so lange, bis es klappt.«

Arvin lag in den Sessel gestreckt und schloss die Augen. Als sie bei dem *Largo* angelangt waren, brach Michelle ab.

»So wird das nichts, Maria. Vergiss Deine Umgebung.« Nach einer Pause setzte Maria wieder an und brach kurz darauf selbst ab. Sie setzte erneut an – und brach wieder ab.

»Lass uns eine längere Pause machen«, sagte Michelle.

»Schade«, tönte es aus der Dämmerung des Einganges in amerikanischem Englisch. Erschreckt wandten sie sich um. Eine schlanke Gestalt löste sich aus dem Dunkel. Ein junger Mann mit feinem, fast weiblich geschnittenem Gesicht unter vollen schwarzen Haaren trat heran.

»Maxim Djurvakin«, stellte er sich vor. »Sie haben wundervoll gespielt. Sie hätten nicht abbrechen sollen.«

100

Montag, 1. Februar

In dem großen Saal unter der Empore hatte Ash es ohne Reaktionen zu zeigen ausgehalten, bis er gegen Mitternacht eingeschlafen war. Ein Krampf im Bein weckte ihn auf. Zehn Uhr! Hatte er Carls Chance verschlafen? Wie hatte er so lange schlafen können? Es war dunkel, die Vorhänge zugezogen.

Er war nicht in der Schweiz. Sieben Stunden Zeitunterschied. Er war in Sibirien und es war drei Uhr Schweizer Zeit. *Noch fünfeinhalb Stunden.*

Er war überzeugt, dass Tschadir den gesamten *Elektra*-Raubzug aufs Spiel zu setzen bereit war, nur um diesen so unwichtigen Sieg über ihn zu erringen.

Allein das Modul zu installieren, seine Schnittstellen zu testen und ihre Überwachungen einzurichten, würde, vorausgesetzt, alles liefe programmgemäß, mehr als vier Stunden verschlingen. *Die Codenummer.* Je öfter er die Zahlen und Buchstaben vor seinem inneren Auge auftauchen ließ, desto unsicherer wurde er. Es schien mehr als hundert Jahre her zu sein, dass er sich in Tel Aviv zum letzten Mal korrekt an den Code erinnert hatte. Er musste jetzt sofort den Knoten durchschlagen.

Er spürte ein Päckchen in der Innentasche seines Jacketts. Der Wal. Er entnahm ihn der Verpackung, schloss ihn in seine Hand und spürte die perfekte Glätte. Er nahm seinen Koffer und ging hinüber zu der Flügeltür, um den Mann aus dem Zwischenraum aufzuscheuchen.

»Wir können mit der Arbeit beginnen«, sagte Ash, als sie wieder in Tschadirs Büro waren. Tschadir kam auf ihn zu. »Sie sind ein kluger Geschäftsmann, Mr Kenelly. Ich verspreche Ihnen, dass Sie nach einem Erfolg den Jungen heil zurückbekommen.« Er reichte ihm wieder das kalte Stück Hand herüber. Ash drückte es widerwillig. Er versuchte, in Tschadirs Augen zu sehen, aber sie verschwanden hinter den Brillengläsern wie am Ende eines Teleskops.

Tschadir schien sich bei der Prozedur köstlich amüsiert zu haben, denn er gluckste vor Lachen, als er zurück an seinen Schreibtisch ging. Ohne zurückzusehen, warf er dem Hünen eine russische Bemerkung zu und wies Ash an, ihm zu folgen.

In dem modern ausgestatteten Labor, das sich einige Stockwerke tiefer befand, standen ein Dutzend Techniker bereit, sich auf das Modul zu stürzen. Mit Einzelklemmen mussten die Steckverbindungen abgegriffen werden, um sie mit dem Zentralsystem zu verbinden. Nichts hatten sie dafür vorbereiten können, da das Modul in *Elektra* nach außen nicht zugänglich war. Potential- und Logikanalysatorenprogramme mächtiger Rechner machten sich daran, die Belegungen der Pins zu ermitteln – sowohl in Richtung des Hintergrundsystems, in dem die zentralen Botschaften an *Elektra* aufgebaut wurden, als auch in Richtung des Übertragungssystems der verschlüsselten Nachrichten an sie.

Der *RanSeG*, das Modul aus Ashs Koffer, war nichts anderes als der zwischengeschaltete Dolmetscher für die richtige Sprache der Hintergrundsysteme, damit sie von *Elektra* verstanden würden.

Eineinhalb Stunden waren sie damit beschäftigt, die notwendigen Verbindungen herzustellen und die Analysen abzuschließen. Die Botschaften für *Elektra* würden sie erst zusammenstellen können, wenn sie mit Hilfe der von ihnen vorbereiteten Empfangsanlage und des eingeschalteten *RanSeG* die globalen *Atlas*-Botschaften aus der Schweiz weiterleiten und umgekehrt ihre eigene Identitätsmeldung an *Atlas* weitergeben konnten. Erst wenn die gesamte Kette der Kommunikation wieder liefe, würde sich das Kraftwerk einschalten. So hatten sie es vorbereitet.

»Und genau so wird es nicht funktionieren«, sagte Ash. Sie blickten ihn erstaunt an. Nicht einer der Ingenieure im weißen Mantel, der nicht Englisch verstand. Ash ging an eine Wandtafel.

»*Atlas*, die Zentrale in der Schweiz, benötigt die korrekte Standortmeldung des Kraftwerkes. Ob korrekt oder nicht, stellt *Atlas* durch einen Vergleich mit seiner Liste der zugelassenen Standorte sowie seiner Standortmessung fest, die er über ein eigenständiges Satellitensystem vornimmt. Seit einem halben Jahr ist *Elektra* in Ihrem Besitz, und seither ist sie aus seiner Ortung verschwunden, denn ihr lizensierter Standort ist für ihn Argentinien.« Er sah die weißen Männer böse an.

»Und wenn sie dort nicht wieder auftaucht, setzt er sie nicht in Betrieb.« Sie sahen ihn schweigend an.

»Ihr wollt aber weder der Schweiz diesen Standort verraten, noch das Kraftwerk nach Argentinien zurückbringen, habe ich Recht?«, fuhr er fort. Keine Antwort.

»Deshalb müssen wir völlig anders vorgehen. Wir werden versuchen, mit einer Simulation *Atlas*-Botschaften auf dem kurzen Weg ohne die Schweiz zu erzeugen. Dazu werden wir jetzt erstens das Modul in Betrieb nehmen, zweitens mit seiner Hilfe die globalen *Atlas*-Botschaften analysieren, drittens hier mit diesen Botschaften eine Kommunikation inklusive korrekter Ortsangaben simulieren, viertens diese Kommunikation korrekt mit dem *RanSeG* verschlüsselt an *Elektra* und ihren *RanSeG* übertragen, um sie somit fünftens einzuschalten. Voilà.«

Wären wir nicht so schlau gewesen, einen verdorbenen RanSeG mitzubringen, der einen verlässlichen Betrieb nicht viel länger als achtundvierzig Stunden erlaubt, hätten sie jetzt den Schlüssel dazu, alle Elektras *dieser Welt abzuschalten oder zu betreiben. Was sie jetzt lernen, ist noch immer gefährlich genug.*

Ash setzte sich vor einen großen Flachbildschirm, über den ihn das interne Programm des *RanSeG* aufforderte, den Code einzugeben.

Er schloss die Augen und betrat die Ausläufer eines tropischen Teegartens am Fuß des Himalaya. Die Ruhe zeitlos heranreifender Teeblüten umgab ihn. Er gab die Folge ein:

1WA8Z-K24PY-ZL973

»Noch zwei Versuche«, meldete sich der Bildschirm.

Ash fiel in seinem Stuhl zurück. Er befand sich tiefer in den Dampfschwaden des Landes grüner Hügel, aus dem sich die Wolken zurückzogen. Die Geräusche des ablaufenden Wassers nach dem Regen, der erste Sonnenstrahl, der die Wand eines weißen Bergriesen am Rand des Dunstes aufleuchten ließ. Es duftete nach lebenden satten Teeblättern an ihren Sträuchern.

1MA8Z-K24PY-ZL973

»Noch einen Versuch.«

Ash stand auf, um herumzulaufen. Die weißen Männer hatten sich in die hinterste Ecke des weitläufigen Labors verzogen. Der Gipfel der himmelhoch aufragenden Bergwand strahlte weiß im Licht. Das Eis. Ash hielt die Augen geschlossen und konnte sehen, wie es sich vermehrte und auftürmte, wie es herabfloss, abbrach und in die Täler niederstürzte. Schauer kalter Luft strömten wie Wasseradern durch die warme Luft, in der er bewegungslos stand, den Code wie ein warmes Tier in der Hand.

Er hatte eine Ziffer mit einem Buchstaben verwechselt. Es ging einzig und allein um diesen einen verdammten Buchstaben, der in Wahrheit eine Ziffer war.

1MA8Z-K24P4-ZL973

»Code akzeptiert.«

Ash setzte sich hin. Ihm schwindelte. Die Gruppe der weißen Männer fiel über das System her wie über ein erlegtes Tier.

101

Djurvakin kam auf sie zu, um ihnen linkisch die Hand zu schütteln. Er setzte sich an den Flügel.

»Kommen Sie, lassen Sie uns etwas spielen, Strawinskij zum Beispiel.« Er nickte Michelle zu, die sich nicht rührte, sondern, zu einer Statue erstarrt, die Violine in der herabgesunkenen Hand hielt. Djurvakin begann einige Takte aus dem »Feuervogel« zu spielen.

Ehe Michelle noch mit einer sarkastischen Bemerkung ihrer Verblüffung Herr werden konnte, sagte er: »Hier müsste Ihr Einsatz sein.« Er machte eine ausholende Bewegung mit seinem Kopf. Michelle zeigte weiter keine Reaktion.

»Kommen Sie schon! Sie haben die Wahl«, sagte Djurvakin auffordernd. »Wen möchten Sie spielen?«

»*Petrosjan*«, sagte Michelle und packte demonstrativ ihre Geige in den Kasten. Noch ehe das Wort ihren Mund verlassen hatte, bereute sie, was sie gesagt hatte. Es war zu spät.

»Habe ich richtig gehört, Sie möchten Schach spielen? Was für ein großes Vergnügen für mich.« Er klappte den Flügel zu. »Ich komme kaum noch dazu, weil die Ereignisse sich überstürzen. Es ist ein Jammer.« Er wurde auf eine jungenhafte Weise formal. »Ich möchte Sie einladen, mich in meinen Schachraum zu begleiten. Es ist ein wunderschöner Ort, Sie werden begeistert sein.«

Kann es sein, dass er schüchtern ist? Dass die Gegenwart von Frauen eine Situation ist, die er nicht beherrscht? Michelle musterte ihn genauer. Ein geradezu schöner Mann von Ende zwanzig, schlank, mit vollem schwarzen, halb langen Haar. An seinen glänzenden schwarzen Augen, den nervösen Bewegungen seiner Hände, der blassen Gesichtsfarbe konnte sie erkennen, das irgendwas in ihm auf Hochtouren lief und eine innere Unruhe erzeugte, die ihn wie auf dem Sprung wirken ließ. Wenn das, was sie gehört hatte, stimmte, war dieses Bürschchen die Schlüsselfigur in dem Verwirrspiel um Eisabsprengung, geheimnisvolle physikalische Experimente in der Antarktis und *Astra*-Finanzierung. Wie passte das zusammen? Sie sah hinüber zu Arvin, der ihr zunickte. »Gut, wenn Maria und Bob Arvin mich begleiten dürfen. Wir würden ohnehin so lange wach bleiben, bis die anderen kommen.«

»Aber sicher.« Djurvakin sprang von seinem Klavierhocker auf. Die beiden Frauen umklammerten ihre Geigenkästen.

»Ihr könnt die Geigen hier lassen, ohne dass sie abhanden kommen«, meinte Arvin. Djurvakin nickte. Sie folgten ihm durch den Schutt des verlassenen Kulturzentrums.

Über verrottete Gänge gelangten sie in den Querbau. Nachdem sie auf einem breiten Korridor das Flusstal überquert hatten, fuhren sie mit verschiedenen Fahrstühlen und stiegen Treppen und durch Stahltüren abgetrennte Gänge hinauf, bis sie in einer Maschinenhalle im Innern des Felsens auf der anderen Seite des Tals an eine Art Betonrampe gelangten. Eine Elektrolokomotive, an der drei Wagen hingen, fuhr vor. Djurvakin führte sie in den dritten Wagen und dort in eine geschlossene Kabine hinter von außen schwarz gestrichenen Fenstern. Die Schienen, auf denen der Zug lief, verschwanden in einem halbrunden Tunnel, der tiefer in den Felsen hineinführte.

Die Tür rastete ein und es begann eine zunächst abschüssige Fahrt, die sich später auf einer ebenen Bahn fortsetzte und insgesamt deutlich länger als eine Stunde dauerte.

Maria blinzelte durch ein Loch in der schwarzen Farbabdeckung.

»Was siehst Du?«, fragte Michelle.

»Nichts. Ab und zu ein Licht. Rohrleitungen, einen Gang. Wohin fährt er uns?«

»Nicht fragen«, erwiderte Arvin, »beobachten und an alles erinnern.«

Nach etwa vierzig Minuten Fahrt änderte sich das Geräusch, das sie umgab. Der Lärm des Zuges wurde nicht mehr von nahen Wänden zurückgeworfen. *Sind wir im Freien*?, fragte sich Michelle. Wenn es so war, fuhren sie bald wieder in einen Tunnel, der viel kürzer und weiter sein musste als der erste. Und fuhren wieder ins Freie. Als der Zug schließlich seine Fahrt beendet hatte, sagte Maria: »Wir sind, den ersten langen Tunnel nicht mitgerechnet, fünfundzwanzig Mal durch die kurzen Tunnel und fünfundzwanzig Mal durchs Freie gefahren.«

»Eine Bahn, die möglicherweise flussabwärts am Felsen entlangführt«, vermutete Arvin.

Djurvakin öffnete die Kabine. »Seien Sie vorsichtig beim Aussteigen, hier gibt es keine Rampe.«

Undurchdringliche Finsternis umgab sie. Djurvakin trug einen Handscheinwerfer, dessen Strahl sich in der Dunkelheit verlor, ohne auf ein Hindernis zu treffen. Er beleuchtete den glatt gestrichenen Betonboden, über den sie gingen. Er war von außergewöhnlicher Sauberkeit. Die Luft war frisch. Sie roch leicht ölig und nach Metall. Es gab noch eine andere Beimischung, die Michelle aber nicht zuordnen konnte.

»Es riecht nach Blumen«, sagte Maria. Tatsächlich, es gab einen kaum wahrnehmbaren Hauch von Blumenduft.

102

Wo sind wir?«, fragte Michelle. Sie standen unter einem sternenklaren Nachthimmel. Es war nicht kalt, vielleicht achtzehn Grad, und es ging ein sanfter Wind, der feucht war, als käme er vom Meer. Maria sah auf den nackten Felsboden unter ihren Füßen.

»Es hat nicht geregnet«, stellte sie fest. Vor ihnen unter dem Sternenlicht lag eine winzige beleuchtete Insel, zu der ihr Weg sie führte. Sie bestand aus nichts anderem als einer Stehlampe mit Stoffschirm, die warmes Licht verbreitete, und einem vorzüglich gearbeiteten alten Tisch samt zwei hochlehnigen Ledersesseln und zwei abgenutzten Holzstühlen. Die Oberfläche des Tischs war mit den Intarsien eines Schachbretts ausgelegt. Auf seiner Zwischenablage in Kniehöhe standen einige Flaschen und Gläser sowie eine abgegriffene Aluminiumbox.

Arvin blieb stehen und blickte nach oben, nach wie vor von dem unglaublichen Sternenhimmel fasziniert. »Wir müssen im Süden sein, in Australien oder Polynesien«, sagte er. »Dort drüben steht das Kreuz des Südens. Oder in einem Planetarium.«

»Gut«, sagte Djurvakin. »Setzen Sie sich.«

Djurvakin und Michelle nahmen an den gegenüberliegenden Grundlinien des Spiels in den Sesseln Platz. Djurvakin deutete auf die beiden Stühle. »Dort sitzen die Schiedsrichter, falls es einen Streit gibt.«

Michelle wusste nicht, ob sie es bedauern sollte, spontan das Schachspiel ins Gespräch gebracht zu haben. Sie hatte nicht die geringste Ahnung, worauf das, was hier begann, hinauslief.

»Sie haben gefragt, wo wir sind. Wir sind in meinem Schachraum«, erklärte Djurvakin. »Die Spielregeln sind einfach.« Er stellte die zerbeulte Aluminiumdose auf den Tisch und entnahm ihr sechzehn helle und sechzehn dunkle Stein- und Erzbrocken.

»Meteoriten«, erklärte er, »die Steine einer Farbe unterscheiden sich nicht voneinander. Sie müssen sich die Figuren anhand ihrer Positionen merken. Wer sich irrt, hat verloren. Es geht um nichts als Schnelligkeit. Für jeden Zug lassen wir uns zehn Sekunden Zeit.« Er bedachte Michelle mit einem Lächeln. Sie spürte, dass er sich sicher fühlte, weil er in seinem Element war. Mit einer überlegten Geste strich er sich die Haare aus der Stirn.

»Keiner von uns darf eine Frage unbeantwortet lassen«, sagte er. »Sie beginnen.«

Ihr war klar, dass sie eine solche Partie verlieren musste. Es ging nur darum, es mit Anstand zu tun. Wenn sie von ihm etwas erfahren wollten, das sie weiterbrachte, musste sie durchhalten, solange es ging, um ihnen Zeit zum Gespräch zu geben. Sie begann mit dem Königsbauern.

Djurvakin antwortete sofort mit seinem Springer. »Die Meteoriten stammen aus der Antarktis. Wissen Sie, wie sie dort aus dem Eis auftauchen?«, fragte er.

»Sie wandern in Eisströmen unter der Oberfläche«, sprang Arvin ein, »bis sie auf ein Hindernis stoßen, daran emporfließen, um schließlich an der Oberfläche vom Wind freigelegt zu werden.« Djurvakin wandte sich an Michelle: »Es sind verborgene Hindernisse, die etwas aus der Tiefe an die Oberfläche treten lassen, von dem wir dachten, es wäre vor langer Zeit spurlos verschwunden. Ist es so nicht auch bei den Menschen?«

Michelle reagierte auf den Springer mit dem rechten Läuferbauern. Noch bestand keine Schwierigkeit, die Übersicht zu bewahren.

»Sie haben Recht. Welche verborgenen Hindernisse in Ihrem Leben haben dazu geführt, diesen unglaublichen Raum, oder was immer es ist, zu schaffen?«, fragte Michelle.

Djurvakin machte seinen Zug. »Mein Vater war kommandierender General der strategischen Raketentruppen im Abschnitt Europa Süd in der früheren Sowjetunion. Ich habe in meiner Familie erlebt, was es heißt, wenn ein Imperium zerbricht. Bevor meine Eltern vor drei Jahren starben, wohnten sie in einem primitiv ausgebauten Unterstand am Rand einer Siloanlage mit Interkontinentalraketen. Kollegen meines Vaters hausten in einem Frühwarnflugzeug, einer abgestellten Iljuschin Il 76-A50. Noch immer hatte mein Vater die Verantwortung für den lokalen Code für die drei großen Mehrfachsprengkopf-Raketen mit insgesamt sechzig atomaren Sprengköpfen und globaler Reichweite, die zu seinen Füßen lagerten.«

Michelle machte ihren Zug. Solange sie Figuren bewegen konnte, die noch auf ihren Ausgangspositionen standen, hatte sie wenig Probleme.

Djurvakin redete weiter. »Ich sah meine Eltern das letzte Mal vor dreieinhalb Jahren. Es war im Sommer in der Nähe der ukrainischen Grenze, sechs Wochen, bevor mein Vater zuerst meine Mutter und dann sich selbst erschoss. Sie boten ein trauriges, ein erschütterndes Bild, das ich niemals vergessen werde. *Das* ist meine verborgene Barriere.« Er machte seinen Zug. »Aus dem Silo sickerte fluorhaltiges Schutzgas«, erzählte er weiter, »vielleicht auch Spuren von Radioaktivität der separat gelagerten Sprengköpfe. Ihnen fielen die Haare aus. Mein Vater lief mit nacktem Oberkörper herum, einen der Schlüssel für den Tresor, in dem sich die Codeeingabeeinrichtung verbarg, um den Hals. ›Sieh mich an‹, sagte er, ›sie haben einen Schlüssel für den Frieden im einundzwanzigsten Jahrhundert einem verlausten Bettler um den Hals gehängt. Genauso wird die Qualität dieses Friedens sein.‹ Wir, die Russen, haben mehrfach für den Frieden im zwanzigsten Jahrhundert bezahlt, zuletzt im Kalten Krieg. Wer wird künftig für den Frieden bezahlen? Man wird sich im kommenden Chaos nach den Zeiten zurücksehnen, in denen es auf den beteiligten Seiten Kräfte gab wie das Militär, die eine global organisierte Verantwortung für die Sicherheit der Menschheit übernommen hatten.«

»Und wo wir uns jetzt befinden, ist ein Ausdruck einer global organisierten Verantwortung?«, fragte Arvin »Aus dem zwanzigsten oder für das einundzwanzigste Jahrhundert?«

»Wir befinden uns einen Kilometer unter der Oberfläche des Gebirges über uns. Es ist so etwas wie das Erbe meines Vaters, aus dem heraus wir neue Verantwortung organisieren.« Michelle machte ihren Zug. Djurvakin setzte unmittelbar seinen nach. Maria passte auf, dass er seine Steine korrekt zog. Bei Michelle kam es ihr nicht so sehr darauf an.

Das ist der Sinn des Spiels, Djurvakin will unter Druck geraten, um zu reden. »Was tun Sie, um das Vermächtnis Ihres Vaters zu erfüllen?«, fragte sie.

»Ich werde unsere Zukunft langfristig sichern und verhindern, dass sich über unseren Köpfen vier Kilometer Eis auftürmen.« In Djurvakins Tasche ertönte ein elektronisches Signal.

»Wir müssen die Partie beschleunigen«, sagte er.

»Sie sind wirklich überzeugt, dass sich die Pole bewegen?«, fragte Arvin.

»Vor zehn Jahren, als ich mit neunzehn Jahren davor stand, einen Lehrstuhl für Quantenfeldtheorie im damaligen Leningrad zu erhalten, schloss ich mein Hobby aus Schülerzeiten, mich mit Gebieten zu beschäftigen, in die noch kein intelligenter Mensch wirklich hineingeleuchtet hatte, mit dem Vortrag ab, den Sie aus Bath kennen. Nachdem ich belegt hatte, dass es einen prähistorischen Nordpol am Ostrand der Hudson Bay gab, war es ebenso klar, dass der Südpol zu der Zeit vor der antarktischen Ostküste auf der Höhe von Queen Mary Land gelegen haben musste. Daher kam Ihr Fund auf der antarktischen Halbinsel für mich nicht überraschend.« Er lächelte unergründlich.

»Sie haben nichts belegt«, meinte Arvin kühl. »Ihr Vortrag war ein Geistesblitz, kein Beleg.«

»Sie wollen einen Beleg?«, erwiderte Djurvakin. »Drehen Sie Ihren Sitz.« Er schob einen frei gespielten Brocken wie einen Turm quer über das Feld. »Schach.«

Neben ihnen begann der Sternenhimmel auf einer dreißig Meter hohen Fläche in flimmernden Lichtschleiern zu verblassen. Die nach innen leicht geneigte helle Wand leuchtete auf. Sie saßen am Rand, nicht in der Mitte der Halle, die durch das Licht eine erdrückende Dimension gewonnen hatte.

Groß wie ein zehnstöckiges Haus stand von einer Sekunde auf die andere eine Projektion der Erde vor ihnen, als hätte sich ein Tor geöffnet.

Michelle ließ ihre Hand über einem Brocken schweben, von dem sie glaubte, dass es ihre Dame war. Sie blickte zu Maria hinüber. Die senkte leicht ihre Augenlider. Michelle schützte sich mit dem Ziehen der Dame und griff zugleich an. Djurvakin wandte sich halb zurück zu dem Brett. Er brachte einen Springer. »Schach.«

Ein dreidimensionales Schnittbild des Planeten Erde tat sich auf, an den Rändern die winzigen Erhebungen der Gebirgszüge wie Vögel auf dem Dach eines Hauses.

Michelle schlug seinen Springer mit ihrem.

»Das war ein Bauer, kein Springer!«, sagte Djurvakin. Beide sahen Maria an. Es war Methode, die Show war Mittel seines psychologischen Kampfes. Maria senkte den Blick.

»Sie haben verloren.« Djurvakin stand auf.

Er ging hinüber zu der Projektion. Hinter ihm hing in der Dunkelheit der übermächtige Körper der Erde. »Um die Erde mit Myonen zu durchleuchten, haben wir die Messergebnisse des Baikal-Myonen-und-Neutrino-Teleskops BMNT unter dem Eis des Baikalsees und auf der gegenüberliegenden Seite des Planeten des Antarctic-Myon-and-Neutrino-Detectors – oder *Amyan-D* – im Eis der Westantarktis in unkonventioneller Weise ausgewertet. Während die Physiker mit ihren Neutrinodetektoren herauszufinden versuchen, wie alt das Weltall schon ist, haben wir unter unseren Füßen nachgesehen, wie alt die Menschheit noch wird.«

Die Erdkugel wurde von Strahlen eingehüllt, die sie aus allen Richtungen durchdrangen. Die markierten Messpunkte pulsierten in schnellem Takt, mit jedem Pulsschlag verdichteten sich Strukturen innerhalb der Kugel, bis schließlich vor ihren Augen im Innern der Erde eine Welt in der Bewegung eines Zeitraffers entstanden war, die ihnen den Atem nahm.

»Für die Auswertung unserer Messungen haben wir in Stanford einen eigenen Superrechner entworfen«, berichtete er. »Bis heute weiß niemand, welche Berechnungen wir damit aus unseren Myonen-Streufeldstatistiken in Wahrheit angestellt haben. Unterhalb der Schicht der Kontinentalplatten existieren acht weitere Schalen in der Erde, die unabhängig voneinander mit verschiedenen Geschwindigkeiten in unterschiedliche Richtungen rotieren.«

Michelle und die anderen sahen Gebirge von Hunderten von Kilometern Höhe, Täler derselben Tiefe, durchströmt von Flüssen geschmolzenen Metalls, Schichten, die in Schleifen flüssige Auswüchse durch andere Schichten trieben, Strömungen, die senkrecht in die Höhe schossen, Fälle flüssigen Gesteins durch gebirgshohe Schächte in Magmaozeane in größeren Tiefen. Im Zentrum stand eine abgegrenzte Kugel wie ein eigener innerer Planet.

»Wir sehen dort den von Richards und Song im Innern der Hölle unter unseren Füßen bereits vermuteten Eisenkern von zweitausendvierhundert Kilometern Durchmesser. Er ist schwerer als der Mond und rotiert eigenständig in flüssigem Eisen alle vierhundert Jahre einmal um sich selbst. Die Grenze zwischen ihm und seiner Umgebung ist scharf gezogen wie die zwischen der Oberfläche, auf der wir leben, und der Atmosphäre.« Djurvakin sah sie stolz an, als wäre die brodelnde Erdkugel in seinem Rücken sein

Werk. »Ein eigenständiger Eisenplanet in der Schalenwelt des Ptolemäus, die wir in Wahrheit in der Hölle wiederfinden.«

Arvin wusste, dass das, was er hier sah, nirgendwo sonst auf der Welt existierte. Alles in ihm lehnte sich gegen die Bewunderung für diese unglaubliche Leistung auf.

»Es beeindruckt mich wenig, wenn sich dort alle Jahrmillionen etwas tut«, sagte er schließlich.

»Millionen Jahre? Sie sind kein großer Rechner, Professor, wie?«, entgegnete Djurvakin. »Die Bewegung, um die es geht, hat längst begonnen.«

Wieder erklang ein elektronischer Rufton aus einem Gerät in Djurvakins Tasche. Er sah auf das Display und steckte das Gerät zurück. »Etwas ist geschehen. Ich habe ein Signal vom Ort des Kraftwerkes erhalten. Wir müssen uns mit den anderen treffen.« Er packte die Steine ein.

»Und Carl?«, fragte Maria.

»Ich weiß es nicht. Wir sind zu Tschadir bestellt.« Das Bild an der Wand verblasste, durch die Erde schien der endlos erscheinende Sternenhimmel.

Maria hatte Michelles Hand ergriffen. *Was war bei Ash geschehen? War Carl frei? Oder war alles gescheitert?* Michelle fühlte das pulsierende, sich in alle Richtungen drehende Innere der Erde in ihrem Körper. Unruhig sah sie sich um.

»Was ist dieser Raum?«, fragte sie. Die Ruhe der Sternennacht, die sie umgab, war unerträglich. Dunkelheit und Stille lasteten auf ihr. Djurvakin ging schnellen Schrittes voran in Richtung der Bahn.

»Es ist ein dreihundert Meter hohes Planetarium im Innern der Felsen des Stanovik-Gebirges, das einmal Teil eines Parkes für Hunderttausende von Menschen sein wird.«

Während sie sich im Dunkeln auf einen offenen Wagen hinter der elektrischen Lokomotive setzten, sprach Djurvakin in sein Funkgerät. Der Sternenhimmel bewegte sich.

Mit rasender Geschwindigkeit schienen sie in immer dichtere Sternenregionen vorzudringen, die gewohnten Sternbilder verschoben sich und verschwanden in der Menge neu aufgetauchter Lichter.

»Wir befinden uns jetzt auf einer Welt im Zentrum der Milchstraße«, sagte er. Der Himmel hatte sich mit gleißenden Sternen angefüllt, als würden sie in einem Feuer stehen. Regenschauer von Meteoriten stürzten herunter, am Horizont erhoben sich blasse Schlangen von Kometen.

Eine fremdartige Welt wie diese, dachte Michelle, *hätte unter ihrem Sternenhimmel eine andere Weltgeschichte, andere Musik und andere Götter. Wie die Höllenwelt zu unseren Füßen, für deren Gott Djurvakin sich hält.*

»Wozu das alles?«, fragte sie, »wo sind wir hier?« Sie ahnte die Antwort.

»Wir sind in *Astra*, wo sonst?«, kam Djurvakins ruhige Antwort. In lautloser Fahrt brachte sie der Zug aus dem Zentrum der Galaxis, das hinter ihnen im Felsen versank.

103

Es gab nicht viel, was Ash tun konnte. Die Männer in den weißen Kitteln hatten sich auf vier Gruppen von je einem Dutzend Ingenieuren vermehrt. *Siebzig Minuten.*

Mit einem Schlag schien die temporäre Arbeitsorganisation der Ingenieurgruppen zusammengebrochen zu sein. Zwei von ihnen baten Ash ehrfurchtsvoll, ihnen zu folgen, mindestens zwanzig weitere schlossen sich an.

Es ging Gänge und Treppen entlang und schließlich fuhren sie eine knappe Stunde in einer abgedunkelten Kabine mit einer Elektrobahn, ohne dass Ash einen Schimmer hatte, wo sie gelandet waren. Die Männer, die ihn beim Aussteigen empfingen, trugen Handscheinwerfer, die ein dunstiges, zitterndes Gitterwerk in der sie umgebenden stockfinsteren Nacht bildeten. Unter ihnen fand sich neben Tschadir noch ein weiterer Mann, der nicht in Weiß gekleidet war.

Die Luft war frisch und kühl wie eine Frühsommernacht. Feuchte Nebel wehten vorüber. Ein überwältigender Duft nach Blumen lag in der Luft. Nicht weit von ihrem Standort war ein nur in seinen Armaturen beleuchtetes Schaltpult aufgebaut. Tschadir und sein Begleiter standen davor. Tschadir wandte sich an Ash.

»Mr Kenelly, mir wurde berichtet, dass Sie sehr kooperativ waren. Deshalb will ich Ihnen vorfristig eine Chance geben, auch wenn sich der letzte Erfolg nicht einstellen sollte. Dabei werden Sie hier stehen bleiben müssen. Dort vorn, hundert Meter von uns, steht Ihr Junge. Er ist wohlauf. Rufen Sie ihn. Er darf schon jetzt zu Ihnen laufen.« Tschadir sah auf die Uhr.

»Wenn es in acht Minuten noch dunkel sein sollte, ist auch die Chance für ihn abgelaufen. Sie haben mir vertraut, das sollte belohnt werden. Beeilen Sie sich, Kenelly, es ist dunkel.«

Ohne das Ende von Tschadirs Rede abzuwarten, brüllte Ash, so laut er konnte: »Caaarl! Caaarl Simmons! Ich bin hier, Ash Kenelly. Wir sind gekommen, dich abzuholen. Du musst so schnell es geht zu mir laufen. Hieeer! Hieeer!«

Eine schwache Stimme tönte aus der Ferne. »Es ist dunkel. Ich sehe nichts.«

Tschadir weiß, dass Carl sich im Dunkeln quält!

»Sie haben mich unterbrochen, Mr Kenelly. Wir werden jetzt mit der von Ihnen installierten Technik das Kraftwerk anfahren. Sollte es funktionieren, gut. Wenn nicht, brechen wir hier an Ort und Stelle in fünf Minuten alles ab. *Alles.*«

»Caaarl!«

»Ich kann nicht, Mr Kenelly.« Ash war sicher, das alles, was *Elektra* und den *RanSeG* anging, korrekt laufen würde. Aber was hatten die Männer in den weißen Kitteln geschafft? Hardware, Software, Kommunikation, Zeitverhalten. Es konnte viel mehr schief gehen, als in seiner Hand gelegen hatte.

Tschadir drückte auf eine Taste.

Funkbotschaften auf den Frequenzen, die Elektra versteht, laufen durch den Raum, sie werden mit dem korrekten Code verschlüsselt. Ash hielt die Augen geschlossen. Er wusste, was in dem Kraftwerk anlaufen müsste. War es auch so? *Ortsangaben werden zwischen* Elektra *und dem Simulationssystem ausgetauscht, Prozessbefehle und Statusmeldungen laufen hin und her. Prozesse, die lange geruht haben, beginnen hochzulaufen. Aus Kernspaltungen wird Bindungsenergie freigesetzt, die das System erwärmt, Temperaturschwellwerte werden überschritten, Folgeprozesse setzen ein, die thermoelektrischen Wandler aus Siliziumpentatellurid erhitzen sich.*

Nichts war zu sehen oder zu hören. Eine Minute.

»Caaarl?«

»Ich stehe hier, Mr Kenelly. Verzeihen Sie mir.«

»Noch zehn Sekunden, Mr Kenelly«, sagte Tschadir.

Wie aus dem Urknall einer Sternwerdung explodierte das Licht. Gleißende Helle umgab sie. Tschadir klatschte, und die weiß gekleideten Männer um ihn klatschten mit. Ash legte die Hand auf die Augen.

»Danke, Mr Kenelly«, sagte Tschadir. »Sie haben gute Arbeit geleistet.« Tschadirs Augen sahen Ash durch die dicken Brillengläser an wie ein Paar aufmerksamer Fische, die durch die Bullaugen eines sinkenden Schiffes blicken. »Darf ich Ihnen meinen Sohn Semjon vorstellen, Mr Kenelly?«

Tschadirs Begleiter wandte sich um und streckte Ash seine Hand entgegen. Der nahm und schüttelte sie, ehe er in das Gesicht sah. Er kannte den Mann. Er war ihm im Schneetreiben vor dem bizarren Opernhaus in Ulan Ude begegnet. Stensen.

104

Ehe Ash zu einer Reaktion in der Lage war, stürmte eine schlanke, aufgeschossene Gestalt auf ihn zu und hängte sich an ihn wie eine Klette. »Carl!«

»Es tut mir so Leid!«, sagte der Junge.

»Du hast alles richtig gemacht. Es ist hell, wir alle sind hier – Michelle, deine Schwester und Bob Arvin, den wir aus der Antarktis mitgebracht haben.«

Carls Gesicht war bleich und ernst. Er wischte sich mit dem Handrücken Tränen aus dem Gesicht, dann nahm er Ashs Hand und hielt sie fest. Ash nahm erst jetzt wahr, in welcher Umgebung er sich befand. Er traute seinen Augen nicht.

Die kleine Gruppe stand am Rand eines unübersehbar weiten, grell erleuchteten Feldes, das mit brusthoch wachsenden Sonnenblumen bedeckt war wie unter einem heißen südlichen Himmel. *In der Dunkelheit durch dieses Feld zu laufen hätte Carl in der gegebenen Zeit niemals schaffen können.*

Aus Hunderten oder Tausenden von Lampen wurden das Feld und der Raum erleuchtet, in dem sie sich befanden. Vor ihnen, in der frei geräumten Mitte des Raumes, auf einem Podest aufgeständert, hockte wie ein böser Götze die schwarze *Elektra*kugel mit den fledermausartigen Zackenflügeln. In Dampfschlieren trieb die Nässe, die sich über Monate auf ihr kondensiert hatte, mit der aufsteigenden Hitze nach oben.

Die Entfernung bis zur gegenüberliegenden Wand schätzte Ash auf über einen halben Kilometer. Der Raumhöhe nachzublicken verursachte ihm Genickstarre. *In welchen Wahnsinn bin ich geraten?* Der Scheitelpunkt des Raumes, der hinter dem aufsteigenden Dampf mehr und mehr verschwand, war Hunderte von Metern hoch. An den Wänden entlang und über den mit Sonnenblumen bewachsenen Boden zogen sich Rohrleitungen unterschiedlicher Dicke. Sprühende Rohre innerhalb des Feldes verbreiteten Wassernebel. An den Wänden krochen Rohrleitungsschlangen hoch, aus denen im Licht ölig irisierende Flüssigkeit lief, die weiter unten in trogförmigen Rohren aufgefangen und abgeleitet wurde. Ash legte den Arm auf Carls Schulter.

»Ich habe dir einen Glücksbringer mitgebracht.« Carl blickte zu ihm auf. Ash nestelte an seiner Innentasche und holte den hölzernen Wal hervor. Dieser schlüpfte in Carls Hand, als hätte er seine heimatlichen Gewässer erreicht.

»Danke.« Carl strahlte vor Begeisterung. »Ich glaube, es gibt keinen Punkt auf der Welt, wo sie weiter von mir entfernt sind als hier.« Ash kam es vor, als würden seine Sinne nach der Betäubung des Wartens nun einer nach dem anderen zurückkehren. Er begann Gehör, Geruch und Geschmack neu zu gewinnen. Die frische feuchte Luft eines Gewächshauses umgab ihn. Es gurgelte, plätscherte und rieselte um ihn herum, roch nach feuchter Erde, nach Wassernebeln, nach sumpfigen Gasen und nach dem unbestimmbar frischen und ernsten Geruch der Sonnenblumen.

Tschadir stand in der Gruppe seiner weiß gekleideten Ingenieure wie ein fetter, kurzsichtiger Rabe. Sie debattierten heftig.

Stensen ist sein Sohn. *Wir haben nicht die leiseste Chance, heil nach Hause zu gelangen*, dachte Ash.

Bei dem tiefgefrorenen *RanSeG*, den er mitgebracht hatte, würde die Herrlichkeit des mediterranen Gewächshauses um ihn herum nach achtundvierzig Stunden wieder in kalter Dunkelheit versinken. Das war die Zeit, wenn überhaupt, die ihnen blieb, um zu verschwinden. Ash setzte auf die von Ljutonkin angekündigte Streitmacht und hoffte, dass sie bald auftauchen möge. Er trat auf Tschadir zu. »Was genau züchten Sie hier?«

»Wir bauen strahlende Verbindungen aus dem Material von Boden und Wänden ab.« Da Ash noch immer nicht zu verstehen schien, setzte Tschadir hinzu: »Kommen Sie mit, wir werden eine gemeinsame Fahrt unternehmen, auf der ich Ihnen einiges zeigen kann, was Sie überraschen wird. Falls Sie meinen Sohn vermissen«, sein Gesicht zeigte keine Regung, »er lässt sich entschuldigen. Er muss sich auf eine längere Reise vorbereiten und sich vorher um ihm anvertrautes Personal kümmern.« *Dessen Reisegeschäfte und Personalpolitik kenne ich.* Sie bestiegen einen offenen Wagen in einem Elektrozug und traten die Fahrt durch eine für Ash unbegreifliche Welt an.

105

Hinter ihnen versank die gleißende Landschaft der um ihren schwarzen Götzen wachsenden Sonnenblumen. Die Felswand raste leise auf ihren Zug zu. Aus allen Richtungen liefen Bündel von Rohren, Kabeln und Leitungen, Schläuche und Tröge, Rinnen, Schienen und Wege auf einen Tunnel zu, der sich vor ihnen auftat wie das Tor eines Flugzeughangars. Innerhalb des Tunnels bildeten sie nur einen verschwindend geringen Teil des Verkehrs. Männer und Frauen in grauen Overalls bewegten sich in beide Richtungen, Reihen von LKWs fuhren auf einer neben ihnen laufenden vierspurigen Straße in beide Richtungen.

Dann hatten sie den Tunnel verlassen und fuhren in eine weitere wie die gerade verlassene Halle ein, die allerdings vollkommen leer war. Ihre Wände waren mit einer dicken grünen Schicht überzogen wie von einem Schimmelpilz oder einem Algenteppich. Große Stahlgerüste fuhren auf Schienen um die Halle herum, deren Höhe im darin hängenden Nebel nicht auszumachen war, und besprühten die Wände mit einem bräunlichen Flüssigkeitsnebel. Es roch stechend nach organischen Chemikalien.

»Wie sind diese Hallen entstanden?«, fragte Ash.

»1959 hat man in *Amazar XIV* mit unterirdischen Kernwaffentests begonnen. Seit damals war dies ein Testareal, in dem niemals die großen, politisch spektakulären Sprengsätze wie in Semipalatinsk oder auf Novaja Semlja gezündet wurden, sondern nur relativ kleine von einer bis maximal zehn Megatonnen Sprengkraft. *Amazar XIV* war das Areal, das mit zwei besonderen Vorhaben der sowjetischen Regierung in den Jahrzehnten des Kalten Krieges und der atomaren Euphorie der Ingenieure verbunden war.«

Ash und Carl duckten sich und hielten die Luft an, als der Tröpfchennebel eines sprühenden Rohrauslegers sie erreichte.

»Sie können es einatmen«, sagte Tschadir. »Es ist nahrhaft. In der Zeit der Atomeuphorien wollte man umfassende Erdbewegungsprojekte wie einen zweiten Panamakanal oder in der Sowjetunion eine eurasische Kanalverbindung zwischen Volga und Irtysch durch den Ural ingenieurtechnisch mit Kernsprengungen in Angriff nehmen. Die Amerikaner nannten es ›Unternehmen Pflugschar‹ und wir gaben ihm die Bezeichnung ›Vierter Allunionskanal‹.

Nach den Erfahrungen, die man zu Stalins Zeiten mit der Schaffung der in dreihundert Meter Tiefe eingerichteten Nuklearanlage ›Bergbau- und Chemiekomplex‹ bei

Novosibirsk gesammelt hatte, ging man hier einen Schritt weiter. In *Amazar XIV* sollte der zentrale strategische Rückzugsraum der Sowjetunion für den Fall eines nuklearen Schlagabtausches mit den USA geschaffen werden.«

Sie verließen den Dom mit den grünen Wänden, passierten einen weiteren Tunnel und gelangten in einen gleißend hell erleuchteten Dom, dessen Boden mit großen Erdbewegungsmaschinen, die sich unter elektrischen Oberleitungen bewegten, zu flachen Tälern und Hügeln geschichtet wurde. Jede der Maschinen wurde von fahrenden Rohrgerüsten begleitet, die Wassernebel versprühten.

»Wir geben sie für ungeschützte Bearbeitung frei, wenn ihre Strahlung sich dem Wert der natürlichen Höhenstrahlung an der Oberfläche von etwa zwei Millisievert pro Jahr angeglichen hat, von der wir hier abgeschirmt sind. Die Feuchtigkeit, die Sie sehen, dient dazu, Staub von den Luftumwälzanlagen fern zu halten, um deren Verschleiß zu minimieren.«

Ash hatte das Gefühl, sich auf dem Rücken eines winzigen Insekts am Boden einer Talsperre zu bewegen. Die Dimensionen waren unglaublich. Das Zentrum von Sydney, von Bennelong Point mit dem Opernhaus über den Hafen bis zu den Rocks auf der anderen Seite und den südlichen Anlegestellen der Fähren, das Areal, das jährlich von Millionen von Touristen bevölkert wurde, mit Hotels, Bürobauten, Shops und Hafenbecken, würde in diesen einen Dom hineinpassen, durch den sie jetzt fuhren, und ihn in in der Höhe nicht zur Hälfte ausfüllen. Und dies war schon der dritte Dom, durch den sie fuhren.

»Wie viele sind es?«, fragte Ash.

»Im Jahr der Kubakrise, 1962, lag der konkrete Anlagenplan vor, seine Realisierung wurde beschlossen und mit den ersten produktiven Sprengungen begonnen. Mit jedem Dom wurden an die achtzig Millionen Tonnen Gestein verdampft, verflüssigt oder schockkomprimiert, so dass die einen Kilometer unter der Gebirgsoberfläche liegende Struktur sich verfestigte und ihre Tragkraft erheblich stieg. Man plante jeweils acht Dome in einem Oktogon anzuordnen, das man ›Blatt‹ nannte. Acht Blätter sollten zu einem neuen Oktogon, der ›Blüte‹, angeordnet werden. Ein biologisch ungebildeter Poet im Atomministerium in Moskau gab dem ganzen Projekt deshalb den Codenamen ›Aster‹, obwohl deren Blüten, wie Sie wissen, anders aussehen.«

»Der russische Name von Aster?«, fragte Ash.

»*Astra*, aber das dachten Sie sich sicher schon«, sagte Tschadir.

»Wie viele der geplanten Dome wurden fertig gestellt?«

»Ein einziger Dom ist schon ein ungeheuerliches Bauwerk. Sie, Mr Kenelly, der Sie es lieben, sich in den Pyramiden Ägyptens zu verstecken, werden die Tatsache zu würdigen wissen, dass die drei großen Pyramiden, genau so wie sie dort stehen, in Anordnung, Abstand und Höhe in einen einzigen Dom passen, der auch vom Volumen her größer ist als alle großen Pyramiden Ägyptens zusammengerechnet. Als die Arbeiten 1986 abgebrochen wurden, waren dreiundsechzig Dome in *Amazar XIV* fertig gestellt.«

Ash schwindelte bei dem Gedanken an das, worin er sich bewegte.

»*Astra* bedeutet fünf Milliarden Tonnen bewegten Gesteins – eintausend Mal mehr, als beim Bau Ihrer Pyramide bewegt wurde. Bei der heute grassierenden Skepsis gegenüber der Atomtechnologie wird etwas so Großes niemals je wieder geschaffen werden.« Tschadir nahm seine Brille ab und wischte sich die Sprühnebel aus dem Gesicht und von den Gläsern. Seine Augen erinnerten Ash an zwei große glitschige Pelmeni.

»Wozu gehen die Arbeiten weiter?«, wollte Ash wissen, »der Kalte Krieg ist vorüber.«

Als müsse er eine Beleidigung überwinden, zögerte

Tschadir mit der Antwort. »Vor zehn Jahren wurde die Ammport Corporation gegründet. Ich habe darauf bestanden, dass der Standort *Amazar XIV* und das Projekt *Astra* vollständig in die Gesellschaft eingebracht wurden. Das betrifft hier am Ort an der Oberfläche einhundertfünfzig Quadratkilometer.« Er machte eine Pause und sah Ash eindringlich an. »Was denken Sie eigentlich, Mr Kenelly, was es bedeutet, dass ich Ihnen das hier alles erzähle?«

»Sie haben einen offenen Charakter. ›Vertrauen gegen Vertrauen.‹ War das nicht Ihre Devise?«, erwiderte Ash munterer, als er sich fühlte.

In dem Dom, in den sie nun fuhren, war es Nacht. Ein Mond stand am Himmel. Ein sibirisches Dorf und ein kleines Städtchen lagen in dem Licht, das aus geschnitzten Holzhäusern und den bunten Fenstern einer Kirche kam. Geruch eines Holzfeuers lag in der Luft. Das Beklemmende an dieser Vision war für Ash, dass er das Gefühl hatte, durch eine Kette von Gegenwelten zu reisen, die kein Ende nahmen. Alles in ihm sträubte sich dagegen, das Gefühl von Ruhe, Geborgenheit und Angekommensein zuzulassen. Dennoch konnte er sich dem faszinierenden Zauber dieser Nacht über einer moorigen Heidelandschaft nicht entziehen.

Tschadir hatte ihn scharf beobachtet.

»Der Mensch braucht Beispiele, damit sich seine Phantasie entwickeln kann. Tverjovka, dieses Städtchen, in dem schon jetzt hundert Familien leben, ist eines davon.« Wieder ließ Tschadir eine lange Pause eintreten.

»Es tut mir Leid, Mr Kenelly.« Er holte eine Packung russischer Zigaretten aus seiner Anzugtasche, kniff das hohle Pappmundstück daran zweimal quer und zündete sie mit einem glimmenden Feuerzeug an. Er inhalierte den Rauch, der, als er ihn ausblies, einen Moment lang wie ein Schwarm von Elfenflügeln im Mondlicht hinter ihnen flatterte.

»Es tut mir Leid, aber Sie täuschen sich in mir. Sie haben

mir vertraut, aber ich werde Ihnen nicht vertrauen. Was also meinen Sie, bedeutet es, dass ich Ihnen alles erzähle?«

Er ist Stensens Vater. Er will sich an meiner Erkenntnis weiden, dass keiner von uns diesen Platz lebend verlassen wird. Ich werde ihm den Gefallen nicht tun.

»Erzählen Sie mir einfach alles«, wich Ash Tschadirs Frage aus. »Wann haben Sie unter Ihrem Personal schon einmal Zuhörer, denen Sie *alles* erzählen können? Ich ignoriere dafür die Zukunft. Was halten Sie davon? Damit fühlt sich jeder von uns wohl.«

Auch Tverjovka versank hinter einem Tunnel, in dem die Geschäftigkeit wieder begann. Tschadir sah seinen Rauchfahnen im Fahrtwind nach.

»Sie wollten wissen, wozu das alles?«, nahm er Ashs Angebot an. »Wenn wir in einem Dom nur dreißig Prozent seiner Fläche mit zwanzigstöckigen Wohnhäusern belegen, den Rest für Nutz-, Geschäfts-, Gemeinschafts-, Wald- und Wasserflächen verwenden, können in einem Dom sechzigtausend Menschen leben.« Seine Haltung straffte sich. Das musste seine Vision sein. »Insgesamt wird die Versorgung von *Astra* darauf ausgelegt, drei Millionen Menschen beherbergen zu können.«

Schon vor geraumer Zeit war Carl an Ashs Seite eingeschlafen. »Wie um alles in der Welt wollen Sie drei Millionen Menschen dazu bewegen, zu Ihnen in die Mitte des Nichts, in der wir uns hier befinden, zu ziehen?«, fragte Ash. Er fühlte sich nach der Klärung seiner Zukunftsaussichten durch Tschadir vollkommen frei.

»Sie denken falsch, Mr Kenelly. Sie denken westlich, nicht wie wir Russen denken. Wissen Sie, was ›*nado*‹ bedeutet?«

»Nein.«

»›Man muss‹. Es gibt dem Leben einen Sinn. Russland, Mr Kenelly, ist der Kontinent, in dem die großen Ziele wachsen. Sie stoßen auf einen unerschöpflichen Bedarf.

Wir Russen tun alles für die Heimat, für die Eroberung des Weltraums, für den Sieg des Kommunismus oder die Rettung der Welt. Wir tun nichts für uns selbst. In der Dämmerung unseres ziellosen Alltags verkümmern wir, im Licht eines großen Zieles ist unsere Fähigkeit, Leid zu ertragen, grenzenlos. Und unsere Bereitschaft, Leid zuzufügen, um den Planeten zu retten, kennt keine Hemmung. Wir können nicht anders, als so groß zu denken, wie unser Land ist.« Ash erinnerte sich daran, was Ljutonkin gesagt hatte: *Das Land ist groß, die Geschichten enden traurig*. Er glaubte ihm aufs Wort.

»Und deshalb ist *Astra* die ›Hauptstadt der Welt‹?«, fragte er.

»Unsinn«, protestierte Tschadir. »Eisenstatt war ein Schwätzer. Eine Hauptstadt der Welt wird es nicht geben. Er hat unser bestes Marketing betrieben, ohne so recht zu verstehen, wofür.«

»Was ist *Astra* dann?«

»*Astra* wird die erste mittelasiatische Metropole der Geschichte. Sie wird Kern eines Ballungsraumes werden, der zu einem Kraftzentrum Asiens wird. Wir Russen haben Sibirien immer nur als eine Kolonie betrachtet. *Astra* wird das ändern, Sibirien wird ein zweites, ein global besiedeltes, ein asiatisches Russland werden. »

»Und woher kommen die drei Millionen nun?«, beharrte Ash.

»Das einundzwanzigste Jahrhundert wird das Jahrhundert der Flüchtlinge«, stellte Tschadir kalt fest.

Für den Beginn der Flüchtlingsströme würde er selbst demnächst sorgen, was nicht einer gewissen Logik entbehrte, fand Ash. Vor seinem geistigen Auge sah er statt der prosperierenden Millionenstadt einen unterirdischen Sklavenslum entstehen, schlimmer als alles, was die Menschheit bisher gesehen hatte. Dafür waren die Führer der Familie Tschadir die beste Garantie.

»Nur in einem hatte Eisenstatt Recht«, fuhr Tschadir fort. »Es wird die dauerhafteste Behausung für Menschen sein, die je gebaut wurde. In China gibt es bei Peking eine Höhle, in der menschliche Besiedlung über dreihunderttausend Jahre nachgewiesen wurde.«

»Da haben Sie unschlagbare Abschreibungsbedingungen!«, sagte Ash. Als Tschadir lachte, sah es aus, als würde ein Rabe weinen.

Sie mussten durch fünfzehn oder zwanzig Dome gefahren sein, der letzte war eine lärmende voll gestopfte Kraftwerks-, Pump- und Wiederaufbereitungswelt. Es quirlte und blubberte darin, zischte und stöhnte mit gelben Dampfwolken. Turmhohe Kondensatkatarakte gluckerten, Kompressoren und Ventilationsmaschinen heulten in den unangenehmsten Frequenzbereichen, Zentrifugalabscheider und Verbrennungsanlagen donnerten wie Düsentriebwerke. Es war ein Inferno an Technik, das die leere Millionenstadt *Astra*, die überirdische Vision Eisenstatts, hier in der Hölle am Leben hielt. *Astra wird mit seinen Dekontaminierungslaugen, mit den strahlenden Schwermetallseen und verseuchten Algenschlämmen der größte Umweltvernichter aller Zeiten sein. Sie werden alles, was hier abgepumpt wird, frei in der Gegend verteilen.*

Inzwischen hielten sie in der Maschinenhalle an der Einstiegsrampe für die Bahn.

»Wozu *Elektra*?«, fragte Ash. »Was hat Ihnen dieses eine Kraftwerk gebracht?« Wie ein dicker, schwarzer Totengräber watschelte Tschadir davon. Er drehte sich zu Ash und Carl um, die noch immer auf der Bank des Wagens saßen.

»Wir brauchen unabhängige, autarke und saubere Energie, ohne Verbrennung, ohne Wasser- oder Windströme und ohne Strahlung«, erklärte er.

»Aber *ein* Kraftwerk. Was bringt das?«

»Wir werden mehr als sechstausend davon brauchen.

Wir werden sie, ich schwöre es Ihnen, vollkommen allein betreiben. Kopieren und betreiben.« Er warf den Rest seiner Zigarrette achtlos auf den Boden und verschwand in der Wolke weiß gekleideter Männer, die ihn schon bei der Ankunft umgeben hatte.

Welch eine dreckige, nasskalte, rostige, unsauber verflanschte Welt der Rohre, des Schrotts und der halsbrecherischen Ambitionen. Sollte die Ironie darin bestehen, dass Simmons' Lagerfeuer des einundzwanzigsten Jahrhunderts der Hauptstadt der Hölle helfen würde, in Betrieb zu gehen?

An der Seite wartete eine Gruppe, die jetzt auf sie zustürzte. Arvin, Michelle, Maria und ein junger schwarzhaariger Mann.

Carl umarmte seine Schwester.

»Hallo, Maria«, sagte er müde.

»Hallo, Carl«, sagte sie, »schön, dich zu treffen.«

106

Amazar XIV; Dienstag, 2. Februar

Die Nacht nach dem unterirdisch verlebten Tag umgab sie mit dem hartnäckigen Nagen eines Tieres in einer Wand. Jede Stunde fuhr draußen auf ihren Schienen rasselnd eine Bahn vorüber, Fluss und Wind rauschten das Tal hinab. Sie schwiegen. Keiner von ihnen schlief.

Arvins Gedanken kreisten um etwas, das Carl berichtet hatte: »Sie müssen noch einmal in die Antarktis hinunter. Sie haben etwas hinterlassen, an dem noch etwas zu tun ist.« War noch nicht alles vorüber? Gab es noch Möglichkeiten, das Schlimmste zu verhindern?

Zu seiner großen Sorge hatte Ash bemerkt, dass große, graue Munitionskisten hinter dem Kulturhaus aufgetaucht waren. *Sie werden die Gans stopfen, bevor sie sie in die Luft jagen. Wie, mächtiger Freund und Retter von Carl, halten wir dabei unseren Hintern bedeckt? Was hatte Nektorijan, der Helikopterpilot, gesagt? Ich kann dafür sorgen, dass etwas, das unweigerlich passieren wird, früher passiert. Was sollte das sein? Vielleicht die Sprengung? Bietet er uns an, die Sprengung vorzuverlegen?*

Michelle hatte das Gefühl, etwas wieder gutgemacht zu haben. Carl hatte keine Pressionen erdulden müssen, bei Licht betrachtet hatte er es viel ruhiger gehabt als sie selbst. Jetzt waren sie beeinander und entweder schafften es alle oder keiner von ihnen. Sie würden in Zürich gelobt werden oder nicht existieren.

Sie nahm ihr Medaillon in den Mund. Es schmeckte nach Metall. Alles oder nichts. In dieser einfachen Welt kannte sie sich aus.

»Ich glaube, Ash und Michelle lieben sich«, flüsterte Maria.

»Haben sie miteinander geschlafen?«, fragte Carl.

»Ihr müsst jetzt schlafen«, drang Michelles Stimme zu ihnen herüber, »es ist früher Morgen.«

Es war still. Carl ließ seinen Wal nicht aus der Hand, Maria hatte den kleinen Pinguin unter die Seite ihres Gesichts gelegt, auf der sie lag.

»Haben sie?«, hakte Carl nach.

»Ich glaube nicht, aber eine Nacht war ich nicht dabei.«

»Meinst du, dass wir hier herauskommen werden?«

»Wir müssten schon zehnmal tot sein. Wir schaffen es bestimmt.«

»Wie wollen wir es machen?« Stille.

»Maria?«

»Ja.«

»Wie wollen wir herauskommen? Habt ihr einen Plan?«

»Ich glaube, wir halten nichts mehr von Plänen.« Ein Zug fuhr talabwärts vorüber. Dann wurde es still.

Carl wachte davon auf, dass er Marias Abwesenheit spürte. Es war dunkle Nacht, er konnte Maria als einen kleinen Schatten vor der großen, helleren Fensterfront wahrnehmen. Er stand auf und trat neben sie.

»Sieh mal.« Sie deutete hinunter.

Der stillgelegte Kraftwerksblock ihnen gegenüber war im Innern erleuchtet. Die hellen Fenster bildeten zwei hohe, schmale Streifen in der Betonwand. Menschen strömten einzeln oder in Gruppen hinein.

»Was ist dort?«, fragte Carl. Maria zuckte mit den Schultern.

»Wollen wir nachsehen?«

»Ja«, sagte sie, »ziehen wir uns an.«

107

Sie tappten die mit Schutt gefüllte Treppe hinunter.

»Ich habe nicht verstanden, wie du hierher gekommen bist«, flüsterte Maria hinter ihm auf der Treppe.

»Mit einem fliegenden Schiff.«

»Was ist ein fliegendes Schiff?«

»Unglaublich groß, viel größer als ein Jumbo. Es fliegt über das Wasser. Du musst es sehen! Der Pilot ist ein Freund von mir, er wird es dir zeigen.«

»Woher weißt du, dass er dein Freund ist? Hast du russisch gelernt?«

»Er spricht deutsch.«

»Heißt er –«, Maria überlegte, »heißt er Nektorijan?«

Carl knurrte erstaunt. Sie standen in der dunklen Vorhalle. Der Menschenstrom in das erleuchtete Kraftwerk war versiegt.

»Sind die Wachen abgezogen?«, fragte Maria.

»Wofür brauchen sie Wachen, wenn sie uns morgen sowieso beseitigen werden«, sagte Carl kühl.

Sie huschten durch die schneidend kalte Nacht hinüber zu dem erleuchteten Bau. Dunkelgrauer Schneestaub wirbelte um ihre Füße. Sie drückten sich durch das offen stehende Tor des Kraftwerks und blieben hinter einem der schweren Filzvorhänge stehen, die dahinter hingen. Der Raum war gefüllt mit winterlich angezogenen Menschen, ansonsten aber leer bis unter das kirchenhohe Dach.

In der Mitte war eine erhöhte Kanzel auf einen Druckbehälter gesetzt worden, ein Tuch mit einem goldgestickten orthodoxen Kreuz hing von der Fläche der Kanzel herab, über der, gehalten von einem Kranlaufwerk an der Decke, ein großes vergoldetes Metallkreuz schwebte. Die Ecken der Kanzel wurden von vier großen Leuchtern mit brennenden Kerzen gebildet. Ein Priester hielt eine Predigt, von der sie nichts verstanden. Er wurde von Gebeten und Sprechgesängen der Gemeinde unterbrochen. Schwere Nebel von Weihrauchdämpfen zogen sich durch den Raum.

»Ein Gottesdienst. Wozu haben sie einen Gottedienst?« Maria war fassungslos vor Staunen. Als sie sich hinter den Vorhang zurückzogen, folgte ihnen ein Schatten bis in die Schwärze der Eingangshalle, in der der jetzt aufgefrischte Wind die Türen schlagen ließ.

»Kinder«, sagte eine Stimme auf deutsch. Sie fuhren herum, ihre Herzen schlugen in rasendem Tempo.

»Ich bin's.« Nektorijan trat näher. Er trug einen schwarzen Overall und darüber eine schwarze gepolsterte Jacke, die offen stand.

»Ihr müsst euch sehr gut merken, was ich jetzt sage. Es

wird einen Mittagsempfang geben, zu dem ihr alle eingeladen seid.« Sie nickten. »Danach bringe ich euch zurück, auf keinen Fall später als sechzehn Uhr. Ich habe dafür gesorgt, dass dieses Haus um siebzehn Uhr gesprengt wird. Vor dem Haus werden auf einem Wagen vier große Kisten stehen, in die ihr einsteigt, alle fünf. Der Wagen wird um 16 Uhr 40 pünktlich abgeholt und in den Flieger verladen. Keine Sekunde später. Eine Stunde nach der Sprengung werden wir fliegen. Habt ihr alles verstanden?« Sie nickten.

»Wohin fliegen wir? Nach Zürich?«, fragte Maria und trat von einem Fuß auf den anderen.

»In die Antarktis.«

»Um Gottes Willen. Hört das nie auf?«

»Halt die Klappe«, sagte Carl nüchtern. »Wir haben alles verstanden. Wozu gibt es den Gottesdienst?«

»Wir wollen die Welt retten«, sagte Nektorijan und war im Dunkeln verschwunden.

108

Um fünf Uhr früh wurden sie von Schüssen geweckt. Ash robbte sich an das Fenster heran und spähte vorsichtig hinaus. Mannschaftswagen fuhren talaufwärts. Auf beiden Seiten des Flusses waren die Züge blockiert, Männer in schwarzen Kampfanzügen mit Maschinenpistolen im Anschlag blockierten die Straße. Atemlos berichteten Carl und Maria von der nächtlichen Begegnung mit Nektorijan. Hubschrauberlärm lag in der Luft.

»Zieht euch an«, rief Ash, »es sind die Truppen, von denen Ljutonkin gesprochen hat.« Blitzschnell fuhren sie in ihre Kleidung. »Wir sind gut beraten, hier abzuwarten«, entschied er. »Da unten wird noch geschossen. Wir werden uns bereit halten, jederzeit auf Zuruf aufbrechen zu können, damit ihr schnellstmöglich an die Truppen übergeben werden könnt.«

»Wieso ›ihr‹«, fragte Michelle.

»Weil Sie die Fluchtmöglichkeit, sofern es sie gibt, nutzen werden, um schnellstmöglich von hier zu verschwinden.«

»Und Sie?«

»Ich bleibe. Ich werde versuchen zu verhindern, dass die Tschadir-Truppe in die Antarktis gelangt, oder sie dorthin begleiten, wie Nektorijan vorgeschlagen hat.«

»Habe ich es nicht gesagt«, stellte Michelle bitter fest. »Wettbewerb eins ist abgehakt, Carl ist lokalisiert, jetzt muss die Welt gerettet werden. Wenn wir mit der Truppe Ljutonkins losfliegen, können wir sofort die Antarktis alarmieren. Man wird die Kerle abfangen, sobald sie dort auftauchen.«

»Kein Mensch wird Ihnen glauben«, widersprach Ash. »Niemand wird wissen, wie diese Leute dorthin kommen, es weiß ja bis heute niemand, wie sie von dort verschwunden sind, und es weiß keiner genau, was sie eigentlich vorhaben.«

»Wir wissen, wie sie dorthin kommen wollen«, mischte sich Carl ein.

»Ja, ja«, sagte Maria, »in einem fliegenden Schiff. Kein Mensch weiß, wonach er Ausschau halten soll, wenn ein fliegendes Schiff angekündigt ist.«

»Bei *dem* weiß es sofort jeder, der es sieht. Ich kann euch hinführen. Es steht auf der anderen Seite des Flusses, direkt unterhalb des Quergebäudes in einem Hangar hinter einem Tor rechts in der Felswand.« Alle hörten es, aber niemand reagierte.

»Ich habe auch gehört, was sie vorhaben.« Carl ließ nicht locker, um Ashs Mitflug zu kämpfen. »Sie wollen dort so etwas wie eine ›Sequenz‹ einstellen.«

Ash wandte sich an Arvin. »Wie wird man die Sprengung in McMurdo spüren?«

»Das Schelfeis wird nach Südosten geschoben. Es wird McMurdo vom Felsen rasieren«, sagte Arvin.

»Wann?«

»Es hängt von dem Vulkan unter dem WAIS ab. Vielleicht nach einer Woche, vielleicht in einem Monat. Später sicher nicht.«

»Morgen geht in McMurdo unser repariertes Kraftwerk in Betrieb«, sagte Ash. »Für Simmons hängt die Existenz seiner Firma davon ab, dass ich den Auftrag erfülle, McMurdo einen beschaulichen Winter zu garantieren. Ich werde meine Aufgabe erledigen, auch wenn die Schwierigkeiten plötzlich aus anderer Richtung kommen als erwartet. Nichts in der Welt bringt mich davon ab.«

»Und wenn du stirbst, Ash?«, fragte Carl ernst.

»Er wird nicht allein sein«, sagte Arvin. »Ich kann ihn unmöglich allein auf meinem Fachgebiet arbeiten lassen.« Ash sah ihn unbeweglich an, dann wandte er sich an Carl: »Wir würden nicht in die heile Welt zurückkehren, die du kennst. Bald sind Millionen von Menschen in den Küstenregionen der Welt tot oder obdachlos und die Firma deines Vaters in Sydney von Flutwellen zerstört. Ich könnte es mir niemals verzeihen, nicht alles, wirklich alles versucht zu haben, das zu verhindern. Wenn ich es schaffe, hast du dazu beigetragen, diese Menschen zu retten, und Michelle, Maria und Bob haben dazu beigetragen, weil sie geholfen haben, dich zu retten.« Ash ging einige Schritte durch den großen Raum, um dann vor Michelle stehen zu bleiben.

»Michelle Schneider wird die Kinder sicher nach Zürich bringen«, verkündete er. »Sie wird die Unterstützung einer ganzen Armee dabei haben. Selbst ihr wird es nicht gelingen, unter diesen Voraussetzungen alles noch einmal zu vermasseln.« Die Lage war klar. Für den Rest der Aufgabe hatte Ash endlich für die bestmögliche Kombination gesorgt. Die Tür zu ihrem Schlafsaal sprang auf. Ein Soldat im khakifarbenen Overall aus Tschadirs Truppe stand im Raum. Er winkte sie mit einer Maschinenpistole heraus.

»Dawaij, dawaij. Präsident.« Er trieb sie zusammen und vor sich her, die Treppe hinunter.

Der große Saal neben Tschadirs Büro bot das Bild eines Militärputsches. Männer mit Maschinenpistolen in schwarzen Kampfanzügen hatten Tschadir und Stensen in ihre Mitte genommen, vier von ihnen sicherten die Ecken der Empore. Vor dem Fenster schwebte dröhnend ein Helikopter in der Luft, man konnte die Gesichter der beiden Piloten erkennen. Der Hüne und andere Khakifarbene, darunter der Soldat, der sie gebracht hatte, waren entwaffnet worden und wurden bewacht. Das Kommando führte ein grauhaariger, hochgewachsener Russe, der einen Revolver trug. Neben ihm stand ein kleiner, dicker Mann ohne Bewaffnung. Er trug ebenfalls einen schwarzen Kampfanzug und sah südamerikanisch aus. Ash hatte ihn in Bob Arvins Latady Camp auf der antarktischen Halbinsel getroffen, John Punta von der US-Atomenergiebehörde. *Die A-Squad,* dachte Ash, *alle Achtung.*

»Major Tscheljakov, von den Truppen des Innenministeriums der Russischen Föderation. Sie sehen, Kenelly, wir haben Ihr Atomei gefunden, ehe es Schaden anrichten kann.«

Unsinn, er hat keine Ahnung, wovon er spricht. Trotzdem bin ich froh, den alten John hier zu sehen.

»Es ist ein großes Missverständnis«, sagte Tschadir, der wieder einen schwarzen Anzug trug. »Es gibt hier kein Kraftwerk, das nicht hierher gehörte, es gibt niemanden, der gegen seinen Willen hierher gebracht wurde. Wir haben ein paar Gäste bei uns, die sich hier wohl fühlen. Nicht wahr, Mr Kenelly?«

Ash sah in Stensens Gesicht, der spöttisch und überlegen um sich blickte, als sei er es, der die Lage unter Kontrolle hatte. Er sah geradezu freudig erregt aus.

»Nichts sagen«, zischte Ash Michelle auf deutsch zu. »Hier ist noch nichts entschieden.« Ash sah zu Arvin hinüber. Der rieb sich die Nase und formte mit den Lippen ein Wort, ohne einen Laut von sich zu geben: »Öl.« *Petroleum!*

»Alles in Ordnung«, sagte Ash.

»Sehen Sie«, sagte Tschadir, »es gibt keine Probleme.«

Punta sprach zu einem der schwarzen Männer, der offenbar als Dolmetscher fungierte.

»Wir sollten jetzt die Ausländer mitnehmen und mit der Durchsuchung der Anlage beginnen.« Tscheljakov sprach in sein Funkgerät, der Hubschrauber verschwand vor dem Fenster, um weitere Mannschaften heranzutransportieren.

Ash sah aus dem Fenster flussabwärts. Ähnlich wie die Biegung der Talwand, in der das stillgelegte Kulturhaus stand, gab es dort talab auf der linken Seite die Einkerbung eines früheren Flussmäanders, die ebenfalls erweitert worden zu sein schien. In dem Felsenkessel brodelte es von den Hubschraubern der Omon-Truppen des Innenministeriums. Männer in schwarzen Kampfanzügen hatten die Zugänge abgesichert. Tschadir schob sich nach vorn und stellte sich auf, um eine formale Erklärung abzugeben: »Die Anwesenheit der Amerikaner hier und das massive Eindringen bewaffneter Männer tangieren die Souveränität des autonomen *okrug Agin-Buryat*, auf dessen Territorium *Amazar XIV* liegt und das innerhalb der Russischen Föderation den Status einer eigenständigen Republik hat. Ich werde deren Repräsentanten informieren.« Er griff zu seinem Handy und gab eine Nummer ein.

Punta wandte sich an den Dolmetscher. »Lassen Sie den Abmarsch sofort in Gang setzen. Kenelly kommen Sie mit Ihren Leuten zu mir herüber.« Durch das Einschalten des Dolmetschers verloren sie wertvolle Sekunden. Eine seltsame Lähmung lag über der Truppe. *Ob es mit den Diskussionen zu tun hat, die der Kommandeur immer noch am*

Funkgerät führt?, fragte sich Ash. Er sah in Stensens Gesicht. Etwas an der Situation stimmte nicht. Es lag etwas in der Luft, er spürte es förmlich auf seiner Haut. Etwas, von dem er nicht wusste, aus welcher Richtung es kommen würde, hatte hinter den Kulissen begonnen. Wie sollte er sie warnen? Er wusste nicht, wovor.

Vor seinen Augen dehnte sich die Zeit in die Länge, die Sekunden verflüssigten sich. Noch immer redete Tscheljakov mit seinem Funkgerät. Es schien nicht mehr zu funktionieren. Er griff nach dem Funkgerät eines seiner Männer. Auch das arbeitete nicht. Aus allen Funkgeräten der schwarz gekleideten Truppen drangen unerträgliche Pfeifgeräusche.

»Wir haben nichts zu verbergen«, sagte Tschadir, »sehen Sie aus dem Fenster und Sie sehen, dass unsere bergmännische Arbeit im Erzkomplex plangemäß weitergeht.«

Bergmännische Arbeit, dachte Ash. *Das ist es*! Ehe er das Wort Sprengung denken konnte, fuhren Büschel von Staubwolken aus den talabwärts sichtbaren Felswänden. Die Wände fielen in sich zusammen. In immer neuen Schüben. Mehrere Salven von Sprengungen wurden sichtbar, ehe das Rollen des Donners, das Bersten der Steine, die Explosionen zerschmetterter Helikopter bei ihnen zu hören waren. Eine dampfende Walze aus Steinstaub, die jeder Operation die Sicht nahm, rollte das Flusstal hoch. Immer neue Fontänen von Staubschwärmen schossen aus ihr hoch.

Es waren nicht mehr als zwei Sekunden vergangen. Lautlos sackte in dem Donner, der von außen über sie hereinbrach, Tscheljakov von einem Bolzen in den Kopf getroffen zusammen. In dem lähmenden Entsetzen, das die demonstrative Vernichtung ihrer Rückzugsbasis und ihres Kommandeurs verbreiteten, tat Tschadir, als wäre nichts geschehen und als wäre er die einzige Kraft, die den Überblick behielt. »Ein alter Kupfererztagebau. Wir rekultivieren ihn, indem wir ihn und die gefluteten Bassins voller alter Arsenschlämme mit den Felsen der unergiebigen Wände verfüllen.«

Reihenweise fielen die Männer von der Empore. Alles schien in Zeitlupe abzulaufen. Aus dem Zwischenraum zu Tschadirs Büro, von dem Ash geglaubt hatte, nur der Hüne halte sich dort auf, wurden Puntas Truppen durch winzige Löcher mit Präzisionsbolzenschussgeräten beschossen. Ash schob Michelle und die Kinder in den Kamin, der neben ihnen aufragte.

Jetzt, endlich, begannen auch die Männer des Innenministeriums zu schießen. Der Hüne brach zusammen, Stensen, der bewegungslos im Getümmel stand und entrückt lächelte, wurde am Arm verletzt. Es schien ihn nicht sonderlich zu stören.

Wenige Augenblicke später stürmten Männer in khakifarbenen Overalls hinter fahrbaren, mannbreiten Schutzschilden herein. Es gab nur noch wenig Schüsse.

John Punta, der unverletzt geblieben war, wusste nicht, wie ihm geschah. Er sah Ash an, als wäre der verantwortlich für das, was geschehen war.

»Mr Punta«, sagte Tschadir auf Englisch. »Mein Sohn Semjon wird Sie und Ihre Leute hinausbegleiten. Ich bin sicher, dass wir eine Transportmöglichkeit für Sie finden, um mit Ihrer Rückkehr das leidige Missverständnis endgültig abzuschließen.«

Stensen ging mit blutendem Arm voran, die Gefangenen, Mann für Mann von Bewaffneten begleitet, hinterher. Ash brauchte nicht viel Phantasie, sich vorzustellen, was mit ihnen geschehen würde.

»Danke, Mr Kenelly, wir haben durch Sie wertvolle Sekunden gewonnen.« *Die schwärzesten Sekunden meines Lebens,* dachte Ash. »Aber lassen wir uns durch den Zwischenfall nicht zu sehr irritieren.« Tschadir stieg über den tot auf dem Boden liegenden Hünen hinweg. Männer mit

Tragen sammelten die Toten und Verletzten beider Seiten ein. Tschadir sah sich um.

»Zum Glück ist keine der großen Scheiben zu Bruch gegangen, sie sind unglaublich schwer zu ersetzen. Es ist kalt. Ich weiß nicht, ob Sie es bemerkt haben, aber es geht draußen ein eisiger Sturm. Für 13 Uhr habe ich hier zu einem Empfang gebeten. Wir hätten frieren müssen. Sie sind als unsere fünf Ehrengäste herzlich aufgefordert teilzunehmen.«

Carl stand neben Ash, seine Hosen und sein Pullover hatten schwarze Rußstreifen. Er trat einen Schritt vor. »Danke, Mr Tschadir. Wir nehmen die Einladung gern an. Was feiern Sie denn?«

»Hört, hört«, rief Tschadir. »Ich beneide Sie um den jungen Mann, Mr Kenelly. Wir haben ihn nur ungern wieder hergegeben.« Er wandte sich an Carl. »Wir werden eine Mannschaft auf eine wichtige Fahrt in das ewige Eis der Antarktis verabschieden. Außerdem feiern wir natürlich die Wiederauferstehung des Lichts aus eurem kleinen Kraftwerk, bei dem ihr uns geholfen habt.« Er ging in sein Büro. Der Soldat, der sie gebracht hatte, begleitete sie zurück.

109

Zwei Stunden später fanden sie den großen Saal vollkommen verändert vor. Von Fensterwand zu Fensterwand zog sich eine für fünfzig Personen eingedeckte Tafel. Draußen im Tal hatte es zu schneien begonnen. Vor beiden Fensterwänden fiel dichter Schnee herab und gab dem festlich geschmückten Saal etwas olympisch Entrücktes. Es schien, als würde er sich durch weiße Wolken leise nach oben bewegen. *Schnee ist gut, für das, was wir vorhaben*, dachte Ash.

Eine Tür des Vertäfelungspanels war geöffnet. Aus einem kleinen Fahrstuhl wurden Salate, Karaffen voller Wein, Flaschen mit Wodka und große Terrinen mit Suppe auf die Tafel gebracht. Unter den Anwesenden erkannte Ash einige der Ingenieure wieder, die er in dem Labor gesehen hatte. Ihm genau gegenüber saßen Vater und Sohn Tschadir. Neben Ash saßen Michelle, dann Maria und Carl und schließlich Arvin, der sich bereits mit Djurvakin neben ihm unterhielt.

Nektorijan und seine Mannschaft betraten in blaugrauen Fliegeruniformen den Saal. Tschadir klatschte in die Hände. Sie setzten sich, ein Wodka wurde eingegossen, Tschadir erhob sich und sprach einige Sätze auf Russisch. Nun erhoben sich alle. Bevor sie den Wodka hinunterkippten, erklärte Tschadir auf Englisch: »Wir trinken auf Wassilij, der sein Leben bei einem bedauerlichen Vorgang verloren hat, für den der Verwaltung von Agin Buryat inzwischen eine förmliche Entschuldigung aus dem Innenministerium der Föderation vorliegt. Er war ein zuverlässiger Kerl.«

Es würde eine furchtbare Sauferei werden, befürchtete Ash. Er trank mit, es durften nicht die leisesten Zweifel an seiner Naivität aufkeimen. *Volltrunken im besten Anzug auf der Flucht, alle Voraussetzungen für den Erfolg sind damit gegeben.* Er sah Michelle an. Sie trug ein leuchtend blaues, ärmelloses Kleid, das er noch nie an ihr gesehen hatte, darüber eine ihm ebenso unbekannte schwarze Jacke, die mit wenigen roten Stickereien verziert war. »Eine Investition in die Motivation unserer Retter«, hatte sie zu der Wahl ihrer Kleidung in ihrem Quartier erklärt. In dem Grübchen zwischen ihren Schlüsselbeinen ruhte ihr Medaillon.

Sie hatte Wert darauf gelegt, dass auch die Kinder besonders gut aussahen, Carl in Jeans und einem weißen Pullover, aus seinem unbenutzten Gepäck, Maria in Jeans und einer weiten, dunkelroten Bluse. Tschadir redete weiter auf Russisch, um anschließend zu einer englischen Fassung zu wechseln, in der er allen Beteiligten einschließlich der Ehrengäste für die Kraftwerks-Einschaltung dankte.

»Fällt dir etwas auf?«, flüsterte Michelle Maria zu, »alle tragen den Ring, den Stensen trägt.«

»Nicht alle. Er muss so etwas wie eine Auszeichnung sein.«

»Nektorijan und seine Crew tragen ihn.«

Wieder wurde ein großes Wodkaglas geleert. Nach einer weiteren russischen Passage, während der die Kinder vor Salat und Suppe unruhig wurden, folgte die englische Version.

»Wir haben keine Geheimnisse vor unseren Gästen, weil wir voller Vertrauen in ihre Schweigsamkeit sind. Wir trinken auf die Mannschaft der *Archangel*, die sich heute Nacht auf ihre Fahrt in die Antarktis begeben wird.« *Hat er »Fahrt« gesagt?* Ash glaubte, sich verhört zu haben.

»Trinken wir auf Kapitän Nektorijan, auf den Leiter des gesamten Vorhabens, meinen Sohn Semjon und auf den wissenschaftlichen Kopf dahinter, Maxim Iljitsch Djurvakin. Die Menschheit wird vielleicht niemals zu würdigen wissen, was ihr für sie tut, weil das Unglück, dass es ihr zeigen könnte, durch euren Einsatz abgewendet werden wird.«

Die Menschheit wird zu dem, was ihr vorhabt, eine völlig andere Ansicht haben, dachte Ash. Die Gläser wurden nachgefüllt, ein weiterer Wodka war fällig. Nur die Kinder blieben verschont.

Der gereichte Tomatensalat mit einem Schlag schwerer süßer Sahne war ebenso eine Delikatesse wie die nachfolgende Wildsuppe mit viel Gemüse und saurer Sahne. Stensen stand auf, ein Wodkaglas in der Hand. Er sprach russisch und übersetzte jeden Satz simultan: »Habt die Zeit im Auge, bis wir das fertig gestellte *Astra* besiedeln werden. Sechzehn Jahre. Am heutigen 2. Februar, meinem Geburtstag, in sechzehn Jahren werden wir damit beginnen und bis dahin *alles* tun, um dieses Ziel zu erreichen. Ihr könnt euch darauf verlassen, dass *ich* dann hier stehen werde, um *Astras* Wachsen in weiteren sechzehn Jahren nach seiner Besiedlung zu überwachen. Danach werde ich noch immer jünger sein, als mein Vater heute ist. Auf meinen Geburtstag, auf mich, auf *Astra.*« Er trank. Die Fliegercrew trank. Tschadir machte ein unbewegtes Gesicht, schließlich trank auch er und dann alle anderen. Große Platten mit gebratenen Rehkälbern wurden gebracht, vom Personal aufgeschnitten und serviert.

Ash deutete auf den Ring an Tschadirs Finger. »Ist Ammport in die Schmuckbranche expandiert oder hat Ihr Sohn seine Mannschaft als Schwulentruppe dekoriert?« Ein Blick, der die Todesstrafe ankündigte, traf ihn. Tschadir zog seinen Ring ab und reichte ihn herüber. »Sie dürfen ihn behalten.« Ash sah ihn genauer an. Sechzehn feine Striche im letzten Viertel der Zeichnung einer Uhr, der Strich auf der Position »siebzehn Minuten vor Zwölf« war verblasst. Striche davor waren nicht zu erkennen.

»Es ist eine komplexere Technik, als Sie denken«, sagte Tschadir. »Eine funktionierende Uhr. Jeder Strich bedeutet ein Jahr. So etwas wie eine Lebensuhr.« Er lachte in sich hinein. »Die Striche bestehen aus dünnen Schichten verschiedener Gemische radioaktiver Isotope, deren Zerfall so abgestimmt ist, das abgelaufene Jahre transparent werden und verschwinden.« Ash stellte fest, dass der Wodka ihn zunehmend aggressiver machte. Er konnte die technische Prahlerei dieser Massenmördertruppe nur noch mit äußerster Beherrschung ertragen.

»Trauen Sie uns jetzt zu, Ihr Kraftwerk nachzubauen, wo wir nicht mehr Gefahr laufen, dass es sich selbst zerstörte?« *Alle Achtung. Tschadir ist schlauer, als ich erwartet habe.*

»Wenn alle Strahlen erloschen sind«, sagte Michelle, »zeigt der Ring Eisenstatts *Astra*-Symbol. Ist es nicht so?« Maria horchte auf.

»Sehr klug«, sagte Stensen böse. Maria gab Michelle unter dem Tisch die Hand. Ash steckte den Ring an den Finger, Stensen sah ihn feindselig an.

Carl stopfte den Braten in sich hinein. »Wer weiß, wann wir wieder etwas zu essen bekommen. Du musst dich voll schlagen, so gut es geht.«

»Es schmeckt«, sagte Maria mit vollen Backen. »Stensen ist ein Irrer, findest du nicht?«

»Er wird seinen Alten umbringen. Da bin ich sicher. Ich habe gesehen, wie der ihn vor allen Anwesenden verprügelt hat.«

»Sie sind beide irre«, sagte Maria. »Soll ich dir was verraten?«

»Bitte.«

»Ich freue mich darauf, Christine wiederzusehen.«

»Oha!«, machte Carl.

Djurvakin schnitt sich eine kräftige Scheibe von dem Reh ab und löffelte süße Preiselbeeren und Sahne darauf.

Arvin tat sich erneut auf. Das Rehkalb schmeckte hervorragend, es kam ihm vor, als hätte er seit Jahren nicht mehr so gut gegessen. Kauend sprach er Djurvakin an. »Wofür haben Sie eigentlich Ihre acht Kollegen in der Station dort unten massakriert? Durften sie Ihrer Theorie nicht widersprechen?«

Außer seinem Fluchttermin um 16 Uhr 40, fand Arvin, hatte er nichts zu verlieren.

»Sie verstehen nicht, worum es geht. Sie haben keine Ahnung, in welchem Spiel Sie sind«, antwortete Djurvakin grimmig.

»Obwohl es nicht mein Fachgebiet ist, erkenne ich, was ein Mord ist.« Arvin sah keine Veranlassung, einen Konflikt zu vermeiden.

»Die Opfer stehen in keinem Verhältnis zu dem, was uns droht.« »Glauben Sie im Ernst, dass sich die Pole schneller als in Millionen von Jahren bewegen?«, fragte Arvin kauend.

Djurvakin nahm eine Serviette zur Hand und schrieb »1 Zentimeter in 30 Sekunden«. »Haben Sie ein Gefühl für Geschwindigkeiten?«, fragte er Arvin. »Ich sage es Ihnen, niemand hat es. Eine Schnecke, die diese Geschwindigkeit hätte, hielten Sie für einen einzementierten Kieselstein. Extrem langsam, finden Sie nicht?«

Er schrieb: »1 Meter in einer Stunde«. »Eine Pflanze, die es schaffen würde, in einer Stunde um einen Meter zu wachsen, wäre ein atemberaubendes Monstrum. Was ist mit einem Kilometer in siebenunddreißig Tagen? Ein austrocknender See wie das Kaspische Meer, dessen Küstenlinie sich mit dieser Geschwindigkeit zurückzieht, wäre eine Katastrophe, die Tausende in Mitleidenschaft zieht. Zehn Kilometer pro Jahr – die Geschwindigkeit, mit der die magnetischen Pole in den letzten fünfzig Jahren ihre Position verändert haben. Und eintausend Kilometer in einhundert Jahren? Es ist dieselbe Geschwindigkeit wie die anderen, immer dieselbe, nur diesmal ist es die größte Katastrophe der Menschheitsgeschichte, weil es die Pole sind, die ihre Lage auf der Erdoberfläche mit dieser Geschwindigkeit in der vor uns liegenden Umstellungszeit verschieben werden, für vierhundert Jahre, bis sie viertausend Kilometer weiter zur Ruhe kommen. Oder sollte ich sagen, die *Wiederholung* der größten Katastrophe?

Was raten Sie dem, der in der Schnecke, die von einem einzementierten Kiesel nicht zu unterscheiden ist, die monströse Katastrophe von morgen erkennt?«, fragte er abschließend, Schweißperlen auf der Stirn.

»Wann geht es los? In drei oder in vier Millionen Jahren?« Arvin futterte scheinbar unbeeindruckt weiter.

»Während man aus Grönland täglich das Zurückziehen der Gletscher meldet, hat niemand zur Kenntnis genommen, dass sich seit Jahren in Sibirien die Vegetationsperiode verkürzt, weil es kälter wird. Es schneit länger, es wird länger kalt, die Jahresdurchschnittstemperatur sinkt. Sibirien und die Mongolei erleben die kältesten Winter der neueren Geschichte, Millionen von Schafen und Rindern verenden im mongolischen Winter. Es geschieht jetzt, der Pol hat sich die ersten Meter bewegt.«

Maria schloss die Augen. Sie konnte nicht mehr. Carl schob ihr noch ein Stück Torte hinüber.

»Wir werden vierzig Stunden unterwegs sein«, flüsterte er, ohne die Lippen zu bewegen, »friss, was das Zeug hält.«

»Weißt du, was alles in Gang gesetzt hat?«, fragte sie, während sie stöhnend ein weiteres Stück in Angriff nahm. »Dein Foto von den Filmschachteln mit Stensens Hand. Sein Ring war darauf zu sehen.«

»Ich wollte sein Gesicht fotografieren, als er an Deck saß«, sagte Carl. »Er ist aufgestanden.«

Arvin sah auf die Uhr. Zehn Minuten vor vier. »Ich sehe noch immer nicht, wie es physisch funktioniert, dass die Pole sich bewegen.« Er fühlte, dass er zu viel Wodka getrunken hatte.

»Die siebente Schale, der Übergang zwischen dem oberen und dem unteren Erdmantel, fünfhundert Kilometer unter unseren Füßen, besteht aus *Wadsleyit* und enthält zehnmal mehr Wasser als die Ozeane der Welt«, erwiderte Djurvakin. »Auf ihr hat die Oberfläche der Erde wie eine zu lockere Apfelsinenschale um die Frucht zu gleiten begonnen. Wenn die Bewegung zum Abschluss gekommen ist, wird der Nordpol an einem neuen Ort liegen.« Er sah Arvin starr an, seine Hand schwebte über der Torte. »Viertausenddreihundert Kilometer vom heutigen Pol in der Arktis entfernt. Dreißig Kilometer von hier. Der nächste Nordpol, Professor, wird *Astra* bedecken.«

Mit dem Ausdruck leichten Ekels schob Arvin ein Stück Torte in den Mund. »Sie haben Ihre Morde zwei Jahre, Ihre Technik noch länger vorbereitet. Wie konnten Sie das tun, wo doch die Durchleuchtung der Erde erst jetzt abgeschlossen wurde? Ist es nicht so, dass Sie die Welt ins Unheil stürzen wollen, um Flüchtlinge zu produzieren – egal welche Theorie zur Rechtfertigung dient?«

»Die Experimente laufen seit mehr als drei Jahren«, entgegnete Djurvakin. »Aber was auf uns zukommt, wussten wir lange vorher.« Djurvakin sah Arvin an, kalt und unbeweglich wie eine Schlange. »Es existiert etwas, das uns schon lange gewarnt hat und das ich selbst nicht verstehe. Wenn Sie in den Pyramiden herumgekrochen sind, müssten Sie es ahnen. Ich habe in Bath nur die halbe Geschichte erzählt.«

Nein. Es ist unmöglich. Djurvakin kann nicht wissen, was Hastren dort gefunden hat. Was, um Himmels Willen, aber meint er dann?

Eine Minute nach vier. Ash gab Michelle ein Signal, dann wandte er sich an Tschadir. »Tusan, alter Knabe, ich muss dir sagen, ihr Russen versteht zu feiern. Ich rechne fest damit, bis zum 4. Februar, dem Tag, an dem deine Argonauten die Antarktis wieder in Ordnung gebracht haben und wir von dir wieder in den Flieger nach Zürich gesetzt worden sind, jeden Abend eine Mahlzeit wie diese serviert zu bekommen, weil wir deine Glühbirnen wieder eingedreht haben. Nur jetzt müssen wir leider gehen. Für die beiden Frauen und die beiden Kinder war es ein harter Tag«, er kicherte naiv über den schalen Witz, »und für mich eine harte Strecke Wodka. Sie müssen schlafen und ich werde mir alle Zeit der Welt nehmen, um zu kotzen.«

Er stand auf. Keiner am Tisch wusste, was von dieser Rede zu halten war. Alle sahen Tschadir an.

»Bitte sehr, Mr Kenelly. Sie sind bis zum 8. Februar unsere Gäste. Mein Sohn wird Sie hinüberbringen.«

Michelle und die Kinder wurden aschfahl. Ash blieb stehen.

»Gut. Semjon. Ein feiner Bursche, er hat Stil, er tut, was andere nur denken, aber, vielleicht übersieht man in deinem Alter so was, Tusan, er ist eine Schwuchtel. Nur, bei aller Liebe, ich bin zu blau. Ich schaffe es nicht, ihm heute einen zu blasen.«

Tödliches Schweigen, Stille, in der niemand atmete. Stensen war bleich geworden, seine Hand verschwand unter dem Tisch. Ash schwankte und blickte grinsend umher. Wie zufällig pendelte seine Hand in der Nähe des Tranchiermessers. Ein donnerndes Lachen von Nektorijan und seiner Mannschaft durchbrachen den Bann. Sie gossen Wodka nach.

Das Wort »Prachtkerl« war zu hören. Nektorijan flüsterte mit Stensen, der laut auflachte.

»Gut«, sagte Stensen, »schlafen Sie Ihren Rausch aus. Da er ohnehin mit seiner Mannschaft aufbrechen muss, um die Fahrt vorzubereiten, wird Nektorijan Sie bringen. Bis später.« Die letzte Bemerkung galt Michelle. In der Bewegung der Lippen setzte er ein tonloses »Honey« hinzu. Michelle bewahrte ihre Fassung.

Um 16 Uhr 20 trafen sie an dem stillgelegten Kulturhaus ein. Noch immer fiel dichter Schnee.

»Sind Sie wahnsinnig?«, zischte Michelle Ash ins Ohr, »Sie haben von einer Sekunde auf die andere unser Leben aufs Spiel gesetzt.«

»Unser Leben steht von Anfang an auf dem Spiel, falls Sie es noch nicht bemerkt haben«, erwiderte Ash, »Nektorijan muss einen ernsthafteren Grund als Menschenliebe haben, uns zu retten. Er musste aktiv werden.«

Die Munitionskisten hinter dem Haus waren verschwunden, seitlich vor dem Haus stand dafür ein Hänger mit vier Holzkisten, wie sie zur Verpackung großer Laborausstattungen verwendet wurden. Nektorijan ließ sie aussteigen, ohne sie anzusehen. Als sie an ihm vorüber aus der Tür des Wagens stieg, flüsterte er Michelle zu: »Um 16 Uhr 40 geht's los. Ohne Warten.«

»Warum tun Sie das?«, fragte sie leise.

»Ich bin ein Dieb«, sagte er, als wäre das eine vertrauenerweckende Antwort.

»Nektorijans Leute haben die Zeit genutzt«, sagte Ash, als sie allein waren. »Die Bohrlöcher sind gefüllt und verkabelt.«

110

Niemand von uns wird den Lift benutzen«, kommandierte Ash, als sie in der dunklen Eingangshalle nach den Fahrstuhltüren tasteten. »Das Risiko ist zu groß. Sie werden in der nächsten Zeit vor der Sprengung die Versorgung des Hauses abstellen. Auch den Strom. Wir nehmen die Treppen.«

»Unsere Geigen liegen in der Bar«, rief Maria, während sie schon hochstürmte.

»Liegen lassen!«, rief Ash zurück. Noch wurden die acht Treppenabsätze von den wenigen nackten Glühbirnen erleuchtet. Sie fegten in das noch immer überheizte Zimmer auf dem Dach des Gebäudes. Im Laufen entledigten sie sich der Garderobe, die sie kurz zuvor sorgfältig ausgewählt hatten. Achtlos flog die Kleidung auf den Boden, bevor sie sich in die bereitgelegten wärmsten Sachen stürzten, die sie besaßen.

Ash fing an, Anweisungen zu geben: »Wir werden fünf Minuten vor der Abholung der Kisten darin verschwunden sein. Auf keinen Fall später. Das gibt uns jetzt genau acht Minuten. Kein Gepäck, das nicht in eine Jackentasche passt. Rollt die hinterlassene Kleidung unter eure Decken auf die Betten, dass es aussieht, als läge dort noch jemand. Schließt die Koffer und legt sie hin.« Keiner verlor ein weiteres Wort, bis es nach unten im Eiltempo durch den Schutt zurückging. Ash rannte voran.

Michelle folgte den anderen nicht zur Treppe. Der Fahrstuhl führte hinab bis in die Kelleretage, wo seine Tür an der hinteren Seite des Garderobensaales lag, nur wenige Schritte von der Bar entfernt. Sie konnte die Geigen holen, die Treppe hinauflaufen und würde schon dort stehen, wenn die anderen hinunterkamen. Sie freute sich auf das Gesicht Marias dabei.

Sie betrat den Fahrstuhl und drückte die Null. Der Lift setzte sich abwärts in Bewegung. Nach wenigen Metern erlosch das Licht. Schwärze. Halt.

Panik überfiel sie. Sie fühlte, dass irgendwer nach ihr suchen würde. *Geht ohne mich. Wo ist meine Stimme geblieben? Ich darf nicht rufen, sonst verhindere ich, dass sie davonkommen.*

Plötzlich fiel ihr das Schachspiel gegen Djurvakin ein. Was störte sie ausgerechnet jetzt, in der größten Not daran? *Russland ist ein Land des Schach. Sie spielen alle.* Mit wem spielt Djurvakin dort unten in seiner Höhle? Mit Stensen? Mit Nektorijan?

Sie rief. Leise. Kaum vernehmbar. Lauter.

Sie brüllte.

»Hilfe! Ich stecke im Lift!«

Nichts. Sie tastete die Tür ab. Während sie rief, versuchte sie, sie aufzuschieben. Nichts. Sie tastete die Decke ab, um eine Luke zu finden. Nichts. Sie dachte daran, dass die beiden fünftausend Dollar teuren Jacobus-Stainer-Geigen mit den Gebirgen aus Schutt und Müll und dem Fahrstuhl, in dem sie steckte, in die Luft fliegen würden.

Sie spielen mit *uns*. Es ist eine Partie mit aufgebauten Positionen – die Bomben im Eis, die zum Schachmatt gezogen werden, das stillgelegte Kulturhaus, die so offensichtlich angebrachten Sprenglöcher, die rechtzeitig abgezogenen Soldaten, der deutsch sprechende Verräter, die in Stellung gebrachten Kisten.

Sie sah die im Eiltempo verstreichenden Sekunden als eine Schlange von Wagen mit Kisten darauf. Einundzwanzig – einer fuhr ab. Zweiundzwanzig – der nächste verschwand. Dreiundzwanzig – wieder einer.

Sie sah auf den letzten der Wagen. Die Fahrer standen daneben und drückten ihre Zigaretten aus. Bald waren sie an der Reihe.

Wir sind Teil der Partie, unsere Flucht ist ein Damenopfer, das den Angriff einleitet. Warum? War es nur so möglich gewesen, sie davon abzuhalten, bei Puntas Angriff etwas zu unternehmen? Ist es ein Spiel Stensens, der einzig die Falle liebt, in die wir mit Begeisterung laufen?

Ich nehme mir die drei Sekunden, um zu atmen und zu denken. Sie atmete durch. Ein tiefer Zug. Noch einer. Wie standen ihre Chancen? Noch war nichts verloren. Sie rief und schlug so laut es ging gegen die Türen. Rufen und Schlagen.

Auf der Hälfte der Treppe erlosch das Licht. »Das Haus wird zur Sprengung präpariert«, keuchte Ash.

Sie tasteten sich nach unten und dort durch die schwarze Vorhalle in den äußeren Eingangsbereich.

»Wir legen jetzt fest, wer wo hineinkriecht. Zuerst Maria und Carl«, ordnete er an.

»Ja«, kamen zwei leise Antworten.

»Ich bringe euch raus und setze euch in die erste Kiste. Kommt.«

Dichter Schnee fiel, es war stockdunkle Nacht. Auch die beiden Scheinwerfer vor dem Haus waren erloschen. Sie schlichen an den Wagen, der Deckel der ersten Kiste lag locker auf. Ash schob ihn beiseite, während er hineinsah, fiel der Schnee weich und leise hinein. Es roch nach Metall und Öl.

»Schnell.«

Die beiden sprangen an den Rand der Kiste, die hoch war wie sie selbst, zogen sich hinein und waren verschwunden.

»Was ist drin?«, fragte Ash.

»Metallkisten und jede Menge Planen und Decken. Und wir.«

Ash schob den Deckel zurück und klemmte ihn ein, dann lief er zurück.

»Bob?«

»Ja?«

»Sie gehen in die zweite Kiste, Miss Schneider in die dritte und ich in die letzte – Miss Schneider ?« Schweigen.

»Michelle Schneider?« Keine Antwort.

»Ich dachte, sie wäre mit den Kindern nach draußen gelaufen. Hier war sie nicht«, sagte Arvin verwirrt.

»Bob, Sie steigen jetzt sofort in die zweite Kiste. Egal, was passiert. Die Kinder sind so gut wie auf dem Weg. Ich komme in wenigen Sekunden, ob mit oder ohne Miss Schneider. Wir haben noch zwei Minuten bis zur Abfahrt. Das ist viel Zeit. Wir sehen uns.«

Ash stürzte nach oben in die Nacht des Treppenhauses, die nach Schutt roch, nach modrigen Räumen und nach Urin.

Wo ist sie? Was ist passiert? Sie musste mit Gewalt aufgehalten worden sein. Durch irgendetwas oder irgendwen. Ihm wurde brennend heiß unter der Haut. Hatte nicht

Stensen angekündigt, sie besuchen zu wollen? Worüber hatte er gelacht, als Nektorijan mit ihm geflüstert hatte? Wie hatte er glauben können, dass sie Nektorijan vertrauen konnten?

Ash kam sich abenteuerlich naiv vor, während er weiter, zwei Stufen auf einmal nehmend, die Treppe nach oben stürmte. Es war so sonnenklar. Die Tschadirs hatten es zu ihrer Spezialität gemacht, mit Hoffnung zu foltern. Nicht das Haus war die Falle – vielleicht das auch, aber nicht die, die ihnen den Spaß bereitete – die Kisten waren es. Sie verpackten sich selbst zur weiteren Verarbeitung. Er hätte besser Punta, dem armen Schwein, bei seinem Kampf ohne Chance helfen sollen und im Getümmel untergehen, als jetzt für Stensen eine Spielfigur abzugeben. Er rannte weiter. Noch drei Absätze. Von Michelle war nichts zu hören.

Zwei Minuten gaben Arvin Zeit genug, er kannte den Weg. Er wusste, wo lag, was er suchte. Er tastete sich zur breiten Treppe in die Tiefe, seinen Computer in einer schwarzen Tasche eng an sich gepresst. Er brauchte die Daten, wie er auch das Videoband aus der Pyramide brauchte. Und er musste noch etwas finden.

Im Garderobensaal glommen zwei Notbeleuchtungen grün vor sich hin. Er stürmte hindurch in die Bar. Ebenfalls ein glimmendes Schild. *Vor seiner Sprengung besteht der Bau nur noch aus Notausgängen.* Suchend blickte er umher. Flügel? Bar? Die Sessel. Dort mussten sie sein. Er packte die beiden Geigen und stürmte zurück. Zurück durch den Saal der Garderoben. Über eine der Theken lag ein Arm.

Es riss ihn wie mit einem Schlag vor die Brust zurück. Er lief an der Theke vorbei, um im Laufen einen Blick dahinter zu wagen. Was er sah, warf ihn zurück in den Lauf. Er stolperte, ihm war schlecht. Die Vorstellung, sich in der Kiste zu übergeben und es dann vierzig Stunden darin aushalten zu müssen, holte ihn ins Leben zurück. Dahinter lagen sie. Alle Angreifer aus dem großen Saal. Erschossen und zum künftigen Abraum gelegt. Er rannte hinaus in den Schnee. Vor ihm tauchte die Kontur des Wagens auf. Im Vorbeilaufen klopfte er an die letzten Kisten. Waren Ash und Michelle schon darin? Es kam keine Antwort.

Er öffnete den Deckel seiner Kiste und legte die beiden Geigen und den Computer hinein. *Vierzig Stunden Zeit, um mich auf die Gesichter von Maria und Michelle zu freuen, wenn sie die Geigen sehen.* Schließlich hatte er sie überredet, sie in der Bar stehen zu lassen. Er wickelte sich in die Decken und sah auf die Leuchtziffern seiner Uhr. Es war soweit. Auf die Sekunde genau setzte sich der Wagen vollkommen geräuschlos im wirbelnden Schnee in Bewegung.

Ash hörte etwas. War das ein Rufen? Hämmerte irgendwo jemand an eine Tür? *Der Fahrstuhl!* Der Strom war abgestellt. Sie steckte im Fahrstuhl. Sie saß in dem Schacht. Er versuchte sich zu erinnern. Hatte es im Fahrstuhl Knöpfe für weitere Zwischenetagen gegeben? Ja, drei oder vier. Sie mussten auf den Treppenabsätzen sein. Es hörte sich an, als ob es unter ihm war. Die Arme weit vor sich ausgestreckt, tastete er sich wieder hinunter. Jetzt war es deutlich. Sie schlug mit beiden Händen an die Türen. Es war lauter geworden.

»Ms. Schneider«, rief er mit gedämpfter Stimme.

»Hier drin.«

»Sehen Sie sich um. Es muss eine Klappe im Dach der Kabine geben«, rief Ash ihr zu.

»Es gibt keine Klappe.« Ihre Stimme war gefasst und leise.

»Die Russen sind Stromausfälle gewohnt. Es muss etwas geben. Suchen Sie, tasten Sie an den Wänden herum. Vielleicht eine Kurbel.« Schweigen.

»Es gibt eine Kurbel. Ich drehe sie. Es scheint abwärts zu gehen.«

»Ich werde eine Tür tiefer sein. Kurbeln Sie, was Sie können. Legen Sie Ihre ganze Wut auf Stensen hinein. Mit Ihrer Wut schaffen Sie es.«

Sie hatten keine Chance mehr, es zu schaffen. Sie hatten noch eine Minute bis zur Abfahrt. Ash rannte hinunter. Er schlug an die nächste Fahrstuhltür. Ihr Rufen klang nah und erschöpft.

»Ich kurbel, wie ich noch nie in meinem Leben an etwas gekurbelt habe«, ächzte sie, »er senkt sich weiter.«

Vor Ash in der Wand gab es ein klackendes Geräusch, ein Schnappen, das Einrasten eines Federmechanismus. Die Doppeltür zog sich quietschend auf.

»Es lebe die russische Technik«, murmelte Ash. Er packte Michelles Hand und zog sie die Treppe hinunter. »Sie sind und bleiben eine mit Prioritätsentscheidungen überforderte Gouvernante«, zischte er sie an.

»Mit einem, der für eine Gouvernante die Welt opfert, will keine Gouvernante etwas zu tun haben, Kenelly. Nie mehr! Verlassen Sie sich darauf.«

Sie fielen gegen eine Säule, taumelten in den Schnee und tasteten die Schneewirbel vor dem Eingang nach den Konturen des Wagens ab. Nichts. Der Wagen war verschwunden.

»Keine Pause«, keuchte Ash, »sie können nicht weit sein.« Sie rannten los, nebeneinander, so dass sie sich durch die Schneewände wie ihre Schatten wahrnahmen.

»Sie müssen diese Seite talabwärts, unten über die Brücke auf die andere Seite und dann wieder talaufwärts bis zu dem Hangar unterhalb des Quergebäudes fahren«, mutmaßte Ash in Erinnerung an Carls Beschreibung. »Wir holen sie ein.«

»Das schaffen wir nie. Sie sind so viel schneller«, widersprach Michelle. »Wir kürzen ab, durch den Fluss, vorn unterhalb des Gebäudes.«

Sie rannten weiter durch den fallenden Schnee, durch den düsteren Straßentunnel unter dem Querbau, in dessen Dämmerlicht sie für einige Meter Sicht hatten. Es waren keine Rücklichter zu sehen. Weiter voran stießen sie wieder in den Schnee. Sie bogen nach rechts ab, kletterten über Schienen, tappten durch tiefen Schnee über hohl einbrechendem Eis und standen schließlich am Eisrand des Flusses. Ohne die geringste Sekunde zu zögern, stürzte Michelle hinein. »Er ist vielleicht verseucht, aber dafür warm«, stellte sie fest.

Schnell wurde es tiefer. Sie mussten sich gegen eine wachsende Strömung stemmen und versanken dabei bis zur Brust im Wasser. »Es sind nur zehn Meter«, rief Ash.

»Ich habe einen Draht gepackt, der vom anderen Ufer hereinhängt. Halten Sie sich an mir fest«, keuchte Michelle. Sie zogen sich das Ufer hoch, über knirschenden Schnee ging es weiter in Richtung der rechtsseitigen Talstraße.

»Warum wurden die Soldaten vor dem Haus abgezogen?«, fragte Michelle außer Atem.

»Weiterbewegen«, rief Ash. Sie stießen auf die Straße. Sie bewegten sich schwer und schlapp wie abgerissene Wasserpflanzen und ohne Atem zu holen nach links. Talabwärts.

Ashs Herz hatte begonnen, ihn von innen her aufzufressen. Mit ätzender Flüssigkeit machte es sich über seine Lungen her, über seine Luftröhre, seinen Rachen. Die vollgesogene Kleidung wurde mauerschwer und fror zusehends bretthart zusammen.

Vor ihnen leuchtete der Schnee weiß auf. Sie sprangen an die Seite, um sich hinter den Wänden fallenden Schnees zu verstecken. Eine Zugmaschine passierte sie, daran der Wagen mit den Kisten. Kaum war die Zugmaschine vorbei, stürzten sie auf den Wagen zu. Ash sprang auf die Plattform. Er reichte Michelle die Hand, die nebenherrannte. Ein Griff. Er hielt. Im gleichen Moment, als er sie hochzog, geriet sie ins Stolpern, hing dann kurz in der Luft und flog mit einem Schwung auf den Wagen.

»Wir haben nicht eine Sekunde«, stieß Ash hervor. Sie krochen zur dritten Kiste, lockerten den Deckel und Michelle ließ sich hineinfallen.

»Sie müssen sich nackt ausziehen, die nassen Sachen so tief wie möglich nach unten vergraben und sich in die Decken wickeln, sonst kühlen Sie aus«, rief Ash ihr zu, bevor er den Deckel schloss.

Ich wette darauf, dass mit ihr die Schwierigkeiten in die Antarktis zurückkehren.

Er landete in der vierten Kiste auf Stapeln von Decken. An einem Bolzen schob er den Deckel über sich zu, zog sich aus und wickelte sich in die Decken ein.

Der Wagen hielt und Rufe ertönten. Ash blinzelte durch einen winzigen Spalt vor seinen Augen.

Die Kiste bewegte sich, ein Gabelstapler hob sie auf. Ash schwebte über dem Kopf des Fahrers, durch eine weite Halle, in der emsige Geschäftigkeit herrschte. Mit einem Schwenk des Staplers sah er das Ziel. *Großer Gott, es ist ein Schiff.* Die sich über ihm wölbende weiße Wand fand nach oben kein Ende.

Ein Flugzeug ohne Tragflächen, hoch wie ein Jumbo und doppelt so lang. Bevor sie noch in eine Frachthalle in seinem Inneren geschoben wurden, konnte Ash auf einer Plane, unter der etwas auf einer großen Palette verborgen war, eine Aufschrift in kyrillischen Zeichen erkennen. *Wie hatte Tschadir den Vogel genannt? Archangel? Das musste das Wort auf der Plane gewesen sein.*

Eine Explosion erschütterte den Boden. Ein kurzer trockener Stoß, der Metall draußen klirren ließ und Geschrei hervorrief. Unruhe breitete sich aus.

Eine, vielleicht zwei Stunden später, rollte das Monstrum, in dessen Bauch sie sich in ihren Behausungen aus

Holz befanden, rückwärts in den Fels hinter dem Tor. Dann begann es unter aufheulenden Triebwerken nach vorn zu rasen, wurde schneller und schneller, erhöhte den Schub und hob noch tief im Felsen von seiner Bahn ab, um in einer Höhe von knapp einem Meter durch den vollkommen leer geräumten Hangartunnel zu fliegen.

Noch während des Fluges im Felsen schlief Ash in der lärmenden Dunkelheit ein.

Nachdem sie wie ein wütender Schwan aus der Felsöffnung in den Schneesturm geschossen war, fuhr die *Archangel* Flügelstummel aus. Dicht über der Oberfläche des Flusses stürmte sie mit dem rollenden Donner eines Drachentöters davon.

Archangel

111

Archangel; Mittwoch, 3. Februar

Dämmerlicht aus einer Reihe von Deckenlampen erhellte den Raum, in dem sie seit fünfzehn Stunden inmitten einiger mit grünen Planen verhüllten Kisten saßen. Es gab keine Fenster, durch die sie hätten erkennen können, wo sie sich befanden.

»Ich habe mir immer Hitze gewünscht.« Michelle stöhnte. Sie hatte sich aus Decken ein Polster zurechtgelegt, auf dem sie an einer Kiste lehnte. Sie alle trugen nicht mehr als ihre Unterhemden über den Hosen. »Wir sind auf einem Schiff irgendwo im südlichen Pazifik«, sagte Ash. Der Schweiß lief ihm den Rücken herunter.

Seit Stunden hörten sie das Donnern von Wellen im Lärm der Motoren, sie fühlten den unruhigen, harten Flug. Seit sie aus ihren Kisten gestiegen waren, umgab sie das Geräusch einer Gischt.

»In einem Flugzeug wäre es kalt«, bemerkte Ash. »Wir wären in einem Frachtraum in zehntausend Metern Höhe. Dieses Ding ist etwas anderes.«

»Was werden wir tun?«, fragte Arvin.

»Wir sollten uns zunächst klar darüber werden, in welcher Lage wir uns wirklich befinden«, sagte Ash. »Ich bin überzeugt, sie ist anders, als es scheint.« Die anderen sahen ihn fragend an.

»Ich frage mich zum Beispiel«, er nahm den Zipfel einer der Decken und wischte sich den Schweiß aus dem Gesicht, »mit welchem Argument Nektorijan Stensen von seiner Idee abgebracht hat, uns in das Quartier zu begleiten. Und ich frage mich weiter, ob Nektorijan wirklich unser Freund ist und warum er es sein sollte.«

Maria saß auf einer Kiste über Carl. »Carl?«

Er war damit beschäftigt, den Inhalt seiner Taschen zu durchsuchen. »Ja.«

»Meinst du, dass wir hier heil rauskommen?«

»Ich weiß nicht. Ich suche gerade meinen Wal. Ich habe ihn das letzte Mal in der Hand gehabt, als ich in Sibirien in die Kiste geklettert bin.«

»Willst du ein Gelübde ablegen?«, fragte Maria.

»Ein *was?*«

»Ein Gelübde. Etwas, was du tun willst, wenn wir hier heil rauskommen, damit wir heil rauskommen«, erklärte ihm seine Schwester.

»Wenn du eins hast, lass ich mir auch eins einfallen«, versprach Carl großzügig.

»Wenn wir heil rauskommen, hänge ich die Musik an den Nagel.«

»Das gilt nicht.« Carl hatte inmitten zerknäuelter Papiertaschentücher seinen Wal wiedergefunden. »Es geht nur so etwas wie ›Ich will dann nichts mehr von Männern wissen‹ oder ›Ich will mein Leben der Musik widmen‹, aber nicht einfach, ›dann will ich keine Hausaufgaben mehr machen‹. Also. Was hast du zu bieten?«, fragte er.

»Gut. Wenn ich hier heil herauskomme, will ich mein Leben der Musik widmen.«

»Das gilt auch nicht. Du kannst nicht zuerst anbieten, sie an den Nagel zu hängen, und dann, wenn ich dich anpuste, ihr dein Leben zu widmen. Das ist gelogen. Du glaubst nicht die Bohne daran, dass wir hier heil rauskommen.«

»Ich weiß nicht. Aber ich will es«, sagte Maria hartnäckig.

»Ich mache dir einen Vorschlag. Einverstanden?«

»Gut.« Maria war erleichtert. Sie hatte sich nicht vorgestellt, welch strenge Regeln für ein Gelübde galten.

»Wenn du heil herauskommst, wirst du den ersten Sohn, den du irgendwann haben wirst, Carl nennen. Ist das gut?«

»Einverstanden. Und du deine Tochter Maria.«

»Nein.« Seine Hand umschloss den hölzernen Wal. »Ich will, sobald ich meine erste Million verdient habe, einen Wal freikaufen.«

»Du willst *was*?«

»Einen Wal aus einem Zoo kaufen und ins Meer entlassen. Vielleicht einen jungen Wal.« Er lehnte sich an die Kiste, auf der Maria saß, und schloss die Augen.

Maria setzte ihre Kopfhörer auf. Sie trieb mit den Walen im grenzenlosen Raum ihrer Klänge.

»Dass Stensen uns in das Quartier bringen wollte, zeigt, dass er seine Pläne geändert hatte. Die Sprengung war nicht mehr angesagt. Er wollte irgendein anderes Spiel mit uns spielen – quasi als Geburtstagsvergnügen. Wie kann Nektorijan ihn davon abgebracht haben? Er muss ein anderes, ein viel besseres Spielchen vorgeschlagen haben. Aber welches?«

Michelle beugte sich vor und stützte ihre Arme auf die Knie.

»Was sollte ihn dazu bewegen, uns helfen zu wollen?«, fragte sie. »Eine alte Rechnung mit Stensen vielleicht? Aber wozu hätte er uns dabei gebraucht?«

»Ist euch aufgefallen, dass es hier keine Fenster gibt?« Ash hörte sich versteinert an. Plötzlich schien er heiser geworden zu sein.

»Kein Frachtraum in einem Frachtflieger hat Fenster«, sagte Arvin.

»Warum ist es dann hell? Ich kann mich nicht erinnern, dass einer von uns Licht eingeschaltet hätte.«

Schweigen. Michelle blickte zur Tür, die zum nächsten Frachtabschnitt führte und von der sie vor vielen Stunden festgestellt hatten, dass sie verschlossen war.

»Eine Kamera.« Schweigen.

»Sie überwachen uns«, sagte Ash. »Das viel bessere Vergnügen für Stensen steht bevor.«

»Was hätte Nektorijan davon? Was ist wirklich seine Absicht?« Michelle verstand nichts mehr. Was vor der Flucht einfach ausgesehen hatte, schien sich in einem Netz zwielichtiger Motive zu verfangen.

»Er hat alles, von Beginn an, einzig und allein für Stensen inszeniert, weil er weiß, dass ihm blutige Spiele der Täuschung und Enttäuschung gefallen. Stensen ist ein Psychopath. Jeder in seiner Umgebung weiß, womit man ihm zum Geburtstag eine Freude macht.« *Ich löse mich in Schweiß auf*, dachte Ash, *es ist diese dreckige, psychopathische, lärmende Hitze*. Er gab Michelle einen Wink mit den Augenbrauen, die Diskussion zu beenden. Wenn es den Rest einer Chance gab, dass Nektorijan ein Verbündeter war, sollten sie alles unterlassen, was Stensen an ihm zweifeln lassen könnte. Eins war jetzt wichtiger als alles andere.

Ash gab Michelle ein Signal, in den toten Winkel einer Kiste zu rutschen. Nachdem sie verschwunden war, rückte er nach. Er brachte seinen Mund nah an ihr Ohr und flüsterte, dass man es unmöglich in dem Lärm der Motoren hören konnte: »Wir müssen uns eine Waffe beschaffen. Suchen Sie. Wir sind die Einzigen, von denen man sich nicht wundern wird, wenn sie eine Stunde aus dem Blickfeld verschwinden. In zwanzig Minuten sollten Sie zu stöhnen beginnen.« Ihr Gesicht glühte. Ihr Unterhemd war schweißdurchtränkt.

Ash begann unter den Planen nach etwas Brauchbarem zu tasten. Das Einzige, was sie finden konnten, waren eine Signalrakete, ein Schraubenzieher und eine Feile.

Sie lehnten aneinander, Rücken an Rücken, und wechselten sich darin ab, die Kante des Schraubenziehers messerscharf zu feilen, dabei stöhnten sie so laut, dass ein Überwachungsmikrofon es sogar durch den Lärm der Motoren wahrnehmen würde.

»Was sollen die Kinder denken?«, flüsterte Michelle.

»Wenn wir den Psychopathen überleben, werden Sie Zeit genug haben, es ihnen zu erklären. Wenn nicht, sterben Sie in dem Ruf, jede Gelegeneit zu nutzen, um auf Ihre Kosten zu kommen.«

»Armleuchter«, sagte Michelle.

Sie versteckten den Schraubenzieher und kehrten zurück. Die anderen sahen sie mit kalter Entgeisterung an.

»Ich habe Hunger«, sagte Carl.

»Es gibt etwas zu essen«, sagte Stensen.

112

Sie fanden sich an einem langen, mit Plastik beschichteten Aluminiumtisch in einer fensterlosen Kantine wieder, in der eine Atmosphäre tückischen Schweigens herrschte. Auf dem Tisch stand eine große Schüssel Erbsensuppe mit Speckstücken. Gierig griffen sie zu. Sie füllten die bereitstehenden Näpfe und schlangen die Suppe in sich hinein. Aus einer fest installierten Thermoskanne gab es dazu süßen Tee in großen Gläsern.

Nektorijan machte nicht den Eindruck, als wollte er irgendetwas erklären, und Ash machte keine Anstalten, ihn anzusprechen. Nektorijan stand auf. »Ich werde euch die *Archangel* zeigen.« Er lächelte den Kindern aufmunternd zu.

Carl sah Ash fragend an, der nickte. Nachdem die Stricke gelöst waren, die sie an die Aluminiumstützen unter dem Tisch gefesselt hatten, zogen Nektorijan und einer der beiden Wächter mit den Kindern davon. Im Hinausgehen blickte er Ash an. *Hat er mir, kaum sichtbar, mit dem rechten Augenlid zugeblinzelt?,* fragte sich Ash, als die drei außer Sichtweite waren. Welche Botschaft hätte das sein können?

Stensen goss sich Tee ein. »Wir werden nach der Landung ein großes Spiel organisieren. *Schach.* Ich werde gegen ihn spielen.« Er deutete mit dem Kopf auf Ash. Unter seiner Jacke holte er ein Messer vor, das so schmal war wie ein Stilett. »Dabei wird es eine große Erleichterung der Regeln geben. Sie haben vier zusätzliche Chancen, Fehler zu machen.« Er hob die linke Hand und knickte einen Finger nach dem anderen ein.

»Eins.« Er deutete mit dem Kopf auf Arvin und knickte den kleinen Finger ab. »Er geht an Ihrem ersten Fehler zugrunde. Zwei.« Er deutete auf Michelle, der Ringfinger wurde eingeknickt. Sie spürte, wie ihr Medaillon in ihren Halsansatz brannte.

»Drei und vier.« Er nickte in Richtung der Tür.

»Ihre Freunde werden alle dabei zusehen, wie Sie für sie kämpfen. Und Sie werden zusehen, was passiert, wenn Sie einen Fehler gemacht haben. Nummer fünf, der Daumen, ist dann Ihre letzte Chance. Wenn Sie keine Fehler mehr machen, müssen Sie gewinnen. Das versteht sich von selbst. Wenn Sie verlieren, ist es der fünfte Fehler. Wenn Sie gewinnen«, er lächelte freundlich, »sind Sie frei und alle mit Ihnen, die Sie nicht durch Ihre Fehler umgebracht haben.«

»*Ich* werde spielen«, sagte Michelle.

»Oh. Nicht der König, sondern die Dame? Gut. Besser sogar. Dann habe ich länger Freude an Ihnen. Er bürgt dafür für Ihren Fehler Nummer zwei.« Stensen freute sich unbändig. »Es wird ein Fest. Ich spüre die Vorfreude.«

Nektorijan ging über verschiedene Gänge voran, eine Wendeltreppe hoch, an deren Ende er eine Tür öffnete. Vor ihnen öffnete sich die Sicht durch ein raumhohes gebogenes Fenster auf einen endlosen, in der Sonne glitzernden Pazifik, der auf sie zustürzte. Sie schwebten dicht darüber, als säßen sie auf dem Rücken eines Albatros und segelten mit ihm die Täler und Berge der Wellen entlang. Nektorijan schien Carls Gedanken gelesen zu haben. »Die *Archangel* fliegt wie der Albatros über das Meer. Er legt Tausende von Kilometern zurück, ohne viel Energie zu verbrauchen, weil er auf der Luftschicht treibt, die seine Bewegung dicht über der Meeresoberfläche erzeugt.«

Eine Gruppe von Seiwalen tauchte westlich von ihnen aus dem Meer.

Maxim Djurvakin betrat die Kantine.

»Warum nehmen Sie den ganzen Aufwand auf sich«, fragte Arvin. »Sie haben mir die Frage nicht beantwortet, wie es sein kann, dass die winzigen Eismassen, die Sie absprengen wollen, das gigantische Drehmoment in der Erde erzeugen, das den Pol zur Verschiebung bringt.«

Djurvakin lächelte ihn milde an. »Sie sind nicht auf der Höhe der Erkenntnis, Professor Arvin. Die Masse des antarktischen Eises steht trotz ihrer drei Trilliarden Tonnen in keinem Verhältnis zu der Kraft, die notwendig ist, die Kruste der Erde zu verschieben. Richtig. Das ist hier genau so wenig der Fall wie bei der Kraft des Fingers am Abzug eines Gewehrs, dessen Schuss ein galoppierendes Nashorn bremst. Das Eis ist ein Trigger.« Djurvakin setzte sich an den Tisch. Sein Gesicht war nah an Arvins Gesicht. »Ich war der Ansicht, Ihnen das Innere der Erde ausreichend gezeigt zu haben. In ihrem Innern rotiert ein Eisenplanet mit hoher Geschwindigkeit in einer Atmosphäre flüssigen Eisens von West nach Ost. Er rotiert um eine Achse, die im Norden irgendwo am Horn Afrikas und im Süden im Pazifik bei Kiribati die Erdoberfläche durchstoßen würde. Tief unterhalb der Antarktis laufen die Ströme flüssigen Eisens, in denen er sich bewegt, durch eine Verengung. Mit der Reibung an dieser Stelle reagiert die Drehung des inneren Eisenplaneten extrem sensibel auf von oben hereindrückende Massen. Die Drehgeschwindigkeit des Eisenkerns bremst sich ab, die Erhaltung des Drehimpulses lässt die Scherkräfte in den anderen Schichten steigen, an der schwächsten Stelle reißt eine Schicht von ihrer Nachbarschicht ab. Für Bruchteile eines geologischen Momentes wird die Rotationsenergie im Innern um einen bestimmten Winkel an die siebente Schale weitergegeben, die sich unter der äußersten Kruste der Erde verschiebt. Die Achse der Drehung des Gesamtplaneten tritt an zwei neuen Orten aus der kontinentalen Kruste, die Pole haben einen neuen Platz, der innere Eisenplanet nimmt mit der Zeit seine alte Rotationsgeschwindigkeit wieder auf. Lange vor unserer Zeit hat seine Abbremsung begonnen. Wir werden sie vorzeitig beenden.« In Djurvakins Rede war eine gewisse Müdigkeit zu spüren. Er fuhr fort: »Wir ergreifen die Chance, die kommende Katastrophe abzumildern.«

Arvin konnte und wollte nicht akzeptieren, was ihm da aufgetischt wurde. »Sie haben an der Oberfläche eines komplexen Systems von Zusammenhängen herumgekratzt und einen Hauch von Verständnis gewonnen. Nicht mehr. Die Bewegungen im Innern der Erde sind von so extrem komplexen Zusammenhängen gesteuert, dass sie um Größenordnungen weniger vorhersagbar sind als das Wetter. Eis, verehrter Maxim Iljitsch, ist nur ein Parameter unter Tausenden. Sie wissen, dass daneben die Bewegungen des astronomischen Kreisels ›Erde‹ wirken, die den Milankovic-Zyklus ausmachen, die Zyklen der verschiedenen Achsenpendelbewegungen, das Taumeln der Achse, die Präzession, das Schwanken des Achsenwinkels selbst, die

Veränderungen der minimalen und maximalen Abstände der Erde von der Sonne, ganz zu schweigen von irregulären Taumelbewegungen wie dem ›Chandler Wobble‹, die die Spuren lange zurückliegender Kollisionen der Erde mit großen Kometen sind. Die fließenden Eisenströme im Innern der Erde erzeugen elektrische Ströme und Magnetfelder gigantischer Stärke, diese reagieren mit den Feldern der Sonne – ich spreche nicht von Reaktionen in der Atmosphäre, sondern im Innern der Erde –, schwankende magnetische Kopplungskräfte zwischen den verschiedenen Schichten sind die Folge, die möglicherweise mit dem Zyklus der Sonnenflecken variieren.

Sie stochern mit einer Stange in einem Keller mit scharfen Minen herum. Sie haben keine Chance, etwas gezielt zu bewegen.«

Djurvakin war ruhig geblieben. Stensen löffelte einen Teller Suppe. Teilnahmslos schmatzte er vor sich hin. Er langweilte sich sichtlich. Ash und Arvin vermieden es, einen Blick auszutauschen.

Die Kinder saßen im Kontrollraum auf der Brücke. Jenseits der Glaswand lag nichts als das Meer vor ihnen, weit und breit keine Insel und kein Schiff. Es war taghell, Schwärme exotischer Vögel stoben seitwärts auf. Irgendwann schob sich eine Wolke mattgrauen Dampfes in Flugrichtung aus der *Archangel* und verdeckte die Sicht nach vorn mit Nebelbänken, die auf ihrer rasenden Reise mitflogen. Die Innenseite der Scheibe wurde milchig, Bilder wurden darauf projiziert. Auf einem der Bilder sahen sie die *Archangel* selbst aus großer Höhe als silbrige Wolke über ein glitzerndes Meer jagen. Von der eigentlichen Maschine war nichts zu sehen, die Wolke hatte die vierfache Größe angenommen. Auf einem anderen Bild hatte man klare Sicht nach vorn und fraß das Meer in atemberaubender Geschwindigkeit in sich hinein.

»Was ist das?«, fragte Carl.

»Wir haben zwei fliegende Kameras, mit deren Hilfe wir unseren Weg finden. Die Wolke macht uns unsichtbar für Radar. Es gibt weiter vorn Schiffe und bewohnte Inseln, denen wir ausweichen müssen.«

Auf der Brücke setzte konzentrierte Betriebsamkeit ein. Allmählich entwickelte sich ein Geräusch, als würde ein Zug durch die Maschine fahren, es gab Erschütterungen, ein seltsames Vibrieren griff um sich und erfasste alles an Bord. Der Druck stieg an, die Geschwindigkeit schien anzusteigen, der gigantische Körper der Maschine stieg nach oben. Carl und Maria wurden in ihre Sessel gepresst. Auf einem Monitor, der direkt vor einem der drei Piloten angebracht war, sahen sie, dass die *Archangel* ihre Flügel weiter ausfuhr. Sie durchbrachen oben den Dunst über dem Meer. Für eine Stunde setzten sie den Flug in mehreren Kilometern Höhe fort. Über die Bildschirme, von den fliegenden Kameras festgehalten, zog eine Regatta weiß glänzender Segelboote von Horizont zu Horizont.

Schließlich war das Meer wieder leer und weit. Sie setzten zu einem rasenden Flug nach unten an, um dort, umgeben von Vögeln und fliegenden Fischen, die flach neben ihnen im Sonnenlicht glitzerten, die Reise fortzusetzen.

Die *Archangel* änderte Kurs und Beschleunigung. Ash musste sich an seinem Stuhl festhalten, weil sich der Boden schräg hoch stellte. Djurvakin hatte ein weißes Handtuch von der Wand genommen. »Sie haben gesagt, Professor, das die inneren Bewegungen der Erde weniger vorhersagbar sind als das Wetter. Vielleicht helfen Sie mir, etwas zu verstehen, das beweist, das dem nicht so ist. Es gibt eine Vorhersage. Und wo es zutreffende Prognosen gibt, existieren Abhilfemaßnahmen.« Triumphierend sah Djurvakin die Gefangenen an. *Jetzt kommt es,* dachte Arvin, *er weiß, was wir gefunden haben – woher auch immer.*

Djurvakin setzte seine Rede fort: »Sie haben die Pyramiden in Giza schließlich besser erforscht als ich. Ist Ihnen nicht aufgefallen, dass es zwei große Pfeile auf der Erde gibt?«

»Pfeile?«, fragte Arvin. *Worauf, zum Teufel, will er hinaus?*

»Marker. Angeordnet wie Rösselsprünge. Wie die Gürtelsterne des Orion.«

Er nahm das Handtuch und setzte mit einem roten Stift drei Punkte darauf.

Arvin, Ash und Michelle sahen sich an. Keiner verstand ein Wort.

»Die Anordnung der beiden großen Pyramidenanlagen auf der Erde ist identisch: Mondpyramide, Sonnenpyramide und Quetzalcoatltempel in Teotihuacan, nicht weit von Mexico City, und Mycerinus-, Chefren- und Cheopspyramide in Giza.« Djurvakin sah sie an, um sich an ihrer völligen Überraschung zu freuen.

»Die Achsen dieser Anlagen sind älter, viel älter als die Bauwerke, die sie bilden. Wir könnten das Alter dort so wenig an irgendeinem einzelnen Objekt feststellen, wie wir unter dem Broadway auf eine alte Indianerfeder stoßen werden.« Er zeichnete zwei rote Kreise nebeneinander.

»Versteht man die Achsen als *Zeiger* in Richtung des versetzten dritten Bauwerks, deutet die mesoamerikanische Anlage, wie ich in Bath berichtet habe, direkt auf den vergangenen Nordpol vor Povungnituk in der östlichen Hudson Bay. Raten Sie, wohin der gedrehte Zeiger der Pyramidenanlage in Giza mit 45 Grad östlicher Abweichung von Nord – gewissermaßen über den ›langen Weg‹ – zeigt.« Arvin spürte, dass er heiser geworden war. Er wusste es. Er musste es sagen. Er glaubte niemals, was er sagen musste.

»Auf den kommenden Nordpol.«

»Die mexikanische und die ägyptische Pyramidenattraktion beschreiben Großkreise auf der Erdoberfläche, auf denen die vergangenen und die kommenden Pole liegen. Nord und Süd. Teotihuacan zeigt die Pole seiner Entstehungszeit. Giza ist ein Blick in die Zukunft. Die Pyramidengebäude selbst sind nach Norden ausgerichtet, sie zeigen in die Arktis, die Gesamtanlage jedoch weist in die Nähe des sibirischen Baikalsees, in das Stanovik-Gebirge, nach *Astra*. Unnötig zu erwähnen, dass beide, der heutige und der kommende Nordpol, exakt 6700 Kilometer von Giza entfernt sind.

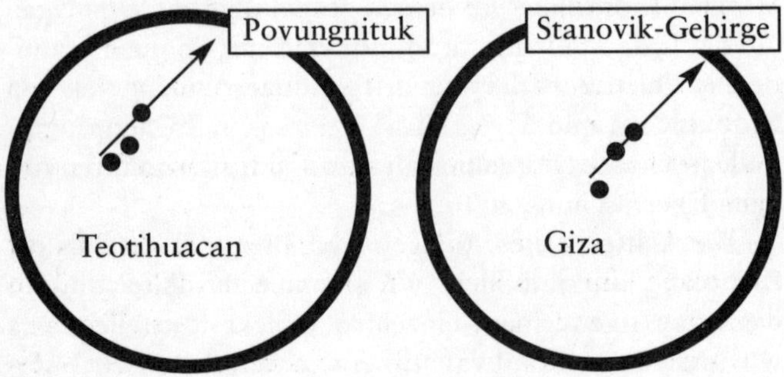

Glauben Sie mir jetzt, dass kein Zufall im Spiel ist? Wer diese Botschaft hinterlassen hat und mit welcher Absicht, interessiert mich nicht. Aber sie macht klar, dass der Ort des nächsten Pols feststeht. Er ist vorhersehbar, wir haben die Gesetzmäßigkeit erkannt, die ihn bewegt.« Djurvakin brachte seinen Gedanken zum Abschluss. »Wenn die Menschheit in Flutwellen, Schwefelsäureregen aus Vulkanen, in Erdbeben und Eis versunken sein wird, wird die Pyramidenanlage in Giza mustergültig nach Norden weisen, während jedes der drei Bauwerke, aus denen sie besteht, auf denselben sinnlosen, wilden Ort im nordwestlichen Meer ausgerichtet ist, der früher einmal den Namen ›Arktis‹ trug. Wenn wir nicht täten, was wir jetzt tun.« Stensen hatte seine Mahlzeit beendet und erhob sich. »Wandernder Pol oder nicht«, mischte er sich ein. »Ich glaube daran, dass wir Flüchtlinge brauchen, um aus *Astra* einen Ballungsraum zu schaffen. Flüchtlinge aus entwickelten Ländern. Der breiteste Angriff an allen Fronten kommt durch ein steigendes Meer. So einfach ist das. Es passt zu dem Ziel, ihnen in sechzehn Jahren einen Platz anzubieten.«

»Sie wollen Sklaven«, entgegnete Michelle.

»Sie wissen gar nichts von mir. Ich freue mich auf unsere Partie, die nach der Landung beginnt. Vielleicht lernen Sie mich kennen.« Stensen verließ den Raum.

Auf einem der Bildschirme sahen Carl und Maria den Globus.

»Das ist mein Fluggebiet«, sagte Nektorijan, »der ganze Planet.«

»Was bedeutet diese Linie?«, fragte Carl. Er deutete auf eine blaue Linie, die sich von Sibirien über den Pazifik in die Antarktis zog.

»Es ist unser Kurs, eine *Orthodrome,* ein großer Kreis um die Erde«, erklärte Nektorijan. »Du erhältst ihn, wenn du von einem Punkt auf der Erde in die Richtung eines anderen zeigst. Sie ist die kürzeste Verbindung zwischen zwei Punkten auf der Kugel.«

»Habt ihr irgendwo auf der Welt, auf einer eurer *Orthodrome,* einen versteckten Stützpunkt?«, erkundigte sich Carl.

Nektorijan sah ihn respektvoll an. »Wie eine Pirateninsel? Es gibt einen Stützpunkt. Vielleicht liegt er in einer Höhle, auf einer Insel, in einem See, in einem Gebirge, vielleicht in einem Ozean, vielleicht im Eis. Nur wenige wissen davon. Er ist der Grund, weshalb ich euch helfen werde.«

»Wirklich?«

»Wirklich.«

»Ist er verrückt?«, fragte Michelle.

Djurvakin zögerte. »Er ist im Handeln so radikal wie ich im Denken.«

»Aber er hat einen Knall«, sagte Michelle angeekelt. »Er ist ein Massenmörder. Sein Handeln läuft auf Quälerei und Mord hinaus.«

»Es ist eklig, mit ihm zu arbeiten«, gestand Djurvakin. »Es ist strapaziös, moralisch ruinös und erfolgreich. Er hat ein Problem.«

»Er *ist das* Problem«, sagte Michelle.

»Er empfindet keine Schmerzen. Seit er in seiner Kindheit bei Quälereien durch seinen Vater einen Schock erlitt, spürt er keine Schmerzen mehr. Vielleicht hofft er, durch das Quälen anderer Menschen eine Erinnerung daran zurückzugewinnen.«

Ash beugte sich quer über den Tisch vor. »Was wollen Sie dort unten noch tun?«, fragte er. »Ist nicht alles längst erledigt? Die Bomben sind in Position gebracht und mit Zeitzünder, eingestellt auf den 4. Februar, versehen. Sie haben die Auswirkungen genauestens berechnet und die betroffene Bevölkerung höflich informiert. Das ist es doch, oder? Was wollen Sie jetzt noch im Eis?«

»Wir werden eine seismische Sprengung, die ein Team der Universität Oslo gerade für die Durchführung am 4. Februar vorbereitet, mit diesem Datensatz programmieren.« Er griff in seine Tasche und klappte ein silbernes Etui auf, in dem eine scheckkartengroße PC-Karte lag. »Wir werden eine Kette von vierhundert seismischen Sprengstellen, die je acht Sprengsätze haben und über eine Distanz von dreihundertzwanzig Kilometer Länge verteilt sind, eine Stunde lang in einer spezifischen Reihenfolge zünden. Die programmierte Reihenfolge ist so aufgebaut, dass die von uns im Eis eingebrachten atomaren Sprengsätze die Intensität der von ihnen registrierten seismischen Sprengungen messen und danach ihre Position und ihre Detonationszeitpunkte ermitteln. Die erste Detonation findet exakt vier Stunden nach der ersten seismischen Sprengung statt. Nur welche der sechs Bomben es ist, wissen wir noch nicht«, verkündete Djurvakin abschließend.

»Und am Ende werden die Norweger für den Blitz einer Sekunde denken, sie hätten mit ihrer Arbeit die Welt zum Einsturz gebracht. Sehr komisch, muss ich sagen«, bemerkte Ash.

»Der Mensch leidet an einer Krankheit, der er sich nicht voll bewusst ist – an seinem Verstand«, sagte Djurvakin. Arvin stöhnte auf. »Wer nichts weiß, lebt glücklich«, fuhr Djurvakin fort. »Wer das, was kommen wird, kennt, lebt unglücklich. Wer das, was kommen wird, kennt und die Mittel hat, es zu beeinflussen, lebt unmoralisch.«

Er entnahm einem Fach unter dem Tisch eine Karte der Antarktis. Er beschwerte sie mit den leeren Näpfen und stellte den großen Topf auf den Boden.

»Hier laufen die Gletscherflüsse A, Whillans, D und E in das Ross-Meer. Wir werden die Ströme abreißen lassen und den Vulkan, der unter ihnen liegt, zünden. Er wird das unter der Meeresoberfläche aufsitzende Eis auftreiben und das Meer wird einbrechen. Das Schelfeis wird von den hereinbrechenden Eisströmen in die Ross-See geschoben.«

»Zwei Millionen Quadratkilometer«, murmelte Arvin erschöpft.

»Den nachfließenden Gletschern sind die Bahnen freigeräumt, sie stürzen kalbend ab, das weiter eindringende Wasser treibt auch sie auf. Die Westantarktis, eine Inselgruppe, die nur vom Eis zusammengehalten wird, bricht auseinander in Inseln. Das Wichtigste: Durch die Prince Olay Mountains und die Princess Alexandra Ranges werden weitere große Eismassen der Ostantarktis abfließen.«

Das Meer hatte sich mit Eis gefüllt. Sie glitten durch Schluchten von Eisblöcken, in Canyons schwimmender Gebirge, durch einen türkis leuchtenden Eisbogen hindurch, geleitet von den Bildern der an der Meeresoberfläche und hoch über ihnen dahinjagenden Kameras. Am Horizont tauchte eine weiße Kante im Licht auf, die Eisklippen des Kontinents. Der Andruck presste die Kinder tiefer in ihre Sitze, sie hörten das Rasseln der Flügel, die ausgefahren wurden. Die *Archangel* gewann an Höhe, stürmte über die Kante, hinter der sich die flache glitzernde Weite der eisbedeckten Antarktis auftat.

»Wir haben den Kontinent über die Prince-Harold Küste im Nordwesten erreicht. Noch sechs Stunden bis zu unserer Landung«, sagte Nektorijan und wandte sich vom Fenster ab.

»Ich werde euch und die anderen jetzt zurück in euren Lagerraum bringen lassen, wo ihr euch noch etwas ausruhen könnt. Wir sehen uns kurz vor der Landung wieder.« Einer seiner Männer nahm die Kinder in Empfang.

Seit einer Stunde waren sie im Lagerraum sich selbst überlassen.

»Womit begann alles, von dem normalen Lauf der Dinge abzuweichen?«, fragte Michelle.

»Die Geigen«, antwortete Ash.

»Ohne die Geigen wären die Kinder und ich nicht dabei gewesen«, gab Michelle ihm müde Recht.

»Ohne die Geigen wären wir nicht bei der Ankunft fotografiert worden und Stensen hätte von unserer Anwesenheit nichts gewusst«, ergänzte Ash.

»Also die Geigen«, sagte Michelle lustlos. »Wenigstens haben sie ihre verdiente Strafe erfahren und sind in Amazar in die Luft gesprengt worden.«

»Unsere Aussichten hier werden ohne sie nicht deutlich besser sein«, warf Arvin ein.

»Bestimmt nicht. Im Museum in Khyakta haben sie uns gerettet.« Maria hasste die Vorstellung, alle Schuld bei den Geigen zu suchen, jetzt, wo sie ohnehin verloren waren.

»Aber im Erebus Club in McMurdo haben sie euch einen Erfolg beschert, mit dem das ganze Desaster erst begonnen hat.« Ash verabscheute sich für diese Bemerkung, aber er verspürte in diesem Augenblick eine Lust am Untergang, der er Rechnung tragen wollte.

»Trotzdem wäre es schön, wenn sie da wären«, ließ Maria sich vernehmen. »Wir könnten spielen und Christine müsste nicht ausrasten, wenn wir ohne sie nach Hause kommen.«

Arvin sprang von der Kiste, auf der er gesessen hatte, kletterte in seine und kam mit den beiden Geigen zurück. Die Frauen gerieten außer sich vor Freude.

Mit dem Instrumentenkoffer in der Hand umarmten sie Arvin stürmisch. Anschließend öffnete Maria den Kasten und entnahm ihm die Geige, um sie sorgfältig zu untersuchen.

»Wie haben Sie das geschafft?«, fragte Michelle begeistert. »Ich habe für die Instrumente mein Leben riskiert – erfolglos.« Sie legte ihren Geigenkasten beiseite.

»Ich habe mich einer Anordnung widersetzt. Wie Sie.« Arvin grinste zufrieden.

Ash zeigte keine Regung. Die Geigen waren ein kleines Erfolgserlebnis, das für die Psychologie der Gruppe wichtig war, trugen aber nichts zur Lösung der Probleme bei, die vor ihnen standen. Und die Zeit lief allmählich ab.

Eine Durchsage über die Lautsprecheranlage der *Archangel* ertönte: »Sie werden in zehn Minuten abgeholt und an Ihre Plätze gebracht.« Wenige Sekunden, nachdem die Meldung verklungen war, stand Stensen mit fünf Begleitern in der Tür zum Frachtraum.

»Sie nehmen jeder einen«, wies er die Männer an, »um die Frau kümmere ich mich.«

Carl, Maria und Arvin landeten blitzschnell in den kräftigen Armen von dreien der Männer. Ash hatte Stensen erwartet. Den Trick, Überraschung durch das Unterlaufen einer Ankündigung zu erzeugen, kannte er bereits. *Er ist wie der Schläger*, dachte Ash, *der kurz bevor er zuschlägt, sagt: »Ich zähle bis ›drei‹.«*

Ash kletterte hinter die Kisten. Wenn es einen Kampf geben musste, warum dann nicht jetzt, wo er die Chance hatte, an seinen präparierten Schraubenzieher zu kommen.

Ein orkanartiger Sturm brach in den Frachtraum ein. Er wirbelte Decken auf, das Holz der Kisten ächzte. Stensens Stimme rief gegen den tobenden Lärm an: »Kommen Sie aus Ihrem Loch, Kenelly, oder ich werfe Ihre Freundin aus der Tür.« Ash hatte den Schraubenzieher in seine rechte Socke und die Signalrakete unter dem Pullover in den Gürtel gesteckt. Er konnte durch einen Spalt sehen, was geschah.

Die Männer mit den Kindern und Arvin hatten sich in den Windschatten verzogen. Stensen hielt Michelle umklammert. Sie standen zwischen zwei Kisten geklemmt inmitten des Sturmes, der nach wie vor durch die weit geöffnete Frachtluke hereintobte.

»Beeilen Sie sich«, rief Stensen, »Ich zähle bis drei.«

Ash wartete nicht einmal bis eins. Als Stensen gerade Michelles Hals küsste, nutzte Ash den Augenblick der Ablenkung, sprang in die Lücke zwischen den Kisten und stach mit dem angeschärften Schraubenzieher zu. Stensen ließ Michelle sofort los, aber sie stürzte. Einer der beiden Männer aus der Mannschaft hielt sich mit einer Hand am Türgriff fest, mit der anderen zog er Michelle in den Windschatten.

Der zweite Mann stürzte hinzu, um Stensen zu Hilfe zu eilen. Ash hatte es geschafft, seine Signalrakete zu ziehen. Die anderen Männer hatten Sprechfunkgeräte hervorgeholt, in die sie hektisch hineinsprachen.

»Sie werden im antarktischen Himmel verglühen, Semjon«, sagte Ash. Bevor er abdrücken konnte, hatte Stensen den Helfer als Schutzschild an sich gezogen.

»Mehr als einen schafft Ihre läppische Rakete nicht«, rief er. Mit unverminderter Geschwindigkeit donnerte keine zwölf Meter unter ihren Füßen die antarktische Eiswüste vorüber. Eiswellen, Sastrugi, betonharte Schneewehen, Risse, tiefe Spalten und hervorstechende winzige Felsspitzen von alpenhohen Gebirgen, die vom Eis verschluckt worden waren. Kälte und Sturm schnitten wie mit Messern in seinen Körper. Wer mochte länger durchhalten? Ash hatte kein Rezept, die Situation aufzulösen. Dennoch war jetzt der Zeitpunkt, Stensen ein für alle Mal auszuschalten.

Stensen war es, der etwas unternehmen musste, er hatte kein Schmerzempfinden. Er wusste, dass er nicht spüren würde, wenn er erfror. Er war gezwungen, so früh wie möglich anzugreifen.

Etwas traf Ash an die rechte Seite des Brustkorbes. Blut spritzte ihm ins Gesicht. Der Mann vor Stensen brach zusammen. Stensen hatte durch ihn hindurchgeschossen. Ash feuerte seine Rakete in die Deckungslücke, die der

Mann im Zusammenfallen gerissen hatte, doch Stensen sprang den Bruchteil einer Sekunde, bevor die Rakete ihn treffen konnte, zur Tür. Die Rakete prallte an die Wand und tobte brennend und zischend in Stensens Rücken. Stensen wurde in den Fahrtsturm gerissen. Er griff nach einem Seil, das über der Tür hing, und hielt sich daran fest.

Die Rakete tanzte und begann zu brennen, bis sie, vom Sturm erfasst, schließlich aus der Tür geschleudert wurde.

Der Rest geschah blitzschnell. Unter Stensens Hand entfaltete sich mit einem Schlag ein schwarzes Zodiac, er konnte seine Hand nicht mehr daraus befreien, bevor der Wind es erfasste, um es wie ein Blatt Papier hinaus auf die Eisfläche zu reißen, die unter ihnen mit fünfhundert Stundenkilometern dahinraste. Auf seinem wirbelnden Sturz riss das Zodiac Stensen mit hinaus in das Eis.

Ash stürzte nach vorn. Er blutete stark. Während er den Toten an die linke Seite der Tür zog, stieß sein Fuß an Stensens Revolver. Er nahm ihn auf und richtete ihn auf die Männer im Hintergrund des Frachtraums. Bevor er die Tür schloss, rief er mit heiserer Stimme: »Noch einer, der aussteigen will? Nein?« Michelle machte sich frei.

»Loslassen. Alle«, rief Ash. Michelle wollte nach seiner Wunde sehen, aber Ash wehrte sich. »Wir haben jetzt keine Zeit. Wir müssen nach vorn und sie festsetzen. Nektorijan. Djurvakin. Alle.« Sie trieben die Männer vor sich her und machten sich auf den Weg nach vorn.

Carl blieb zurück. Auf einer der Kisten in der zweiten Reihe hatte ein winziger roter Punkt seine Aufmerksamkeit erregt. Carl kletterte hinauf. Dort lag ein silbern glänzendes Gerät, an dem eine rote Diode leuchtete. Marias MD-Recorder und ihre Übungsaufnahmen. Er schaltete das Gerät ab und steckte es zusammen mit den Scheiben ein. Seine Schwester war nicht in der Lage, die Übersicht zu behalten.

In der Kommandobrücke stießen sie auf Nektorijan, Djurvakin und drei andere Männer.

»Landen«, brüllte Ash.

»Das tun wir sowieso«, sagte Nektorijan, »beruhigen Sie sich.« Ash richtete den Revolver auf Djurvakin. »Die Programmkarte«, befahl er.

»Ich verstehe Sie nicht«, sagte Djurvakin langsam.

»Los, mach schon. Es gibt zwei Möglichkeiten, die Sprengung zu verhindern. Entweder töte ich Sie, oder Sie geben mir die Karte. Es ist Ihre Entscheidung.« Arvin hielt Djurvakin fest, Ash tastete ihn ab. Ihm war schwindlig. Der Raum begann sich zu drehen, die heranrasende Eisfläche hypnotisierte ihn. Seine rechte Seite brannte wie eine einzige große Wunde unter getrocknetem Blut. Schließlich fand er, was er gesucht hatte.

Er nahm das silbern glänzende Etui in die Hand und klappte es auf. Das Sprengprogramm. Während die Eislandschaft ihnen weiter entgegenfiel, brach Ash zusammen.

113

Sie hatten sich im Kommandoraum eingeschlossen und blickten durch die große Glasscheibe hinaus auf die eisigen Whitmore Mountains, die mit Zwei- und Dreitausendergipfeln vor ihnen aufragten. Über dem Ort, an dem sie gelandet waren, stand die Dämmerung am Himmel, bleich und orangefarben.

Ash lag auf zusammengelegten Jacken auf dem Boden. Michelle hatte seine Wunde mit Verbandsmaterial aus dem Bordlazarett versorgt. Die Kinder saßen neben ihm auf dem Boden, Michelle auf einem der Pilotensessel an seiner Seite.

»Sie haben mir das Leben gerettet«, sagte Michelle leise.

Ash hustete. »Was ist mit mir los?«

»Sie haben einen Streifschuss abbekommen«, erklärte sie, »eine Fleischwunde, die Sie viel Blut gekostet hat.«

Er schloss die Augen. Carl tippte an seine Hand. Er hielt das silberne Etui vor seine Augen. »Es ist aus Ihrer Tasche gefallen. Ist es wichtig?«

»Du solltest mich endlich duzen, Carl. Was sollen wir sonst noch zusammen erleben?« Carl nickte. Ash redete weiter, ohne die Augen zu öffnen. »Das Teil ist *sehr* wichtig. Stecke es ein und lass es nie aus den Augen. Wenn dich einer der Banditen danach fragen sollte, hast du es nicht gesehen. Abgemacht?« Kurz darauf schlief er ein.

»Wir werden jetzt Nektorijan holen«, sagte Arvin, »wir brauchen endlich eine Verbindung zur Außenwelt – und wenn ich die Wundermaschine in einen Schrotthaufen verwandeln muss.« Michelle rief auf Deutsch über die Bordlautsprecheranlage nach dem Kapitän.

Wenig später klopfte es an die Tür und Michelle ließ Nektorijan herein.

»Wir sind hoffnungslos genug, Ihr Schiff notfalls in die Luft zu jagen, nachdem wir mit seiner schrittweisen Zerstörung vorangekommen sind«, sagte Michelle.

»Eine Sprengung der *Archangel* würde Ihnen nichts nutzen«, entgegnete Nektorijan. »Wir setzen zur Zeit einen Helikopter aus dem letzten Abschnitt des Laderaumes zusammen. Innerhalb der nächsten Stunde wird Maxim Iljitsch damit ins Lager der Norweger aufbrechen.«

»Was wird sich dort abspielen?«, erkundigte sich Michelle.

»Ich bin der, der Sie retten will. Deshalb werde ich Ihnen nichts erzählen. Die, die Ihnen erzählen, was sie vorhaben, sind sicher, dass Sie diese Reise nicht überleben werden.«

»Warum?«, fragte Michelle. »Weshalb wollen Sie uns retten? Solange uns das nicht plausibel ist, können wir Ihnen nicht vertrauen. Danach kommt sofort die Frage, wie Sie es anstellen wollen.«

»Ich möchte ein Geschäft mit Ihnen machen, das zu Ihrer wohlbehaltenen Rückkehr in die Schweiz führen wird.«

»Und zwar?«, fragte Michelle.

»Sie geben mir jetzt, alle, Ihr Ehrenwort, dass Sie nach Ihrer Rückkehr kein Wort über die *Archangel* verlieren, dass Sie keinen Bericht geben werden, sich nicht erinnern können, wie Sie dorthin gekommen sind, wo ich Sie unbeschadet absetzen werde.«

»Das ist alles?« Michelle blickte ihn skeptisch an.

»Das ist alles. Dann verspreche ich Ihnen, dass ich Sie aus allem heil herausbringen werde.«

Michelle übersetzte Nektorijans Antworten für Bob Arvin, der als Einziger von ihnen kein Deutsch verstand.

»Sie müssen zusätzlich die Sprengung verhindern«, meldete sich Ash, der von der Unterhaltung aufgewacht war.

»Dann sind wir nicht im Geschäft.« Nektorijan stand auf und verließ den Raum.

»Sind Sie vollkommen übergeschnappt?«, rief Michelle. »Was soll das? Wir können nicht alles auf einmal erreichen.«

»Meine Erfahrung ist, dass alles geht«, widersprach Ash müde, aber entschlossen. »Und ganz besonders geht alles zugleich.«

»Bis Sie Ihre Erfahrungen wirklich verstanden haben, ist üblicherweise eine Ewigkeit vergangen«, fauchte Michelle ihn an. »So lange können wir nicht warten. Wenn wir ihn nicht auf unsere Seite bringen, wird dazu keine Zeit mehr sein. Ich bin diejenige, die den Auftrag hat, die Kinder zu retten, und die jetzt die Verhandlungen führt, um genau das zu erreichen. Sie sind mit nichts anderem als Ihrem Kraftwerk beauftragt worden, das inzwischen leuchten wird wie ein Weihnachtsbaum, womit Ihr Auftrag erledigt wäre. Betrachten Sie sich als meinen Gast. Zudem sind Sie angeschossen und können mich an nichts hindern. Es steht Ihnen frei, sich an dem Geschäft mit Nektorijan nicht zu beteiligen, Mr Kenelly.«

Ihre Augen glitzerten vor Wut.

Carl saß vor Bob Arvins Computer, der neben ihm in einer schwarzen Tasche am Boden stand.

»Darf ich ihn benutzen?«, fragte er.

Arvin zögerte einen Moment. »Ich hoffe, dass seine Batterien noch für ein paar Spiele ausreichen. Aber pass auf, dass du nicht an meine Programme und Daten gehst.«

»Ich kenne mich aus«, sagte Carl. Er setzte sich im Hintergrund in einen der hochgestellten hinteren Sessel und begann mit seiner Beschäftigung. Arvin hatte weiter wachsam die Tür des Kommandoraumes im Blick und den Revolver auf dem Schoß.

»Ich mache nicht mit«, sagte Ash.

»Dann werden Sie sich allein retten müssen. Bob, holen Sie Nektorijan wieder zurück«, wandte sich Michelle an Arvin.

Arvin lief hinaus. Wenig später stand er mit Nektorijan im Raum.

»Wir haben uns entschieden«, sagte Michelle kalt. »Vier von uns treffen die geforderte Verabredung mit Ihnen. Mr Kenelly wird sein eigenes Ding durchziehen. Sie brauchen sich um ihn nicht zu kümmern.«

»Wie Sie wollen. Ich brauche von jedem von Ihnen sein Ehrenwort.« Nektorijan nickte ihnen einzeln zu.

»Ehrenwort«, sagte Michelle, »Ehrenwort«, sagte Maria. Carl sagte nichts.

»Du musst ›Ehrenwort‹ sagen«, brummte Ash. »Ehrenwort«, sagte Carl und Arvin machte es ihm nach. Nektorijan schwieg weiter. Er sah auf Ash herab. »Ich brauche auch Ihr Ehrenwort oder ich werde nichts für Sie tun.

Jetzt.« Carl und Maria sahen Ash an. Er schloss die Augen und murmelte, »Ehrenwort, verdammt noch mal!«

»Gut«, sagte Nektorijan. »Die Sache ist ganz einfach. Ich habe Ihnen schon einmal gesagt, dass ich ein Dieb bin.«

»Das wissen wir, seit Sie die *Elektra*-Station aus Argentinien abtransportiert haben«, unterbrach ihn Ash.

»Das war ein Auftrag. Was ich jetzt vorhabe, ist ganz allein die Sache von mir und meiner Mannschaft.«

»Und?«, fragte Michelle ungeduldig.

»Die *Archangel* ist ein Einzelstück. Sie ist das Ergebnis einer Zehn-Milliarden-Dollar-Entwicklung. Was man mit einer Maschine unternehmen kann, die von jedem Ort der Erde ungesehen jeden anderen erreichen und Nonstop zum Ausgangspunkt zurückkehren kann, wobei sie auf kurzen Teilstrecken einhundertzwanzig Tonnen transportiert, brauche ich Ihnen sicher nicht genauer zu erklären. Wir werden ihren Wert mit wenigen Flügen hereingeholt haben, solange sie ihren technischen Vorsprung noch hält. Wenn wir in Zukunft versuchen, den Planeten gegen die Zerstörung durch den Menschen zu schützen, werden wir das nötige Geld mit den Schwächen verdienen, für die die Menschen ihr Geld ausgeben, ob es uns gibt oder nicht.«

»Sie wollen die *Archangel* entführen?« Michelle konnte es nicht fassen.

»Wir werden sie in Besitz nehmen. Tschadir wird es verschmerzen. Ich glaube, dass wir unsere Schuldigkeit für ihn getan haben.«

»Welche Rolle spielen wir dabei?«, fragte Michelle.

»Die Suche nach Ihnen läuft auf der ganzen Welt auf Hochtouren, seit der Junge aus der Antarktis entführt wurde. Insbesondere ist man dabei, wie wir erfahren haben, die Transportwege unter die Lupe zu nehmen, die sein Verschwinden in der Antarktis so rätselhaft erscheinen lassen. Es sind Sonderstäbe gebildet worden, die Luftbilder, Aufzeichnungen von Überwachungskameras auf Flughäfen und Aufnahmen von militärischen Aufklärungssatelliten auswerten. Aufgezeichneter Funkverkehr wird aus den Archiven geholt und entschlüsselt. Es ist nur eine Frage der Zeit, bis der Stützpunkt entdeckt wird, den die Mannschaft und ich in den letzten Jahren mit viel Aufwand angelegt haben. Wir müssen alles tun, um der Geldverschwendung, die mit dieser Suche betrieben wird, schnellstens ein Ende zu bereiten. Und es gibt nur ein Ereignis, das den Aufwand der Nachforschungen sofort reduziert – Ihre wohlbehaltene Rückkehr.«

»Wir brauchen eine Funkverbindung«, sagte Ash. Er erhob sich mühsam und ließ sich in einen der Pilotensessel fallen. »Sie müssen sie uns herstellen.«

»Das geht nicht. Solange die Vorbereitung für die Sprengung läuft, kann es keinen Funkverkehr geben.« Der Lautsprecher meldete sich mit einer russischen Durchsage. Nektorijan sprang auf.

»Was ist los?«, fragte Michelle.

»Ein amerikanischer Hubschrauber ist im Anflug.« Er rannte hinaus.

»Wir haben es geschafft, Kinder«, rief Ash. »Wir müssen so schnell es geht nach draußen. Nehmt eure Jacken, Bob, Sie nehmen den Revolver. Carl, du gibst mir die PC-Karte zurück. Ich brauche sie möglicherweise als Beweisstück.

›Schützer des Planeten‹. Dass ich nicht lache. Sie haben das einzige Ziel, Milliardäre des Rauschgifthandels zu werden. Ein Flug deckt den Jahresbedarf Europas. Sie werden sich eine goldene Nase verdienen.«

Alle fünf machten sich auf den Weg nach draußen.

114

Vor dem schneeweißen Rumpf der *Archangel* standen sich zwei Hubschrauber gegenüber – ein fertig montierter, abflugbereiter weißer Kamov Ka-226 mit doppelten Rotoren und ein graublauer Bell 412, ein Modell, das Ash im Golfkrieg für kleinere Transportaufgaben bereits einige Male geflogen hatte. Der Rotor des Bell war im Auslaufen begriffen.

Zum ersten Mal sah Ash das Monstrum, in dem sie um die halbe Welt gereist waren. Es ragte bestimmt zwanzig Meter über ihm auf und erstreckte sich in einer Länge von mehr als hundert Metern. Den Bugteil bildete eine doppelstöckig verglaste Kanzel, über der zu beiden Seiten Tragwerke aus dem Rumpf ragten, die aus nichts als vier Triebwerken pro Seite bestanden. Ihre hinteren Öffnungen waren schräg nach unten in Richtung der unter dem ersten Drittel des Rumpfes angeordneten Tragflächenstümpfe ausgerichtet. *Sie blasen die Luft unter die Flügel, um es schweben zu lassen.* Die Tragflächen selbst trugen keine Triebwerke. Sie waren dick und im Verhältnis zur Länge des Rumpfes kurz, aber breit und endeten in größeren aerodynamisch geformten Schwimmkörpern. In der Mitte auf dem Rumpf zwischen den Tragflächen ragten mehrere Rohre unterschiedlicher Größe schräg in Flugrichtung. Ash ging in Richtung des Hecks, in das drei mächtige Triebwerke unter einem V-förmigen Höhenruder integriert waren, vor dem Heck ragten verschiedene bizarre Aufbauten wie kleine Kommandostände aus dem Rumpf.

Zwei Männer im Pilotendress der amerikanischen Marine sprangen aus dem Bell. Der erste lief auf die Wartenden zu, der zweite blieb zurück, eine Maschinenpistole im Anschlag, um dem ersten Deckung zu geben. Ash winkte und ging dem ersten entgegen. Der hatte seinen Pilotenhelm auf dem Kopf, das Visier war hochgeklappt. Ash sah in schreckgeweitete Augen und ein angstverzerrtes Gesicht.

Hart peitschten Schüsse durch die Luft, im nächsten Moment brach der Mann vor seinen Augen zusammen, zerfetzt von den Kugeln, die aus der Maschinenpistole des zweiten gekommen waren. Ash hechtete hinter den Kamov-Hubschrauber, dabei riss seine Wunde wieder auf. Er fühlte, dass sie zu bluten begann. Was geschah hier mit ihnen? Wer steckte hier mit wem unter einer Decke? Als er es wagte, hinter dem Hubschrauber hervorzuspähen, bot sich ihm ein Bild, das seine letzten Hoffnungen zerstörte.

Der zweite Pilot hatte den Helm abgenommen. Stensen. Er hielt Arvin und Michelle mit der Maschinenpistole in Schach, die Kinder wurden bereits von Männern der Crew in Gewahrsam genommen. Ash sah ihre blassen Gesichter. Ruhig und gelassen kamen Stensen und Djurvakin in seine Richtung geschlendert. Djurvakin, angetan mit schwarzer Pilotenmontur, war gerade erst aus der *Archangel* hinzugestoßen, die hinter ihnen vom Heck aus gesehen wie ein geflügelter Rachegott einen bizarren Schatten warf.

»Hallo, Mr Kenelly, ich hoffe, Ihre Verletzung ist nichts Ernstes«, sagte Stensen mit spöttischem Grinsen.

»Als ich Sie zur Hölle geschickt habe, Stensen, muss ich übersehen haben, dass ich selbst auf der Reise dorthin war.«

»Sie sind nicht in der Hölle, Kenelly. Die Hölle kommt erst noch.« Er trat näher, die Waffe auf Ashs Kopf gerichtet.

»Wir dürfen Sie höflichst bitten, die Programmkarte, die Sie Professor Djurvakin gestohlen haben, herauszugeben. Sollten Sie sich dabei unkooperativ zeigen, wird ohne weitere Mahnung einer Ihrer Reisegenossen getötet. Der Zeitpunkt, zu dem wir die Karte brauchen, ist gekommen.«

Djurvakin trat heran. Er griff in Ashs Jackentasche, holte das silbern glänzende Etui heraus und klappte es auf, um sich davon zu überzeugen, dass die Karte an ihrem Platz war. Er nickte Stensen zu. Der hielt stumm seine behandschuhte Rechte geöffnet in die Luft. Djurvakin holte eine abgegriffene Aluminiumbox aus der Tasche an seinem rechten Hosenbein und legte sie Stensen in die Hand. Der steckte sie ein, während er Ash ansah und zu ihm sagte: »Zweiunddreißig Meteoriten, Mr Kenelly.«

Djurvakin schwang sich die Stufe in die Pilotenkanzel des Kamov hoch und ließ die Rotoren anlaufen. Eine blaue Qualmwolke schoss heraus, beißender Gestank verbreitete sich, dann namen die Rotoren heulend Fahrt auf und der Hubschrauber schoss leicht schräg in Richtung des Whitmore-Gebirges davon.

Das Bergmassiv vor ihnen war von der flach über dem Horizont verharrenden Sonne angestrahlt, die seltsame Form der *Archangel* lag neben ihnen im antarktischen Eis wie ein letzter, vor Minuten gestorbener Flugsaurier, der versprochen hatte, sie herauszubringen, bevor die immer während Dunkelheit über das Eis hereinbrechen würde.

115

Im leeren Frachtraum war ein Tisch mit einem Schachbrett aufgebaut, an den in Längsrichtung je ein Stuhl gestellt worden war. An den Seiten standen in gebührendem Abstand fünf weitere Stühle, auf denen links die Kinder, rechts Ash und Arvin saßen. Maria hielt den kleinen Pinguin, Carl den Wal in den Händen. Der fünfte Stuhl neben Ash war frei. Ihm wie auch den anderen waren die Beine an die Stuhlbeine und die Arme hinter den Lehnen gefesselt worden. Am Eingang in Richtung des vorderen Teils der Maschine waren zwei bewaffnete Männer postiert.

Stensen deutete stolz auf eine hinter dem Tisch aufgebaute Videoprojektion. »Ich habe ein Unterhaltungsprogramm vorbereitet«, sagte er, »damit ich nichts verpasse und Sie sich keinen falschen Hoffnungen hingeben müssen. Mein Kollege Maxim Iljitsch ist unterwegs, um unsere Aufgabe zu erfüllen, und wir werden es miterleben, wenn es soweit ist. Wenn Sie Glück haben und sofern Sie lange genug im Spiel bleiben«, er freute sich herzlich über seinen eigenen Witz, indem er den Kopf in den Nacken legte und lachend zur Decke sah, »können Sie noch sehen, wie wir die Welt retten.«

Er sah um sich und wurde ernst.

»Die Regeln sind einfach«, sagte er. »Die Meteorbrocken einer Farbe sind voneinander nicht zu unterscheiden. Wir spielen sehr schnell und müssen uns merken, an welcher Position welche Figur steht. Wer sich vertut, hat verloren. Ihre Freundin hat begriffen, dass der Spieler am längsten lebt. Er hat vier Leben frei. Ihr Freund Professor Arvin ist der Erste, Sie sind der Zweite. Oder wollen lieber doch Sie spielen, Kenelly?«

Ash sah ihn schweigend an.

»Gut. Dann nicht. Ich hoffe, Ihre Spielerin ist gut genug. Worauf wir warten? Erstens bin ich ein zivilisierter Mensch, der einer Dame Gelegenheit gibt, sich vor ihrem Auftritt in Form zu bringen, zweitens haben wir einen Überraschungsgast.« Nektorijan wurde gefesselt hereingebracht und auf dem Stuhl neben Ash festgebunden.

»Kennen Sie die Krankheit ›Stockholm-Syndrom‹?«, fragte Stensen. »Die emotionale Verbindung zwischen Wächtern und Gefangenen? Unser guter Kapitän ist daran erkrankt. Er sollte bei seiner Therapie zusehen dürfen. Ich kenne nur ein einziges deutsches Wort. Ich weiß nicht genau, was es bedeutet, aber es scheint mir zu passen, ›Schlachtfest‹.« Er lachte und legte sein Messer, das schmal war wie ein Brieföffner, neben das Brett. »Selbstverständlich wird ihm nichts zustoßen«, fuhr Stensen fort. »Wir brauchen ihn schließlich noch.« Er nickte Nektorijan aufmunternd zu. »Es geht nur darum, dass er sich vor der Veranstaltung nicht drückt.«

In der Tür in Richtung des Hecks erschien Michelle. Sie sah atemberaubend aus, fand Ash. Ihr Gesicht war bleich. Sie hatte sich leicht geschminkt, so dass ihre Augen wie blauer Stahl leuchteten. Obwohl es kalt in dem Frachtraum war, trug sie nur ihre schwarze Bluse, deren oberste Knöpfe geöffnet waren. Sie trug ihre feine silberne Kette um den Hals. Etwas daran fehlte. *Das Medaillon!*

Mit elastischem Gang schritt sie wie zu einer Soloaufführung auf großer Bühne auf Stensen zu, der sich zögernd erhob. Sie ergriff seine rechte Hand mit ihrer Rechten und hatte die Linke fest darüber gelegt, als begrüße sie den Dirigenten. Sie blickte ihm schweigend und ohne eine Wimper zu bewegen in die Augen.

»Ich wusste nicht, dass Sie grüne Augen haben, Semjon«, sagte sie. Ash konnte ihr Lächeln sehen. Es war so offen und ehrlich wie Stensens und ebenso teuflisch. Schließlich gab sie seine Hand frei.

»Sie spielen mit den *Pallasiten*, so nennen wir die weißen Figuren«, sagte Stensen. Er lehnte sich zurück, gespannt wie eine Metallfeder. Michelle saß ihm gegenüber, konzentriert wie an einem Instrument, das sie beherrschte.

Michelle bemerkte, dass Stensen sich genüsslich die Lippen leckte. Sein Gesicht glühte wie im Fieber, ihres war kalt. Alles an ihr war kalt, bis auf die Augen. *Es zählt nichts auf der Welt als der nächsteZug. Es kommt nicht auf den Gewinn an, es kommt darauf an, auch nur einen einzigen Fehler zu vermeiden. Das hier ist sein Fest, sein in vielen Nächten erträumter Orgasmus, der, wenn seine Träume in Erfüllung gehen, mit einem Millionenmord gekrönt wird. Nicht daran denken.* Der Bauer vor dem Läufer war jetzt entscheidend. Dabei konnte sie keinen Fehler machen. Sie setzte den Läuferbauern von **b4** auf **c4**. *Englische Eröffnung, dabei bleibe ich.*

»Wir nehmen uns ausreichend Zeit«, sagte Stensen, »zehn Sekunden für jeden Zug.« Unmittelbar danach zog er symmetrisch mit seinem Bauern **b5** nach **c5**.

»Wie haben Sie den Sturz überlebt?«, fragte Michelle wie nebenbei.

Sie brachte ihren rechten Springer in eine vorbereitende Position für einen Angriff – auf **f3**.

»Ich hätte nie geglaubt, dass ein Zodiac bei fünfhundert Stundenkilometern über einer Eisfläche zu einem Gleitflugzeug wird«, antwortete Stensen munter. »Ich bin gelandet, verletzt von dem Werkzeug Ihres Freundes, ramponiert von dem Sturz, aber insgesamt intakt, wie Sie sehen – und allein inmitten der Antarktis.« Solange er mit seinen Zügen symmetrisch antworten konnte, hatte er leichtes Spiel. *Deshalb hat er mir die Weißen gegeben. Wie lange kann ich sicher fehlerfrei bleiben? Acht Bauern? Wie viel Zeit brauche ich, um zu wissen, woran ich bin? Drei Minuten? War das die Zeit, die man mir damals in Santiago genannt hatte?*

Stensen zog mit dem Springer auf **f6** nach.

»Aber die Kälte? Wie haben Sie die Kälte überstanden?«, setzte Michelle ihre Befragung fort.

»Das Schlauchboot. Mein Segelflieger war mit zwei Paddeln und zwei Raketen ausgestattet. Ich habe mir mit den Paddeln eine Schneehöhle gebaut und mit den Raketen Amerikaner angelockt. Weiter nichts.«

Sind die drei Minuten verstrichen? Nein. Drei Minuten sind achtzehn Züge. Wir haben erst vier. Sie blieb bei der englischen Eröffnung. Sie brachte auch den zweiten Springer in Position, auf c3.

Es geht zu schnell, er zieht nach.

Stensen zog seinen Springer symmetrisch auf **c6**.

Michelle sah ihre Mutter auf der Bühne stehen und singen. Warum gelang es ihr nicht mehr, sich an die Bewunderung zu erinnern, die sie seinerzeit empfunden hatte? Sie erinnerte sich nur noch an die Kraft. Während sie vor Angst gezittert hatte, ihre eigenen Gedanken an mögliche Fehler ihrer Mutter würden die Macht haben, sie zu stören, hatte sie die Magie der Verlässlichkeit gespürt, die von der Kraft ihrer Mutter ausging.

Sie griff mit ihrem Damebauern in der Mitte an – **d4**.

Wo beginnt es? Beim Augenlid? Noch konnte Michelle nichts erkennen. Stensen schlug ihren Bauern mit seinem. Er blickte sich irritiert um, als habe er etwas gehört oder als sei eine Fliege um seinen Kopf geflogen.

Michelle fror. Es war sinnlos, Stensen mit einer offenen Bluse beeindrucken zu wollen, es hatte nichts zu der Kälte ihres Verstandes beigetragen. Sie zitterte. Stensen sah auf seine Hand.

Sie schlug mit dem rechten Springer zurück und übernahm auf **d4** seinen Bauern.

Es ist Wasser, kein – wie hieß das Zeug – Batrachotoxin. Nichts davon. Wasser. Ein Unfall. Ich werde Figuren setzen, die ich kenne, keine anderen. Bauern, Türme, Könige, die auf ihren ursprünglichen Positionen stehen. Und ich werde zum Schluss nach seinem Messer greifen.

Auf der Projektionswand tat sich etwas. Aus großer Höhe mit einem starken Teleobjektiv aufgenommen, sah man eine winzige Gestalt, die aus einem Camp im Eis gelaufen kam und einen in der Nähe wartenden Hubschrauber bestieg. Wenig später verschwand die Maschine im Steilflug nach oben. Die Verbindung schien schlecht zu sein, das Bild wurde immer wieder gestört. Mit einer Zoomfahrt des Teleobjektivs wurde das Camp zu einem Punkt tief unten in der Weite der Eisfläche.

Stensen sah mit keinem Blick auf die Projektion. Er legte das Messer auf seinen Schoß. Er machte seinen Läufer frei, indem er den Königsbauern auf **e6** schob. Er drückte seine Faust in die Seite, dort, wo Ash ihn verletzt hatte, dann hob er die Hand und winkte Arvin zu. »Sie brauchen nicht mehr lange zu zittern, Professor«, sagte er.

Seine Augen. Ich muss seine Augen im Blick haben. Da. Ein Lid hatte gezuckt. Oder nicht? Ihre Hand schwebte über dem rechten Springerbauern.

Der Tod ihrer Mutter war ein geplanter Selbstmord, an dem Michelle die volle Schuld trug. Nur das ergab einen Sinn. Für eine Erpressung hätte jedes beliebige Glassplitter-Geräusch ausgereicht.

Mutter war eine entschlossene Frau. Sie tat alles mit letzter Konsequenz. Weil sie zurück zur Musik wollte, hat sie sich in einen Dirigenten verliebt. Als sie sich in ihn verliebt hatte, hat sie ihre Familie verlassen. Als ihr ihre Stimme abhanden kam, zog sie sich aus der Öffentlichkeit zurück. Als sie beschlossen hatte, Selbstmord zu begehen, weil sich ihre Tochter ihr so konsequent entzog, wie sie es selbst war, wählte sie den sicheren Weg. Punkt. Kein Spiel. Ich habe meine Mutter auf dem Gewissen.

Lautlos schoss aus der Ebene eine Fontäne von Schnee und Eis wie der Strahl eines Geysirs in die Höhe. Hundert, zweihundert Meter. Ashs Herz wurde kalt und verschwand tief in seinem Bauch. Alles war vergeblich gewesen. Das Desaster hatte begonnen. Für eine Sekunde wandte Stensen sich um, sie alle breit anlächelnd. Schlag auf Schlag folgten weitere Explosionen. Es schien, als wüchsen aus der Eisfläche Alleen schwankender Säulen aus Rauch und glitzerndem Eisstaub. Ash meinte die fernen Erschütterungen spüren zu können.

Michelle blickte auf einen der Steine, die sie soeben in der Hand gehabt hatte. Er trug einen rostbraunen Fleck.

»Dieser Stein ist markiert«, rief sie empört. Stensen lächelte entschuldigend. »Das ist keine Absicht. Es muss ein Spritzer von einem früheren Spiel sein. Vergessen Sie es, Darling.«

Sie nahm den Stein in die Hand, um ihn ihm zu zeigen – und wusste noch im selben Moment, dass sie den Fehler begangen hatte, den sie unbedingt hätte vermeiden müssen. Ihr Herz verwandelte sich in einen rasenden Motor. Sie hatte den Stein berührt, sie musste ihn setzen.

Stensen sah sie an. Sein rechtes Lid zuckte. Unverkennbar.

Sie musste den Stein setzen – von **d4** nach **d5**.

»Falsch«, sagte Stensen, »Sie haben ihn wie einen Bauern gesetzt, es ist ein Springer«. Er blickte entsetzt auf seine Hand. *Spürte er etwas?* Er griff nach dem Messer und machte Anstalten, aufzustehen. Michelle nahm ohne Rücksicht auf jede Regel den Zug zurück und schob ihren Springerbauern auf **g3**.

»Semjon, ich werde Sie heilen«, sagte sie.

Durch die Atmosphäre des Eisnebels glitzerten vier Nebensonnen über dem Dschungel aus turmhohen dampfenden Bäumen, der sich zusehends in weiteren Explosionen bis zum Horizont ausbreitete. Ash kam sich vor wie auf einen Planeten der Hoffnungslosigkeit verschlagen.

»Dazu kommen wir noch«, sagte Stensen. Doch statt sich zu erheben, hielt er verwundert inne. Es schien, als überlegte er. Etwas lief in seinem Inneren ab, das ihn irritierte.

»Ich weiß, dass Sie daran leiden, keinen Schmerz verspüren zu können«, sagte Michelle. »Davon werde ich Sie heilen.«

Er sah sie an. Noch immer stand er nicht auf. Seine Augen wurden größer, seine Hände klammerten sich an die Seiten des Tisches, bis sie weiß wurden. Er öffnete den Mund, als wollte er etwas sagen, und spuckte einen großen blutigen Fleischlappen auf den Tisch.

»Sie haben sich die Zunge abgebissen«, erklärte Michelle ruhig. »Sie werden jetzt entdecken, was Schmerzen sind, aber Sie dürfen nicht vergessen, Ihren Zug zu machen.«

Stensen brach der Schweiß aus, Blut lief in Strömen aus

seinem Mund. Er versuchte aufzustehen, es gelang ihm nicht. Vor Anstrengung zitternd brachte er seine Dame in die Angriffsposition **b6**. Er umklammerte mit beiden Händen den Tisch. Ein Schrei, der aus der Tiefe der Hölle zu kommen schien, quoll aus ihm und nahm kein Ende. Er schrie mit der größtmöglichen Anstrengung, als müsste er die Schreie aller seiner Opfer wiederholen.

Er hielt den Tisch noch, als er umgefallen war. Seine Arme und Beine zuckten. Als er begann, große Stücke aus seinen Armen zu beißen und herauszuwürgen, nahm Michelle das Messer an sich und stand auf.

Sie trat auf Ash zu, das Messer in der Hand. Mit kalter Stimme sprach sie mehr vor sich hin, als dass sie sich an ihn wandte. »Niemand macht sich klar, dass kein Beruf die Finger der linken Hand so kräftigt wie der des Geigers.« Sie streckte Ash den Ringfinger ihrer linken Hand entgegen. Sein Nagel lief in eine scharf geschliffene Spitze aus. Er war bis an den Halbmond mit Blut verkrustet.

116

Sie waren gestartet, nachdem Stensen von seinen Männern im Eis beerdigt worden war, ohne auf Djurvakins Rückkehr zu warten. Jetzt waren sie seit mehr als drei Stunden in der Luft und hatten noch genau dreißig Minuten. In Ashs Seite pochte die Wunde unter einem dicken Verband.

Michelle und Maria fand er im Laderaum, in dem sie zu Beginn aus ihren Kisten gestiegen waren. Als er hereinkam, setzten die beiden ihre Geigen ab. Michelle sah ihn kalt an. Sie schien noch immer unter Schock zu stehen.

»Ich pflege meine Ziele so festzulegen, dass ich die Chance habe, erfolgreich zu sein«, sagte sie schneidend. »Wie jetzt. Sie nehmen sich zu viel vor und scheitern. Wie jetzt.«

»Sie werden nicht fertig damit, dass Sie Ihre Mutter auf grauenhafte Weise beseitigt haben, und belästigen alle mit Ihrer Verzweiflung«, gab Ash zurück.

»Sie behaupten, dass Sie Ihren Vater mit Ihrer Entscheidung in der Pyramide getötet hätten«, antwortete Michelle. »Aber ich wette, Ihr Vater lebt länger als Sie, weil es nichts gibt, das Sie zu Ende bringen.«

Ashs Wunde schmerzte, er fühlte sich müde bis ins Innere seiner Knochen. Die Erfolge, die sie bis hierher erzielt hatten, freuten ihn wenig, sie schienen ihm unbedeutend, weil er die große Katastrophe, die mit der Präzision einer ablaufenden Uhr auf sie zurollte, nicht würde verhindern können. Vor allem aber musste er sich zu seiner Überraschung eingestehen, dass ihn die Auseinandersetzung mit Michelle deprimierte. Er verzichtete darauf, über die näheren Gründe nachzudenken.

»Haben Sie Kontakt mit der Schweiz aufgenommen?«, fragte er müde.

»Nektorijan lässt es in einer Stunde zu. Er meint, erst dann ist die Meldung, dass wir heil auf dem Weg sind, von Wert«, antwortete Michelle.

»In diesem Fall hat er Recht«, sagte Ash. »Wo ist er?«

»In seinem Kapitänsraum«, sagte Michelle. »Wir alle sollten dort sein, wenn wir mit der Schweiz sprechen. Wir werden Sie begleiten.«

Sie machten sich auf den Weg, Maria voran. Unterhalb der Kommandobrücke kamen sie an eine Tür, die Nektorijan auf ihr Klopfen hin öffnete. Er trug eine dunkelblaue Uniform ohne Rangabzeichen über einem dunkelblauen Pullover. Sie traten in eine rasende Landschaft aus Eis und dicht fallendem Schnee. Vor ihnen wölbte sich eine große Fläche aus Glas, höher noch als in der Kommandobrücke darüber. Rechts davor stand ein Globus, der größer war als Ash. Die Kapitänskabine war prachtvoll ausgestattet mit Polstermöbeln in grünem Samt, mit Regalen voller Bücher und polierten nautischen Instrumenten. An der dem Globus gegenüberliegenden Seite befanden sich eine Projektionswand, die die zur Zeit toten Bilder aus den beiden fliegenden Kameras zeigte, sowie eine große gerahmte Karte der Antarktis.

»Dort sind die Punkte.« Maria zeigte auf sechs markierte Stellen. Arvin, der vor der Karte gestanden hatte, als sie den Raum betraten, sprach, ohne sich umzudrehen: »Sie hat sich sehr gut erinnert. Ohne die Karte wären wir niemals aus der Pyramide entkommen.«

»Ein trauriger Erfolg«, sagte Ash. »Wo ist Carl?«

»Er schläft.«

»Er sollte bei uns sein. Vielleicht kann Maria ihn holen.« Sie machte sich auf den Weg. Über dem Ausgang war eine große mechanische Borduhr angeschraubt. Noch fünf Minuten.

Nektorijan ließ die Bilder der fliegenden Kameras ausschalten.

»Wir kennen unseren Weg so genau, dass wir ihn für die nächste Viertelstunde blind fliegen können. Die Kameras sind in drei Kilometern Höhe über uns und sehen zurück.« Sie sahen zwei Bilder der Wolkendecke, unter der sie, tief verborgen im Schnee, zwei Meter über dem Eis dahinjagten. Ein Beobachter im Zelt eines Forschungscamps hätte sie für einen Kometen, Millisekunden vor dem Aufschlag gehalten. *Noch drei Minuten*, dachte Ash.

Carl kam herein, das Gesicht müde vom Schlaf. »Sind wir weit genug weg?«, fragte er. Arvin nickte wortlos. Michelle und Maria setzten sich, Maria weinte leise.

»Wir haben es nicht geschafft«, sagte Arvin. »Die Welt wird schlimmer werden – und damit meine ich nicht die Bomben, die in wenigen Minuten einen Vulkan zünden und die Eisdecke in Bewegung setzen werden, oder das steigende Wasser, das Millionen von Menschen bedrohen wird. Die Welt wird sich teilen, in die Betroffenen, die künftigen Flüchtlinge, und die, die sofort damit beginnen, sich vor ihnen zu schützen, in Nordamerika, in Südostasien, in Westeuropa. Politische Bündnisse werden sich von Ost gegen West und Nord gegen Süd verschieben auf Oben gegen Unten. In wenigen Minuten werden politische Stürme losbrechen, Kriege werden vorbereitet und geführt werden. Flüchtlingstrecks kommen auf uns zu, auf mich und auf euch in der Schweiz. Wenn wir ehrlich sind, hatten wir niemals, seit wir in der Pyramide unsere Lage begriffen haben, eine reelle Chance.«

»Ich hätte Stensen töten können«, sagte Ash tonlos.

»Es ist zu Ende«, sagte Arvin.

Carl suchte die Wände ab. »Wir haben eine Chance«, sagte er. *Zwei Minuten.*

»Es gibt keine Möglichkeit mehr einzugreifen«, sagte Ash, ohne Carl wirklich zu beachten.

»Ich weiß wirklich nicht, ob es funktioniert hat«, murmelte Carl unbeirrt weiter und nahm Maria ihren MD-Recorder aus der Hand. Er holte eine Minidisk aus seiner Hosentasche.

Nektorijan stand breitbeinig vor der Glasscheibe inmitten des fließenden Schnees. »Titanglas«, er klopfte mit den Knöcheln an die durchsichtige Wand vor ihm. »Niemand auf der Welt kann so etwas heute bezahlen. Es existieren zwei Stück, die Ammport nur für diesen Ekranoplan hergestellt hat – eine hier und eine im Kommandoraum.« Die anderen sahen auf die Projektionen aus den fliegenden Kameras, während der Kapitän der *Archangel* weiter in den vor ihnen heranrasenden Schnee blickte. »Die westlichen Geheimdienste nannten Ekranoplane wie die *Archangel* ›Monster des Kaspischen Meeres‹«, setzte er seinen Vortrag fort, »sie wurden als Antwort der Russen auf den ›Krieg der Sterne‹ entwickelt, um Atomraketen in die Nähe des amerikanischen Kontinents zu schaffen. Sie sollten durch nichts zu entdecken sein, auf ihrem Weg von jedem Punkt der Erde an jeden anderen und zurück.«

Carl steckte das Kabel des Recorders in eine Buchse für die Lautsprecheranlage des Schiffes, die sich in einem kleinen Pult neben dem Eingang befand.

Auf den Projektionsbildschirmen atmete das Wolkenmeer ruhig unter einem dämmernden Himmel. Vor ihnen riss die Schneewand auf, die Sonne trat heraus.

Dreißig Sekunden. Ash wandte sich ab, er konnte den Anblick des großen Sekundenzeigers an dem mechanischen Bordchronometer nicht ertragen.

Carl legte die Mini Disk ein. »Ich habe die Zündsequenz in Djurvakins Codekarte damit überspielt«, sagte er.

»Es hat keinen Sinn«, sagte Ash, bevor er verstand, was er gehört hatte.

Durch das bizarre Schiff, angefangen vom Raum des Kapitäns, in dem sie saßen, über die Kommandobrücke, durch die Quartiere, die leeren und die voll gepackten Frachträume ertönte das *Largo* aus l'inverno, Vivaldis vierter Jahreszeit.

»Marias Thema«, sagte Carl. Fest und leicht wie ein Lichtstrahl zog sich die Musik durch den Raum, in den jetzt die flach über dem Horizont stehende Sonne schien.

»Ich liebe dich, Carl«, sagte Maria. Sie fielen sich in die Arme. Carl zitterte. Er schloss stumm für einen Moment die Augen, dann ließ er Maria los und setzte sich auf den Boden.

»So hast du es in meiner Anwesenheit noch nie gespielt.« Michelle musste Maria umarmen, um ihr Schluchzen zu unterdrücken.

»Es war in dem sibirischen Hotel, in dem es nach Bohnerwachs roch, als ich meine Tage bekam«, schluchzte Maria. Das *Largo* floss durch die *Archangel* und der überdimensionale Albatros trug die Musik, die ihnen die Gewissheit brachte, dass sie nicht auf den Boden der Angst stürzen würden, über das Eis. Carl wollte die Musik abschalten, aber Michelle legte ihm die Hand auf den Arm. »Maria hat das Largo geschafft.«

»Und vor vier Stunden die Welt gerettet«, fügte Ash nach einem Blick auf das stille Wolkenmeer leise hinzu.

Er stand neben Michelle vor der Scheibe und sah in den wirbelnden Schnee hinaus. Als sich ihre Arme berührten, sahen sie sich an und rückten auseinander. Für eine Sekunde hatte Ash ihre Herzen im gleichen Rhythmus schlagen gefühlt.

Als wäre es von der Musik angeregt worden, fuhr das Ekranoplan seine Flügel aus und stürzte sich in eine Kurve, die es aus den Gebirgshöhen der Eisfläche hinab auf die Oberfläche des Weddell-Meeres bringen würde.

»Dort drüben liegen die Latady Mountains«, sagte Arvin, plötzlich heiser geworden.

Als sie über die Oberfläche des Meeres glitten, nahmen die fliegenden Kameras weit vor dem Schiff ihre Positionen ein, eine dicht über dem Meer, die andere in drei Kilometern Höhe. Weiß wie das Eis, das sie mit Trümmern uralter Traumstädte umgab, schwang sich die *Archangel*, für Sekunden begleitet von Pinguinen, die vor ihrem Weg aus dem Wasser schossen, in eine Schlucht von Tafeleisbergen, in der sich die Strahlen der flach über dem Horizont stehenden Sonne fingen, als das Largo zu Ende ging. So kraftvoll, so klar und vollkommen hatte Michelle Maria noch nie spielen gehört. *Die Rückkehr einer Warmzeit ins Eis*, dachte sie.

»Was ist geschehen?«, fragte Michelle.

»Die Bomben haben Marias Thema nicht verstanden«, sagte Ash.

»Oder vielleicht doch!«, sagte sie, während sie versonnen aus dem Fenster in Richtung des sich vor ihnen öffnenden Meeres sah.

Sie nahmen Kontakt in die Schweiz auf, um ihre Ankunft anzukündigen.

»Wir sind keine Entführungsopfer mehr«, sagte Ash zu Claude Simmons. »Wir werden nach Hause gebracht. Sie sollten von weiteren Nachforschungen in dem Fall absehen, bis wir in Zürich sind.«

»Was sind die Gegenleistungen?«, wollte Claude wissen.

»Es gibt keine. Man hat uns das Leben gerettet. Die einzige Forderung lautet: keine Überwachung, keine andere Begleitung als die Familie, keine Informationen an Polizei oder Marine.«

»Marine?«

»Es muss jetzt sehr schnell gehen, Claude. Wir werden am 7. Februar genau um ein Uhr nachts vor der Azoreninsel Saõ Miguel eintreffen – genau dreißig Kilometer südöstlich von Ponta Delgada im Atlantik auf 37 Grad, 30 Minuten nördlicher Breite und 25 Grad, 30 Minuten westlicher Länge. Sie müssen mit einem Motorschiff kommen, um uns dort abzuholen. Bitte stellen Sie jetzt keine Fragen. Wenn das Wetter zu schlecht sein sollte, melde ich mich einen Tag vorher um 22 Uhr auf Ihrem Handy. Es ist alles in Ordnung, die Kinder sprechen kurz zu Ihnen.«

»Ich habe verstanden, Ash. Sagt Ihnen das heutige Datum etwas? 5. Februar, 23 Uhr 20?«

»Nein.«

»Seit siebzig Stunden arbeitet *Elektra* in McMurdo störungsfrei. Erstmalig. Sie haben alles geschafft, Ash. Alles.«

»Viel mehr als alles, Claude«, erwiderte Ash, »Wir haben viel mehr als alles geschafft. Die Kinder sprechen jetzt ein Wort mit Ihnen.« Ash übergab an Michelle und die Kinder und trat neben Arvin an das große Fenster. Nektorijan zeigte mit einer gespreizten Hand die verbleibenden Sekunden an. Als er den kleinen Finger umklappte, brach die Verbindung ab.

»Auf Sao Miguel unterhält Westeuropa seine einzigen Teeplantagen, Bob. Tee verfolgt mich in diesem Abenteuer. Habe ich Ihnen erzählt, dass ich den halben Norden Australiens geerbt habe?«, sagte Ash, als er mit Arvin auf der Kommandobrücke stand und aus dem großen Fenster vor ihnen sah.

»Sie hätten mein Projekt finanzieren können und der Ärger mit Eisenstatt wäre uns erspart geblieben«, antwortete Arvin.

»Mein Geiz hat Ihr Haus in Baltimore gerettet, Sie sollten mir dankbar sein. Außerdem werde ich das Land zurückgeben.«

»Sind Sie wahnsinnig? Gut, wenn Sie jemanden suchen sollten –«

»Ich habe bei Australiens Ureinwohnern etwas gutzumachen. Ich werde ein geeignetes Stück behalten und in den heißen Bergen Queenslands unter Sonne und Regen einen Teegarten in Australiens Norden anlegen. Ich werde den Duft der Teepflanzen genießen, den Regen prasseln hören und mich an der dampfenden Erde erfreuen.«

»Sie *sind* wahnsinnig. Davon verstehen Sie nichts, lassen Sie lieber die Finger da raus.«

»Es ist mein Job, in Sachen erfolgreich zu sein, von denen ich nichts verstehe«, widersprach Ash. »Ich glaube sogar, ich bin es Ljutonkin schuldig, mich an *Yin Zhen,* dem Silbernadel-Tee der chinesischen Kaiser, zu versuchen.«

Als sie den Wendekreis des Steinbocks passierten, fand Michelle Maria vor der großen Glaswand über dem Atlantik, die Geige in der Hand. Sie hatte gespielt.

»Ich glaube, dass Musik Geschwindigkeit nach innen bringt«, sagte sie. »Wenn die Zuhörer vor mir sitzen, versetze ich sie in einen Zustand, als würde ihnen Wind über das Gesicht wehen. Ich habe lange nach einem Platz gesucht, an dem ich innen und außen die gleiche Geschwindigkeit spüre.« Während sie sich und Michelle den Wunsch erfüllte und spielte, flogen sie in sprühender Gischt durch einen Tunnel aus Regenbogen der äquatorialen Wärme entgegen.

Ash fand sich erschöpft in einem Abgrund glücklicher Ziellosigkeit wieder. Er saß still in einem der grünen Plüschsessel von Nektorijans Kapitänssalon, ohne Licht, vor sich nur die Unbeweglichkeit der Sterne.

Er musste eingeschlafen sein, die Berührung einer Hand an seiner Schulter weckte ihn. Michelle hatte sich neben ihn auf den Boden gehockt. Sie sprach leise. »Ich war egoistisch. Ich habe mir beim Schachspiel mit Stensen die Rolle genommen, die am längsten überlebt.«

»Ich war der Egoist«, flüsterte Ash. »Ich dachte mir, es gibt nichts Schrecklicheres, als die letzten Minuten meines Lebens in dem Bewusstsein zu verbringen, die Schuld an der Ermordung derer zu tragen, die ich liebe.«

Michelle lehnte sich an den Sessel. »Haben Sie gesagt, ›die ich liebe‹?«

Ash war plötzlich heiser. »Es ist mir so herausgerutscht, ich schwöre, ich wollte es nicht sagen.« Ihre Gesichter waren nah beieinander, Ash legte ihr die Hand auf die Schulter. »Was halten Sie davon, wenn ich uns einen Tee zubereite?« Er griff unter den Sessel und förderte eine zerbeulte Blechdose mit dem Aufdruck »Castleton First Flush, Darjeeling FTGFOP, Fortnum & Mason, London« zutage. »Man darf auch bei den schlimmsten Abenteuern das Wesentliche nicht aus den Augen verlieren.«

Als sie den Äquator passierten, standen Ash und Michelle allein in Nektorijans Kapitänsraum und flogen auf dem ruhigen Meer durch den Himmel, der ihnen hinter den Sternen die Tiefe seiner Dunkelheit zeigte. Sie hielten Aluminiumbecher in den Händen, aus denen ruhig die Dampfschleier aufstiegen.

»Vor einigen Jahren stand ich unter dem Holzdach der Teemanufaktur von Maikabari in den Teegärten von Darjeeling im Norden Indiens. Es duftete nach den getrockneten Tees und Aromastoffen, der Geruch von warmer nasser Erde dampfte herüber, hinter mir ratterten die Mühlen, die die Teeblätter brachen, und die Maschinen, die heiße Umluft in den Trockenhallen in Bewegung setzten. Von den Fermentierungsflächen wehten Hitzeströme herüber. Aus den Wolken hinter den Plantagen tauchte der Kanchenjunga auf, ein Achttausender, von dessen Spitze die Gletscher leuchteten.«

Ash atmete Michelles Duft ein, ohne sie zu berühren.

»Tee ist seitdem für mich die Oberfläche einer geheimnisvollen Welt der Wirkungen. Jeder Boden, die Knospe oder die Blüte, das Pflücken im Frühling, im Sommer oder im Herbst, die Wärme und das Licht, die Feuchtigkeit und die Behandlungsmethoden – alles ergibt seinen eigenen Geschmack. Er wächst so einzigartig heran wie die Beziehung zwischen zwei Menschen.«

Michelle schlürfte ihren Tee. »Wie schmeckt unsere Beziehung?«, fragte sie vorsichtig.

Ash legte seinen Arm um sie. »Ungefähr eine halbe Meile von hier entfernt, hinter den Mannschaftsunterkünften und vor den Lagerräumen, habe ich das Feldlager des Kapitäns gefunden.«

Sie sah ihn ratlos an.

»Einen Waschraum mit Badewanne und heißem Wasser.« Er griff hinter seinen Rücken, um sich den dunkelgrauen Mannschaftspullover über die Ohren zu ziehen. »Los jetzt«, flüsterte er, »wir nehmen ein Bad.«

Kurze Zeit später öffnete er ein in die Wand eingelassenes Medikamentenschränkchen, dessen rötliche Innenbeleuchtung das Bad unter einen schwachen Widerschein setzte, wie von einem fern unter Kontrolle gehaltenen Feuer.

Sie hielten sich in den Armen. Als sie sich küssten, füllte

ihre Zunge seinen Mund, dass er es in jeder Faser seines Körpers spürte. Auf diesen Augenblick hatte Ash gewartet, seit er sie gesehen hatte. Er hatte gewusst, dass er sie von Anfang an mit auf seine Reise nehmen wollte, egal, welche Tests sie bestanden hatte. Er hatte gewusst, dass er diese Augen die ganze Zeit nahe vor sich sehen wollte, in einem leuchtenden, nassen Gesicht. Er hatte gewusst, dass er ihre Stimme weich und eindringlich hören wollte, er hatte gewusst, dass er ihren Geschmack herausfinden wollte. Er hatte alles schon damals gewusst, aber jetzt erst verstanden, dass es so war.

»Uns ist alles erlaubt«, sagte sie tonlos, »wir haben die Welt gerettet.« Sie zog sich aus. Sie setzte ihren Fuß auf den Rand der Wanne, die Nägel ihrer Zehen waren rotschwarz lackiert. Sie stand über ihm, Ash sah zur Landschaft ihrer schwarzen Schamhaare und ihrer vollen Brüste auf. Er legte sein Gesicht in das schwarze Dreieck im Winkel ihrer Oberschenkel, genoss ihren Duft und spürte ihren Geschmack auf seiner Zunge.

»Unsere Beziehung schmeckt wie ein Teegarten im tropischen Gewitterregen«, sagte er. Sie hockte sich ihm gegenüber ins Wasser, Gesicht an Gesicht, Augen in Augen, um sie der heiße Dampf. »Du solltest deine Zeit in ihm verbringen,« sagte sie.

Ihr Körper zitterte in seinen Armen wie eine gespannte Feder, ihr Atem klang wie das Geräusch von Wellen, die auf den Sand schlagen. Sie hielten sich fest und immer fester, bis sie gemeinsam in die quälend erwartete Tiefe der Ruhe stürzten. Michelle weinte vor Erleichterung, als ihre nassen Gesichter ineinander flossen.

Durch ein verhängtes Fenster, das sie in der Nacht übersehen hatten, leuchtete der Morgen. Michelle sprang aus der Wanne, um das graue Tuch herabzureißen. Hinter dem Fenster schoss der Ozean an ihnen vorüber, die Sonne glitzerte durch Gebirge von weißem Schaum.

Die *Archangel* hüllte sich in den mattgrauen Dampf, der aus vier ausgefahrenen Rohren an vorderster Position ihrer Deckaufbauten schoss. Der Dampf vergrößerte den Ekranoplan zu einer Wolke, die über dem Meer nach Norden raste und schließlich in den vereinbarten Koordinaten südöstlich der Insel Sao Miguel zwei Stunden früher als angekündigt auf der Oberfläche des Atlantik aufsetzte. Das Meer war ruhig, nur die langen Schwebungen der Oberfläche brachten die Maschine zum Schwanken.

»Mir wird schlecht«, sagte Arvin, »ein Schiff, das schaukelt, bin ich nicht gewohnt.«

Wegen der Bewegung brauchten sie länger als eine halbe Stunde, um über eine abgesenkte Plattform in ein Zodiac zu steigen, das aus der *Archangel* zu Wasser gelassen worden war. Ash fuhr das Boot aus der Nebelwolke heraus, die sich bewegte, indem sie immer schneller in südwestliche Richtung zu quellen schien, wobei sie nichts anderes hinterließ als eine gebogene Schaumspur.

»Nevilles Schatten«, murmelte Maria vor sich hin.

»Was sagst du?«, fragte Carl, der neben ihr auf dem Gummiwulst des Bootes saß.

»Ach nichts. Nur eine Geschichte, bei der ein fliegender Schatten einen Weg zeigt, der in Vergessenheit geraten ist.«

Als eine Stunde später aus der Ferne die Lichter einer Motorjacht auftauchten, zeigte die Schaumspur auf dem Meer noch in weitem Bogen nach Süden. An der Reling standen Claude und Christine Simmons, die ihnen halfen, an Bord zu klettern. Wenig später glänzten dicht über dem Atlantik die Lichter von Ponta Delgada, von den Sternen am warmen Tropenhimmel immer besser zu unterscheiden, je näher sie kamen.

Epilog

117

Bäretswil; Samstag, 8. Mai

Durch einen warmen Nachmittag, der einen frühen Sommer ankündigte, fuhr Ash über die Autobahn in Richtung Uster, dann weiter nach Wetzikon, wo er nach Kempten abbog, um schließlich einem flüchtig geahnten Schild »Bäretswil« zu folgen.

Er parkte den gemieteten Alpha vor einem zweistöckigen Gebäude, das wie ein kleines Rathaus aus dem achtzehnten Jahrhundert wirkte und dessen Uhrenturm über dem Eingang mit einer fistelnden Glocke vier Uhr anzeigte.

Vor dem Haus waren in einer mannshohen Wand armlange Buchenscheite aufgestapelt, in einem Garten hinter Kirschbäumen, die ihre Blütezeit hinter sich hatten, vibrierte ein Bienenschwarm. Eine Tür öffnete sich, Claude Simmons begrüßte ihn und ging voran in den Garten. Am Ende eines mit großen Granitplatten belegten Weges, der breit und schräg in die Tiefe führte, gelangten sie an ein hölzernes Tor. Sie gingen hinein.

»Christines Keller, hier findet in wenigen Stunden ein kleines Konzert statt«, erklärte Claude entschuldigend mit Blick auf die Instrumente und Stühle, die bereits auf einer kleinen Bühne unter dem hohen Tonnengewölbe aufgebaut waren. Die Wände bestanden aus rauem Kalkstein in seiner ursprünglichen Farbe und Oberfläche, der Fußboden war mit dunklem Schiffsbodenparkett belegt. Unsichtbare Lichtquellen verbreiteten gleichmäßig verteiltes Dämmerlicht.

Vor der Bühne war die Bestuhlung für die Gäste am

Abend beiseite geräumt und eine kleine Sitzgruppe aus fünf Ledersesseln eingerichtet worden. Hinter der Gruppe stand auf einem Tisch ein Videoprojektor. In den Sesseln saßen einige Herren, die jetzt aufstanden, um Ash zu begrüßen.

Ash schüttelte die Hand eines hochgewachsenen Mannes, der in seinem Alter zu sein schien, und anschließend die eines dicklichen älteren Mannes mit grauer Bürstenfrisur.

»Wo ist Ihr Freund Hastren, Bob?«, fragte Ash, als er Bob Arvin die Hand schüttelte, »er hätte es verdient, dabei zu sein, wenn wir über das reden, was er in der Pyramide gefunden hat.«

»Er hat es nicht überlebt«, sagte Arvin heiser, »man hat mich aufgeklärt, dass nur ein Einziger den Amoklauf in der Pyramide überlebt hat.« Er schluckte etwas herunter. »Zacharias Fishman.«

»Wieso nur er? Sie waren doch alle in Sicherheit.« Ash sah den Älteren an. Er musste Amerikaner sein. Sein Grinsen wirkte geistesabwesend. Was wurde hier gespielt? Arvin und er wussten genau, dass sie Hastren lebend in der Pyramide zurückgelassen hatten.

»Bitte«, sagte Claude Simmons und deutete auf den schlanken Mann, um ihm das Wort zu erteilen.

»Das Bildmaterial, das wir von Ihnen bekommen haben, ist hervorragend«, begann dieser. *Ein Araber*, dachte Ash, *wahrscheinlich ein Ägypter. Dann bin ich sicher, dass der andere Amerikaner ist.* Kurz tauchte im Bühnenraum, am oberen Rand der weißen Stirnwand hinter den aufgebauten Instrumenten, das Bild der drei Kugeln auf.

»Die drei Steinkugeln, auf die Sie unter dem Plateau von Giza gestoßen sind, entsprechen in nichts anderen bisher bekannten Objekten der ägyptischen Vorgeschichte oder des alten Reiches«, setzte der Ägypter seine Rede fort. »Vollkommen ungewöhnlich und in dieser Perfektion in seiner Herstellung technisch nicht restlos geklärt, ist der strukturierte Metallkern. Jede der Kugeln zeigt thermisch auf der Fläche des südlichen Atlantik das Bild eines Tieres: die erste einen Wal, die zweite einen Löwen, die dritte einen Albatros. Nur die erste Kugel zeigt zusätzlich ein drei Meter hohes Porträt eines Mannes auf der Fläche des Pazifik, das die Qualität einer Fotografie um neunzehnhundert aufweist. Nach dem, was wir aus den Legenden schließen können, die sich um den Fundort ranken, dürfen wir den Mann wohl Osiris nennen.« Er lächelte still in die Runde mit dem Selbstbewusstsein eines Vertreters der einzig dauerhaften Weltmacht, die sich diesen Titel über den Verlauf der Geschichte verdient hatte, und fuhr dann fort: »Jede der Kugeln zeigt vor allem aber thermisch eine andere Version der Erdoberfläche. Deshalb sitzen wir hier.«

Ash beschäftigte ein einziger Gedanke: *Was war mit Lance Hastren geschehen?*

»Wir haben die thermische Landkarte auf der Oberfläche der ersten Kugel millimeterweise abgesucht«, setzte der Ägypter seinen Vortrag fort. »Es gibt einen Punkt, der mit einem fünfstrahligen Stern hervorgehoben wurde. Er liegt auf der antarktischen Halbinsel an der Stelle, wo Professor Arvin seine Bohrung niedergebracht hat.« Arvin lächelte hintergründig.

»Unter der Annahme, dass die auf der Oberfläche der Kugel eingeritzten Sternbilder sich in ihrer genauen Lage über den Koordinaten der Kontinente auf den Tag des Winterssolstitiums, der Sonnenwende im Dezember, beziehen«, fuhr der Ägypter fort, »konnten wir ermitteln, dass auf der ersten Kugel das Jahr vierundzwanzigtausendzweihundert vor Christi Geburt dargestellt ist.«

Sie schwiegen. Ash goss sich von dem Tee ein, der auf einem kleinen Tisch bereit stand. Wie immer erinnerte ihn dessen Duft daran, dass man Dinge anders sehen konnte, als es üblich war.

Er musste an die Beerdigung seines Vaters denken, die er eine Woche nach seiner Rückkehr organisiert hatte. Cindy hatte die Scheidung eingereicht und ihr Vater hatte den Krieg mit der sofortigen Rückforderung aller Kredite eröffnet. Drawdykes Castle war erledigt. Einzig der Wunsch, seinen Sohn, der seinem plagenreichen Leben den Sinn entzogen hatte, bis ans Ende seiner Tage zu verfluchen, hatte ihn noch nicht sterben lassen. Einen Tag, nachdem er Ash gesehen hatte, war er tot.

»Wie können es Menschen zu der damaligen Zeit geschafft haben, die Erde zu vermessen?«, fragte er. »Sie hatten nichts.«

»Haben Sie einmal versucht, einen steinernen Tempel anzuheben?«, fragte Arvin geduldig zurück. »Hastren hat mir von Dutzenden Bäumen in den Dschungeln Kambodschas berichtet, die es jeder für sich geschafft haben. Sie hatten *Zeit*, wie die Bewohner Palmer Lands, um Unglaubliches zu leisten. Mehr brauchten sie nicht.«

»Die zweite Kugel zeigt die Erde im Wesentlichen so, wie sie heute ist«, setzte der Ägypter seine Rede fort. »Die Auswertung der Sternbilder führt in das Jahr elftausendvierundfünfzig vor Christus.

Der Grund unseres Zusammentreffens ist die dritte Kugel, die, wenn Sie so wollen, das Zeitalter des Albatros zeigt. Sie bleibt in der Feinheit der geographischen Darstellungen hinter den anderen Kugeln zurück. Die Sternbilder auf ihrer Oberfläche liefern das Datum des Jahres zweitausendeinhundertzwei unserer Zeit. Wenn das Zeitalter des Albatros wie die beiden anderen Epochen die Hälfte eines Präzessionszyklus der Erdachse andauert, wird es bis in das Jahr fünfzehntausendzweihundertachtundfünfzig unserer Zeit reichen. Was uns beschäftigt, ist sein Beginn, der unsere Kinder mit Sorge erfüllen und unsere Enkel als eine Welt im Chaos umgeben wird.« Seine Stimme zitterte. Der Amerikaner besah seine Fingernägel,

Claude hörte konzentriert zu und der Ägypter starrte auf die leere Projektionswand.

Arvin meldete sich zu Wort: »Sie sehen die Simulation der dritten Kugel. Wir haben die Meere blau, das Land braun und das, was wir nach der Reihenfolge seines Auftauchens während der thermischen Simulation für Höhenlagen gehalten haben, je nach Position in den Breitengraden weiß eingefärbt.«

Ash begann etwas zu begreifen, das erst undeutliche Konturen in seinem Kopf annahm. Er trank noch einen Tee. Arvin kommentierte mit heiserer Stimme: »Der südliche Polarkreis um den Pol vor der Küste Patagoniens wird bis Santiago de Chile, Montevideo und Buenos Aires reichen.«

Er beugte sich vor, um einen Schluck Wasser zu nehmen.

»Im Norden wird die Situation schlimmer. Der Polarkreis wird sich über Peking und Xian, Shanghai und Urumtschi, Pjöngjang und Seoul, Omsk und Novosibirsk erstrecken. Er wird den Himalaya berühren und ihn zur Eismaschine eines dritten Pols werden lassen.« Die Projektion drehte sich langsam.

»Sie können sich vorstellen, was es bedeutet, wenn die Zeitangabe der – wie soll ich sie nennen? Vermesser von Palmer Land? – verbreitet würde, dass wir vom Ende der Bewohnbarkeit Zentralasiens und Chinas nur hundert Jahre entfernt sind.«

Mit den weißen Flächen in Asien, Südamerika und dem ausgedehnten dritten Pol des Himalaya war die über der kleinen Bühne an die Wand projizierte Erde ebenso ein weißer wie ein blauer Planet.

»Die großen Eisflächen strahlen die fünffache Menge an Sonnenlicht zurück und kühlen die Erde weiter aus. Es entsteht die Gefahr einer unumkehrbaren Entwicklung, wie sie in der Vergangenheit bereits einmal zur Vereisung des gesamten Planeten führte. Wir stünden vor demselben

Problem wie die Einwohner Palmer Lands – im ständigen Kampf mit stetig vorrückendem Eis.« Arvin griff wieder zu seinem Glas Wasser, seine Stimme hatte sich nicht erholt. Das Bild der blauweißen, so verwirrend anderen Erde hing hinter dem leeren Orchestergestühl mit den aufgestellten Instrumenten. Es schien Ash, als habe die Bordkapelle den Planeten bereits verlassen.

»Schließlich ist der Äquator eine Katastrophenzone, weil die Erde dort einen um vierundvierzig Kilometer größeren Durchmesser hat als an den Polen«, fuhr Arvin fort. »Kontinentalflächen, die über den Äquator geschoben werden, werden auf der Distanz von 4.300 Kilometern, die sich die Erdschale über die Pole verschiebt, in einer Kette von Brüchen um bis zu fünfzehn Kilometer gedehnt. Davon werden Nordamerika und Australien betroffen, wenn der Äquator auf der Höhe von Washington und Alice Springs verlaufen wird. Anstelle der zerbrochenen Kontinente haben wir viele neue Inselgruppen gesehen. Andere Inseln wie Neuseeland oder Japan konnten wir nicht mehr finden.«

Ash hörte aufmerksam zu und sah sehr genau hin. Für eine Sekunde war es in seinem Blick – wo heute »The Park« lag, würde sich auf dem Globus im Zeitalter des Albatros ein vergrößerter Pazifik erstrecken. Wann würde es soweit sein? In hundert Jahren? *Genau dort* würde er seinen Teegarten anlegen, *gerade jetzt.*

Ash begriff, dass sie auf ihrer Suche nach Verantwortlichen für den Anschlag auf das Eis zu kurz gegriffen hatten. Viel zu kurz.

Das Bild verlosch. Arvin machte seine abschließende Bemerkung: »Es gibt in der nördlichen Hemisphäre einen einzigen markanten Ruhepunkt auf festem Land, der die Katastrophe unbeschadet überstehen wird, weil sich seine Position zu Pol und Äquator nicht ändert. Es wird Sie nicht wundern zu erfahren, dass es genau der Punkt ist, der zu altem und neuem Nordpol dieselbe Entfernung behält. Der Ort, an dem die Vorhersage der Vermesser von Palmer Land für künftige Generationen aufbewahrt wird – die Pyramidenanlage von Giza.«

Der Amerikaner ergriff das Wort. »Wir haben da einen verdammten Globus, der die Zukunft zeigt. Wie genau das möglich sein soll, hat mir bis heute keiner erklärt, aber alle sind sich einig, dass es wohl so ist. Okay. Wir haben beschlossen, jede Information über diesen Globus so lange unter Verschluss zu halten, bis das Dargestellte Vergangenheit geworden ist und wieder geordnete Verhältnisse herrschen.

Was ich Ihnen zu sagen habe, ist simpel. Sie können sich lebhaft vorstellen, womit Politiker beginnen würden, wenn sie von dem verrückt gemacht würden, was wir gesehen haben. Vergessen Sie, was Sie erlebt haben. Vergessen Sie, was Sie gelernt, gehört, gesehen haben. Das Datenmaterial wird unter Verschluss genommen. Ab sofort wissen Sie von nichts. Ein verdammt ernster Wunsch und der Grund für diese Unterredung.«

Der Amerikaner stand auf. Er nahm die Kassette und eine CD aus den an den Projektor angeschlossenen Geräten und verstaute beides in einem kleinen Aluminiumkoffer, den er sorgfältig verschloss. Draußen wartete ein Wagen, der ihn abholte. Ein zweiter rollte heran, um den Ägypter aufzunehmen.

»Lass uns einen kleinen Weg in den Birkenwald am Hang über dem Haus nehmen«, schlug Arvin vor. Ash inhalierte tief die warme Frühlingsluft, als sie den schmalen Hangweg hinaufstiegen.

Arvin hielt ihn am Arm fest. Ein Reh stand vor ihnen. Ash hatte es eher gerochen als gesehen. Sie verharrten bewegungslos. Der Wind wehte in ihre Richtung, so dass es sie nicht bemerkte.

»Wozu die dritte Kugel?«, fragte Ash, »eine Botschaft?« Mit einem Sprung aus dem Stand war das Reh im Wald verschwunden. Sein Geruch umgab sie noch einen Moment.

»Keine Botschaft«, sagte Arvin, »aber möglicherweise eine Hilfe. Vielleicht wollten sie für die kommenden Generationen des nächsten wie auch des übernächsten Zeitalters ein unzerstörbares Kartenwerk erstellen, das nach einem Neuanfang das Navigieren auf dem Planeten erlauben würde.« Er sah ins Neuthal hinaus, wo die Sonne ihre schrägen Strahlen in die Hauseingänge und Fenster fädelte. »Die Kugeln, Ash, sind Quellen längst vergessener Kartenwerke, auf die sich Seefahrer aller Jahrhunderte bei ihren Exkursionen über die unbekannten Weltmeere verließen. Sie sind Wegmarken, die die Menschheit auf ihren Irrfahrten über den Planeten für vierzigtausend Jahre begleiten. Wir sind auf eine solche Perspektive nicht vorbereitet.«

An einer Hügelkuppe mit herrlichem Rundblick angekommen, hielt Arvin inne. »Djurvakin hat uns erzählt, er hätte seine Berechnungen heimlich an einem Supercomputer der Stanford University angestellt. Haben Sie jemals gehört, Ash, dass man diese Dinger mal eben so benutzt, ohne dass jemand ahnt, was man damit rechnet? Niemals. Diese Zahlenfresser sind so unglaublich teuer, dass keiner, nicht ein Einziger, ohne die Finanzierung einer militärischen Stelle auskommt, meist aus dem Aerospace Sektor. Rechenzeiten werden lange vorher angemeldet, dann genau geplant und schließlich genehmigt. Es kann unmöglich sein eigenes privates Ding gewesen sein.« Arvin ging in großen Schritten den Berg hinunter, Ash strengte sich an, ihm zu folgen.

»Ich habe seit Februar Recherchen angestellt. Die Global Stabilization Organization, die Hugh Auchincloss Brown in den sechziger Jahren forderte, ist tatsächlich eingerichtet worden. Vielleicht gibt es sie heute noch.«

»Trotzdem werde ich genau das tun, Bob, was uns der

ungehobelte Amerikaner geraten hat«, sagte Ash entschlossen. »Ich werde diese dritte Kugel und ihren Inhalt und alles, was immer sich darum rankt, vergessen. Irgendwann vielleicht sogar das Verrückteste an der ganzen Geschichte – ihren Beginn mit einer Warnung auf dem Gefieder eines Pinguins in Form einer ›Drei‹.«

118

Die Gäste wurden von leisen dunklen Wagen aus dem warmen Abend an den Ort des Geschehens gebracht und strömten in den inzwischen festlich erleuchteten Raum unter dem Haus. Claude Simmons hielt eine kurze Rede, danach betrat das Orchester die kleine Bühne. Michelle trug als Solistin des Abends einen leichten Hosenanzug aus schwarzer Seide, mit einer kleinen Jacke, deren Ränder mit schwarzen Spitzen versehen waren, über einer weinroten Bluse.

Sie sah, dass alle Plätze in der ersten Reihe belegt waren. Ash saß dort, wie sie ihn bisher nicht gesehen hatte, in einem perfekt, aber nicht auffällig geschnittenen dunkelblauen Anzug, fast schwarz, mit strahlend blauer Krawatte mit schwarzen Punkten, dazu ein weißes Leinenhemd und vollendet glänzende Schuhe, als würde er niemals etwas anderes tragen. *Wir haben uns unaufhörlich einander das Leben gerettet. Warum machen wir nicht weiter damit?*

Sie wusste, dass sie zur Zähmung ihrer manchmal gnadenlosen Konsequenz ein eigenes Augenmaß gewonnen hatte, das auf der Erfahrung von der besonderen Anfälligkeit des Extremen für den tragischen Fehlschlag beruhte. *Alles ist möglich, und vor allem, alles zugleich.* Ein Satz, der in den Wahnsinn treiben musste, wenn er jede Sekunde galt. Aber wenn er ihr Leben als Ganzes betraf, bot er vielleicht die einzig wirklich neue Perspektive.

Nach der Eröffnung des Konzertes mit Vivaldis Concerto Grosso in A-Dur gab es keine längere Pause. Die »Vier Jahreszeiten« begannen. Nach dem »Herbst« erhob sich Maria und betrat die Mitte der Bühne, zielgerichtet, aufrecht und straffen Schrittes in einem langen, schwarzen Kleid, die blonden Haare offen. Sie stand und mit ihr stand der erste Ton des *Largo* fest und leicht im Raum. Es füllte den Raum mit der Leichtigkeit des Vertrauens. Mit der selbstverständlichen Stärke des Einfachen riss es das Kalksteingewölbe auf und weitete die Herzen der Zuhörer bis in den Himmel darüber. Die zweihundert Gäste hielten den Atem an, ihre Gesichter leuchteten, als wehe ein Fahrtwind durch den Raum.

Sie hat es geschafft, dachte Ash, *sie wird bei der Musik bleiben*. Er drückte die Hand ihres Bruders, der mit leuchtenden Augen neben ihm saß. Niemals hatte er es für möglich gehalten, dass von diesem zurückhaltenden Mädchen eine so große Kraft und durchdringende Klarheit ausgehen könnten. War diese Musik, mit der sie die Welt schon einmal gerettet hatten, das einzig Greifbare und Verlässliche in den sich öffnenden Perspektiven der Doppelbödigkeit von einer bedrohlich in die Gegenwart eingreifenden Zukunft und einer Vergangenheit, die Konturen einer parallel bestehenden Zeit annahm? Ash schloss die Augen, um sich diesen Moment der Unendlichkeit zu gönnen.

Nach dem Konzert gab es Blumen, Applaus, Küsse und einen Empfang unter dem frühsommerlichen Himmel der Mainacht.

Bob Arvin hielt einen Whisky in der Hand. »Darf ich Ihnen Gesellschaft leisten, Ash?«, fragte er. »Ich habe noch ein paar merkwürdige Informationen für Sie parat.« Er setzte sein Glas auf den kleinen Tisch, an dem Ash stand.

Sie sahen Maria und Michelle zu, die von den Gästen umlagert wurden.

Ash trank von seinem Wasser. Er sah auf den Ring an seiner rechten Hand, den Stensen ihm nicht mehr abgenommen hatte. Der sechzehnte Strich vor der Zwölf schien blasser geworden zu sein. Wenn er an *Astra* dachte, hatte er das Bild eines fernen Vulkans vor sich, unter dem sich ein Druck aus dem Innern der Hölle aufbaute.

Arvin sah ihn finster über sein Whiskyglas an. »Wir haben etwas Großes und Gefährliches angestochen, Ash, bei dem seit langer Zeit mehr Leute mitmachen, als wir uns haben träumen lassen. Meinen Sie nicht, andere hätten nach der Erkenntnis, auf welche Punkte die Pyramiden zeigen, auf die Idee kommen können, sie könnten zum selben Thema vielleicht noch genauere Informationen enthalten?«

»Warum verderben Sie mir den Abend, Bob? Ich will von dem Zeug nichts mehr wissen, das ist deutlich gesünder.«

»Wenn Sie was wirklich Gesundes wollen, bringe ich Ihnen etwas mit«, sagte Arvin mit angeekelter Miene und deutete auf Ashs Glas. »Wasser! Das kann man ja nicht mit ansehen!« Er ging durch die warme Nachtluft an das Büfett und kam mit einer Flasche Aberlour wieder. »Das hier ist gesundes Zeug. Siebenundfünfzig Prozent. Sie müssen es verdünnen.« Er goss Ash ein mitgebrachtes Kristallglas halb voll ein. Irgendwo in der Nähe begannen Frösche ein Lied anzustimmen, das sich unter das Gewirr der Stimmen mischte und das dem betäubenden Duft nach Flieder und der Wärme der Nacht eine surreale Musik unterlegte.

»Eins noch«, sagte Arvin und wurde wieder ernst. »Von dem Augenblick an, als wir exakt für diesen Ort die Markierung auf der ersten Kugel entdeckten, habe ich mich gefragt, wie wir wirklich auf die genaue Festlegung unseres Bohrortes in den Latady Mountains gekommen sind.« Arvin trank von seinem Whisky.

»Und?«, fragte Ash.

»Ich habe in alten Unterlagen nachgesehen. Wir haben die Entscheidung im Jahr 1994 auf einem Sommercamp getroffen, auf dem alle Kenner der Materie angehört wurden, Glaziologen, Geologen, Antarktiskenner, Luftbildexperten, Klimatologen, alle. Das Camp hatten wir gemeinsam mit der Stanford University organisiert und in der Nähe von San Francisco durchgeführt. Nach zwei hitzigen Tagen der Diskussion wollten wir die Entscheidung mit einem typischen Akademiker-Trick herbeiführen. Wir ließen Kopien eines Luftbildes der antarktischen Halbinsel verteilen. Jeder der zwanzig Teilnehmer musste seinen Tipp für einen optimalen Punkt darauf abgeben und mit seiner Fachrichtung unterzeichnen. Auf dem Vorschlag, nach dem wir uns schließlich richteten, war der Kessel in den Latady Mountains markiert. Ich habe das Originalbild gefunden, darunter stand ›Physik‹.«

»Sie haben Djurvakins Programm ausgeführt, ohne es zu ahnen«, bemerkte Ash. »Aber wie kam *er* auf den verdammten Punkt?«

Sie sahen sich lange schweigend an.

»Djurvakin hat sich mit den Achsenausrichtungen prähistorischer Anlagen befasst und daraus den alten Nordpol bestimmt. Er scheint noch andere Punkte gefunden zu haben. Er hat uns nicht alles erzählt«, antwortete Arvin.

»Du bist die Königin der Nacht«, sagte Ash zu Michelle eine Stunde später und noch immer seinen Whisky in der Hand, »aber das weißt du längst, weil einhundertneunundneunzig andere es dir auch schon gesagt haben.«

»Niemand hat es gesagt. Sie haben mich sogar gefragt, ob ich heute Abend auch hier gewesen bin und das schöne Konzert gehört habe.« Sie berührten sich, als sie lachten.

»Was schlägst du vor?«, fragte Michelle.

»Man hat sicher eine gut gekühlte Flasche Champagner

für uns im Atlantis Sheraton. Man pflegt dort eine feine Küche und genießt eine wunderbare Aussicht über Zürich.« Ash führte sie, den Arm um ihre Schulter gelegt, zu seinem Wagen. Der Wind war auch in der Nacht nicht kühler geworden. Hinter ihnen ragten über die Täler die fernen Felswände der Alpen, eine schroff aufragende Spitze war vom hellen Eis ewiger Gletscher bedeckt.

»Ich bin ein transparenter Mann geworden«, sagte Ash, »von jedem, der mich kennt, muss ich erwarten, dass er meine wichtigsten Körperteile auf großen Fotos mit der Lupe studieren konnte. Meine Vergangenheit ist ruiniert und liegt offen zutage, es gibt nichts mehr, was ich zu verbergen hätte – mit einer Ausnahme. Das Einzige, von dem ich aufgefordert worden bin, es geheim zu halten, ist meine Vergangenheit mit dir.«

»Dann sind wir aufeinander angewiesen, wenn wir darüber reden wollen. Deine wichtigsten Körperteile stören dabei nicht.« Für eine Sekunde, während des Kusses, fuhr Ash mit geschlossenen Augen.

»Ich habe einen Vorschlag«, sagte Michelle und hielt ihr Gesicht in den Wind, »er hat nichts mehr mit Atlantis und auch nichts mit einem Hotel zu tun. Ich lade dich in meine Wohnung ein und wir genießen von dort die wunderbare Aussicht über die nächsten Jahre unserer Vergangenheit.«

»Nicht übel«, sagte Ash, »kein Hotel? Wirklich nicht übel.«

Nachwort

Charles H. Hapgood versuchte 1958 in seinem Buch »Earth's Shifting Crust« nachzuweisen, dass sich die Pole der Erde wegen der anwachsenden Masse des antarktischen Eises immer wieder verschoben hätten. Er lokalisierte den Nordpol der Eiszeit bis vor etwa dreizehntausend Jahren in der kanadischen Hudson Bay, womit der Südpol außerhalb der Antarktis lag und diese zum Teil warm gewesen sein muss. Hapgood sagte vor dem Hintergrund seiner Theorie auch den kommenden Nordpol voraus – in der Gegend des sibirischen Baikalsees.

Die irritierende Koinzidenz, die damit verbunden ist, wird in diesem Buch zum ersten Mal erwähnt. Es scheint wirklich so, als wären die großen Pyramidenanlagen der Welt in Mexiko und Ägypten präzise wie Zeiger angelegt, die Hapgoods Theorie bestätigen. Und eine Vorhersage für unsere Zukunft enthalten.

In aller Welt weisen antike Bauanlagen in Richtung des alten Nordpols, nur nicht im Europa nördlich der Alpen und in Nordamerika – beide bis vor dreizehntausend Jahren vom Eis bedeckt. Seltsamerweise findet sich auch in Ägypten kein bedeutender antiker Bau, der so angelegt wurde. Dort entdeckt man jedoch viele Anlagen, die wie das uralte *Oseirion* in Abydos am Mittellauf des Nil mit etwa 25 Grad westlicher Abweichung von Süd auf die antarktische Halbinsel ausgerichtet sind. Und nach Palmer Land zeigen.

Im Jahr 1966 veröffentlichte Hapgood »Maps of the Ancient Seakings«. Darin stellte er ausführlich dar, dass für viele Regionen der Erde antike Kartenwerke existieren, die unerklärlich präzise Details aufweisen und Hinweise auf eine extrem frühe Entstehung enthalten, wie zum Beispiel auf eine eisfreie Küstenlinie der antarktischen Halbinsel. Die Entstehung der dabei verwendeten verschiedenen geographischen Projektionen innerhalb einer einzigen der alten Portolano-Karten kann man einfach erklären, wenn deren Quellen aus Abdrücken verschiedener Blätter von einer Kugel zusammengesetzt wurden.

Hugh Auchincloss Brown hat existiert und in der beschriebenen Weise agiert. Er war es, der Hapgood die Anregung gab, das Eis der Antarktis als Trigger der Polverschiebung zu untersuchen. Es gab lange einen Newsletter »Polewatcher«, der seine Ideen vertrat.

Ein Durchbruch beim Wirkungsgrad von Materialien zum Thermoelektrischen Effekt, mit dessen Hilfe heute nur in Nischenanwendungen wie der Raumfahrt elektrischer Strom direkt aus Wärme erzeugt wird, wird neue Energiekonzepte auf Basis von Kern- und Solartechnologie erlauben, die neuartige Geschäftsmodelle wie *Elektra* ermöglichen werden. Als ich mit diesem Buch begann, lag der Wirkungsgrad der Technik bei etwa 5 %, während ich das Nachwort schreibe, wird die Meldung verbreitet, dass es gelungen ist, den Wirkungsgrad auf 17 % zu steigern. Wenn 30 % erreicht sein werden, wird man darüber auf den ersten Seiten der Zeitungen lesen können.

Bauwerke wie *Astra* hätten im Kalten Krieg durchaus entstehen können. Stalins »Bergbau- und Chemiekomplex« bei Novosibirsk war mit dreihundert unterirdischen Hallen Realität. Das amerikanische Konzept »Pflugschar« und sein sowjetisches Pendant waren reale Vorhaben, Kanäle mit nuklearen Sprengsätzen auszuheben.

Ekranoplane – wenn vielleicht auch nicht mit sämtlichen beschriebenen Fähigkeiten, aber doch in der Größe der *Archangel* – wurden bis zum Zusammenbruch der UdSSR auf dem Kaspischen Meer getestet.

Von den unzähligen Autoren, die sich zu dem Thema einer voreiszeitlichen Hochkultur geäußert haben, ist Charles H. Hapgood der wegweisende. Ins allgemeine Bewusstsein sind seine Thesen vor allem durch Graham Hancocks »Fingerprints of the Gods« gedrungen, von dem ich viele Anregungen bezogen habe. Ebenso aus dem Buch der Flem-Aths, »When the Sky Fell down«, in dem sie erstmals aus Hapgoods Konzepten die Hypothese ableiten, Atlantis habe in der Antarktis gelegen. Nachdem ich das Manuskript dieses Buches bereits abgeschlossen hatte, stieß ich auf »The Atlantis Blueprint«, in dem Rand Flem-Ath und Colin Wilson, den Ideen von Hapgood folgend, ebenfalls die Ausrichtung verschiedenster Bauwerke der Antike auf einen alten Nordpol in der Hudson Bay beschreiben.

Ich habe mich bei meinen Reisen in die Antarktis, nach Kairo und nach Ulan Ude und Kyakhta in Sibirien auf die hervorragenden Lonely-Planet-Reiseführer dieser Gegenden und bei dem Verfassen von »Palmer Land« auf eine Vielzahl von Büchern stützen können, deren wichtigste ich hier erwähnen will: das enorm faktenreiche »Archeology« von Colin Renfrew und Paul Bahn und die Übersicht chemischer Analysemöglichkeiten archäologischer Funde, »Traces of the Past«, von Joseph B. Lambert. Brauchbare Übersichten und Pläne alter Anlagen bieten der »Atlas Archäologie« von Tim Taylor und Mick Aston, für Südamerika »Amerika vor Columbus« von Michael D. Coe sowie Jaquetta Hawkes' »Bildatlas der frühen Kulturen«. Zu prähistorischen Kulturen gibt es keine bessere Übersicht als Brian M. Fagans »People of the Earth« und kein spannender lesbares Sachbuch als »Lost Civilizations of the Stone Age« von Richard Rudgley.

Die für mich am besten geeigneten Bücher zu altägyptischer Geschichte waren das unverzichtbare »Das erste Weltwunder – die Geheimnisse der ägyptischen Pyramiden« von Mark Lehner und das sich als nüchtern und verlässlich von vielen anderen Büchern abhebende »Giza – the truth« von Ian Lawton und Chris Ogilvie-Herald. Ebenfalls solide und ausführlich ist Veronica Ions' »Die Götter und Mythen Ägyptens«. Den zitierten Spruch aus den ägyptischen Totenbüchern habe ich nach Faulkners »The Ancient Egyptian Coffin Texts« frei ins Deutsche übersetzt. Zu der Ausrichtung der Luftschächte in der Cheopspyramide findet sich am meisten in »The Orion Mystery« von Robert Bauval und Adrian Gilbert, Pläne aller ägyptischen Tempelanlagen bietet »Die Tempel Ägyptens« von Dieter Arnold. Von den vielen Büchern über Atlantis sei einzig das intelligente und originelle »The Atlantis Researches – The Earth Rotation in Mythology and Prehistory« von Paul Dunbavin erwähnt.

Die Entstehung der Eiszeiten findet sich allgemein sehr gut beschrieben in »Ice Ages« von John Imbrie und Katherine Palmer Imbrie. Aktueller ist Manfred Boetzkes Katalog der Hildesheimer Ausstellung »EisZeit« und besonders mit Hinblick auf die Antarktis interessant: »Das Problem der Klimaänderungen« von Hermann Flohn. Neben großen Büchern über die Antarktis ist für die authentische Beschreibung der Atmosphäre in einer Station »Antarctic Comrades, An American with the Russians in Antarctica« von Gilbert Duwart eine Fundgrube. Die beste Zusammenstellung aller klimatischen und geologischen Übersichten des Kontinents fand ich in dem vom ozeanographischen und hydrographischen Dienst der chilenischen Armee herausgegebenen »Atlas Antartico«.

Die Aussagen zu den akustischen Eigenschaften des südlichen Luftschachtes der Königinkammer in seiner im Roman verwendeten tatsächlichen Länge stützen sich auf eine Simulation der Schallausbreitung, die Franz Thomanek mit seinem Raum-Akustik-Programm CARA durchführte und für die ich ihm hier danken möchte.

»Palmer Land« hätte nie entstehen können ohne die Hilfe derer, die sich zu Gesprächen oder für Leseproben geduldig zur Verfügung gestellt haben. In meinem Dank möchte ich den Antarktis-Experten Dr. Dieter Fritsche vom Alfred-Wegener-Institut für Klimaforschung in Potsdam hervorheben, der natürlich nicht für fachliche Fehler und Waghalsigkeiten verantwortlich ist, die das Buch noch enthält. Die frühzeitige Ermunterung durch das Lektorat des Ullstein Verlages und die ausführlichen kritischen Kommentare und Bearbeitungsvorschläge von Lothar Strüh waren die Voraussetzung, dass es in seiner vorliegenden Form zum Abschluss gebracht werden konnte. Ganz besonderer Dank gilt schließlich meiner Frau Margarethe sowie meinen Kindern Barbara und Vinzent, ohne deren selbstlose Duldung meiner Abwesenheit in vielen Familienangelegenheiten ich niemals Zeit und Ruhe für die notwendige Arbeit gefunden hätte.

Inhalt

Prolog 11

Astra 27

Antarctica 113

Al Giza 233

Amazar 401

Archangel 521

Epilog 571

Nachwort 587